lonely planet

中国旅行指南系列

广西

本书作者

范佳奥　何望若　楼学　盛洋　吴嘉之

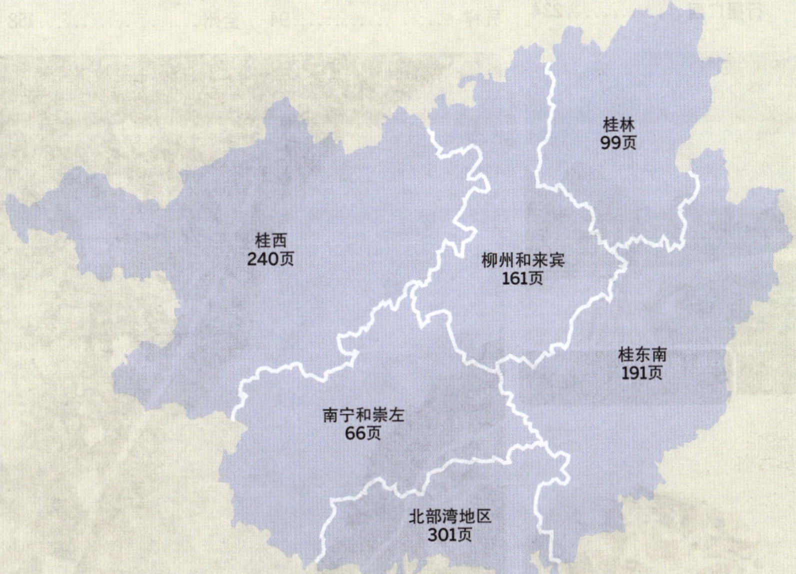

中国地图出版社

计划你的行程

欢迎来广西 4
广西亮点 6
广西Top 15. 8
行前参考 18
新线报 20
如果你喜欢 21
当地人推荐 24
省钱妙计 27
每月热门 28
旅行线路 32
负责任的旅行 42
户外 44
和当地人吃喝 48
家庭游 53
自驾游 56
广西慢生活 60
行摄广西 234

在路上

南宁和崇左 66

南宁 **68**
南宁市 68
南宁周边 **80**
扬美古镇 80
龙虎山 81
伊岭岩 81
上林 82
宾阳 83
崇左 **84**
德天瀑布 84
大新（德天瀑布周边）.. 86
崇左市 88
宁明花山 90
龙州 91
凭祥 94

桂林 99

桂林市 102
桂林市周边 121
阳朔及周边 **124**
阳朔 124
阳朔周边 132
兴坪 135
恭城 142
荔浦 145
桂林北部 **147**
龙脊梯田 147
兴安 151
资源 156
全州 158

© GUOZHONGHUA/SHUTTERSTOCK

户外（见44页）

沐昀摄

和当地人吃喝（见48页）

©视觉中国

行摄广西（见234页）

目录

柳州和来宾........161
柳州 163
柳州市................163
鹿寨县................169
三江侗族自治县........170
林溪镇侗寨群..........174
独峒镇侗寨群..........176
布央茶山 178
丹洲古镇 178
融水苗族自治县........179
环元宝山旅游带........182
来宾 184
金秀瑶族自治县........184
武宣..................189
莫氏土司衙门署........189

桂东南 191
贺州 194
贺州市................194
贺州市周边 198
黄姚古镇 201
富川..................205
钟山..................210
梧州 212
梧州市................212
梧州市周边 219
贵港 220
贵港市................220
桂平市................222
玉林 227
玉林市................227
玉林市周边 231

桂西 240
河池 244
金城江................244
宜州..................247
环江毛南族自治县 249
罗城仫佬族自治县 252
东兰..................254
巴马..................258
凤山..................265
大化..................269
南丹..................273
百色 276
百色市................276
靖西..................282
那坡黑衣壮山寨........286
凌云..................287
乐业..................289
隆林..................297
驮娘江沿岸 299

北部湾地区 301
北海 302
涠洲岛................313
钦州 323
防城港 325
防城港市 325
东兴..................325
京岛..................330

了解广西

今日广西 334
历史 337
广西人 349
少数民族 352
建筑和艺术 355
饮食 360
环境 366

生存指南

出行指南 372
交通指南 379
健康指南 383
幕后 387
索引 389
地图图例 397
我们的作者 398

特别呈现

户外 44
家庭游 53
广西慢生活 60
探秘靖江王陵 112
寻访桂林秘境 114
全城螺蛳粉大搜罗....167
攀登元宝山 183
骑车去看更多的风景 205
梧州骑楼小吃........216
行摄广西 234
在桂西旅行，怎样才算熟门熟路....241
不走回头路，看遍桂西喀斯特..... 266
骑行京岛 331

欢迎来广西

穿越浩瀚的峰林和无穷的溶洞，这里的山水拥有充满未知的迷人魔力。少数民族衣锦华丽、山歌嘹亮，桂柳官话则述说着抱负、失意和家国情怀，广西是山脉与海洋、中原与边疆的美妙混合体。

山水甲天下

一道优雅温柔的漓江，潺潺流淌进中国人的审美基因，唐宋以来的文人墨客徜徉其间，“山水甲天下”的盛名令整个东方世界为之神往。广西的山水之胜，远不止于阳朔与桂林，左右两江逶迤东去，穿越八桂大地上的群山无数，勾勒出处处秀美的山水骨架。德天瀑布跌落中越边境的层层陡崖，红水河蜿蜒而至，将平湖、湿地皆怀抱其中。散落八桂大地的古镇成为山水的眉眼，黄姚的炊烟融入岭南的雨雾，一条青石古道通向中国人理想中的田园。

地貌伊甸园

喀斯特的奇崛峰林只是广西丰富地貌的第一张名片。当丹霞地貌的八角寨盛放在湘桂交界的冬雪之中，北部湾上正暖阳西照，涠洲岛已从火山喷发中平静。闭塞的金水河谷地中瑶、壮先民筚路蓝缕，才收获数百年后龙脊梯田上的稻穗低垂。而在茂林和岩层之下，无数个独立王国在自由生长，阳光无法窥见大石围天坑的地心秘密，水晶宫已逆向生长了40万年，黑暗的地下世界也充满勃勃生机。

中原与岭南

骆越人攀上花山的峭壁，画下岭南先民的神秘图腾；数百年后，秦军在狭窄的湘桂走廊上找到了开启岭南的钥匙，一条短狭的灵渠成为连接中原与岭南的纽带。广西的各式村寨至今仍是瑰丽文化的乡土背景，牌坊与魁星阁高耸村头，风雨桥通向侗寨鼓楼，壮人点燃篝火、击鼓而歌。桂林文风鼎盛、城墙高起，“抗战文化城”的坚守模糊了岭南与中原的分野。两千余年的文化交融，让这片昔日的“烟瘴之地”成为中国版图上的多元南疆。

耳畔与舌尖

宾阳人习惯彻夜不眠，用炮龙来点燃新春的火焰，同样的热情也灌注在蚂拐节的山歌和富川古城的舞龙中，广西式的狂欢是花灯、歌声与硫黄味的奇妙组合。少数民族的各色节庆贯穿全年，京族在盛夏开启狂欢季，瑶族则在深秋举办盘王节。桂北古镇的戏台上传来桂剧与彩调的唱腔，村口小店散发出米粉的古老香味。挤过喧嚣的“街日”，酸嘢、酸笋、酸鸭子会拧紧你的眉头，品尝过梧州早茶，寻访过北海渔市，广西味道将从舌尖直抵心间。

我为什么喜欢广西

本书作者 楼学

广西拥有非常多元的文化底色，无论是试图以猎奇心态来探索苗壮的民族秘境，还是抱着重温经典的期待游走名城桂林，我都未曾失望过。这里的山水也是如此精彩且富于变幻，浅浅一条遇龙河，骑行、漂流、徒步也能品出不同韵味。空灵自在的漓江则正在见证乡土传统的消逝，哪怕汽笛声声替代了渔舟唱晚，在炊烟袅袅的山水空间里，我仍能想象出一个古典的中国。

关于作者的更多信息，见398页。

上图：阳朔留公得月楼

广西亮点

德峨
在乡镇集市上，见识各族华服(299页)
大石围天坑
由此窥见地心，也体验心跳加速(289页)
德天瀑布
多角度亲近“亚洲第一瀑布”(84页)
明仕田园
一个不拥挤的“阳朔”(87页)
东兴
凭山临海的活力边城(325页)
涠洲岛
就在这里实现你的海岛梦(313页)
安顺
惠水
都匀市
关岭
独山
兴仁
罗甸
荔波
兴义市
望谟
天峨
南丹
中国南方喀斯特·环江
隆林
大石围天坑
乐业
德峨
西林
岑王老山
凤山
东兰
金城江区
田林
凌云
巴马
广南
百色
都安
大化
田阳区
田东
文山市
那坡
德保
平果
靖西
隆安
天等
德天瀑布
大新
扶绥
崇左
龙州
花山
凭祥
宁明
上思
凉山
东兴
永实岛
河内
贵州省
云南省
越南
苗岭
凤凰山
都阳山
六诏山
十万大山
四方岭
北盘江
南盘江
红水河
右江
左江
明江
澄碧河水库
海拔高度
3000m
2000m
1500m
1000m
500m
200m
50m
0m
-200m
图例
高铁
铁路
G75 高速
G205 国道
省道

0 66 km
靖江王陵
青山秀水间的王者气象(110页)
阳朔
宜静宜动，玩转山水(124页)
富川
潇贺古道的沧桑，尽在你经过的村庄(205页)
黄姚古镇
小桥流水人家，只待夕阳西下(201页)
北海
在老街和海滩之间慵懒一下(302页)
湖南省
越城岭
真宝顶
资源
全州
猫儿山
榕江
从江
三江
龙胜
青狮潭水库
兴安
灌阳
道县
宁远
双牌水库
元宝山
融安
桂林
临桂区
灵川
漓江
中国南方喀斯特·桂林
都庞岭
海洋山
融水
永福
恭城
富川
龟石水库
山马塘顶
鹰扬关
环江
罗城
柳城
阳朔
平乐
钟山
平桂区
贺州
河池
宜州区
鹿寨
荔浦
黄姚
合面狮水库
柳江区
柳州
大瑶山
金秀
蒙山
昭平
大桂山
苍梧
忻城
象州
合山
来宾
马山
武宣
平南
梧州
梧州西江机场
上林
大明山
西山
桂平
藤县
达开水库
武鸣区
宾阳
覃塘区
贵港
岑溪
云浮
南宁
良庆区
青秀区
邕宁区
横州
兴业
玉林
北流
容县
大容山
西津水库
葵扇顶
灵山
六万大山
浦北
博白
陆川
云开大山
钦州
防城区
防城港
合浦
北海
铁山港区
钦州湾
茂名
阳江
海陵岛
安铺港
湛江
北部湾
涠洲岛
斜阳岛
南三岛
南海
G76
G65
G321
G322
G209
G323
G6517
G210
G324
G207
G80
G78
G325
G75

广西
Top 15

1

阳朔

1 如果阳朔（见124页）是一本书，兴坪段的漓江就是人人熟读并能背诵的华美骈文，遇龙河则是风格清丽的山水田园诗。两条河流交汇出中国人幻想世界中才会存在的完美山水，将喀斯特峰林平原的美景推向极致，值得用漂流、骑行、徒步去反复阅读。除在西街竟夜不散的喧嚣之外，各大市镇的圩市还勉力保留着阳朔日渐褪色的本土传统；在更偏远的旧县和留公，你还能窥见乡土生活的本来面目。你也可以把阳朔当作户外入门的新起点，或是挑战心率的极限舞台，攀爬在遍布县境的千余条经典攀岩线路上，再一路冲下龙颈河的激流。

桂林

2 穿行在桂林（见99页）奇崛的喀斯特山峰间，你将重新踏上唐宋士大夫们追捧的山水之路。市区及周边的石灰岩崖壁上保留了近两百万字的桂林石刻，见证了这片山水是如何从奇峰林立的自然形态沉淀为东方世界的审美意识。在山水之外，桂林亦始终是中原政权经略岭南的桥头堡，是汉文化翻越五岭后抵达岭南的第一站。两江四湖继承了唐宋时期“一水抱城流”的城市格局，靖江王城和靖江王陵书写着贯穿明王朝的兴衰命运。历史的光彩投射至近现代，你仍能在叠彩山寻见岭南画派的肇端，如今繁荣的书店及出版行业则承继了“抗战文化城”的精神。图为日月双塔。

©视觉中国

2
©视觉中国

3

4

黄姚古镇

3 山环水绕的黄姚古镇（见201页）文化厚重却灵秀生动，是多少旅人寻找的梦境家园。那幽深的石板街被雨水洗得铮亮，映照出座座青砖大宅的轮廓；仙人古井旁洗衣、洗菜的日常生活，也被寄托了美好的寓意；榕树掩映的带龙桥走上了邮票的画面，雕梁画栋的古戏台仍演绎着传统的剧目。在黄姚，你需要找家心仪的客栈住下来，在清晨、黄昏的宁静中，沿着九宫八卦般的巷道，细细品味往日的岁月，白天再去周围的乡野田间走走，化解你对乡愁的思念。

乐业天坑

4 在全世界已发现的超大型天坑中，乐业（见289页）占了半数以上。被天坑界公认为体态最完美的大石围给了你仰视、俯视、平视三个角度，来全面体会它的高与大。你可以在晴天的正午进入穿洞天坑内部，等待太阳与地心的"天使之吻"。你还可以玩得更野一点，跟着户外俱乐部速降150米到达大曹天坑底部，然后走入漆黑的洞穴，去看看中国最大的溶洞大厅。如果你是越野跑爱好者，何不来乐业戴着头灯"穿天入洞"跑上百公里？图为乐业大石围天坑。

富川古村落

5 潇贺古道虽已消逝在山野之中，但它给富川留下的那些古村落（见206页）仍为访客们讲述着往昔的辉煌。秀水村的戏台在水中摇曳着倒影，文脉在这里传承了千年，从状元坪上360度的黑瓦大宅可一窥当初繁盛。福溪村严谨的巷坊伴随着灵动的水道，一座榫卯结构的百柱庙令人惊叹。穿过岔山村和深坡村的石板古道，寻找这里留下的故事吧。更不用提瑶族节日的庆典和27座散布在溪畔、田间的风雨桥，都在等候你去寻访。图为富川深坡村。

6

巴马水晶宫

6 重力水沉积物大行其道的溶洞世界中，水晶宫（见259页）却剑走偏锋，唱主角的是非重力水沉积物，石钟乳逆地心引力，扭曲生长。水晶宫洞如其名，晶莹剔透，普通溶洞的彩灯在这里变成了多此一举，越向里深入，颜色越白越透明。满壁的石花、石毛，如雪花似雾凇，乍一看以为闯入了大雪纷飞的北国。悬垂在头顶的纤细鹅管，密密麻麻，纤细堪比粉丝，徐霞客在300多年前将其描述为"天成白玉搔头也"。你也许早已看过许多溶洞，并为此感到视觉疲劳了，但纯净的水晶宫一定会再次令你惊艳，在这里，你耳闻的喀斯特名词和目睹的景象都是唯一的。

梧州美食

7 来到广西的西江门户，除了逛一逛民国时期的骑楼城，更不可不尝梧州美食（见217页）。从纸包鸡、葱油鱼，到神仙钵、油淋鸡，各家老字号都有拿手的菜式，火候、调味都是恰到好处。双钱龟苓膏和冰泉豆浆是梧州人引以为傲的两个品牌，但梧州的小吃远不止这些，从聊以解馋的田螺、牛杂、鸡爪，到可作餐点的牛腩粉、艇仔粥、芝麻汤圆，五花八门，滋味无穷。你往往要小住几日，才能将它们吃遍，这时你会发现，这座城的底蕴，有一半都在一日三餐之中。图为梧州牛腩粉。

涠洲岛

8 北海向南约21海里，火山喷发而成的年轻的涠洲岛（见313页）遍布着地质奇观。随着岛上基建的逐步完成，旅游业也走上正轨。酒店民宿业优胜劣汰，个性鲜明的住所让人犯了选择困难症，海风吹拂下的码头、教堂、市场、酒吧，会令你从早到晚不寂寞。物价虽然依旧不低，但曾广受诟病的欺客现象却正在退去。实地探访过滴水丹屏、鳄鱼山等地质奇观后，还有修葺一新的火山地质博物馆带你深入看门道。骑上电动车穿越香蕉林中的小径，追逐日出日落、潮起潮退，这就是最"涠洲岛"的度假感觉。

7

8

北海

9 北海（见302页）地产泡沫中的烂尾别墅已经脱胎换骨，变身为极具性价比的可爱民宿；传销虽未禁绝，但人们已经学会笑看海滩上的“成功学”演说。悠闲的北海人懒得管这些世事纷扰，他们趿着人字拖、骑上电动车，在骑楼间的咖啡馆与朋友相聚，从海鲜码头提来晚餐的鲜货。除了这份切实可感的闲淡，旅行者当然还能捕捉落日在幼细银滩上洒下的梦幻色彩，在老城区整修良好的领事馆遗迹间触摸历史，或者登上冠头岭，拥有“高人一等”的眼光。因领导人造访而名声大噪的合浦汉代文化博物馆名不虚传，从北海市区可以很方便地来个“高铁半日游”。

龙脊梯田

10 从历史名城桂林向北走约80公里，就进入到这片长久以来被历史遗忘的少数民族“生界”。在贫瘠、险峻的金江河谷地，瑶族和壮族先民花费了数百年，在桂北的崇山峻岭中雕刻出一道道生命的等高线。如今，龙脊梯田（见147页）已经成为桂北最具“镜头感”的目的地之一，每年秋季的丰收和冬春季节的放水都成为无数摄影师试图对焦的文化景观。瑶、壮同胞将截然不同的民族习俗、生活理念融入田间村寨，你会在这里的地名中寻见若隐若现的民族边界，但“三鱼共首”的石桥，也暗喻着和谐共处的“龙脊哲学”。

9

三江侗寨

11 在走过一个又一个特色渐失的少数民族村寨后，众多淳朴三江侗寨（见170页）的出现定会叫人眼前一亮。河谷或梯田之间，依然保留着大片黑瓦木屋，其中巍然矗立着侗寨最具辨识度的地标——鼓楼和风雨桥。其不仅外观独特、结构精良，而且内部延续着公共活动空间的传统功能，不时还可见到身着靛蓝色土布服饰的侗族老人。从拥有7座造型各异的鼓楼的高定村，到被誉为天上宫阙的林略村，从以程阳永济桥为核心的程阳八寨，到由9个侗寨共同组成的生态博物馆，这里的精彩程度绝对超出你的想象。图为风雨桥上的芦笙演奏。

12

13

元宝山

12 摄影师一定会爱上这座融水中部的大山。论风光，这里梯田、瀑布、峡谷、竹海样样不缺，5月还有红艳艳的杜鹃花开得漫山遍野；爬上广西第三高的主峰，更有壮丽的云海与日出等待镜头的捕捉。论人文，分布在山间的一个个苗寨，用贯穿全年的节日证明了融水“百节之乡”绝非浪得虚名，令人血脉贲张的苗族斗马、装扮奇特的“芒蒿”山神、全民“湿身”的欢乐闹鱼节，都是绝佳的民俗题材。最神奇的莫过于山上的“石上人家”，你无法相信，裸露的岩石竟也可以作为宅基地，牢牢撑起一座座木质吊脚楼。

靖江王陵

13 并非只有河南、陕西才能提供给你精彩深沉的访陵体验，在桂林秀美的喀斯特山水环抱中，十余座宏伟的靖江王陵（见110页）以及数百座贵族墓葬连缀成为一部完整宏大的明代雕刻艺术史。挑选一个晴朗的傍晚，在暮色中徒步探访这些散落在市郊的明代王陵，你将在尧山与漓江之间收获一份时空错置的浪漫体验。更多的惊喜在桂林博物馆中，靖江王陵中出土的明代青花梅瓶填满了一个庞大的展厅，藩王们的向往、意趣、品味，都被描绘在蓝白两色的跳跃之间。

14

15

东兴

14 如果没有北仑河的阻隔，中国东兴（见325页）和越南芒街更像一座城市。国门附近戴斗笠的越南卖货姑娘、大街小巷味美价廉的越南餐厅和摊档，让这座边境城市活色生香。不远处的京岛拥有漫长平直的金滩，也生活着中国唯一的海边少数民族——京族，每年农历六月的盛大"哈节"总能吸引来如织的人潮。最棒的玩法是从东兴城区骑自行车，跟随北仑河入海的路线，一路与红树林和白鹭为伴，抵达金滩后便可大啖海鲜。如果想要更冷门的体验，从东兴出发，深入十万大山吧。图为从东兴眺望中越边境。

灵渠

15 秦人拥有如何强大的判断力和执行力，才能在湘桂走廊中一眼相中这条狭窄却高效的通道，使得这条短短的灵渠（见151页）可与伟大的万里长城并称？秦军征战岭南的硝烟早已散尽，取而代之的是晨昏时分的灵渠水雾，慢慢浮现出小城兴安淳朴的生活景象。在这座统一中国的里程碑背后，是米粉节的喧嚣与热气一同蒸腾，米粉曾与秦军一同抵达岭南，这份舌尖上的乡愁又在两千余年后反哺中原。当年的秦人征战亦开创了中原移民进入岭南的先河，严关成为故乡与异乡的分界线。

行前参考

更多信息，请参考“生存指南”章节（见371页）。

简称
桂

少数民族
11个

语言
普通话基本通行。
广西方言众多。桂东南以白话（近粤语）为主，桂中桂北地区以西南官话为主，桂南、桂东也有部分人讲壮语和客家话。

营业时间
银行 周一至周五9:00~17:00，周六9:00~16:00
邮局 9:00~17:00
餐厅 7:00~22:00
景区 8:00~18:00，夏天关闭时间适当延后
博物馆 周二至周日9:00~17:00，周一闭馆，部分地区12:00~14:30午休闭馆

现金
24小时自动柜员机已经在县镇一级普及，部分乡级地区有农村信用社的自动柜员机。在进入偏远的山区和村落前，不要忘记取点现金。

通信
除个别山野地区，手机4G网络基本覆盖全区，信号质量中国电信最佳，中国移动次之。绝大多数酒店、旅馆都有无线网络。

何时去

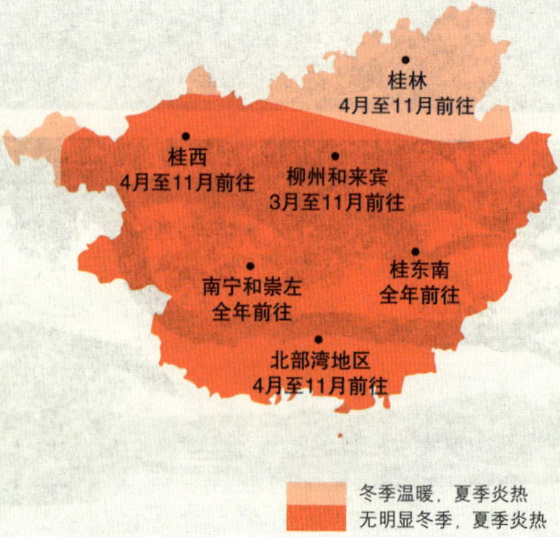

旺季
（7月至10月）

➡ 广西进入一年中最热的时候，好在山区沿海都能尽情玩水，也适合进行徒步、攀岩等户外活动。

➡ 暑假期间，热门青旅的床位要和同学们一起竞争。

➡ 北部湾的沿海地区在此期间会有台风和强降水，请留意广西防汛抗旱指挥部的信息。

平季
（3月至6月）

➡ 农历三月三去逛壮族最盛大的歌圩，农历四月十五以后去拍开始放水的龙脊梯田。

➡ 高山花期开始，金紫山、千家峒、大瑶山等高山地带花海一片。

➡ 桂东南在此期间很有可能会发大水，可注意相关播报。

淡季
（11月至次年2月）

➡ 冬季不算寒冷，巴马和北海成为“候鸟”的过冬之地，而南方人也会到桂北山区看雪。

➡ 壮、苗、侗、瑶等少数民族在春节都有盛大的节日。富川炸龙与宾阳炮龙节是最热闹的去处。

每日预算

经济 200元以下

- 青年旅舍铺位或招待所：30~40元/天
- 路边摊+小饭馆解决三餐，50元/天能吃得挺好
- 骑行，尽量利用公共交通，不进门票昂贵的景点

中档 200~400元

- 快捷酒店、普通宾馆的标准间，价格在150元/天左右
- 进餐馆点菜，30~50元
- 公共交通和包车、打车相结合
- 参加体验式课程

高档 400元以上

- 三星级宾馆标间起
- 吃喝可随意选择，但切忌浪费
- 包车出行
- 观看大型演出
- 聘请私人户外向导、教练

重要号码

公安报警	☎110
医疗急救	☎120
广西旅游局投诉电话	☎0771-12301
广西旅游咨询电话	☎0771-12301
天气预报	☎12121

主要城市区号

南宁、崇左	0771
柳州、来宾	0772
桂林	0773
梧州、贺州	0774
玉林、贵港	0775
百色	0776
钦州	0777
河池	0778
北海	0779
防城港	0770

网络资源

- **广西气象信息网**（www.gx121.com）实时发布广西各地天气预警与天气预报。
- **桂林生活网**（www.guilinlife.com）由桂林日报社主办，其桂林人论坛在户外和美食方面颇具参考价值。
- **北海365**（www.beihai365.com）北海城市生活分享社区，包含大量本地吃住玩资讯。
- **966800旅行网**（微信公众号：广西票票；www.966800.com）手机在线订票利器，可随时购买广西各大城市汽车站车票及部分景点门票。

抵达广西后

- **桂林两江国际机场**（KWL；见379页）机场大巴至市区：20元；出租车至市区：100元左右。
- **南宁吴圩国际机场**（NNG；见379页）机场大巴至市区：20元；出租车至市区：150元左右。
- **北海福成机场**（BHY；见379页）机场大巴至市区：20元；出租车至市区：80~100元。
- **柳州白莲机场**（LZH；见379页）机场大巴至市区：15元；出租车至市区：50~70元。
- **梧州西江机场**（WUZ；见379页）机场大巴至市区：2元；出租车至市区：70元左右。
- **百色巴马机场**（AEB；见379页）机场大巴至市区：26元；出租车至市区：100元左右。
- **阳朔站**（见131页）专线车至县城：20元；出租车至县城：100元左右。
- **南宁东站**（见79页）可乘地铁一号线至市中心。
- **北海站**（见312页）位于市中心。
- **柳州火车站**（见168页）位于市中心。

当地交通

由铁路和公路构成的广西交通路网在全国范围都堪称一流。区内南宁、柳州、桂林、来宾、贵港、梧州、贺州、北海、钦州、防城港10座地级市全部开通高铁，超过20座城市之间开通了动车，并且实现了公交化。全区14座地级市全部贯通高速公路，尚未有高速联通的县也正在急速减少。对旅行者来说，往返各个城市与景区之间异常方便与快捷。省级公路和“村村通”工程的实施，也让旅行者更容易到达那些偏僻的景点。

出境游

除了个别口岸的过境一日游可凭身份证办理，其余均需提前或落地办理签证，因此记得带好护照。

东盟10国中已有半数在南宁设立总领事馆，申请签证很方便。

前往凭祥、东兴等边境口岸，已无须办理边防证。

了解更多**交通指南**，见379页。

新线报

去崇左看白头叶猴

作为科研机构的白头叶猴自然保护区对旅行者一直是半推半就的姿态。2019年的清明节期间，这里开放了部分园区。集休闲、观测、科普于一身的景区有助于人们认识并保护这种珍稀动物。

灵渠复航在即

为了配合灵渠申遗，灵渠的南渠部分预计于2019年底实现全线复航，届时将可从长江水系一路航行至珠江水系，再现“浮舟过岭”的历史景观。灵渠博物馆也已在规划中。

桂林交通升级

昔日的桂林汽车总站改建为旅游集散中心，仅保留部分去往热门景区的专线。新设立的桂林汽车客运南站拥有更多车次往来周边各地，微信购票更为便利。2018年9月，两江机场T2航站楼投入试运营。2018年底，桂林市区的三大火车站开始全面改造，预计2019年10月后相继完工，注意预留进站时间。

河百高速通车

河（池）百（色）高速于2018年底正式通车，桂西自然精华“东巴凤”三县结束了不通高速的历史。从百色高铁站乘专线接驳车到巴马只需50分钟，南宁—巴马的自驾旅程也缩短到3.5小时。

北海博物馆发力

海上丝路的耀眼珍宝让合浦汉代文化博物馆名声大噪。北海市区则以近代历史文化为线索，近代外国领事机构陈列馆、近代洋行历史陈列馆、近代邮电历史陈列馆都栖身于厚重的历史建筑中，参观体验不错。

桂东南的“新”景点

长期以来桂东南旅游穿村过寨的“野生”体验正在发生改变。钟山百里水墨画廊一期建成开放，容县真武阁包装为“容州古城”，富川县岔山、深坡、七彩虎头等村落也有不同程度的旅游开发。

高铁多了，班车少了

在南宁和北部湾城市圈、桂林和柳州城市圈，高铁已经实现公交化运营。长途汽车日渐稀少，并且多改为串联乡镇村庄的慢车。建议城市之间的交通首选高铁，而班车主要带你深入“毛细血管”。

中越过境游的微妙变化

德天瀑布顶端的“跨国集市”曾是颇具特色的体验，但如今旅行者已经不能再到越南境内逛街。凭身份证就能过境参加的同登庙会，现在也只能随团或办理正式签证前往。

合山国家矿山公园部分开放

近代矿山遗迹的开发在广西并不多见。作为煤都的合山经过改造，现在旅行者可以坐着小火车沿曾经的运煤铁路穿越花海，还能流连在仿佛被时光封存了一般的煤矿生活区中。

涠洲岛基建大升级

随着环岛公路的贯通，旅行者终于不必再忍受颠簸和扬尘；孤悬海外的斜阳岛开通了4G网络和光纤宽带。同时，酒店业激烈的竞争也将品质节节助推。夏季断断续续的供电也许是这座海岛最后的痛点。

如果你喜欢

民族风情

广西拥有众多少数民族，如果你对民族风情感兴趣，不妨去这些地方体验一番。

瑶族刺绣 爱好民族手工艺，不妨去金秀看看瑶族的阿姨、姑娘们飞针走线，也可以在金秀县城里的瑶凤凰瑶族织绣店学习“八角花”等瑶绣传统图案。（见186页）

壮族村寨 在靖西、东兰等地，有不少壮族村寨，还保留着传统的干栏式木楼和“户户相连、家家相通”的布局。（见286页）

隆林圩日 在隆林民族聚居地，一年有36个圩日，在集市上可以欣赏到缤纷的民族服饰，还有机会淘到原生态的手工制品。（见299页）

侗族大歌 在三江程阳八寨，村村都有鼓楼，你可以在这里听到原汁原味的侗族大歌，声若天籁。（见175页）

京族三岛 在东兴山心、澫尾、巫头三岛，跟随京族男人出海捕鱼，品尝独特的海味——“鲇汁”，也叫鱼露。（见353页）

古村落

从耕读传家的汉族村落到风情浓郁的少数民族村寨，广西拥有一张古典村落的“全光谱”。街巷、鼓楼和独特的节庆，将帮你重新找回乡土生活的记忆。

黄姚 黄姚是一幅优雅的水墨画，却也有桂北独特的防御体系。你可以沿着石板路去探访古镇的“九宫八卦”。（见201页）

月岭 穿行在六个同日开工、同日落成的桂北大院中，在精致的石牌坊背后寻找桂剧的起源吧。（见159页）

江头洲 你可以在这里的莲池畔寻访周敦颐的广西后裔，抬头瞻仰那些以官职、功名命名的桂北大院；也可以赶在姑娘节当天来凑凑热闹。（见122页）

高定村 在这座小小的侗寨内保存着7座高大的鼓楼，最别致的一座，中央支撑的主柱仅有1根（通常至少4根）。（见176页）

小桑村 在这处难以抵达的苗族秘境，你将收获秀美的梯田风光和原生态的木质吊脚楼。你也可以从这里出发去攀登元宝山，在“吊脚崖”上来一张惊险刺激的留影。（见183页）

秀水村 玉带河环绕着这座已有1300余年历史的“状元村”，这里拥有桂东南最古老的书院和建在泉水上的精美戏台。（见207页）

古建筑

地处潮湿炎热的岭南，广西并不具备保存古代木建筑的理想条件，但仍有一些木质楼阁与砖石城堡、近代建筑一同保留至今。

经略台真武阁 步入这座由梁思成重新发现的“天南杰构”，唐代的经略台、明代的真武阁，是广西古建筑的一大惊喜。（见231页）

恭城古建筑群 穿行在极具岭南特色的文武庙中，吃一顿朴素的斋饭，赶一场热闹的关帝庙会。（见142页）

程阳风雨桥 作为广西侗族建筑当之无愧的“封面级”代表，程阳风雨桥是当地重要的公共建筑，经历了不为人知但颇具传奇色彩的重建。（见175页）

如果你喜欢玩刺激

就在宾阳炮龙节浓重的火药味中，投身到中国最热闹的过年狂欢里吧，沿街的筵席和热闹的舞龙会延续整整三天。（见83页）

金秀的瑶绣

梧州骑楼城 在南洋风格和巴洛克艺术交融辉映的骑楼建筑中，重新翻开梧州云诡波谲的近代史。（见213页）

永宁州古城 这个已经渐趋荒芜的昔日县治，仍保留着宏伟的城墙和街道格局，每一座城门都拥有属于自己的用途和往事。（见124页）

西林岑氏建筑群 岑氏是桂西北地区盛极一时的望族，在他们的故土保留着一组完整的明清建筑群，甚至在中法战争等近代史事件中也留下了家族印迹。（见300页）

博物馆

越来越多的新博物馆涌现出来，你可以把这里当作了解本地风土人情的第一站，来一段有深度、有文化的广西之旅。

桂林博物馆 几乎没有一个展厅令人失望，这是中南地区最棒的地级市博物馆之一。不要错过展现本地历史脉络的书画收藏和明代青花梅瓶陈列。（见111页）

合浦汉代文化博物馆 以一个庞大汉墓群的出土文物堆砌出这样一座汉代文物宝库，在北部湾的海岸线上标记着海上丝绸之路最先扬起的风帆。（见311页）

桂海碑林博物馆 站在“壁无完石”的龙隐岩下，摩崖石刻将带给你摄人心魄的震撼体验。在海量的石刻中寻觅熟悉的人名，享受发现的欢喜。（见110页）

贵港市博物馆 专程来这里寻找广西规格最高的西汉墓葬陈列——罗泊湾一号墓展厅。在复原的墓室中遥想西汉时发生在这片土地上的民族融合与文化交流。（见221页）

恭城瑶族博物馆 穿行在仿古宫殿的“地宫”之中，了解瑶族先民如何刀耕火种、筚路蓝缕，读完一部生动有趣的瑶族史。（见143页）

自然景观

在广西旅行，真正的重头戏当然是这里高度发育的喀斯特地貌。但除了十万大山中的峰林、天坑与岩洞，也不要错过丹霞的雪景和火山岛的渔歌。

漓江 无论是在桂林（见99页）、阳朔（见124页）还是兴坪（见135页），漓江的经典段落值得用不同的方式不断被发现。

德天瀑布 在中越的边界线上，德天瀑布与越南的板约瀑布连成一片，成为一个颇有噱头的跨国瀑布组合。你可以乘坐竹排亲

德天瀑布

近瀑布，就像水上赶集那样和越南竹排上的小贩们讨价还价。（见84页）

水晶宫 你也许已经看过无数的知名溶洞，但水晶宫仍是不容错过的一个。在长达40万年的溶洞发育过程中，纤细如毛发、洁白如雪花的水晶石孕育出一个逆向生长的地下王国。（见259页）

大石围天坑 深达613米的大石围拥有多项世界之最，坑底还有大片的原始森林。你可以在几处观景台感受不同角度的大石围，运气好时还能赶上“云海佛光”。

八角寨 轻松地花费半天登上湘桂交界的八角寨，享受美好的晨昏光线。每年的冬季，这里还能赏雪。（见156页）

涠洲岛 这个正在回归良性发展的火山岛是广西最著名的海岛目的地，正是三万年前的数次激烈喷发让你可以在这里安享一个悠闲的假期。（见313页）

大容山 从昔日的林场变身为森林公园，湖泊、瀑布、草地点缀在森林之中，还可以慢悠悠地征服桂东南第一峰。（见232页）

当地人推荐

吴彦

微信公众号“Hello北海”创始人。

本地人的北海和外来者的北海有什么不同?

在本地人眼里，北海是一个生活的地方；在外来者眼里，北海是个度假的地方。

外来者（候鸟族）大部分都会选择住在城市的南边，靠近银滩和侨港；北海本地人大多居住在市中心，为了生活方便。有趣的是，北海的本地人并不介意“闯入”游客地盘，去寻找他们心中的私藏老店——比如侨港或中山路。只不过他们选择的，往往是被游客忽略的。

你认为北海有哪些独特的气质和优势?

北海当然只是个“非著名旅游城市”，但这里令人放松的氛围还是很吸引人的。如果不喜欢人多拥挤，来北海度假是个不错的选择。不紧不慢、不争不抢，这就是北海人的性格。再忙也得吃完汤粉，等午睡醒来再说。

北海的夏天是可爱的，骑上“电驴”撞着海风，穿梭在茂密的树荫中，不时会在街角偶遇一些异国风情的建筑——这些随19世纪末开埠而来的“西风”，今天已经成为珍贵的城市遗产。

北海饮食虽没有响亮的名头，但绝对是个“懂吃”之地。粤菜的口味和料理方式在这里广受认同。严格地说，北海的主流菜系是疍家菜，也就是海上渔家的做菜方式，以最少的调料来烹饪出鲜美的菜肴。每一种鱼、每一种虾、每一种螺，都有对应的最恰当的烹饪做法，如果老板是本地人，通常会给你最恰当的建议。现在你知道怎么选餐馆了吧?

能不能推荐一些私藏玩法?

- 早上8点去中山路，在当地人的鼎沸人声中吃早餐。
- 骑“电驴”逛老城、海堤街、珠海路、中山路、北部湾西路……在街头巷尾感受城市气息。
- 把高铁当公交，去参观合浦汉代文化博物馆。
- 逛一次当地菜市场，或直接去码头跟渔人讨价还价。
- 睡个像北海人一样悠长的午觉。
- 傍晚4点半之后去海边看日落。
- 晚饭后去洗头，用姜泥洗头并按摩是北海极具特色的休闲方式。长达1小时的享受，仅需50元左右。
- 晚上10点之后去侨港吃夜宵。去早了门厅冷清，只有晚10点后才是侨港美食的黄金时间。

陈勇亲

梧州户外活动和赛事组织者。

听说梧州每年端午的赛龙舟很热闹，有什么看点?

特点是历史久、距离远，龙舟本身也比竞技龙舟长不少，能坐下三四十名桨手。以前从苍梧的龙凤湾放龙，经过龙圩镇、长洲岛、桂江口，一直到系龙洲，有15公里。后来修了长洲水利枢纽，就改成7.5公里，但还是比其他地方的龙舟赛长很多，龙舟赛上大家你追我赶，非常有观赏性。小时候防洪堤还没建，岸边的河堤上站满了观龙舟的人，还有卖传统小吃的商贩，这可能是梧州人对端午节的共同记忆吧。

梧州还有什么有特色的户外运动吗?

梧州的户外活动和水相关的比较多。游泳爱好者会在冬天横渡桂江和浔江,近年来也有人在玩皮划艇、帆板,将来会在苍海湖那边建一个水上运动基地。

有没有你个人最中意的地点?

梨埠镇那边有个爽岛,其实是个水库,也叫飞龙湖,水质很好,面积也大,夏天可以跟朋友们一起划艇慢慢玩。爽岛最出名的是一个多级的皇殿瀑布群,很漂亮,旁边还生长着桫椤之类的原始植物。从瀑布一路走上去,山顶附近有几户瑶族、苗族人家,我们每次去就在他们竹子搭建的晒谷坪上露营。晚上看着满天星光,耳畔传来蛙叫虫鸣,那种与世隔绝的感觉,惬意极了。

陆宇堃

摄影家,桂林市摄影家协会理事。

在很多人都钟情于桂林的山水风光大片的时候,你为什么更喜欢把镜头对准桂林的街头巷尾和民俗生活?

中国的城市化进程正在改变很多传统,对于风光摄影来说,它记录的是一成不变的桂林山水,而对于街头纪实摄影来说,它更多记录的是平凡人的生活,它没有人像摄影那么“有看头”,也没有风光摄影那么壮观唯美,但它由无数个平凡瞬间组成。街头摄影并不轻松,面对复杂的光线、转瞬即逝的情境,需要丰富的经验去把控这一切。在桂林市区的东西巷遗址广场、瓦窑小游园还能见到很接地气的彩调演出,如果想要看更高雅一些的桂剧,可以去省立艺术馆附近的桂林桂剧院。

在剥离了桂林的旅游业包装之后,有哪些变迁中的城市场景是你特别想要记录下来的?

桂林并不只有山水,这里的城市文化和历史底蕴都非常深厚。市区范围内的六合圩、划龙舟都是非常具有本土气息的场景,但也都因为城市化的进程而面临着不确定的未来。更有特色的是桂林的“乡人傩”,目前除了一些固定场所的表演形式以外,原生环境中的桂林傩舞几乎已经消失殆尽,非遗传承人也上了年纪,只有一两个徒弟凭爱好在学习传承。印象特别深刻的是2016年,我在野外拍摄到了一次民间彩调演出,演员在河边化妆,而演出的场地就在岩洞旁的空地上,现在通往这里的桥已经断了,他们不得不到处寻找新的演出场地。我非常希望记录下这些在变迁中面临困境的桂林传统,也希望更多旅行者能用镜头为他们留下珍贵的影像。

王伯杨

漆器艺术家,“桂林漆器”代表性传承人。

漆器和桂林山水之间存在怎样的关联?桂林漆器是否有别于其他地区的传统?

桂林一带多山多水的自然条件非常适合漆树的生长,龙胜、永福、资源都有野生漆树林,孕育出割漆人、髹漆师这样的职业。贵港的西汉罗泊湾一号墓曾出土大量漆器残片,可见汉初的桂林郡就已是一个有规模的漆器制作中心。宋代以后,桂林漆器逐渐发展出自己的独特风格:选择不事雕琢的自然物作为漆器的天然胎骨,以鸟的翅膀做扇子、以海胆做酒杯,都是中原地区所没有的特色。这种顺应自然、千器千面的风格,是桂林漆器乃至岭南地区独有的审美趣味和文化精神。

广西有哪些非常值得一看的非遗工艺?旅行者有什么途径可以参与其中?

资源的河灯、百色的铜鼓以及少数民族地区的壮锦、苗族刺绣都是广西非常有特色的非遗工艺,旅行者可以在很多地方买到这些有特色的纪念品。在雁山区的桂林园博园,旅行者还可以亲身参与竹编、藤编、柿漆扇、桂花茶等多项非遗的手工制作,也可以用柚皮做胎上漆,秉承传统工艺,制作一个小茶叶罐。旅行者的参与很好地推动了非遗的传承和发展,使一些曾经无法生存的行业获得了消费级市场,并进一步推动了工艺的进步。

李晋

广西摄影家协会理事,广西乐业户外运动管理中心主任,乐业飞猫探险俱乐部负责人。

关于乐业天坑有些什么新发现吗?

2018年10月,中国地质科学院岩溶研究

桂林传统的彩调演出

所和国家洞穴协会对冒气洞进行了激光三维扫描，得出最新的探测数据。冒气洞的容积677万立方米，已跃居世界第三；高度450米，大厅顶部与公路之间的厚度仅4米，可以说是世界上最薄的大厅洞顶之一了。

所有的天坑底部都是原始森林吗?

乐业天坑群所有的天坑底部都有森林植被，只是规模大小不一，大石围天坑底部有10.5万平方米的准原始森林面积，是世界上最大的。黄猄洞天坑底部的野生兰科植物特别丰富，还发现了迄今为止全球最大的野生居群莎叶兰和大香荚兰、全国唯一的野生居群带叶兜兰，目前这里是国家级自然保护区的一部分。

乐业有哪些天坑是普通旅行者可以深入底部进行探访的?

除了大石围天坑，乐业的其他天坑普通旅行者都可以跟随探险队进入。大石围天坑由于底部原生态较为脆弱，科考项目也必须经过地质公园管理局、县城户外管理中心、县委宣传部和景区的批准才可以进入。目前最常前往的是大曹天坑和风子荡一洞三坑，两个都在火卖村，两个洞里都已铺设好步道，但尚未安装照明设备。例如大曹天坑，首先需要借助SRT速降到天坑底部的溶洞，然后进入红玫瑰大厅，这是世界上排名第二、中国最大的地下溶洞大厅，最后从谭家洞口出来。如果只是想去看看红玫瑰大厅，且有一定的探洞经验的话，也可以反过来走，就不需要速降了，但必须带上光距足够的手电筒或头灯等照明灯具，头盔、干粮、水也都是必要的装备。

因为曾经在洞穴里发现迷路的旅行者，所以不建议旅行者自行探访天坑，跟着探险队走是最安全的。有些天坑也不建议大家前往，例如黄猄洞天坑以前开发过，也对外开放，但一直少有游客造访，步道因年久失修非常危险，没有照明，里面都是原始森林，路非常难走，而且黄猄洞的位置非常荒僻，出了事真的会叫天天不应。

省钱妙计

广西无疑是中国物价最低的省份之一，在很多地方，"十元吃饱，百元住好"不是梦。中等预算的旅行者更能以合理的价格轻奢一把。只需掌握一些错峰技巧，小心避开陷阱，性价比之旅唾手可得。

住宿

➡ 订房网站上的"低价"往往是以"无早""无窗""副楼"为代价，因此不如直接致电前台，或许能得到底价。直接在品牌快捷连锁酒店官网或APP上预订，时常也比订房网站便宜。

➡ 如果在广西旅行的时间较长，不妨办张本土品牌连锁酒店会员卡，入住方便也省钱。中高档连锁酒店为了争取客源大力推行会员卡，有些用一次即可"回本"。

➡ 在热门季节的热门区域，酒店可能一天一个价格，记得越早预订越好。使用高德或百度地图搜索酒店名称，方便在多家旅游电商之间实时比价。

餐饮

➡ 关注餐馆的微博、微信账号，查询有无团购优惠，扫一扫二维码，也许就能获得折扣。

➡ 充分使用青旅和家庭客栈提供的自助厨房，还可以询问是否能与主人一家"搭伙"吃饭。

➡ 离开游客活动的热闹区域，不进宣传力度大的特色餐馆，去当地人生活的"新城"吃饭，口味和价格都更好。

➡ 享用海鲜、山珍等"时价"菜品前，最好事先了解价格行情和料理方法，避免被坑。

交通

➡ 留意青旅的布告栏，这里经常发布拼车信息。若要前往某些难以到达的户外目的地，可参加当地驴友组织的户外活动。

➡ 旅行社常有将城郊主要景点打包的一日游，比自己转车折腾要便宜。

➡ 广西主要城市间还有少量K、T字头慢火车开行，速度是高铁的一半，价格也便宜一半。长距离转战的话，可以看看折扣较大的区内支线航班。

门票

➡ 由广西旅游发展委员会和桂林银行推出的八桂旅游卡，到各大景区直接刷卡即可买到价格不高于主流旅游网站的门票，长期旅行可以考虑，省时省钱。

➡ 在旅游电商或淘宝网上购买门票，常有意想不到的折扣，有时还赠送景点接送服务。在青旅、酒店前台以及旅行社门市部也能买到折扣门票。

购物

➡ 尽量在当地购买互联网上买不到的东西，购物要远离景区、游客步行街，亲近集贸市场、当地大超市。

➡ 走进乡村，走进圩集，直接在当地人开的店铺或村民手中购买手工纪念品，不但品相价格相对靠谱，还能为他们提供实际的帮助。

旅游淡季

➡ 除了黄金周，暑假也是广西游人如织的季节，酒店、交通都十分紧张，应尽量避开。

➡ "错峰抄底"的原则同样适用于旅行。除了常规的淡季，在黄金周之后几天出门，可以享受不错的食宿价格。

➡ 善打时间差。在季节性风景旺季前后几天去，往往可以用便宜的价格享受到差不多的风景。自然风光稍逊的季节，你可以将目光转向人文风情，比如在冬季去少数民族村寨过年。

每月热门

最佳节会

富川炸龙与宾阳炮龙节，农历正月初九至十五

京族唱哈节，农历六月初十

同登庙会，农历正月初十

瑶族晒衣节，农历六月六

环广西公路自行车赛，10月下旬至11月初

1月至3月

去少数民族聚居区过一个狂欢的春节，以此迎接新的一年。前往热门地区记得提前预订住宿和车辆。

苗族坡会

苗族坡会是融水最盛大的节日之一，从正月初三闹到正月十七，届时，男人们扛着芦笙，姑娘们身着盛装，从四面八方赶去坡会。节日上精彩的苗族斗马，还会瞬间让你的肾上腺素激增。

富川炸龙与宾阳炮龙节

正月初九至十五，一南一北几乎同时举办的盛事，全副武装的舞龙者一边躲避扔来的花炮，一边舞动巨龙穿街过巷。你也可以混在其中玩一回刺激，但请注意安全。

同登庙会

农历正月初十，可以过界去越南边境小城同登参加盛大的庙会活动。不过目前只有在凭祥参团一种方式。

白裤瑶元宵节

南丹里湖村的白裤瑶迎来了最隆重的节日元宵节，人们会身着最华丽的服装出现在对歌会上，还有机会看到铜鼓祭祀。

4月至6月

一年之计在于春，人们纷纷用庆祝活动来祈盼风调雨顺。这正是你深入少数民族村寨的好时机。

壮族歌圩

农历三月三，以对歌的名义，全民狂欢。各家各户做五色糯米饭祭祖，还有踩风车、荡秋千、演壮戏等风俗。

田阳敢壮山布洛陀文化旅游节

每年农历三月初七到初九举行，是百色最为热闹的官方节日，上万壮族人来寻根溯源祭祀祖先，连带着对山歌、抛绣球等活动在敢壮山下如火如荼。

乐业国际山地户外运动挑战赛

每年4月26日至28日举行，内容包括越野跑、山地自行车、登山、皮划艇、GPS定向越野、漂流等，国内外众多户外俱乐部和高手都会参加。

龙脊梯田放水

农历四月十五之后的半个月，清水沿着梯田层层流

最热门：三月三歌圩节

除了法定节假日，在广西还有一个节日是全自治区放假，全民狂欢，那就是农历三月三。柳州、桂林、河池、百色，无论你在哪里，都有机会加入这个盛大的节日之中，唱山歌，荡秋千，品美食，绚丽的民族服饰和热闹的歌舞表演更是闪花你的眼。

富川炸龙节现场

淌，整片山坡都明亮起来。同样漫山遍野的还有三脚架。

高山花季开始

5月，资源金紫山、金秀大瑶山、南宁大明山等高山地区进入花季。可以来一次以寻花为名的户外徒步了。

漂流时节

5月至6月是广西河流水量最丰沛的季节。5月中下旬，龙颈河、五排河等地的漂流活动开始进入高潮，既无骄阳，水温也适宜，纵然湿身也不怕。

7月至8月

进入旅游旺季，各种水上活动最受欢迎，但请小心多变的天气。

晒衣节

农历六月初六的晒衣节是龙胜地区瑶族一年中最盛大的节日，活动的中心设在大寨。这一天，家家户户晒出鲜艳衣装，还有包粽子、对山歌、比长发等活动。

彝族火把节

农历六月二十四举行。除了要点火、祭火之外，还有斗马、赛马、摔跤、舞蹈、打磨秋、抹黑脸等各种娱乐活动。

京族唱哈节

京族三岛进入狂欢季，迎神、祭神、入席、送神等环节会持续三到五天，其间还会有各种娱乐活动。各岛过节的时间不尽相同，规模最大的是每年农历六月初十的万尾哈节。

（上图）河池天峨的蚂拐节
（下图）资源八角寨的冬日雪景

北部湾开海节

8月，到了开海捕鱼的日子，标志着肥美海鲜季的开始。以北海为中心，防城港、钦州等北部湾城市，都会举办各类美食和文化活动。

赏荷塘美景

7月至8月，去会仙湿地驾一叶小舟，穿行在接天莲叶的诗情画意之中。

荔枝熟了

6月至8月荔枝上市，何需八百里加急，果中佳品唾手可得。不过小心吃多上火。

9月至10月

收获季节，一年的辛劳都化作感恩与庆祝。而此时暑热退去，也是户外达人施展拳脚的大好时节。

仡佬族尝新节

根据秋收的不同时间来决定，现在隆林定为农历八月十五。这天大家停止农作，穿上盛装到田里采集新谷物。这天同时又是拜树节，有牛心祭祖的风俗。

阳朔攀岩节

通常选在10月下旬的金秋时节举行，全世界的攀岩好手相聚阳朔，举行友谊赛和狂欢派对。

环广西公路自行车赛

中国境内的世界顶级自行车赛事，10月下旬到11月初，全球顶尖车手和车队在唯美的海滨和喀斯特地形间展开角逐。为期一周的赛程，广西从南到北都有赛段。

11月至12月

进入广西旅游的淡季，好在还有节日向祖先和古老的生活方式致敬。冬季到资源看雪也是桂北不多的亮点了。

瑶族盘王节

每年农历十月十六，跳长鼓舞，唱盘王歌，庆祝老祖宗盘王盘瓠的生日。不是每年都会庆祝，许多地区两年才举办一次盘王节庆典。

阳朔渔火节

以表演方式重现漓江上濒临绝迹的捕鱼古法，一般在12月下旬举行。周边的一系列庆祝活动为这个“人造节日”注入了狂欢的性质。

钦州蚝情节

热爱生蚝的人有福了。作为优质大蚝的原产地，每年12月，钦州都会举办规模盛大的节日，包含捕捞、烹饪、品鉴、演出等各种活动。

资源看雪

冬季到资源来看雪算是桂林旅游的新亮点。资源八角寨的丹霞地貌与雪景的组合，在南国还是颇有吸引力的。

计划你的行程

旅行线路

9天 高铁之旅

随着广西高铁时代的来临，从桂北至南部沿海这条传统的黄金旅游线全面提速。对于第一次来广西时间又较为紧张的旅行者来说，可以考虑这条轻松有趣的高铁之旅线路。

第一天，在**桂林**（见99页）吃碗米粉，白天在历史遗迹间骑骑走走，晚上徜徉在**两江四湖**的灿烂灯火中。第二天坐游船沿漓江而下到达**阳朔**（见124页），晚上，可以在西街酒吧坐坐，或者去看大型山水实景演出《刘三姐》。第三天一早，租辆车去逛逛**十里画廊**，乘傍晚的高铁去**柳州**（见163页），把火辣的螺蛳粉当作夜宵。第四天在众多博物馆中选择一二参观，晚上坐高铁到**南宁**（见68页），水街和埌东新区分别代表着这座首府的过去和未来。第五天北部湾岸边，从最西端的防城港开始，可以住在充满活

柳州三月三时身着民族服饰的儿童

力的边境小城**东兴**（见325页），第六天沿国境线骑行到京岛，晚上乘高铁到游客不多的**钦州**（见323页），之后可在第七天参观爱国将领刘永福、冯子材的故居，或者去三娘湾看白海豚。第八天搭高铁前往最后一站北海时，不妨提前一站合浦下车，欣赏令人震撼的汉代文化博物馆。第九天在**北海**（见302页），白天骑电动车穿梭在骑楼之间，傍晚别错过银滩迷人的日落。

你也可以选择从南宁向西到**百色**（见276页），“东巴凤”三县蕴藏了最让人惊叹的喀斯特奇观，只不过它们之间要靠大巴接驳。

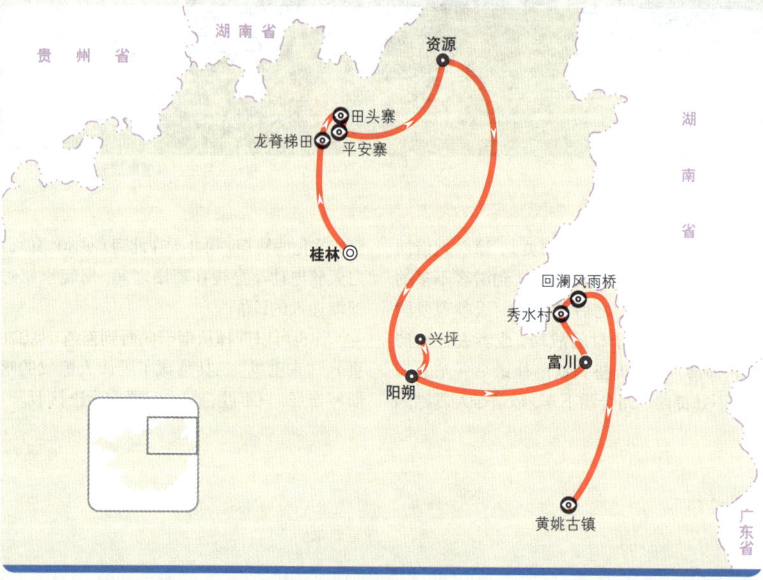
湖南省
贵州省
资源
田头寨
龙脊梯田
平安寨
桂林
湖南省
回澜风雨桥
秀水村
兴坪
富川
阳朔
黄姚古镇
广东省

©视觉中国

©视觉中国

（上图）龙脊梯田

（下图）黄姚古镇

10天 行摄之旅

山水神韵加上多彩民族，让广西成为摄影爱好者的钟情之地。其中，从桂北到桂东南一线更是一条经典行摄线路。5月至6月和金秋时节都是出行的好时段。

到**桂林**（见99页）之后，你可以花一天时间在王城、滨江路和两江四湖间信步游走，一路品尝最地道的桂林米粉。第二天从桂林乘车北上前往**龙脊梯田**（见147页），春耕放水、瑶族农历六月六“晒衣节”和秋天收获时，这里总能吸引大批影友。第三天你可以大清早从**田头寨**徒步到**平安寨**。当天晚上赶到**资源**（见156页）八角寨山脚住下，第四天凌晨乘兴登顶拍摄壮观的丹霞地貌，“群鲸闹云海”的壮景值得你早起。

第五天从资源转车到**阳朔**（见124页），租辆自行车在周边游荡，把镜头对准月亮山、葡萄乡的田园风光以及遇龙河上几座古桥的倩影。第六天从阳朔搭车到**兴坪**（见135页）古镇，傍晚登上老寨山或者相公山，壮丽的漓江日落等着你。第七天用一天时间从兴坪徒步到杨堤，再搭车回到阳朔县城，一路上拍摄“黄布倒影”和“九马画山”，机位绝对比在游艇上强百倍。

第八天从阳朔往东南方向走，拍摄题材开始从自然转向人文，**富川**（见205页）的明清古村**秀水村**和福溪村，还保留着浓浓的古典精致情怀。村外，青龙风雨桥与**回澜风雨桥**已在旷野中屹立数百年。第九天就落脚于此吧。

把**黄姚古镇**（见201页）作为行摄之旅的压轴吧。在石桥与榕树掩映下的古镇，怎么拍都充满了画意诗情，而平淡的生活场景则更需要你有善于发现的眼睛和过硬的抓拍技术。

10天 桂东南访古之旅

作为历史上的繁荣之地，桂东南集中了广西最漂亮的古村镇、古建筑。全年任何时候都可造访，在黄金周，相对冷门的这里更是错峰的好选择。

从**桂林**（见99页）出发，先到**恭城**去看看文武双庙和周王庙吧。周王庙的门楼用一千多根木料相互依托而成，堪称古建筑典范。下午，到达富川，这里有不容错过的明清古村**秀水村**（见207页），晚上就住在村里，第二天再去探访福溪村不费一钉的百柱庙。别忘了多走几里地，看看旷野中遗世独立的青龙风雨桥与回澜风雨桥。在前往**富川**（见205页）县城的途中还会经过深坡村。

第三天，南下去**贺州**，在**临贺故城**瞻仰残存的汉代城墙，然后去龙井村，在巷道中寻找历史的痕迹。晚上赶到**黄姚古镇**（见201页），挑一家喜欢的客栈住下吧，感受夜色中古镇的静谧。再用一天时间好好欣赏黄姚的市井生活。

第五天继续往南至**梧州**，看看骑楼城里不用布景就能拍民国片的老街，花上两天时间尝尝当地小吃，在维新里看看岭南大户的木雕花窗与趟栊门。下一站是玉林，第七天先到**容县**（见231页）拜访经略台真武阁，曾令梁思成惊叹、由四根悬空巨柱支撑的真武阁，是明代木构的杰作。第八天到**玉林**（见227页）探访高山村，领略等级森严的传统宗祠文化。**陆川**的**谢鲁山庄**不可不去，闲逸的山水庄园背后，隐藏着主人的生活哲学。最后两天，**桂平**（见222页）是你这一趟访古之旅的终点，在西山的众多古寺旁，品一杯乳泉水冲泡的西山茶，再将这一路的历史细细回味。

吴嘉之 摄

©视觉中国

（**上图**）秀水村的状元楼
（**下图**）梧州骑楼的窗户

状元及第
桃承富水振家声
派衍浙江绵世泽

贵州省
湖南省
广东省
桂林
秀水村
恭城
富川
贺州
临贺故城
黄姚古镇
梧州
桂平
容县
玉林
陆川
谢鲁山庄

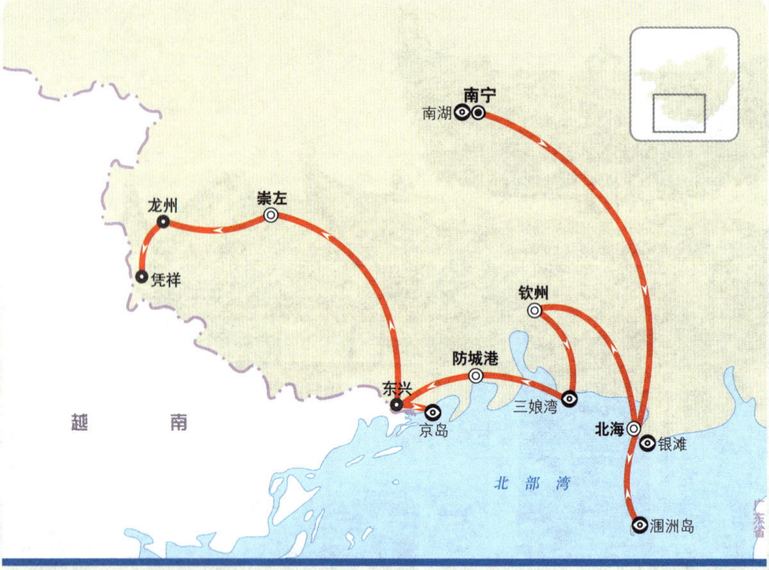

12天 边海之旅

沿海边境是广西南线旅行的主题，5月至10月都是不错的出行时间，海水温暖、山色葱茏，避开暴雨天气即可。

第一天从**南宁**（见68页）开始，到**南湖**放松一下心情或者继续向东到东盟商务区赶时髦，然后坐地铁回到中山路和水街，投入各色美食怀抱。第二天前往**北海**（见302页），并至少停留两天：在老城的骑楼和西洋建筑中阅读历史。如果**银滩**游客太多，就去侨港海滩，还能顺道品尝海鲜及越南美食。有高铁连接，精彩的合浦汉代文化博物馆其实不远。第四天，买一张船票，悠哉地前往**涠洲岛**（见313页）。海钓、潜水、看日落日出，从码头、市场买来海鲜自己烹饪。三天的停留时间能保证你玩遍全岛，之后乘船返回北海。

第七天前往**钦州**（见323页），在**三娘湾**与白海豚嬉戏，第八天晚些时候经**防城港**，前往沿海的边境小城**东兴**（见325页），傍晚在北仑河畔的大排档尽情享受美食，第九天白天沿边境线骑车去**京岛**。

第十天从东兴坐车前往**崇左**（见84页）并驻留，趁傍晚凉爽去白头叶猴国家级自然保护区邂逅这群可爱生灵。第十一天前往近代边关重镇**龙州**（见91页），用一整天细细品味历史。最后一天，留给商贾往来的边城**凭祥**（见94页），浦寨是购买纪念品的好地方。

想出国也没问题，东兴、凭祥、水口都是通往越南的陆路口岸。

10天 少数民族地区自驾之旅

桂西、桂北是少数民族聚居区。自驾旅行最适合深入那些散落在群山之中的民族村寨。最热闹的时间当然是春节，但如果不想在冬天自驾，也可以选择6月至7月出行。

从**柳州**出发，第一站是**融水**（见179页），苗族姑娘绚丽的服装和一身银饰会令人炫目。从融水到**元宝山**（见182页）的苗寨，最适合自驾沿途探索。继续向北，迎接你的是**三江**精美的侗族鼓楼和风雨桥，**程阳风雨桥**（见175页）是其中的经典，别忘了深入独峒镇体验最原生态的侗族风情。

然后一路向西，到达**南丹**（见273页）。白裤瑶的服装是一大看点（农历六月三十的小年和阳历每逢3、6、9的赶集日，要看绚丽服装可得算准时间来）。继续向西到**乐业**，可以顺便玩玩**大石围天坑**（见289页），接下来，就去广西最西边的**隆林**（见297页），这里有4个世居少数民族和纷繁复杂的支系，每天都可以去不同的地方赶街。

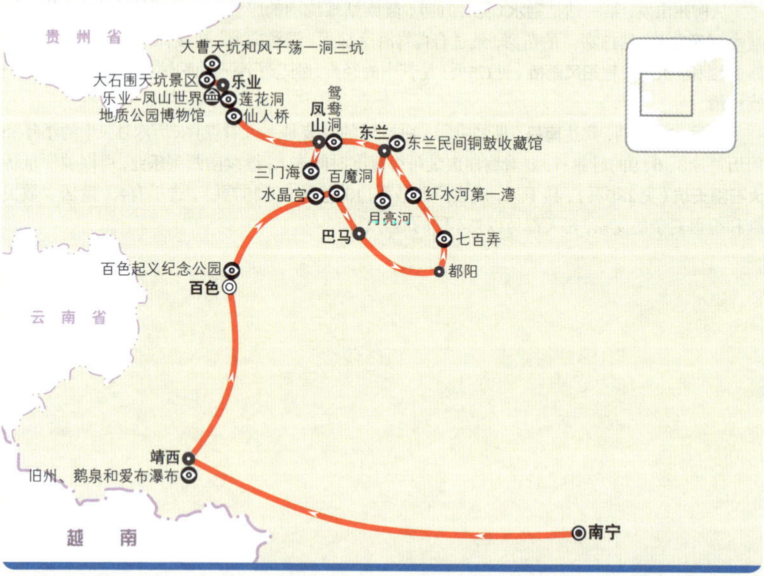
贵州省
大曹天坑和风子荡一洞三坑
大石围天坑景区
乐业
乐业-凤山世界地质公园博物馆
莲花洞
仙人桥
凤山
鸳鸯洞
东兰
东兰民间铜鼓收藏馆
三门海
百魔洞
水晶宫
红水河第一湾
月亮河
巴马
七百弄
都阳
百色起义纪念公园
百色
云南省
靖西
旧州、鹅泉和爱布瀑布
越南
南宁

©视觉中国

©视觉中国

（上图）靖西鹅泉
（下图）乐业大石围天坑

10天 桂西山水之旅

广西广袤的西部是喀斯特地貌的集中区域，且拥有不同的表现力，南部的靖西有着与桂林类似的山水田园景色，以喀斯特峰林为主。一路往北，山峰越来越密，地势越来越高，车行路上永远在绕着一个又一个山峰跑S形，你便进入了典型的喀斯特峰丛地带。

从**南宁**出发，第一天坐连线专车先后游览德天瀑布和通灵大峡谷，当日住在**靖西**。第二天游览靖西周边的**旧州**、**鹅泉和爱布瀑布**（见283页），然后去**百色**，逛逛解放区的老骑楼和粤东会馆等历史建筑，晚上去共和街和文明街交叉口，让各家大排档把肚子撑到爆。第三天如果有兴趣，可以花半天游览**百色起义纪念公园**（见279页），接着坐车前往**巴马**。下午游览**水晶宫**（见259页）和**百魔洞**（见260页），沿着盘阳河去两边的长寿村走走。

第四天，一早从巴马坐班车去**都阳**（见272页），随车欣赏岩滩的美景。在都阳街上乘坐大化发往板升的班车，穿越**七百弄**（见269页）后在板升换乘**东兰**的班车，继续一路随车欣赏红水河沿岸的风光。如果时间够，你可以从大同或坡豪坐船去**红水河第一湾**（见256页），当日住在坡豪。第五天，从坡豪去东兰后，先去参观**东兰民间铜鼓收藏馆**（见255页），下午去武篆镇和江平一线，**月亮河**（见256页）长寿村一带的喀斯特田园风光值得你细细走走。第六天从东兰去**凤山**，游览**三门海**（见267页）和**鸳鸯洞**（见266页）。

第七天，一早坐上去**乐业**的班车，在布柳河**仙人桥**（见291页）所在的村子下车，游览完仙人桥后，等下一班车继续前往乐业。第八天，一早先去**乐业-凤山世界地质公园博物馆**（见289页）恶补一下天坑知识，然后去罗妹**莲花洞**（见289页）和**大石围天坑景区**（见289页）。第九天，先去穿洞天坑，等待正午时的“天使之吻”。下午可以去火卖村寻找一下**大曹天坑和风子荡一洞三坑**（见292页）。如果想尝试探洞，可以多留出一天，但需要提前联系当地的户外俱乐部，在专业人员的带领下进行。

钦州三娘湾的中华白海豚

计划你的行程

负责任的旅行

自从Lonely Planet诞生以来，"负责任和可持续的旅行"（Responsible & Sustainable Travel）一直是我们秉持的旅行理念。如果在旅行途中能对当地文化、环境及居民有所裨益，你走的每一步都会更有意义。广西的山水之美和民族多样性，尤其需要你借助以下一些小贴士，来帮助你保护和支持广西的环境与当地人。

对环境负责

➡ **不要破坏环境** 参观溶洞时，不要随意抚摸钟乳石；在喀斯特峰林地区攀岩、探洞时，不要任意在石壁上开凿；在北海、涠洲岛潜水时，不要破坏水下的珊瑚礁。

➡ **注意防火** 在森林中徒步和露营时，注意遵守消防规定，预防火灾事故发生。

➡ **没有买卖就没有伤害** 不吃野生保护动物，不购买珍稀动植物制品，不购买钟乳石摆件，不购买野生动物、濒危海洋生物的食材和纪念品。

➡ **环保先行** 使用可降解产品，不管是徒步、露营还是漂流，不要把垃圾扔向山间或水中。如果可以的话，带走随身垃圾的同时，捡走别人先前扔下的垃圾。

➡ **节约能源** 多拼车、多搭载同路人。低碳出行，尽量选择以徒步和骑行的方式欣赏山水田园风光。

对当地人负责

➡ **买什么不买什么** 不要在旅游超市买那些所谓的民族工艺品。尽量在村寨和街圩上向当地人直接购买手工制品，这才是保护原生态手艺的正确方法。

➡ **造福当地人** 在旅游热点地区尽量入住当地人开的旅店或家庭旅馆；吃路边摊和家庭餐馆；喝当地啤酒。确保他们能够直接获益。

➡ **不要“太小气”** 向当地人购买商品或服务（比如有偿摄影）前礼貌问价，事后要记得尊重契约。去当地人家做客，应回馈以钱、物或情谊，别把“白吃白占”当作理所应当。回家后别忘了答应过当地人的礼物和照片。

对文化负责

➡ **了解才能尊重** 广西是多民族地区，进入之前请先了解一点当地少数民族的文化艺术和历史。

➡ **尊重民族传统** 在与少数民族接触时，确保自己的行为是礼貌和符合传统的，尤其避免触犯他们的禁忌。

➡ **用微笑与善意与当地人沟通** 随身携带一点小礼物，旅途中多打招呼多问多听。

参考网站

➡ **南宁志愿者网**（www.nnvol.org）有南宁公益组织的名录及活动信息。其中八桂义工协会（☎0771-562 9872）拥有较大的影响力和良好的口碑，可以在旅行中做一次环保、助学、扶贫方面的义工。

➡ **百蹊教育基金会**（www.baixi.org）国内一个专注于助学助教的民间组织，目前在广西有乡村学校图书角认捐、走访贫困学校等公益活动，可在出发前上网查询有无合适自己的行程。

➡ **拍照之前请先征询对方的同意** 否则不要拍摄私人或民族宗教活动。

避免“过度旅游”

2018年，牛津词典将“过度旅游（over-tourism）”列为年度词汇入围词。游客蜂拥而至、物价离谱上涨、名胜古迹遭到破坏、当地居民不堪其扰——近年来，每逢节假日都能看到景区“爆棚”的新闻占据头条。无论游客的体验，还是旅游目的地的可持续发展，“过度旅游”都是一种双输的结局。我们在此提醒，下面这些地方已经或正在遭到“过度旅游”的威胁。

➡ **阳朔西街** 几乎已被同质化严重且品质可疑的“网红店”占领，夜幕降临后又成了夜店和掮客们的主场。不如走远一点，到城西路以南当地人生活的区域逛逛。

➡ **漓江** 兴坪到杨堤的精华段落，除了轰鸣的“机械竹筏”，你还将“享受”无处不在的“游客价格”。那干脆去遇龙河、石头城亲近自然吧。

➡ **黄姚古镇** 这个曾经鲜为人知的地方，正在变得喧嚣，过多外来资本要在此分一杯羹。也许可以再往北走，去看看富川一带的古村落。

➡ **巴马** 越来越多的“候鸟”，让住房建设进入高潮，这个“大工地”正与“养生天堂”渐行渐远。要来广西养老？我们觉得防城港也不错。

➡ **北海银滩** 吵闹的水上游乐项目和一车车的旅行团，让人无暇欣赏落日美景，还是去侨港海滩一边眺望海景一边品尝美食更惬意。

在阳朔鸡蛋山岩场攀岩

计划你的行程

户外

南岭山脉与西江水系在广西交融，造就了一片户外爱好者的乐土，既有老牌的户外中心阳朔，也有新兴的户外小镇乐业。不管是徒步、骑行还是水上运动，在广西各地均有丰富的资源，而以喀斯特地貌为基础的攀岩、探洞等运动更是世界一流。

徒步
单日徒步

步行观赏**龙脊梯田**的三大主要景区。由古壮寨出发，经平安寨前往**金坑·大寨**，全程约15公里，需一天时间。沿途有多个观景点，5月、6月水满田畴和9月、10月金色稻浪的景致最佳，但游人也多，而冬日雪后也许会给你意外的惊喜。途中村寨均可解决餐点，如还有脚力，可从大寨爬上金佛顶观看日落。

阳朔兴坪、**乐业梅家**、**大新黑水河**均为经典的单日徒步目的地。

多日徒步

徒步穿越**龙胜彭祖坪**人迹罕至的自然保护区。从义西出发，经过龙家、包上抵达山中的小盆地彭祖坪，在厚实的草甸上扎营，这里有两户苗家可提供简单床位和农家饭菜。在游览了周边的飞瀑、奇岩和珍稀原始森林后，再经由矿场、百竹、李家下至矮岭温泉，全程约35公里，需2~3天。4月、5月高山杜鹃盛开时最美，温泉向南还可穿越至龙脊梯田。

灌阳千家峒、**兴安摩天岭**、**乐业五台山**都是受欢迎的多日徒步路线，2018年林业局发布的**南岭国家森林步道**广西段长1164公里，经过贺州、梧州、来宾和桂林市。

登山

攀登华南第三高的**融水元宝山**。从白坪往返蓝坪峰的路程较为休闲，夏季可在野人瀑布嬉水，若看云海日出需提前2小时出发。从小桑村、元宝村登上青云峰和元宝峰更具挑战，途中的吊脚崖可拍得不俗的照片。户外老驴可背上装备，用三天时间完成三峰连穿的行程。山脚的苗寨均灵秀可爱，提供食宿，吊脚楼掩映在大片梯田中，宛若置身桃源。

金秀圣堂山、**资源八角寨**、**桂平白石山**也有不错的登山线路。

露营

在华南第二高峰**全州真宝顶**露营。山顶植被低矮，视野开阔，延绵群山间镶嵌着片片湛蓝的水库，晴朗时可遥望南部几十公里外的资源县城和华南最高峰猫儿山。露营者通常从真宝顶水库或天湖水库徒步上山，峰顶坡度平缓，最近的水源在北侧垭口。山中春夏野花争艳，秋天草色橙黄，而冬季时，天湖东侧的山坡会变身为目前广西唯一一座滑雪场。

北流大容山、**涠洲岛**、**防城港白浪滩**都是极佳的露营地。

骑行
单日骑行

从县城骑行前往**大新黑水河**。一路都是秀美的桂南喀斯特田园风光，如计划当天返回县城，终点可选在硕龙附近的七级沙屯叠瀑，单程45公里。意犹未尽的话则可继续沿中越边界的归春河骑行18公里至德天瀑布，游览完毕后住一夜，第二天返程，还会途经绿岛行云，梯田似的浅滩中点缀着一片片小岛，赏心悦目。

靖西、阳朔遇龙河、涠洲岛都有相当惬意的单日骑行路线。

多日骑行

骑行在**大化七百弄**一带的峰丛洼地间，完成东巴凤环线。从大化县城出发沿红水河下游抵达都阳，向北拐上蜿蜒的山道进入七百弄地质公园，再依次前往东兰、凤山和巴马县城，根据具体路线、终点的选择，全程300~500公里，耗时3~5天。虽然部分公路坑洼起伏，需要相当的体力和耐力，但两侧的风景定会让你觉得不虚此行。

中越沿边公路是广西另一条经典的长途骑行路线，从东兴市竹山村到那坡县弄和村全长725公里，需6天时间。

水上活动
竹筏漂流

坐竹筏行驶在**阳朔遇龙河**。筏工撑着竹篙，两岸的青山和田舍在眼前缓缓展开，令人心醉。从金龙桥到工农桥的16公里河道被分为多个漂流段，河水流速很慢，选择其中一段漂流即可。早晨、黄昏的游客较少，更能体验宁静之美。推荐将漂流和徒步、骑行结合来游览遇龙河，更不要忘记访问周围古朴的村镇。

凤山三门海、**德天瀑布**的竹筏漂流也都与景观相得益彰。

激浪漂流

乘橡皮艇沿**资源五排河**飞流而下。激流、白浪扑面而来，惊险刺激，却都能在船工的巧妙掌控下化险为夷。五排河是国家级训练基地，漂流条件理想，一路林深谷幽，但你很可能根本顾不上欣赏风景。每艘皮划艇乘坐5~7人，人少的话最好提前拼团，在5月、6月的丰水期漂流最过瘾。

临桂十二滩、**凌云乱岩珂**也能体验到刺激的漂流。

皮划艇

驾驶皮划艇，穿行于**苍梧飞龙湖**的大小岛屿间。爽岛水电工程形成的堰塞湖，回转曲折，犹如一条腾空长龙。起伏群山中藏着多处瀑布，划着小艇在平静的水库自由探索，累了找一处河岸野餐、露营，绝不会有人来打扰。春夏之交瀑布的水量较大，游客也不会很多。

阳朔部分户外俱乐部也会提供漓江皮划艇体验课程。

溯溪

沿着大瑶山发育的**金秀长滩河**所在的陡峭峡谷徒步。自滴水或龙安村出发，从荔浦的水利枢纽坐船而出，或翻越红云山到达班管村，全程约30公里，通常需要在中途露营。谷中河流数百米的落差形成的险滩、跌水、深潭不断，险峻幽深，是广西最具代表性的溯溪路线。务必在秋季结伴前往，春夏雨季突如其来的山洪非常危险。

上林下水源、**环江野猪沟**则是较为轻松的溯溪地点。

水下活动

海洋潜水

在**涠洲岛**附近潜入海底。这里的洋流和

户外亮点

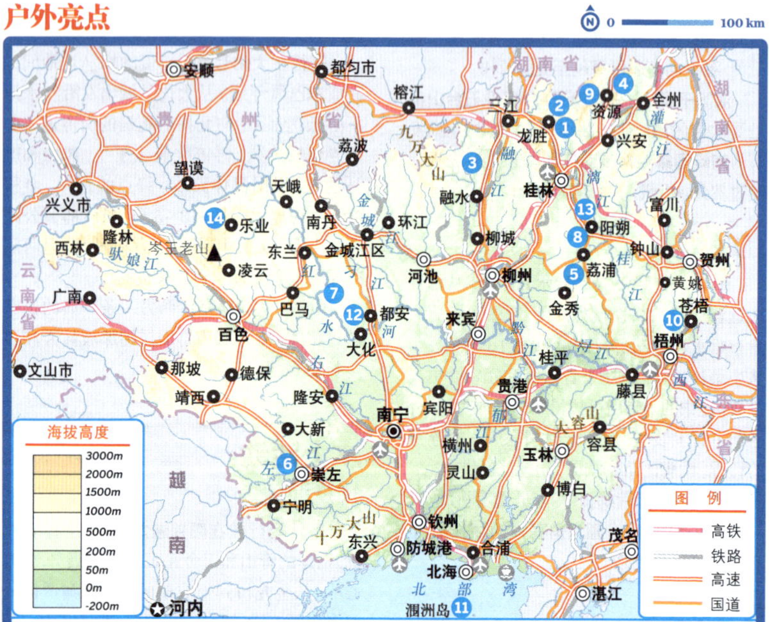

1	龙脊梯田	单日徒步»迈开双腿去看梯田	8	遇龙河	竹筏漂流»一幅流动的山水画
2	彭祖坪	多日徒步»山峰环抱中的秘境	9	五排河	白水漂流»感受肾上腺素激增
3	元宝山	登山»冷杉林上云海日出	10	飞龙湖	皮划艇»堰塞湖中自由探索
4	真宝顶	露营»在绵延群山中入眠	11	涠洲岛	海洋潜水»火山熔岩和珊瑚礁
5	长滩河	溯溪»沿深峡和险滩行进	12	地苏河	洞穴潜水»小池塘下有大世界
6	黑水河	单日骑行»比漓江宁静的风景	13	月亮山	野外攀岩»攀岩者的朝圣之旅
7	七百弄	多日骑行»盘山路上挥洒汗水	14	火卖村	速降穿越»洞穴探险的初体验

三门海的地下河天窗

水温条件比不上东南亚，但对于新手来说仍是不错的选择。在石螺口、滴水丹屏有潜水基地，可组织岸潜和船潜，后者通常体验好一些，但最佳的潜水地在15公里外的斜阳岛。这些地点的水下能见度和动植物丰富程度完美地反映在了它们的标价上。

洞穴潜水

潜入**都安地苏河**的天窗群，探索水下神秘的世界。这是我国已探明的长度最长、水量最大的地下河，连同支流共有241.1公里的河道，其上分布有500多个天窗，幽绿的水面下，隐藏着错综复杂的系统。都安是世界洞穴潜水的胜地，多次创造过我国洞穴潜水纪录，还发现了珍稀的桃花水母。洞穴潜水是高风险的活动，需要专业的培训和认证。

攀岩探洞

野外攀岩

攀登**阳朔月亮山**。5.13b和5.14d级别的经典路线，对于高水平的攀岩者来说，不啻一次朝圣。中国攀岩界大部分的故事和传说，都发生在阳朔，直到现在这里仍是中国野外运动攀岩不可动摇的中心。这片喀斯特地区的酒瓶山、鸡蛋山、思龙山、雷劈山、白山、月亮山等岩场为不同水平的爱好者提供了近千条路线。

柳州、**乐业**、**南宁**等地均有多处优秀的野外攀岩区。

速降穿越

探访**乐业火卖村**附近的三处天坑。风子荡一洞三坑，坑口洒下的光柱绚烂梦幻，洞中还有《中国国家地理》的封面取景处；在大曹天坑速降130米后，可到达世界体积第二大的地下溶洞大厅红玫瑰大厅；在熊家洞东、西洞之间的地心穿越，需4～6小时，如同巨大的地质博物馆。普通旅行者在经过一小时的单绳技术培训后，都可以跟随向导完成这样一次探险。

乐业、**巴马**、**凤山**等地有大量的天坑可供探索，但需专业向导带领。

在梧州骑楼下吃一碗牛腩粉

计划你的行程

和当地人吃喝

什么是"广西菜",很少有人能一下说清。在湘黔滇粤四个美食大省以及近邻越南的包围下,"桂菜"不露峥嵘,却广汲养分,自成流派。除了那一碗每日相伴的粉,从桂柳摊档上的火辣味觉,到梧州茶楼里的清粥细点;从苗瑶大山间的飞禽走兽,到北部湾海边的鲜美海产,在广西人手中,河鲜、海鲜,鼠、马、虫、螺,不拘一格皆可入馔。料理博采众长,强调本真味道。要和当地人吃喝,热闹的城乡市集、城市的灯火摊档,还有少数民族村寨中的节庆家宴,最好都别错过。

美食季节

春天

广西各地都有春节包粽子的习惯，普遍个头较大，比较有名的是宜州的板栗香粽、隆林的黑米粽，南宁横县甚至有将整个猪脚都包进去的猪脚粽。农历三月三歌圩节，加入不同植物汁液的五色糯米饭是壮族每家必备。打入艾叶裹入黑芝麻的粑粑清香甜蜜，只在清明有售。

夏天

湿热难耐的季节，手推车上五颜六色的"酸嘢"，看一眼就让人觉得清凉开胃，这种"醋浸果蔬零食"是当地人（特别是女孩）的夏日最爱。此外街上常见的凉茶和龟苓膏，都是当地人用来对付暑热的良方。

由于地处南亚热带的地理优势，大自然馈赠给广西的诸般佳果你绝对不能错过。容县沙田柚早已名声在外；平时不常见的菠萝蜜和番石榴在南宁街头就可当场品尝；每到六七月份，玉林的荔枝、龙眼果压枝头，正是大啖之时（当心上火）。

秋天

8月中下旬，随着北部湾的"开海"，肥美的时令海鲜陆续端上餐桌。入门者可在北海、钦州、东兴等城市寻找口碑良好的海鲜餐厅、夜市摊档；进阶者会去市场、码头亲自购买并自行烹饪；发烧友们则在涠洲岛、斜阳岛尽情海钓或出海捕鱼。爱凑热闹？就别错过北部湾开海节（8月中旬），以及钦州蚝情节（11月底或12月初）。

冬天

生活在高海拔地区的山民最懂怎么御寒。鲜姜熬制的恭城油茶下肚，让桂北的冬日不再难熬；闻名遐迩的南宁马山黑山羊肉暖身又滋补；隆林苗族的羊瘪汤将羊肉、羊杂、羊血浓缩于一碗汤中；除夕之际，每家宰猪之后，还会将整头猪的骨头捣碎和辣椒一起酿制半年，成为风味独特的辣椒骨。

三餐皆粉，粉粉不同

旅居半生的桂林籍作家白先勇说桂林米粉是自己"一肚子的乡愁"。对广西人来说，不可一日无粉，而相同的一个"粉"字，在不同地区却有大相径庭的形制、做法与口味。预制的、现制的；带汤的、干捞的；清甜的、火辣的；凉拌的、滚烫的；筋道的、软糯的……也许连大米都没有想到，自己竟然有这么多的吃法。

当人们还在睡梦之中，米粉作坊已经将当日的新鲜出品送至大大小小的粉店，客人点单后，只需数秒汆烫，其余品质全靠自家卤汁、浇头或鲜汤一决高下。包括桂林米粉、柳州螺蛳粉在内的多数米粉都属此类"预制法"，而流行于桂西和北部湾的卷筒粉则不同，它们的现制做法更像是广东肠粉的"亲戚"：在一张平板上浇上粉糊，再铺满腊肉、豆角、玉米等多种配料，蒸制定型后用长木片迅速卷起，再浇以蘸料。

如果你热爱重口味，柳州螺蛳粉和南宁老友粉不可不尝，前者以爆炒的田螺和小螺蛳配以十几种香料和辣椒熬制，成品一层红油，并带着让人欲罢不能的"臭气"；后者则讲究将酸笋、豆豉、辣椒、胡椒和鲜肉现炒后再烧成浓汤。总之，二者都是能让人醒神发汗的过瘾之选。桂东玉林的牛腩粉与梧州的炒河粉，粉质软薄，味道也更贴近广东鲜甜口味，适合口味清淡者。名声最响的桂林米粉介于二者之间，鲜咸适中，可干拌可汤食，因此也最受欢迎。要想体验更独特的口味，可以尝尝中越边境线上以鸡汤、鸡丝配以大量生蔬的越南鸡粉，还有拥有独特发酵味道、浸润在冷汤中的宾阳酸粉。除此之外，广西还能找到不少"粉中异类"，比如以米代面包成的"粉饺"，往往配上一勺黄皮酱；"粉虫"，是将米粉团搓成小条与牛肉共炒，堪称"加强劲道版"的干炒牛河；"粉利"，则类似年糕片，拥有五花八门的吃法。

敢不敢吃?

烤田鼠——在以小吃著称的宜州寻访美食，第一句被问的就是"你敢吃老鼠吗？"这些串在竹签上的田鼠样子很像缩小版的乳猪，事先腊过，食用时续烤一番，再刷上甜酱上桌。宜州排档每家必备，紧实的肉质能让你啃得津津有味。

屈头蛋——所谓屈头蛋，就是指受精18天就终止孵化的鸭蛋，里面已接近新生鸭的雏形。凭祥的吃法源自越南，要比江南一带花哨得多，一般要搭配酸萝卜、酸姜、薄荷、香菜等一系列配料，口感特别。据说还能治疗偏头痛，具有清补作用。

马肉米粉——制法在传统上分腌、腊、卤、酱等多种。目前常见的是腌、腊两种方法。腌制的马肉味偏甜，腊制的马肉偏香。在桂林街头，依然可以找到白先勇《花桥荣记》中提及的马肉米粉，但吃一顿二三十个小碟的阵仗已经不复存在了。

沙虫——北部湾的特产，一种形似肠子的海鲜品种。闽南一带将它制成土笋冻，而北部湾最常见的吃法是用其煮粥，鲜美爽脆、营养丰富，号称"天下第一粥"。有胆量的话，新鲜沙虫还可以生吃。

牛欢喜——顾名思义是母牛身上公牛"欢喜"的部位，在电影《低俗喜剧》中曾以"咸酸菜炒牛欢喜"做法出现，成为北海让人津津乐道的名菜。在广西其他地区，它也会出现在全牛宴上，与牛肉、牛下水一同煮进火锅，至于口感如何，还是先卖个关子。

牛瘪——在黔桂之交的三江、融水一带，这道以牛胃及小肠中的消化液为调料炖制的菜品被苗族、侗族人视为珍馐。胆大一些吧，其实它们吃起来并没有听上去那么不堪。

桂北的重口味

桂林、柳州地方菜构成的桂北菜，味醇色浓，擅长炖煮，嗜酸辣。作为全区最具国际气质的城市，桂林的饮食早已完成了"全球化"，但你依然可以从"桂林三宝"中的辣椒酱、豆腐乳、醋血鸭以及漓江河鲜的料理方式中，体察到桂林人骨子里对香、辣、咸的热爱。柳州人的口味就像他们的性子一样火辣，而且更加嗜酸。在调料的投放上，可以用"无所不用其极"来形容，除了无处不在的酸笋外，干辣椒、姜、葱、蒜、紫苏也一样不落，就连小小的螺蛳都要"压沙求油"取其鲜美。这还不算，在当地的老铺子里，总能看到食客们堆到碗口高的配料：油炸腐竹、油炸花生、青菜、木耳、黄花菜、萝卜干……在市中心小南路的骑楼（见213页）和青云菜市（见163页），最容易品尝到柳州的粗犷味道。

桂东南的小清新

全广西的江河渐渐汇聚到梧州，让整个桂东南的味觉也变得清爽起来。梧州、玉林一带的地方菜，讲究鲜嫩爽滑、原汁原味。吃狗肉的习俗为玉林美食带来负面印象，实际上玉林人在精细小馔上颇有造诣，这种精致被晶莹剔透的蒲塘卷粉表现得淋漓尽致；而干香的牛巴、制作考究的肉蛋（肉丸），既是菜品又是半成食材，能幻化出多种佳肴；深藏不露的民间厨师高手能将一条鱼从头到尾，从鳞到肠，炒、焖、炸、熬，创造出多达十几道菜品。粤菜占据了梧州人的餐桌，他们和广州人一样喜欢老火靓汤和早茶点心，做菜不放味精和辣椒。和广西多数地方讲究实惠的粗放吃法不同，梧州当地吃客颇有"老广"风范，食不厌精，在这样的"社会监督"下，老店新店你追我赶，推高了餐饮业的整体水平。如果你想在广西"过早"（吃早茶），梧州无疑是不二之选。

与梧州和玉林相比，首府南宁的饮食就显得驳杂而平庸。除了中山路和水街（见75页）上质朴的人间烟火以外，能独挑大梁的唯有横县鱼生，这种对野生江鱼的古法料理与广东顺德鱼生惊人相似，看似"无招"的做法，却极其考验厨师的刀工和对味道的认知。

（**上图**）岭南常见的酸嘢摊（见363页方框）
（**下图**）桂林米粉

©视觉中国

柳州的侗族“百家宴”

海滨的鲜味

北部湾漫长的海岸线上排列着北海、钦州、防城港等主要城市，加上远离陆地的度假海岛涠洲岛，海产自然成为广西饮食中不可或缺的一环。首先应该提前了解一些常见的海鲜品种和基本做法，以免对着千奇百怪的鱼虾贝螺一脸茫然，之后你要远离景区附近价格虚高的海鲜食府，去当地渔市或码头跟在当地人后面询问、购买，然后找大排档加工或是回住处自行烹饪，才是经济又美味的选择。《舌尖上的中国》让北海沙蟹汁名声大扬，尽管沙蟹汁的咸腥味让一些北海本地人也无法接受，但沙蟹汁焖豆角仍然是当地最有名的一道菜（在南宁甚至桂林也能吃到）。肥美的钦州大蚝已经成为国家地理标志特产，大啖生蚝自然是钦州之行不可错过的部分，要小心避开价格过低的“组装蚝”。

邻家饭菜飘香，隔壁越南风味小吃翻山跨海而来。我们认为最佳的“越菜”体验在东兴（见325页），从饭店到路边摊，不少越南厨师来此淘金，蟹仔粉、卷粉、春卷、炒螺、法式三明治、滴漏咖啡……你品尝的每一口都带着他们的乡愁。

桂西的民族风

桂西的崇山峻岭中聚集了广西的11个主要少数民族，信手拈来的山珍野味，加上简单直接的烹饪，桂西菜肴为广西美食带来些许“野”趣。在最重要的节日“三月三”，壮族用枫叶、黄饭花、红蓝草、紫蕃藤叶汁分别将糯米泡出红、黄、黑、紫四种颜色，与白色米放在一起蒸出五色饭。同时少数民族也善于烹制野味，并以蛇鼠虫制作药膳。只要你敢于尝试，在宜州的排档里，干锅田鼠、爆炒蜂蛹、炒蚂蚱等无奇不有。以养生为灵魂的东巴凤地区以瑶族风味为主，巴马香猪、盘阳河油鱼、火麻糊、白花菜，都是当地神奇的长寿料理，瑶族甚至会腌制鸟类制成“鸟酢”，用来款待上宾。牛肉炒田螺、野生刺梨汁等都是来自乐业大山的天然美味；费时费力的羊瘪汤、辣椒骨则是隆林苗家的上乘佳肴。

荔浦的银子岩溶洞很适合带孩子见识广西的地质奇观

计划你的行程

家庭游

山水俱佳的自然课堂，喀斯特地貌中的游乐场与长寿乡，风味各异的美食，选择繁多的住宿，便捷的高铁与高速交通网，还有什么地方，比广西更值得来一次家庭出游？

何时去

暑假及黄金周是广西的旅游旺季，虽然气候适宜，但物价也高涨数倍。

夏季可以带孩子参与各种水上活动，同时要密切注意南海上的台风走向。

春秋两季则是参与各种户外活动的好时光，从油菜花到银杏树的各色季节时令也不容错过。

每年10月开始，“候鸟族”陆陆续续从全国各地汇聚到巴马与东兰，在这里度过一个温暖舒适的冬季，也可以感受一个都阳山中的热闹新年，喧闹的人群直到来年3月才会逐渐散去。

为何去

选择广西来一场家庭旅行是轻松快乐的，桂林—南宁—北海的黄金旅游轴线已经接入了全国的高铁网，高速公路可以通达所有地级市。桂林是极为成熟的旅游目的地，有大量孩子们可以参与的活动；阳朔是完成孩子们户外启蒙的最佳地点，无论攀岩、漂流还是骑行，都十分适合举家参与；遍布广西的喀斯特地貌、资源的丹霞景观、北海的涠洲岛则是让孩子们了解地质变迁和丰富地貌的好机会。你也可以在各大森林公园内安排一次观看星空的露营之旅。对长辈而言，还有什么能比“长寿之乡”巴马更令人感到开心？而北面不远处的东兰能提供更具说服力的百岁老人数据，拥有红水河最美丽的河段、壮观的喀斯特峰丛以及后来居上的度假住宿条件。举家来广西，安心享受这里的好山好水好空气吧。

计划行程

计划行程时，最好先征求孩子或老人的意见，尽量满足他们的兴趣。各种手绘地图有助于建立孩子们对广西的基本理解，广西的民俗传说也充满趣味。行程不宜匆忙，让孩子、老人有充裕的时间适应周边环境。不要一味追求教育意义，尽量维护孩子的旅行兴趣。

Lonely Planet的《带孩子旅行》中有很多实用的旅行建议，教你如何玩得健康、安全又尽兴。

健康和安全

健康问题可参见383页“健康指南”。

进行户外运动时，要给孩子准备好应付气温及天气变化的防护装备。广西大部分地区治安良好，但在人多的公共场合还请照看好孩子。而在少数民族地区，可以适当引导孩子和当地的同龄人玩在一起，让孩子从小学会尊重和欣赏差异。

如果老人们打算在巴马或东兰某处长居，要备好日常药物，了解周边的医疗设施，定期体检。

如果选择与家人一起自驾出行，要为适龄儿童配备安全座椅；多走高速及国道、省道，电子导航显示的近路有可能崎岖难行；在狭窄的山路上，尽量选择观景台停车拍照；要注意夏季暴雨可能带来的山区路段地质灾害。可参见381页“自驾游”。

食宿

在桂林、阳朔、北海、涠洲岛等热门旅游地区，不少酒店客栈都能提供亲子家庭房，有的还带有卡通装饰。热门目的地都拥有各种价位的民宿，可以带孩子们住在自然山水之中，昂贵的野宿和设计酒店也是增长视野的选择。

广西的美食非常丰富，如果不能吃辣，最好提前声明。各种亚热带水果是很好的旅行补给，多吃一些有助于营养平衡。在梧州、桂林等地，全家吃一顿广西式的早茶也充满了温馨。

折扣

儿童和老人的门票优惠政策因景区而异。一般而言，70周岁以上的老人、1.2米或1.3米以下的儿童可以免票，60周岁以上享有半价优惠，需出示身份证。超过规定身高的孩子可以购买半价票，大孩子最好带上学生证。

带孩子坐客运班车，不单独占座的身高1.2米以下儿童免票，需在购票时向售票员声明。身高1.2~1.5米的儿童可买半价儿童票（有座位）。为了享受这一政策，尽量在客运站里买票。

乘坐火车时，1.2米以下的儿童免票（不占座位或铺位），1.2至1.5米的儿童可买半票。但儿童如果要单独占铺位，基价（相当于硬座票价）以上的部分是不打折的。

飞机票的儿童折扣政策因航空公司而异。2至12周岁的儿童，可购买全价票款50%的儿童票或成人打折机票，相应的退改签政策会有所不同。儿童票免收机场建设费，减半征收燃油附加费。部分航空公司（如东方航空）有青、老年优惠，向23周岁以下、55周岁以上的乘客提供折上折机票。

孩子们的广西

可以带孩子先从**南宁**（见68页）或**桂林**（见99页）的博物馆开始，让孩子们迅速进入探索广西的状态。桂林附近的**乐满地**（见154页）是孩子们撒欢儿的天堂，也可以去**灵渠**（见151页）亲近江水和历史。不要错过**阳朔**（见124页）极具性价比的户外启蒙，攀岩、骑行或徒步都可以从小培养。**荔浦**（见145页）的丰鱼岩和荔江湾也能带来多样的山水体验，地下暗河漂流、划龙舟都将是孩子们的吹牛资本。

乐业（见289页）的大石围天坑、穿洞天坑、罗妹莲花洞让孩子从小就对大自然既好奇又敬畏。百魔洞、水晶宫、百鸟岩中也充满了孩子们的欢声笑语。

孩子们亲近大海的愿望可以在**北海**（见302页）得到满足：在银滩上奔跑，沉浸在海底世界带来的新奇之中。挑一个晴好的日子乘船去往**涠洲岛**（见313页），吃上一顿美味的海鲜大餐。

带长辈游广西

最吸引长辈眼球的一定是**巴马**（见258页）这个"长寿之乡"，但广西的"养生"之旅其实有更多选择：**东兰**（见254页）和**凤山**（见265页）同样以长寿闻名，也拥有诸多的免费景观；**阳朔**（见124页）、**涠洲岛**（见313页）等传统目的地正涌现出越来越多颇具质感的度假酒店，正适合在喀斯特的山水田园中和北部湾的温暖阳光下享受天伦之乐。

历史名城**桂林**（见99页）有着完善的旅游配套，丰富的桂林石刻是书法爱好者的圣地；附近的**柳州**（见163页）也因为柳宗元的到来而在古典文学史上占有一席之地。

革命老区**百色**（见276页）也许珍藏着家中长辈们的记忆，不妨漫步在老街、山水与各式纪念馆之间，来安排一场风光与人文并重的怀旧之旅。

百色靖西的通灵大峡谷

计划你的行程

自驾游

自驾广西的意义绝不仅仅在于灵活行动和节省时间：在这个“遍地是山水、无处不风景”的省份，唯有自由驰骋，你才能领略到它360度的美。无论是探访山腰之中的梯田与村寨，游历一座座透着岭南风韵的古城旧镇，抑或穿行中越边境体验异域风情，追逐海岸线上的第一缕阳光，自驾都远比公共交通来得合适。握住方向盘，开始探索真正的广西秘境吧！

©视觉中国

最佳自驾体验

- 在盘山公路中穿越乐业—凤山世界地质公园
- 走中越边境线上的沿边公路，从东兴到靖西
- 以梯田和竹林为伴，环元宝山翻山访寨

最美景观路段

- 巴马—水晶宫—江洲—三门海—凤山
- 桂林—大圩古镇—古东—兴坪—阳朔
- 武德乡—明仕田园—黑水河—德天瀑布

为何自驾

占了全区七成的山地与丘陵构成了广西最独特的风景，尤其是连片的喀斯特地貌，引得无数人纷至沓来。但也恰恰是这样的地形，大大增加了出行的成本——看似并不遥远的直线距离，有时却需要翻山越岭。尤其在不发达的桂西、桂东南等地，以及非热门目的地的山区，公共交通的匮乏足以让背包客抓狂。固然今天大部分村寨都有班车通往县城，但很多时候，稀疏的班次会限制行程的安排，村寨之间的往来也仍旧是个难题。若想充分利用宝贵的假期，更灵活地在广西旅行，自驾无疑是最好的方式。而在缓缓上升的盘山路上，常有令人惊艳的梯田、峰丛、河道等景观，唯有一辆来去自如的车，才能让你停下脚步去捕捉一闪即过的美景。

何时去

3月至5月 放水后的梯田如山间明镜，桃花、杜鹃纷纷开放，“三月三”是全广西的狂欢节，自驾尤其要注意避开临时设置的限行路段。

6月至8月 水量丰沛的季节，最适宜游览德天瀑布之类的景点。但此时可能遭遇暴雨、台风等恶劣天气，自驾风险更高，桂林漓江、桂西盘阳河等地的水色也会受到影响。

9月至11月 气候较稳定，除了十一黄金周，景区通常都不太拥挤。梯田迎来丰收，海鲜最是肥美，多彩的秋景一路相伴。

12月至次年2月 春节是走村访寨的最佳时机，节庆活动此起彼伏。北部湾仍然温暖，但桂西北地区可能迎来降雪，务必小心驾驶。如果自然风景打了折扣，不妨去桂东南的古镇古村。

自驾推荐路线

纵贯广西

桂林—柳州—南宁—北海，这是许多人初访广西时的经典线路，沿途都是大城市和旅游开发完善的地区，路况很好，新手也能轻松驾驭。

起点是**桂林**，除了闻名天下的**漓江**、**七星公园**、**芦笛岩**等景点，你还可以登上**尧山**俯瞰全城，或在夕阳下漫步**靖江王陵**。壮观的**龙脊梯田**值得你往返跑上一趟，随后南下**阳朔**：无论是走G65包茂高速，还是经大圩古镇、草坪乡走县道，沿途喀斯特风景都足够迷人，后者还可经过多个景区。到阳朔后让爱车休息两天，用徒步或骑行的方式探索周边的**遇龙河**、**十里画廊**等山水。在看过阳朔南面的**银子岩**溶洞之后，前往螺蛳粉飘香的**柳州**，中途绕去鹿寨的**香桥岩**远眺雄奇的天生桥。柳州到南宁可以途经宾阳，在免费的昆仑关凭吊下历史。在首府南宁短暂休息，便可直奔**北海**。骑楼**老街**、**银滩**日落、**侨港**

广西租车贴士

车型选择

广西大多4A级以上的景点都有不错的铺装路直达，常规线路对自驾车的越野性能和排量均无过高要求。如果计划前往较为偏僻、又需绕山的地方，由于路况难以保证，建议选择动力较大的车辆。

租车行

南宁、桂林的租车公司较多，租车合同也要完善许多。全国连锁的**神州租车**（☎400 616 6666; www.zuche.com）在广西共有100多处门店或送车点，分布在南宁、桂林、北海、钦州、柳州、贵港和玉林。南宁吴圩国际机场、桂林两江国际机场、北海福成机场、南宁东站、桂林站均有24小时送车。租车按天收费，不限里程。如异地还车，则会根据取还车地点之间的公里数收取费用，以桂林取车、南宁还车为例，需额外加价700~800元。注意，加盟店不支持异地还车。**一嗨租车**（☎400 888 6608; www.1hai.cn）在南宁、桂林、北海、柳州等地也设有门店，虽然数量相对较少，但主要的机场和车站都有送车点。

租车条款

租车一般需要根据天数、车型交纳数额不等的押金，押金会在查验没有违章记录的15个工作日后退还。

除了规定要买的基本保险外，可以加购"不计免赔险"，这个险种能将大部分车主事故责任所承担的免赔金额转嫁给保险公司，而费率并不高，一般在30~50元/天。

美食都会让你流连忘返，但也别忘了抽时间去**涠洲岛**逛一圈。北海的客运港提供车渡服务，继续前往海南也非常方便。

深入桂西北

桂西以及柳州北部的桂北地区是广西最集中的少数民族聚居地，从瑶族、侗族、苗族、壮族，到你可能闻所未闻的仫佬族、毛南族，各具风情的淳朴村寨散落于群山之间，最适宜自驾探索。这里还拥有不输桂林的喀斯特风光，纵使山路百转千回，也走得心甘情愿。不过路况复杂，最好由有经验的老司机来挑战这条线路。

从**南宁**北行至**大化**，由此开始沿着红水河逆流而上，在如同天然F1赛道的**七百弄**盘山公路上过把赛车手的瘾。朝着东兰县城前行，中途可以在**坡豪湖**过夜，拍摄壮美的朝阳和落日，或坐船游览**红水河第一湾**。县城有间藏品丰富的**民间铜鼓收藏馆**，能让你了解铜鼓对于壮族的意义。接着南下，在**月亮河长寿村**一览太极八卦状的田园，之后进入**巴马**。沿着**盘阳河**向北穿过一个个长寿村，前往自然打造的**水晶宫**溶洞，路上有观景台能俯瞰整个山谷，随后再去看看**江洲天生桥**和**三门海**。在凤山县城，**穿龙岩**、**鸳鸯桥**都值得一游。接下来走金牙、更沙、新化，你会在无尽的盘山路中穿过超大的乐业—凤山世界地质公园，能看到天坑、天生桥，风景绝佳，并路过**布柳河仙人桥景区**路口。**乐业**是天坑王国，**大石围天坑**和**穿洞天坑**不容错过。

乐业前往南丹可走逻西、天峨方向，**天峨**县城前后会沿**红水河**上游行驶，惬意极了。在**南丹**的里湖乡怀里村，你能看到白裤瑶的真实生活。由南丹一路向东，可经过**环江**和**罗城**，若是赶上节庆，就能一窥神秘的毛南族和仫佬族的民俗特色。从罗城沿着204省道进入**融水**，绕着**元宝山**环游梯田和竹林中的苗寨。最后来到三江，无论是独峒还是林溪，都有原生态的侗族村寨值得探访。从三江去贵州黎平和湖南通道都很方便；你也可以东行，经由**龙脊梯田**回到**桂林**。

桂东南探幽访古

宁静的乡村、古朴的老屋、青翠的稻田……桂东南能满足关于"梦里家园"的一切想象。这里也是广西经济比较发达的地区，基础设施较好，即使深入山中，也总有不错的道路。

从桂林出发，沿G65包茂高速前往钟山。在二塘下高速，沿国道向东不远就来到了以桂剧和古榕著称的**榕津村**。继续向东行驶1小时，便是堪比阳朔的**钟山百里水墨画廊**。之后可前往富川，那里有**深坡村**、**秀水村**等恬静的古村落，以及多座漂亮的瑶族风雨桥。南下进入**贺州**，城东的**临贺故城**保留有20多座宗祠；城北的**玉石林**、**十八水**和**姑婆山**恰成一线，接连出现的石林、瀑布、森林会让你神清气爽。离开贺州回到G65包茂高速，不久就到了声名渐起的**黄姚古镇**。在这儿住一晚，次日一早可以赶到镇西12公里的**东潭岭**欣赏晨光笼罩下的古镇和水库，磅礴又梦幻。随后前往**梧州**，漫步欣赏这座有着"小香港"赞誉的骑楼城，品尝最正宗的龟苓膏。由此西行，来到闲适的小城**桂平**，你可以登上佛教名山**西山**，俯瞰城市，一品清茶，还能直接将车开入**龙潭森林公园**，欣赏原始的林区景色。最后向南抵达**玉林**，东面的容县有让梁思成惊喜的**经略台真武阁**，北面的北流则有林木繁茂、湖泊湛蓝的**大容山**；继续南行60公里，依山而建的**谢鲁山庄**会让你恍如置身江南。从玉林前往南宁、广东都很方便。

行走中越边境线

从东兴到那坡的325省道，不仅仅是广西和越南边境线上的沿边公路，也是中国陆地国境线的西南起点段。全长725公里，沿路有许多通往越南的口岸和互市贸易点，异域风情浓郁。总体而言道路不宽，路况偶有破损，过往车辆不多，时有边防检查点。

这条边境线以凭祥为界，可分成东西两段。东段约280公里，穿越**十万大山**，沿途有较大的海拔落差，风景以登高望远、山峦起伏为主。这里有一些知名的险段，例如马鞍坳、北风口，颇能体验自驾的乐趣，只是一定要注意控制车速，雨雾天气能见度很差，慎行。东段另一亮点是起点处东兴市的**竹山村**，有**大清国一号界碑**和中国海岸线西南起点；中越界河**北仑河**的红树林时不时有白鹭飞过，再向东不远还有京族的栖居地**金滩**。

西段主要是穿梭在喀斯特峰丛中，风景更为秀美。在经过防御工事**311高地**之后，你不妨从武德乡暂时离开沿边公路，前往风光秀丽的金龙水库和**明仕田园**，附近的**黑水河**沿岸也能轻松游览。之后回到主路，气势磅礴的**德天瀑布**绝对不容错过。德天到靖西段的沿边公路路况一般，若想更快抵达那坡，就走大致平行的316省道，路边还有**通灵大峡谷**。那坡距离云南富宁县仅1小时车程，当然你也可以转去凤山、乐业一带，继续探索桂西的喀斯特风光。

自驾注意事项

路况 高速、国道和部分新修的旅游公路通常路况不错。偏远地区的县、乡道时有坑坑洼洼，如遇修路可能还需绕道。桂西、桂北的山区以及十万大山等地多有盘山路和急弯，但弯道提示和反光镜不一定安装到位，尽量多鸣笛，慢速通过。

导航 电子地图导航通常比较准确，但有些道路维修、改道等信息可能更新不及时，最好的办法仍是在出门前向当地人打听。若前往偏远地区，建议提前下载离线地图。

限速 广西不少高速限速80公里/小时，隧道60公里/小时，部分国道也限速在50公里/小时以下，很容易超速，一定要多留意限速牌和测速器。

加油 一般来说，县、乡公路在乡镇周边都会有两至三个加油站，国道上加油站尤其常见，每天出发前留意下油表余量，适当加油就好。但山区的加油站相对稀疏，爬山又比较耗油，建议有机会就加满油箱。

救援电话与交通路况电台 全国统一的高速救援电话是12122，广西高速24小时咨询电话是0771-96333。广西交通广播的频率是FM100.3，全区覆盖。

制作恭城油茶

计划你的行程

广西慢生活

阳朔的游客走了，户外玩家选择留下；涠洲岛的投机者走了，用心的民宿老板选择留下；巴马跟风的“候鸟”走了，真正热爱自然的人留了下来；北海“炒房团”走了，懂生活的老外们留了下来。一番大干快上后，人们发现“慢”才是这里的核心竞争力。

©视觉中国

最佳住宿

- 兴坪老地方国际青年旅舍（见139页）
- 悦榕庄（见129页）
- 浪古村宿（见320页）
- 明仕山庄（见88页）

最佳体验

- 在金秀，花半天时间绣一方图案（见186页）
- 从东兴出发，沿国境线慢悠悠地骑向京岛（见331页）
- 一整天时间，可能还不够欣赏合浦汉代文化博物馆（见311页）
- 或骑或走，或乘竹筏漂荡在遇龙河（见133页）

为何去

当你奔向地铁时，梧州的食客正准备享用早茶；当你奋笔疾书时，阳朔的玩家正在攀岩、游泳、晒太阳；当你匆忙打包一杯咖啡时，北海骑楼下的午睡正惬意悠长；还有潇贺古道上的古镇古村、大山中的苗瑶寨子……在广西的很多地方，时间似乎过得特别缓慢。或许因为上天将最多姿的山川湖海赐予了这片土地，或许是崇山峻岭隔绝了外界的噪声，总之广西大地上不徐不疾的生活哲学，值得每一个旅人深思。至少在旅途中放慢速度吧，多乘慢速火车、乡村巴士，多走路或骑车，探究每一种食材和做法的来龙去脉，遇到善意的微笑就停下来聊上几句，学些可能用不上但十分有趣的技能。最后，如果实在不想走，干脆就住下来吧。

慢慢逛

早在南宋，诗人就用"一水抱城流"来形容桂林的城市风貌。如今迷人的城市水系"两江四湖"白天娴静，夜晚璀璨，名胜和遗迹散落其间，最适合漫步。走累了，不妨试试"两江四湖游船"（见114页）和我们为你设计的骑行游览路线（见125页）。历史爱好者绝不能错过桂林市郊的靖江王陵，明代14位靖江王中有11位长眠于此，周边更是环绕着300座附属墓葬。我们同样为你设计了3小时徜徉在喀斯特山水间的徒步路线（见112页）。

北海老街不过百年历史，却在海风吹拂下尽显沧桑。骑楼和西洋建筑间，当年列强的领事和商业机构大多开放为博物馆，这是一段屈辱，却也引领北海走入现代。梧州的骑楼城则更具规模，作为近代连接两广的水陆重镇，中西合璧的重重骑楼间，上演了多少惊心动魄的"民国戏"。跟随我们"连逛带吃"的步行游览路线（见216页），眼睛和肚子都能过足瘾。

细细品

在饮食文化上，桂东南的梧州早已"归顺"了邻居广东。食不厌精、更不怕慢，食材要细细收拾、烹饪要文火慢炖、少放调料。每天早晨，当载满清粥细点的餐车隆隆轧过古旧的楼板，梧州人最惬意的早茶时刻就开始了。无论是去六膳酒楼（见217页）享受绵延到中午的隆重早茶，还是用冰泉豆浆（见217页）配以简单随意的点心，不变的是那一份悠然和从容。别忘了，广西还有另一位慢性子的邻居——越南。在东兴，走进一家越南人经营的餐厅，连比带画地点好菜，比滴漏咖啡还缓慢的是上菜时间。好在结局圆满，精致的越南美食常常在方寸之间同时包含生与熟、脆与糯、甜与鲜，口感和味道都极富层次。桂北人的火辣菜品中也有另类，

静静聆听

- 民歌之声——《山歌好比春江水》堪称广西的"听觉名片"，一路上想不听到都难。
- 方言之声——每个广西人都会讲至少两种方言，看他们交流自如，你却可能一句都听不懂。
- 寂静之声——行走风雨桥，只有粼粼波光回荡在木桥板上，安静得能听到原野的呼吸声。
- 市井之声——通宵达旦的夜市，炒粉炒菜的下锅声，街角的摩托刚刚鸣笛驶过，又传来年轻人的哄笑。
- 夏季暴雨声——躲进屋里，听一场豪雨，同时伴随着电视、广播里每小时一次的水位预告与洪水预警。
- 瀑布轰鸣声——广西几乎每座山、每个森林公园都有瀑布，不如在夏季听听瀑布欢快的轰鸣。

恭城油茶（见144页）——这种以生姜熬制的饮品特别适合桂北阴冷的季节。在桂林一带，三五好友齐聚，用油茶配以小菜，是带有社交功能的早餐和下午茶。

缓缓行

高铁时代，纵横贯穿广西全境的列车不过4个小时。但八桂大地的精彩往往藏在喀斯特精妙的褶皱以及曲折的高山、海岸和边境之间，需要你放慢速度细细欣赏。户外徒步首当其冲，梦幻的漓江总是游人如织，我们为你推荐了一条从兴坪到全家洲的精华徒步路线（见138页）。为了避开旺季的人潮，类似的喀斯特风光，你也可以选择钟山百里水墨画廊（见210页）、黑水河徒步（见87页）、布泉河徒步（见81页），而"户外天堂乐业"的徒步（见294页）在壮观的天坑、穿洞间迂回，对体能有一定要求。对骑行发烧友来说，阳朔十里画廊和遇龙河田园诗般的线路（见136页）不可抗拒，而在游客较少的明仕田园（见87页）你也能收获类似的体验。在中越边境城市东兴，跟随北仑河入海的方向，沿着国境线骑向京岛（见331页），金沙滩和肥美的海鲜在终点等你。作为高铁尚未到达的地区，崇左至今有多列慢速火车开行，5517次列车可以带你穿越喀斯特风光，游览上古遗迹宁明花山（见90页），而乘T8701次国际列车经凭祥前往越南是经济又惬意的选择。

住下来

30年来，阳朔的山水和岩壁一直吸引着西方人迁居到这个世外桃源，这也使如今的阳朔拥有全国一流的酒店软硬件。无论你是想在山水间的度假别墅小住，还是想租房做个镇上新居民，都有理想选择。长期以来"居于深闺"的黄姚古镇正在崭露头角，镇上的客栈无论是数量还是质量都有大大改善，只有在这"九宫八卦镇"中多住几日，才能细细品味城门、戏台和青石板路。阳光、沙滩、大海，全广西没有哪里比涠洲岛更具度假气息了，如今这座海岛基础设施日益完备，酒店民宿业也在飞速升级。极富本地风情的浪古村宿（见320页），清新雅致的镜观闲居（见319页）和独享私人海景的21海里·别岛（见318页）都是我们所推荐的。最后，如果你想为自己或父母在广西安个家，比起名声大噪的养生胜地巴马，我们更推荐默默无闻的防城港（见325页），这座没有游客侵扰的滨海城市交通便利，气候温和，物价适中，更有数不清的公园、绿道和海滨浴场。

学技能

学习不可一蹴而就，在广西学一项新技能也是慢下来享受进步的过程。阳朔拥有国内最完备的攀岩（见126页）教学体系，无论你是初次尝试的菜鸟，还是渴望进阶的岩友，这里都有最好的教练、器材和天然岩壁为你服务，从半天体验到7天的系统课程，价格300~3500元不等。暗河、穿洞、天坑交织的乐业是另外一个户外重镇。这里主打探洞体验，拥有20年经验的飞猫探险队（见294页）能帮你安全地"上天入地"，此外县

（**上图**）遇龙河畔的泡泡屋客房
（**下图**）阳朔阿丽拉酒店

楼学摄

遇龙河畔的竹筏

城南边还坐落着亚洲最大的人工岩壁，供有基础的爱好者攀爬。在东兴的多米踏沙国际青年旅舍（见328页），可以学习驾着桨板在北部湾乘风破浪；来到涠洲岛，可以在独特的火山地貌间体验一回潜水（见317页），进阶者可以前往更加孤悬海外的斜阳岛（见318页），这里不受污染的幽蓝海水是海钓和船潜的天堂。如果你爱好手工，广西大山里苗瑶壮侗的阿姨、姑娘们飞针走线，都可以成为你的老师。比较容易参与学习的是金秀县城里的瑶凤凰瑶族织绣店（见186页），花不了多少钱，这里的非遗技艺传承人就能教会你“八角花”等基本图案。

在路上

南宁和崇左

包括 ➡

南宁市……68
宾阳……83
德天瀑布……84
明仕田园……87
崇左市……88
宁明花山……90
龙州……91
凭祥……94

最佳活动

- 玩转宾阳炮龙节（见83页）
- 黑水河徒步（自驾）（见87页）
- 骑行明仕田园（见87页）
- 布泉河徒步（见81页）

最佳住宿

- 沃顿国际大酒店（见73页）
- 明仕山庄（见88页）
- 老木棉酒店（见85页）

快速参考

南宁

- 人口：756万
- 区号：0771

崇左

- 人口：249万
- 区号：0771

为何去

在南宁蓬勃的城市脉动中，将一碗发汗醒神的老友粉吃下肚，然后向山水行进，再到边界去吧！骑行在明仕田园，漫步在布泉河、黑水河，不输桂林的喀斯特田园诗却罕见游客。珍贵如大熊猫的白头叶猴一定也因不舍这份恬静而独钟此地。

漫长崎岖的中越边境曾留下多少纠葛——大、小连城的险要工事仿佛依旧枕戈待旦，311高地的隆隆炮声也并未走远……然而近代史上风云激荡的龙州如今只是一座清闲小城，留下无数值得探访的故地。取代它地位的是凭祥，往来商贾一刻不停地交易着水果、红木、玉石，为这座边城带来丰富的越南美食和各色商品。

何时去

3月至4月 短暂的春天，向日葵、油菜花、桃花盛开，喀斯特峰林下的花田很上镜，是最适合骑行、徒步的季节。时常会有“回南天”，气温回暖的同时，空气湿度也会大幅提升，摄影人士要做好防潮准备。

5月至10月 漫长的夏季，天气酷热，好在时常会有雷雨袭来，大明山等海拔较高的地区适合避暑。7月、8月还时有台风袭来，旅途中带上一把伞很有必要。此时水量充沛，德天瀑布等景点进入了最佳观景季节。

11月至次年2月 岭南的秋冬季节最冷时平均气温也不会低过10℃，游客稀少，消费价格走低。农历正月的越南同登庙会、宾阳炮龙节值得期待。

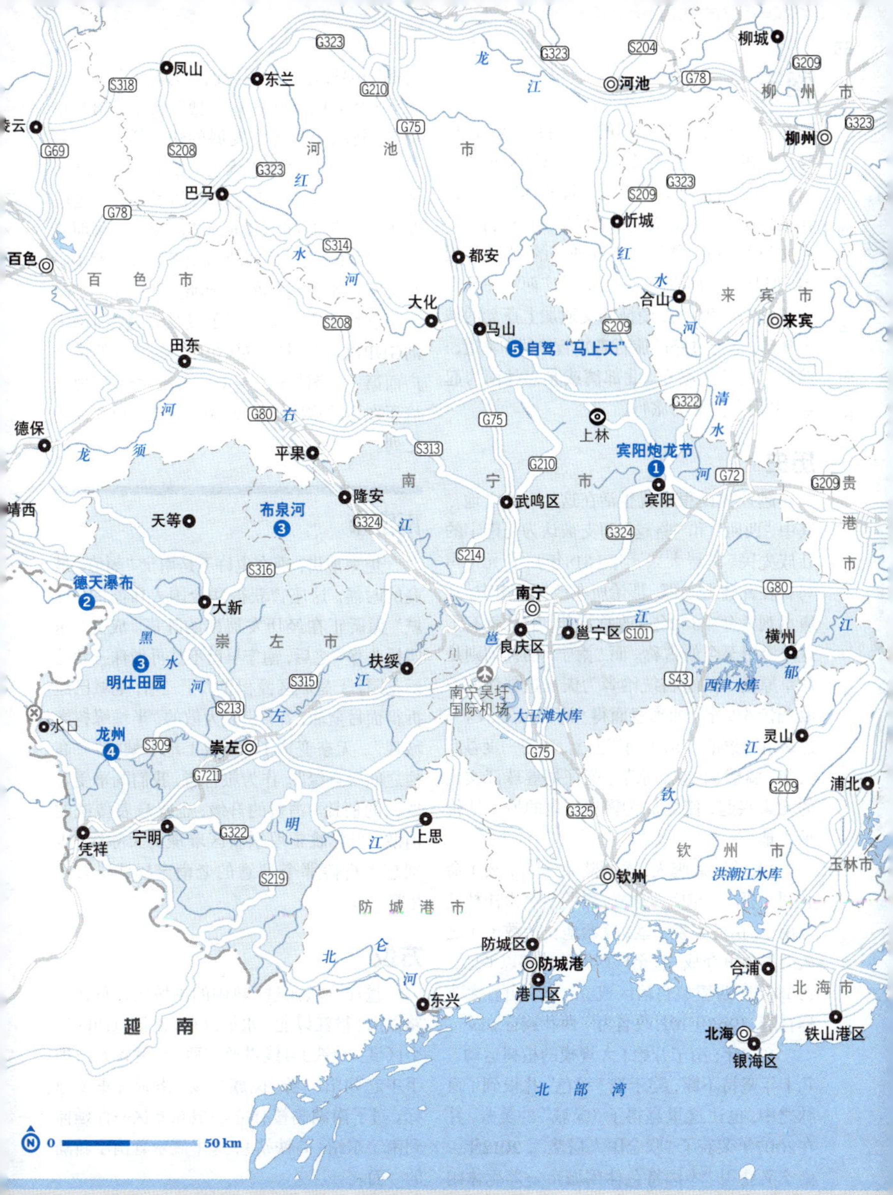

南宁和崇左亮点

❶ 正月里来闹新春，全副武装地进入**宾阳炮龙节**（见83页）的主战场。

❷ 坐上竹筏，冲向**德天瀑布**（见84页），让水雾润湿脸庞。

❸ 在**明仕田园**（见87页）、**布泉河**（见81页）或走或骑，独享鲜有游客的“桂林山水”。

❹ 在**龙州**（见91页）的关隘、老城和故居中阅读历史。

❺ 把南宁的暑热抛在脑后，**自驾“马上大”**（见82页）。

南宁

南宁从来不是热门的旅行目的地，在桂林、柳州面前，它甚至是个难以服众的“首府”。市区曾经良好的人居环境和休闲氛围正在被高速发展的洪流冲击，周边县区的自然、人文风光，也只能算是名胜地区的“低配”版本。但从另一面看，南宁可能是广西唯一具有“都会”感的地方，便捷的交通加上蓬勃的城市脉动，适合过路的旅行者短暂停留和消遣，然后奔向德天瀑布、北部湾或是以越南为起点，开启东南亚的旅行。

历史

越族先民很早就生活在这片百越之地，其中“西瓯”和“骆越”两支被认为是南宁的壮族先民。东晋大兴元年（318年），晋元帝司马睿在此建晋兴郡，郡治所在地便在南宁。到唐贞观六年（632年）改称邕州，于是就有了这个沿用至今的古称。而“南宁”的称谓则是从草原南下的蒙古统治者为庆祝边疆绥服，取“南疆安宁”的寓意而得。清代以降，越来越多讲粤语的广东人溯江而上，南宁一度粤商云集，骑楼、白话、凉茶、艇仔粥等珠江文化的元素兴起，使之成为南粤文化的另一处传承之地。

1911年，武鸣人、军阀陆荣廷借辛亥革命胜利之机，宣布广西独立，并将省会由桂林迁至南宁，由此引发了邕、桂两地长达数十年之久的省会争夺战，直至广西解放才得以平息。1958年广西僮族自治区成立，南宁由省会改称首府，1965年10月改名为广西壮族自治区。

1951年，南宁开始了大规模的植树运动，几十年坚持不懈，终于把“绿色”扎根到了血脉之中，也让这里赢得了“绿城”的美誉，并在2007年荣获了“联合国人居奖”，2012年，南宁又获得“中国特色休闲城市—养生休闲之都”称号以及“中国特色魅力城市”称号。

2004年，中国—东盟博览会永久落户在南宁，将城市推上了发展的快车道。两年之后，276米高的“地王大厦”领衔了埌东新区的“长高运动”。随着新区的发展，一座座摩天楼在短时间内拔地而起，堪比“深圳速度”。到2018年，最高建筑纪录已被华润中心东写字楼刷新到403米。而此刻，邕江南岸的五象新区正在复制这样的发展奇迹，而南宁的GDP也在此时突破4000亿大关，自然位居广西第一，经济发展带来的人流、物流、现金流正在帮助这座曾经慵懒的小城跻身大都会之列。

南宁市

坦率地讲，现在也许不是南宁“颜值”最高的时候。这座曾获得联合国人居奖的“绿城”无疑正在经历发展期的阵痛。成为“东盟桥头堡”之后，南宁早已不甘再做珠三角的后花园。于是城区面积扩大了三倍，老城已经拆得面目全非，昔日引以为傲的“半城绿树半城楼”，无奈变成了“半城工地半城楼”“高楼之间一点绿”。作为旅行者，我们既享受着地铁的便捷、消费的升级，也叹息着传统的消散。当你眺望埌东新区璀璨的天际线，也别忘了祈祷那个惬意的老南宁早日涅槃重生吧。

方位

邕江穿城而过，热闹的主城区分布在铁路以南、邕江以北、水街以东、南湖以西的这个区域，地铁2号线贯通东西，与民族大道携手串起朝阳广场、民族广场、南湖等重要地标。过了南湖高楼林立的埌东新区一直延伸到南宁东站（高铁站），这里展示着南宁新潮的一面。

蓝瘦，香菇

2016年，一位南宁小伙子“蓝瘦，香菇（难受、想哭）”的失恋感言，逗乐了全国网友。一向低调的“南普”（南宁普通话），第一次被全国人民熟知。从视频中可以听出，南宁一带的方言（包含南宁白话、壮语等）普遍缺乏翘舌音和送气音，因此声母z、zh、s、sh、ch、c会被一律读作sh；而t、k、p，会被读成d、g、b，“滇宫飙过一失飞旋”（天空飘过一只飞船），是个不错的例句。行走在南宁，南普，你学会了吗？

另辟蹊径

漫步埌东

埌东是南宁市的高端商务区，也是整个广西最“高大上”的地方：鳞次栉比的摩天大厦刷新了城市天际线，东盟商务区、领事馆区都在这边。值得留意的是**国际会展中心**（见70页地图；青秀区民族大道东段106号），主造型是“朱槿花开”，十分抢眼；会展中心西邻是民歌湖，同样花了大力气打造。**云顶观光**（见70页地图；青秀区金湖路59号地王国际商会中心；门票50元；⏲周一至周四9:00~22:00，周五至周日9:00~22:30）位于商会中心59层，可360度欣赏南宁市区全貌。继续向东，是汇聚了诸多大牌和新潮店铺的**万象城**，地铁下一站的**东盟商务区**商圈则将楼盘和园区以东盟国家的名字命名，在这里可以找到不少东南亚美食。

整个埌东新区的物价似乎要比老城区高上一截，而酒店却大多是新开业的优享之选，由于这里靠近南宁东站和埌东汽车站，因此不妨将你在南宁的第一晚或最后一晚留在这里。就算你想去老城或南湖，乘地铁也很方便。

景点

南湖 公园

（见70页地图；免费）随着城市的东扩，曾经意味着城区边缘的南湖，已经成为当之无愧的“中央公园”。这个面积广大的瘦长型内湖拥有长达8公里多的环湖步道，多样的亚热带植物景观更是令人目不暇接。热爱健康的本地人会花1小时或更久的时间，慢跑或快走着绕湖一圈。作为旅行者，你可以选择景观最丰富的东岸中段漫步一番，体验南宁市民的绿色生活。

地铁1号线南湖站是理想的起点。在南湖大桥上眺望埌东新区的天际线后，一头扎进南湖公园的绿色怀抱吧。沿东岸的环湖步道向南漫步，跟随路标可以行至名树博览园，从国内外引进的诸多名贵树种在这里茁壮生长。再向前路过南湖广场。继续踏着林荫下的小路，就来到了**百色起义纪念馆**（免费；⏲周一至周五8:30~12:00，14:30~17:00），馆前立着韦拔群、李明瑞烈士雕塑，对面就是漂亮的九拱桥。你可以选择过桥，从西岸的大门离开，向北不远就是麻村地铁站。

夜晚的南湖同样值得一游：各色灯光为婆娑树影镀上梦幻色彩，与之呼应的是远处埌东新区摩天建筑的灯光幕墙。南湖大桥以北的滨湖广场有时会有喷泉表演。我们调研时，南湖的排水清淤工作正在进行，南湖游船码头经营的“环南湖”“南湖—民歌湖”游船也随之停运。不过别担心，一个更加清澈的南湖很快就会回来。

除了南湖公园，市区内还有两处免费公园可供消遣——**人民公园**（见70页地图；兴宁区人民东路1号；⏲24小时）和**金花茶公园**（见70页地图；青秀区葛村路3-5号；⏲24小时）。前者和双孖井之间的人民东路有很多不错的美食小店，后者在每年12月至次年4月能看到珍贵的金花茶开花。

青秀山 公园

（见70页地图；☎556 0662；www.qxsfjq.com；青秀区凤岭南路6号；门票20元；⏲24小时）海拔不高、风景一般但植被繁茂的青秀山坐落于城区东南、邕江之畔。相对偏僻的位置以及20元门票，让这里避免了像南湖一样熙熙攘攘。

青秀山的核心景区面积很大，走马观花逛上一圈都要大半天时间。你可以根据不同的花期，选择相应的赏花目的地——官网和景区大门口都有相关信息。

除了赶花期，最值得游览的是千年苏铁园和雨林大观。可以从景区西门进，途经中国—东盟友谊园、广西学生军抗日烈士纪念碑、状元泉文化园后到达千年苏铁园，山顶是一棵1360岁的**苏铁王**。之后路过天池、龙象塔等景观，可到棕榈园旁的大草坪休息，观看为庆祝澳门回归而种的1999棵大王椰。向前是中泰友谊园和雨林大观，后者是一片人工培育的亚热带雨林区，可以看到寄生、共生、附生、绞杀、腐生等有趣的植物现象，解说牌会帮你积累不少植物知识。从石阶路向上爬就能来到**万寿观音寺**（香花券5元），之后可沿山坡小路下山从景区北门离开。

南宁城区

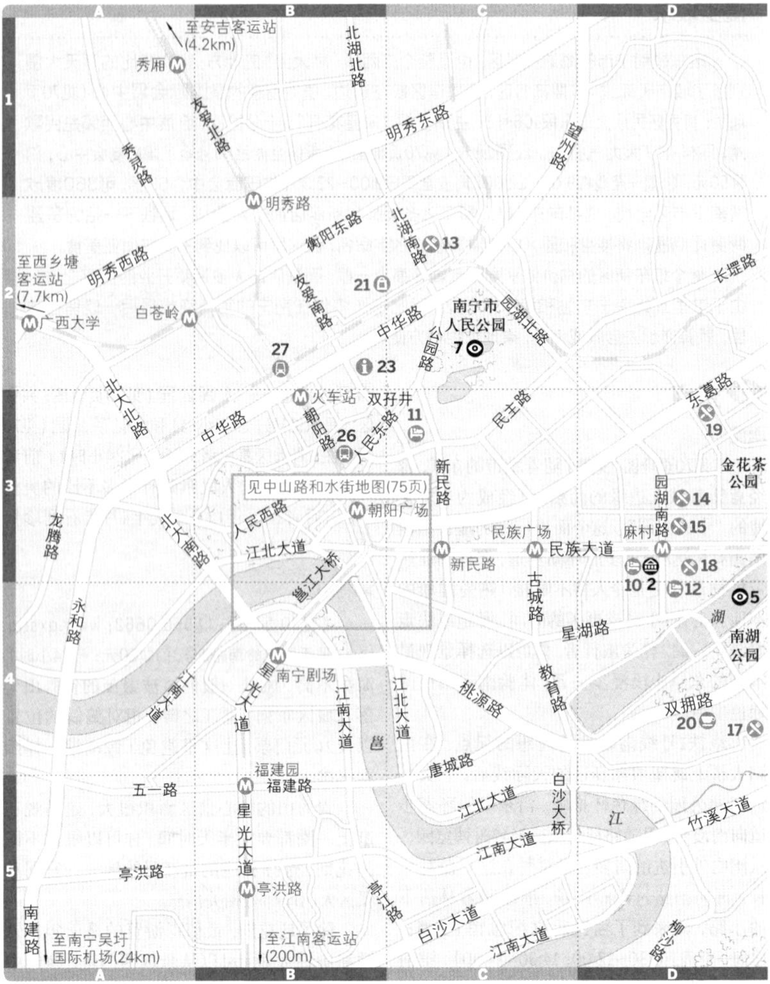

景区西门和北门都有观光电动车(5元/次)可到各主要景点；也有自行车租赁(40元起)，园区内开辟有专门的骑行道。

朝阳广场、中山路、南湖公园可乘B10路到青秀山西门(风岭南青山路口)、北门，地铁南湖站、万象城站，距青秀山西门、北门分别有3公里和2公里，可用共享单车接驳。如果你接下来想前往南宁孔庙、广西民族博物馆游览，不妨从千年苏铁园对面的松涛路一路下山到景区南门，这里距博物馆还有2.5公里路程，沿邕江漫步还是乘公交车就看你的体力了。

广西药用植物园

植物园

(见70页地图；☎561 7166；www.gxyyzwy.com；兴宁区长岗路189号；门票 30元；⏲8:00~18:00)药用植物园位于市区东北角，种植有4000多种药用植物。科普园以《本草纲目》为蓝本，分成了木部、草部、藤本等区域，还有广西特产药物区、荫生药物区、姜科药物区、民族药物区、珍稀濒危药物区、热带药物区等多个特色植物区。草部是最方便和最值得仔细观赏的一处，你可以找到熟悉的两面针、草珊瑚、国家一级保护植物金花茶

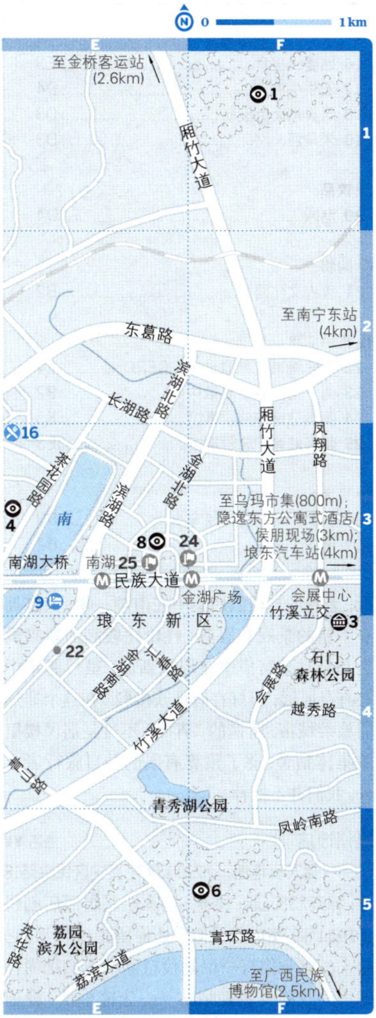

等，最有趣的是里面的百病主治验方长廊，按照人体系统疾病对植物进行分类，旅行者都可试着找找有没有适应自身病情的植物，以便"对症下药"。

面积广大的药用植物园有多个大门，我们调研时，只有厢竹大道上的西南门（2号门）对外开放，乘20、42、90路车在兴宁区政府站下过天桥即到。

广西民族博物馆 博物馆

（☎202 4322；www.amgx.org；青秀区青环路12号；免费；⏲9:30~16:30，周一闭馆）假如你想在南宁为数不多的博物馆当中挑选一处参观的话，民博肯定是不二之选。这里拥有世界上数量最多、种类最全的铜鼓陈列，这点从博物馆建筑的造型就可看出。这里还有广西12个世居民族（包括汉族）最完整的实物展示，内容覆盖服饰、生活、节庆、手工艺等各个方面，无论你的八桂之行是长是短，民博都是最佳的知识普及园地。

博物馆分3层，共5个展厅。二楼"铜鼓文化"展厅中最震撼的当属那面直径达165厘米的**云雷纹大铜鼓**（馆藏101号），这是世界上迄今发现的铜鼓中面积最大的一面。"五彩八桂"展厅占据了整个三楼，在里面所看到的各民族实物可谓包罗万象。

主体建筑背后的露天展示园——广西民族村，很容易被忽略。在这里你能领略到广西各民族的经典建筑，其中最具看点的当属"邕团风雨桥"，虽然只是山寨货，但同样设计了有趣的"人畜分行道"。

博物馆位于青秀山南麓邕江畔，离市中心较远，可在民歌湖南侧（近地铁金湖广场站）乘W8公交车前往。在清晨或傍晚将这里和**青秀山**（见69页）连起来游览也是不错的选择。

广西壮族自治区博物馆 博物馆

（见70页地图；☎270 7027；www.gxmuseum.cn；青秀区民族大道34号；免费；⏲9:00~16:00，周一闭馆）在热闹的民族大道上，这座苏联风格的老旧建筑格外显眼。如果没时间前往民族博物馆，这里算是一个后备。常规展厅不多，最重要的"瓯骆遗粹"展厅位于二层，展出的百越代表性文物有200余件套，其中不乏八桂特色的国宝级精品。名气最大的当属那只精美实用的**"铜凤灯"**，它位于展厅的后半部分，独特的"回首回望"造型已成为广西博物馆的标志。露天展示园民族文物苑由多座广西少数民族传统建筑组成，包括壮族干栏、侗族鼓楼和风雨桥、苗族吊楼、白裤瑶谷仓等，值得一看的文莱苏丹龙辇也在这边。如今这些山寨版民族建筑内大都开设有餐厅，不过在茂密的亚热带植物掩映下，你仍然会有种置身于侗寨、瑶村的感觉；抬头一望就是摩天大厦，穿越感强烈。

南宁城区

景点

1 广西药用植物园 F1
2 广西壮族自治区博物馆 D3
3 国际会展中心 F4
4 金花茶公园 E3
5 南湖 D4
6 青秀山 F5
7 人民公园 C2
8 云顶观光 E3

住宿

9 沃顿国际大酒店 E3
10 宜尚酒店民族广场店 D3
11 邕州饭店 C3
12 South face青年旅舍 D4

就餐

13 陈记印尼风味小吃 C2
14 富晓粥店 D3
15 甘家界牌柠檬鸭 D3
16 姑婆山美食 E3
17 宏牛牛杂 D4
18 老宾州南街酸粉 D3
19 米马河 D3

饮品

20 港殿 D4

购物

21 唐人文化园 B2

实用信息

22 南宁城市应急联动中心CERC E4
23 南宁国际旅游集散中心 B2
24 泰国驻南宁总领事馆 E3
25 越南驻南宁总领事馆 E3

交通

26 朝阳广场小金山候车点 B3
27 南宁火车站 B2

我们调研时，这座博物馆正在筹备大规模的整修扩建工程，相信改造之后的参观体验会有较大提升，可留意官网动向。

乘地铁2号线到民族广场站B出口，即可到达。

新会书院 历史建筑

（见75页地图；兴宁区解放路42号；免费；⏲9:00~16:30，周一闭馆）在飞速发展的南宁城区，这里算是仅存的一点古意。这片现存三殿两廊的建筑由广东新会商贾出资，始建于乾隆初年。大门口"新沾雨露，会际风云"藏头对联苍劲古朴，记录下此地昔日商业的繁华。精巧紧凑的南粤建筑风格从大门口的廊柱、石雕以及屋檐就能看出。位于后厅的关帝阁在20世纪40年代日军的轰炸中遭到破坏。

来新会书院的最佳时间是周六、周日的早上。作为邕剧传承地，这里每个周末都会有两个小时左右的演出（票价10元）。

新会书院位于南宁核心闹市区，离中山路、朝阳广场、民生广场、水街都不到1公里。你可以在觅食途中顺道参观。

住宿

住在朝阳广场、中山路一带的城市核心最为便利，但这里的酒店普遍老旧，价格也不低；老牌的高档酒店集中在南湖一带，大多拥有不错的景观和服务；性价比较高的新兴酒店和精品公寓集中在埌东新区，虽然距市中心有点遥远，但好在有地铁接驳。在这个非热门旅游城市，所谓的"青旅"不过是居民楼里的集体宿舍，除了预算有限的独自旅行者之外，我们并不推荐。

邕州饭店 酒店 ¥¥

（见70页地图；☎210 1343；兴宁区民主路18号；标双238元起；📶❄）这家四星级酒店创建于1954年，室内陈设似乎还停留在1994年，它给人的感觉像有一位勤俭持家的主妇把简朴的房间收拾得妥妥帖帖——床铺整洁、设施完好、隔音优良。酒店位于市中心，火车站、朝阳广场、中山路、南湖都在步行或骑车可达的范围内。淡季价格常常下探到200元以下，同样包含早餐。停车需要单独收费——或许是这里唯一令人稍有不快的地方。

宜尚酒店民族广场店 酒店 ¥¥

［见70页地图；☎285 6288；青秀区民族大道32号（近地铁民族广场站）；标单/双 288/328元；@❄P］酒店就在自治区博物馆隔壁，中山路、南湖都在步行可及的范围内。房间面积不大，好在有简约现代的装饰风格、明快温馨

的灯光环境，舒适的床垫和水果夜宵等贴心服务更是广受好评。

南宁饭店

酒店 ¥¥¥

（见75页地图；☎210 3888；兴宁区民生路38号；标双388元起；）曾经是南宁的标志性建筑之一，今天依然是"老骥伏枥"的五星酒店。就在朝阳广场地铁站旁，夜晚从中山路、水街"逛吃"归来毫无压力。以五星级的标准衡量，房间的软硬件只能算及格，不要期待豪华感，毕竟这里的价格并不算高。早餐的品类和质量都很不错，因此没必要在网上预订不含早餐的"特价房"。

沃顿国际大酒店

酒店 ¥¥¥

（见70页地图；☎211 1888；www.whartonhotel.com；青秀区民族大道88号；标双479元起；）如果你喜欢安静和舒适，又不想远离市区，这家位于南湖湖畔的五星级酒店很适合你。虽然距离上一次装修已有七八年，但酒店的设施和服务还是达到了五星级的标准。带有弧形玻璃窗的湖景房稍贵一点，但值得选择。在炎热的季节，这里还有与南湖公园融为一体的露天游泳池。此外，作为机场大巴

当地知识

绿城识绿

"绿城"南宁有多少种植物？曾有媒体对各大公园和主干道上的植物品种做过统计，答案是895种！拥有三层绿化带的民族大道，150种、约9.2万株植物一路相伴，成为横穿市区的景观大道；人行道内侧采用复合群落式设计，把乔木、灌木、草本和藤本混交在一起，从空中到地面多方位生长，更是带来雨林般的感受。如果你是学院派，那么"形色""植物大百科"等手机应用可以帮你在南宁街头看图识植物。

金花茶：国家八种一级濒危保护植物之一，冬春季节开花，在市内的金花茶公园、广西药用植物园可看到。

扁桃：南宁市树，5月左右结果，成熟时从树上掉落，常有过往的市民"中弹"，以星光大道、民族大道上的数量最多。

朱槿：南宁市花，又名扶桑花，5月到11月开红花，共有12片花瓣，在市内主要道路和公园内都有种植。

苏铁：又称铁树，与恐龙同时代的古老植物，在滨湖广场、青秀山及江南客运站的星光人道段均有分布。

木菠萝：又称菠萝蜜，果实重达8到10公斤，最大可超过50公斤，是世界上最重的水果，新华街及各单位的大院里均有种植。

大王椰：最容易辨认的行道树，亚热带城市的象征，在民族大道、南湖周边和青秀山都有分布。

鱼尾葵：又称假槟榔。夏天肉穗花开，呈鲜黄色；秋季结果，果浆与皮肤接触会导致瘙痒。在民族大道、南湖周边、青秀山及各大公园都有种植。

羊蹄甲：又名洋紫荆，最常见的行道树之一，叶片类似心形，春夏能看见树上开出的洋紫荆花。在南湖周边、金花茶公园、共和路、教育路、友爱南路都有种植。

木棉：雄壮魁梧，2月到3月开红花，远观好似火苗在枝头燃烧，又有英雄树之称。主要种于白沙大道上，在南湖名树博览园和李明瑞、韦拔群烈士碑园也能看到。

小叶榕：常被修剪成各种造型，以南湖东岸的名树博览园和雾森景观广场最为典型，南湖西岸、民族大道和青秀山也有分布。

绿萝：原产热带雨林地区，喜好攀缘并生长在岩石和树干上，因此被视为最佳的造景植物之一，青秀山及民族大道的一些"热带雨林"景观都源于此。

的停靠站，无论到达和离开都非常方便。

隐逸东方公寓式酒店 酒店 ¥¥

［见70页地图；☎285 5188；青秀区民族大道雅典国际6-9层（近地铁凤岭站）；大床房258元，亲子房398元；📶❄］在埌东新区蓬勃兴起的公寓式酒店中，这里是比较令人惊喜的一家。酒店主打智能感十足的LOFT房型，在位于6楼的前台登记入住时，也许是你与服务人员唯一一次的会面——此后的门禁、灯光、空调、退房皆可由手机完成。宽大的落地窗带来一层敞亮的客厅空间，还配有水果、工夫茶具和香茗，床品和洗护用品也有较高品质。遗憾之处是无法提供早餐，以及停车需单独收费。酒店所在的东盟商务区可以品尝到不少异国风味，向南不远还有一处体育休闲公园，可供消食。

South face 青年旅舍 ¥

（见70页地图；☎133 177 19505；青秀区园湖路南湖6号2栋2单元1201；铺45元起；📶❄）和同类型旅舍比起来，这里的主要优势是所在小区比较高档。地处南湖和麻村地铁站之间，位置也相对优越。铺有地毯的客厅就是全部公共空间，房间分为男生四人间和女生六人间，其中女生房带有独立卫生间。

就餐

把精美细致的粤式饮食变得实惠一点；把火辣鲜香的桂北风味变得温和一点；北部湾的海产来一点；东南亚的美食学一点……南宁人总有办法把东西南北各个方向的饮食“本土化”，也许你会觉得这样的口味有点“四不像”，而这正是南宁“博采众长，讲求实际”的饮食哲学。

我们调研时，老城改造正如火如荼，很多老字号都面临迁址。因此，如果你找不到某家餐馆，不要感到奇怪，就地打听一下新址即可。

米马河 广西菜 ¥¥

（见70页地图；青秀区竹塘路26号；人均50元；⏲10:00~22:00）这家环境简朴的“总店”有着家庭作坊式的亲切，分量实惠、味道也不马虎。招牌“硬菜”木桶猪脚（56元），炸制的做法有点出人意料，酥脆入味，而且分量很足；生炒牛杂（55元）原料新鲜、咸辣适中，是下饭佳品。作为小吃的粉饺也皮滑馅细，一丝不苟。水街和平湖路还有它的两家分店，规模比这里更大一些。

富晓粥店 广西菜 ¥¥

（见70页地图；青秀区新竹路31-44号；人均50元；⏲10:00~22:00）名曰粥店，实际经营比较正宗的博白风味，从环境到服务都颇有20年前国营餐馆的风范。博白风味的各类“白切”自然不能错过，寒冷的冬天不妨点一盆

不要错过

老友粉，最南宁

这款南宁最具代表性的食物有着一个温情的名字。相传是一位茶馆老板用自己烹制的一碗浓烈汤粉治好了老朋友的感冒。此后，这种以辣椒、胡椒、蒜末、豆豉、酸笋构成的重口味汤粉（面）便因此得名，进而成为南宁饮食的头牌。下面几家是比较受欢迎的：

共一老友粉（见75页地图；青秀区共和路207号）小店用整整一面墙展示着曾获得的荣誉，其出品也配得上这些。汤底浓郁但不过咸，配料带来的味道富有层次感，买粉时建议加一份肉（4元）。如果还不饱，1.5元/个的叉烧包和豆沙包也值得尝尝。

舒记粉店七星总店（见75页地图；青秀区七星路44号）这家老店在扩大经营后，环境也提升了不少。因配料足而受到本地人的喜爱，汤中淡淡的柠檬味更增添了牛肉粉的鲜度。如果吃腻了汤粉，爽滑入味的干捞粉也值得尝试。

天福香生料老友粉面（见75页地图；青秀区南环路53号）临胜街的传奇老店已成过去式，天福香这块招牌进入有些混乱的连锁模式，这家店被南宁人认为是承袭老店衣钵之地。

复记老友中山路第一店（见75页地图；青秀区中山路237-2号）位于中山路美食街最热闹的拐角，环境堪忧，却总是人满为患，混合了肉类和海产的八珍粉最受欢迎。高峰时段没必要来凑热闹。

中山路和水街

中山路和水街

景点

1 新会书院……B2

住宿

2 南宁饭店……D2

就餐

3 凤新海螺……D3
4 复记老友中山路第一店……D3
5 共一老友粉……D1
6 黄阿婆粉虫……A2
7 兰婷牛杂……D4
8 老水街新印象……B2
9 老嘢扣肉糯米饭……A2
10 南铁老牌美食……D3
11 舒记粉店七星总店……D3
12 天福香生料老友粉面……D3
13 霞姐老牌瓦煲饭（中山店）……D3

饮品

14 冰神……D3

购物

15 南宁书城……C2

实用信息

16 南宁市第一人民医院……D3
17 朝阳大药房总店……C2

鸡、鱼、牛肉火锅。此外，还有大中小三种套餐提供给“选择困难症”，主打菜基本都包含，按人数选择就行了。

老宾州南街酸粉

小吃 ¥

（见70页地图；近麻村地铁站C出口；人均10元；⏲8:00~21:00）如果宾阳没有在你的造访

当地知识

小心，黄皮酱

如果说南宁人也有“老干妈”，那一定是黄皮酱了。相传“广西王”陆荣廷就对黄皮酱喜爱到难以割舍，还曾因为一次狗肉宴上厨师没有准备这一味调料而大为光火。在南宁，你很难不接触到这种独特的调味品。它由山黄皮果、红辣椒、冰糖、甜糯米酒、米醋、蒜、芝麻酱等熬制而成——从这酸甜苦辣俱全的配料表中，你不难想象它奇怪——哦不，独特的味道。当你在南宁点卷筒粉、粉饺时，店主基本不由分说就会浇上一勺，牛杂的蘸料中也能看到它的身影。建议外省人士先浅尝，如真正喜欢，再大胆添加。

清单内，就来这里品尝味道独特的宾阳酸粉吧。宽大的粉皮浸润在酸甜可口的汤汁里，配以叉烧、烧肠、牛干巴和黄瓜、炸花生米，烘托出清凉醒神的夏日味道。

陈记印尼风味小吃 印尼菜 ¥

（见70页地图；西乡塘区北湖南路14号；人均20元；⏲9:00~21:00）最初这里只是一个由印尼华侨经营的小吃档口，现在也提供堂食。椰丝、椰浆制成的糕点最受欢迎，尤其是外形讨喜的乌龟糕和九层糕。当然，你也可以坐下来，细细品尝沙嗲肉串、咖喱鸡饭和印尼春卷，甚至隆重地吃一餐包含米饭、肉类、蔬菜和水果的“印尼宝塔饭”。

甘家界牌柠檬鸭 广西菜 ¥¥

（见70页地图；☎585 5586；青秀区园湖南路12-2号；人均80元；⏲10:00~22:00）主营著名的南宁本地菜柠檬鸭（半只88元），进门就能闻到那股独特的香味，鸭肉和陈年腌制的柠檬、酸辣椒等配料一起爆炒焖煨，直至出油再收汁。鸭肉不像你想象中那样软烂，而是颇有嚼劲。如果牙口不好，可以考虑鸭杂、巴马豆腐等其他菜品。

宏牛牛杂 广西菜 ¥¥

（见70页地图；☎565 8608；青秀区青山路8号；人均60元；⏲11:30~21:00）在南宁，牛杂往往以路边摊的形式呈现，而这家餐厅让你有一个更舒适、放心的选择。招牌牛肚鸡火锅（128元）再配以蔬菜，足够三个壮汉吃。清淡的锅底只有牛杂、鸡肉的原香，可根据口味自己调配蘸料。除了火锅，这里还经营多种具有代表性的桂式炒菜。

姑婆山美食 广西菜 ¥

（见70页地图；☎570 2718；青秀区望园路10号幸福家园小区门口；人均40元）姑婆山的菜肴更加家常，有粉饺、扣肉、腊味以及各种酿菜。菜的分量比较大，性价比也较高，饭点人气爆满。

霞姐老牌瓦煲饭（中山店） 小吃 ¥

（见75页地图；民族路61号；人均20元；⏲10:00~22:00）对于想简单吃个米饭类快餐的独自旅行者，这里很合适。瓦煲饭可以看作广东煲仔饭的质朴版本，配料更加丰富大胆，强调饱腹感。在密密麻麻的菜牌前犹豫不决？就点“全家福”吧。口味清淡的话，记得叮嘱少盐。

饮品

在南宁的老城区可以很容易找到凉茶，对于旅行者来说，这种流行于两广地区的饮品是预防和治疗中暑的绝佳良药。而港粤风格的糖水店也有不少。最受当地年轻人欢迎的连锁品牌是**冰神**（见75页地图；兴宁区中山路256-1号）和**港殿**（见70页地图；青秀区国立又一城B座一楼），出售双皮奶、龟苓膏、芋圆等甜品，以及能填饱肚子的简餐。**乌玛市集**（见70页地图；青秀区民族大道136号华润中心幸福里S-228）是一个集合了烘焙、书吧、下午茶和简餐的综合体，以其森系的装饰氛围，吸引了众多年轻人前来自拍。

娱乐

候朋现场 音乐现场

［见70页地图；微信公众号：hopepogo；中越路8号东盟盛天地负一层第五大道A20（近肯德基）；⏲20:00至凌晨］成立十余年的老牌摇滚乐现场，几经搬迁，如今落脚在时髦的东盟商务区。在这里，你能看到风格各异的本地音乐人表演——有些南宁白话说唱团体、带

有广西民族风格的乐队别具一格，同时它也是知名乐队巡演南宁站的首选场地。多数时候，这里更像一个南宁艺术青年的聚会场所，演出和活动没有固定时间，请留意微信公众号。从东盟商务区地铁站步行过来只有500米。夜间打车回市中心约25元。

购物

南宁书城

书店

（见75页地图；☎282 7008；兴宁区民生路78号；⏲9:00~21:30）南宁最早的书城，三楼能找到Lonely Planet（孤独星球）旅行指南，也有最新的南宁市地图出售。

唐人文化园

工艺品

（见70页地图；西乡塘区唐山路北）旧厂房改成的商铺，是南宁近年建成的文化创意园区。周末有跳蚤市场，出售真假难辨的古玩、玉器等。最吸引人的还是那些和这里的建筑一样饱含时代气息的旧货。

实用信息

危险和麻烦

南宁是全国出名的传销基地之一，只要稍加注意，还是不难分辨那些巧舌如簧的骗局。比传销更显而易见的危险是满街横冲直撞、从不避让行人的电动车。火车站、夜市和商场里小偷不少，要特别注意提防。

紧急求助

南宁城市应急联动中心CERC（见70页地图；cerc.nanning.gov.cn；青秀区双拥路48号）是我国第一套城市应急联动系统，旅行者遇到意外，可拨打110、119、120、122四个特服号码，进行求助。

医疗服务

南宁市第一人民医院（见75页地图；☎263 6206；www.nn1yy.com；兴宁区七星路89号）

朝阳大药房总店（见75页地图；☎282 4152；兴宁区朝阳路35-2号）

银行和邮局

各大银行在市内随处可见，尤其是在各大商圈和主干道两旁，所有银行几乎都有24小时自动取款机。大一些的邮局除了收寄业务之外，还提供机票预订、特产寄卖及明信片销售服务。

旅游信息

广西壮族自治区文化和旅游厅（☎12301，紧急☎586 0326；新浪微博@广西壮族自治区旅游发展委员会）

旅行社

热门线路有南宁都市观光游，德天瀑布一日游，德天瀑布、通灵大峡谷二日游，巴马二日游，北海、涠洲岛二日游，越南下龙湾、河内四日游等。南宁郊县大明山、大龙湖等公共交通不便的景区，在大部分旅行社都有一日游的路线，通常旺季能做到周末发团。

不要错过

老街美食

南宁的夜市集中在两个区域：游客摩肩接踵的中山路、共和路，以及更受本地人青睐的水街。前者的现状是凤毛麟角的老店夹杂在“环球美食”的洪流中，价格高且一座难求。因此，我们更建议你用眼睛逛中山路，用肚子吃水街。

中山路一带尚可驻足的是复记老友旁边出售蜜汁排骨的**南铁老牌美食**、共和路上的**凤新海螺**，以及向南一点南国街上的**兰婷牛杂**。

水街因地势低洼又邻近江边，雨季经常内涝而得名。如今，大规模的旧城拆建正在这里进行，一部分老字号搬进了壮志路东端的**老水街新印象**（当地人简称：美食城），对食客来说倒是更方便了。进门先来碗日照红甜品的芝麻糊、花生糊润润口，再到**记得叉烧**切一盘排骨或叉烧肉，最后到**远红手榨米粉**热乎乎地嗦一碗粉，最后把**九记伦教糕**又甜又糯的糕点当作饭后甜品吧。美食城外也有不少选择，比如壮志路上的**黄阿婆粉虫**——别害怕，这只是一种更有嚼头的干炒牛河，永宁街和人民西路交叉口的**老嘢扣肉糯米饭**骄傲到只经营午市，而石巷口和高峰路上活色生香的夜市，经营你能想到的一切，直到深夜。

南宁国际旅游集散中心（见70页地图；兴宁区友爱南路10号）离火车站很近，内设的**广西运德国际旅行社**（国内旅游☎210 2431，210 2454，国际旅游☎242 9657，210 2437，签证中心☎210 2362，210 2443；www.yunde.net）拥有强大的客运优势，对上述旅游线路基本可做到散客天天发团，针对宾阳炮龙节、越南同登庙会、上林油菜花季等也有便捷的一日游服务。集散中心内还有埌东汽车售票点（☎210 2445）、航空售票点（☎241 1006）和火车票代售点（☎232 3305），另有始发前往越南的班车。

媒体

《南国早报》是南宁市发行量最大的报纸，可在南国早报网（www.ngzb.com.cn）阅读完整的电子版。

时空网（www.gxsky.com）是广西最具人气的社区型综合门户网站，微信公众号"南宁圈"是当下最流行的了解南宁吃喝玩乐资讯的窗口。

到达和离开

飞机

南宁吴圩国际机场（☎96365；江南区吴圩镇）距市区约35公里，有飞往国内各大城市及东南亚各国的航线。其中来往越南、马来西亚和泰国的机票价格比较有竞争力，可以考虑作为连接东南亚的中转站。

长途汽车

旅行者会用到的车站有4个，分别位于东西南北方向的城区边缘，均有地铁直达。其中规模最大的埌东汽车站包含区内所有主要县市的车次，其他车站按各自方位各有侧重。每个车站都建设有方便好用的微信购票通道，大多数甚至能做到凭电子车票直接上车，无须换取纸质车票。直接在微信搜索车站全称即可使用购票服务。

埌东汽车站（☎550 8333；www.yunde.cn；青秀区民族大道186号）位于城东，有发往广西区内大部分市县的班车，还有前往广州、深圳、香港及越南河内等地的班线。此外还有到德天瀑布的旅游专线。

从南宁去东南亚

	自办签证	旅行社代办签证（参考价）	凭身份证办通行证跟团游
越南	**越南驻南宁总领事馆**（见70页地图；☎551 0560；青秀区金湖路55号亚航财富中心27楼；⏲周一至周五 8:30~12:00，14:30~18:00）价格为25美元	400元，2个工作日	河内、下龙湾四天三晚游大约1600元
柬埔寨	**柬埔寨驻南宁总领事馆**（☎567 2358；青秀区领事馆区桂花路16-6号；⏲周一至周五 8:30~12:00，14:30~17:30）3个工作日190元，当日加急270元	350元，3个工作日	无
缅甸	**缅甸驻南宁总领事馆**（☎567 2845转804；青秀区领事馆区桂花路16-7号；⏲周一至周五 9:30~12:00，13:00~16:00）次日下午185元，当日加急285元	280元，3个工作日	无
老挝	**老挝驻南宁总领事馆**（☎567 2544；青秀区领事馆区桂花路16-1号；⏲周一至周五 9:00~12:00，14:00~17:00）4个工作日200元，当日加急300元	300元，3个工作日	无
泰国	**泰国驻南宁总领事馆**（见70页地图；☎552 6945；金湖路52-1号东方曼哈顿1楼；⏲周一至周五 9:00~12:00，13:00~17:00）2个工作日230元	300元，3个工作日	无

由于东南亚各国的签证政策经常变化，且陆路入境政策常和航空入境不同，希望办理落地签的旅行者，请在出行前登录各国驻华使馆官网，仔细查询及时更新的签证政策，并确定入境的交通方式，以免给出行带来不便。

埌东汽车站车次时刻表

站点	发车时间/班次	票价(元)	行程(小时)	备注
桂林	10:05, 15:00, 16:40, 21:10	110	5	
阳朔	16:40	120	5	
柳州	11:30~19:00共7班	80	3	
梧州	13:00	130	5	
桂平	9:30~21:50共5班	73	3	
金城江	8:00~21:00, 30分钟1班	102	4	
巴马	11:50, 12:20, 13:30, 14:40, 18:00	100/107	4	前两班终点可到坡月。
百色	9:00~20:30共14班	80	3.5	
乐业	8:20, 10:10	135	6.5	
靖西	8:50~18:00共7班	102	4.5	
北海	12:30~21:00共8趟	70	3	
东兴	8:00~20:40共21趟	72	3	
大新	7:20~20:30滚动发车	55	3	8:30, 9:30, 发往德天瀑布, 75元。
凭祥	7:30~20:30共21班	79	3	
越南河内	7:20~13:40共10班	172/182	7	发车地点在南宁国际旅游集散中心。
越南下龙湾	7:30, 8:30	42	10	发车地点在南宁国际旅游集散中心, 隔天发车。

江南客运站(☎451 9999, 451 8200; 江南区星光大道236号)发往北部湾城市东兴、防城港、钦州(钦州湾)、北海的车次频繁。前往崇左、凭祥、宁明方向, 从这里出发也最方便。

西乡塘客运站(☎381 6650, 381 6651; www.nnkyz.com; 西乡塘区大学西路66号)位于城西, 主要经营广西西部靖西、乐业、那坡、巴马、大新等地的班线。

安吉客运站(☎310 9661; 西乡塘区安吉大道42号)位于城北, 前往马山、大化、凤山首选此站。

火车

从南宁前往区内桂林、柳州、北海、梧州、贺州, 以及广东、云南方向, 高铁都是首选的便捷交通方式。南宁站和南宁东站之间有地铁连接, 部分高铁列车两站都会停靠。

南宁火车站(见70页地图; 兴宁区中华路82号)位于中心闹市区, 目前始发车线路覆盖北京及上海、广州、昆明、西安、成都、南京、郑州、青岛、武汉等多个城市, 还有广西区内所有的14个地级市。此外, 开往越南河内的国际专列也从这里发车。

南宁东站(青秀区凤岭北路)位于市区东北郊, 是多数高铁列车的始发站。

ℹ 当地交通

抵离机场

南宁吴圩国际机场巴士有4条线路, 票价均为20元, 发车间隔30分钟, 到市区耗时约1小时。市区内的乘降点分别为**火车站(民航酒店)**(⏲至市区6:00~24:00, 至机场5:30~22:30)、**沃顿国际大酒店(途经江南客运站)**(⏲至市区8:30~23:00, 至机场5:30~21:00)、**动物园(维也纳酒店)**(⏲6:00~21:00)和**南宁东站**(⏲10:30~19:00)。

地铁

南宁地铁已经开通1、2号线, 一纵一横在市中心朝阳广场交汇, 旅行者涉及的主要区域基本都有站点。特别当你要赶时间前往火车站、汽车站时, 准时准点的地铁是最佳选择。唯一的烦恼是在朝阳广场、火车站等热门站点, 往往要经历漫长的排队安检。

公交车

南宁公交车票价多为1元，空调车2元，有丰富线路可选，班次也比较频密。使用微信小程序"乘车码"刷码乘车，可以省去携带零钱的麻烦。

出租车

南宁出租车起步价9元（夜间11元），2公里后2元/公里。市民上下班的高峰也是司机换班时间，打车较为困难。出租车投诉电话为☎12319，叫车热线为（☎160 1111）。网约车价格和出租车差不多，夜间使用要注意核对车辆和司机信息，确保安全。

摩托车

摩的司机兼职的较多，喜欢夜间出动，用当地话叫"炒更"，他们将头盔挂在车头来暗示自己的身份，有些摩的司机还会主动与你打招呼（鸣喇叭），价格并不比出租车低，一般我们不建议选择这种交通方式——除非你特别赶时间。

南宁周边

二流的喀斯特风光和三流的旅游景点，通过状况不佳的道路相连接——这就是南宁周边的旅游概况。为避免舟车辗转之苦，以及奔波抵达后的失望，我们建议用一两日、以自驾方式走马观花即可。但是在暑热难耐的季节，环绕大明山的清凉旅程还是有一定吸引力的。

扬美古镇

（见80页地图；☎486 0732；江南区江西镇扬美村；门票 10元；⏲8:30~18:00）扬美是广西南部地区为数不多的古镇之一，明清时期因独占水路交通优势曾让这里繁荣一时。如今留下200多座古建筑，夹杂在不太有序的新建房屋之间，一般来说半日闲逛就足够了。古建

南宁周边

N 0 40 km

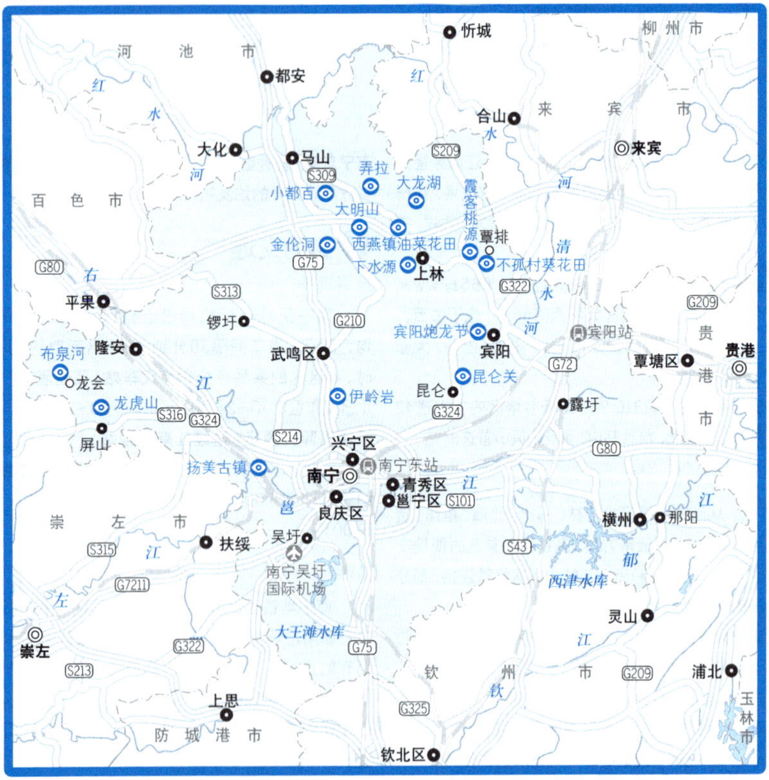

值得一游

布泉河风光

广西又一处号称"小桂林"的地方。喀斯特峰林、青山绿水很是上相,更让人动心的是**布泉河**(见80页地图;隆安县布泉乡)几乎没有旅游开发的质朴一面:镇子里嘈杂的集市,碧绿的湖面,牵牛的农家忙着耕种稻田……这里仅有的旅游开发就是龙会桥头清晰的地图、路标以及平坦的乡间公路,即便是节假日,布泉河也不会有多少游人。

最美风景在徒步的行程中:从龙会村离开公路,跨过**龙会桥**时,远眺的风景就已经令人惊喜。过桥向西,迂回在峰林间,穿过大片的香蕉林和木薯地,可以在**下准村**回到主路,再走2公里就能抵达嘈杂热闹的**布泉乡**。如果你决心来一次长距离徒步,可以在过龙会桥后沿着布泉河南岸向东,直到风景宜人的**更望湖**,一路有**九龙相会**等漂亮的水色,有**月亮山**、**独秀峰**等喀斯特奇峰,田园风光让人生出误入桃花源的感觉。徒步距离有10公里出头,原路返回有点让人懊恼,只有碰碰运气看能不能搭到当地老乡的三轮摩托。当然,这条路线也完全适合自驾车,并且你还能去看更远处的**高峰天坑**。

前往布泉河可先从南宁站乘坐动车到隆安东站(二等座30.5元;每天12趟;34分钟),然后乘公交车前往6公里外的隆安汽车站,转乘途经百朝前往布泉乡的班车或是在站前乘经南圩的68路公交车。两种车的发车间隔都为50分钟/班,全程耗时在1.5小时左右,前者车况更好,但后者沿途风景更佳,且在距布泉乡3.5公里的龙会村有站点。一般来说,没有在布泉乡住宿的必要,返回隆安的末班车为16:40。

筑保存最好的地方是临江街(又名清代一条街),镇上有常见的旅游产业化古镇的一切特征,贩卖"扬美三宝"(梅菜、沙糕、豆豉)的店铺一家挨一家。景区大门口有不少观光牛车,一般50元可以拉你在镇里逛上一圈。如果想泛舟左江,江边码头也有不少当地居民的私船可坐,通常可以讲到很低的价格。

扬美古镇在市区以西38公里,曾经有两种比较有趣的交通方式:乘慢车经南昆铁路到扬美站,以及在市区民生码头乘船到扬美码头。遗憾的是在我们调研时这两种方式都暂时停运了。在你来之前,不妨打听一下是否恢复。

目前,扬美古镇专线车发车点在地铁鲁班路站B出口附近。发车时间8:40至18:00,单程票价15元,平均每50分钟1班,节假日坐满就走,最晚16:30回南宁。

龙虎山

(见80页地图;☎531 8317;隆安县屏山乡;门票 60元;⏲旺季4月至10月7:30~17:30,淡季8:00~17:00)这里拥有和广西绝大多数地区相似的喀斯特地貌,并且自封为"中国四大猴山"之一。游玩的主要亮点当然就是与2500多只猴子零距离接触,它们集散在路边、桥头,沿江"迎客",肆无忌惮地抢食——因此如果你去过峨眉山之类的地方,大可考虑不来这里。除了猴子,群峰叠翠、四季常青的龙虎山还拥有古藤、竹桥、碧水等极富广西特色的风景,是呼吸新鲜空气和散步的好地方,如果喜欢这里的水色,还可以乘竹排游览(30元)。景区内有金龙寨等几个"人造"民族村寨供游人用餐休憩,好在餐饮价格不算离谱。

龙虎山距南宁市区83公里。最便捷的交通方式就是在埌东客运站乘专线车,单程车票30元,往返50元,并且凭车票还能再优惠10元门票。

伊岭岩

(见80页地图;☎626 0420;武鸣区双桥镇伊岭村;门票 60元;⏲8:00~17:00)在广西的喀斯特溶洞景点中,这里并不突出,但在南宁却是标志性的周边景点,半天即可来回。整个岩洞状若海螺,洞分三层,游道曲折迂回,石笋石柱在彩色灯光照明下,呈现出光怪陆离的形态。有的地方像一个拱窿大厅,可容上千人;有的地方如夹缝小巷,仅容一人通过。洞内参观大约需要1小时,由于洞穴灯光由导游控制，随走随灭，让人无暇细细品味。洞外还有一些鸡肋的民俗游览项目，甚至还有点强制消费的意味，建议你直接跳过。

在安吉客运站乘坐专线车（5元），可直达景区门口。

上林

崇祯十年（1637年）春天，徐霞客开启了又一次长线旅行。在前半程不可思议地经历了抢劫、参观遭拒、友人辞世等连串打击后，他于冬天抵达上林，并意外地受到了江阴老乡"陈主人"和当地参府"陆公"的热情款待。50天的停留和游览后，他在游记中留下长达1.2万字关于上林的描述。

根据文字记载，徐霞客在上林的绝大多数时间都住在三里城。旧时城镇难觅，山水风光仍在：**霞客桃源**（见80页地图；☎525 8581；门票10元；上林县澄泰乡下金村）已经开发为景区，沿着霞客栈道拾级而上，在霞客半岛有不错的观景视野。我们调研时，景区的游船项目正在停运整改，想坐船的话只能到位于河边的文通村找村民询问。一般来说，2小时的船游，视登船人数，价格在200~300元/船。

每年初春，霞客半岛上的葵花田开得正旺；同期在白圩镇**不孤村**也有一片葵花田，映衬在喀斯特峰丛中。**西燕镇**则有成片的油菜花，也在春天的花季吸引了大批游人。除此之外，上林的可玩之处还有大明山东坡的**下水源**，喀斯特地貌中的水库**大龙湖**等。

有点出人意料的是，上林县城竟有一家**北回归线青年旅舍**（☎525 8688；柳西路13-15号；铺50元，标单77元），虽然洗澡水和网络有点不给力，但作为机车爱好者的老板对上林旅游非常熟悉，还能帮你拼车拼饭。上林夜市独特的风味是马排和各类烧烤，饭馆和摊档都集中在霞客路上。

上林汽车总站（☎522 3746，明山路180号）

自驾"马上大"

南宁以北90公里的大明山地区，平均海拔1200米，其主峰龙头峰更以1785米的海拔成为桂东南之巅。秀美的风光和良好的生态环境，使环绕它的武鸣、马山、上林、宾阳四县成为南宁居民假日休闲、避暑的首选之地。不过，对于旅行者来说，多数景点很难带给你惊喜，而且常常需要舟车辗转。因此，不妨学着南宁人的样子，租车来一次两日的"马（山）上（林）大（明山）"的走马观花之旅。

从南宁安吉客运站出发，沿G75兰海高速，1.5小时就能到达大明山西麓的**大明山景区**大门口。这里的观光方式只有一种——乘坐景区游览车沿蜿蜒的盘山路到达半山平台的服务区，途中伴有峰林、草甸、北回归线标志等景观，有的地方会有短暂的步道可以行走一番。不过，我们认为除了每年2月至5月杜鹃花盛放的季节和12月至次年2月的雾凇景致，其他时候很难值回176元（门票96元、观光车票80元）的花费。

出大明山景区大门，沿210国道向北10公里，就到了**金伦洞**（门票 80元）。这是一座规模宏大的洞穴景观，特别是各式钟乳在水中的倒影格外迷人，参观全程需要1.5小时。如果要和伊岭岩二选一的话，我们更推荐这里。

继续向北，经过马山县城折向东南方向的309省道。从这里开始进入喀斯特田园风光的精华路段。水车林立的**小都百景区**是马山重点打造的乡村旅游项目，你可以沿山水间的休闲绿道走一走，再吃一顿马山黑山羊。继续向前，到达古零镇的**弄拉**景区，这段3公里的陡峭爬升，是每年环广西自行车赛竞争最激烈的路段，你可以由路边的自行车运动雕塑想象出比赛的精彩。继续向东40公里，可以到达上林**大龙湖景区**。700多公顷的水域拥有14座天然小岛，以水上喀斯特风光著称，包船游览的价格在120元左右，可乘4人。

之后折回到西燕镇至上林县（见82页）住下，第二天沿清水河一路向东，造访霞客桃源（见82页），或是更远处的不孤村（见82页）。最后由209省道经新圩到宾阳（见83页），逛逛南街，吃一碗酸粉。不赶时间的话，可沿322国道到免费的昆仑关景区（见84页）凭吊一下历史，再回南宁。或者从宾阳走G72泉南高速，1.5小时即可回到南宁。

参加炮龙节须知

- 节日期间有百余条炮龙出动，到时候置身宾阳就宛若身陷战场，胆小的旅行者可要注意。
- 无论在远处观望或近距离炸炮龙，记得备上口罩、眼罩和帽子等，避免被鞭炮炸伤。
- 穿上最旧的衣服，因为你会染上一身炮灰，这样也能避免让小偷盯上。根据调研，每年炮龙节都会发生多起偷窃事件。
- 炮龙节期间，住宿和交通都十分紧张，得预订。
- 到了宾阳，多问问当地人什么地方最适合看舞炮龙。
- 南街一带会专为游客设百家宴，一般人均50元。
- 炮龙节期间将实行交通管制，建议选择公共交通；自驾请尽量提前抵达宾阳，停车费也会翻倍。

有往返于南宁(金桥客运站、埌东客运站)的班车(40元；6:20~19:30，每40分钟1班)。从大丰(上林县城)去周边景点，可在丰岭路上的公交站等公交车，目前大龙湖、霞客古渡均设有专线，标示西燕、三里方向的车部分也可达，记得询问司机；下水源就在县城边不远但没有公共交通，坐出租车往返需要60元；前往偏远的不孤村，只能先搭乘班车到白圩，再包车。

南宁许多旅行社会有上林一日游的项目，包含了上述景区，省去了交通中转上的麻烦，省时间者可考虑。

宾阳

如果想体验南宁地区的传统民俗，宾阳炮龙节无疑是最佳选择。届时宾阳大街小巷百龙起舞，人们纷纷上街炸龙祈福，城内人声鼎沸、交通拥堵、物价疯涨。一旦节日结束，宾阳县城此后一年将少有游客涉足。

节日和活动

宾阳炮龙节 节日

炮龙节大概是中国最刺激的过年活动。现在这个传统节日已经逐渐演变成狂欢节似的旅游项目。每年大年初九开始，持续三天的炮龙节吸引了成千上万的游客到宾阳感受火药味浓厚的过年气氛。

节庆的高潮是正月十一的狂舞炮龙之夜。当天中午每条街道在户外起灶大摆筵席，当地人告诉我们：吃饱了才有力气舞炮龙呢！龙队也将尚未开光的炮龙摆出来展示，供游客拍照。

舞炮龙一般从傍晚六点钟开始，南街上的二铺寺附近会聚集无数兴奋的人群。炮龙开光后，开始在街区来回狂舞，游客和当地居民手持一卷卷鞭炮，点燃后往炮龙身上扔去，将龙头和龙身炸得只剩下骨架，也有不少人喜欢穿过龙肚以求吉祥。直到凌晨，整个活动才会结束。

食宿

宾阳的酒店集中在汽车总站到县政府之间的地区。快捷酒店级别的平日房价仅在百元出头。但炮龙节期间，全县大小宾馆不仅满客，价格还会翻三四倍左右。推荐汽车总站附近的**金世纪大酒店**(☎823 8888；标双 158元；🛜❄)，房间宽敞洁净。比起紧挨文化广场的几家酒店，这里的优势在于可以免受广场舞噪声的侵扰。炮龙节期间房间需提前半个月预订，价格在350元左右。

来宾阳不可不尝的就是酸粉。公认最正宗的是南街入口处的天后宫颜十五酸粉。同时，它所在的南街也是宾阳最值得一逛的地方：石板路长满青苔，老房子中依然住着老街坊，星星点点的时髦创意小店为这里注入了一丝活力。

到达和离开

长途汽车

宾阳距南宁90公里。南宁埌东客运站和金桥客运站有很多班车前往宾阳(31元；1.5小时)。炮龙节当天，许多旅行社会开通当日往返宾阳的炮

不要错过

喋血昆仑

离开南宁市区向桂柳方向驱车不远，就来到了**昆仑关**（见80页地图；☎285 6466；www.nnklg.com；南宁市南梧公路50公里处；免费；⏰夏9:00~17:00，冬9:00~16:30，博物馆周一闭馆）。1939年冬，昆仑关战役打响。最终国军第五军失守关隘，但是三度光复昆仑关、击毙日军少将中村正雄、歼灭日军4000人的战绩值得骄傲，日军战史也称此役为"陆军最为暗淡的年代"。

今天的昆仑关仍有民国所建的阵亡烈士公墓，牌坊、纪念塔、纪念碑亭镌刻着民国大人物的题字，还有修复的古关楼和新建的博物馆，松柏青翠、山峦起伏的景象让人生出"将军百战死，壮士十年归"的感慨。每年农历五月十二、十三是传统节日"关公磨刀诞"，清明、抗战主要纪念日有公祭，附近村民更是一年四季都会自发祭扫。

前往昆仑关可在南宁**朝阳广场小金山候车点**（见70页地图）乘车（☎231 9151）；也可在金桥客运站搭乘前往宾阳的班车，在昆仑关景区下车即可。景区有两个门，南门需要爬升一段较陡的台阶，北门附近能找到中村正雄的墓冢。

龙节旅游专线车，最好提前购票。**宾阳汽车总站**（☎823 7730；广源路近环城路）返回南宁的班车7:00~19:30滚动发车，不到半小时就有1班。炮龙节期间会增加班次，晚班直至无游客滞留为止。县城以北的**芦圩客运站**（☎828 5886；朝阳路近风景路），白天有滚动发往上林和马山的班车。

火车

宾阳高铁站 距离芦圩（宾阳县城）有30多公里，拼车前往人均需30元左右。因此从宾阳往返南宁的话，无论时间还是性价比都不如乘坐大巴。如果你要从宾阳直接乘高铁离开南宁地区，可在宾阳汽车总站搭接驳公交车至高铁站。

崇左

作为南宁乃至中国前往越南和东南亚的桥头堡，崇左直到2002年底才正式脱离南宁，设立地级市。边境风情和喀斯特风光是崇左旅游的两张名片——最为人熟知的德天瀑布便是这两者的集合。如今，边城凭祥、龙州的历史印记依然清晰；明仕田园的旖旎风光和宁明花山的上古岩画渐渐被人熟知，重新向外界开放的白头叶猴自然保护区也将为这片地区增添更多的吸引力。

德天瀑布

（☎369 0199；www.detian1999.com；大新县硕龙镇德天村；门票 80元，观光车票 35元；⏰7:30~17:30）一提到广西边境，任何人都会想到这座号称亚洲第一、世界第四的跨国瀑布。早在2005年第10期《中国国家地理》公布的排行榜中，德天瀑布就以绝对优势占据了"中国最美瀑布"第二的位置。的确，把"大瀑布"和"跨国"这两个词放在一起，永远都是引人注目的亮点。每到夏秋水量充沛的季节，当德天瀑布与旁边的越南板约瀑布连成一片时，千股激流从山崖上跌宕而下，如万马奔腾，颇有排山倒海之势。然而，这张广西山水的"名片"也难逃被商业逐利的命运，原本一眼就能看到（离公路不远）的瀑布，早已被"管理"起来，游客中心远在瀑布8公里开外，即使你是自驾车的游客，35元的"观光车票"也不得不交。

刚进大门，从前方的观景台就可看到瀑布的全景。由此逐级而下，5分钟就能到达界河上的竹排搭乘点（30元/人），坐竹排的好处是可在河面上直观瀑布，还能和越南竹排上兜售异国特产的越南人讨价还价一番。前行不远，就来到德天瀑布面前，附近有836号界碑；岸边有向上的台阶，能来到二级观瀑台，这儿的氧离子很丰富；再往上进入瀑布旁的一片树林，就是三级观瀑台，这里水势相对平缓，有水上森林的感觉。沿着观光大道往前就是著名的大清国53号界碑，碑上刻有"中国广西界"几个字，立于1896年，如今只有标志意义，旁边的835号界碑才是真正的国界象征，界碑那边就是越南领土。也许因为近年两国紧张的关系，越南一侧的旅游商品市集已经停办，中国游客就这样少了一项颇有特色的体验。回过头来，在中国一侧兜售旅游纪念品的“长廊”里，倒是也能见到一些越南商品。

回程不必原路返回，沿着平缓的柏油路下行，就能走到景区的另一个大门，沿途会经过多个观景台，每一个都拥有不错的景观，供你频频回首与德天瀑布告别。门口处的“全景观景台”，最能将瀑布的磅礴气势揽入取景框。

需要提醒的是，冬春季节水量稀少票价却不减少，德天瀑布的观景效果大打折扣。

食宿

从硕龙镇到德天瀑布大门，都有酒店可供选择。前者有些遥远，后者比较潮湿，因此最理想的便是游客中心到景区大门之间的酒店了。由于旅游效应，从硕龙镇开始，你要做好准备接受超一线城市的餐饮价格了，从菜品质量上讲，更推荐在硕龙镇上用餐。

德天大塘酒店

酒店 ¥¥

(☎377 6188；硕龙镇隘江村；标双 168元起；📶❄🅿)房间只相当于合格的快捷酒店水平，但宽敞干净，在景区一带显得很有性价比，并且难得的是有电梯。房价包含简单的早餐。

ℹ 自驾德天省钱攻略

像多数著名景区一样，德天瀑布的门票套路显而易见：游客中心远离景区大门，门票和观光车票捆绑销售，就算自驾者也不得不购买35元/人的“观光车票”。有一个办法可以省去这部分开销。

从游客中心到瀑布大门8公里的沿途村落中有不少酒店，其中多数酒店都可以帮入住客人买到80元的“纯门票”，而自驾者可以凭酒店订单获得游客中心路障的放行。这样一来，自驾者不仅能省去“观光车票”以及游客中心的停车费，还能在第二天一早抢得先机，在大批团队观光客到来之前，“独享”瀑布美景。

老木棉酒店

精品酒店 ¥¥¥

(☎377 6888；沿边公路丽水边城；标双 568元起；📶❄🅿)老木棉坐落在离德天瀑布还有7公里的老木棉景区，距绿岛行云(见85页方框)只有2公里。这里本身就是一个漂亮的田园式景点，建在界河中的一个小岛上，3月有紫藤花，夏秋有格桑花。酒店颇具设计感，民族风格得到了很好的运用；另有露天游泳池和夜间歌舞表演。此外，酒店还经营一家价格不菲的越南风味餐厅。

不要错过

免费的风景

当你在大新行车时，请留心窗外的亮点：

硕龙—雷平公路画廊，长50公里，其中硕龙至明仕的21公里路段风景最好。坐车经十九更山路盘旋后，随着海拔的下降，视野逐渐开阔，最后到达明仕田园山水间。有大新经明仕前往硕龙、德天的班车行驶于此。

大新县城—那岭公路画廊，长17公里。沿途集中了各种典型的喀斯特山峰，还有成片的剑麻和甘蔗林景观。有大新至德天、下雷的班车行驶于此。

沙屯叠瀑，又称稔底瀑布，是大新境内另一处规模较大的瀑布，位于黑水河与下雷河的交汇处。瀑布较为平缓，共有七级，如同梯田一般，公路旁有条曲折的小路可通往瀑布的上游。可在大新经那岭去德天的班车上看到，瀑布位于右手侧。稔底电站在沙屯叠瀑旁边，距硕龙只有6公里左右。

绿岛行云是归春界河上的一处精致小景，河水流经此地，水势渐缓，形成多个浅滩，滩中有小岛，夏季绿草如茵，黑褐色的岩石点缀其间，偶尔有牧童在岛上放牛。景点位于硕龙去德天瀑布的必经之地，距硕龙4公里、德天瀑布8公里，有时间不妨沿着风光旖旎的沿边公路徒步而行。

大新

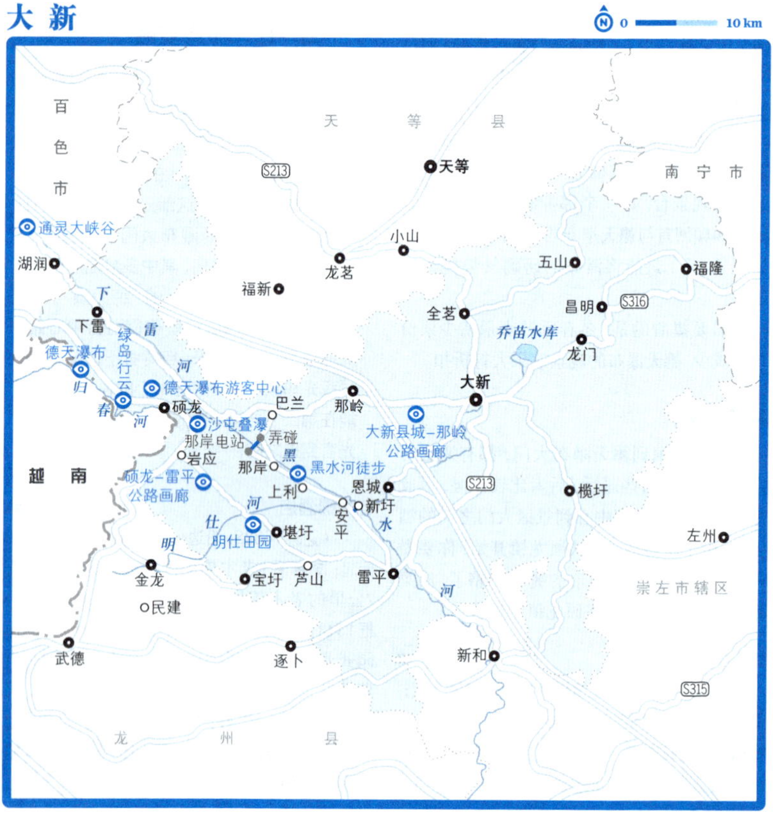

到达和离开

南宁埌东汽车站8:30、11:30有发往德天瀑布的班车（☎159 7791 2646），票价 75元，行程4.5小时，返回南宁的发车时间在14:30、17:30。这趟车会停靠大新汽车站，因此可以在大新汽车站购买这趟车11:40、14:40前往德天瀑布的票。

此外，大新县鸳鸯桥（伦理路近新平路）有发往德天的15座中巴（⏲7:30~17:00；20元；1.5小时），途经那岭乡。

由德天到**通灵大峡谷**（见283页）和靖西的直达班车（☎152 895 23311）已经开通，德天发车时间为15:00，到通灵大峡谷和靖西的时间分别需要1小时和2小时。

大新（德天瀑布周边）

大新县是桂南喀斯特的代表地区，连绵起伏的地形曲线与归春河、黑水河、明仕河一起构成了方圆五百里的山水画廊带，某些地方的景色甚至可以比肩桂林山水。不过对于背包客而言，乡镇公交发车不固定、班次偏少等问题，多少会影响到“寄情于山水之间”的热情。

大新县城

大新县城没有出彩的地方，只是一个交通中转站。如有住宿需求，可以选择**尚客优酒店**（☎362 5988；养利路259-1号；标单/双118/128元；📶❄）。餐饮则集中在桃源路上，雷平卷筒粉是当地的特色小吃。

大新汽车总站（☎363 0560；养利路1-1号）位于县城最北，除了6:20~20:00滚动发车的南宁埌东城际快线之外，前往崇左的班车也很多，末班为17:40。前往龙州发车时间7:55~16:10，大约每小时1班。可在微信搜索“畅途汽车票”查询并购票。

前往明仕田园和德天瀑布建议分别前往

老车站和鸳鸯桥候车。有公交206路连接新车站（汽车总站）和老车站。更常用的是三轮车，新老车站之间需要7元，前往鸳鸯桥5元。

明仕田园

（☎375 5028；大新县堪圩乡明仕村；www.gxmingshi.com）发源于越南的明仕河游弋于一座座俏丽的山峰间，勾勒出翠竹绕岸、农舍点缀、独木桥横、稻穗摇曳、农夫荷锄、牧童戏水的南国田园风光。这里的氛围类似阳朔遇龙河沿岸，游客却要少得多。配套的酒店和餐饮服务水平正在稳步提升，让更多旅行者选择在这诗意栖居之地短暂停留。

明仕田园的收费项目是**明仕竹排游**（票价 120元），全程3公里，包含终点处的明仕壮族民居博物馆。相比起来，我们更推荐骑自行车游览明仕田园。民居博物馆售票处门口便是**明仕自行车驿站**（☎375 5028；60元/天），这里自行车车况良好、车把上还有规划合理、清晰明了的骑行路线图，从6.5公里的入门线路，到25公里的探索线路，包含了这一地区主要看点，你可以根据自己的体力和兴趣选择。如果不想骑车，也可以借鉴其中6.5公里的“吉祥线路”徒步一番。

边城往事

和越南隔着一条小河相对的硕龙，是旅行者前往德天瀑布的必由之路。这座被喀斯特峰丛环绕的安静小镇，在三十余年前的对越自卫反击战中却是紧张对峙的边防前哨。如果有机会和镇里上了年纪的人聊天，可以问问他们当年激烈的战事。镇上长达8公里、共135个出口的边关地下长城纵横交错，可惜我们调研时，该景点已不再对外开放。此外，在硕龙镇的东头，一座小小的喀斯特石峰上，有一座宋大将军庙，纪念的是北宋神宗年间抵抗交趾入侵的忠勇将士。登临眺望，中越风光收入眼底，夕阳西下更是美得静谧。

节日和活动

依垌节 节日

依垌节是壮家人特有的节日，每个村屯的

另辟蹊径

黑水河徒步

如果想在大新徒步，就去黑水河吧。精华路段的风景堪比阳朔，春夏季节更是驴友的热门之选。两岸翠峰夹列、古木参天，碧绿的河水因山峰倒影，相映成黛，所以得名“黑水河”。徒步大部分都是沿公路行进，自由灵活，路上游人罕见。

起点：恩城或新圩。

终点：巴兰。

耗时：1天。

难度等级：初级。

装备补给：轻装即可。开始的路段有补给。

在鸳鸯桥西头乘坐公交车（5元；7:00起每小时1班）到恩城，开始徒步。此处有小餐饮店，可先补给。一路田园风光，以土路为主，50分钟左右到达新圩（有时候公交车会直接开到新圩）。前行遇到“爪”字岔路口，右边那条路前往铁索桥。过铁索桥后上到水泥路右拐，路过安平村可在农家乐吃午饭，之后路程无餐饮。1个小时左右可到上利，此时黑水河开始与公路并行，风光渐入佳境。继续前行2小时左右可到那岸电站，从电站大门外过桥到河对岸，盘山公路将带你一路向北，约2小时可到316省道边的巴兰村（也可以抄梯田小路经弄碰村），这里可以等候去往大新或是硕龙、德天方向的班车。

自驾者也能轻松欣赏到黑水河风光，从大新沿213省道向南，在雷平过桥到黑水河南岸，之后便一直穿行在遍布甘蔗林的乡村水泥路上。安平村格强电站附近有一处**骆越自驾营地**（安平仙河景区；☎372 5188；标双 438元）提供游船（160元）、电动车（50元/天）游览以及住宿和房车营地服务。之后的路就和徒步路线重合。

日期都不尽相同，相同的是都有祭祀天神、舞狮、山歌王大赛等民俗活动。侬垌节集中在农历正月举办，二至四月也会有，届时明仕田园景区会组织游客前往过节，提前咨询景区即可。

食宿

明仕田园的住宿已经比较成熟，各个档次都有选择。条件最好的是**明仕山庄**（375 5028；明仕壮族民居博物馆内；标双 580元起；）），餐吧和泳池坐拥河畔绝佳景观，客房也颇具壮族特色。公路另一侧的**明仕艺术酒店**（375 5025；明仕村叫茶屯；标双 398元起；）则主打新潮的现代派风格，与明仕山庄共享泳池。如果想住得离公路远一点，可以去到稻田深处的弄朋村、叫茶屯。这里的酒店通常都用环绕客房的落地窗带来全景稻田景观。我们比较推荐**沐岩客栈**（152 781 92198；明仕村茶一屯16号；标双 238元起；）和**田间漫步客栈**（375 1598；明仕村叫茶屯；标双 238元起；）。

明仕田园的酒店大多提供早餐，正餐可以去主路边的农家菜馆解决。

到达和离开

大新汽车总站的时刻表虽有开往明仕的班车，但是这些车经常不来车站，还是习惯性地在老车站停车等客。从大新出发，途经雷平到德天的班车全都经过明仕，从6:00~17:00每小时1班。这趟返程车也能帮你从德天、硕龙直接到达明仕。

南宁前往明仕田园有1班直达车，是西乡塘客运站15:10发往明仕、硕龙的班车，票价67元，返程在早上7点左右。

崇左市

升为地级市才10余年的崇左，在广西旅游版图中的存在感依然很低。好消息是位于城郊的白头叶猴国家级自然保护区经过长时间的闭门谢客，终于以景点的形式对外开放了。

火车站以北算是老城区，其中位于左江U形江湾怀抱中的太平府故城还保留有老街和几座城门。市政府、国际客运站则在南方5公里以外、冷清甚至有点荒凉的新城区。

当地知识

白头叶猴Q&A

白头叶猴为何濒危？

除了气候变化、人类滥砍滥伐等外界原因，这种动物自身只以树叶为食，营养水平和繁衍能力较低。同时，猴群实行"一夫多妻"的猴王制度，新任猴王有杀死前任猴王幼崽的习惯，也在一定程度上限制了种群数量的扩张。

它们为什么生活在崇左？

白头叶猴是中国独有的物种，并且仅仅生活在广西左江、明江和四方岭为界、面积不足200平方公里的范围内。植被繁茂、天敌较少、无严寒酷暑、当地人能与之和谐共处，都是白头叶猴对崇左"情有独钟"的原因。单就板利片区的地势来看，三面环山的地形为白头叶猴创造了一个无风、安全、食物饮水充足的完美家园。

怎样才能看到白头叶猴？

白头叶猴和你一样追求舒适，太热、太冷、下雨甚至阴天都只会躲在洞里不出来。因此，想与它们面对面，一定要挑个好天气前往。一般来说，每日的清晨（6:00~7:30）和黄昏（18:00~20:00）是观猴的最佳时间。游客中心的大屏幕上，会实时播放监控摄像头的画面，有助于你锁定猴群的位置。此外，留意山体岩壁上的褐色污迹，也更容易找到它们——那是猴子们会定点出现的公共厕所。由于白头叶猴体型很小，又高高在上，如果你有一个望远镜，就再好不过了。最后要提醒你的是，参观时不要因为兴奋而大声喊叫，更不能用食物投喂猴群。

崇左

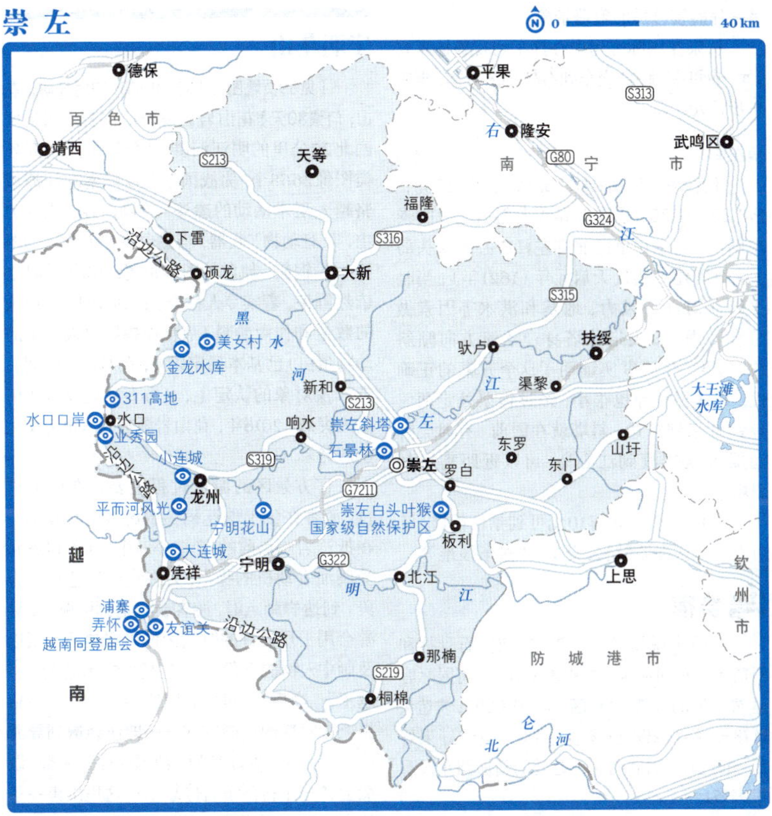

景点

崇左白头叶猴国家级自然保护区　自然保护区

(见89页地图; ☎793 0388; 板利乡弄官山; www.czbtyh.cn; 门票40元; ⊙夏季8:00~18:00, 冬季8:00~17:30) 很长一段时间里, 这里作为"北京大学崇左生物多样性研究基地", 以及"大熊猫之父"潘文石教授及其团队研究白头叶猴的地方, 对普通游客一直采取秘而不宣的姿态。

很难用文字形容这种样貌可爱的小生灵, 作为世界上最濒危的25种灵长类动物之一, 全球仅1200余只的白头叶猴, 生活在这里的就有半数。我们在调研时惊喜地发现, 依托于保护区开发的景区已经在2019年清明节期间向普通游客开放了。

保护区内建设有环线道路, 全长4公里, 设有4个观测点, 你可以选择步行或乘电动车参观。此外, 保护区内还有科普中心和影院, 帮你全方位地了解白头叶猴的相关知识。

白头叶猴自然保护区位于崇左东南方向30公里, 板利、罗白两乡交界处。崇左国际客运中心每天有发往板利的班车 (11元; 7:20~16:30, 约半小时发车; 50分钟), 在保护区门口下车即可。

石景林　公园

(见89页地图; ☎646 6633; 开发区石景林路; 门票 35元; ⊙夏季8:00~18:00, 冬季8:00~17:30) 石景林位于新城的西面, 是一个由喀斯特唱主角的迷宫型景点, 里面的石峰虽不高, 但在长年雨蚀、风化等作用下, 具有了皱、透、漏、瘦等特质, 沿着小道穿越其中, 在茂密的植被掩护下, 颇有探秘感。在它西侧是面积更为广大的园博园, 这座为2015年广西园博会修建的大型园林与石景林相通, 如今却是一片盛宴过后的狼藉景象。

从崇左国际客运中心打车到石景林需要8元，也可乘8路公交车到石林小区下车，再向东步行700米。

崇左斜塔

历史建筑

（见89页地图；市区北郊；门票 10元；⏲8:30~17:30）号称世界八大斜塔之一的崇左斜塔，屹立在市区北郊左江中心的鳌头岛上。斜塔建于明代天启元年（1621年），当时工匠在对江心风力、地基和洪水等因素做综合考虑后，决定让塔身迎水流方向倾斜约2.5度，此后事实证明了这个方案的正确性。景区很荒凉也很小，经过售票处走两三分钟就来到江边，斜塔就在眼前。有时会有渔船等候摆渡到江心岛，可以近距离接触斜塔。

在市区乘三轮车10元可到景区门口，还可坐前往驮逐的6路公交车，不过车很难等。

食宿

一般来说没必要在崇左过夜，石景林和斜塔半天就可游完。如果真要住下，离国际客运站不远的**天湖大酒店**（☎791 0099；友谊大道78号；标双 258元；Ⓦ❄Ⓟ）是一个“好来好走”的选择。酒店向北不远处的新城路东段有很多餐厅。

实用信息

旅游咨询电话（☎791 8161）

旅游投诉电话（☎796 8162）

到达和离开

崇左国际客运中心（☎782 0868；独山路近花山路）发往南宁、凭祥、龙州、宁明的班车都非常频密，可在微信公众号“崇左汽车总站”上直接购票。

崇左火车站（江南路45号）有发往南宁、凭祥、宁明等地的非动车组列车。

当地交通

三轮车和摩托车是当地较为常用的交通工具，一般老城区内6元，去新城10元。公交车有时候很不靠谱，崇左国际客运中心门外是大部分公交车的始发站。

宁明花山

（见89页地图；☎862 0003；宁明县明江花山；门票80元）花山岩画遗产区位于宁明县城西北25公里的明江河畔。4个岩画点现存各类图像2668个，为战国至东汉岭南左江流域骆越人巫术活动的遗迹。绘画内容以人物为主，兼有动物、武器，当然也少不了壮族的图腾——铜鼓。赭色的图案跨越2700年的时空依然鲜艳，着实令人称奇。直到今日，除壁画的数量和作画颜料（氧化铁掺以血液为主的动物蛋白）已基本确定以外，在对作画时间、方式及对象的认定上，各方专家还没有任何重大突破。2016年，花山岩画被列入世界文化遗产名录。

官方景区的游览过程主要是在船上进行。游客在位于**珠连码头**的游客中心登船，在抵达岩画点前的1个多小时里，你不得不忍受柴油发动机的噪声，好在窗外景色还算秀美。到达岩画点时，游客会被请到甲板上，导游会用十几分钟的时间为你讲解画面元素以及画中人物的身份——包括3.58米高的“骆越王”。之后，你可以和同船游客一起大胆猜想上古时期的绘画方式——即便会遭到导游的一一否定。也许是为了消解返程的无聊，游船会在一个村落短暂停靠——这里出售一些特产，但没有人强制购买。

自驾者有一种更自由的参观方式：在珠连码头花20元摆渡到明江西岸，之后沿着乡间公路向北10公里到达巴耀村后，走到江边就能看到岩画。如果嫌观看距离稍远，还可以问问当地私船愿不愿意带你到江中观赏。

节假日或是旅游热门季节，龙州的上金乡也有发往宁明花山的游船，通常都是接受散客的团队包船。可向龙州客运站前的游客中心（见94页）咨询。

到达和离开

首先需要注意的是，每天的游船只有2班，11:00和14:00在珠连码头发船，因此你要规划好时间。

从南宁、崇左出发到凭祥的5517次列车11:36停靠宁明站，19:36可乘坐从宁明出发的5511次列车前往凭祥。宁明站距珠连码头7公里，2元的公交车非常难等，坐摩托车需要15元。

从南宁、凭祥、龙州到**宁明汽车站**（☎862 4530；兴宁大道西段）的班车都非常频密。汽车站打车到珠连码头需要40元。

龙州

龙州在广西近代史上占据着特殊的地位：中法战争后，清政府与法国签订了《中法越南条约》，在龙州设置了广西第一个外国领事馆。率先向西方世界打开门户的龙州，诞生了许多“广西第一”：第一个海关、第一个水文站、第一所军官学校、第一个中山公园、第一座铁桥、第一条长途电话线路、第一个火车站……

繁华已如过往云烟，西江至左江水路的衰弱、法式窄轨铁路的拆除，让龙州失去了商贸交通中心的地位。如今的龙州县城，左江水清澈如旧，老街乡音不改，骑楼和殖民地风格的老屋交错生长。随处可见的历史建筑，定格风云际会的年代。

景点

小连城　　历史建筑

（见89页地图；☎881 2446；门票 30元，学生票 10元；⏲9:00~17:00）一边在苍翠的小山上漫步，一边了解历史、寻访古迹，这里是龙州最值得造访的一站。小连城是近代中越边境线上一处著名的连城要塞，于1896年建成，“严锁钥以扼要冲、筑炮台以备战首”的设计方针，贯彻于整个防御工程。

拾阶而上可到保元宫，这里曾是提督苏元春办公、饮宴的场所，登至山顶有一处卫龙炮台，继续沿着山脊向前，经过帅旗台就能来到颇具气势的镇龙炮台。此后一路居高临下，俯瞰喀斯特山峰环绕下的水口河流域以及龙州城全景，回程时还会经过昔日兵营和演武场的遗址。全程徒步需要2小时左右，如果遇到阴雨天，湿滑的道路不适合上山。

小连城距离县城仅4公里，在中心花园坐2路公交车（2元）可到。如果不想浪费时间等车，可坐三轮摩的（8元）。

龙州起义纪念馆　　纪念馆

（见92页地图；☎881 2446；龙州汽车站对面；免费；⏲9:00~17:00）1930年，中国共产党发动了龙州起义并成立了红八军。因为当时龙州的国际地位，这场起义轰动一时。如今，这座纪念馆系统地展示了龙州起义时期红八军的情况，是左右江流域最大的两座红色主题纪念馆之一（另一座为百色起义纪念馆）。展览资料涉及龙州城里的大部分景点，可作为城内游的第一站。

龙州城里的红色景点还有**红八军军部旧址**（见92页地图；新街19号），以及**龙州起义广场旧址**（见92页地图；龙江街、新填地街之间）。前者有中式、法式两幢小楼，过去曾是瑞丰祥钱庄；后者则是一座岭南风格的戏台，矗立在广场北侧，每年2月1日的起义纪念日，这里就是老城区最热闹的地方。

中山公园　　公园

（见92页地图；利民街近龙州大桥）位于左江南岸的这座公园，是广西最早的中山公园。园内有许多古典风格的亭台楼阁、回廊曲桥和摩崖石刻。公园附近的江边有著名的**龙州水文站**，是龙州的另一个“广西第一”。

胡志明展馆　　展览馆

（见92页地图；南街99号；门票 20元；⏲8:30~11:30，15:00~17:30）从1926年起在长达18年的时间里，胡志明和其他越南革命者一直在龙州进行秘密的革命工作，这里收藏有60多件珍贵历史实物和600多张图片资料，帮你了解这段鲜为人知的历史。

龙州铁桥阻击战遗址　　历史建筑

（见92页地图；龙江街近兴龙路）广西最早

> **不要错过**
>
> **中国第一条公路**
>
> 龙州县开往凭祥市的非直达班车，出城后一直沿着平而河逆流而上至鸭水村，河流一直在公路的右侧。这一段风景秀丽，被称为**平而河风光**（见89页地图）。尤其有一段开凿在岩壁下的公路，看着悬挂在头顶上的岩石，更增添了险峻的感觉。这段路的河边建有一个观景台，据记载，从龙州到友谊关的这一段路是中国最早开行过汽车的道路，所以观景台上立起了一块写着“中国第一路”的石碑。可在此下车徒步一段时间，再拦后面的班车离开。

龙州城区

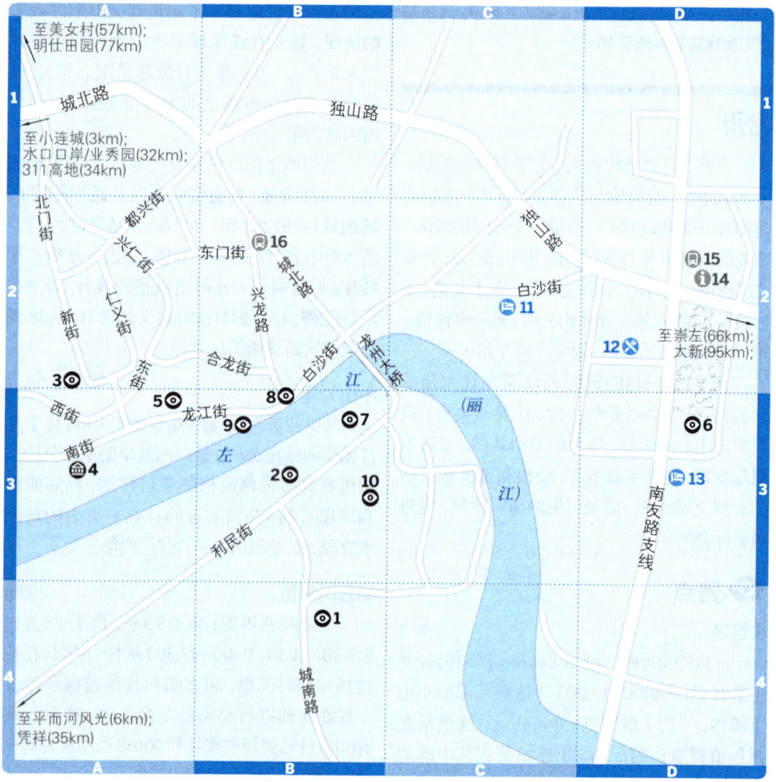

兴建的西式钢铁桥梁，红八军曾在这里和桂系军阀展开战斗，可惜桥身在1939年日军进攻期间被炸毁，如今只剩下残破的桥头。往西不远处还有一座破旧不堪的清代小塔**文昌阁**。

法国驻龙州领事馆旧址

历史建筑

（见92页地图；城南路近中山公园；门票 20元；⌚8:30~11:30，15:00~17:30）1885年中法战争后，两国在天津签订《中法会订越南条约》，将龙州辟为商埠，并准许法国设立领事馆。在随后的勘察中，法方认为南街对岸的这一地区在平而河与水口河的交汇处，交通便利，丰水期一天便可直抵越南高平，遂选址于此。现在你看到的领事馆旧址由两幢法式楼宇组成，共有20个大拱门，中间两座旋转式楼梯和楼板均用枧木制作，坚固而别致。

水口口岸

口岸

（见89页地图）水口距龙州县城36公里，是国家一类口岸，手续齐全的游客可从此过境越南，通关时间为8:00到17:00。每逢农历二、五、八是水口的赶集（即集日），在镇农贸市场里可买到越南的方形粽子和鱼露。在龙州中心花园坐7路公交车（3元，60分钟）可到，赶时间的话可以拼车（10元，35分钟）。

除此之外，在水口河西岸，还藏着一座**业秀园**（见89页地图；☎881 2446；水口镇文明街1号；门票 35元；⌚8:30~17:30），这座占地7000平方米的庄园见证了草根英雄陆荣廷从流落水口，到初露峥嵘，直至成为"广西王"的传奇。

311高地

历史建筑

（见89页地图；水口镇那蒙村）如果你是个军事迷，这里一定不能错过。它原本是清末中法战争后建于小山上的一座防御工事，原名奉村炮台，真正以"311高地"出名则是在对越

龙州城区

景点

1	法国驻龙州领事馆旧址	B4
2	伏波庙	B3
3	红八军军部旧址	A2
4	胡志明展馆	A3
5	龙州起义广场旧址	A3
6	龙州起义纪念馆	D3
7	龙州水文站	B3
8	龙州铁桥阻击战遗址	B3
9	文昌阁	B3
10	中山公园	B3

食宿

11	艾尚精品酒店	C2
12	上膳一品	D2
13	宜家便捷酒店	D3

实用信息

14	龙州游客集散中心	D2

交通

15	龙州汽车总站	D2
16	中心花园汽车始发站	B2

自卫反击战之时。登顶高地所在的小山，就来到当年的守边要塞，防空洞、瞭望台、战壕、弹药库等工事仍在。至今，不时还有来自全国各地的老兵到这里祭奠战友，当年战况之惨烈可见一斑。站在高地，眺望对岸越南的黄色楼房和流水环绕的喀斯特风光，更让人感觉和平的珍贵。

311高地位于水口镇以北2.5公里的那蒙村附近，乘三轮车前往需要10元。如果遇到“铁将军”把门，可找附近村民帮你开门。

节日和活动

伏波诞

民俗节日

在左江南岸、龙州高中对面的水文站附近，有一座小庙，供奉的是南征交趾、马革裹尸的“汉伏波将军”马援。这座小庙就叫**伏波庙**，平日里普通极了，只待每年农历四月十三的“伏波诞”——节日当天会有山歌演唱、舞龙舞狮、放河灯、伏波祭祀等活动，热闹非凡。

食宿

龙州的餐馆集中在两个地方：南宁百货周边的街巷主要是规模较大的餐厅，其中每天都有特价菜的**上膳一品**（见92页地图；☎895 8999；建和路中段；人均 50元；⏲11:00~21:00）人气很旺；白沙街和独山路附近，以烧烤为主。师专和一中学生为主力消费群体，让这里的饮食更有性价比。

艾尚精品酒店

快捷酒店 ¥

（见92页地图；☎883 8868；白沙街59号；标单/双 108/118元；Ⓦ❄Ⓟ）床品干净、设施好用，基本上做到了快捷酒店能做的一切。不间断电源和免费的自助洗衣服务更为它加分不少。停车场离酒店有100多米的距离，算是美中不足。

宜家便捷酒店

快捷酒店 ¥¥

（见92页地图；☎891 7888；龙夏路15号；标单/标双 158/218元；Ⓦ❄Ⓟ）这家新开业的酒

另辟蹊径

龙州美女村

龙州县金龙镇向东近5公里处的板池屯，除了玉簪林立般的喀斯特地貌，还有闻名遐迩的壮家美女。村里有口美女泉，泉水据说有养颜长寿之功效。不过村里景致平平，真正惊艳的是从龙州到金龙的沿途风景。乘坐龙州开往金龙的班车，车行不远就钻进了喀斯特峰林；高潮从上了边防公路又离去开始，不久车子钻过隧道，右边就能看到民建坳田园风光，再往前有风光秀丽的金龙水库。金龙镇继续向前14公里能到宝圩乡，那里已经属于大新县的地盘；再往前9公里是堪圩乡，能拦到1小时1班的开往明仕田园、德天瀑布或大新县城的班车。

龙州汽车总站大约每半小时有1班前往金龙镇的班车（13元；1小时15分钟），金龙返回龙州的末班车在下午4点多。龙州也有发往宝圩、途经金龙的班车，发班时间不定。金龙镇上能找到三轮车等交通工具。

店没有让人失望，用心的装饰和光环境带给房间超越这个价位的感受。位置就在龙州起义纪念广场的南侧，离汽车站也不远。马路对面的南宁百货周围餐馆众多。

实用信息

龙州游客集散中心（见92页地图；☎181 777 10155；龙州汽车总站旁）走出客运站，最好先到这里打探一番。集散中心有包含市区主要景点、小连城、水口口岸在内的一日游路线，以及从上金码头出发前往花山岩画的游船。热情的工作人员很愿意与你分享关于龙州的吃、住、玩信息。

到达和离开

龙州汽车总站（见92页地图；☎881 2663；龙州起义纪念馆北）发往南宁、凭祥、宁明、崇左的班车非常频繁。前往大新有7班车（6:40、8:00、8:50、10:50、12:10、13:40、16:30）；前往靖西只有8:20这1班车；可在微信公众号“崇左汽车总站”上直接购票。

当地交通

龙州城内最常见的交通工具是三轮摩托车，城内5元。中心花园是多趟公交车的始发站，也可在此处拼车前往水口口岸。

凭祥

正如壮语中“凭”即“圩场”，“祥”即“床铺”的意思一样，“商贸”“过境”“睡下”就是凭祥的三大关键词。对于多数旅行者来说，过境是来此唯一的目的。作为广西最重要的水果、红木进出口口岸，来往的商人丰富了当地市场，也抬高了这里的物价，更为这座边城带来让旅行者应接不暇的喧哗与骚动。

景点

友谊关 历史建筑

（见89页地图；门票 42元，过境游客免费；⏲8:00~17:00）友谊关是中国古代“九大关”中唯一至今仍在行使“通关”职能的关口。历史上这里曾叫镇南关，清末名将冯子材曾在中法战争中赢得了镇南关大捷，孙中山曾在这里发动了镇南关起义，1965年改为今名。

对于多数人而言，位于景区内的口岸联检大楼才是最重要的地方，而友谊关楼只是一个历史标志。抗日战争时期，凭祥三次沦陷，友谊关也被损毁，仅剩底层拱城门，1957年政府拨款重修，加盖三层楼阁，并将底层扩建为石砌隧型拱门。1979年爆发的中越自卫反击战，让拱门留下多处伤痕，弹孔今日依然清晰可见。景区还包括古城墙、古炮台、万人坟等景点，不过因为塌方等原因，有些已经封闭了一段时间。

友谊关景区距凭祥市16公里，虽然路况很好，但作为景点意义不大，多数游客过境后只去不回，因此少有固定班车将它作为一站。可以从凭祥市区打车前往，单程25~30元。也可以乘坐前往浦寨的2路公交车，在友谊关路口下车，换乘摩托车（10元）走完最后的3公里路程。

大连城 历史建筑

（见89页地图；☎853 3918；凭祥市区北郊白玉洞；门票 60元；⏲9:00~17:00）这里是镇南关大捷后，广西边防督办苏元春修建的广西边防军事指挥总部所在地。看点可总结为“营、宫、井、洞”四个字。拾阶而上，你会看到兵营、城垣的遗迹，以及四个字，福、禄、寿、禧四口古井——它们分别供士兵、官员、老人以及红白喜事时饮用。苏元春在山腰白玉洞内留下的众多石刻，可以一观。回到景区出口，别着急离开，公路对面建于清光绪年间的武圣宫古朴典雅，大门匾额上苍劲的书法也出自苏元春之手。我们调研时，武圣宫这一侧的登山步道正在修建，它通往最高处的连城天险遗迹怖哽山炮台。这里的景色与龙州的小连城颇为类似，建议你二选其一游览即可。

汽车站前的18路公交车直达这里，坐三轮车过来需要10元。

浦寨 集市

（见89页地图）轰鸣的卡车、飞腾的尘埃、琳琅的商品、眼神飘忽的商人，还有夜晚暧昧的灯光——如今的浦寨仿佛一部越战电影的外景地。这个位于凭祥西南16公里的中越边境线上的互市点是中越边境最繁荣的贸易市场，越南卡车忙着排队进出关，三大主力商品——红木、水果、玉器早已形成独立的交易区域。如果你是个中行家，这里的进口红木制品还是可以“捡漏”的。商家都提供直达全国的物流服务。此外出售香水、咖啡、越南拖

凭祥城区

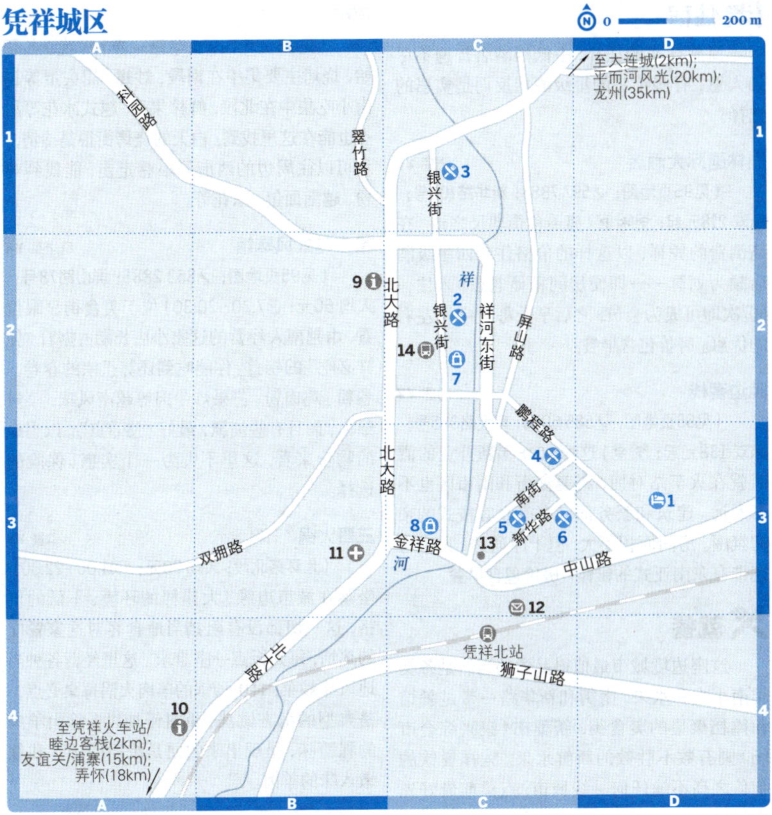

凭祥城区

住宿

1 园林国际大酒店........D3

就餐

2 阿香美食店........C2
3 新菜市........C1
4 雅庄越式风味馆........C3
5 夜市........C3
6 一品鲜螺........C3

购物

7 珅显越南特产店........C2
8 新华书店........C3

实用信息

9 和平国际旅行社........B2
10 南方国际旅行社........A4
11 凭祥市人民医院........B3
12 凭祥市邮政局........C3
运德国际旅行社........(见14)
13 中国南方航空凭祥售票处........C3

交通

14 凭祥汽车总站........C2

鞋、牛角梳等五花八门越南商品的店铺也很多。我们调研时，最适合普通游客闲逛的、位于国门之前的浦寨商贸城正在推倒重建，因此除了街边小店，你只能到不远处恒大市场的铁棚子中溜达了。

从凭祥去浦寨相当便捷，汽车站后门有7路公交车直达，票价3元。浦寨最好的酒店是**国门大酒店**（☎596 9696；浦寨国门大厦；标双298元起；❄📶）。但是你真的想好了，要在这里过夜吗？

住宿

商旅往来的凭祥，中低档酒店普遍不尽如人意，有些年头的星级酒店反而是实惠的选择。

园林国际大酒店

酒店 ¥¥

（见95页地图；☎597 7888；新华路105号；标双 218元起；📶❄🅿）离美食街咫尺之遥。在高消费的凭祥，以这样的价格住到四星级酒店颇为划算——即便房间稍显老态。入住一间/次即可成为会员，之后享受每间40元左右的优惠。房价包含早餐。

睦边客栈

酒店 ¥¥

（见95页地图；☎585 6066；南大路385号；标双 138元起；📶❄）这家2018年新开业的酒店就在火车站对面，离美食街和闹市区也不算太远。建筑和服务都带有家庭客栈式的亲切氛围。房间面积不大，但干净通透，大床房还带有东南亚式的帷幔。房价包含早餐。

就餐

这座边境城市最值得品尝的当然是各类越南小吃和水果，南街和新华路一带是餐馆和摊档聚集的美食街，**新菜市**（银兴综合市场）则有数不胜数的新鲜水果。凭祥餐饮的物价之高不输任何一线城市，点菜前最好先询问价格。

不要错过

屈头蛋

除了鲜榨青柠汁、炸春卷等越南风味，屈头蛋更值得一尝，不过得需要一些勇气。所谓屈头蛋，就是指受精18天就终止孵化的鸭蛋，里面有已接近新生鸭的雏形。北方一般称为“毛鸡蛋”，江南一带也有类似食物，按茶叶蛋的方法吃。这里的吃法花哨得多，可煮可炸，一般要搭上酸萝卜、酸姜、薄荷、香菜等一系列配料，口感特别。这种吃法当初由越南商贩传过来，很快就在当地传开，据说可治偏头痛，具有清补作用。如今的屈头蛋改用电孵，并批量生产。

夜市

夜市 ¥¥

（见95页地图；新华路一带）每晚9点开始，烧烤主要集中在南段，炒螺、屈头蛋等越南小吃集中在北段，鲜榨果汁、越式冰花等甜点也能在这里找到。白天的烧烤街很是冷清，你可以往周边的西街等小巷走走，能找到鸡粉、越南面包、冰花等。

雅庄越式风味馆

越南菜 ¥¥

（见95页地图；☎852 2886；屏山路78号；人均 60元；⏲7:30~20:30）位于美食街显眼位置、由越南人经营的这家小店长期占据着“凭祥必吃”的榜首。你能吃到还算正宗的春卷、卷粉、鸡肉粉、芒果炒牛肉等越南风味，菜量颇大，而且有些油腻，最好“悠着点”。以当地的物价来看，这里不失为一个实惠、保险的选择。

三哥火锅

中餐 ¥¥

（北环路北段；人均 90元；⏲11:00~22:30）坐落在城市边缘、大排档的环境、不低的价格，这一切都没有阻挡当地食客对这家餐厅的热情，每到饭点一座难求。这里经营各种当地风味炒菜，140元/锅的羊肉火锅每桌必点，是典型的南方做法：重料慢炖以去除山羊肉的腥膻味，呈现出来的便是浓厚的汤汁和软嫩入味的羊肉。

阿香美食店

米粉 ¥

（见95页地图；银兴街凭祥汽车总站对面；人均 7元）这里提供正宗的越南卷筒粉，是上车前解决饥饿的便捷之选。卷筒粉1.5元1条，卷筒牛肉粉6元1份，另有各种汤粉供应。

一品鲜螺

广西菜 ¥¥

（见95页地图；☎135 575 98008；新华路和东街交叉口；人均 60元；⏲17:50至次日3:00）夜晚烧烤街最热闹的一家排档，大概就是这里了。不变的主角是田螺，搭档鸭脚、海鲜或土鸡，制成“一锅鲜”的汤煲，田螺增加了汤的鲜甜味，让人忍不住一碗接一碗地喝。

购物

越南商品就是凭祥的购买目标，主要有红木、咖啡、菠萝蜜、香水、牛角梳、拖鞋、白虎膏等，最好去浦寨血拼。如果没时间去，银兴街中国银行旁的**珅显越南特产店**（见95页

不要错过

正月初十，玩过界

农历正月初十是凭祥一年最热闹的时候，这一天中越两国公民可在中国和**越南同登**之间开展"串门"式的往来活动，据统计每年这时会有超十万的中国游客跨界一游。

同登距弄怀2.5公里，正月初十举行一年一度的民间庙会。这座越南谅山省的小山城街道不算宽阔且不平，常住人口不多，住宅以欧式风格为主，雕花细腻，橙黄蓝的颜色耀人眼目。不少人家院里栽有桃树，庙会当天树上挂起彩灯和金箔，遇到天暖的时候，桃花含苞欲放，引人注目。

逛市场和去灵寺烧香是同登庙会的两大主题，当天越南摊贩倾巢出动，在同登市场和路上市场摆摊，除了水果、烧烤和越南鸡粉外，你还可以买到二手越南书籍和廉价的越语CD，最棒的花市在灵寺前面，各种鲜花琳琅满目，其中一些只需6000越南盾（人民币2元）便可抱回家。

由于政策的变更，目前非凭祥本地居民已经无法以散客身份过境（除非持有越南签证）。你需要参加旅行社的"同登庙会一日游"，包含车费和手续费的价格在400元左右。凭祥有此资质的旅行社共有三家：**南方国际旅行社**（☎852 2181；南大路4号）、**和平国际旅行社**（☎139 781 08697；北大路143号）以及**运德国际旅行社**（www.yunde.net；汽车站内）。

参加同登庙会须知

- 边境开放时间仅限当天，跟随旅行团早去晚归，不可脱团行动。
- 尽量看管好自己的胃，在同登找厕所是耗时的事情。
- 庙会的前一晚，凭祥和弄怀的住宿很紧张，房价会翻三四倍左右，预订须赶早。

地图；☎853 0401）是多年老店，品质可信。

新华书店（见95页地图；☎852 1329；北大路一支15号）能买到越南语言手册及旅行指南手册。

实用信息

凭祥市人民医院（见95页地图；☎852 0301；北大路61号）

凭祥市邮政局（见95页地图；北环路1号；⏲9:00~17:00）

中国南方航空凭祥售票处（见95页地图；☎853 4100；银兴街10区5号汽车站前门斜对面）除了预订机票外（包括越南国内特价机票），还经营凭祥南方国际旅行社的代办签证等业务。

到达和离开

长途汽车

南友高速和322国道贯穿凭祥全境，直至友谊关口岸，往返南宁、凭祥两地的车辆很多。如果目的地是越南，在南宁坐车会更节省时间，因为从凭祥往河内、下龙湾、海防及岘港的班车大都是从南宁始发。

凭祥汽车总站（见95页地图；☎852 6736；北大路222号）在凭祥市的中心区域。前往南宁龙州、崇左、宁明的班车发车频繁，白天时段基本能随到随走。发往钦州有2班，分别在8:30和16:30。**越**

从凭祥去越南

第一种方式是办理签证，大多数旅行社都可代办，一些还提供越南语翻译并兑换越南盾。单次往返、有效期一个月的签证300元；多次往返、有效期一个月的签证520元；单次往返、有效期三个月的签证380元；多次往返、有效期三个月的签证750元。半天出证的加急服务需要加200元。

第二种方式是凭身份证办理通行证，但必须跟团游，河内—下龙湾三天两晚1380元左右（含通行证费用）。各个旅行社的签证代办和跟团游费用略有不同，但内容都是相似的，可询价比较后决定。

南直通车（☎137 3713 8030）业务日渐便捷，发往河内、同济、下龙湾、海防的班车每天至少有1班，车型从大巴到高档商务车都有，大多从友谊关出发。

此外，凭祥往返南宁吴圩机场的专线车对旅行者很有用，发车时间为（6:30、9:00、12:00、15:10、17:30），可在微信公众号"崇左汽车总站"上直接购票。

火车

凭祥是湘桂铁路国内客运的终点，火车是来此旅行最经济的方式，往南可通往越南河内，往北可经南宁中转至全国各大城市。此外，每天有一趟南宁至河内的国际特快从这里驶过，旅客需要在凭祥火车站（口岸）下车接受证件检查，列车出站后，铁路改为有趣的三轨式，以同时适应中越两国不同的轨道标准，即中国的准（标准）轨和越南窄轨（米轨）。

凭祥火车站（南大路336号）距市区约3公里，在汽车站后门搭7路公交车可到，三轮车8元。这个火车站主要停靠开往南宁（每天3班）和越南的列车，车次较少。

当地交通

公交车线路中，对游客最有用的是7路，从凭祥汽车站经火车站再到浦寨边贸市场，票价3元。三轮车也会经常用到，市内不超过5元。此外，去浦寨、弄怀等地的私营面包车，在汽车站后门、汽车站对面的桥头、北大路、南大路上都能拦到，票价均为5元。

桂林

包括➡

桂林市......102
桂林市周边......121
阳朔......124
阳朔周边......132
兴坪......135
恭城......142
荔浦......145
龙脊梯田......147
兴安......151
资源......156
全州......158

最佳山峰

- 独秀峰（见103页）
- 叠彩山（见107页）
- 西山公园（见108页）
- 老寨山（见135页）
- 相公山（见137页）

最佳餐饮

- 香宫（见117页）
- 阿甘酒家（见117页）
- 有吃有喝（见129页）
- 那家小店（见140页）
- 小食侯湘（见158页）

为何去

南宋诗人王正功的一句“桂林山水甲天下”，也许塑造了近千年来中国人的自然审美观。桂林成为中国景观的经典代表，活跃在古典时代的诗歌与绘画之中，也活跃在哪怕是最简要的中国旅行指南上。一道优雅温柔的漓江，成为中国人难以忘怀的山水廊道，从桂林顺流而下直至兴坪、阳朔，峰林奇崛，犹如一幅不绝的宋画，满足着中国人对山水的瑰丽幻想。

桂林不只在山水层面代表着东方审美，更在历史维度上成为中原通向岭南的重要路口。从秦汉时期开始，桂林就是广西最早接受中原文化的城市，成为历代王朝经略岭南的桥头堡。这里长期是广西的文化中心，唐宋文人宦游山水，象山、七星、叠彩，四处勒石为铭；明代藩王高起城墙，府城与王陵隔江遥望。秦人带来的米粉如今反哺中原，卤水的滋味渗透进全国的大街小巷。在以少数民族为重要特色的广西，桂林有着浓郁的汉文化底色。但在大山的怀抱中，壮族、瑶族声歌嘹亮，龙脊梯田勾勒出少数民族代代相传的“等高线”。

何时去

3月至5月 降水频繁的春天，是拍摄漓江烟雨的最佳季节，放水后的梯田成为碎落人间的天空之镜。海洋乡、阳朔及恭城等地桃花盛放，遇龙河的油菜花也将成为刷屏朋友圈的主角。

6月至8月 暑期是旅行旺季，“五岭皆炎热，宜人独桂林”。台风频繁登陆，需注意喀斯特山区的地质灾害；汛期河流水位变化大，水上活动需注意安全。瑶族迎来一年中最热闹的晒衣节。

9月至11月 气候舒适，除了人潮汹涌的国庆假期以外，是性价比最佳的时段。龙脊梯田迎来丰收，桂花的香、月柿的甜、银杏的美相继登场，在所有感官维度上装点起桂林的金秋。

12月至次年2月 漓江渔火节在暮色之中重新点亮失落的灯火。你也可以在八角寨赶上一场广西的初雪。

带孩子游桂林

作为一个精彩且成熟的旅游城市，桂林可以满足各年龄段孩子的需要。乐满地主题乐园（见154页）是孩子们的最爱，园内有丰富的游乐设施及表演活动。而在漓江畔或灵渠（见151页）旁，眼前的景观都会出现在语文课或历史课上。古东瀑布（见123页）和荔江湾（见146页）充满了戏水、划船的乐趣，而在阳朔，不少岩场已开始提供儿童体验项目。如果有年龄更大的孩子，不要错过崭新的、信息量丰富的桂林博物馆（见111页）。周末的桂林大剧院（见113页）常有儿童剧场演出。在桂林和阳朔，很多酒店都提供亲子家庭房。

行前小贴士

- 桂林的旅游淡、旺季明显，暑期及国庆期间酒店会涨价1~3倍，尤以桂林城区及阳朔为最，请尽量提前预订。
- 旅行者可通过微信公众号“桂林骏达客运”（gljunda），购买桂林各县市所有主要汽车站的车票，琴潭客运站除外。
- 桂林各县市多已设立旅游服务中心，都能提供即时且实用的咨询服务。
- 桂林火车站、滨江路及各大景点附近有很多掮客，夜间的骚扰尤为露骨，礼貌拒绝就好。
- 尽管旅游市场日趋规范，但不少景区的免费导游仍会引导你购物或捐钱；各景区的“免费留影”不假，但想拿到照片，需准备好迎接销售员的挑战。

字里行间的桂林

和桂林有关的读物，可以从古典时代的诗集排列至最新一期的杂志封面。白先勇的《树犹如此》记录了他在桂林的不少童年记忆。《桂林老板路》是一本关于历史、风物与民俗的八卦大全，“老板路”在桂林俗语中即意为几个人聚在一起聊天。如果喜欢游览人文古迹，谢迪辉、唐旭所著的《桂林古民居》和秦冬发的《桂林石刻》是专业实用的访古指南。若想要潜入桂林周边的乡镇与群山，本地驴友飞行豹所著的《徒步桂林10大经典特色线路》，提供非常详细且实用的徒步攻略。

快速参考

- 人口：496万
- 区号：0773

如果你有……

- **4天** 第1天，在市区寻找几个喜欢的公园漫步，沿滨江路感受桂林的秀美。第2天，去七星公园（见109页）寻找珍贵的历代石刻，再徒步黄昏时分的靖江王陵（见110页）。第3天，从杨堤乘船顺流而下抵达兴坪（见135页），登老寨山欣赏落日。第4天，前往阳朔，骑行遇龙河（见133页）畔。
- **8天** 前4天同上。第5天、第6天，游览龙脊梯田（见147页），拍摄晨昏时分的光影变幻。第7天，在灵渠（见151页）触摸岭南历史的脉搏。第8天，登上八角寨（见156页）远眺湖南，欣赏丹霞地貌。

网络资源

- **桂林生活网**（www.guilinlife.com）其桂林人论坛在户外和美食方面颇具参考价值。
- **桂林旅游网**（www.guilin.com.cn）桂林旅游发展委员会官方网站，可查询景点信息、交通、地方节庆等即时资讯。
- **桂林晚报**（epaper.guilinlife.com）电子版的本地新闻报纸，提供最新的本市新闻。

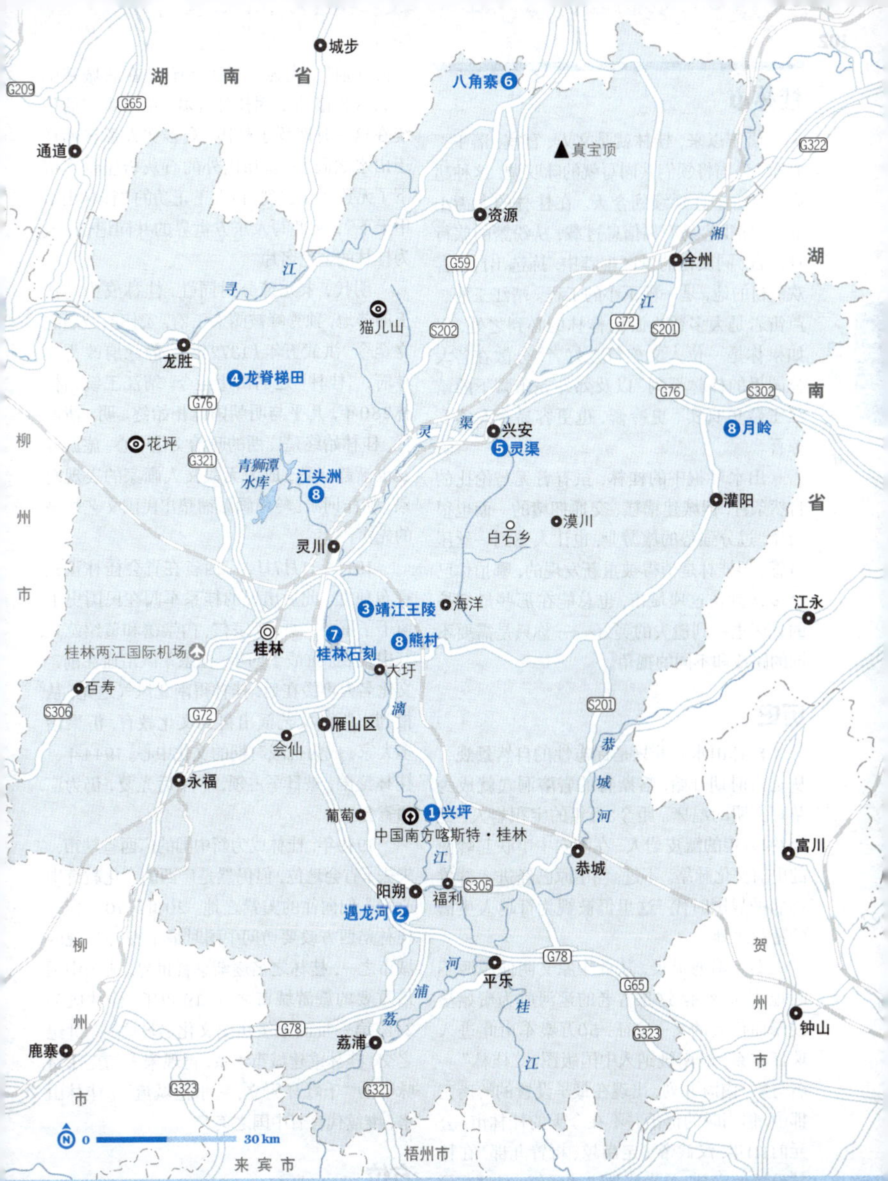

桂林亮点

❶ 以**兴坪**（见135页）为大本营去探访经典的漓江。

❷ 沉浸在**遇龙河**（见133页）吟咏的山水田园诗中。

❸ 在夕阳中徒步**靖江王陵**（见110页），感受美妙的访陵体验。

❹ 用镜头记录云蒸霞蔚中的**龙脊梯田**（见147页）。

❺ 在**灵渠**（见151页）重温秦始皇的勃勃雄心。

❻ 登上冬季的**八角寨**（见156页），欣赏湘桂交界的一场大雪。

❼ 寻觅精彩的**桂林石刻**（见103页），了解自唐宋以来的山水审美传统。

❽ 在**月岭**（见159页）、**熊村**（见123页）、**江头洲**（见122页）重建乡土生活的“记忆之宫”。

桂林市

唐宋以来，桂林就是文人、官宦、藩王、画家、爱国将领们共同写就的咏叹调，这种超高人气也一直延续到今天。在桂林的大街小巷中，你很容易面临信息过载，从纷繁的旅行社广告、同质化的景区推荐中，拣选出自己喜欢的目的地，是一项不小的工程。靖江王府、芦笛岩是大多数人游访桂林的必到之处，但如果你是一位人文旅行爱好者，分散在各大公园里的桂林石刻，以及郊外尧山脚下的靖江王陵更真实、更冷僻，也更容易令人感到惊喜。

山水环抱中的桂林，虽有着无与伦比的自然条件，但城建糟糕、交通拥堵的一面也很凸显，过分强势的旅游业，也让人感到一丝压迫感。但桂林是值得被重新发现的，哪怕你已经多次到访这座城市，也总能在那些最拥挤的景区里找到遗失的美好——你只是需要不同的路线和不同的视角。

历史

桂林山水并非只是标志性的自然景观，从远古时期开始，喀斯特的岩溶洞穴就成为孕育文明的温床。距今3万年的宝积岩人、距今约1万年的甑皮岩人，在洞穴中串联起岭南的史前文化脉络。不过，当中原已经进入群雄逐鹿的战国时代，这里仍被视为百越人生活的蛮荒之地。

秦人凿通灵渠，从此中原文明便源源不断地流向岭南。这条古老的运河成为秦始皇残暴而伟大的又一象征，50万秦军由此进入珠江水系，岭南被纳入中国版图。"桂林"一名与象、南海并列，出现在最早设置的岭南三郡中，但当时的郡治并不在今天的桂林市。公元前111年，汉武帝平定南越、析置九郡，在桂林设置始安县，是为桂林建城元年。吴甘露元年（265年），桂林成为郡治所在，此后千余年间，区域中心的地位不曾旁落。

从唐宋时期开始，桂林的政治地位逐渐攀升，山水之美也渐为世人熟知。唐武德四年（621年）置桂州总管府，桂林成为州治所在。一代名将李靖出任桂州总管，以独秀峰南为中心修建桂州城，以榕、杉二湖为护城河，奠立了今日桂林城市水系的雏形。宋代，桂林升"静江府"，成为"西南会府"，在唐城基础上大规模修建加固桂林外城。山水审美的传统在这一时期臻于鼎盛，众多文人墨客徜徉于山水之间，在城市内外的石灰岩崖壁上留下了无数摩崖题刻，诗人王正功的"桂林山水甲天下"，从此写入东方世界的共同记忆，成为桂林的金色名片。

明代，朱元璋分封同姓，桂林成为靖江王的藩地，独秀峰被圈入王府，宏伟的城墙屹立至今。洪武五年（1372年），静江府改为桂林府，"桂林"之名沿用至今。靖江王统治桂林280年，几乎与明朝国祚相始终。明、清两代，桂林始终是广西的政治文化中心，旅游开发也渐趋成熟，成为无数文人画家的表现对象，临桂词派、岭南画派铺垫出民国文艺之城的先声。

1911年11月7日，广西省在省会桂林正式宣布独立。此后出现的桂系军阀在民国史上留下了重要一页，李宗仁、白崇禧和黄绍竑是其中代表。抗战十四年，桂系军队浴血在前，文化名人声援在后，桂林得南北风气之先，从报刊出版到文艺演出再到文化教育，汇聚诸多大家，成为抗战时期的文化中心。1944年，桂林沦陷，被日军占领，一年后光复，仍为广西省会。

1949年，桂林成为新中国的广西省辖市，失去了省会地位，但仍然是广西的文化教育中心和人们向往的美景之地。20世纪70年代，桂林是西方政要访问中国时最常安排参观的城市之一，桂林之名逐渐享誉世界，成为中国最重要的旅游城市之一。1982年，桂林成为24座第一批国家级历史文化名城之一。世纪之交，桂林重建城市水系，再现宋人刘克庄所咏叹的"千峰环野立，一水抱城流"。桂林山水，继续代言着中国之美。

方位

漓江穿城而过，将桂林划分为二，大多数景点集中在西面的桂林老城周围。老城的格局很好记：一个圆围着一个十字。发端自唐代的两江四湖是外围的圆，大致勾勒出古代桂林城的范围。南北向的中山路和东西向的解放路组成了圆内的大十字。靖江王府位于十字东北，是桂林最核心、最古老的历史城区。中山路及其延长线连通着桂林站、桂林北站、汽车北站、汽车南站等重要的交通枢纽；解放路则串联起西山和七星公园。滨江路从北边的伏波山贯穿到南面的象山，成为市区最佳的观景步道。漓江以东的景点更为分散，却拥有不容错过的七星公园和靖江王陵。

一个全新规划的城区，正在老城区以西十多公里的临桂新区走下蓝图。崭新的酒店、博物馆、候机楼都宣示着城市的野心，“临桂”一名是桂林的昔日记忆，如今也是对未来的期许。

景点

市区

靖江王府、王城 古城

（王城路）靖江王府、王城见证了桂林在明代达到发展巅峰的重要历史。1370年，朱元璋封他大哥的孙子朱守谦为靖江王，镇守西南。自洪武五年（1372年）开始营造王府、王城，历时20年建成。靖江王十四代相传近三百年，画家石涛即是末代靖江王之子。明亡后，石涛逃出王府，最终出家，流落江南，成为一代名家。清朝将王府作为广西贡院，如今文脉传续，成为广西师大的王城校区。

靖江王府（见108页地图；王城路1号；门票 100元；⏲5月至国庆节假期 7:30~18:30，3月至4月，10月至11月 7:30~18:00，12月至次年2月 8:00~18:00）的主要建筑在明末的战乱中焚毁殆尽，现多为民国风格建筑，只有一些台基雕栏、云阶玉陛为明代原物。参观时须跟随导游依次参观王府历史展厅、贡院、独秀峰等景点。历史展厅详尽介绍了280余年的靖江王历史。贡院则会让游客参加一场短暂的科举考试，总有人会被点为状元，这名状元往往会被迫花钱买一瓶“贡酒”。贡院之后奇峰兀立，即是著名的**独秀峰**。一旁的中山纪念碑铭刻着一段真正的历史：1921年，孙中山督师北伐时曾在王府设立大本营。独秀峰下的太平岩里供着60位太岁，拜太岁请太岁是景区的又一条生财之路。上下独秀峰约需30分钟，山顶可以远眺桂林市区和山水风光，位置最佳的东观光台，则有景区工作人员占位为你拍纪念照，虽然声称免费，但你最后多半还得掏钱。抛开这些环环相扣的敛财套路，独秀峰仍值得一游，这座已有3.5亿年历史的石灰岩山体，周围遍布历代题刻136件，最有名的两处位于其东麓的读书岩：南朝颜延之的“未若独秀者，峨峨郛邑间”开时代之先河，后世赞美桂林之诗歌皆滥觞于此；宋代王正功的“桂林山水甲天下”成为桂林最著名的广告词，为了便于游客寻找，这句诗被专门用红条标了出来。

值 得 一 游

石头上的桂林史

“唐宋题名之渊薮，以桂林为甲”，清人叶昌炽的赞美其来有自。桂林是中国摩崖石刻最密集的地区，在市区内的35处名山之上，保留了隋唐以来的题刻、摩崖、造像共计两千余件，石刻内容以山水诗、游记为主，是这座旅游城市早早成名的重要见证。自中唐以来，文人士大夫们排遣政治失意时畅游桂林山水；进入宋代以后，岭南的大发展更推动桂林进入文化鼎盛时期，如今的石刻精品尤以宋代为最。桂林石刻保留了诸多著名书画家的精湛艺术，也是一部生动细微的城市史。

最古老：七星公园（见109页）七星岩洞口的“栖霞洞”题榜，刻于隋开皇九年（590年），今已不存。

最壮观：“壁无完石”的龙隐岩（见110页）是桂林石刻最密集之处。

最知名：独秀峰（见103页）保存着宋人王正功的“桂林山水甲天下”。

最神圣：西山公园（见108页）内拥有大量的唐代佛教造像。

最写实：鹦鹉山南麓的《静江府城池图》是中国最大的摩崖石刻地图，在崖壁上再现了宋代桂林城。

最艺术：伏波山（见107页）内有传世唯一的米芾自画像，江水与佛像的组合也孕育出很多摄影大片。

桂林城区

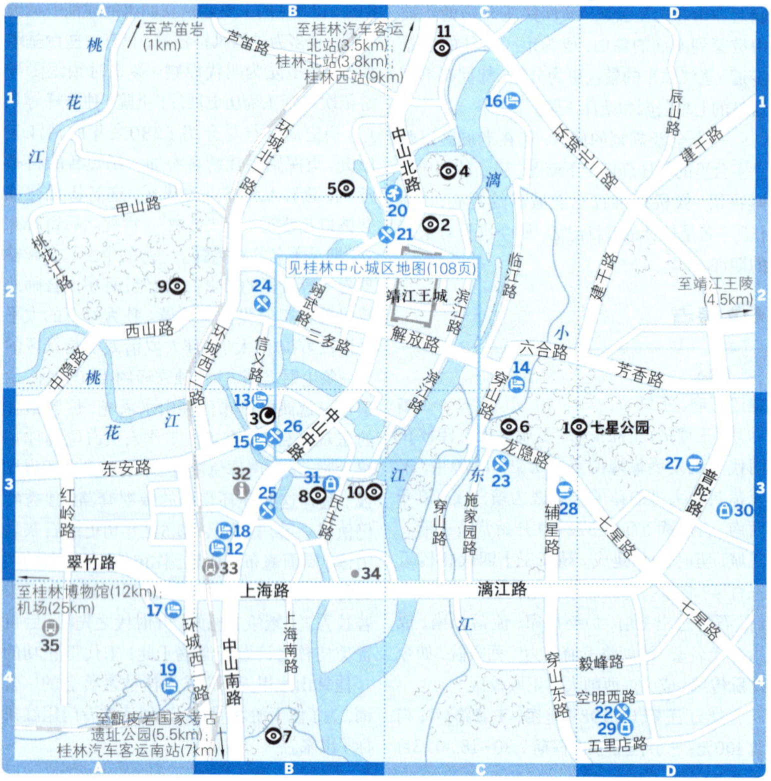

王府外围是条石砌筑、货真价实的**靖江王城**(见108页地图;免费;全天),这是历时最长、保存最好的明代藩王府城。城墙仍保存完好,南北长556米,东西宽355米,设有四座城门,均在抗日战争期间的日军轰炸中奇迹般幸存。以明代规制,藩王府城城门设有三个门券,清代废除藩王制度后,将两个门券堵上,只余中间一个,至今城门上仍可见清晰的改造痕迹。南门**端礼门**上的"三元及第"匾,是纪念清代临桂人陈继昌连中三元,这也是中国科考史上的最后一位"三元及第"。

有多路公交车可达靖王王府、王城,在乐群路口站或十字街站下车,步行可至。

两江四湖 城市水系

(免费;全天)两江四湖是指漓江、桃花江与杉湖、榕湖、桂湖、木龙湖。这个古老的环城水系,在南宋时就已经出现在鹦鹉山的摩崖石刻《静江府城池图》上,南宋诗人以"一水抱城流"来描写桂林的城市风貌。从1999年起,桂林历时3年完成了对环城水系的疏浚和改造,两江四湖再次成为旅游胜地。

杉湖就在市中心,2002年重建的**日月双塔**(见108页地图;门票35元;⏲8:00~22:00)已成为桂林标志性的旅游景观,双塔之间有湖底隧道联通。杉湖南岸有一座**李宗仁官邸**(见108页地图;☎283 1749;文明路4号;免费;⏲8:30~11:30,14:30~17:00,周一闭馆),馆内辟有李宗仁生平展览。杉湖以西的**榕湖**以古南门前一株800年树龄的大榕树得名,湖畔有诸多历史遗迹的纪念碑。**桂湖**呈南北走向,湖边的老人山和遛马山可以免费上山,远眺山水合一的美景;老城北边的**木龙湖**拥有古老的宋城墙和东镇门,多了一份怀古的意味。

两江四湖的夜晚格外璀璨。**两江四湖游船**(见114页)已成为桂林经典的旅游项目。四

桂林城区

重要景点

1 七星公园……D3

景点

2 八路军桂林办事处纪念馆……C2
3 崇善清真寺……B3
4 叠彩山……C1
5 老人山……B1
6 龙隐岩……C3
7 南溪山……B4
8 舍利塔……B3
9 西山公园……A2
10 象山公园……B3
11 虞山公园……C1

住宿

12 奥森酒店……B3
13 桂林宾馆……B3
14 花桥虹影精品客栈……C2
15 西门大酒店……B3
16 香格里拉大酒店……C1
17 香江大饭店……A4
18 宜必思酒店（火车站店）……B3
19 住在书店酒店……A4

活动

20 漓江景区售票处……C2

就餐

21 椿记烧鹅（叠彩店）……C2
22 桂林米粉文化中心……D4
23 老东江米粉……C3
24 能仁素食馆……B2
清真馄饨店……（见3）
25 日头火……B3
26 石记米粉……B3
香宫……（见16）

饮品

27 思齐的家·帅府……D3
28 顾忘了咖啡……C3

购物

29 独秀书房旗舰店……D4
30 独秀书房育才店……D3
31 康美户外……B3
纸的时代……（见19）

实用信息

32 桂林旅游咨询服务中心……B3

交通

33 桂林站……B3
34 民航大厦……B3
35 琴潭客运站……A4

湖湖边均建有步道，自行车站点也分布于两江四湖之间，你可以选择步行+骑行，与它们来一次近距离的接触。

八路军桂林办事处纪念馆　纪念馆

（见104页地图；中山北路96号；免费；⌚9:00~17:00，周一闭馆）这栋二层的白色小楼曾是万祥醼坊，1938年李克农租下此楼作为八路军桂林办事处，桂林成为南方的抗日指挥中心。原建筑毁于抗日战争期间，现存建筑是1967年重建的。旧址背后有一座新设立的陈列馆，可以了解桂林的抗战史。公交1路、2路至凤北路口站下车。

象山公园　公园

（见104页地图；民主路文昌桥东头；门票55元；⌚4月至10月 6:30~19:00，11月至次年3月7:00~18:30）象山是桂林最著名的地标之一。穿过象山广场进入公园后，直行从前登山道登上象山，在山顶有一座明代的**普贤塔**，有观景台可眺望城中景色。原路下山至**云峰寺**，里面辟有一个粗糙的太平天国陈列馆。

沿着象山南麓绕行至漓江边，左转的尽头就是**水月洞**。小小山洞内集中了南宋四大书家中陆游、范成大、张孝祥三位的作品。洞口尽头左侧有宋代诗人蓟北处士的《和水月洞韵》，徐霞客曾为此三次求访。在洞口正对的**象鼻岩**上，能看到唐代元洁的篆书“水月洞”，这是象山年代最古老的题刻。

免费的旅游巴士

桂林市内的景区有很多套票组合，购买景区套票的游客，可以免费乘坐桂林城市旅游巴士（9:00~16:30，每30分钟1班）。1号线途经象山公园2号门、伏波山、叠彩山东门和虞山，2号线途经七星公园花桥门、伏波山和芦笛岩。巴士途中会绕行一些著名景点，但只能在以上指定的景区站点上下车。

骑行游览 山水桂林城

起点: 文昌桥头

终点: 文昌桥头

距离: 18公里

需时: 1天

从❶**文昌桥头**出发，先去南面不远处看一眼明代的❷**舍利塔**，再沿着桃花江北面的道路去❸**同来馆米粉**吃一顿地道的早餐。沿南环路骑行，右转进西城路，在❹**崇善清真寺**听一场穆斯林的礼拜。向北不远即抵达❺**榕湖**边，信义桥北面的榕湖饭店里保存着❻**白崇禧故居**，你也可以穿过饭店去湖边走走。过迎宾桥上翊武路，路口是❼**广西省第一图书馆旧址**，如今是桂林图书馆榕湖分馆。北面不远处的湖边有❽**蒋翊武先生就义处纪念碑**，以纪念这位辛亥革命的领袖。北行至解放西路右转，右侧的建筑是欧阳予倩创办的❾**广西省立艺术馆**。前行约200米至太平路左转，道路右侧有❿**《救亡日报》社旧址**。一路向北过⓫**宝贤桥**，走左侧的螺蛳山路，前行约600米，路过机关第二幼儿园后在道路左侧有一处不起眼的唐代⓬**骝马山摩崖造像**，每逢初一或十五仍然香火旺盛。从这里一路向西，穿过骝马山北巷、甲山路，至桃花江路。

桃花江路没有专用的自行车道，需要注意往来的大卡车。从路口向北约1.2公里，过左侧的风雨桥后即是⓭**鲁家村**，你可以在村里尝一尝历史悠久的豆腐小吃。从鲁家村可以沿着河流西面的小路，徒步或骑行去约2公里外的⓮**芦笛岩**，沿途是悠闲的田园风光。

逛完芦笛岩后，你可以沿着芦笛路一路

直行回到市区，右转进中山北路，如果时间充裕，不妨右拐进鹦鹉路上去碰碰运气：大名鼎鼎的⑮**鹦鹉山石刻**就躲在鹦鹉社区居委会背后的山坡上。从面向居委会右侧的小坡上行，文保碑背后是一条上山的台阶，尽头的围墙在作者调研时铁门紧闭，从铁栏的间隙能远远望见保护在凉亭里的宋代《静江府城池图》。

回到中山北路上，继续向南穿过⑯**木龙湖**，在北门桥上欣赏湖畔宋城和高高的木龙塔。再向南约350米，叠彩路口坐落着两层的白色小楼，即是⑰**八路军桂林办事处纪念馆**。从叠彩路向东至龙珠路，路口的西南角是李宗仁的原配夫人⑱**李秀文故居**。从这里往南就是风光秀美的滨江路，你可以买票去看看⑲**伏波山**里的摩崖造像，也可以一路向南，在⑳**刀锋书店**买杯咖啡歇脚。沿着滨江路一直向南，右侧会路过㉑**日月双塔**，最终回到出发地文昌桥头。

这条线路全程都没什么难度，路况良好，你可以选择骑行、徒步、公交的不同组合来完成。沿途的公共自行车借还点很多，但更便利的方式是借用共享单车，这样无须担心寻找指定的借还点。

象山北侧的桃花江是明代扩建桂林城时的护城河，从景区内过河前往北面的观景台，这是拍摄象山全景的最佳地点。

公园外有一处明代**舍利塔**（见104页地图；民主路万寿巷，象山广场对面），其历史可以上溯至唐代的开元寺。天宝七年（748年），鉴真第五次东渡日本失败后在海南靠岸，经由桂林北返，曾在此讲经弘法。

公交16路、23路至象山公园站。滨江路上也有入口，可乘公交2路至漓江剧院站。

叠彩山 公园

（见104页地图；龙珠路815号；门票 25元；⏲4月至10月 6:30~19:00，11月至次年3月 7:00~18:30）从景区东门进入，穿过一片现代园林，沿山路上山，过仰止堂后即到达叠彩山的标志景观**风洞**，这里是景区内石刻最密集的区域，正中绿色的“叠彩山”题刻，是当代著名书法家沈尹默于1964年所题；其右侧有陈毅将军的题字“愿作桂林人，不愿作神仙”；左下方有一小块黑底隶书题刻，即是唐代元晦的《叠彩山记》，其中“彩翠相间，若叠彩然”是山名的最早起源。洞口的康有为讲学处附近，还有桂林石刻中唯一的“反字碑”。风洞内部布满摩崖造像，穿过洞窟可沿山路登顶，**明月峰**下，漓江逶迤而来。

叠彩山在中国艺术史上也占有一席之地。北麓白鹤洞前的**环碧园**曾是明代靖江王的别业，1824年，李秉绶购置此园，在这里聘请画师、设帐收徒，居廉、居巢皆从师于此，成为“岭南画派”之肇始，奠立了自海上画派以来中国最成体系、最有影响的新画派。

公交2路、203路至叠彩山站。景区主入口位于靠近漓江的龙珠路上，叠彩路上的公园南门只接受微信购票。

伏波山 公园

（见108页地图；滨江路27号；门票 22元；⏲4月至10月 6:30~19:00，11月至次年3月 7:00~18:30）一半在江中，一半在岸上，这是伏波山最主要的景观特点。最重要的看点位于山底的**还珠洞**，直通漓江岸边，山洞由漓江水溶解侵蚀而来，从唐代开始就成为游览胜景，洞内保存有题刻、造像一百余件，其中不乏宋代道教造像（编号“伏07”）、米芾自画像这样的珍品。洞内另有一处**千佛岩**，其上保存了三百

桂林中心城区

余尊摩崖造像，多为晚唐时期的作品。最受欢迎的景观是江边的**试剑石**，江水冲刷出这一奇观，上部岩石倒悬，与下端仅容一手掌的距离。山顶设有观景平台，可以远眺群山环抱中的桂林城景。

伏波山的大门位于滨江路上，距离叠彩山约1公里，步行15分钟即到。

崇善清真寺

清真寺

（见104页地图；崇善路1号；免费）这是一座呈现出明显中式风格的汉地清真寺，是当地穆斯林的活动中心，对待旅行者也非常友善。清真寺始建于清雍正十二年（1734年），此后经历多次扩建，始有今日规模。在抗日战争中，桂林城区损失惨重，清真寺幸运地未遭受严重破坏。每天5:40~19:00有五次礼拜。

西山公园

公园

（见104页地图；西山路2号；门票 55元，含免费讲解；⏲7:00~22:30）作为天下西湖三十六之一，诗人刘克庄曾赞叹其“桂湖亦在西，岂减颍与杭”。如今的名气无法与杭州西湖并称，但仍是一处底蕴深厚的城市公园。

最大的看点是**西山石刻**，这里是桂林佛教造像最密集的区域，现存佛像242尊、浮雕石塔1座。群山脚下是唐初兴建的西庆林寺遗址，这里曾是桂林最重要的佛寺。沿遗址旁的山路上山，可见**龙头石林**，周身遍布唐代的摩崖佛像。沿路牌指示登上**观音峰**，可一览城市景色，也是欣赏落日的好去处，“西峰夕照”曾是桂林八景之一。沿东面的小路下山，沿途皆有摩崖佛像，其面容特征、服饰风格皆似犍陀罗佛像，有学者认为这是海上丝绸之路传播佛教的见证。靠近山顶处的**阿閦佛**有着神秘的微笑，被誉为“西山蒙娜丽莎”。西峰亭西面小路旁的唐代**李实造像**，是桂林佛造像中最精美的一处，佛龛右下角还有清晰可见

桂林中心城区

景点

1	伏波山	D1
2	广西省立艺术馆	A2
3	靖江王城	C2
4	靖江王府	C1
5	《救亡日报》社旧址	B2
6	李宗仁官邸	B4
7	骝马山	B1
8	日月双塔	B4

住宿

9	白公馆	A3
10	桂林老地方国际青年旅舍	A2
11	木犀青年旅舍	C3
12	隐沫度假酒店（桂湖店）	A1
13	正阳璞云酒店	C3

就餐

14	阿甘酒家（解西店）	B2
15	崇善米粉	C3
16	桂林粥城	B3
17	桂言	B3
18	海天肠粉	B2
19	庙街美食城	C2
20	同来馆米粉	A4
21	小南国（文明店）	B4

饮品

22	乱了咖啡	C2
23	猫兔酒吧	D2

娱乐

	桂林有戏	（见16）

购物

24	刀锋书店	D3
25	东西巷	C2
26	桂林百货大楼	B4
27	桂林书城	C2

实用信息

28	桂林市公安局	B2
29	桂林市人民医院	B4
30	桂林医学院附属医院	B1
31	中国银行桂林分行	A4
32	中山中路邮政局	C1

的唐调露元年（679年）题记，非常珍贵。

下山后穿过九曲桥，即抵达西湖东面的**隐山**，这里看似小巧，却是桂林最早成名的山峰之一。唐代李渤曾就任桂管都防御观察使，在任期间即开发隐山，使之成为当地胜景。如今的隐山六洞内遍布历代题刻，即是这段早期旅游开发史的见证。

乘坐公交14路、89路至西山公园站。

虞山公园 公园

（见104页地图；中山北路70号；门票 25元；⏲7:30~18:00）相传虞帝南巡曾到这里，秦人立庙纪念，至今虞帝庙和五福塔仍是公园内最重要的建筑。在虞帝庙北面，面向五座石塔的左侧，在不远处的山崖上有一块隶书《舜庙碑》，刻于唐建中元年（780年），是桂林最有书法价值的碑刻之一。山下的韶音洞曾是蒋介石在抗战时期的办公室和避难地，从韶音洞去公园出口处的洞口上方有一尊千年观音像。

公交1路、18路、100路至北极广场站。

★七星公园 公园

（见104页地图；www.glqxjq.com；七星路1号；门票 55元；⏲6:30~20:00）七星公园几乎是一个微缩版的桂林编年史。从自由路尽头的花桥大门进入后，眼前即是白先勇笔下的**花桥**，桥头曾有很多米粉店，这些往事被写入了《花桥荣记》《少小离家老大回》等作品中。过花桥可左转去往**七星岩**（门票 45元；⏲4月至10月 8:00~17:30，11月至次年3月 8:00~17:00），进入溶洞参观需要分批次跟随导游入内，洞口处的摩崖石刻非常丰富，柯梦得所撰写的《方公祠堂迎送神曲》被郭沫若誉为宋代隶书极品。洞内游览路程约800米，不走回头路。

你也可以直接上山，去普陀岩的**八百壮士墓**了解惨痛的抗战历史。1944年，日军发动"一号作战"进攻桂林，七星岩成为交战最激烈之处。一年之后，桂林光复后在七星岩收殓中国守军遗骸823具，多人至死仍保留着射击、牵马的状态。

景区内的标志景观是公园南面的**骆驼山**，因山峰形似骆驼而备受游客青睐，每一个路过的导游都会向你强调美国总统克林顿曾在此发表演讲。从骆驼山沿公园南面的步道向西去往龙隐岩，一路皆是从桂林四处移置而来的古代石刻、石牌坊。

不要错过

登高望桂林

桂林是一座生长在喀斯特山峰间的城市，街巷道路之间随处可见高耸的孤峰，其中的不少山头早已经历了“圈地运动”，成为收费公园。但也有不少山峰仍保留着淳朴的趣味，并提供免费的登山步道。

南溪山（见104页地图；中山南路2号；门票 25元；⏲7:00~22:30）山体分为东、西两峰，并立在南溪河边，山体峻峭，如刀削般笔直挺拔，山石白中带黑，形似两块天然的巨大屏风，为桂林八景之“南溪新霁”。每年4月的“樱花节”更是吸引大量游人。

尧山 免费 位于市区东郊，山势很高，但有观光车可以直达山顶，是眺望桂林城市全景的好地方。可以和靖江王陵（见本页）一道游览。

桂湖西边的老人山和骝马山也都是不错的选择。**老人山**（见104页地图；免费）山势更高，登山道在红色的西清桥附近，山路陡峭，顶峰名为“老人头”，最后的登顶路段颇为艰险且没有保护措施，一定要注意安全。去**骝马山**（见108页地图；免费）可以从西凤路的观漪桥西头出发，向北拐进骝马山南里，一直沿桂湖西岸向北，路过人防办及一家饭店后，在道路左侧有一条石板路上山，会途经抗日战争时期的碉堡工事遗址。

最不容错过的是景区内的**龙隐岩**（见104页地图；⏲8:00~17:00），这是桂林石刻中最丰富、最密集的一处，“壁无完石，碑刻如林”，保存历代摩崖石刻两百余件，又称为**桂海碑林博物馆**。正中的石壁上有“元祐党籍碑”，北宋年间蔡京专权，将元祐年间反对王安石新法的司马光、文彦博、苏轼等309人列为奸党，在全国各地刻石以昭告天下。后来宋徽宗下诏毁碑，如今全国仅存其二，桂林的这块是当年“元祐党人”的后裔于南宋年间根据拓本重刻的。龙隐岩北面数十米处另有一个**龙隐洞**，同样也是石刻密集之处。

公交11路、18路至七星公园站，下车向东即是花桥门。公交14路、40路至龙隐桥站，从龙隐门进入即是龙隐岩。

市郊

★靖江王陵

陵墓

尧山脚下的靖江王陵是明代藩王们的专用陵园。明永乐六年（1408年），靖江王二世朱赞仪首葬于悼僖王陵，开启了这片王陵区长达两百余年的营建史。明代14位靖江王中有11位埋葬于此，周边环绕着超过300座附属墓葬，形成了国内规模最大的明代藩王墓群。在奇崛的喀斯特山水间寻访如此密集的大型王陵，实在有一种穿越时空的浪漫感受。

庄简王陵（见108页地图；靖江路1号；门票 28元；⏲8:00~17:00）是唯一一座正式开放的靖江王陵，保存有完整的神道、石像生、享殿和圆丘形的墓冢，是典型的明代藩王墓葬规制。享殿内辟有展览馆，介绍靖江王的历史和各陵墓的分布、保存状况。庄简王朱佐敬在位58年，是在位时间最长的靖江王，但因生前贪恋酒色而未有政绩，谥号取有“简”字。神道两侧的石刻从1对华表开始，其后共有9对石像生，“武士控马”石像尤为珍贵，其中的小矮马是广西特产，是国内明代王陵中所特有的形象。

其余各王陵也分布在周围，可徒步游览（见106页）。这片陵区内共保存了334尊神道石刻，其雕刻年限几乎与明王朝的历史相始终，连缀为一部完整的明代石刻艺术史。王陵内还出土了大量的青花梅瓶，如今陈列在桂林博物馆（见111页）。

桂林市区乘坐公交24路至靖江王陵站，从路口处向北步行约700米即到庄简王陵。售票处有电动车（单程 20元）到尧山山顶，可眺望桂林城景。

芦笛岩

溶洞

（☎211 0889；芦笛路1号；门票 90元；⏲7:30~18:00）作为中国的“国宾洞”，芦笛岩一直是外国元首游访桂林的必到之处。游览路程约500米，布满了各式石笋、石柱、石幔、石花，但也难免有溶洞旅游的常见弊端：过于浓艳的灯光秀和牵强附会、千篇一律的神话传说，消解了这些地质景观背后的科学价值。沿途你会欣赏到“高峡飞瀑”“盘龙宝塔”“原始森林”“帘外云山”“定海神针”等景观。在可容纳1000人的龙王海底宫殿里，还会欣赏到一场4D视觉秀（12:00~13:00休息）。你也许会对某些景观非常眼熟，86版电视剧《西游记》中的不少场景取自于此，不妨来这里和你童年的夏天再次重逢。

在桂林市区乘坐公交3路（2元；6:30~21:50）或213路（1元；7:00~19:00）至芦笛岩站。

甑皮岩国家考古遗址公园 遗址公园

（☎360 5368；甑皮岩路26号；门票 13元，含博物馆免费讲解，学生凭证免费；⏲9:00~16:30，周一闭馆）甑皮岩是桂林市区内已发现的85处史前洞穴遗址中最重要的一处，这处距今12,000~7000年的新石器时代遗址，是岭南最早开始制作和使用陶器、磨制石器的地点之一。遗址中发现了大量的螺、蚌，先民需要通过水煮来处理这些食物的腥味，最原始的陶器应运而生。**甑皮岩遗址博物馆**的镇馆之宝是两块没有展牌说明的陶器残片，是距今一万多年的陶器遗存。遗址内还发现了108种动物，馆内复原了已经灭绝的广西鸟和漓江鹿。距今一万年的桂花种子更成为“桂林”之名的远古先声。

本书作者调研时，遗址区部分正在建设中，暂未对外开放。公交5路、12路、28路至甑皮岩路口站。

临桂

★桂林博物馆 博物馆

（☎289 7308；www.guilinmuseum.org.cn；平桂西路；免费；⏲9:00~17:00，周一闭馆）2017年开放的桂林博物馆新馆是广西最不容错过的博物馆之一。二层的**“漓水春秋”**展厅，展示了桂林自史前时期至近现代的历史：来自晓锦遗址的炭化稻米是岭南最早的稻作标本；完整的灵渠模型，阐释了秦汉时期的桂林是如何成为岭南接受中原文化的桥头堡，这一时期的青铜、陶器是桂林城市地位的明证；隋唐以来的碑刻是桂林作为文化名城的重要遗存，这里展出的元祐党籍碑、“桂林山水甲天下”等名碑拓片，可为你免去山水间的奔波探访之苦；此后的宋代瓷器、明代靖江王陵遗

抗战文化城

桂林人普遍对民国抱有一种特殊的情感，这是桂林作为广西省会的最后记忆。在抗日战争期间，桂林更一跃成为大后方的文化中心，休戚与共的荣辱感，是桂林在近代史上屹立不倒的重要支柱。1938年10月，武汉、广州相继沦陷，大批文化机构南迁西进，桂林成为重要的落脚点，小城的人口从六七万猛增至五十万。此后六年间，桂林成为名噪一时的“抗战文化城”：茅盾住在丽君路，巴金住在水东门，夏衍、何香凝、郭沫若、徐悲鸿、范长江皆在桂林留下足迹，如今的七星公园，是昔日躲避日军空袭的避难营。

这一时期在桂林复刊或创刊的报社达到21家，市区内至今还保留着**《救亡日报》社旧址**（见108页地图；☎363 5406；太平路4号；免费；⏲8:30~12:00，15:00~17:30，节假日闭馆）；活跃的文化团体达到上百个，漓江边、十字街、七星岩等昔日桂林的繁华热闹之处都曾举办过他们的抗日宣传展；现在的解放西路是当时有名的书店街，全国超过80%的书籍在这条仅有500米的道路两旁出版。

1943年起，田汉、欧阳予倩等著名的戏剧家开始提倡“西南剧展”声援抗日，他们改革桂剧，在此期间还创办了**广西省立艺术馆**（见108页地图；☎288 3088；解放西路15号；免费；⏲9:00~12:00，15:00~17:30，节假日闭馆），这是中国第一座话剧专业剧场，至今仍时常举办文化展览。

这段历史终结于1944年的桂林之役，日军以死伤三万余人的代价攻下桂林，其报告中提到，这是“一生中所经历的最惨烈的战役，并非在于规模，而在于人之勇猛”。桂林保卫战的惨烈，你可以在七星公园内的**八百壮士墓**（见109页）窥见一斑。

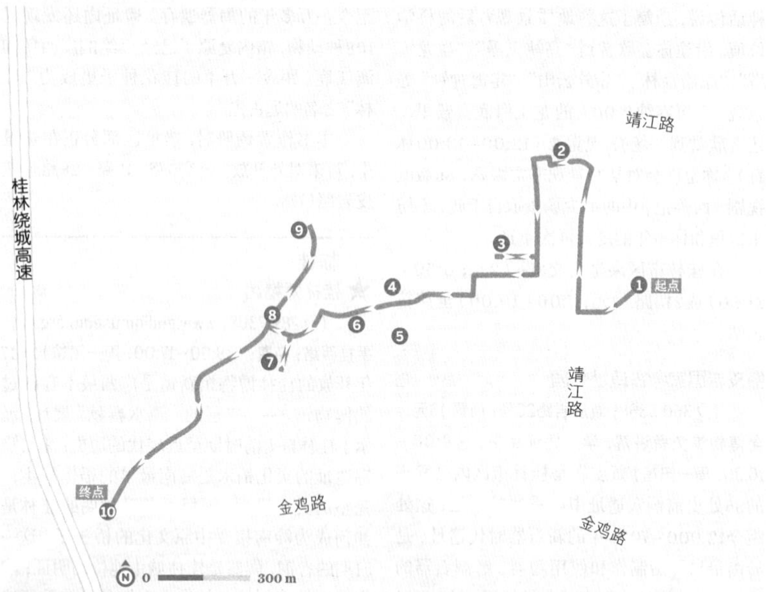

步行游览
探秘靖江王陵

起点: 庄简王陵
终点: 茶叶研究所站
距离: 6公里
需时: 3小时

行程从唯一售票的❶庄简王陵开始，沿着靖江路向北约450米，途经源丰花木的大门后继续向北，在道路左侧的树林中有一条小路通往红墙围绕中的十一世❷康僖王陵。沿小路绕行至西面紧闭的大门，留给你的只有门外的两对石像生。向南过老班长农庄大门进入土路，可见右侧有绿色铁丝网，其内便是已知靖江王陵中年代最古老、陵园规模最大的❸悼僖王陵，埋葬着靖江王四世朱赞仪。入口位于铁丝网南面尽头的一处斜坡上，旅行者可穿过土墙的豁口进入陵园，宝顶前的视野非常开阔，远眺即是密集的喀斯特山峰。

从入口斜坡处继续向南约50米右转，前行约200米后，在数座民房处左转，在下一个路口右转，沿着树林旁小路向西约300米，路过两处现代墓葬后，可见右手边白色文管所背后的六世❹怀顺王陵，左手边废弃木屋背后为七世❺昭和王陵。沿着土路继续前行，左侧为❻郑氏墓，还保留有5对石像生，过石板小桥后，还会在左侧的一丛竹子后看见一对石狮。继续向前约100米，过一座破碎的小石板桥，沿左侧小路前进约150米，可见路口处的铁丝网：沿左侧小路即到十二世❼温裕王陵的入口；沿右侧继续前进100米，回到水泥公路上，右转进入❽茶科院大门，沿右侧水泥路约250米至水沟边，不要过河，左转沿土路前行，可见壮观规整的九世❾安肃王陵。从茶科院大门一路向南约1公里，返回到金鸡路上，在❿茶叶研究所站乘坐24路公交可返回十字街。

这条路线强度不大，大部分是乡间土路，我们建议读者下载奥维地图或其他卫星地图软件，各个王陵及之间的小路在卫星图上较为明显，再结合庄简王陵内陈列的示意地图进行游览。晴天黄昏时分的靖江王陵景色壮观，要避开道路泥泞的雨天。

存、清代诗轴扇页，都讲述着千年不衰的文化盛事；经历辛亥革命、湘江战役洗礼的近现代桂林，更成为主义常新的"铁打桂林城"。你也可以在隔壁的**"翰墨华章"**展厅中了解到明清书画的演变，展厅入口处的《阳朔山图卷》气势撼人；桂林山水还孕育出岭南画派之肇端，居巢、居廉等奠基人的作品颇值得关注。

三层的**"友谊桂林"**展厅如同一个微缩的世界文明馆，展示了桂林接受的外宾礼品，以及各友好城市的风土人情。**"靖江遗韵"**展厅以明代靖江王陵出土的各式梅瓶为核心，设计出一个精致的陶瓷陈列，其中不乏哥釉五彩云龙纹梅瓶、青花携酒寻芳图梅瓶这样的精品之作。不要错过规模庞大、生趣盎然的**"画里人家"**展厅，你可以一览平地、山地、水上人家的居住特色；也可以重新走入复原的民国街巷，感受市井烟火；结尾处呈现的少数民族服饰、首饰都非常精彩。

四层的规划展厅，介绍了桂林近现代的城建史，以及在临桂画下的最新蓝图，入口处循环播放宣传片，里面有一个庞大的城市模型。

博物馆后门的广场上是新建的**桂林图书馆**（☎282 3494；www.gll-gx.org.cn；⏲9:00~17:00，周一闭馆），设有一个内容丰富的旅游阅览室。另一侧为**桂林大剧院**，可通过微信号"桂林大剧院"了解演出信息及购票。公交91路至金融大厦站即到。

飞虎公园

公园

（临苏路；免费；⏲7:30~18:30）飞虎队是"二战"期间由美国志愿兵组成的援华航空部队，1941年在昆明设立总部，其开辟的昆明往返印缅之间的驼峰航线，曾一度是战时中国重要的生命线。1942年6月，"飞虎将军"陈纳德以桂林秧塘机场为基地开始对日作战。公园大门内就是一条复原的机场跑道，仿照当年的秧塘机场而修建。跑道尽头处为**美国飞虎队桂林纪念馆**（☎558 3820；免费；⏲9:00~17:00，周一闭馆），分为5个展区，介绍美国飞虎队援华的历史。沿纪念馆背后的一条小路上山，山麓处是当年的指挥所旧址，由于位置隐蔽而得以在战乱中幸存，飞虎队由昆明移防桂林后，陈纳德就是在这里发出战报和指令。公园跑道东侧陈列了一架"兔八哥"C-47运输机，这种机型曾是驼峰航线上的主力。2016年，这架全世界唯一仍可飞行的"兔八哥"，从澳大利亚出发，重飞驼峰航线后最终抵达桂林，成为这里的永久陈列。

公交85路（2元；6:30~22:00）至飞虎林居站即到。

李宗仁故居

故居

（浪头村；免费；⏲9:00~16:30）著名的爱国将领李宗仁就出生在这里。故居是一处颇有桂北风格的晚清庄园民居建筑，依靠一座喀斯特孤峰而建，拥有完善的防御体系。最南侧的安乐第是故居中最早的建筑，由李宗仁的祖父修建，也曾是李宗仁的婚房。扩建了北侧的将军第后，安乐第作为佣人居所使用。最北边是规模庞大的三进客厅，为1926年增建，李宗仁的母亲于1942年辞世后，国民政府组织了治丧委员会，在这里举办了盛大的葬礼，如今辟有李宗仁生平陈列，介绍他如何接受新式教育，加入同盟会、参与北伐，从桂系首领成为中华民国代总统并远走美国。1965年，坚持"台湾是中国领土一部分"的李宗仁回到中国，成为统一战线的一员，直到1969年在北京病逝。

桂林琴潭汽车站有前往三皇、永安、百寿等地的班车，途经李宗仁故居（10元；6:25~16:40），故居返回桂林的过路末班车约在19:20。

会仙湿地

湿地

在桂林以南约30公里的会仙湿地是一片相对原生态的山水，这片独特的喀斯特峰林岩溶湿地被誉为"漓江之肾"。湿地的水系中，还有一条开凿于唐长寿元年（692年）的桂柳运河，又名"相思埭"，东连漓江水系，西通柳江支流，全长约30公里，与灵渠并称为桂林的"南北二陡河"，如今还保留着分水塘（狮子岩前）、古石桥和多个陡门。游览会仙湿地，一般是在毛家码头坐船（120~600元不等）。几个拐弯之后，突然进入大片宽阔的水域，正前方就是龙头山。弃舟登岸，沿着石阶向上约15分钟到达山顶，极目四望，这时才真正体会出这片湿地的美妙之处来。远处是突兀耸立的一座座喀斯特山峰，层层叠叠有一种水墨画般的意境。这里也是拍摄日出日落的绝佳地点，但如果要想早进或晚出湿地，得另外付给船家100元。如果是六七月来会仙，还可以乘船游戏于大片莲叶之间。

会仙湿地邻近的山尾村有一处**白崇禧故居**，当年蒋介石和宋美龄也曾同往这里拜会白崇禧。村里还有不少老房子，是典型的桂北民居风格，村中小路曲折，随意逛去，也别有一番味道。

桂林汽车客运南站有班车前往会仙（见113页），提前告诉司机到湿地路口下车，再换乘摩的到毛家码头（5元）。返回时可能要徒步半小时走回到大路上，搭乘去往桂林的过路班车。会仙返回桂林的末班车为18:30，但发车时间常有变动，记得提前询问司机。

活动

两江四湖游船　游船

（☎283 7666；www.glljsh.com）是桂林最流行的游船行程之一，有多条线路，常见的有**日游一江四湖**（豪华船 90元；70分钟），由渔人码头（象山公园3号门）或文昌桥码头（民主路29号，文昌桥头）与日月湾码头（杉湖北路1号，桂林粥城对面）对开；**夜游两江四湖**（豪华船 210元；90分钟）更受欢迎，由文昌桥码头与渔人码头对开。“豪华船”提供软座和空调，价目表上的“普通船”往往并不运行，具体线路视当季水位有变动。可在各酒店前台及码头售票处购票，官网购票有折扣。

漓江游船　游船

（☎282 5502；www.liriver.com.cn）涵盖了桂林到阳朔的漓江精华河段，全长63公里，可以欣赏到九龙戏水、浪石风景、九马画山、黄布倒影等著名景点。三星游船由磨盘山码头到阳朔龙头山码头；四星游船从竹江码头到阳朔水东门码头，硬件、餐饮、服务均有提升。唯一官方售票点为**漓江景区售票处**（见104页地图；中山北路23号；三星/四星 245/360元；游程 4小时），但这里的报价只包含船票。通过酒店或旅行社预订的行程，则包含市区酒店到码头的接送，价格会贵50~100元，一般7:00~7:30从桂林市区出发，约在13:30抵达阳朔。需至少提前1天预订。

住宿

作为中国最早成名的旅游城市之一，桂林

另辟蹊径

寻访桂林秘境

不要把桂林仅仅视作一个旅游开发有些过度的明星城市，其实，在这座古城的街巷中还隐藏着颇多不为人知的历史秘境。如果你是市井生活的爱好者，不要错过每周六、日的**六合圩**（灵剑路，七星公园北），这个混乱嘈杂的街市，仍是桂林周边的乡民们每周一次的淘宝盛会，平日里也挤满了各种中草药店铺和旧书摊。周日下午（约12:00~16:30）会有彩调演出，内容多为俗俚之词，充满了草根的活力。公交24路至芳香建干路口。

想要看到原生文化环境中的桂林戏曲，同在周日中午开始演出民间彩调的**瓦窑小游园**（崇信路瓦窑路口）也是不错的选择。这里还保留着相当复古的打赏方式，你会看到演员们拿着塑料筐巡回收钱，多少随意，甚至也有人在框里放上一些水果或饮料。公交4路、5路至瓦窑口。

城北**上窑村**中还保留着南宋周去非在《岭外代答》所记载的“乡人傩”，融合中原文化和岭南本土特色，桂林人称之为“跳（tiáo）神”。这一习俗仍有着强烈的神圣意味，没有日常的表演活动，每年仅中秋节时在村中的愿堂上演：从农历八月十四开始搭建戏台，至八月十七演完傩戏《九天玄女》结束。公交211路至南洲大桥西。

每年端午节前后，市区**解放桥**附近的漓江江面会成为龙舟赛的赛场。更传统的“扒龙舟”则仅在农历戊年才得以一见，因而有“五年一小扒，十年一大扒”一说。这一习俗兴起于唐朝，所谓“漓江七十二庙”，临江村村有龙舟，每逢“大扒”之年，庆祝活动可以从春节延续到九月初九。桂林传统龙舟习俗以祭祀龙王为主，最具特色的是高亢的龙船调，没有词意，却又有着严格的规范，生怕后生的轻浮随意惊扰了龙王。公交10路、11路、14路至解放桥。

拥有从青年旅舍、快捷酒店到国际品牌酒店、奢华度假村的各种住宿选择。暑假、国庆节是桂林的旅游旺季，届时各酒店的房价会上涨至平日的2~3倍，建议旅行者尽量提前预订。在国庆节以后，桂林将进入长达半年左右的旅游淡季，这也是一年中房价最低的时期。

★住在书店酒店 精品酒店 ¥¥

(见104页地图；☎355 6000；微信公众号zhuzaishudian；环城西一路117号联达广场2号楼；标双 270元；🛜❄)店如其名，最大的特色是可凭房卡24小时进出纸的时代(见118页)书店，你可以独享书店打烊后的安静时光。酒店有一个可享用日落鸡尾酒的露台花园。客房内没有电视、电话，却有摆满图书的巨大书柜，甚至还能在墙角布置出一片“枯山水”。无窗的客房面积更大，有窗的客房则稍小。要空间还是光明？这是一个选择。

桂林老地方国际青年旅舍 青年旅舍 ¥

(见108页地图；☎281 3598；微信公众号GL_ThisOldPlace；翊武路2号；铺 35元，标单 110元，家庭房 210元；🛜❄)地段绝佳，位于两江四湖的核心地段，隔壁是可以自由出入的桂林图书馆榕湖分部。前台能为你提供很多有用的旅行建议，也可以方便找到拼车拼饭的伙伴。旅舍提供早餐和自行车出租。微信预订享有八五折。

木屋青年旅舍 青年旅舍 ¥

(见108页地图；☎281 9936；www.wadahostel.com；人民路3号；铺 40~45元，标双 160元；🛜❄)旅舍距离漓江、正阳街都只有1分钟的距离。一楼是宽敞现代的公共区域，提供各种饮品和简餐。客房都有独立卫生间，风格简约现代，卫生状况不错。多人间为男女混宿，面积比较宽敞，每个床位都配备有储物柜和床帘。

奥森酒店 快捷酒店 ¥

(见104页地图；☎383 3688；中山南路49号；标双 128元；🛜❄)距离火车站步行只需要5分钟，交通便利。客房干净舒适，很有性价比。楼层较低的特价房108元起。

花桥虹影精品客栈 客栈 ¥

(见104页地图；☎361 3111；自由路七星公园大门南50米；标单/双 120/140元；🛜❄)店主是一对热情的年轻人，把这家梦幻风格的客栈打造得非常温馨。顶层有一个观景露台，可以眺望七星公园的景色，夜间可欣赏喀斯特灯光秀。附近还有几家条件、价位相近的客栈。

西门大酒店 快捷酒店 ¥

(见104页地图；☎281 1488；南环路2号；标双 108元起；🛜❄P)酒店外观整饬一新，但内部细节稍显老旧。好在房价非常亲民，卫生状况良好，临街一侧的客房采光更好。每天有几间特价房(88元起)。

宜必思酒店(火车站店) 连锁快捷酒店 ¥¥

(见104页地图；☎383 0888；象山区南新路102号；标单/双 159/179元；🛜❄P)2018年开业，距离火车站只有5分钟步程。温馨的大堂设有咖啡吧，客房崭新且现代。酒店一楼还提供自助洗衣及烘干服务(15元)。提前3天预订能在原有房价上享有八折优惠。

隐沫度假酒店(桂湖店) 精品酒店 ¥¥

(见108页地图；☎675 0668；翊武路28号；标单/双 266/278元；🛜❄P)2018年开业，酒店采用环保材料装修，位于风景秀丽的桂湖畔。一楼是颇有设计感的公共区域，客房温馨舒适，卫浴空间宽敞。酒店提供早餐(28元)和免费的洗衣服务。

正阳璞云酒店 精品酒店 ¥¥

(见108页地图；☎280 0588；依仁路34号；标单/双 289/278元；🛜❄)2018年开业，如果你热爱城市夜生活，下楼就是热闹的正阳路步行街。卫浴空间干湿分离，房间内有漂亮的飘窗。附近的**柏曼酒店**(☎312 9888；解放东路23号文化大厦；标双 249元；@🛜❄P)也很不错。

香江大饭店 酒店 ¥¥

(见104页地图；☎226 9198；环城西一路141号；标单 150元起；🛜❄P)尽管服务冷漠、房间有些老旧，但却是桂林最便宜的高星级酒店，哪怕国庆期间，房价也只在300元上下。因此，无论办理入住还是等候电梯，难免要和汹涌的旅行团“斗智斗勇”。

桂林宾馆 豪华酒店 ¥¥¥

[见104页地图；☎289 8888；榕湖南路14号；标双 420元(含双早)；@🛜❄P🏊]酒店的名字意味着极佳的地段和悠久的历史，这家老牌

“嗦”一碗桂林米粉

桂林的米粉主要有两种：圆而细的叫“米粉”，一般用卤水干拌，当地人称为“干捞”；宽而扁的叫“切粉”，主要用来做汤粉。桂林人对米粉的热爱是肉眼可见的，大街小巷开满了米粉店，最热门的那几家还总是人满为患。声名远播的各家老字号个性迥异，有的只做早市和午市生意，米粉卖完就早早关门；也有的24小时营业，但在夜间会加收5毛钱的服务费。本地人都是吃4~5元/二两的米粉，那些十多元的“经典套餐”都卖给了外地游客。

老东江米粉（见104页地图；☎139 7732 5558；施家园路，龙隐桥东；人均 6元；⏲6:00~16:00）高峰时段队伍要排到门外街上。二两米粉4.5元，一碗粉里有切得薄薄的卤肉和锅烧，分量比别家多。

石记米粉（见104页地图；西城路19号；人均 8元；⏲24小时；📶）经营了几十年的老店，尤以马肉米粉（二两8元）见长。汤粉的口味也很不错，汤头非常鲜美。

崇善米粉（见108页地图；依仁路5号；人均 20元；⏲6:30~24:00）看地址和物价就知道这里主要服务游客，人气很高，各种米粉套餐22元，但也有4.5元/2两的本地生意。提供各种炒菜和烧味。

同来馆米粉（见108页地图；通泉巷1号；人均 10元；⏲5:30至次日2:00）各种米粉4元起。如果你是选择恐惧症患者，也不妨直接付上15元，让窗口阿姨去自由发挥。免费的小菜非常丰富。

日头火（见104页地图；雉山路120号；人均 15元；⏲6:30至次日1:30）已经把分店开遍桂林和阳朔，甚至有学术论文把它评为桂林米粉竞争力第1名。二两米粉4.5元起，也有各种炒粉。

桂林米粉文化中心（见104页地图；☎584 8853；毅峰南路3号；自助 30元；⏲7:30~22:00）除了什么都能吃一点的米粉自助以外，这里也有米粉酒、米粉火锅等各种主题餐，还有榨粉表演（10元/人，6人起）。

五星级酒店在2018年焕然一新，重新装修后的客房现代舒适，有着欧式风情。不必执拗于面积更小、房价也更贵的湖景房，靠近酒店泳池一侧的客房同样有不错的景观。

香格里拉大酒店 豪华酒店 ¥¥¥

（见104页地图；☎269 8888；环城北二路111号；标双 760元起；@📶❄P🏊）坐落在漓江东侧，是桂林高品质的选择之一。拥有临江的优雅花园和景观优美的客房，以及香格里拉式的殷勤服务。酒店提供烹饪、攀岩、小火车等多种收费活动，甚至还设有一个迷你动物园，适合亲子旅行。每周二、四、六、日的夜间，在大堂有免费的竹竿舞和民俗表演。

白公馆 历史酒店 ¥¥¥

[见108页地图；☎899 9888；榕湖北路16号4号楼，榕湖饭店院内；标双 880元起（双早）；@📶❄P]桂林少有的极富历史气息的酒店，门外是货真价实的**白崇禧故居**，酒店本身虽不是文物建筑，但整体风格有着浓郁考究的民国风，大堂、走廊内陈列有不少民国家具及复制的老照片。部分客房有独立阳台，临湖一侧的景观很美；卫生间非常宽敞，但淋浴间和按摩浴缸只能二选一。

就餐

正如这座城市的文化源流一样，桂林是四方饮食的融汇之地，它的味道是复杂而暧昧的：这里有湖南辣椒的火爆，也有广式早茶的清淡，你也可以在本地的油茶飘香中开启新的一天。最具特色和知名度的，莫过于从秦始皇时代就开始统治本地餐桌的桂林米粉（见本页方框），正宗地道的米粉滋味隐藏在各个居民区的巷弄里。

以一个旅游目的地的标准来评价，桂林的餐饮消费不高，**西城路步行街**、**正阳路步行街**和**庙街美食城**（见108页地图；⏲10:00~24:00）所在的**文化宫路夜市**都有很多小吃和大排档，那些最知名的本地品牌已经陆续开起了分店。另外，在桂林吃喝玩乐可多看看团购网站，往往折扣不小。

★香宫
中餐 ¥¥¥

（见104页地图；☎269 8888；香格里拉大酒店一层；人均100元起；⏰11:00~14:00，17:30~22:00）作为香格里拉成名已久的中餐厅系列，香宫在桂林也保持了高品质菜式和体贴服务，以及豪华酒店内难得不那么令人咋舌的菜价。餐厅提供从粤菜、湘菜到桂林本地料理的丰富选择，几乎所有菜品都不失水准，烧鹅皇（88元）、招牌肉（88元）、红烧肉（98元）都值得一试。不少菜品可点半份（原菜价七折）。周末提供早茶（8:00~11:00），各式点心16至38元不等。

阿甘酒家（解西店）
广西菜 ¥¥

（见108页地图；☎282 1515；解放西路16号三欣大厦2楼；人均70元；8:30~21:30，早茶至14:00）无论正餐点菜还是日间早茶，这里都颇受当地人欢迎。大厅提供免费自助的油茶和水果，腊味蒸芋丝（29元）和剑骨鱼（59元）是招牌菜，菜量不小。阿甘酒家在市区设有7家分店，但只有解西店、七星店和桂青店提供早茶。

椿记烧鹅（叠彩店）
粤菜 ¥¥

（见104页地图；☎282 8898；中山北路1号，精通桂林大酒店旁；人均70元；⏰11:00~14:00，17:00~21:00）人气极高的烧鹅店，招牌烧鹅（68元起）一般在开餐后一小时内即会售罄，先到先得，或者尽早电话预订。如果错过了烧鹅，脆皮鸡（44元起）是个不错的替补，也可试试其他以鹅为主题的菜品。榴莲酥、流沙包等各种点心味美价廉。每天午市都有不同的特价菜。

海天肠粉
小吃 ¥

（见108页地图；太平路一巷；人均8元；⏰7:00~22:00）这家不起眼的肠粉店每到饭点就大排长龙，成为太平路上的一景。各式肠粉（3.5元起）佐以芝麻粒和萝卜干，用料非常实在，还有免费的白粥可以自助取食。辣椒酱也很有特色，以酱香为主，可以单买（12元/瓶）。

能仁素食馆
素菜 ¥

（见104页地图；☎286 8845；丽君路6号能仁禅寺内；自助29元/位；⏰11:30~14:00，18:00~20:00）可以来这里体验在寺庙就餐的趣味。自助菜品很丰盛，补餐及时又厚道。周末的晚餐时段人气爆棚，一定要提前电话预订。

小南国（文明店）
广西菜 ¥¥

（见108页地图；☎285 5518；文明路3号；人均70元；⏰11:00~14:00，17:00~21:00）汗蒸剑骨鱼（53元）、石锅黑豆腐（28元）、木桶飘香鸡（35元）是这里的特色菜，在市区内有多家分店，节假日往往需要等位。在这里饱餐一顿后正好去双塔公园看夜景遛食。

清真馄饨店
小吃 ¥

（见104页地图；崇善路1号，清真寺大门南侧；人均8元；⏰6:30至次日2:30）数十年的老店，是桂林人的童年记忆。无论是不是饭点，店里都人声鼎沸，当地人也把这里当作一个休闲社交的场所。牛肉馄饨4元/10个，也有鸡爪（1.5元）等小吃。

桂言
广西菜 ¥¥

（见108页地图；☎363 8015；榕湖北路1号，阳桥北侧；人均60元；⏰11:00~14:00，17:00~21:00；📶）门面隐藏在绿化带的背后，颇不起眼，里面却是古色古香、别有洞天。你可以在这里点到各种或传统或新潮的桂林菜，只是服务生永远忙得脚不沾地，不要奢谈服务。

桂林粥城
广西菜 ¥

（见108页地图；☎282 8172；杉湖北路3号；人均45元；⏰9:00至次日3:00）就在杉湖日月双塔对面，哪怕深夜前来也是人声鼎沸。这里有一种混搭的美感，提供各式烧烤、桂林米粉以及粤式茶点，也有各种本土“漓江菜”。

饮品

桂林有一些颇有格调的咖啡馆和酒吧，它们隐藏在王城周边，坐拥漓江与古城辉映的景色。桂林还曾是华南地区的摇滚重镇，拥有丰富多彩的地下音乐史，昔日的摇滚乐手聚集地“算了吧”酒吧，在2009年的城市道路扩建中被拆除，聚集在这里的最后一夜演出成为众多本土乐队的共同记忆。

思齐的家·帅府
咖啡馆 ¥¥

（见104页地图；☎185 0773 9348；微信号sqdjsf；普陀路39号；人均50元；10:30~22:00；📶）近20年的老店，是桂林最早经营单品咖

不要错过

在桂林逛书店

2018年，广西师大出版社旗下的**独秀书房**在市区内的多个地点同时开业，为这座古城增添了不少文化趣味。**旗舰店**（见104页地图；☎180 7832 3439；微信公众号：独秀书房；五里店路9号师大出版社总部1楼；⏲9:30~22:00）总共三层，一楼设有桂林文史相关的书柜，每层都有沙发座位。**育才店**（见104页地图；广西师大育才校区图书馆1楼；⏲9:30~22:00）紧邻着越南学校纪念馆（☎585 7127；预约参观），可顺路了解新中国成立后援助越南办学的历史。**桂航火车号**（桂航学院南校区；⏲11:00~22:00，寒暑假除外）别出心裁地开设在火车车厢内。

纸的时代（见104页地图；☎385 4999；微信公众号 GLzhideshidai；联达广场B2006；⏲10:00~22:00；📶）以各国文学及人文社科读物为主，拥有直贯两个楼层的高大书柜，慷慨地设置了很多舒适的座椅，还附有一间酒店（见115页）。周末多有讲座、电影聚会和新书沙龙。**刀锋书店**（见108页地图；滨江路18号；⏲9:00~22:30）是小有名气的老店，有丰富的旅行读物和原版图书。临江的落地窗前有座位，提供奶茶和咖啡。

桂林书城（见108页地图；中山中路28号；⏲9:30~22:00）占据了市中心繁华地段的整栋大楼，是风格老派但品种全面的国营书店。2层有专门的旅游书柜，有别处不易买到的《徒步桂林10大经典特色线路》系列。顶层为新华美术馆（⏲9:30~21:00）。

啡的咖啡馆。新店与帅础坚艺术馆同设在一栋漂亮的小别墅内，拥有一个小花园，室内有两面书墙和玻璃天窗。咖啡（20元起）出品很棒，也提供牛排（68元）、鸡蛋三明治（22元）等简餐。周一到周五每天有一款会员咖啡（9.8元），非常划算。

颐忘了咖啡 咖啡馆 ¥

（见104页地图；☎369 9966；龙隐路39-1号；人均 40元；⏲10:00至次日1:00）环境清幽舒适的咖啡馆，就在七星公园骆驼山的南门外，石刻看累了正好可以来此歇脚。咖啡25元起，也提供简餐和牛排。

乱了咖啡 咖啡馆 ¥¥

（见108页地图；☎283 0055；中山中路350号，王城遵义门外；人均 60元；⏲10:00至次日1:00）提供各种西餐、简餐、咖啡和果汁，二楼临窗的座位可以看见靖江王府的城墙。可以在这里享用惬意的下午茶。

猫兔酒吧 酒吧 ¥¥

（见108页地图；☎133 9783 1991；微信公众号 猫兔酒吧；东华路9号，近王城东华门；⏲19:30至次日2:30）2009年建立，如今已成为桂林最有摇滚风的地方，常有乐队演出和各种时尚派对，微信会推送演出信息。提供各种简餐和咖啡。

☆ 娱乐

每天晚上，在象山公园内会有结合山水实景的灯光秀**“象山·传奇”**（☎281 6622；门票105元；⏲4月至10月 19:00~23:00，11月至次年3月 18:30~22:30），但容易受到天气影响，记得提前咨询。

如果你对桂剧及地方戏曲表演感兴趣，**桂林有戏**（见108页地图；☎898 7158；微信公众号 桂林有戏；杉湖北路3号，桂林粥城3楼；⏲19:00~22:00）开发了不少桂林本地历史题材的地方剧目，但商演计划非常有限。想要体验更淳朴的戏曲风情，城外的**鲁家村**（见106页）在每周六20:00会有免费的桂剧、彩调或文场演出，在村中的戏台上演。

🛍 购物

桂林拥有众多的步行街和商场，如果想要买到便宜的商品，通用的原则是远离景区。桂林作为“抗战文化城”的基因也传承至今，桂林市区有相当多品质出众的书店可供消遣时光（见本页方框）。

东西巷 步行街

（见108页地图）这片古迹与仿古建筑并存的商业街区，集中了桂林市区最时尚的酒吧、咖啡馆和新派餐厅。端礼门外有一片遗址广场，提醒你，这里曾是真正的“王城脚下”。

桂林百货大楼 百货店

（见108页地图；中山中路14号；⏲9:00~22:00，周五、周六 9:00~22:30）桂林本地人常去的商场，地上7层，分为A、B两栋大楼，从服饰、珠宝到美食广场一应俱全。地下一层为超市，设有专门的土特产区，售卖各种真空包装的米粉以及本地点心、酱料，比你在旅游超市里看到的同类产品更便宜。

康美户外 户外用品

（见104页地图；☎580 9089；民主路29号，象山公园对面；⏲9:30~22:30）桂林规模最大的户外店，购物环境优越，以高端进口品牌为主。是一站式、不差钱的选择。

实用信息

旅游咨询电话（☎280 0318）非常实用，有问必答，服务态度很好。

旅游投诉电话（☎280 0315）

桂林市公安局（见108页地图；☎282 3334；三多路1号）

医疗服务

桂林医学院附属医院（见108页地图；☎282 3244；乐群路15号）

桂林市人民医院（见108页地图；☎282 5116；文明路12号）

邮局

中山中路邮政局（见108页地图；中山中路57号；⏲9:00~18:00，周日休息）规模较大，位于十字街以北约400米，出售明信片，还附设有一家邮政书店（⏲8:30~21:00）。

银行

各大银行网点和ATM机遍布市区，支持国际信用卡的ATM机也不少。**中国银行桂林分行**（见108页地图；中山中路2号，南门桥北；⏲8:30~17:00，周六 9:00~17:00，周日休息）提供桂林最全面的外汇兑换。

旅行社

桂林的大街小巷散布着各种旅行社，其中不少以游客咨询中心的名义，提供如两江四湖一日游、漓江一日游、冠岩和古东瀑布一日游或乐满地游乐园一日游等线路。各大酒店、青旅的前台都可以帮忙预订散客成团线路。**桂林旅游咨询服务中心**（见104页地图；☎386 2219；中山南路65号，原汽车总站隔壁；⏲8:00~20:00）提供不少本地短途线路的散客成团。

需要提醒的是，在淡季，某些旅行社提供的所谓专车服务，其实是跑短途的客运中巴，会在市区绕行良久，四处接人。请事先一定询问清楚。

优惠

学生证和老年证在大部分景点都可获得5折优惠。军人凭证则可以享受大部分景点免票的优惠。

在网上预订景区门票和游船票会有一定折扣。桂林市区的景区、游船通常有多种套票，可尽情排列组合。

到达和离开

飞机

桂林两江国际机场（☎96365；www.airport-gl.com.cn；临桂区两江镇）是广西第二大国际机场，已开通数十个国内主要城市航线，也是广西连接东南亚和东亚的航空枢纽，有定期航班往来于吉隆坡（亚洲航空公司）、曼谷（南方航空公司）、首尔（韩亚航空公司）、香港（国泰港龙航空公司）、台北（长荣航空公司）。2018年9月起，国内、国际航班都迁移至新建的T2航站楼，原有的T1航站楼暂停使用。

长途汽车

桂林市区目前主要有三个长途汽车站，原来设于市中心的桂林汽车总站（中山南路65号）已经撤销，目前仅保留售票功能。车站隔壁的**桂林旅游咨询服务中心**（见104页）有旅游专线前往龙脊梯田（45元；9:00去，17:00回；2小时）、兴安乐满地（22元；8:00~11:00，14:00~17:00，每小时1班；1.5小时；途经灵渠）。原汽车总站与汽车客运北站、客运南站之间有一站直达的接驳巴士（2元；15分钟1班），比城市公交更快速。

桂林汽车客运北站（☎899 8500；北辰路76号）主营去往桂林以北兴安、资源、全州等地的班线。

新建的**桂林汽车客运南站**（☎382 2666；凯丰路茶店路口以西约500米）取代了原有的汽车总站，主营桂林以南去往阳朔、荔浦等地及区内各县市的班线。

琴潭客运站（见104页地图；☎383 2703；翠竹路31号）是桂林唯一不属于骏达客运的大型车站。主营桂林西部乡镇、龙胜等地的班线。桂林各大汽

桂林汽车客运北站车次时刻表

站点	发车时间/班次	票价（元）	行程（小时）	备注
南宁	9:00	110	5	
兴安（直达）	8:30~17:30，30分钟1班	22	1.5	
兴安（普客）	6:15~18:55，8分钟1班；19:30~22:00，30分钟1班	18	2	途经灵川
资源（直达）	7:05~17:05，每小时1班	40	1.5	
资源（普客）	7:00~17:50，约30分钟1班；19:00	30	2	
全州	6:20~17:40，10分钟1班	33	2.5	
灌阳	6:20~17:20，约20分钟1班	47	3.5	途经界首
兴安乐满地	8:30~11:30，14:30~17:30，每小时1班	22	2	途经灵渠

桂林汽车客运南站车次时刻表

站点	发车时间/班次	票价（元）	行程（小时）	备注
南宁	9:00，11:30	110	5	
梧州	8:40，9:00，11:30，13:50，15:35，16:30	130	4	
贺州	6:00，7:30，8:40，9:50	66	4	
黄姚	9:00，13:30	61	3	
阳朔（直达）	7:00~20:30，约25分钟1班	27	1	
阳朔（普客）	6:20~20:20，约8分钟1班	22	1.5	途经杨堤路口、葡萄
恭城	7:00~17:00，约20分钟1班	30	2.5	途经阳朔
兴坪	7:00，8:00，11:00，12:00，13:00，14:00，17:00，18:00	31	2	
平乐	6:50~19:30，约30分钟1班	40	2	
荔浦（直达）	6:40~19:20，约30分钟1班	38	1.5	
荔浦（普客）	6:00~20:10，约20分钟1班	36	2	途经阳朔、银子岩路口
会仙	6:50~18:30，10分钟1班	9	35分钟	

车站均可通过微信公众号“广西客运联网售票”查询、购票。

火车

桂林站（见104页地图；中山南路39号）是衡柳铁路上的重要车站，以普客车次为主，兼营部分高铁车次。每天有多趟列车连接国内各主要城市，去往南宁、长沙沿线的动车多在此站发车。

桂林北站（见104页地图；北辰路）兼营衡柳铁路和贵广高铁上的普客、高铁车次。有动车前往广州和南宁。

桂林西站（灵川县定江镇）距离市区10公里，是贵广高铁上的重要车站，广州往返贵阳的动车多在此站停靠。

当地交通

抵离机场

桂林机场现有3条**市区大巴专线**（☎284 5355），分别由机场前往民航大厦（20元；随航班动态发车，至本日航班结束；50分钟；经停维也纳榕山路店、香江大饭店）、万福广场（20元；10:00、12:00、14:00、17:00、19:00；1小时；经停临桂福朋喜来登）和桂林北站（20元；9:00~21:00，每小时1班；1小时；经停桂林西站）。机场大巴售票处位于T2航站楼国内到达层6号门，目前也有前往自治区内周边县市的班车。

如需前往机场，从民航大厦（见104页地图；☎389 0000）出发的时刻为6:00~21:30，每30分钟1班；从万福广场（☎384 3955）出发的时刻为8:00、10:00、12:00、15:00、17:00；从桂林北站（☎268 1111）出发的时刻为7:30~19:30，每小时1班，在北站正对面的幸福挺酒店购票乘车。

民航大厦旁的公交站名为"安新小区"，公交6路、16路、23路、85路、100路都可到达。晚上9点后，一些出租车也在民航大厦提供拼车服务（20元/位）。从市区到机场出租车通常不打表，要价100元，也可尝试打车软件。

公交车

桂林拥有较为完善的公交体系，市区范围的景点都可以乘坐公交到达，火车站、火车北站、十字街是重要的换乘站。公交运营时间一般为6:00~22:00，票价1~2元。市营公交可刷银联闪付卡，也可关注微信号"桂林出行网"，绑定银行卡，通过手机扫码支付。

出租车

打车起步价9元，两公里后1.6元/公里；夜间23:00后起步价11元，2元/公里。去比较远的景点时，司机一般不愿意打表而是议价。市区内可以很方便地使用打车软件。

租车

神州租车（☎400 616 6666；www.zuche.com）在桂林机场、桂林火车站、桂林北站都设有门店，租车费用89元/天起，并在市区范围内提供免费的送车上门服务。另外，在桂林包车的费用约为400~500元/天，可一日内往返龙脊梯田或阳朔各景点。

自行车

骑行是了解桂林的最佳方式之一。桂林市区拥有完善的**公共自行车**（☎356 0952；www.glcitybike.com）服务体系，目前已在市区、临桂新区设立了354处借还点。外地旅行者需通过支付宝、永安行等手机APP扫码租车（2元/小时，5分钟内免费），也可以通过APP查询借还点位置及剩余车数。桂林市各区县的本地居民、在校学生、外来工作人员，可凭借市民卡办理租车卡（朝阳路信息产业园软件大厦3楼D-2；⏲9:00~12:00，13:00~16:00，周日休息），押金200元，租车1小时内免费，超过1小时收费1元/小时。还车时需在借还点靠桩停车。

除了政府运营的公共自行车，桂林街头随处可见各种品牌的共享单车，但需要注意各品牌的运营范围。

桂林市周边

作为广西北部的中心城市，桂林早已形成了一套完整的城镇体系，从当年的县治所在、

琴潭客运站车次时刻表

站点	发车时间/班次	票价（元）	行程（小时）
龙胜（直达）	6:30~19:00，约30分钟1班	35	1.5
龙胜（普客）	6:30~18:10，约15分钟1班	33	2
河池（金城江）	9:10，14:30	135	6
宜州	9:40，14:30	115	5

桂林机场车次时刻表

站点	发车时间/班次	票价（元）	行程（小时）
柳州	9:30~22:00，随航班动态发车	60	3
宜州	9:40，14:30	120	3
阳朔	9:30，11:00，12:30，14:00，15:30，16:30，18:00，20:00	50	1.5
荔浦	10:30，14:30，17:30，21:30	60	2

桂林市周边

优雅的耕读古村到昔日繁华的圩市、码头，其周边保存了一套中国古代市镇的标本，至今仍面目清晰、肌理可辨。当然，这里也不缺少景色优美、开发完善的山水景区，如果你时间精力有限，在市区报名参团，只需要一天半日，你就可以从厚重的桂林古城中脱离出来，来一场轻松愉快的山水之旅。

江头洲

（灵川县九屋镇；门票 20元）桂北的汉族传统村落多由湖南、江西的移民所兴建，位于桂林以北约30公里处的江头洲名头最响，这是北宋理学家、《爱莲说》作者周敦颐的后裔聚居地。明代弘治年间，周氏后人宦游桂林，最终定居于此，至今已有五百余年。江头洲以“清官村”闻名，明清时期江头周氏考取进士8名、举人28名、秀才200余名，为官出仕者200多人。

村落沿护龙河修建，村头是护龙桥和近年重建的字厨塔。再往前不远即是清光绪八年（1882年）所建的**爱莲家祠**，这是村内最有代表性的建筑，如今辟有村史和名人展厅，向北不远即是秀美的**爱莲池**。村落内保留着明清民居一百余栋，多数的大门上都悬挂着当年主人考取的功名或官职，“父子翰林”和“太史第”比邻而居，“奉政大夫”与“五代知县”包围着“布政使”。由于文风鼎盛，村内的巷弄也多以功名命名，你可以沿着举人路、进士街、秀才巷遍览这些深宅大院。每年五月十四的**姑娘节**是江头洲最有特色的节庆，会有舞狮、抬姑娘等系列民俗活动。村内没有饭店，村口的**来山里**（☎138 7831 1907；📶）提供农家菜，正在计划改造以便提供住宿。

前往江头洲可在桂林市区乘坐公交301路（2元；6:00~19:00）至潭下路口，步行至对面路口处的县交通局公交站，再换乘309路

（2元；6:50~18:10）或灵川去九屋的公交车（3元；6:30~18:00），约30分钟即到九屋，再向东步行约1公里即到村落大门。

大圩和熊村

大圩古镇是桂北古老的水陆码头。很久以前，这里叫长安市或芦田市，名列广西四大圩镇（其他三座为宾阳芦圩、苍梧戎圩、贵县桥圩）之首，便有了“大圩”之名。明清时，大圩已是南北商贾云集之地，各种商行应有尽有，广东、湖南、江西等地的商人均在此建有会馆。

如今的古镇内有一些细节粗糙、风格拙劣的“仿古”建筑，高大的关帝庙与“中华银行”是新建的奇幻组合，与真实的古镇老街格格不入，却总是吸引最多的镜头快门。向南走是江边的鼓楼码头，从这里可以乘船沿漓江游览磨盘山（80元/人；50分钟），但一般不允许游客登岸游览。真正的精彩之处要往两头去看，沿老街往西，两旁的古老民居中，仍保留着本地人真实的生活状态。往东登上古老的**万寿桥**，脚下的马河汇入漓江。更远处，是古老的**太平门**和**永安门**，围合出昔日的古镇面貌。老街两侧有不少私人开设的展馆，收取3~5元的门票。

大圩老街上的**偶缘居**（☎635 1863；民主街75号；标单 260元；☯❄）拥有一个复古的庭院和美丽的江景客房，店内有不少文物收藏；太平门附近的**老街里客栈**（☎134 8133 5071；标单 90元起；☯❄）更新更便宜，但景观欠佳。镇上停车场附近的**老街米粉**（⏲7:00~16:00）干净整洁，各类米粉10元起。

位于大圩以北约8公里处的**熊村**历史更为悠久、面貌更为淳朴真实，早在南北朝时期，熊氏先祖已生活于此。熊村曾是湘桂古道上的重要驿站，当年从湖南方向运来的货物，如果经灵渠走水路要一个月时间，而通过马帮走全州—兴安—熊村—大圩一线，只需要3~6天。村内的主街上保存着精致的**湖南会馆**、**江西会馆**和**熊姓祠堂**，村落的历史风貌极佳，最大的特色是随处可见的青砖拱门，背后延伸出随着地势起伏的石板老街。

在桂林市区的三里店路口（靠近中国人民银行）乘坐公交306路（2元；5:50~18:30，约10分钟1班；30分钟）可直达大圩古镇。去往熊村可在大圩北面的熊村路口等候公交105路或107路（2元；7:00~18:00，约20~30分钟1班；15分钟）。在熊村路口往南去往大圩的铁路桥附近，集中了好几家自行车租赁行（单车 10元/天，双人车 20~30元/天），你可以选择骑车往返熊村，途经的**上桥村**也有一些古桥、古民居可看。

冠岩和古东瀑布

冠岩（☎384 8899；门票 60元，含景区内交通；⏲8:00~16:30）在桂林南边29公里外的草坪乡，溶洞景观本身不算出类拔萃，但景区颇为用心地设计出各种游览方式，将滑道、电梯、游船、小火车等“海陆空”交通结合在一起，完成这次溶洞穿越之旅。

从半山腰的青云梯洞口，乘坐30多米高的观光电梯直入洞内，跟随导游游览一番造型各异的钟乳石之后，就到达地下暗河码头。换乘小游船在长约1公里的地下暗河来次探险，为追求刺激，没有安装灯光设施，得用小

不要错过

天下银杏第一乡

如果你在11月中下旬至12月初来到桂林，不要错过**海洋乡**金色的银杏季。最漂亮的银杏林位于乡政府以东3公里的**大桐木湾村**，村内的清代嘉庆年间古井、同治年间的拴马桩以及民国的私塾学堂，都是银杏大片中的最佳配角。村后的山下有棵银杏王，需四人才能合抱，据说全村所有的银杏树都靠这棵“老祖宗”授粉。大桐木湾的西边还有**小桐木湾**，更为原始，也是遍地银杏。

海洋乡位于灵川县，距离桂林市区约40公里，可在市区的虞山桥或五里店公交站等候从灵川汽车站（☎681 6287）发往海洋的班车（☎134 7129 6035；12元；灵川发车时间7:00、11:00、13:00、14:00、15:00；1.5小时；途经大圩古镇），从灵川到五里店约需要50分钟。从海洋返回的末班车为16:00。

手电筒观赏两旁奇石。下船来后到达气势恢宏的棕榈大厅，这是冠岩最精彩的部分。最后一程是坐上有轨小火车，继续穿越神秘变幻的地下峡谷。为了避开在滑道起点排队的人潮，建议你开始时选择步行30分钟到青云梯洞口，游览结束后在洞内乘坐单程滑道（30元）返回景区大门。

去往冠岩的路上还会途经**古东瀑布**（☎584 9898；大圩漓江古东景区；门票 55元；⏰9:00~16:00）。这是位于森林中的一处九级瀑布，以地下涌泉汇集而成。园方在瀑布流经的山石上开凿了很多石坑，游客在换上草鞋和头盔等"亲水装备"（10~15元）后，攀着铁链溯瀑布而上，看似刺激其实相当安全。其他还有滑道、悬桥、溜索等比较刺激的游乐设施，比较适合家庭亲子嬉戏。进入11月后，天气转凉，不再适合攀爬瀑布，但此时古东的枫叶变红，成为赏秋的好去处。

前往冠岩需在三里店路口或五里店乘坐去往冠岩或草坪的班车（15元），但车次不太稳定，等车往往并不容易。班车途经古东瀑布路口（12元），距离景区大门还需要步行15分钟，可搭三轮摩托车（5元）。从冠岩返回桂林的末班车约在17:00。我们建议旅行者可直接在桂林参加一日游旅行团，更轻松也更便宜。古东、冠岩一日团约需要160~180元。

永宁州古城

风景秀丽的永宁州古城（永福县百寿镇）是明代古田县的县治所在，如今这里已经褪去了昔日繁华，成为一个罕有游人涉足的小镇。从桂林向西约70公里，沿途最先经过的是古城外的**百寿岩石刻**，崖壁上有宋、元、明、清的石刻17处，其中最著名的是，宋代绍定年间知县史渭所写的巨型"寿"字，由一百个各种字体的小"寿"字组成，并在旁边注释了字体名称，"百寿岩"因此得名。这里还保存了元代赵孟頫的"宁寿"题字；明代石刻则多记录官府镇压古田农民起义的史实。百寿岩曾是当地百姓祈福烧香之处，如今为了保护文物，已经禁止香火入内。

从百寿岩继续向南，过桥后在路口右转，即通向**永宁州古城**。古城建于明成化十三年（1477年），初为土城，5年后改筑为石城，此后又多有增建。城内的县衙、宗祠、会馆已荡然无存，仅保留了一些古民居，好在四个城门完好：北门外有一座接龙桥，在当地的习俗中，新官上任都要由此进城；丧葬则要由西门出殡；东门是码头所在，有一条水坝通向对岸，可以欣赏较完整的古城墙风貌，也可以从这里回到306省道旁的百寿岩。

古城南面的桥东有一家百寿聚福楼（☎861 8888；标双 120元；Wi-Fi ❄ P），有干净宽敞的标准间；宾馆附设餐厅，点菜时记得确认菜价。你也可以过桥到镇上的主街就餐，那里有更丰富的选择。

桂林琴潭客运站开往三皇、永安、百寿的班车都可到永宁州古城（22元；6:25~16:40；2小时）。返回桂林市区可在古城南面桥西的路口处乘车，末班是由柳州开往桂林的过路车，约在19:00左右经过。

阳朔及周边

阳朔是一个诗情画意与繁华商业并存的小城。在一个广为流布的传说中，县治于隋开皇九年（590年）的阳月朔日（十月初一）由曾经熙平县治（今兴坪附近）迁来，因此而得名。在此后的千余年间，这个特殊的日子被标记在中国人的审美基因里，"阳朔山水甲桂林"成为妇孺皆知的民谚。

如果只是游览小小的阳朔县城，你很容易对同质化的旅游业感到失望。那么，请你多给阳朔一点时间，把更多的体力贡献给周边的山水。遇龙河、金宝河有着不输漓江的景色，在游人摩肩的兴坪、福利，也都有清静的徒步或骑行线路可供选择。当拥挤的人潮从眼前退去，真正的阳朔山水才会逐渐浮现。

阳朔

作为中国最具知名度的县城之一，阳朔在2018年接待的游客量达到了1750万，几乎是本地居民数量的56倍。庞大的游客数量改变了这片山水的面貌，你可以在这里找到满大街的八方菜系和外国餐厅，但阳朔本地的口味，都被统一成了千店一面的啤酒鱼。西街成为你最熟悉的那种中国式景区步行街，贩卖着相似的情怀和纪念品，至于本地的居民、本土的历史，都在扑面而来的商机面前欣然退位了。

不妨试着去理解这个被旅游业重新定义的阳朔——随处可见的西方面孔，训练出了一批优秀的咖啡馆、酒吧和西餐厅，户外爱好者们检视出喀斯特群峰天然的攀岩潜质，那些本是过客的设计师，挑选一片田园试图改造出新式的乡村生活。这是一个全新的阳朔，在乡土生活迅速消逝的遗憾和仓皇中，山水依旧秀丽，人的面貌正变得更为多元。

方位

温柔秀丽的漓江从桂林缓缓而来，抵达阳朔之后，向东北拐出了一个大弯。在漓江的西畔，几座山峰点缀出阳朔老城的轮廓，在老城中心，西街用终年不断的喧嚣宣告着自己的存在。城市正在扩张之中，昔日地处南郊的阳朔电视塔，俨然成为新的几何中心，南面的石马圆盘、西面的荆凤路都发展出了现代的新街区。

景点

阳朔公园

公园

（叠翠路与蟠桃路交汇处；免费；⏲7:00~19:00）这座始建于1915年的公园，就像是放在喀斯特地貌之中的江南园林，桂树郁郁，小桥流水，仍是阳朔人记忆中的模样。进门时注意它的匾额，是书画大家刘海粟的手笔。园内有西郎山、独秀山和钟灵山三座山峰，可以爬上山顶，俯瞰这座日新月异的小城。公园中央为**烈士纪念碑**。公园西面有一个**碧莲洞**（门票 32元；⏲8:00~18:00），游程约800米。

徐悲鸿故居

故居

（县前街17号；免费；⏲9:00~17:00）这所房子是李宗仁于1936年赠给徐悲鸿的，足见当年这位绘画大家的地位之重。如今走进院子里，一株90年树龄的玉兰树伴着徐悲鸿雕像，陈列馆里展出有徐悲鸿生平照片，偶尔还会见到一群老外在这里学习中国书画。徐悲鸿的名作《漓江春雨》便画于此，他曾有一枚闲章“阳朔天民”，亦可见他对阳朔感情之深。

碧莲峰山水园

公园

（滨江路2号；门票 22元；⏲8:00~18:00）有“阳朔第一峰”之称，可供你短暂逃避西街的喧嚣。公园面积很小，大门附近是鉴真曾经到过的唐代寺院，如今新建了一座鉴山楼和鉴真纪念馆。沿着临江的步道前行，这里在元代以前就已成为交通要道，一侧的山崖上遍布摩崖题刻。其中最有名的是清代阳朔知县王元仁的“带”字，这位王羲之的后裔，在这个字中暗藏诗句“一带山河，少年努力”，其印章“静山”，因刻工不识篆体而被倒刻在崖壁上。因崖体危险，现在已不能登山。

活动

阳朔堪称岭南的外天堂，其项目种类的多样丰富，使每一个户外爱好者都会不辜负这里的好山好水好时光。

漂流

阳朔城南的**唐人街码头**（观莲路，唐人街酒店附近）有竹筏漂流往返林家洲（70元/人）、福利（120元/人）和留公（120元/人），每筏可乘坐4人，如不满4人则需要补缴空位费（20元/空位），1.2米以下儿童、70岁以上老人无法乘坐。本书作者调研时，去往福利及留公的竹筏漂流，因景区开发原因已暂停，正在申请恢复中。你可以咨询**阳朔县漓江景区**（☎875 1750）获得最新信息。

另外，你也可以了解阳朔周边的遇龙河漂流（见134页）、杨堤—兴坪段漓江漂流（见139页）和龙颈河漂流（见139页）。

骑行

无骑行，不阳朔。用车轮掌控、探索阳朔

> **不要错过**
>
> **在阳朔赶闹子**
>
> 阳朔的不少乡镇仍然保留着圩市的传统，本地人称之为“赶闹子”，每个乡镇都有属于自己的“闹子”：每逢公历的1、4、7日是杨堤、白沙、马岭的闹子；2、5、8日是葡萄、高田、福利的闹子；3、6、9日是阳朔县城、金宝、普益、兴坪的闹子。尽管如今已经不再需要靠着特定日子来完成商业交易，不少阳朔人仍保留着赶闹子的习惯。闹子未必有想象中那么热闹或充满民俗风情，但却是阳朔本土生活难得保留下来的真实状态。

阳朔城区

周边美丽乡村地带的时间和节奏，对多数人来说都并非难事，水墨山水中的骑行环境实在让人难以抗拒。何况阳朔周边景点距离适中，路段也没有什么难度，对于骑行菜鸟来说尤其友好。热门线路包括了十里画廊和遇龙河骑行（见136页），以及经由福利去往留公的骑行线路。

阳朔满街都是租车摊点，从休闲自行车、情侣自行车到山地车都有，通常价格是20~50元，视车新旧与品牌而不同。**Bikeasia**（☎882 6521；www.bikeasia.com；桂花路8号；⏲8:30~19:00）有专业的单车租赁（70元起/天）。你也可以在这里预约向导，获得详细的骑行地图。带向导的骑行一日游（280元/人）3人成团，配备一顿简餐和基本装备。

徒步

阳朔非常适合徒步。遇龙河沿岸是最常规的徒步线路：先搭阳朔至金宝的班车到遇龙桥，沿河而下，走过仙桂桥、旧县、夏棠寨，一路欣赏风景，然后从骥马左转回城。这段徒步路线约12公里，如果觉得运动量不够，还可以沿着江边一直走到工农桥，然后左拐穿过十里画廊，最后回到阳朔。

真正的徒步胜地是阳朔北面的兴坪（见139页），去往全家洲、相公山、腾蛟庵、石头城等各大景点，可以组合出多种徒步方案，沿途景观很美，也可以自由选择各种难度。

攀岩

很多旅行者没有意识到，阳朔是世界级的攀岩胜地——50多个岩场，近千条攀岩线路，众多攀岩高手驻守，从零基础到高难度。在这里完成一个攀岩课程，是挑战也是乐趣。

阳朔不少户外攀岩俱乐部都有半天体验

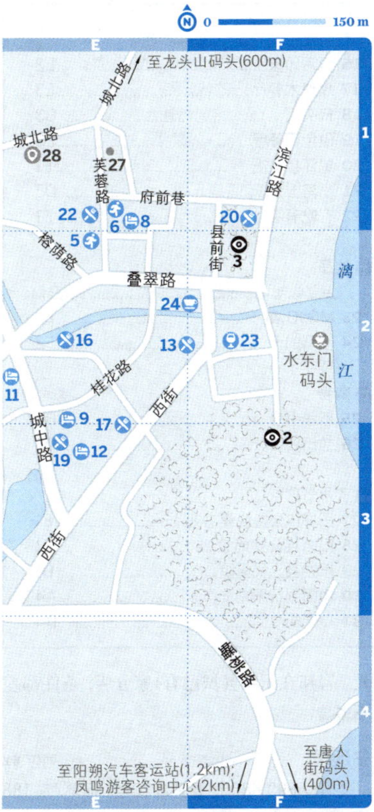

式课程，不需要任何攀岩经验即可参加。如果你在体验之后有兴趣提高，可以参加3天至7天的专业初级班，包括教练一对一指导，提供攀岩装备。

离阳朔最近、线路类型较多的攀岩场地，是十里画廊景区周边，体验活动和初级课程通常都在附近的岩场进行，更加专业的岩场和线路则遍布在县城周边十几公里的喀斯特群峰里。

要参加攀岩课程，可去**阳朔岩邦户外运动俱乐部**（☎882 2325；芙蓉路4号）咨询，这是阳朔专业的攀岩俱乐部，店主刘永邦是"寻岩中国"和"中国传岩"活动发起和策划人。店内提供半天的体验式野外攀岩课程、3天和7天的专业攀岩课程，同时出售和租赁攀岩装备。此外，还提供洞穴探险、溜索速降、飞拉达、骑行等户外活动。

如果想了解更全面的攀岩信息，在阳朔生活十年的美国攀岩爱好者 Andrew Hedesh 撰写的*Yangshuo Rock – A China Climbing Guide*是目前最全面的阳朔攀岩"路书"（中英文版均已出版），阳朔各户外俱乐部有售。

直升机

对于喜欢猎奇的旅行者而言，阳朔提供了一项奢侈的新选择：乘坐直升机游览喀斯特山水。**展卓通航**（☎691 6699；微信公众号：展卓通航）设有工农桥和高田高速出口两个基地，提供十里画廊超值飞（768元/人；10公里）、遇龙河精华飞（1078元/人；30公里）和漓江豪华飞（2898元/人；50公里）3条线路，每架直升机可乘坐3人，淡季会有九折左右折扣。雨雾天停航。

节日

渔火节是淡季时用于吸引游客的旅游节庆，一般在每年的12月底举行，会有盛大的文艺演出，也会在漓江边举行渔火、篝火、焰火的"三火"表演。真正的漓江渔火是在暮色中放竹排于江面上，点起一盏灯火，以光亮来吸引鱼群，以渔网或鸬鹚捕鱼。这一传统早已消退，只能在热闹的节庆中重温这份江面上最后的孤独。

阳朔攀岩节通常在11月举行，是中国规模最大的攀岩盛会。来自世界各地的攀岩好手相聚这里，切磋技艺，举行友谊赛和狂欢派对。如果你刚刚入门攀岩，一定不要错过这个好机会。每年具体时间和活动议程可通过www.rockclimbing.cn了解。

住宿

阳朔满大街都是各种酒店和客栈，平日里房价不高，一百元上下就能找到带有空调和卫生间的客房。但在每年的暑假及公共假期，阳朔转而成为广西涨价的排头兵，尤其在国庆节期间房价会上涨2~4倍，提前预订很有必要。

西街周边有不少客栈和青旅可供选择，但如果你想享受安静，西面的碧莲巷和北面的城北路附近都有不少品质不错的住处。更远的响水路一带集中了大量新开的酒店，颇有设计感。在周边的田园山水之间，设计酒店、精品酒店层出不穷，你可以体验"窝在酒

阳朔城区

景点

1 碧莲洞……B3
2 碧莲峰山水园……F3
3 徐悲鸿故居……F2
4 阳朔公园……C2

活动

5 Bikeasia……E2
6 岩邦户外……E1

住宿

7 东舍精品酒店……B3
8 华景里客栈……E1
9 娜娜自助咖啡旅馆……E2
10 宁远居……B3
11 瓦舍……E2
岩邦之家……（见6）
12 阳朔西街国际青年旅舍……E3

就餐

13 暗香疏影……E2
14 冰泉豆浆……D3
15 椿记烧鹅……D2
16 恒河印象……E2
17 玫瑰木餐厅……E3
18 日头火……B3
19 山色西餐厅……E3
20 望江楼餐吧……F1
21 小南国……D3
22 有吃有喝……E1

饮品

乱了咖啡吧……（见9）
23 MOJO酒吧……F2
24 小马的天……F2

购物

25 新华书店……B3
26 益田西街……D3

实用信息

27 图书馆公益悦读书吧……E1
28 阳朔县公安局……E1
29 阳朔县人民医院……D1
30 中国银行阳朔支行……A4
31 中国邮政……D4

店，哪也不去”的奢侈（见129页）。

阳朔西街国际青年旅舍 青年旅舍 ¥

（☎882 8889；西街102号；铺 50元；）位置和环境都算最好的一家青旅，出门左拐就是西街口，面对桂花溪又有一丝安静。一楼公共区域宽敞，有免费电脑和台球桌。提供租车、旅行、自助洗衣服务。本书作者调研时，正在进行最新一轮的翻修。

瓦舍 青年旅舍 ¥

（☎888 2686；叠翠路城中城商业街A区110号3楼；铺 40元，标单/双 268/248元；）入口位于百货商场进门右边3楼，不太好找，旅舍内部却是别有洞天。拥有一个由回廊改造而来的公共区域及山色环抱的景观露台，多人间的空间很宽敞。有部分客房配有独立阳台。

岩邦之家 客栈 ¥

（☎882 2325；芙蓉路4号；标单 78元起；）阳朔最早开始做攀岩的户外大本营。客房都是梦幻童话般的风格，色彩清新丰富，装饰有各种可爱的卡通形象。这里的房价非常友好，有窗的房间108元，带阳台的客房128元。岩邦在阳朔县城已有4家分店，条件都差不多。

宁远居 酒店 ¥¥

（☎699 6800；碧莲巷20号；标单/双 188元，套房 208元；）2018年开业，干净又现代的客房很有性价比，但在暑假价格会翻倍。客房和大堂的设计都花了不少心思，是阳朔县城难得素雅、简约的酒店。最高的楼层为7楼，酒店没有电梯。

华景里客栈 客栈 ¥

（☎888 9848；府前巷28号；标单/双 149/136元；）客房条件不错，大多拥有一个漂亮的小阳台。无窗的客房100元起。一楼是重新装修后的大堂，风格素雅清新。

东舍精品酒店 酒店 ¥

（☎882 0108；碧莲巷38号；标单/双 132/138元；）2018年开业，服务水准几乎可以用星级酒店来形容，前台十分礼貌且专业。客房多为黑白配色的风格，空间颇为宽敞，但部分客房的窗户正对隔壁建筑，并不透光。一楼有舒适的休息区。

娜娜自助咖啡旅馆

客栈 ¥¥

（☎881 9999；桂花路97号；标单 188元；📶❄）店内只提供大床房和家庭房，主题客房以各种自然景观命名，临河的房间拥有背靠西街的难得清静，不少客房还配备浴缸。楼下的大厅提供咖啡和果汁。

就餐

阳朔的餐饮业极为多元，以西街为代表的旅游区内，甚至能找到不少冷僻的外国菜馆，你可以把体验阳朔的世界美食作为旅途中的小趣味（见本页）。而那些最受本地人欢迎的餐厅，多半是早早在桂林成名的老字号，**椿记烧鹅**（☎888 9797；叠翠路19号；人均 70元；⏲11:00~14:00，17:00~21:00）、**日头火**（蟠桃路62号；人均 15元；⏲24小时）和**小南国**（☎888 9828；益田西街A栋201；人均 60元；⏲11:00~14:00，17:00~21:00）与桂林无异。

有吃有喝

广西菜 ¥

（☎182 7830 3488；芙蓉路7号；人均 40元；⏲10:00~21:30；📶）阳朔最受欢迎的本地菜馆之一，面积不大，物价不高，菜量却不小。提供本地的各种酿菜，每年5月至9月才供应的蓑衣蛋是这里的招牌菜。

暗香疏影

素菜 ¥

（☎882 7744；西街26号；人均 40元；⏲8:00至次日1:00）在西街这样灯红酒绿的场合，出现一家如此清心寡欲的素菜馆，简直就像是行为艺术。在这间带有禅味的餐厅里，尝尝以假乱真的红烧狮子头和火炬鸡扒。

冰泉豆浆

小吃 ¥

（益田西街田院2楼；人均 20元；⏲8:00~23:00）起源自梧州的冰泉豆浆也把分店开到了阳朔。餐厅内提供各种点心小吃，可以在这里吃一顿快捷又便宜的广式早茶。

望江楼餐吧

餐吧 ¥

（☎882 9676；滨江路25号；人均 60元；7:00~21:30）经营各种本地菜、西餐及咖啡，这里的各种西式早餐（38元起）很不错，在晨雾弥漫的漓江边享用美食是难忘的体验。餐厅楼上即是酒店客房，不临江的客房328元

在阳朔窝酒店

走出拥挤喧嚣的县城，在阳朔的山水之中有更多高品质的度假酒店可供选择。

悦榕庄（☎322 8888；福利镇正东街168号；标双 2000元起，含双早；@📶❄🅿🏊）徽派风格的园林式酒店，服务极佳，拥有漂亮的临江泳池和几个品质很好的中西餐厅。傍晚有日落仪式，可享用免费点心。酒店提供免费的自行车以及往返阳朔县城的穿梭巴士，每个房间提供双人免费竹筏漂流（酒店码头至三合榨河段）。

阿丽拉（☎888 3999；东岭路102号；标双1800元起；@📶❄🅿🏊）知名设计师历经十年，将20世纪60年代的阳朔县糖厂打造成了昂贵的设计酒店，厂房建筑变身成为大堂、酒吧及图书馆。每天15:00有一场糖舍之旅，讲解酒店历史及设计。不要错过这里极为惊艳的无边泳池和水疗服务。

诗莉莉·漓筑（☎888 2666；江东路107号；标双 400元起；@📶❄🅿）就在阳朔县城的江对岸，江景迷人。大多数客房面积非常宽敞，拥有独立阳台，最棒的是拥有漂亮的江景吧台，是消磨时光的好地方。

喜岳·云庐（☎870 3008；兴坪镇杨家村；标双 1500元起；@📶❄🅿🏊）颇有名气的精品酒店，由十栋独立又相邻的桂北民居组成，老房子+新设计的现代化改造非常成功。

霁云上院度假酒店（☎186 0773 6933；十里画廊景区鸡窝渡村4-1；标单 1280元，含双早；📶❄🅿🏊）从客房墙上的壮锦到服务生的壮族服饰，壮族文化元素在酒店内随处可见。酒店紧邻遇龙河，背靠壮族茶山，拥有绝佳的日落美景。

香草森林星空窝（☎133 4756 1540；矮山门村；帐篷 1280元起，含双早；📶❄🅿）阳朔奢华野宿的代表，将透明的泡泡窝与遇龙河山水结合在一起，有丰富的户外活动可供选择。

阳朔街道，世界味道

毫不奇怪，外国友人聚集的阳朔，会在一条小小的西街两旁发展出世界各地的菜式和餐厅。不妨把这当作旅行计划的一部分，让你的味蕾在阳朔做好环游世界的准备吧。

玫瑰木餐厅（☎189 7838 1086；西街83号；人均70元；⊙8:30至次日1:00）是一家意大利餐厅，比萨是菜单主打，可以在这里吃一顿丰盛的早午餐。对面的**玫瑰木德国餐厅**（⊙10:30至次日1:00）也属于同一个老板，德国香肠是最大特色。

山色西餐厅（☎138 7838 9832；西城街中路2号；人均80元；⊙9:00~24:00）是阳朔最早的西餐厅之一，就餐环境很棒。菜单上的地名足以凑出一本地图集，也可以试试这里的东南亚菜。

恒河印象（☎881 1456；阳光100D栋110B号；人均60元；⊙10:30~22:30）老板来自新德里，最有名的是这里的Tandoor烤鸡。隔壁还有一家印度餐厅，可见印度菜在阳朔挺受欢迎。

起，带有一个漂亮的飘窗；临江带阳台的客房388元起。

饮品

阳朔也许是中国酒吧、咖啡馆密度最高的县城，你随时可以找到地方，点上一杯饮品歇歇脚。到了夜间，西街显露出"酒吧街"的奥义，电音、摇滚持续至子夜。

乱了咖啡吧 咖啡馆 ¥¥

（☎881 1181；桂花街阳光100G101号；人均50元；⊙12:00~24:00）桂林有名的乱了咖啡在这里开的分店，二楼的阳台长廊提供相对安静的空间。晚上有驻唱歌手表演。

MOJO酒吧 酒吧 ¥

（☎187 7830 9746；西街18号兰斯酒店顶楼；人均40元；⊙19:00至次日2:00）阳朔唯一的Hip-Hop酒吧。天台几乎像篮球场一样大，这里有凉风、夜景和让人坐不住的音乐节奏，每周五、周六有说唱音乐演出，运气好还能看到夹杂着方言和英语的MC Battle（说唱对决）。

小马的天 酒吧 ¥¥

（县前街28号，双月桥旁；人均60元；⊙18:00至次日2:00）据说，开业之初店主想把店名"小马的天空"写在墙上，但写着写着发现地方不够了，于是索性定下这个将计就计的名字。靠近河与桥，大多数时候是个可以安静听歌的地方。

娱乐

阳朔的夜色不会令你感到无聊，这里有几场著名的秀，可以填满你的旅行日程。

印象·刘三姐 实景演出

（☎881 1982；田园路1号漓江山水剧场；门票188元起；⊙第一场20:00，第二场21:35，演出70分钟）这是张艺谋"印象"系列的第一篇，开创大型实景演出的先河。超过600名演员演绎的壮族歌神刘三姐的故事，配上绚丽的声光电影效果，被放在两平方公里的漓江水域和12座山峰的实景舞台中，演出效果很好。

在阳朔各大酒店、客栈和旅行社都能购票，多有优惠。汛期如遇漓江涨水，有可能停演。

桂林千古情 歌舞表演

（☎888 0777；千古情大道；门票280元起；⊙13:00~21:00，第一场15:30，第二场20:30，演出1小时）在表演叙事上显然有比"印象·刘三姐"更大的野心，从远古时期的石器时代延续至现代的歌圩，利用声、光、电的高科技，将刘三姐抽象为一个永恒传承的符号。除了演出以外，门票还包含游览主题乐园。阳朔的各酒店前台均可预订购票。

购物

最新开业的**益田西街**无疑是阳朔最潮的新地标，这里甚至会让你想起北京三里屯。这个商业综合体引入了不少餐饮、娱乐、零售品牌，设有影院、KTV和酒吧。**阳朔自造**（⊙11:00~23:00）是本地的文创品牌，售卖各种民族元素的纪念品；**猫的天空之城书店**（⊙11:00~23:00）以明信片为主，相当多的书籍配有手写的推荐语。综合体2楼设有一个**阳**

朔历史文化陈列馆（⊙17:00~22:00），展示了不少老照片。

新华书店（碧莲巷86号；⊙9:30~18:00）装修颇有文艺范，有不少本地文史读物，设有茶座（8元起）。

实用信息

旅游投诉及咨询（☎882 8779；新浪微博@阳朔县旅游局）

阳朔县公安局（☎882 2262；城北路39号）

阳朔县人民医院（☎882 2472；城中路28号）

中国银行阳朔支行（荆凤路61号；⊙9:00~17:00，周日休息）提供货币兑换和24小时ATM机。

中国邮政（蟠桃路55号；⊙8:30~18:00）

图书馆公益悦读书吧（☎888 8264；芙蓉路12号院内；⊙9:00~18:00）提供免费的图书阅览和电子阅览服务，也是阳朔攀岩协会所在地。

危险和麻烦

作为广西最热门的目的地，你将在阳朔遭遇最热情的掮客推销，礼貌拒绝就好。如果要参加攀岩、皮划艇等户外运动，请选择有安全条款和保险的正规机构。近来，阳朔还出现了可供出租的摩托车，但请记住，在任何情况下无照驾驶机动车都是违法的。

另外，在炎热的天气里，阳朔清澈的河湖确实充满诱惑，但看似平静的野生水域可能暗藏危机，切勿独自下水。在参与竹排漂流、游泳等水上活动时，救生衣必不可少。

旅行社

阳朔的旅行社遍地都是，在每个客栈和酒店都设有咨询和售票点，提供银子岩、相公山、黄姚古镇、漓江游船等行程。城南的**凤鸣游客咨询中心**（见本页），提供遇龙河的各种漂流行程及景区交通。

到达和离开

长途汽车

阳朔汽车客运站（☎888 1002；抗战路）原有南、北两个分站，2017年北分站撤销后，并入现在位于石马圆盘以南约500米的临时过渡站，更大更现代的新汽车站仍停留在规划图上。

火车

2016年启用的**阳朔站**（兴坪镇饭甑山村）将这座山水小城纳入了全国的高铁版图。车站位于县城以北约35公里，贵广高铁上往返于贵阳、桂林与广州间的高铁班次在此停靠。阳朔站有前往阳朔的高铁专线车（20元；8:50~20:20，随高铁时刻发车；50分钟），途经兴坪（5元）和福利（15元）。

当地交通

阳朔县城规模不大，可以轻松地步行到达老城范围内的各个景点。城区内可以方便地使用打车软件，大多数网约车都很乐意提供包车服务（400~500元/天），如需要离开阳朔县境，会在这一基础上适当加价。

公交车

阳朔公园、西街口是重要的公交换乘站，可以去往大多数地方。

城南的**凤鸣游客咨询中心**（☎881 9008；抗战路）是新建立的集散中心，前往高铁站可在此乘坐高铁专线（20元；7:00~17:30 每30分钟1班，另有1班18:30）。这里也出售十里画廊和遇龙河的景区接驳车票（单次票/1日票 10/20元；8:00~17:30）：十里画廊线途经凤鸣、工农桥、月亮山；遇龙河A线往返于工农桥和骥马；遇龙河B线往返于骥马和旧县。另外也有一种遇龙河漂流接驳车票，将游客送往水厄底码头，再从终点处的工农桥码头接回，票价15元。

阳朔十八酿

“酿”是阳朔菜中最常见的形式：将猪肉捣成肉糜后填入其他各种食材之中。“阳朔十八酿”是酿菜的代表，但旅行者很难一次集齐这十八样美味：春笋酿只在春天短暂出现；南瓜花酿则在春夏之交，最晚可以延续至初秋；柚皮酿要赶在冬天才能一饱口福。

好在排名十八酿之首的田螺酿一年四季都有，这是一道功夫菜：制作时必须将田螺漂尽泥浆，切去尾壳，挑出田螺肉，再配以猪肉馅，调成馅心，塞回田螺壳里。烹制时加入姜末、鲜薄荷和三花酒，口感柔韧嫩滑。食用时要对着尾部吹气，把肉馅吹出来食用。你在饭店里吃到的很多是统一进货的成品，有的店家甚至回收利用田螺壳。你可以去留公、兴坪找找真正农家制作的田螺酿。

阳朔汽车客运站车次时刻表

站点	发车时间/班次	票价（元）	行程（小时）	备注
桂林（直达）	6:45~20:30，约25分钟1班	27	1	
桂林（普客）	7:00~23:00，10分钟1班，夜间约1小时1班	25	1.5	途经葡萄
桂林两江机场	7:00，9:00，11:30，13:00，14:30，16:00，19:00	60	1.5	
柳州	6:30，10:00（快客），15:20	70	3.5	快客75元，3小时
贺州	9:00，10:00，11:30，12:20	60	3	
黄姚	9:40	60	3	
荔浦	9:20，11:50，14:20，17:00	25	1	途经银子岩路口（15元）
兴坪	7:00~18:00，每15分钟1班	10	1	途经福利
杨堤	7:00~18:00	15	1	途经葡萄
金宝	7:00~17:30，每30分钟1班	10/15	1	去往金宝有经由白沙、高田、葡萄3条线路
福利	7:00~18:00，每15分钟1班	3	0.5	

凤鸣始发的公交602路（1元；7:00~22:30）途经汽车站、阳朔公园和人民医院，801路（1元；7:00~22:30）途经西街和中心广场。

自行车

本书作者调研时，城区内暂未有公共自行车或共享单车，但自行车租车店铺到处可见。西街口是最集中的自行车租借地，各家报价相差不多，普通山地车20~30元/天。你可以多比较车况的优劣，尤其需要确保车把、坐垫稳定舒适，检查变速、铃铛和刹车是否有效。你也可以要求在附近试骑一小段。石马圆盘至凤鸣游客咨询中心沿途，也有一些自行车租赁店，报价往往更便宜。

阳朔周边

离开喧闹的阳朔县城，“阳朔山水甲桂林”的真正奥义都隐藏在周边的区域中。漓江和遇龙河将文人与艺术家的幻想变为现实，这是一片臻于完美的中国式山水，值得你用徒步、骑行、漂流的各种排列组合反复欣赏。不远处也有福利、留公这些古朴又容易抵达的村落，总能发现一些保留着昔日时光印记的生活标本。无论你爱好户外运动、摄影，还是只想找一家客栈消磨时光，阳朔周边的山水都值得你列出长长的旅行愿望清单。

景点

十里画廊

自然景观

从县城南面的石马圆盘沿抗战路向南约1.2公里，途经凤鸣游客咨询中心后，即可见“十里画廊”的门楼。从这里往南直到月亮山之间有约6公里的宽阔公路，两侧是高耸的喀斯特山峰，簇拥着优美的田园风光。骑行+徒步的游览方式非常轻松，半天时间即可往返。更全面的游览是连带遇龙河的一日骑行（见136页）。

十里画廊沿途布满景点，普遍门票价格不菲，但对骑行者来说，更美好的乐趣都在景区围栏之外。**图腾古道**（门票 35元；⏲8:30~17:30）和**蝴蝶泉公园**（门票 45元；⏲8:00~18:30）都是典型的旅行团景点，想看民俗表演还得额外加钱，骑行者可以忽略。

继续南行，**工农桥**是很好的观景点，金宝河和遇龙河从重重叠叠的峰峦中悠然而来，两岸都是奇特的喀斯特地貌，你也可以在这里看到机械化的竹筏回收工作。过桥前行几百米，右边便是**大榕树公园**（门票 15元；⏲7:30~18:00），传说这棵树有1500岁之龄，曾是电影《刘三姐》的外景地之一。接下来是仿唐风格的鉴山寺、“一洞水陆两游”的聚龙潭和主打泥巴大战的金水岩，这几处景点和其他同类景区相比毫无优势。

最南端的**月亮山**（门票 11元；⏲6:00~17:00）是十里画廊最显著的地标。这个中空的石山会随着你角度的变化，出现从满月到新月的演变。同时，这里也是阳朔最早开发的攀岩场地之一。山上有大理石铺就的800级登山道，可以爬到一个被称为“月宫”的溶洞。公路对面的历村是观看月亮山全景的好地方。

龙潭古村（门票 16元）位于月亮山以西2公里，走过青龙桥不远即到。村里的明清民居和现代建筑各一半，但宁静的氛围让它还算值得一观。

因为近年的旅游开发，去往荔浦方向的班车都绕行东面的山水大道，不再行经十里画廊景区，无法依靠公共交通抵达这里。进入景区范围内的公路需要有当地村镇的通行证，因此私人包车也无法进入。最好的游览方式是骑行，石马圆盘、凤鸣游客咨询中心附近都有租车的店铺，价格比西街口更低。你也可以在凤鸣购买景区车票（见131页）。大多数攀岩地散落在道路两旁的乡间，可以将十里画廊骑行和攀岩行程结合起来。

★遇龙河 河流

发源于临桂县的遇龙河是阳朔最让人赞叹的景观之一，潺潺的河水从葡萄流经白沙到达高田，切分出两岸温柔的田园风光和无与伦比的峰林—平原景色。

最北部的亮点是迷人的葡萄镇，秀峰点缀在一派金色的田园间，被很多摄影爱好者视为最佳摄影点之一。距阳朔15公里的五里店村有**世外桃源**（☎285 1088；白沙镇五里店村；门票 60元；⏲8:30~16:30），把陶渊明《桃花源记》中描绘的世外桃源放到了阳朔的山

阳朔周边

水田园间，集中修建了壮、侗、瑶、苗等少数民族村寨，配以各种民俗表演。

顺水向南，依次是有500多年历史的两座明代石桥，**富里桥**和**遇龙桥**分别是阳朔最高和跨度最大的单拱石桥，历经数百年的风霜和洪水犹自傲然固立。初春之时，这一带也是看油菜花的胜地。遇龙桥下有往返犀牛塘的竹筏游（145元/筏；约50分钟），每筏2人，游程约2.5公里。

旧县村位于遇龙桥下游8公里，建于1400多年前，是曾经的归义县治所在。小小的村落内保存了不少青砖灰瓦马头墙的华南乡绅大宅。民居内部的门窗、隔板等构件，均是精雕

“普通话服务费”

以阳朔为中心的旅行区域，早已形成了一个不成文的规矩：包括餐饮、交通在内的各种商业服务，都会向游客加收一笔价格不菲的“普通话服务费”。本地人5元买到的米粉，你很可能要支付10元；本地人1元的渡船费用，你也总要花上5~10元才能搞定；县域之间的班车，如果你在中途上下客，也很容易遭遇“薛定谔的票价”。这种体验非常糟糕，并且在绝大多数情况下都缺乏有效监管。我们建议旅行者了解价目表，如果被收取了不合理的费用，记得保留证据（如录音、视频及消费票据），并向有关部门投诉。

旅游投诉☎12301；消费者投诉☎12315；物价监管☎12358；桂林市交通运输局☎355 6859。

值得一游

漂在遇龙河

如果你想在阳朔漂流一次，遇龙河是极佳的选择。这里虽然没有漓江上那些耳熟能详的名胜，但两岸的景致却另有一番风味。更重要的是，你将在遇龙河乘坐真正撑篙前行的竹筏，而非漓江上PVC管+马达的“现代竹排”，轰鸣的马达声会令风景大打折扣。

从金龙桥到工农桥这段全程约16公里的水路，如今被分为多个漂流河段：金龙桥到旧县（255元/筏；2小时）、旧县到骥马（160元/筏；1小时）以及骥马到工农桥（320元/筏；2小时）。每只竹筏可以乘坐2人，如果你独自旅行，可以试着与其他游客拼筏，否则需要支付双人票价。

金龙桥到旧县一段最为经典，也越来越受到旅行团的欢迎。挑选临近黄昏的时段漂流是非常明智的选择，河面上人潮散去，沿途的村舍升起袅袅炊烟，天空色彩变幻，宛若穿行在古典时代的中国，只是那些横跨河面的电线会考验你的取景功力。漂流中会经历多级河流落差，熟练的筏工会控制竹筏冲下一座又一座小型水坝，注意护好你的各种电子设备。筏工会询问你是否需要讲解，请注意，这并不是免费的。

码头上有人兜售雨衣和鞋套，没有太大必要购买。各个竹筏码头往往视季节和游客多寡来决定营业时间，秋冬季节一般16:30左右结束营业，七八月份则会延长到18:00。

如果你骑行到达码头，可以告诉售票处将你的自行车直接送至对应的终点码头（10元/车），这样就不必走回头路。如果你想坐公交返回阳朔县城，不要晚于17:00返回到主路上；搭顺风车从旧县回阳朔的费用一般是20~30元；你也可以在旧县码头找店家租一辆自行车，骑回县城后在阳朔公园大门归还。

细琢的吉祥图案。黎氏宗祠是抗日将领黎行恕的家祠。村子里有不少农家乐提供食宿，也有秘密花园这样稍昂贵的民宿（☎877 1932；标双 328元起；📶❄）。村子北面的田野中，有一座建于1123年的**仙桂桥**，看似矮小巧，却是广西现存最早的单拱石桥。

游览遇龙河的最佳方式是骑行（见136页）或漂流（见134页）。你可以乘坐阳朔经白沙去金宝的班车在金龙桥下车，再自由组合徒步、骑行与漂流。

福利镇 古镇

福利镇曾以荔枝成林、村舍隐伏其间而得名“伏荔”。古镇三面环山，一面临水，是漓江上的重要码头，镇上至今还保留着闽粤商人往来时所崇奉的妈祖庙。古镇的格局保存较好，老街两旁可见不少古民居，每逢公历2、5、8日的圩市尤其热闹。福利还以画扇工艺闻名，号称“中国画扇第一镇”。镇上老街有一家**莫氏扇艺坊**（⏰8:00~17:00），你可以在这里亲身体验绘制一把扇子的过程，原料、制扇均由店家负责，费用60~120元不等。

从福利码头可以过渡去往对面的渡头村（1元，自行车3~5元；6:00~19:00），然后继续向东南前行约6公里即可到达留公村。你也可以在码头乘坐福利去留公的竹筏（60元/人），每筏4人，自行车可免费摆渡。

阳朔汽车客运站有公交车前往福利（见132页），福利返回阳朔的末班车为18:00。

留公村 村落

位于福利下游的留公村，也是一处古朴的漓江码头，但如今只剩下十余座古民居，临江的**得月楼**是村内的地标，一旁的**古朴农家饭**（☎136 6946 2263）提供正宗的阳朔酿菜，主人非常热情，如果你想在长途骑行后，在这里的老宅子中吃上一盘地道的田螺酿，就一定要至少提前一天预约。村外的**三色潭**是另一个看点，以同一潭水呈现三种颜色而得名。

留公码头有竹筏前往普益（90元/人，自行车摆渡免费），但在经历了近几年的政府统一运营改革后，村里的筏工普遍不愿为了比例极低的佣金服务游客，你可以向古朴农家饭了解最近的情况。

目前没有公共交通抵达留公，最好的方式是从阳朔或福利骑行而来，一路都是喀斯特的田园风光，返回时可以走南面的木桥村、双桂村一线，继续骑行前往十里画廊。

兴坪

你关于桂林山水的大多数美好想象，都出自漓江畔的这个古镇——那些作为封面图片的风光照，多半拍摄自兴坪的这些著名景点。漓江慷慨地将自己最秀美的河湾馈赠于此，无数旅行者来到兴坪，都是为了举着20元人民币拍摄一张实景照片。如今，这座“昔日的阳朔”已经卷入轰轰烈烈的商业开发，古镇人借此获得更好的生活，而旅行者追求的安静美好，则需要通过徒步或骑行向更深的山水寻觅了。

景点

兴坪古镇 古镇

兴坪是桂林到阳朔的漓江河段上最重要的古镇，早在吴甘露元年（265年），古镇南面不远处的狮子崴就已经成为当时的熙平县治，直到隋开皇十年（590年）才将县治迁往今日的阳朔县城一带。“兴坪”一名，即由古老的“熙平”演化而来。如今的古镇由东西向和南北向的两条老街交织而成，路口处的**万年戏台**（榕潭街23号；免费；⏲9:00~17:30）曾是清代关帝庙的一部分，如今挤满了各种纪念品商店和拙劣的历史解说。老街旁还保存着一些清代民国的古民居，但商业化进程已使他们改头换面，淹没在仿古建筑之中。

免费 **老寨山** 山

（兴坪渡口旁）1996年，日本人林克之来到兴坪，被这里的美景所吸引，自筹资金与村民一起在老寨山修建了1149级登山步道。自此，老寨山观日落成了兴坪旅游的重要名片，而林克之也被媒体称为兴坪的“洋雷锋”，他在兴坪娶妻生子、开设客栈，直到前些年才为了孩子的教育回到了日本。

从渡口旁的老寨山客栈出发，沿步道登山，沿途设有密集的路标，可以一路直达山顶的**友好亭**。老寨山顶是欣赏落日的最佳地点，漓江湾、对岸的大河背村和远处的喀斯特群山，组成一幅人文与自然并重的画面。友好亭还不是眺望美景的最高处，继续爬上一片无路可走的嶙峋山石，才能到达峰顶的信号塔，要万分小心，前面就是悬崖。

老寨山登顶需要40分钟左右，在接近山顶的地方有一段近乎垂直的铁梯，只容一人通过。如果为了欣赏日落而来，一定要“见好就收”，登山步道沿线没有路灯，天黑后下山十分危险。雨天石阶湿滑，不要冒进。

腾蛟庵 寺庙

（镰刀湾村螺蛳岩；免费）整座寺庙建在一个半开放式溶洞中，穿过清代嘉庆年间修建的大雄宝殿后，进入左后方的一扇木门，里面是水泥地面的巨大洞厅，在黑暗的尽头处显出幽微白光的西方三圣像，是令人难忘的礼佛体验。

腾蛟庵在兴坪镇对岸，可从兴坪渡口乘渡船到大河背村，沿左侧临江的乡间土路往镰刀湾村方向走，约2公里后在路旁“桂花古道”的路标处左转进小路，不远处即可见到一座古石桥，正对的即是螺蛳山。过了古石桥后

读懂喀斯特

中国的西南山区是世界上喀斯特地貌发育最完全的地区之一，流水溶解了可溶性岩石（多为石灰岩），形成多种岩溶地貌。在广西的不同区域，你将会看到，同样的岩溶作用如何孕育出同为“喀斯特”之名却丰富多彩的景观。最常见的喀斯特地形分为峰林、峰丛、天坑和溶洞。

最佳峰林：**桂林—阳朔**这片最为人熟知的喀斯特山水便是喀斯特峰林的经典代表。“研究岩溶的人，一定要朝拜桂林。”

最佳峰丛：**大化七百弄**（见269页）是桂西北峰丛洼地的代表景观，山峰基座相连，与桂北的峰林平原截然不同。

最佳天坑：**乐业天坑**（见289页）拥有这颗星球上超过一半的超大型天坑，每一个天坑都是一个独立的地下王国。

最佳溶洞：**巴马水晶宫**（见259页）用超过40万年时间孕育出逆向生长的传奇。

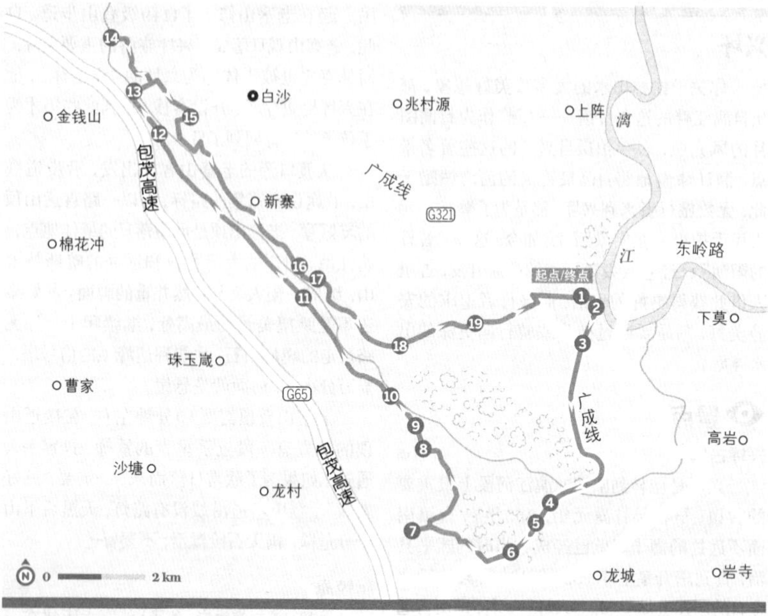

骑行游览

十里画廊和遇龙河

起点：西街口

终点：西街口

距离：45公里

需时：1天

最佳季节：春季、秋季

难度等级：初级

这条环线将十里画廊和遇龙河沿线景点一网打尽，适合安排一天的骑行。道路小有坡度，但绝无骑行难度，注意保持骑行节奏，做足防晒准备，多休息、多补水。

在❶**西街口**众多的租车摊选一辆合心意的车，从这里出发沿蟠桃路向东，在❷**碧莲江景大酒店**门前右转，就骑上了抗战路。经过❸**石马圆盘**后不久，眼前会出现一座门楼，意味着"十里画廊"由此开始。先后经过图腾古道和蝴蝶泉公园，都没有必要停下来。反倒是路边所见渐入佳境，山峰平地而起，形态各异。骑行约半小时，即到达景色优美的❹**工农桥**。

过桥直行约5分钟，就到了❺**大榕树景区**。不必买票入内，过大榕树景区后右转，路过圈地收费的竹筏休闲游景区（20元），你可以在河岸上看到免费的大榕树。继续前行，很快就看到右侧的❻**月亮山**了。观看全景的最佳位置是公路对面的历村，你可以骑进村里买点饮料，边休息边"赏月"。阳朔县城至月亮山路段为宽阔的柏油马路，设有专门的自行车道。

回到主路上，过了月亮山售票处，看到龙潭古寨的广告牌，就拐进右手边单车道的水泥路。通往古寨的路有2公里，花10分钟逛完❼**龙潭古寨**之后，往回骑行至第一个岔路口左转，在出村的路口处沿右侧的水泥路骑行，穿过竹林、稻田和喀斯特山峰间的小路，你将过渡到一条坑坑洼洼的石子路上，在穿过两座喀斯特山峰间的小路后，你将回归水泥路面，一个漫长曲折的下坡会将你带到❽**大珠头山**。在路口处右转去往❾**小珠头山**，穿过村庄后进入田埂间的土路，直达遇龙河边。

从这里一直沿河骑行约900米，在到达❿**水泥水坝**前左转（不要过河），沿土路绕过田野，重新回到河边，对岸即是繁忙的骥马码头。从这里回到水泥路上，一路逆河流而上，约3公里后抵达⑪大石寨。之后又是一条土路，再向前约5公里，即到高大壮观的⑫遇龙桥，你可以在此休整，吃一顿午饭。

补充好体力后回到遇龙河的西岸，继续沿着水泥路向北，骑约1公里后到达金龙桥路口，右转通过⑬金龙桥，北面即是金龙桥码头，可以漂流去往旧县。在前方约300米处的路口左转，可见指向富里桥的石碑，从这里向北约1.8公里，会再次看到河流，河面上的⑭富里桥与远山映衬，在河水中留下一个圆满的倒影。

沿原路回到大路，继续向前骑，看到路右边的⑮遇龙客栈后就右拐下小路，骑过客栈，在第一个十字路口左转。骑行约900米后，短暂告别河岸，左转穿过田野，回到水泥路面上。此后一直骑行在田园山水中，向南骑行约3公里后，左侧的田野中会有一座小小的⑯仙桂桥，在前面的路口左转去看看⑰旧县村的古民居。可以在这里稍作休整后，一鼓作气骑行4公里至⑱骥马路口，左转即前往阳朔城区，约2公里后你会看到左侧醒目的⑲桂林千古情，经由响水路、荆凤路、蟠桃路，20分钟后便能回到热闹的西街口。

这条骑行路线全程没有大的地势起伏，但在遇龙河西岸的小珠山、大石寨等地有坑洼狭窄的田间土路，因此建议你租借一辆舒适的山地车完成这段骑行。电动自行车将无法穿越部分田间路段。

左转，顺着土路前行至江边的水泥路边，往下游方向顺路到达腾蛟庵。全程徒步约需要1小时，也可租辆山地自行车前往。

相公山 观景点

（荷包山村；门票 60元）作为漓江风景最好的拍摄点之一，这里出产的漓江U形大拐弯大片，不知诱惑了多少摄影爱好者。如今这里已经开发成为景区，曾经崎岖的山路，现在15分钟即可登顶，山顶还修建了颇为专业的摄影台——上、下四层的设计足够几十个三脚架列立山头（在漓江对岸就能看到山顶这个壮观的观景台）。

兴坪很多客栈都会组织相公山行程，你也可以在九马画山渡口包车（160~200元/车）或搭摩托车（60元/人）往返相公山。如果想要观看日出，可提前一天入住山脚的**相公山山庄**（☎135 1783 6588；标双 140元；Ⓦ Ⓟ），或通过兴坪的住处联系包车司机和船夫，凌晨4点左右从兴坪出发。更便宜的方式其实是从阳朔县城出发，在酒店报名参团看日出，往返车票+门票只需要100元，约在9:00返程。

石头城 古迹

石头城又名“小冲崴”，位于阳朔西北部葡萄镇梅岭村，占地近10平方公里。石头城有东、西、南、北四座城门，都建于两山之间的垭口，用巨石砌成。西门保存较完好，是一道平顶城门，顶上的石板重达3吨。东门选址尤为险峻，最为壮观。

城中村舍原先也用石头修筑，不见半点水泥灰浆。如此大城却无碑文、史料记载，何时修建仍是个谜。据当地百姓称，五百年前他们的祖先从湖南移居至此，那些石头城门已经存在。现在城内还有极少石头房子，但已无人居住。因为潮湿和易入蛇虫，村民逐渐放弃了石屋，改住砖房。在东门之外还有采石场，但开采的石材多作为建筑基材运往山外。

石头城内本身无甚风景，徒步走访四座城门是亮点。如果想逐一寻访，建议你请一位村民当向导。到达这里的方式见141页。

活动

游船

古镇西面的兴坪码头开发了一条**兴坪渔村游**（60元/人）线路，沿途会经过僧尼相会、

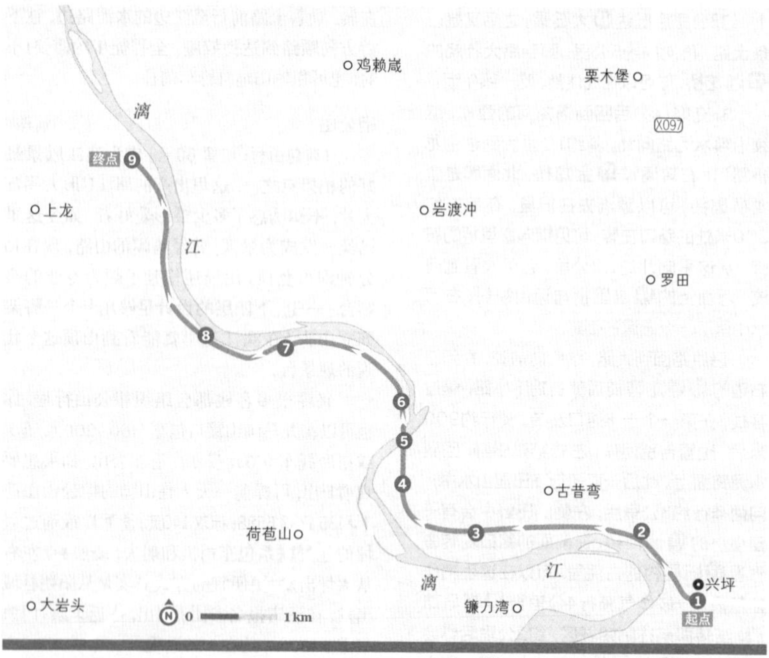

户外徒步
兴坪—全家洲

起点：兴坪
终点：全家洲
距离：约12公里
需时：4小时

从兴坪逆流而上前往杨堤的徒步是漓江徒步中最成熟的线路之一，沿途风景如画，可以欣赏到几处经典的漓江景观。但这条线路正在遭遇当地旅游部门的“封杀”，后半段全家洲—浪石、浪石—杨堤的两段跨江轮渡被严令禁止，虽然家家户户都有竹筏，但私自摆渡游客会使村民面临不菲的罚款。即便如此，这条不完整版本的徒步线路仍充满了穿山越水的野趣，在不少路段都可以亲近漓江。

从兴坪古镇的❶**万年戏台**出发，过滨江桥后左转，在❷**朝板山码头**附近，你会看到至少3处冠以“20元背景”之名的观景台，对岸即是漓江山水的标志景观——元宝山，在国庆节这样的旺季，留影往往需要大排长龙。再往前走，可看到对岸的❸**黄布滩**，以江底有一块巨大的黄石似一块黄布平铺河床而得名。左、右两岸共有七座山峰，人称“七仙下凡”，群峰倒映江中，“黄布倒影”是漓江的经典景观。继续向前到达❹**九马画山**。要看九马画山，得从❺**九马画山渡口**（见142页）渡江到对岸❻**冷水村**。从古镇到渡口约有5公里，步行需要1.5小时。

过了渡口之后，可以沿着江边走一段路，这里是拍摄九马画山全景的好地方。之后回到大路，继续向上游走，约2公里后会到达老村头附近一个不太起眼的❼**岔路口**，水泥路向左通往相公山，沿右侧的下行台阶是通往全家洲的石板路。从这里开始，基本贴着漓江沿石板路步行，不少路段因为游人罕至而植被茂盛。穿过接龙桥，途经几乎荒废的❽**下龙村**和大片柚子林，即到达终点❾**全家洲**。从岔路口至全家洲的路段约有4公里，多有台阶。

全家洲去往对岸的渡口已经停运，你只能原路返回或包车去往阳朔（200元）、杨堤（100元）或九马画山渡口（100元），沿途随处可见村民留下的包车电话。从兴坪到老村头岔路口的路况很好，可以转变为一条更轻松的骑行线路。

随手公益在兴坪

无论是攀登老寨山还是徒步漓江，以兴坪为代表的阳朔山水面临着相当严峻的环境问题：有太多被随意丢弃的塑料垃圾霸占了这片美好的山水，老寨山顶的白色污染触目惊心。在登山或徒步时带上一个垃圾袋很有必要，请将生活垃圾带回住处统一处理。

你也可以为兴坪本地的文化事业做出一点贡献，老地方青旅和满天星公益（www.starscn.org）共同建设的**兴坪图书馆**（榕潭街9号；⏲周二至周五 15:30~18:00，周末 9:00~12:00，14:00~17:00，周一闭馆），为本地儿童及青少年提供免费的借阅服务，这间由废弃厨房改建而来的小型社区图书馆，接受义工申请及图书捐赠。

骆驼过江、螺蛳山等十大名景，航行至古渔村后折返，一般不安排登陆游览。

漂流

兴坪古镇西北面的朝板山码头与杨堤之间对开的**杨堤—朝板山排筏游**（170元/人），涵盖了漓江河段最精华的部分，单向游程约90~120分钟；也有往返九马画山的**马山排筏游**（80元/人），逆流行至马山码头后即折返，可欣赏到著名的20元背景，游程约1小时。漓江排筏都是安装了电动马达的PVC竹管，每筏乘坐4人，轰鸣的发动机声也许会让你感到困惑。

以上竹筏漂流行程，可在古镇东南角的**漓江景区游客服务中心**（☎870 3222；新榕街榕潭街路口）购买，票价中包含了从古镇往返朝板山码头的景区车接送。

距离兴坪镇约8公里的**龙颈河漂流**（☎870 4888；门票 115元/人，每筏2人；大源林场境内），每天有三次放水（10:30，13:30，16:30），漂流时长约2小时，全长4公里，落差达到两百多米，其惊险刺激与遇龙河、漓江漂流截然不同。兴坪各个旅店都可以出售龙颈河门票并提供往返的接送服务（30元）。

徒步

兴坪可以作为徒步探访周边山水的大本营，你可以徒步前往全家洲（见138页）、兴坪古渔村（见143页）或石头城（见137页）。兴坪老地方国际青年旅舍（见本页）每周末都会组织线路独特的兴坪周边徒步，鲤鱼脊—镰刀湾—腾蛟庵的大环线（58元）很受欢迎，需自备午餐。

住宿

正处在开发热潮中的兴坪，随处可见正在建设中的客栈与民宿。这里的房价比较便宜，平日里普通民宿的双人间价格不会超过100元，装修不错的酒店也只卖到150~200元，但在暑期、国庆这样的旺季，房价至少翻两番，而且一房难求。如果你想拥有更舒适、现代化的酒店体验，在古镇去往九马画山渡口的路上，有不少昂贵的精品民宿，提供临江的宽敞客房，有些酒店还有小型的游泳池，价格从三五百元到两千元不等。在前台预订的价格往往比网络报价稍低，建议你提前致电咨询。

★兴坪老地方国际青年旅舍 青年旅舍 ¥

（☎691 6258；微信公众号 GL_ThisOld-Place；榕潭街5号；铺 25元起，标双 100元；📶❄）充满背包客精神的青年旅舍，热情且熟悉本地的前台，能为你的行程提供非常多的帮助。一楼大厅里总有驴友在交流旅途心得，可以点一份炉火比萨一起分享。公共卫生间干净清爽，但老楼的多人间客房稍有些阴暗。可以在这里租借自行车（25元/天），也可报名参加徒步或旅行团。2019年，有十多年历史的**老地方餐吧**（人均 60元；⏲10:30~20:00）搬到了旅舍隔壁，青旅住客能获得一些就餐折扣。

阳朔123驿站 客栈 ¥¥

（☎177 7629 2039；老街96号；标单 168元起；📶❄）地段极佳，顶层有一个视野开阔的露台，正对着“漓江大拐弯”。最便宜的几个房间都没有外窗，客房小巧但布局合理。临江的家庭套房468元起，附有一个独立的阳台，淡季还可以打8折。二楼设有一间舒适温馨的餐厅。

秋水·宿 客栈 ¥¥

（☎182 6086 9592；新街67号；标单/双

203/245元；📶❄）2018年开业，是古镇中心地段难得的新酒店。一楼有一片典雅的公共区域。客房只有7间，分为山景和街景，装修颇有文艺范儿，卫生间配备智能马桶，性价比不错。早餐需额外付费（30元）。

老寨山水相依客栈

客栈 ¥¥

（☎691 6911；兴坪码头旁；标双 158元；📶❄）前身是日本人林克之建立的老寨山旅馆，但如今已"改换门庭"。客房干净舒适，装修配色充满了"小清新"，还保留着一间榻榻米双床房（208元）。楼下有一片临江的露台。

漓江湾客栈

客栈 ¥

（☎180 7842 9466；小河背村36号；标单/双 80元起；📶❄）从古镇过滨江桥后，客栈的招牌就相当显眼。客栈由两栋前后毗邻的民房改建而来，分别以江景和山景见长，带景观的客房100元起。客房条件较为朴素，坐便器不是每个房间的标配。老板热情亲切，是摄影爱好者，他开发了客栈背后的童子山路线。

餐饮

兴坪老街上正涌现出越来越多的餐吧和咖啡馆，物价不低，味道尚可。如果想要寻找更便宜的就餐地点，老镇周边有更多本地人会去的小餐馆和米粉店。

那家小店

广西菜 ¥¥

（☎189 7867 4951；步行街108号；人均 60元；11:00~20:30）无疑是兴坪最有人气的餐厅，只有五六张小桌，节假日甚至需要订位才能保证就餐。老板是一个年轻礼貌的大男孩，习惯在你点餐时不断提醒你不要点太多。这里的树皮滑蛋（38元）、口口香（36元）很有特色，也提供螺蛳酿、瓜花酿等地方菜。类似炖鸡这样的大菜需要预订。

膳味米粉

米粉 ¥

（老街44号；人均 15元；8:00~20:00）服务游客的小店，定价稍高，米粉15元起。环境干净整洁，味道也很不错，早上还能赶上新鲜出锅的锅烧，香脆可口。

古戏台咖啡馆

咖啡馆 ¥

（万年戏台隔壁；人均 40元；⏰9:30~22:00）就在万年戏台的隔壁，占据了一栋有些

户外徒步
石头城—兴坪

起点：小耀门村

终点：兴坪

距离：约14公里

需时：2天

难度等级：初级

这条徒步线路其实非常轻松，全程难度不大，最好分两天完成，这样可以夜宿相公山，以便第二天观看日出。石头城一带岔路较多，山上草丛有蛇出没，请注意安全。当天色已晚或独自前往时不可轻易冒进。沿途村庄可以补给，但也可以携带少量食物和饮水，以防万一。

第一天：小耀门—相公山山庄，约4.5小时。

在夏季，14:30左右从阳朔出发比较合理。乘坐阳朔至桂林的普客班车到葡萄镇路口（10元），从这里搭乘摩托车（15元）或手机打车（约20元）去往8公里外的小耀门村。当车开始盘山时，可请司机停车拍照——千百座喀斯特山峰在薄雾中耸立，阳光穿透云层洒向前面的稻田——这就是很多经典摄影作品的主题——“葡萄田园风光”。

到达❶**小耀门村**后，村口有小卖部，可买点干粮与水（石头城里几个小村都没有小卖部了）。会有村民围上来要为你带路，向导费30~50元。如果你决定自行探路，穿过村子向东，沿着古老的石板路往上走，约10分钟后有一个岔路口，往左上方走，脚下的石头台阶越来越陡。持续上升大约30分钟可到达❷**石头城西门**。站在这里回望山下小耀门村，远处是层层叠叠的山峰，能直观体会“山为碧罗簪”的味道。

进入石头城内一直向东走，脚下的石板路平坦起来，一段下坡路之后，就经过山坳中一大片金橘林。偶尔有村民在果园里劳作，他们会友善地为你指路。如果想去造访北门，在岔路口向左上方走，穿过一片竹林后到达❸**石头寨**，从这里向西北方向沿车道走10分钟，即可看到北门。沿原路返回到岔路口，直行继续向东约30分钟后，看到一片砖瓦房，就是❹**大岩头村**了，这个村庄已经没有任何古迹。沿大路继续往东，就是❺**石头城东门**。站在城门口向下望去，可见一条宽阔的公路通往相公山，8公里的路需要步行90分钟。如果天色已晚，你可以在大岩头村搭乘摩托车到相公山，或者向下走到公路上搭顺风车。如果决定继续徒步，沿公路向东走，先后经过大坪和水岩门，走到相公山景区大门的丁字路口，左转400米到荷包山村，可以住在村里的❻**相公山山庄**。

第二天：相公山山庄—兴坪，约4小时。

起个大早，到❼**相公山**山顶等待激动人心的漓江日出。下山后，从景区大门正对面的小路下行。这里到漓江边上的大河背村只有5公里，沿途依旧是大片金橘林。行走30分钟后路过一片碧绿的❽**水塘**，可以休息一下。前方的村庄就是❾**黄泥田**了。村东有个岔路口，左边通往❿**镰刀湾村**，右边通往螺蛳山，都能到达腾蛟庵。如果选择左边，经过镰刀湾村后，会看到一座古老的石桥，不过桥而沿江边向下游走，15分钟即可到达极具特色的江边庙宇⓫**腾蛟庵**。游览过后，走回刚才的石桥，过桥继续向东走，视野越来越开阔，很快就会到达拥有很多农家住宿的⓬**大河背村**，从这里沿江边向上游走10分钟到达⓭**渡口**，渡河就是兴坪镇，你可以找一家客栈安顿下来，傍晚登上⓮**老寨山**观看最美的漓江日落。

沧桑的古建筑。这里提供各种咖啡（25元起）和简餐套餐（40元），套餐包括了主食、煎蛋、水果沙拉和一杯饮品，味道还不错。在戏台庭院内设有餐桌。

老街坊餐厅　餐吧 ¥

（☎189 7739 8913；老街12号；人均 50元；⏲10:00~20:00）有一本有趣的菜单，大概因为本地化的川菜而遭遇过不少"人生历练"，在各种川菜的条目下都写有一行小字："四川人勿点"。这里的田螺酿附有彩色照片的食用指南，指导你如何"下嘴"。

实用信息

兴坪镇中心卫生院（☎870 2231；老街128号）

中国邮政储蓄银行（榕潭街16号；⏲8:30~17:00）有24小时ATM，隔壁就是**邮局**（⏲9:00~12:00，14:00~17:00，周日休息）。

到达和离开

兴坪客运站 有班车前往阳朔（10元；6:40~18:00，约15分钟1班；50分钟）和桂林（40元；7:55~10:55，14:25~17:25，每小时1班；2小时）。阳朔前往高铁站的专线途经兴坪（5元；7:30~19:10），在客运站内上车。

当地交通

兴坪镇区不大，步行即可轻松逛完。去往周边的各个景点可以徒步或租借自行车，古镇西面临江的马路边，有很多自行车租赁行，视车况不同，每天10~30元不等。

古镇西面的**兴坪渡口**（☎152 9583 4657；2元；7:00~18:00）有渡船去往大河背，可沿此路去往腾蛟庵、相公山。古镇西北约5公里处的**九马画山渡口**（单程/往返 10/15元；7:00至日落前10分钟），可徒步去往全家洲，也可继续包车或骑行去相公山。

恭城

恭城于隋大业十四年（618年）置县，从唐初开始，平地瑶始迁入此地，至今形成"无山不有瑶"的民族分布格局。温柔恬静的茶江穿城而过，故恭城有"茶城"的别名。理想中的一天要从一碗热腾腾的油茶开始，在老城的古建筑群内欣赏光影变幻，然后潜入周边去寻找晾晒月柿的古镇。夕阳来临时，回到茶江畔，欣赏静谧的落日。

十字街是恭城的中心，从这里可以方便地去往各个景点。

景点

恭城古建筑群　历史建筑

（恭城镇；联票 40元；⏲8:30~17:30）这片古建筑群是你到访恭城最重要的理由。依山而建的**文庙**（门票 20元）气势磅礴，建于明永乐八年（1410年），是广西现存规模最大、保存最好的文庙，为这个瑶族自治县赢得了"华南小曲阜"的美名。各建筑的正脊及山墙上皆装饰有丰富的灰塑，有着鲜明的岭南风格。重檐歇山顶的大成殿金碧辉煌，令人难以置信这是一座岭南小县的文庙。

文庙西侧即为**武庙**（门票 13元），是祭

值 得 一 游

免费的风景——漓江大拐弯

从兴坪古镇向北过桥，桥头停车场左侧的小路通往漓江湾客栈，其背后是一江春客栈。面向一江春，沿着右手边的水泥坡穿过一户人家，出院子后即是上**童子山**的土路。在山脚沿左侧小路登山，沿途的石块上有密集的红色油漆箭头，会一直引导你通向观景台。不要被眼前高大的山势所威吓，你要攀登的只是其中并不起眼的一座小山头。山路崎岖难行，需要约30分钟"登顶"，沿途的箭头和留言会贴心地给予你鼓励，总在恰当的时候告诉你攀登进程："快了""欢迎！！"在抵达观景台前的最后一块石块上，绘有一个手掌的形状，记得和这位热情幽默的先驱隔空击掌。这段登山路充满野趣，登高远眺，漓江优雅的大拐弯将大河背村围绕其中。夕阳时分的光线更是魔术师，将山峰、村舍和江水演绎成一幅水墨山水画。

另辟蹊径

寻访兴坪古渔村

兴坪古渔村始建于明正德年间，因孙中山当年曾为其题名而成名；美国前总统克林顿访华时，也曾在此参观访问。如今的古渔村是**兴坪渔村游**（见137页）的游船折返点，大多数游客只是在船上匆匆一瞥。渔村保留了一些明清民居，克林顿访问过的地点被特别标出。村落整体历史风貌不佳，充满野趣的徒步更值得一游。

从万年戏台一路向南，出古镇后即是旅游大巴停车场，沿停车场左侧道路继续向南，可在路口见到狮子岽的路牌。沿右侧小路前行约500米，穿过狮子岽后，左边有个水塘，右侧是石子路斜坡。沿斜坡向上约10分钟，经过一个较陡峭的上坡后，进入一片平坦的柚子林。穿过柚子林后是又一个曲折漫长的上坡，在山岙的最高处是两条宽阔土路的岔口，但在最右边的石块上，有一个黄色的箭头，指向一条乱石之间很不起眼的、仅容一人通行的小路，沿着这条小路顺着山腰前进约10~15分钟，再穿过灌木林后，进入一个视野开阔、由乱石铺成的下坡。一直下到果树林中，可见左侧出现一条宽阔的土路。沿着土路一路往江边下行即可到古渔村。这段徒步需要约两小时，抵达渔村后原路返回，要记得来时的道路。

从古渔村返回兴坪可以包船（50~100元），报价取决于村民对罚款风险的判断，因为私自摆渡游客违反景区的管理规定。

祀三国名将关羽的庙宇，建于明万历三十一年（1603年）。每年的农历五月十二都会举办关帝庙会，武庙戏台上的演出将持续“三天三夜”（白天和夜间各有几个演出时段）；每隔5年会举办一次大型庙会，最近的一次是2019年。每月农历初一和十五，可以在武庙享用素斋（10元/位；11:50~13:30）。

在老城的东北，**周渭祠**与**湖南会馆**比邻而建（吉祥街；15元）。周渭是北宋的监察御史，其一生清廉深受百姓爱戴，如今他的祠堂被改建成了廉政文化教育基地，其门楼又名“蜜蜂楼”，以斗拱精巧而得名。明清时期，恭城是湘桂盐茶水运的重要码头，湖南会馆名列县城四大会馆（湖南、广东、福建、江西）之首，也是其中仅存的一座，大门处的戏台颇为精美。会馆门外的**吉祥街**一路向南通往十字街，沿途分布有不少老民居，可以顺路一游。

恭城瑶族博物馆 博物馆

（文庙北侧；免费；⏲9:00~12:00，14:30~17:00，周末不午休，周一闭馆）2017年底开放，是一座现代且丰富的民俗博物馆，馆舍展厅位于仿古建筑群的地下，入口较为隐蔽。展览主要由瑶族的历史民俗及恭城的出土文物两部分组成，看点是唐初以来瑶族迁入恭城的历史，汉族、瑶族、壮族等多民族文化在此融合。1971年在嘉会镇秧家村出土的一批青铜器，有着明显的春秋晚期至战国早期楚地特色。

从文武庙中间的广场向北翻过小山，即到博物馆。

朗山古民居 民居

（莲花镇朗山村；免费）朗山是恭城保存古民居最完好的村落之一。村口有一座清末修建的惜字炉，从这里步行上坡，穿过写有“农业学大寨”标语的砖门，即进入民居的核心保护区。这里一字排开了六座保存完好的民居，多建于清光绪年间。民居均为三进三开间，门窗均装饰以精致的木刻，还配有规划精良的给排水系统。如果你在11月上中旬来到朗

当地知识

“岽”，桂林的城堡

在桂北的山区间旅行，非常容易见到以“岽”来命名的村寨，当地人称之为“dǎn”，专门用来命名那些在喀斯特山峰间依山势修建的古堡。在古代，桂林周边的山区土匪出没，强盗横行，为了躲避战乱或攻击，当地人便耗费巨资、借助山势修建寨墙，这种鲜明的防御特色在很多村寨中都可见到。旅行者最容易到达的“岽”，有石头城所在的小冲岽、兴坪去往古渔村途经的狮子岽。

当地知识

瑶族人的盘王节

作为一个瑶族自治县，恭城在每年农历十月十六都会举办盘王节，是县内各大瑶族村寨最热闹的节庆。盘王是瑶族的祖先，曾以会稽山为王，育有六男六女，是为瑶族最早的十二姓。传说在一次迁徙中，瑶族后裔漂洋过海，49天未能靠岸，人们祈求盘王保佑，遂平安登陆，这一天正好是十月十六盘王生日，瑶族便以此为最重要的节庆。

盘王节时将会举办隆重的开光仪式，当地瑶胞组成长长的队伍、头举牛角巡游。学者们还曾在观音乡水滨村发现过一幅珍贵的《梅山图》，绘制于清乾隆九年（1745年），总长百余米，由上千个人物形象组成，是研究瑶族民俗、信仰和历史的最重要资料，收藏在恭城档案馆。如今博物馆或村寨内展示的都是其复制品。盘王节常常与月柿节合办，恭城不会亏待了你的胃。

山，空气中弥漫着甜香，月柿晒满每一片屋顶和空地。

在恭城客运总站或十字街乘坐去莲花的班车（3元；7:50~17:30，约15分钟1班），在莲花镇换乘三轮车（3元）或包车（15元）前往朗山村。从莲花镇返回恭城的末班车为17:30，你也可以从这里继续乘车前往二塘（6元）。

食宿

恭城没有太多理想的住宿地点，文武庙周边有一些廉价酒店，但普遍设施陈旧，性价比一般。但这里拥有独特的饮食文化，尤以油茶闻名：油入热锅后，翻炒茶叶及葱姜蒜等原料，捣煮、过滤后饮用，一般还会浸泡米花、脆果、花生米等小吃，佐以各种糕粑食用。

世纪鑫城酒店 酒店 ¥¥

（839 9999；文武路世纪鑫城；标双 279元；）这家2018年开业的酒店是城内最高的建筑物之一，拥有现代、舒适的客房，卫生间非常宽敞，部分房间还配有浴缸。酒店楼下是城内最大的商业综合体。各旅行网站都有很好的折扣，请多比价。

香格丽城大酒店 快捷酒店 ¥

（821 6460；文武路香格丽城；标双 120元；）一家刚翻新完走廊的小型旅店，最大的优势在于其正对文庙的地理位置，你可以要一间朝向文庙的客房。房间还算宽敞干净，卫生间内都是蹲式马桶。

百川油茶分店 广西菜 ¥

（821 7997；民乐路滨江苑；人均 40元；9:00~20:30）这是当地知名的油茶字号，多人就餐时可以点独特的油茶火锅（锅底15元），配以鸡（70元）或鱼（30元起/斤），是地道的恭城味道。独自就餐时可以询问老板解锁隐藏菜单，各种粑、小吃以及相似菜品都可以拼盘，油茶单人份5元。另有一家**总店**（821 5537；6:30~14:00）位于不远处的太平街燕岩桥头，以早餐为主。

实用信息

恭城旅游咨询（821 4133；www.zaigc.com；新浪微博@恭城文化旅游）

中国建设银行（太平街59号；9:00~17:00，周日休息）和**中国农业银行**（太平街75号；9:00~17:00，周六 9:00~12:00, 13:00~17:00，周日休息）均有24小时ATM机。

中国邮政（太平街，恭城中学大门；8:00~17:30）

平安大药店（太平街6号；8:00~23:00）

到达和离开

长途汽车

恭城客运总站（821 2128；迎宾路74号）有去往周边各县市及县内各乡镇的班车。

火车

恭城站（平安乡李家村）位于县城以东约5公里，经停贵广高铁线往返于广州与桂林、贵阳等地的高铁车次。

当地交通

恭城的城区不大，步行即可方便地到达各个景点。对旅行者而言，2路公交（3元；8:30~21:50，约15分钟1班）非常有用，连接了汽车站、文

恭城客运总站车次时刻表

站点	发车时间/班次	票价（元）	行程（小时）	备注
桂林	6:30~17:50，约每15分钟1班	30	2.5	途经阳朔
平乐	8:30~17:30，每天12班	15	1	途经莲花、二塘
荔浦	8:00，10:00，11:45，16:30	27	2	
全州	6:20，7:00，11:10，12:20，14:15	50	3.5	

武庙和高铁站，支持多种移动支付。县城内随处可见红色的三轮车，城内打车费用5元。

荔浦

西汉元鼎六年（公元前111年）荔浦置县，这座荔江畔的小城拥有秀美的喀斯特山水，但直到近年，银子岩、丰鱼岩才逐渐兴起为旅游新秀。这里的土壤条件培育出另一项重要的物产——在两广一带，醇香甘甜的荔浦芋是各式餐厅菜单上的常客。荔浦老城是一座街巷起伏的迷你山城，文峰塔标记着城市的高点，而在周边的田园风光间，秀美的溶洞串联起山峰与暗河，你可以游走在庞大的地下迷宫之中。

景点

银子岩 溶洞

（☎238 7991；马岭镇；门票 65元；8:00~17:30，节假日延至18:00）银子岩是桂林喀斯特溶洞中最具观赏价值的一处，因洞内钟乳石能闪烁出类似银子的光芒而得名，“游了银子岩，一世不缺钱”的广告，自然吸引了不少游客前来。游览银子岩约需1小时，在入口处会发放一个电子讲解器，全程有29个讲解点，比起其他强制跟随导游参观的溶洞，这一点尤其令人自在。主要景观包括音乐石屏、龙脊梯田、独柱擎天和四世同堂。最经典的**四世同堂**在一处地点汇集了四种不同发育阶段的钟乳石。

荔浦汽车站前往桂林的普客班车会途经银子岩路口（15元）。从阳朔出发也可以方便地安排半日游，阳朔公园对面的老汽车站有专线前往银子岩（25元；8:30、10:00、14:00、15:30；50分钟），从景区停车场返回阳朔的时间为11:00、12:30、16:30、18:00。更省钱省力的方式是在阳朔的各酒店前台直接

不要错过

华夏第一榕，广西第一锣

榕津村（平乐县张家镇；免费）始建于唐末，距今已有千年历史。村内共有10棵古榕树，村民们甚至挨个命名编号，以承担起不同的保佑职能。村口的介绍展板上，声称这是中央党史研究室指定的“华夏第一榕”，但究竟谁是第一，却又语焉不详。

村口设有一座**古戏台**。自光绪年间起，榕津就是桂剧发展的重镇，村内的津江桂剧团拥有声色浑厚苍凉的“广西第一锣”。如今为了吸引游客，每周六10:00在古戏台会有热闹的地方戏曲演出。

从戏台向南即是千年古街，榕津小学的大门处还保留有**湖南会馆**的部分石雕门楼建筑，这座昔日村里最辉煌的会馆在20世纪60年代被毁。沿古街向前会依次路过廖炳坤故居、三神宫、紫竹仙宫、粤东会馆，抵达尽头的怀乡亭。**粤东会馆**是广东移民所建，二进为天后宫，日常对游客开放。如果赶上这里关门，可以在面向会馆右手边的第一家——彭先生家借到钥匙。馆内辟有简单的展览，介绍榕津移民的历史和村内各文物建筑概况。

从恭城乘坐班车抵达平乐或二塘（见本页），再换乘由平乐桂江大桥桥底车站发往阳安或青龙的公交车，均途经榕津村（5元；6:30~18:00，约10分钟1班；40分钟）。从榕津返回平乐的末班车约在18:40。

预订银子岩行程，往返车票+门票的费用为80~100元。

荔浦文塔

塔

（环东路北侧宝塔巷）位于老城南面的荔浦文塔，曾是南宋时期的魁星阁，此后历代均有重修，在清乾隆四十八年（1783年）改建为文塔，曾与河对岸的笔塔遥相呼应，如今笔塔已毁。文塔北面的宝塔巷是荔浦老城保存较好的老街之一，东段两侧保留了不少古民居，西段则有濒临坍塌的**福建会馆**和重修中的**石阳宾馆**，是清代荔浦商贸繁盛的见证。北面公安局后面的街巷中，还保留了一段老城墙以及旧时的南门**迎薰门**。文塔距离荔浦汽车站只有300米，步行可到。

丰鱼岩

溶洞

（☎698 8999；龙怀乡；门票 50元；⏲8:00~17:30）以"一洞穿九山"闻名的丰鱼岩于20世纪60年代被发现，1994年开始旅游开发，在喀斯特溶洞中，景观不算出奇，但游览项目很丰富，门票包含暗河漂流和观光小火车。洞内的游览路线全程3.3公里，包括了2公里的陆路和1.3公里的水路。参观时需和导游一同组队入内，这也是桂林各喀斯特溶洞中罕有的会介绍地质知识的一处。镇洞之宝是一根直径14厘米、高达9.8米的定海神针。依次游览宝塔王国、锦绣瑶乡后，下行至暗河码头（每船4人），穿行在平静的地下河上，只有船夫欸乃的橹声。本书作者调研时，从溶洞出口通往停车场的观光小火车正在改造中。

百汇商城去三河的乡村公交（见147页）途经丰鱼岩路口，从路口还需步行约1公里到景区大门。从三河返回荔浦的末班车为19:00。

荔江湾

自然景观

（☎723 8350；荔江湾大桥北侧；门票 45元；⏲8:00~17:00）曲折蜿蜒的荔江是漓江的支流，是荔浦的母亲河。景区位于县城以西约13公里，有"桂林山水第一湾"之称，同样以丰富的游览项目见长。你先会经历一段非常短暂的游船行程，途中景区会安排鸬鹚捕鱼的表演。在上岸后穿过新建的"永苏里古城"，然后将再次回归河流的怀抱，亲身体验一把划龙舟的滋味。当然事实上并不需要你真的出力划向目的地，船尾撑竿的船夫才是龙舟前行的真正主力。景区的末尾是有着"洞中九寨"之称的天宫岩，尽管没有高大的洞厅，但曲折的步道架设在平静的水面之上，非常适合拍摄倒影。但如果你只是想拍摄荔江湾的美景，甚至无须购买门票，景区外的大桥是更好的取景点。

去往三河的乡村公交途经荔江湾景区。

鹅翎寺

寺庙

（南环路，市区南约2公里；免费；⏲6:00~18:00）这是喀斯特版本的悬空寺，修建在城南一座山峰的崖壁之上。寺庙历史可上溯至唐代，但现存建筑多为近代重修。各佛殿与山体上的溶洞合为一体，洞穴成为天然的佛龛。最高处为玉佛殿，崖壁上有宋代以来的摩崖石刻19处，但多数已经漫漶不清，难以识别。附近的观景台可以眺望荔浦城景。

百汇商城前往杜莫的乡村公交（见147页）途经鹅翎寺，返回荔浦的末班车约在18:00。

食宿

荔浦拥有一些还不错的星级酒店和快捷酒店，但大多数已经开业多年，设施稍显陈旧。最有名的食物当属荔浦芋，很多家常菜馆都能做各式芋头菜。饮食习惯已经开始接近柳州，螺蛳粉很受欢迎。

城市便捷酒店

快捷酒店 ¥¥

（☎722 7733；荔平路11号；标双 168元；Wi-Fi 空调 P）客房简单干净，最大的优势是交通方便，距离百汇商城的城乡公交站只需步行3分钟，酒店背后的桂平路上可以拦到去阳朔和桂林的普客班车。

蓝海国际大酒店

酒店 ¥¥

（☎698 8888；滨江路1号；标单 248元，含双早；@ Wi-Fi 空调 P）城里最好的四星级酒店，背靠汽车站，面对荔江，地段极佳。酒店还代售荔浦各大景区的折扣门票，均比景区门市价便宜5元。

阿姣螺蛳粉

米粉 ¥

（荔柳路89号，佳信花园；人均 10元；⏲10:00~21:00）如果要当地人推荐螺蛳粉，十有八九都会推荐这家。已有十多年的历史，店面不大，味道浓郁鲜辣。

勇军顺兴酒家 广西菜 ¥¥

（☎719 5999；滨江路御景湾；人均60元；⏲11:00~14:30，16:30~21:00）颇受欢迎的二十年老店，招牌菜是鸡油焗芋头条（28元）、香酥芋茸鸭（42元）和荔浦芋扣肉（58元）。

实用信息

旅游咨询服务中心（☎723 8350；荔浦汽车站隔壁；⏲9:00~18:00）态度热情友善，提供县内各景点的册页。

旅游投诉（☎722 3050）

中国工商银行（荔柳路38号；⏲9:00~17:00，周日休息）有24小时ATM机。

荔浦县人民医院（☎721 6218；荔柳路65号）

到达和离开

荔浦汽车站（☎723 7099；中园路218号）经营城际之间的长途班线，有班车前往桂林（直达/普客38/35元；5:50~20:30；2~3小时；普客途经阳朔）、平乐（17元；6:50~17:55；1小时）、恭城（27元；8:40、12:20、13:10；2小时）和柳州（直达/普客 53/50元；6:00~18:00，约每30分钟1班；2.5~3.5小时）。

当地交通

百汇商城南面的皇都宾馆附近有一个**城乡公交站**（荔柳路），有公交前往杜莫（4元；7:00~18:00，约每20分钟1班；途经荔浦文塔、鹅翎寺）、三河（3元；6:20~18:00，每20分钟1班；途经荔江湾、丰鱼岩）。市区内的公交6路环线（1元；7:00~18:00）对旅行者最有用，从百汇商城南面的公交站出发，可到达御景湾、汽车站、文塔。

县城内随处可见三轮车，城内打车5~8元。

桂林北部

桂林北部的群山曾是中原和岭南的分界线，不只是地理意义上的，也是文化意义上的。越城岭、都庞岭将人类的通道压缩在狭窄的湘桂走廊之内：两千年前，秦军行军通航于此；两千年后，国共军队的交锋同样在这里上演。西面的深山中，壮、瑶先民历代开垦，壮观的梯田耸入云端。再往北去，喀斯特的青葱棱角逐渐褪去，热情如火的丹霞登场了。

龙脊梯田

北侧的龙脊山与南面的金竹山，在漫长

桂林北部

0 20 km

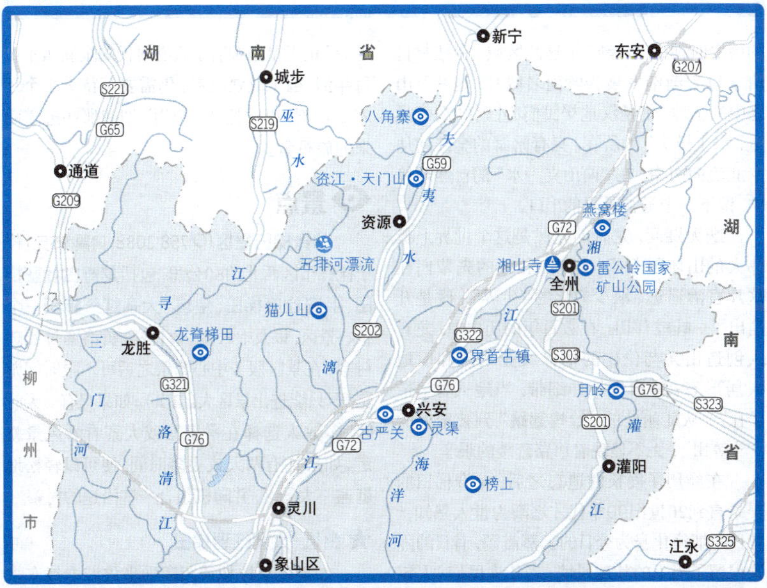

龙脊梯田

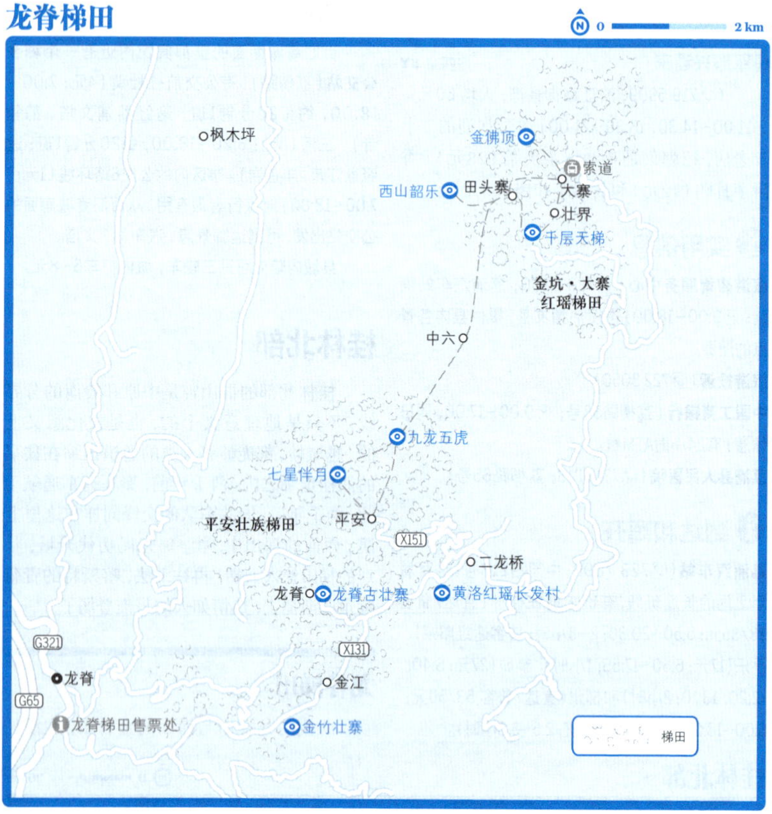

的历史时期中“封锁”了这片区域，在桂林自唐宋以来渐渐发展为岭南名城时，这片万山之中的土地，仍是汉地居民们心目中“烟瘴最重，水土极劣”的所在。只有潺潺的金江河从东北流向西南，在“两山夹一水”的自然环境中，留下一个通往外界的出口。

毫无疑问，龙脊的先民是这个世界上最伟大的山体雕刻家，瑶族、壮族的先辈们在这片官治遥远、缺少教化的“生界”，硬是开凿出了一畦畦梯田。在数百年的历史中，龙脊人创造出无与伦比的稻作农业系统和山地人居形态：梯田弯长如细带，当地人称“带子丘”，从陡峭处的“蛤蟆起跳”到狭窄处的“斗笠田”，无不显现着筚路蓝缕的艰辛。

在经历了漫长的遗忘之后，龙脊梯田的美景直到20世纪90年代才逐渐为世人熟知，昔日的烟瘴化身为今日的云蒸霞蔚，昔日的隔绝保留了当下的壮瑶风情。当年先民们“人定胜天”的开垦精神有了旅游时代的全新版本：每年9月稻子成熟之后，仍需要等待大半个月才能收割，以欢迎“黄金周”期间那些远道而来的旅行者。

景点

龙脊梯田景区（☎758 3088；门票 95元）位于桂林市区西北约80公里，包括**龙脊古壮寨梯田**、**平安壮族梯田**、**金坑·大寨红瑶梯田**三个核心景区，以及中六寨、金竹寨、黄洛寨等壮瑶村寨。在景区服务中心购票之后可不限时间游览（但只能进出景区大门1次）。如果只有一天时间，多数人选择在平安寨或大寨看看风景就走。如果你有两天或更多时间，便可以轻松地逛遍三大景区，并随机组合一些沿途的村寨。

★ 金坑·大寨红瑶梯田 梯田

如果你从桂林或阳朔乘坐旅游专线车来

到龙脊，这处位于景区最深处的梯田，就是你到达龙脊梯田的第一站。核心地带有大寨、壮界和田头寨三个自然村，稍远朝东还有小寨。停车场附近有金佛顶索道（单/双程 55/100元），可以带你直达3号观景台**金佛顶**，是欣赏梯田全景、拍摄日出日落的好地点。从金坑寨门入内不远即是大寨，以各色饭店、农家乐为主，景观欠佳。最醒目的即是**风雨桥**，右侧的道路通向金佛顶，步行约需要1小时；风雨桥背后的稻田旁，还立有村规民约碑和祖宗石像。

沿风雨桥左侧（南面）的石板路上山，一路都有清晰的路标，路过壮界后，继续向上即到达2号观景台**千层天梯**，梯田旁已经立起了七八层高的水泥观景台。从这里继续向西北即是客栈集中的田头寨。从田头寨向西约30分钟即到1号观景台**西山韶乐**，是欣赏梯田全景的最佳位置。

2018年9月，在游人相对较少涉足的小寨发生了严重的火灾，如前往小寨旅行，请向当地人了解重建情况。

梯田观光TIPS

- 龙脊梯田的大门距离各个景区都有相当的距离，从景区大门到大寨停车场需要1小时车程。
- 梯田景区内小路纵横，多看地图多问路。百度地图在这一区域的精确度远胜高德地图。
- 龙脊梯田的气温会比桂林市区低3～5度，注意保暖；冬春季节在龙脊梯田住宿，床品难免潮湿，可以问问酒店是否提供电热毯。
- 一年中最佳的梯田赏景期是收割前夕（9月中下旬至国庆节）和放水期（5月底至6月）。
- 收割期前，只要太阳一晒，漫山遍野的稻谷会在两三天内变得金黄剔透。正常收割期是在9月中下旬，但为了发展旅游，政府提供补贴，将主要景区的收割期都延迟到了国庆节以后。近年的收割时间一般在10月15日前后，3天左右即收割完毕，收割后的梯田景观会大打折扣。
- 很难在各村寨内找到银行或ATM，但越来越多的商家和小贩都开始接受移动支付。

★平安壮族梯田　　梯田

平安是龙脊梯田最早成名的梯田景区。尽管当地人声称这里是龙脊最早开发的地区，并有村中的“始祖田”为证，但事实上，壮族是继瑶族之后而来，明万历年间迁入这片河谷时，还是从瑶族人的祖先那里买下了大片土地。平安寨的廖姓即是最早迁入龙脊的壮族姓氏之一，他们原先居住在更西面的廖家寨，因人口扩张，在第七代时迁移至此。

从停车场步行约1公里进入平安寨，穿过道路复杂的村寨，西面的小路通向2号观景台**七星伴月**，北面的小路则通往1号观景台**九龙五虎**。站在九龙五虎的最高处，山脊上的小路在梯田簇拥下延伸向河谷中的村寨，对岸巍峨的金竹山成为壮观的背景。为了在淡季吸引游客，九龙五虎在11月底就开始放水，提前半年打造山地中的“天空之镜”。

从九龙五虎向东上公路，左转向北约700米有一座雨兰水库，再向北会过渡到田间小路上，到中禄村还有约3公里；从中禄村继续向北约5公里即是田头寨。这条徒步线路需要约4小时完成，沿途景观一般，也并非所有岔路口都有路标，却是两大景区之间最便宜，也可能是最方便的交通方式。

龙脊古壮寨　　少数民族村寨

龙脊古壮寨是龙脊梯田中壮族人最早定居的区域，沿山坡往上分布着潘姓的平段寨、平寨，侯姓的侯家寨和廖姓的廖家寨，这四个村寨合称为“龙脊村”，是各种乡间文物较密集的区域。明万历年间，潘、侯、廖三姓从南丹河池一带逃难迁徙至此，成为壮族进入这一区域的先声，如今也仍是龙脊梯田规模最大的村寨，随处可见干栏式吊脚楼。

侯家寨村口有一块风化严重的三角形“康熙驻军碑”，是龙脊梯田早期军屯属性的见证。廖家寨的风雨桥上有“三鱼共首”的浮雕石桥板，象征三姓的和睦相处。下山时，不要错过**游龙下江**观景点，这也是“龙脊”的姓名之源。

节日和活动

龙脊古壮寨最重要的节日是每年清明和谷雨过后的**开耕节**。通常由“寨老”选定良辰吉日，拜土地、祭神灵之后，一声炮响，全寨开渠引水入田，开耕动地，人们就此开始一年的劳作。

每年农历六月初六是红瑶的**晒衣节**，隆重的庆祝活动会在金坑大寨举行，家家户户晒出压箱底的花衣花裙，也会有包粽子、对山歌、比长发等民俗活动。年轻人喜欢选在这一天举行结亲仪式。

为了吸引更多游客，景区开发了**龙脊峡漂流**（☎758 2838；188元）。全程4.8公里，落差300米，需时约1.5小时。可在客栈买票。

食宿

龙脊梯田的食宿均以民宿、农家乐为主，集中在田头寨、平安寨等村寨中，住宿条件一般，但近年也有越来越多的现代化酒店开始出现。几乎所有的住处都提供餐饮服务，可以试试山区里的竹筒饭、腊肉、野菜和泉水鸡，山路两边也有本地村民售卖的各种小吃，记得还价。

金坑梯田

金坑梯田的住宿集中在田头寨，酒店的房价视景观、淡旺季，以及海拔高度有很大的浮动。如果你带着行李前来，可以提前联系酒店，了解是否有免费的接送车，因为大寨停车场距离田头寨的酒店还有约1小时的山路。当地的挑夫提供行李背负服务，视重量和距离要价40～80元不等，还价空间不大。

大寨金坑国际青年旅舍 青年旅舍 ¥

（☎758 5689；田头寨；铺 35元；Ⓦ❄）如果你从大寨一路爬到了田头寨，这是第一家欢迎你到来的住处。旅舍拥有温馨宽敞的公共空间和热情友好的员工，你可以在这里预订车票、了解游览信息。最大的亮点是客房的景观，你在床上就可以欣赏到梯田的景色变幻，双人间110元，有独立卫浴。旅舍提供各类餐食，汤面15元起，竹筒饭20元，点菜从20～138元不等，味道不错。

花筑·一号云端客栈 客栈 ¥¥

（☎758 5659；www.lvyuetravel.com；西山韶乐观景台附近；标双 198元；Ⓦ❄）2017年底开业，平日性价比很高。客房简约现代，配备干净舒适的卫生间，但并非所有房间都配备坐便器。靠近梯田一侧的观景间有不错的视野，但房价要贵出200元。一楼餐厅点菜20元起。从大寨停车场到酒店要步行1小时，也可以联系酒店拼越野车（150元/6人）。

全景楼 酒店 ¥

（☎758 5688；西山韶乐观景台；标单/标双 110/236元；Ⓦ❄）位于金坑梯田的最高处，这座现代化的高层酒店按四星级标准建设，是俯视梯田全景的最佳选择。二楼设有餐厅。如果你携带了比较多行李，登上这家最高处的酒店将会很不容易。

平安梯田

平安寨是龙脊梯田最先开发的村寨，因此这里的酒店、餐厅十分密集，家家户户都能提供食宿。早期的旅舍都从民房改建而来，以木结构为主，走在上面发出吱吱呀呀的响声；近年新建的酒店多是钢筋混凝土结构，客房内更安静，但也许少了一份住在壮寨的韵味。

龙脊国际青年旅舍 青年旅舍 ¥

（☎758 3265；平安寨；铺 35元，标双 138元起；Ⓦ❄）在寨子最下方，景观欠奉，倒也方便你先办入住再轻装上阵。一楼有舒服的公共区域，餐厅饭菜很出名，室外还有露天位。多人间客房稍显局促，两个床位间的通道仅容一人转身。从停车场步行至酒店需要约10分钟。

龙脊梯田瓦当瓦舍 客栈 ¥

（☎758 3039；平安寨；标单/标双 140/160元起；Ⓦ❄）装修简单素雅，都配备有干净舒适的淋浴间和坐便器。最便宜的客房朝向村落一侧，拥有梯田景观的客房，则在此基础上加价40～50元不等。从停车场到旅舍约需要20～30分钟步行。

龙脊·林舍酒店 酒店 ¥¥

（☎186 7738 9219；平安村八组；标双 220元；Ⓦ❄）这栋就在梯田边的五层酒店于2018年开业，装修很有星级酒店范，拥有干净现代的卫生间和漂亮的落地窗。更昂贵的景观豪华间（300元起）都拥有独立的阳台，楼层更高。

理安山庄 精品酒店 ¥¥¥

（☎758 3318；平安寨七星伴月观景点；标双 1850元起；📶❄）由一位美籍华裔艺术家历时8年精心打造，拥有全寨最好的观景位置，入住必须预约。店内的16间客房各有不同的中国艺术主题，客房被打造得如同迷你博物馆。

龙脊古壮寨

这是三个主要景区中开发最晚的寨子，住宿选择不似金坑或平安那么丰富，多以本地村民改造自家屋舍而来的民宿为主，但好在这里游人较少、房价也相对较低，平日里不少带独立卫生间的客房价格都在百元以下。**溢芳阁客栈**（☎137 3737 8119；标单/标双 100元；📶❄）在靠近平安方向，从停车场徒步前往需要约30分钟。2018年开业的**寻源·源筑度假酒店**（☎758 5765；古壮寨山顶观景点；标双/景观房 500/800元起，含双早；📶❄）位于古壮寨的最高处，拥有一个漂亮的观景台和现代舒适的客房，是这里最好也是最贵的选择，你可以在古壮寨停车场搭乘观光车直达酒店大门（25元/人）。

到达和离开

从桂林前往龙脊梯田，可在香江饭店乘坐**旅游专线巴士**（50元；8:00、9:00、10:30、12:30、14:00、15:00；约2.5~3小时），终点站设在金坑大寨停车场，旺季时很容易满座，淡季则会减少班次，可通过携程汽车票（bus.ctrip.com）或桂林各酒店前台查询时刻及订票。从金坑大寨返回桂林火车站的旅游专线（9:00、10:30、12:00、13:00、14:00、16:00），可在来程的车上找售票员或通过龙脊当地旅舍购买。如乘坐龙脊前往桂林西站或桂林北站的旅游专线（65元），则是先抵达桂林市区，再安排换乘其他巴士前往目的地。

你也可以在桂林琴潭客运站乘坐前往龙胜的班车（见119页），在龙胜汽车站换乘前往大寨（☎150 7735 8179；20元；6:40、7:40、8:40、9:20、10:00~17:00每小时1班；2小时）或平安寨（☎134 7130 1114；单程/往返 20/30元；7:40、9:00、9:20、11:00、13:00、15:00；1.5小时）的班车。

从大寨返回龙胜的时间为8:00~16:40，每40分钟1班；另有2班7:10、17:30。在车上可购买去桂林的车票（30元），司机会在高速路口帮你换乘去桂林的班车。

从平安寨返回龙胜的时间为7:30、9:00、11:00、13:00、15:00、17:00。

阳朔也有旅游专线前往金坑大寨（90元；8:00、9:00、13:00；约4小时），从金坑大寨去往阳朔的时间为9:00、12:00、14:00。

当地交通

三个主要梯田景区之间没有直达的景区交通，最常见的交通方式往往是徒步。如果你想要乘坐公共交通往返，会稍有些麻烦。从景区大门入内后约6.5公里是金江村路口，这里左转去往龙脊古壮寨还需步行约3公里；继续向前4公里为二龙桥路口，这里左转去平安寨8公里、直行去大寨14公里。若在二龙桥转车，需提前计算好过路班车的时间。

想要省时省力地在三个主要景区间往返，最方便的方式就是自驾。自驾车可以直达三个景区的停车场，只需要缴纳景区停车费（10元，过夜20元）即可。

各大景区的停车场都有车辆负责前往主要酒店的换乘，具体票价请咨询酒店。

兴安

小城兴安曾经两次改变了中国历史：两千多年前，秦人在桂北的山水间开凿出中国历史上最古老的运河，数年之后，秦军南下，正是经由这条短狭的灵渠完成了统一岭南的大业；1934年，长征中的红军在这片土地上遭遇重大危机，以伤亡过半的惨重代价，标记了险要关头的湘江战役。

如今，历史悠久的灵渠滋养出城东充满生活气息的水街，昔日秦军的饮食习惯，演变为桂林米粉的起源传说，投射在兴安人每日清晨的舌尖味蕾上；城西的纪念碑园还牢记着长征带来的红色传统，两个历史转折点遥相呼应，勾勒出兴安的现代面貌。

景点

★灵渠 运河

（☎797 6016；www.lingqu8.com；双灵

兴安城区

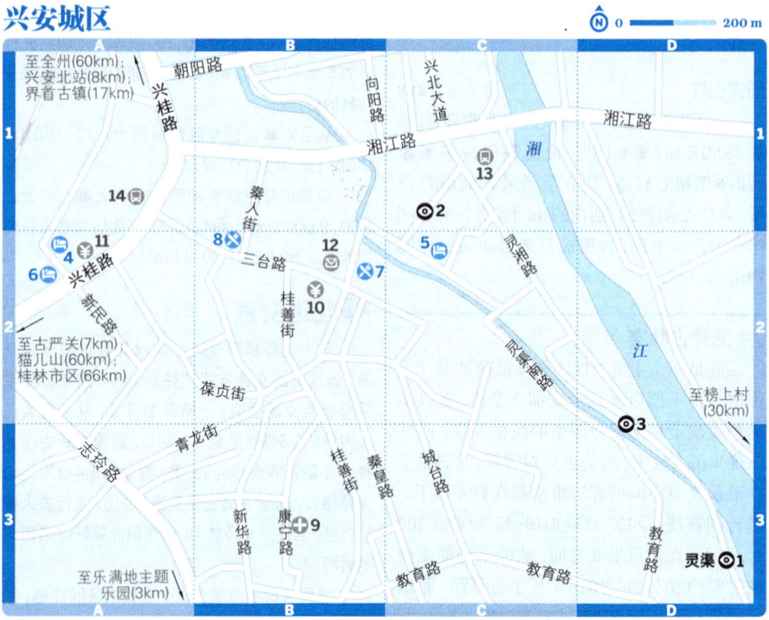

兴安城区

重要景点

1 灵渠……D3

景点

2 北街里古街……C1
3 粟家桥……D2

住宿

4 美仑酒店……A2
5 水街客栈……C2
6 喜屋精品酒店……A2

就餐

7 宝老爷米粉……B2
8 M时光……B2

实用信息

9 兴安县人民医院……B3
10 中国工商银行……B2
11 中国银行……A2
12 中国邮政……B2

交通

13 兴安城东客运站……C1
14 兴安汽车总站……A1

路；45元，含游船套票125元；5月至10月 7:30~19:00，11月至次年4月 8:00~18:00）“兴安高万丈，水往两头流”，公元前219年，已经统一六国的秦始皇下令在此修建水渠，以便运输军用物资、统一岭南。这条现存长度约36公里的运河，沟通了长江水系的湘江和珠江水系的漓江，是世界上现存最古老的运河之一。

位于兴安县城东面的灵渠景区，是这项著名水利工程的精华部分。从景区大门进入后，经过新建的美龄桥，右侧即是**四贤祠**。这座祠堂是为纪念秦代灵渠的开创者史禄，以及此后历代的重要修建者——马援、鱼孟威和李渤。祠堂内辟有小型展览馆，展示灵渠有关文物，包括多块记载修复灵渠的清代碑刻。在四贤祠出口处还有一处碑廊，最有趣的是一块白底黑字的劣政碑，性情耿直的当地百姓批评当时的知事吕德慎“浮加赋税，冒功累民”，碑上的“民”字不封口，“税”字多一点，颇具黑色幽默。

灵渠的核心部分从“天下第一陡”的**南陡**开始。“陡”意为船闸，因湘江与漓江之间存在高差，全通过陡门来控制灵渠的流量以安排灌溉和通航。南陡之外就是实现湘漓分派的铧嘴和大小天平。**铧嘴**将湘江一分为二，北侧分走七成水量，最终经由北渠流回湘江；南侧经南渠通往漓江，是灵渠的主体工程。铧嘴下游处连接**大小天平**，这两座水坝在枯水期引导水流进入南、北二渠；而在汛期时，水流可漫过水坝直接进入湘江故道实现排洪。大多数时候，旅行者可以涉水穿过小天平抵达铧嘴。鸟瞰这项伟大工程的最佳地点是灵渠南岸的**观景楼**，从南陡向东约300米，从面向龙王庙大门右侧的小路登山，你将直观地感受到秦人敏锐的洞察力和强大的执行力。

南渠与湘江之间筑有**秦堤**，如今是景色优美的公园步道。路过飞来石后有一处设计巧妙的**泄水天平**，如果汛期进入南渠的水量过大，可通过这里重新流回湘江。出景区后门，有一座古朴的**粟家桥**。桥附近的停车场背后是清代重修的三将军墓，这是为了纪念秦代因修建灵渠而牺牲的三位监修的衣冠冢。沿着极有生活气息的**水街**可以回到热闹的兴安县城，你也可以在万里桥头探访更淳朴的**北街里古街**。过了万里桥后，食店密集，可以在这里用餐。

黄昏时分，当地人沿着水街跑步、洗衣，更晚一些，彩色灯光将吞噬这条古老的街道。景区门票当日有效，凭购票时的贴纸可随意出入景区，售票时段以外免费开放。在兴安汽车总站前乘公交2路（1元）至灵渠公园站即到。

红军长征突破湘江烈士纪念碑园 纪念碑

（双拥路；免费；8:30~17:30）1934年11月底，长征中的红军在突破了国民党三道封锁线后决定抢渡湘江，8万余人的中央红军在这场极为惨烈的湘江战役中损失过半，以致当地流传着“三年不饮湘江水，十年不食湘江鱼”的民谚。兴安是湘江战役的主战场之一，位于县城西面的纪念碑园中设有**湘江战役纪念馆**（☎622 1492；免费；9:00~12:00，14:30~17:00，周一闭馆），详细介绍了这场中国革命的生死存亡之战。你也可以沿着步道登上山顶，瞻仰烈士纪念碑。公交15路（2元）终点站即是纪念碑园入口。

界首古镇 古镇

（界首镇）位于县城东北约18公里处的界首是桂北重要的水陆枢纽，在明代以前，因邻近的全州还属于湖南，这里曾是湘、桂两省的交界处，因而得名。镇上保存了一条完整的骑楼老街，沿江绵延1公里，北侧尽头的**红军堂**（☎622 6904；免费；⏲9:00~11:30 14:30~17:00，周一闭馆）曾是道教的三官堂，在湘江战役中先后成为红一、三军团的指挥部，彭德怀在这里指挥渡江和战役，界首古镇就是红军抢渡湘江的主要渡口之一。

兴安汽车总站有频繁的班车前往界首（见155页），返回末班车为18:20。途中还会经过**光华铺**，这是当年战争最激烈的地方之

不要错过

登顶华南第一峰

猫儿山（☎621 9168；www.gl-mes.com；华江乡高寨村；175元，含景区内车票；8:00~18:00）是越城岭主峰，海拔2141.5米，这座华南最高峰哺育了漓江、资江、浔江，被视作桂林山水之源。如今游览猫儿山非常便利，山脚的游客服务中心有游览车直达山顶，途经竹海梯田、红军长征翻越的老山界、第四纪冰川“活化石”铁杉林、观猫台等景点。

1944年，飞虎队一架B-24轰炸机完成作战任务后，在途经猫儿山时失事。战机残骸直到1996年才被重新发现，如今景区内设有飞虎队战机展览馆。猫儿山日出也值得一看，最佳观景点是“华南之巅”，你可以入住附近的四星级酒店**云峰阁**（☎605 9116；标双/标三580/798元；📶❄），有的房费已包含双人景区门票，可致电咨询。

如果你想要当天往返，必须在15:00前购票上山，此后只接待次日下山的游客，上山游览车的末班为18:00。你可关注景区微信号gxglmes，了解频繁的门票优惠活动。前往猫儿山可在兴安客运总站乘坐前往高寨的班车（见155页）。桂林汽车客运北站也有班车前往高寨（28元；7:40、10:30、13:30、15:30；2小时）。从高寨返回兴安的末班车为15:30，返回桂林的为16:20。

一，在老屋场村以北的国道旁，有当年的战役遗址和红军烈士墓，可顺路游览。

古严关

古迹

（严关口）严关作为湘桂走廊上的唯一关口，是古代中原进入广西的咽喉要道，也是文化、气候的分界线，民谚称"飞雪不过古严关"。如今只余一座不甚起眼的关门建筑，正上方为清代兴安县令商昌所题的"古严关"，关口西面的山崖上，保存有宋代以来的多方碑刻题记。古严关位于严关镇以东约2公里，从国道路口进来还有约500米，你可以在桂林往返兴安的途中顺路游览。公交9路（1.5元；7:00~17:30，约30分钟1班）可以直达。

乐满地主题乐园

游乐园

（☎622 9898；www.merry-land.com.cn；志玲路；成人/儿童 150/75元；3月至10月 9:00~17:30，11月至次年2月 9:00~17:00）乐满地分为七个园区，园内提供种类丰富的游乐项目，大多数项目都包含在门票中，无须额外付费。每天下午13:00（7~8月为14:30）的欢乐巡游将从中国城的民俗广场开始，穿过半个乐园，抵达梦幻世界区的终点。另外还有奇幻之旅（周二停演）、好莱坞特技秀（周一停演）等活动，最热闹的七八月份还会有戏水狂欢表演。乐园附近有一家**乐满地度假酒店**（☎622 9898；标双 350元起；🛜❄Ⓟ≋），提供亲子主题的客房。

闭园前2小时停止售票。公交5路、6路、7路、9路、16路可达。桂林市区老汽车站的旅游咨询服务中心有景区专线直达乐满地（见119页），返回桂林的末班车为17:30。

食宿

兴安的住宿选择不算丰富，大多数都是条件一般的民宿和单体酒店，国庆节这样的旺季涨价可达1倍，新开业的酒店有更好的性价比。餐饮则主要集中在灵渠水街的北段，不要错过街头巷尾的桂林米粉，兴安自诩桂林米粉的故乡，"桂林米粉节"已在这里举办了十多届。

美仑酒店

酒店 ¥¥

（☎625 7777；新民路25号；标单/标双 158元；🛜❄Ⓟ）距离汽车站只有3分钟步程，这家略带浮夸古典风的酒店设有各种主题客房。房间宽敞干净，但大多数客房都有一些烟味。大堂提供本地的旅行册页。附近的**喜屋精品酒店**（☎621 6668；兴桂路17号；标单/标双 180元；🛜❄Ⓟ）也是不错的选择。

水街客栈

客栈 ¥

（☎621 1626；灵渠水街马嘶桥头；标单/标双 108/158元；🛜❄）客栈开业已有些年头，最大优势是地处灵渠水街的中心位置。大多数客房都沿河而设，房间简单干净。楼下有不少小吃店和餐厅，有些还设有临水餐位。

宝老爷米粉

米粉 ¥

（新兴街19号；人均 5元；⏲6:30~16:00）在"中国米粉美食之乡"吃一碗桂林米粉是旅

另辟蹊径

榜上的银杏

兴安城南45公里处的**榜上村**，是一座保留了清代民国民居的小村落，随处可见高墙窄巷的桂北民居，还有两座炮楼点缀其间。到了11月中旬，村头巷尾及周边山上的银杏转为金黄，这里就成了摄影大片的炮制现场。村北的**古樟树**底部中空，足以容纳数人，是游览榜上最容易找到的坐标原点：从这里沿小路可去村北的山间步道；或是村西的清末**陈克昌大墓**，还保留有完好的石像生和诰封碑。村里有不少餐馆和农家乐，吃饭很方便，但住宿条件并不理想。

如果时间和精力充沛，可以从榜上出发，沿马路继续向南约4公里去蒋家堰寻找**古牌坊**，在更南面的长洲村，还有一座清代光绪年间修建的**化龙桥**，是兴安现存最大的单拱古石桥。

兴安城东客运站（湘江路136号）前往长洲的班车途经榜上（10元；7:00~17:10，约40分钟1班；1小时）。从长洲返回兴安的末班车为17:00。

一碗米粉的进化史

说起桂林米粉，兴安人有自己的不服气：在当地的旅游手册里，米粉被认为是秦始皇的军队修建灵渠时从北方带来的，秦军沿灵渠进入岭南，也把中原的米粉带到了兴安——如今世人皆知桂林米粉，怎么可以忘了起源地兴安呢？

事实上，可考的最早“米粉”类食品，应是三千年前西北先民用小米制作的“乱积”。后来技术传到长江流域，出现米粉的雏形，命名为“粲”。秦汉时，米粉进化为“糒”（bèi），这是一种耐于储存的干米粉，便于行军打仗时携带。兴安得灵渠之便，也就成了广西地区米粉的发源地。唐、宋、元、明、清，从“米缆”到“米线”，对这种米制食物的偏爱，成为桂、云、贵、川等南方诸省的共通趣味。直到抗战前，桂林人仍称之为“米面”，大概也意味深长地透露了它的北方来源。民国战乱时期的大融合推动了米粉的快速进化，广东人发明了三鲜粉，湖南人创造了酸辣粉，江浙难民结合了镇江肴肉和金华火腿，改造出了桂林马肉米粉，引领一时潮流。作家林志捷通过细致的考据，写就《半壁民国一碗粉》，时代变换，米粉是不变的乡愁。

如今，兴安人搞出了一个“南粉北面”米粉节，已连续举办了十多年，为自己的米粉起源地正名。米粉节一般在每年4月底或8月底，如果你在这时候来到兴安，可以去银杏广场或灵渠水街凑凑热闹。

行者的必做功课。这家米粉店是当地人熟知的老字号，环境简陋，墙上的央视采访照片和各种荣誉招牌彰显其不凡出身。二两米粉4.5元，可搭配恰到好处的煎蛋，也可点油茶和云吞，下午米粉卖完就会关门。

M时光 西餐 ¥¥

（☎621 7171；秦人街三台路路口信用社3楼；人均 50元；⏲8:30~22:00）不要犹疑，这家西餐厅确实开设在婚纱摄影店里，餐饮区位于三楼最靠内的窗边，提供牛排（58元起）、咖啡（20元起）和各种简餐小食，最大的意义是，逛完水街之后，可以找一个小资情调的地方聊天歇脚。

实用信息

兴安旅游投诉（☎621 1188）

中国邮政（三台路67号；⏲9:00~17:00，周日休息）

中国银行（兴桂路21号；⏲9:00~17:00，周日休息）和**中国工商银行**（三台路90号；⏲9:00~17:00，周日休息）都有24小时ATM机。

兴安县人民医院（☎622 2121；桂善街70号）

到达和离开

长途汽车

兴安汽车总站（☎622 2475，137 8833 6637；兴桂路17号）有前往自治区内外主要城市和县内各个

兴安汽车总站车次时刻表

站点	发车时间/班次	票价（元）	行程（小时）	备注
桂林（直达）	6:50~18:30，每30分钟1班	22	1.5	
桂林（普通）	7:00~17:30，每8分钟1班	19	2	途经古严关路口，17:30后视客流量增加班次至22:00
资源	7:40，8:40，9:40，10:50，12:40，13:30，14:40	20	2	
全州	7:00~17:30，每20分钟1班	15	1.5	途经界首
高寨	8:00，9:15，10:50，13:10，14:30，15:30	19	2	
界首	7:00~17:30，每10分钟1班	5	40分钟	

乡镇的班车。站内设有**火车票售票点**(⏲8:30~12:30, 13:00~18:00)。

火车

兴安北站(西山村; ⏲7:30~22:30)位于县城以北8公里，经停衡柳铁路上的高铁和普客车次。公交17路(2元; 6:40~21:20)连接银杏广场、汽车总站和兴安北站，返回县城的末班公交为22:15。

当地交通

兴安县城内有多路公交，以汽车总站为枢纽，可以方便地去往各个景点，一般城内票价1元，出城票价2元。

资源

资江如玉，逶迤南来，这里拥有广西罕见的丹霞地貌和美丽的冬日雪景。如今，这座广西最北的县城，计划着将整座城市建设为一条没有围墙的“资江灯谷”，雕梁画栋的长廊沿着江岸铺陈，成为河灯文化的宣传阵地。每年农历七月中的中元节，资江上的连绵河灯带人重温娥皇、女英万里寻夫后自沉湘江的传说故事，后世不断演绎的亡灵传说，使其发展为纪念亡亲的盂兰盆节，这一习俗亦远播日本。每到夜晚，北面的新城只剩下冷清而璀璨的沿江长廊，所有的人气仍然集聚在南面的老城中。

景点

★ 八角寨 世界遗产

(☎448 5508; 梅溪镇北约9公里; 门票 30元; ⏲8:00~17:00)在以喀斯特地貌闻名的广西，第一个赢得国家地质公园称号的，却是这处以丹霞地貌为主的景区。八角寨是崀山伸入广西的余脉，以顶峰有八个翘角而得名，也是湘、桂两省的界峰，素以冬季的南国雪景闻名。你可以沿着登山栈道先攀登至**群螺观天**，这是一片因风化、溶蚀而形成的丹霞峰林。紧随其后的是壁立万仞的**龙脊天梯**，令人想起黄山著名的鲫鱼背。沿着**龙虎栈道**去往花山岭，然后你将面对一条稍显枯燥的盘山步道，植被会遮蔽赏景的视野，在途经半山亭、古寨门后抵达山顶。

穿过近年重建的云台寺，右手边有一条小路通向**仙人下棋**。惊险刺激的**龙头香**长达99米，最窄处不到10厘米，在这里烧香有肉眼可见的生命危险。观景台上可以欣赏到壮丽的**鲸鱼闹海**，这是壮年期丹霞密集型峰丛峰林的代表，尤以晨昏时分最美。如果想要拍摄八角寨的日出日落，可以选择山脚下较新开业的**八角寨度假山庄**(☎138 7830 2805; 标单/双 80元; 🛜❄🅿)，也可联系梅溪往返景区的接送服务。

湘、桂两省在山顶交会，你会看到指路牌的落款在广西和湖南之间来回切换。从山顶的湖南一侧乘索道(上程/下程 60/40元; ⏲4月至11月 7:30~17:30，12月至次年3月 8:00~17:00)下山可前往新宁继续游览崀山；你也可以原路返回至花山岭，左侧的水泥步道可更快通向山脚。

本书作者调研时，八角寨的广西部分正处于为期数年的漫长改造中，从广西一侧登顶的缆车已在规划中，降龙栈道、天龙栈道等

鬼节放河灯

每年农历七月十四的中元节，资源会变身为一个热闹与诡谲并存的小城。传说华夏部族的首领舜帝死于苍梧之野，葬于九嶷山中，他的两位妻子遍寻不成，最终自沉湘江。舜帝的随从为了帮助他们夫妻团聚，便为之燃放河灯，以为引路。河灯习俗也从此成为引导溺水亡灵寻找亲人的回家之路。资源地处湘、桂之间，是重要的物资中转站。昔日资江水急滩浅，常有船工丧命，经商于此的湖南商会，便在每年的七月半举行河灯仪式，超度亡灵。

如今的**河灯歌节**已经成为规模庞大的民俗节庆，会举办实景演出、灯光秀，以及壮观的河灯漂放仪式，河灯造型也不再局限于传统的莲花灯、粽子灯，衍生出各种繁复的神仙灯、花鸟灯，乃至复刻八角寨的风景大灯。城区内还有一座**灯福楼**(滨江路; 免费; ⏲9:00~17:00，周一闭馆)，这座小型博物馆内细致地展示了河灯文化的源流，各式鲜艳的新派河灯与令人悚然的孤魂榜，形成了“鬼节”神妙的古今对比。

资源城区

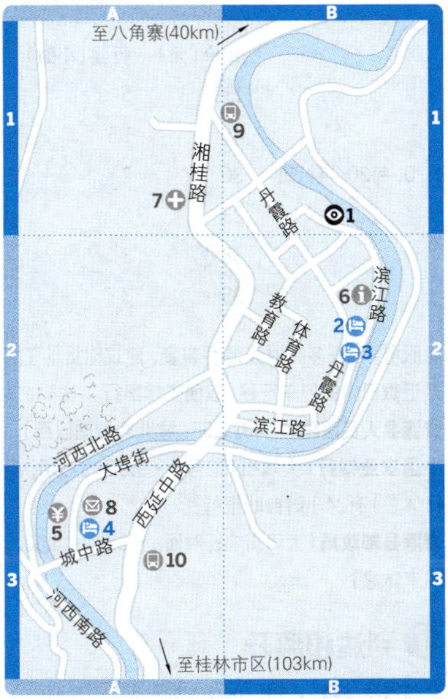

资源城区

景点

1 灯福楼 B1

住宿

2 城市便捷酒店 B2
3 盛源酒店 B2
4 素泊云酒店 A3

就餐

小食侯湘 （见2）

实用信息

5 中国农业银行 A3
6 资源旅游咨询 B2
7 资源县人民医院 A1
8 资源县邮政局 A3

交通

9 城北客运站 B1
10 资源汽车总站 A3

步道因景区建设而关闭，降龙庵已无法到达。夏季台风暴雨时易发地质灾害，建议你提前致电景区了解开放情况。

资源城北客运站有班车前往梅溪（见158页），桂林汽车客运北站也有班车直达梅溪（45/55元；6:40、8:45、11:20、11:40；约3小时）。从梅溪到景区还有约9公里，可打的（40元）或坐摩的（20元）前往景区。梅溪汽车站有班车去往资源（末班17:30）、桂林（40元；13:00；3小时）和新宁（12元；8:00~16:30，每日12班；1小时）。

资江·天门山 山

资江是资源县的母亲河，县城以北的资江河段，已开发出长约22公里的资江漂流（机动木船 100元/人，8人起售）。从资源县城以北约4公里的1号码头顺流而下，行程约1.5小时，沿途会欣赏到风帆石、资江大佛、神象饮水等丹霞景观，漂流终点设在天门山（☎431 1548；门票 30元；⏲8:30~16:30）。在天门山景区弃舟上岸，登山需要约1小时，也有索道（往返 110元）可以帮你偷懒。山顶仿照科罗拉多大峡谷修建了绝壁上的天之港玻璃观景平台。资江漂流会在每年冬春季节的枯水期停航，如果此时想要体验资江上的游船项目，可在天门山购买景区+资江精华游套票（60元），景区内河段的游程约30分钟。

城北客运站去梅溪的班车途经天门山路口（7元）。

活动

五排河漂流 漂流

（☎436 8799；车田乡；109元；⏲4月中旬至10月中旬 8:00~11:30，14:00~16:30）五排河位于资源县城以西约27公里的车田乡深山之中，是国家漂流训练基地。从车田到两河口的漂流河段对游客开放，尤其以险峻刺激而著称，途经沿途陡峭的山峰、茂密的森林和苗瑶村寨。漂流全程约90分钟，全程不能携带电子设备。漂流乘坐的皮筏艇至少要5人才能出发，哪怕旺季时拼船成功的概率也很低，从终点返回起点处还需要乘坐接驳车（120元/7人）。资源汽车总站前往河口的班车途经车田（7:00~17:40，约40分钟1班），但距离漂流起点还有2公里。建议独自旅行者通过资源旅游咨询电话（见158页）了解散客成团。

食宿

资源县城有一些条件不错的新开业酒

资源汽车总站车次时刻表

站点	发车时间/班次	票价(元)	行程(小时)
南宁	9:30	139	5
桂林(直达)	7:05~18:00,约每小时1班	40	1.5
桂林(普客)	6:00~14:00,每30分钟1班;14:00~17:20,每20分钟1班	30	2
兴安	8:30~16:30,每小时1班	23	2
龙胜	8:30,12:40	38	3
全州	7:30,13:20	35	3

店,房价也很友好,只在国庆节这样的旺季时会有所上涨,幅度不会超过一倍。

素泊云酒店 快捷酒店 ¥

(大埠街115号;896 9888;标单/双 128/160元;🛜❄🅿)酒店2017年重新装修,门口还挂着老的如家招牌。内部装饰简约现代,房间设施很新,6层有免费自助洗衣,入住还送水果。酒店地处老城中心位置,距离汽车总站约300米,附近有书店、超市和餐馆。临街的房间隔音不好,晚上10点后才会安静下来。

盛源酒店 酒店 ¥¥

(☎436 8888;城北开发区188号;标单/双240/200元;🛜❄🅿🏊)也叫豪廷宾馆,是资源县城唯一的四星级酒店,房间宽敞干净,但已略显陈旧。北面有一家新开业的**城市便捷酒店**(☎895 8888;标单/套房 221/253元;🛜❄🅿),装修现代,江景房贵20元,套房很有性价比,适合家庭出游。

小食侯湘 湘菜 ¥¥

(☎896 9777;滨江路,盛源酒店北侧;人均60元;⏲11:00~14:30,16:30~20:30)这家温馨明亮的湘菜馆就在资江畔,正好可以诠释资源与湖南的亲近关系。你可以看菜下单,把写有菜名的木签放在桶里交给服务员。辣子鸡(49元)、南瓜花煎蛋(22元)都有着浓郁的湖南风味,菜量不小。

ℹ 实用信息

资源旅游咨询(☎431 1548;www.ziyuanly.cn;滨江路,小食侯湘向北约200米)态度耐心和善,能提供实用、即时的旅游资讯和部分景区折扣门票。在旺季时,可联系前往八角寨(250元)、天门山(150元)、五排河(250元)的包车、拼车、散客成团服务,但大多数时候游客寥寥,建议你提前了解最近数日内的包车行程,以便安排出行。

资源县人民医院(☎431 1156;城北客运站以西)

中国农业银行(大埠街130号;⏲9:00~17:00,周日休息)有24小时自助银行。

资源县邮政局(大埠街农行对面;⏲9:00~13:00,周末休息)

ℹ 到达和离开

资源汽车总站(☎431 7517;西延南路2号)以城际长途班车为主,车站进出口附近设有一个火车票代售点(☎431 5189;⏲8:30~12:10;13:10~18:00)。

位于城北202省道附近的**城北客运站**,以去往县内各个乡镇的班车为主,去往八角寨可乘坐去往梅溪的中巴或小巴(12元;7:00~17:30;50分钟),沿途经过天门山路口。

ℹ 当地交通

资源县城不大,公交1路(1元;6:00~18:00)往返于城南九拱桥与城北客运站之间,途经汽车总站、十字街、盛源酒店和城北汽车站,可以满足旅行者的基本需求。城区内三轮摩的随处可见,只要2元就可以到达县城内的任何地方。

全州

全州是广西境内最古老的县级建制之一,秦代时就已设置零陵县郡于此,但如今,古城的格局已经消失在现代化建设之中。万乡河、灌江在县城东南汇入湘江,各种"湘"字头的地名也开始出现,你会发现,这里的方言、菜式中都有了湖南味道。三江在此汇聚,穿过越城岭和都庞岭之间的狭窄通道,成为中原文化进入广西的捷径。如今,高铁使这片湘、桂交界处的土地更容易抵达，你可以轻松探访广西最古老的寺院、佛塔，并在桂剧的诞生地感受数百年来的文化活力。

景点

湘山寺 寺庙

（桂黄中路66号；门票 10元；⏲5:30~21:40，售票 7:30~18:00，冬季 8:00~17:30）有着“楚南第一寺”之称的湘山寺，是广西最古老的寺院，于唐肃宗年间兴建，宋徽宗也曾亲临礼佛，因而有“兴唐显宋”之名。明代徐霞客曾游访此地，“清初四僧”之一的石涛也在此始入佛门。寺庙建筑曾在太平天国及抗日战争时期遭到严重破坏，多数为近年新建，但仍有唐代始建、后世重修的**妙明塔**留存。八角楼阁式的妙明塔高27.7米，塔身内外嵌有以南宋时期为主的历代碑刻28通，塔内供奉有寺庙创建人全真法师的遗骸，但塔内现已禁止攀登。妙明塔背后的山崖上留有历代石刻题记，沿山路可达半山亭，可俯瞰寺庙及全州城景。

每年的二月初八和七月初七，寺内有盛大的庙会，信众来自周边数个省区。《湘山志》中还记载了高丽、安南的国王都曾派使节献纳供奉，并在后山上留有石刻记载。“全州”之名即是因全真法师之影响流布深远，于五代时由湘源更名而来。

公交102路、103路、110路途经湘山寺。

雷公岭国家矿山公园 矿山公园

（湘江以东；免费；⏲24小时）1958年起开采的雷公岭锰矿，曾是当地的支柱产业，直到2002年因环境问题被关停，现已被改造为广西首个国家矿山公园。大部分时候，雷公岭看似景色平平，采矿遗迹湮没在漫山的野草中。但如果你有幸在全州赶上一个晴好的黄昏，一定要把这里作为欣赏落日的首选。

从公交车站沿台阶上山，沿右侧土路先去看**雷公塔**，这是2003年时为使全州形成“三塔鼎立”之势而新建的。塔位于公园西面靠近江畔的小山上，其山脚下是一座规模庞大却已烂尾的博物馆。公园中心的**雷公岭**并不高，有东、南、西、北四条登顶的线路，沿视野最开阔的南线可一路欣赏湘江景色。登顶远眺，落日沉入越城岭，余晖点亮全州城，雷公塔恰成暮色里的视觉中心。公交103路（1元；6:30~18:10）至雷公岭公园站。

燕窝楼 历史建筑

（永岁乡）这座广西最古老的木质牌楼是当地蒋氏祠堂的门楼。蒋姓是全州第一大姓，超过当地人口的四分之一，本地蒋姓多出自此村。明弘治九年（1496年），工部右侍郎蒋淦主持建成燕窝楼，成为村内最重要的公共建筑。门楼采用如意斗拱层层出跳，全以榫卯结构搭建而成，是明代木构珍品。堂内曾有万历大学士叶向高所题的著名楹联，但已被文管局收藏；现墙体内嵌有明清时期的多方碑刻，记载祠堂历次重修的历史。燕窝楼平日并不开放，但最精致的门楼仍可一览无余。你也可以在面向大门左边第一家的蒋老先生那里借

不要错过

月岭，桂剧的诞生地

宋元之际，湖南零陵唐氏因战乱迁居灌阳北部的月岭村，在此繁衍七百余年。乾隆年间，村内首富唐虞琮为六子相继建起翠德、宏远、继美、多福、文明、锡嘏六堂，同日开工、同日上梁，奠立了今天月岭的风貌。村口大门楼处有村庄地图，过门楼即为**桂剧院**，这是月岭作为桂剧创始地的见证。沿路入内为**宏远堂**，路口向左通向各大堂院，向右则通向建于1836年的地标**“孝义可风”石坊**，雕刻精美，坊前有文昌阁和步月亭。不要错过村子南面颇有仪式感的**上井**，水井两侧围栏的石碑上，记载了村民捐资凿井的始末，与背后山崖上的将军庙共同形成一个庄严又灵动的公共空间。村外通往文市的道路上，可远眺清代的**催官塔**。

全州汽车西站有班车前往文市（见160页），而后可换摩的（10元）前往月岭村。文市汽车站（文市大桥西）有返回全州（15元；7:10~16:00，约1小时1班；1.5小时）和桂林（43元；7:10~16:40；3小时）的班车。

到开门的钥匙。

在全州汽车西站乘坐前往珠山镇的班车，在永岁桥路口（即梅潭路口）下车，向南穿过两座铁路桥后，在第一条水泥路左拐，进村的第一座建筑即是燕窝楼。返回全州的末班车约在18:30途经永岁桥路口。

食宿

全州的酒店集中在汽车西站和中心广场附近。汽车西站的**维也纳酒店**（☎869 9666；新汽车站；标单 178元；🛜❄🅿）交通便利，性价比很好，电梯可以从客房直通2楼的车站站台。

全州的红油米粉占据了广西米粉界的一席之地，**蔡氏出榨米粉**（兴学路民族路口北）、**老四出榨米粉**（桂黄中路26号）都是当地人喜爱的字号，一般早上六七点开门，中午卖完关门，记得像当地人那样搭配油条。

到达和离开

长途汽车

全州汽车西站（☎482 9473；绕城路桂黄西路口）又称新汽车站，有班车前往桂林（25元；5:30~17:30；3小时），途经兴安（15元；1.5小时）；去往文市（15元；6:30、9:00、10:10、11:00、12:10、13:30、14:50、15:50；1.5小时）、珠山镇（3元；5:30~17:00；40分钟）也可在此乘车。

火车

名字颇有疑惑性的**全州南站**，实际位于城区西北约4公里处，兼营衡柳铁路上的高铁和普客业务，每天有十余个动车车次前往桂林和南宁。

当地交通

全州县城的大多数公交线路都途经横贯城区的桂黄路。对旅行者而言，公交102路（2元；6:20~22:20）连接了全州南站、汽车西站、湘山寺和中心广场，非常便利。

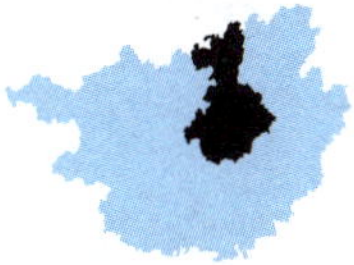

柳州和来宾

包括➡

柳州市……163
鹿寨县……169
三江侗族自治县……170
融水苗族自治县……179
环元宝山旅游带……182
金秀瑶族自治县……184
武宣……189

最美村寨

- 高友村（见175页）
- 高定村（见176页）
- 小桑村（见183页）
- 古陈瑶寨（见187页）

最佳节会

- 三月三花炮节（见170页）
- 苗族坡会（见181页）
- 盘王节（见186页）

快速参考

柳州

- 人口：386.6万
- 区号：0772

来宾

- 人口：268.6万
- 区号：0772

为何去

素有“桂中商埠”美誉的柳州，历来是广西的一大交通枢纽，即使在路网发达的今天，也仍凭借着得天独厚的自治区中心位置，与周边的南宁、桂林、阳朔、河池、湖南通道、贵州从江等地紧密相连。这意味着，即使你在行程上不作刻意安排，也有机会和柳州打个照面。

但你可千万不要因为工业的标签而匆匆掠过这里。柳州和来宾境内分布着广袤的山地，既有广西第三高峰——元宝山，也有香桥岩这样汇集多种喀斯特地貌的地质园区。哪怕只是城郊一处供本地人休闲的免费公园，山水风光也不输某些收费的景区。与此同时，这里还生活着以苗、侗、壮、瑶为主的多个少数民族。三江和融水作为广西唯一的侗族和苗族自治县，前者保留有众多极具特色的侗寨建筑，精美的鼓楼和风雨桥令人叹为观止，后者一年四季节庆不断，是名副其实的“百节之乡”。若对瑶族感兴趣，还可前往金秀，重走一遍著名学者费孝通当年的调研路。热爱地方美食的你同样会在这里大有收获：除了你想象不到的少数民族食物，更有以独特“香气”闻名全国的螺蛳粉，地道的风味绝对让人不虚此行。

何时去

1月至3月 从农历春节到广西全民放假的三月三，热闹的民族节日轮番上演。

4月至5月 层层梯田展开了倒映的画卷，元宝山、圣堂山等地更有杜鹃盛放。

6月至8月 大山最适宜避暑，此时也正逢雨季，是观赏瀑布的好时候。

9月至12月 9月稻谷成熟，山野中一片金黄色秋景；11月进入农闲期，活动又开始变得频繁，三江的多耶节、金秀的盘王节、融水的斗马节和苗年等各具风情。

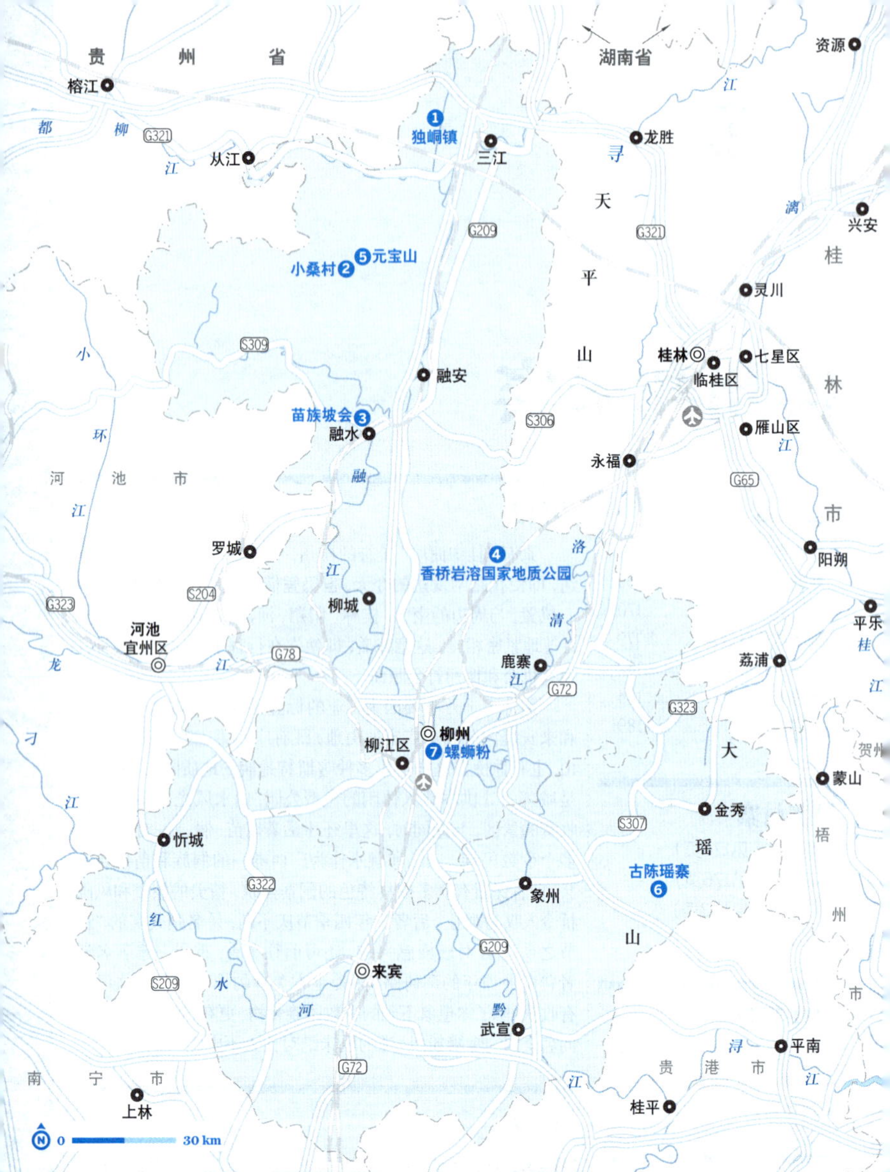

柳州和来宾亮点

❶ 在**独峒镇**(见176页)淳朴的侗寨分辨鼓楼、风雨桥的不同精妙。

❷ 深入元宝山，在**小桑村**(见183页)捕捉梯田大片，围观不可思议的“石上人家”。

❸ 参加农历正月的**苗族坡会**(见181页)，一赏绚丽的民族盛装和激烈的“斗马”表演。

❹ 在**香桥岩溶国家地质公园**(见169页)的观景台，远眺峡谷上的天生桥和连绵起伏的峰丛。

❺ 登顶广西第三高峰的**元宝山**(见183页)，看壮丽的云海和日出。

❻ 盘王节前往**古陈瑶寨**(见187页)，感受原汁原味的黄泥鼓舞。

❼ 在柳州吃一碗现煮的**螺蛳粉**(见167页)，品味袋装粉无法还原的地道口感。

柳州

柳州固然山水不少，但它的扬名却与此无关。在上了些年纪的长辈心中，常把柳州与“柳钢”“柳汽”联系起来；而对于喜爱美食的年轻人来说，柳州就是品尝螺蛳粉的“圣地”。若是对语文课本里的《捕蛇者说》有些记忆，或许还会想起柳宗元，这个和柳州同姓的大诗人，在这里度过了人生最后的4年时光。

事实上柳州更多的美，只有身临其境才能体会。遍布全境的各种喀斯特地貌迷人秀丽，以侗寨、苗寨为主的众多少数民族村落，藏在群山、梯田与河流之间，每到节日就会变成歌舞的海洋。由于景点分散，自驾能省时不少；假如需要包车，你总能轻易找到柳州的特产——七座“五菱”面包车。

柳州市

如果不是时而笼罩上空的雾霾提醒，很难把这座山水之城和著名的工业大城市画上等号。登上全城最高峰——马鞍山向北远眺，你会立刻明白柳州“壶城”的别称有多么恰如其分：一条宽阔的柳江在这里打了个“U”形的弯儿，流畅地勾勒出了椭圆形的壶身。壶肚之中是柳州城从古至今的中心，既有保留着谯楼和城墙的古老东门、市井气息浓郁的青云菜市，也有店铺云集、高楼林立的五星商业街。

南岸是娱乐休闲的延伸选择，一丛丛喀斯特小山化身为一个又一个公园，为市民提供了不少打发闲暇时光的好去处。这里还集中了柳州主要的交通枢纽，包括汽车站、火车站和机场。由于高铁的连接，如今柳州与南宁、桂林之间的时空距离被缩短到了1小时左右，大大方便了旅行者的行程安排。

景点

柳州博物馆 博物馆

（见164页地图；解放北路37号；免费；⏲9:00~17:00，16:00停止入馆，周一闭馆）这座占地面积不小的综合性博物馆，是全面了解柳州历史文化的最佳去处，尤其是二层的历史馆和民族馆，重现昔日场景的老街巷、以三江县人和桥为蓝本的侗族风雨桥等布置，都增加了不少观展乐趣。如果对古人类文明感兴趣，你可以在一层看看从白莲洞、鲤鱼嘴等古遗址中出土的化石。三层是青铜器和书画的专题展，镇馆之宝之一的西周云雷纹青铜角形器就在这里。博物馆位于柳侯公园北门的对面，多路公交可到。

博物馆北面有一座拔地而起的高楼，顶层设有**云顶观光**（见164页地图；☎303 1111；广场路10号 地王国际财富中心76~77层；门票 48元；⏲9:30~22:00），能让你在303米的高空俯瞰柳州城，还有刺激的高空玻璃栈道（188元，含入场门票）项目可体验。

柳州工业博物馆 博物馆

（见164页地图；柳东路220号；免费；⏲9:00~17:00，周一闭馆）来这儿感受一下这座

小洋楼的前世今生

鱼峰公园南门对面有一座附设钟楼的黄色小洋楼，在一片暗淡的老房之中格外醒目。旅行者可以从二楼挂牌或是电子地图上找到它的名字——**大韩民国临时政府抗日斗争活动陈列馆**（见164页地图；柳石路和乐群路交叉口；免费；⏲9:00~17:00），并通过展览了解它在1938~1939年间作为大韩民国临时政府办公处的历史。

但老柳州人不会用那么长的名字，他们更习惯叫它“乐群社”。所谓乐群社，是20世纪30年代在南宁创立的组织，主要面向文艺界知名人士，在桂林、梧州、百色等地都有分社，而柳州的分社就位于这座小洋楼。建筑落成于1928年，由德国人设计，最初计划用作柳庆公路局的办公处和柳州车站，助推柳州拿下广西省会。然而后来的结果众所周知，1935年车站也迁了址，便刚好给乐群社腾出了地方。在乐群社的布置下，这里成了一处高级会所兼旅馆，有客房、舞厅、阅览室等，出入其中的都是军政要员、上流人物——流亡至柳州的大韩民国临时政府成员自然也来此下榻，由此才有了今天这座陈列馆。

柳州城区

城市的工业魅力吧。场馆规模很大，馆外停着“退休”的火车头和已改装为“书吧”的绿皮车厢，草坪上由工业零件重组而成的秋千和跷跷板极具创意。走进馆内，从标着PARIS的大型机床到广西第一的老式汽车、飞机，各种充满历史感的展品，都显示着柳州工业往日的辉煌历程。而在“柳州企业风采馆”中，你还会惊讶地发现，除了五菱汽车，两面针、金嗓子、花红药业等耳熟能详的品牌，也都发源于柳州。公交12路、59路可到。

鱼峰公园

公园

（见164页地图；鱼峰路59号；免费；⏲24小时）位于柳江南岸闹市之中的鱼峰公园是柳州众多公园的代表，有着“两山夹一潭”的风光。两山指西麓的鱼峰山和东麓的马鞍山，前者因形似一条立起的鱼而得名；后者是柳州市区的最高峰，又恰好正对柳江的U形大转弯，非常适合俯瞰壶状的柳州城。两山之中的小龙潭相传是刘三姐的成仙之地，湖中“骑鲤升天”的刘三姐雕像，也因此成了“到此一游”的最佳合影对象。

两座山都不算高，普通脚力30分钟即可登顶，只是山路有些陡峭，多留意脚下。如果不想爬山，省力又实惠的方案是在马鞍山山脚乘坐**马鞍山竖井电梯**（上行/下行 20/10元；⏲9:00~11:50，13:00~16:50，周一休息；☎381 2259）。遗憾的是，鱼峰公园原本可用来快速抵达观景平台的的观光索道在2020年初被拆除。

两座山的主入口都在屏山大道。多路公交至“市一中”“屏山大道西”“马鞍山”下车。

东门城楼

历史建筑

（见164页地图；曙光东路188号；免费；⏲登楼

柳州城区

景点

- 1 大韩民国临时政府抗日斗争活动陈列馆.. B3
- 2 东门城楼 B2
- 3 柳侯祠 B2
- 4 柳州博物馆 B2
- 5 柳州菜饮食文化博物馆 C3
- 6 柳州工业博物馆 C2
- 7 龙潭公园 B4
- 8 石尚1966文化艺术园区 D2
- 9 鱼峰公园 B3
- 10 云顶观光 B2

住宿

- 11 柏曼酒店 B3
- 12 蔓酒店 B2
- 13 屏山书香世家 C3
- 14 优程酒店 A4

就餐

- 15 阿云香螺小吃店 B2
- 16 翠翠螺蛳粉 B2
- 17 肥螺庄 B3
- 18 凤张螺蛳粉 B1
- 19 符老三小吃店 B2
- 20 桂采棠 D2
- 21 金惠大酒楼 B2
- 22 聚宝螺蛳粉 B2
- 23 小柒螺蛳粉 C3

活动

- 24 柳航游船码头 B3

购物

- 25 金鹅小商品市场 A3

实用信息

- 26 柳州市人民医院 D1

交通

- 27 柳州火车站 A3
- 28 汽车南站 A3
- 29 汽车总站 B3

9:00~17:00，周一休息）在古迹难觅的柳州，这样一座略显沧桑的城门、谯楼和不长的城墙已足够令人惊喜。城楼始建于明代，现存为清代火灾后的重建物，可以免费登楼望着近在眼前的江景怀古一番。穿过东门会见到一座黄色的小洋楼，曾经是柳州电信局，如今已改为**柳州邮电博物馆**（免费；⏲周二和周四 9:00~17:00），展示着柳州电信业的发展历程。

柳侯祠 历史建筑

（见164页地图；文惠路60号；门票 10元；⏲9:00~17:00，周一休息）这座位于柳侯公园内、紧挨着罗池的建筑始建于唐代，最初名为"罗池庙"，以纪念曾任柳州刺史的著名诗人柳宗元。宋代柳宗元被追封为"文惠侯"后，这里便改名为"柳侯祠"。虽说历史悠久，但现存建筑并没有什么看头——它只是1987年按照清代平面图重建而成的作品，真正值得欣赏的是祠内保存的"国宝"级文物——南宋碑刻《荔子碑》。此碑以苏轼书法，刻韩愈诗文，述柳宗元事迹，因而又被誉为"三绝碑"。祠后还有一座柳宗元的衣冠冢。

龙潭公园 公园

（见164页地图；龙潭路43号；免费；⏲6:30~22:00）柳州城南郊一座免费开放的大公园，其规模和喀斯特山水风光完全不逊于某些收费景点。连绵的峰丛包围着一湖二潭，湖面上方的风雨桥尽显少数民族风情。每年3月，风雨桥旁的春花岛会迎来百花盛开之景，桃树尤多，是柳州知名的赏花地，周末甚至会人满为患。公交19路可直达公园。

柳州菜饮食文化博物馆 博物馆

（见164页地图；☎380 0125；屏山大道339号；免费；⏲9:00~21:00）这间博物馆展示了柳州菜的起源、发展、食材、口味、菜式、烹饪制作工具等，从鼎鼎大名的螺蛳粉，到柳州各少数民族神奇的饮食风俗，皆有介绍。楼上还有一间环境雅致的餐厅，可以吃到展览中提到的众多特色菜，不过价位稍高。

活动

柳江夜游 游船

若想丰富你的夜间行程，可以考虑乘坐游船，在百里柳江上欣赏城市夜景。柳州有多家游船公司，大部分集中在**东堤旅游码头**（见164页地图），发船时间为19:30和20:30。位置更便利的江滨公园内有个**柳航游船码头**（见164页地图；☎281 4251；驾鹤路文惠桥头），发船时间为20:00和21:00。游船的路线基本一致，即在红

柳州石玩天下奇

在被称为“中华石都”的柳州，国内已知的观赏石种几乎都有出产。赏石讲究的是石头的自然美，一件出类拔萃的石品，集形奇、色美、质佳、纹丽于一体，这也是其艺术价值和经济价值所在。

柳州奇石馆（见164页地图；东环大道272号；门票 50元；⌚9:00~16:30，周一闭馆）位于城东马鹿山山麓，如山峦般重叠起伏的屋顶下，是号称全国最大的奇石馆。每两年一次的**柳州国际奇石节**（⌚10~11月）通常就在这里举办，届时展馆免费开放。附近还有**柳柴赏石文化产业园**（见164页地图；学院路33号）、**石尚1966文化艺术园区**（见164页地图；柳东路226号）等奇石市场，前者是价格相对亲民的批发市场，后者由一间电子厂改建而成，保留着水塔、红砖洋楼之类的建筑，展示交易的多是精品奇石。

光桥和壶东大桥之间行驶，经过音乐喷泉（每晚20:00和21:00各有一场，时长15分钟，滨江东路和江滨公园都能看到）时，会停留几分钟以便观赏。票价在80~158元不等，通过大众点评网、去哪儿网等平台订票有优惠。

柳州神兽户外

户外俱乐部

（微信公众号：hwlybl）柳州比较活跃的户外平台，时常组织带队去柳州周边山区徒步，包括柳城大岩山、鹿寨香桥岩、河池环江的文雅天坑等。路线难度不一，可以通过公众号联系了解。他们在柳州城内也会组织一些有趣的夜间徒步活动，如夜穿龙潭公园。

柳州行者无界俱乐部

户外俱乐部

（微信公众号：LZXZWJHW）常组织周边县市的户外路线，包括金秀巴勒山、柳城仫佬族古民居等。大部分路线偏休闲，难度不大。

节日

三月三

少数民族节日

（⌚3月至4月）与广西其他地方类似，柳州的三月三也发展成了旅游节，只是更侧重展现山歌、戏剧、民间技艺、少数民族风情等文化。通常在鱼峰公园、龙潭公园等地都有活动。

住宿

柳州的住宿选择相当充裕，柳江南岸谷埠街国际商城的高楼上，一家接一家皆是经济型酒店。市中心的龙城路一带交通便利，出门就有美食。

柏曼酒店

酒店 ¥¥

（见164页地图；☎533 2211；驾鹤路91号；标双 188元起，含双早；Ⓦ❄Ⓟ）酒店位置非常显眼，正对江滨公园，和带着尖顶十字架的天主堂共用同一栋建筑，出行、就餐很方便。2018年新开业，房间不算很宽敞，但设施完备，比较干净。

屏山书香世家

精品酒店 ¥¥¥

（见164页地图；☎383 8316；屏山大道286号；标单/双 309/399元起，含早；Ⓦ❄Ⓟ）一家颇有古典气息的酒店，从大堂到房间都布置得古色古香，还有一间舒适的书吧。房间设施完备，服务周到，甚至会为你准备黄瓜面膜。自助早餐很丰富，现场还有古筝演奏。

蔓酒店

酒店 ¥¥

（见164页地图；☎301 8885；映山街28号；标单 169元起；Ⓦ❄Ⓟ）虽然前台空间紧凑得像是招待所，房间却很有特色，房型、主题各不相同。工作人员态度很好，提供免费洗衣服务。位置正处中心，500米外就是五星步行街。停车需至附近的地下停车场，过夜收费20元。

优程酒店

连锁酒店 ¥¥

（见164页地图；☎313 6666；柳邕路253号；标双 159元起；Ⓦ❄Ⓟ）若不介意略显偏远的位置，这间酒店就算得上是高性价比了。房间整洁，卫浴干湿分离，有自助洗衣烘衣设备，有个后院可停车。距离汽车总站约2公里，步行范围内还有个万达广场。

餐饮

柳州的地道美食几乎都是小吃，从“网红”螺蛳粉到各类炒螺、鸭脚煲，虽登不上大雅之堂，但酸酸辣辣的口感深得民心。市中心最旺的食街，当属小南路骑楼下那一排餐厅。小南路附近有个青云民生市场（俗称“青云菜市”），云集了各式传统早餐店，卷粉、云吞、露水汤圆等，都是柳州人吃惯了的味道。除此之外，柳江南岸的谷埠街、东岸新兴的窑埠古镇，也是美食云集的人气商圈。

肥螺庄

大排档 ¥¥

（见164页地图；☎137 0780 3989；太平中街；鸭脚螺蛳煲 55元起；⏲11:00至次日2:00）很少有大排档能做到这样的“阔气”：一号店、二号店一直到六号店依次排开，几乎包下了整条街。但即使排场如此之大，到了夜宵时段，仍能座无虚席，去晚了有时还得等位。鸭脚螺蛳煲、炒螺都是这里的招牌，口感偏咸辣，忌口的可以要求不放辣，但上菜速度难免要慢一些。

桂采堂

广西菜 ¥¥

（见164页地图；☎220 9622；柳东路144号鹏东大厦二楼，近石尚1966；人均 40元；⏲11:00~22:00）螺蛳粉、鸭脚煲之类的菜品，出现在街边的大排档里不足为奇，但这家新开的餐厅，把它们搬到了清新文艺的氛围之中，给挑剔环境的食客们提供了一个好去处。价格实惠，口味中规中矩，螺蛳粉比柳州常规做法清淡些，担心吃不惯的可以来这儿试试。柳州工业博物馆向东步行800米即到。

符老三小吃店

小吃 ¥

（见164页地图；☎130 1488 1012；青云路南一巷15号；汤圆每碗4.5元起；⏲8:00~13:00，卖完即止）哪怕是热爱螺蛳粉酸辣口感的柳州人，早上也得来点儿清淡的食物润润肠。这家在青云菜市里开了20多年的符老三小吃店，卖的就是备受街坊邻里喜爱的露水汤圆。这种汤圆个头特别大，胃口小的话，两个（4.5元）就管饱。提供糯玉米、黏米两种口味，前者绵密粘牙，后者厚实有弹性。

金惠大酒楼

粤菜 ¥¥

（见164页地图；☎367 7228；连塘路13号3楼；人均 40元；⏲8:30~14:00为早茶，17:00~21:30）金惠是柳州的一家老牌酒楼，常有本地人在此订家宴、喜宴。菜式以广西菜和粤菜为主，上午还供应早茶，是不吃辣的人的福音。价格亲民，待客友好，推出的团购套餐好吃又实惠。

实用信息

柳州市人民医院（见164页地图；☎266 2222；微信公众号：lzrmyy；文昌路8号）

深度柳州（微信公众号：sdlz772）专注柳州美食的公众号，原创度较高，包括实地探店的测评。

到达和离开

飞机

柳州白莲机场（☎320 1088；微信公众号：广西民

不要错过

全城螺蛳粉大搜罗

想必有不少旅行者是专程来柳州寻找螺蛳粉的。不夸张地说，一百个柳州人心中就有一百碗最爱的螺蛳粉，可能是人气火爆的名店，也可能是自家小区门口的馆子。对于外地人来说，最好找的是连锁店，如**王味螺**和**爱民螺蛳粉**，初次尝试大可从这儿开始。

而在街巷里，还藏着更多独家秘制螺蛳粉，各有拥趸。**翠翠螺蛳粉**（见164页地图；斜阳路细柳巷37号；⏲11:00~13:00，卖完即止，周日休息；螺蛳粉7元）有个身为非遗传承人的店主，非常“任性”地每天只卖100碗。吃不上的话也不用丧气，200米外还有一家**阿云香螺小吃店**（见164页地图；斜阳路与西城巷交叉口；⏲11:00至次日1:00；螺蛳粉7元），可以自选米粉粗细，汤头很浓郁。**聚宝螺蛳粉**（见164页地图；☎138 7827 6533；龙城路聚宝大厦一旁的巷子，巷口对着春柳酒家；⏲7:30至次日2:00；螺蛳粉8元）是30年老店，夜晚络绎不绝的食客，仿佛丝毫不介意环境的简陋。**小柒螺蛳粉**（见164页地图；天山路南一巷14号；⏲9:00至次日3:00；螺蛳粉7元起）分量很足，配料丰富，和聚宝都属于口感较重的，嗜辣的人应该会吃得很过瘾。靠近柳州市五中的**凤张螺蛳粉**（见164页地图；跃进路东一巷内；⏲24小时；螺蛳粉7元起）深受隔壁学生们的欢迎，配上对面姚记豆花的豆腐花或玉米糖水，味道绝佳。

航）在柳州市区以南约16公里处。有北京、上海、广州、深圳、厦门、武汉、西安、重庆、海口、南京等多个主要城市的航线。

长途汽车

汽车总站（见164页地图；☎380 8414；文笔路3号）是最主要的车站，大部分前往周边市县的班车都在此发车。可通过微信公众号"泰禾智慧客运"（GXTHYS）查询、购票。注意，由于柳州和桂林之间已通高铁，长途班车班次非常少，且一路经停村镇，不建议乘坐。同样，去贺州、百色也建议乘坐高铁，票价与汽车接近，车次更多、更省时。

汽车南站（见164页地图；☎367 0988；飞鹅路81号）靠近火车站，有前往柳州机场、桂林机场（75元；6:00~18:00，除了13:00之外每个准点发车；车程约3小时）的班车，转车很方便。可通过微信公众号"国联行"（gxlzqcnz）查询、购票。

莲花客运站（☎314 1806；柳石路181号）位于市区南郊，旅行者来这里通常是为了前往来宾（26元；7:00~19:30，30分钟1班；1小时）或武宣（38元；7:00~19:30，间隔30分钟；1.5小时）。在汽车总站搭乘公交601路可到莲花车站。

火车

柳州火车站（见164页地图；南站路6号）柳州主要的客运火车站，普通列车和高铁都在此停靠。注意，柳州市中心有个柳州北站，但已停止客运，不要被地名误导。

当地交通

抵离机场

机场出发的大巴经过莲花车站、鱼峰山（汽车总站）抵达汽车南站，根据航班实际到达时刻发车。市区出发的大巴从汽车南站城市候机楼发车，20分钟后到柳州饭店，之后直达机场；发车时间按季节调整，通常每天有6~8班（15元；⏲8:00~20:00），具体可电询机场。

公交21路可到机场，票价3元。从机场打车至市区50~70元。

公交车

柳州公交票价1~2元，有BRT快速公交（如"快1""快2"），但我们的经验是速度与普通公交差别不大。

值得一提的是**水上公交**（7:00~19:00，间隔20~30分钟，票价2~3元），在柳江两岸设了西来寺、东门、海员码头、窑埠码头、东堤码头等21个停靠点，1号线的航线最长。这是水上游览柳江最经济的方式，只不过由于班次少且限载人数，中途上船需要一些耐心和运气，最好直接到始发站东堤码头（靠近东堤旅游码头）乘坐。

出租车

柳州出租车计价比较复杂，分段很细。起步1公里内6元，1~1.5公里7元，1.5~2公里8元，2~7公里为1.9元/公里，7~12公里为2.85元/公里。一般来说，在市区内打车不会超过20元。打车软件的

柳州汽车总站车次时刻表

目的地	发车时间/班次	票价（元）	行程（小时）
三江	6:00~17:30，30分钟1班	70	3
融水	6:30~20:20，15~30分钟1班	普通/直达 38/48	普通/直达 3/2
鹿寨	6:30~19:20，10~20分钟1班	15	1
融安	6:15~19:40，10~30分钟1班	普通/直达 38/50	普通/直达 3/2.5
金秀	7:15~19:00，30~60分钟1班	49	3.5
合山	6:55~18:45，1小时1班	普通/直达 34/37	普通/直达 2.5/2
忻城	6:55~18:30，1小时1班	普通/直达 39/45	普通/直达 4.5/2.5
阳朔	14:30	70	3
河池（金城江）	7:30~20:00，1小时1班	69	2.5
宜州	7:30~18:30，1小时1班	45	2
南宁	8:00~18:30，共8班	80	3
梧州	12:00，15:30	110	4
玉林	9:20~18:10，共7班	100	4

棺材当特产

在柳州的纪念品商铺里，你会发现一种造型独特的挂件——小棺材。别觉得晦气，这可是柳州名产之一，“食在广州，死在柳州”，说的正是这里的棺材行当。

自古以来，柳江上游的融水、融安等山区就盛产良木。根据《容斋随笔》的记录，宋代王室修筑玉清、昭应等道教宫观时，采材清单中就出现了柳地的杉木。这些木材顺水流至柳州，再转销往全国各地，令柳州成为一大木材集散中心。而柳州棺材的美誉，自然也离不开这些上等的材质，以及当地匠人高超的制作工艺。民间还有个神乎其神的传说：相传唐代诗人柳宗元客死柳州后，被装在一口柳木棺材中运回山西老家安葬，尽管旅途历时几个月，遗体却得到了完好保存，柳州棺材由此名声大噪。

借由棺材谐音“升官发财”的寓意，商家又开发出迷你小棺材，摆上了纪念品柜台。假如你不介意，想买上几个当手信，可以去市中心的龙城路五一地下街，或者汽车南站附近的金鹅小商品市场（见164页地图）找找，价格从十几元到几百元不等。

接受度较高。

鹿寨县

鹿寨位于柳州的东北方向，开车1小时即可抵达县城。从县城往北30公里，有古镇、瀑布、石林、峰丛等景观，很适合从柳州出发进行一日游。

景点

香桥岩溶国家地质公园 地质公园

（☎653 1178；中渡镇大兆村；门票 60元；⏲夏季9:00~17:30，冬季9:30~17:00）岩溶，也就是常说的“喀斯特”，这座地质公园正是典型的喀斯特地貌集中发育区，能看到处于不同发育阶段的峰丛、峰林、天生桥、峡谷等地貌类型。广义上的地质公园是中渡镇以北的广袤地区，占地约41平方公里，但目前辟出的收费景区只是其中一小部分，最大的亮点在于横卧香桥峡谷之上的**天生桥**和大型天然溶洞**九龙洞**。观光车道一侧有观景台，可以从高处拍到重重叠叠的峰丛和桥身厚达10米的天生桥，颇为雄奇。

中渡镇至景区约9公里，可在镇上找私营小车（30~40元）或摩的（20元）前往。

中渡古镇 古镇

免费 中渡镇位于鹿寨县城以北20公里的洛江江畔，历史可以追溯到近两千年前的三国东吴末期，一度水运发达、商贾云集，是旧县治的所在地。尽管现在显得有些冷清，但你仍能从保存下来的大片清代古民居和四通八达的老街中，感受到昔日的繁华。

古镇中心是一座供奉关羽的武圣宫，东、南、西、北四条街彼此交织，嘉盛商号、东南客栈等老屋就散落其中，只是大部分只能一睹沧桑的外观而无法入内。罗公馆是个例外，这里被改成了**中渡古镇文化博物馆**（免费；⏲周一至周五 10:00~16:00），展示着古镇的历史和民俗等。古镇四周有多个码头，最值得一看的是当地人口中的“大码头”，古朴的青石码头旁，两棵高大葱郁、盘根错节的古榕树在岸边并立，遮蔽了半边江水。常有船家在此做生意，30元就可以带你一游洛江。

响水瀑布 瀑布

（中渡镇大兆村；免票）响水瀑布也是广义上的香桥岩溶国家地质公园的一部分，就在从中渡古镇到香桥岩景区的路上，途中稍作停留，即可从路边观景台上欣赏到层层叠叠的跌水。虽然8级跌水的总落差仅10余米，夏季丰水期时依然十分壮观，是名副其实的“响水”。但若是枯水，景色就差强人意了。

留意瀑布1公里外的河床右岸，那里一丛丛突兀的石林十分引人注目。名为**响水石林**，是典型的埋藏型石林，形态如剑如塔，总体不高，却相当密集，景观很独特。本书作者调研时，这里正在进行旅游开发，已修有游览步道，但开放时间尚未可知。

食宿

柳州到中渡一日往返绰绰有余，非要住

宿的话，穿过镇子的603县道两侧有几家宾馆，平日100元左右就能住下。如果预算充裕，也可以考虑香桥岩景区以南3公里的**香桥鹿园酒店**（☎646 8886；标双368元起；📶❄🅿），场地很大，住客可免费游玩旁边的呦呦鹿鸣公园，适合亲子度假。

中渡古镇上有小餐馆和粉店，使用柴火灶的**中渡柴火粉**（素粉3元，肉粉6元；⏲5:30~13:00，卖完即止）实惠又好吃，本地人也常光顾。

到达和离开

鹿寨北站（平山镇大洋坪屯）是鹿寨县内唯一的高铁站，在鹿寨县城的百姓看来，相距36公里的偏远位置显得十分不便；但对于只打算游玩中渡古镇、香桥岩一带的旅行者来说，高铁恰恰是最好的选择。柳州到鹿寨北（16.5元；30分钟）的高铁车次很频繁；高铁站至中渡镇约8公里，有公交接驳（3元；每2趟高铁发1班车；20分钟）。站外也有私营的小车和摩的，去中渡镇15~30元。

柳州有流水班车发往鹿寨（15元；1小时），之后直接在汽车站转乘前往中渡、坪山或鹿寨北站的公交，即可到中渡古镇（4元；30分钟）。

三江侗族自治县

位于黔、桂、湘三省交界处的三江，是你在柳州旅行最不应错过的地方。山间的侗族村寨既有匠心独运、造型各异的鼓楼和风雨桥，也不乏连绵成片的茶园、梯田风光。近年的道路工程和便民班车，让许多偏远小村更加易于探索，无论背包还是自驾都很适合。

方位

浔江将县城古宜镇一分为二，河西是老城，房屋老旧密集，街巷交错复杂；河东有更多拔地而起的高楼，宽阔的大道旁酒店林立。在浔江上连接起东、西两岸的是两座大桥：北侧古老但繁忙的古宜大桥，以及南侧引人注目的现代作品——车辆亦可通行的三江风雨桥。

景点

三江值得一看的景点基本都在周边乡镇上，或许是不甘示弱，县城建起了全县最高的鼓楼和最大最坚实的风雨桥，对于第一次到侗乡的旅行者来说，倒也有些吸引力。河西的县博物馆对本地的历史文化有着较详细的展示，不妨在走村访寨前先去那儿补补课。

三江侗族博物馆　　博物馆

（见172页地图；江峰街17号；免费；⏲9:00~12:00，15:00~17:00，周一闭馆）在这里你可以了解到三江县的发展史，看到侗族先人的滑石耳环、滑石托盘等文物，以及侗族的生活用具、手工业品、民族服饰、几座具有代表性的鼓楼和风雨桥的模型等。二楼展厅里还有一间小小的侗族木屋，还原了厨房、婚房等场景。需要提醒的是，本书作者调研时，所谓的新馆并没有开工建设，它被规划在河东三江风雨桥的附近，电子地图和路牌也已有标记（“博物馆南路”和“侗乡博物馆”），不要被误导。

三江鼓楼　　地标

（见172页地图；侗乡大道19号多耶广场内；门票15元；⏲8:00~18:00）这座鼓楼虽是近年

不要错过

赤膊抢花炮

三江县热闹的“三月三”里，最具特色的活动，当属富禄乡的花炮节。

所谓“花炮”，是一个象征幸福的以红绿布带缠绕的小铁圈，燃放时将其置于铁炮顶端，点燃铁炮，使铁圈飞入高空。接着就迎来了花炮节的高潮——抢花炮，赤膊上阵的勇士们紧跟花炮下降的方向，只待它一落地，便开始蜂拥争夺。据说谁能抢到花炮，他和所在的寨子在接下来的一年就会人财两旺、幸福安康。

除了富禄乡，三江其他地方也有花炮节，具体日期因地而异。但论规模，仍数富禄乡三月三的花炮节声势最大，影响最远。届时前来围观的群众可达数万，交通拥堵，住宿一床难求，需做好充分准备。

三 江

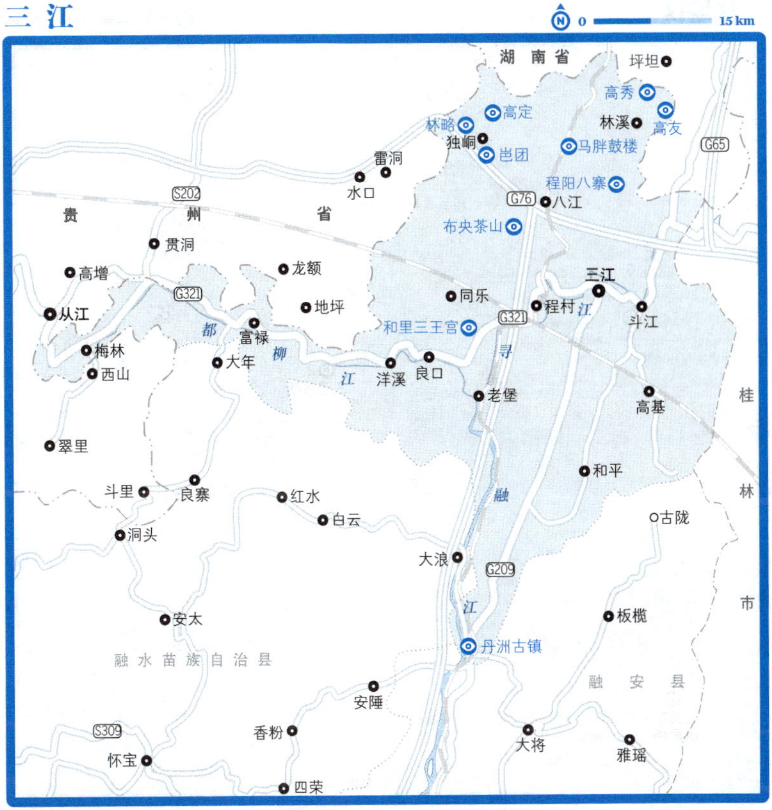

新作，规模却超过了三江的其他同类。由多位民间楼桥师傅共同建造，共有27层瓦檐，可登至四楼远眺。底层有关于鼓楼历史、类型的展板介绍，包括三江境内所有值得一提的鼓楼照片。

多耶广场对面有一座模仿北京鸟巢的侗乡鸟巢，每晚上演大型实景歌舞秀《坐妹》（见174页）。再往南约1公里，便是现代工业加上古老外貌的**三江风雨桥**（见172页地图）。

节日和活动

多耶节　　少数民族节日

（⏲11月）“多耶”在侗语中是踏歌而舞的意思，是侗族的传统民歌形式之一，也是侗家的大型集体娱乐活动。不过多耶节并非传统民族节日，而是三江县2003年开始结合侗族民俗打造的旅游节。近几年多耶节通常安排在11月，几乎整个月都有活动，热烈的气氛从县城到村寨此起彼伏。县城的多耶广场往往是节日开幕、侗戏、彩调会演等大型活动的举办场地，程阳八寨、丹洲古镇等景区也会格外热闹。可通过微信公众号“三江县旅游局”了解各地活动日程。

三月三　　少数民族节日

（⏲农历三月初三前后一周）三江县在“三月三”会举办各种民俗活动，来欢庆这一传统节日，同时吸引游客前来观赏体验，会举办侗寨常见的侗族大歌、芦笙踩堂、百家宴等活动。

食宿

侗乡大道附近的宾馆酒店很多，价格适中。紧邻的芙蓉大道上也有不少经济型旅馆，到车站和景点都很方便。餐饮方面，三江最具特色的是侗、苗族的酸鱼酸肉、油茶等食物，河东雅新路是当地有名的油茶街，多耶广

三江城区

三江城区

重要景点

1 三江风雨桥 A4
2 三江鼓楼 C2

景点

3 侗乡鸟巢 D3
4 三江侗族博物馆 A2

住宿

5 25号青年旅舍 C3
6 璟象酒店 A2
7 宜家·三江大酒店 D2

就餐

8 阿华羊憋牛憋店 C3
9 富禄三月三风味油茶店 D2

实用信息

10 大侗寨景区游客中心 C3
11 三江县人民医院 B1

交通

12 河西车站 B1
13 三江汽车总站 C1

场后面的月亮街上也有许多小馆子。

璟象酒店

豪华酒店 ¥¥¥

（见172页地图；☎862 6688；江峰街15号；标双 558元起；📶❄🅿）三江最具设计感的高档酒店，2018年全新开业。房间宽敞舒适，都配有雨伞、保险柜等物件；另外还有布置温馨的亲子房（908元起）。餐厅设在12层，可俯瞰三江城区（只是就景色而言有些“鸡肋”）。早餐很丰盛，有免费的地下停车场。

25号青年旅舍

青年旅舍 ¥

（见172页地图；☎177 7203 2116；河东广场南路电力小区25号；铺/标双 45/110元起；🛜❄🅿）三江县内仅有的一家青年旅舍，设在独栋公寓楼内。房型很多，包括三人间、六人间、标间、榻榻米间等，都比较宽敞整洁，只是设施相对简单。靠近多耶广场和月亮街，门前有个大停车场。注意共有六层，但没有电梯，多人间在4楼。

宜家·三江大酒店

酒店 ¥¥

（见172页地图；☎875 1666；桐乡大道7号；标双198元起，含双早；🛜❄🅿）酒店规模对得起这个响亮的名字，大堂也相当气派，只是贵气中仍可见设施的陈旧。好在功能完善，房间宽敞整洁，与鼓楼和"鸟巢"的间隔都不出500米，出行非常便利。门前有停车场，过夜10元。

富禄三月三风味油茶店

侗族菜 ¥¥

（见172页地图；☎861 3958；雅新路和芙蓉北二街交叉口，三江油茶街内；油茶 12元/人，2人以上可点；⏲8:30~21:00）吃油茶（也称"打油茶"），通常是用一碗微涩的茶汤，泡上炒过的阴米（糯米蒸熟阴干而成）、黄豆、花生米等配料，既开胃提神，也可饱腹。这在黔、桂、湘交界一带很常见，各地做法、口味略有差异。对于有些家庭来说，无论是一日三餐还是午后闲聊、招待客人，都离不开油茶。这是油茶街里一家口碑不错的老店，除了油茶也有酸鱼、酸肉等特色菜。

ℹ 从三江入湘黔

到了三江，很多人自然而然地想进入附近的黔东南，继续探索岜沙苗寨或是肇兴侗寨。你可以搭乘班车到从江，这是去岜沙最近的中转方式。若要去肇兴，三江南站有开往从江的高铁（19元；每天5列；20分钟），从江高铁站到肇兴侗寨仅约7公里，有接驳公交和私营小车。

往湖南方向同样很方便，有火车开往怀化、吉首（可转车去凤凰）、张家界和重庆。毗邻三江的湖南通道县也是一个侗族之乡，与三江林溪镇相距12公里的坪坦乡，拥有"国宝"级的坪坦风雨桥群，徒步、自驾或搭乘去通道的班车前往游览都可行。

阿华羊瘪牛瘪店

侗族菜 ¥¥

（见172页地图；☎158 7820 8675；福园街7号；牛瘪 60元/斤，羊瘪 70元/斤；⏲9:30~23:30）这是一种非常"重口味"的特色美食，在黔东南的侗族地区也很常见。牛羊"瘪"（或"瘪"）是指牛羊的胃和小肠中未被完全消化吸收的草末等食物，将它们洗净、加佐料去腥，再配上内脏，便可煮成一盆"百草汤底"的牛羊杂火锅。这道菜本身并没有太奇怪的味道，但了解真相的你可能需要一些勇气才能入口。侗乡鸟巢附近的福园街有多家餐馆主打牛羊瘪，阿华的人气很高。

侗寨游览巧安排

无论是渐成气候、声名远扬的程阳八寨，还是低调却淳朴的原生态侗寨，都分布在三江县城周边，值得旅行者花上更多时间，来感受三江独特的侗家风情。最好是在村寨里再住上一晚，感受山间的清晨和黄昏。

比较有特色的侗寨基本分布在两条路线上：一是以程阳永济桥为亮点的**林溪镇一线**，新修的省道非常好走，班车20分钟一趟，很适合依靠公共交通游览；另一条是弯多路窄的**独峒镇一线**，有更多不为人知的侗寨，沿途看点多，距离较长，虽然也有班车，但最好还是自驾或包车。两条路线上都有偏远的村寨，只能依靠包车到达。每条线路至少需要安排一天时间。

顺便一提，八江镇马胖村还有一座全广西唯一的"国宝"鼓楼——**马胖鼓楼**。鼓楼于1943年重建，有9层飞檐，长、宽、高皆为四丈（近14米）。比起大部分"身材纤细"的宝塔式鼓楼，它更像个"底盘"很稳的小胖墩，内部的四根主柱也十分粗壮。不过由于直达马胖的班车不多，附近也没有更多看点，专程前去的旅行者寥寥。

三江汽车总站车次时刻表

目的地	发车时间/班次	票价（元）	行程（小时）	备注
融安	7:10~17:00，间隔40分钟	24	2	
融水	9:35，10:40，12:40，14:30	40	2	
龙胜	7:00~17:25，间隔1小时	22	1	
柳州	7:30~18:30，间隔40分钟	普通/快车65/70	普通/快车4/3	
通道（湖南）	8:35，11:00，13:10	26	1.5	途经坪坦
从江（贵州）	6:40~15:10，间隔1~1.5小时	35	2	

河西车站车次时刻表

目的地	发车时间/班次	票价（元）	行程（小时）	备注
八江	7:00~17:00，间隔20分钟	8	1	7:00，10:00，16:30可到马胖
林溪	7:20~18:30，间隔20分钟	5	1	到程阳桥3元，40分钟
独峒	6:50~18:30，间隔30分钟	10	1.5	

☆ 娱乐

坐妹

实景演出

（☎856 2788；www.zuomeisj.com；票价198元；⏲20:00~21:15）大型实景演出《坐妹》每晚在侗乡鸟巢（见172页地图）的露天剧场里开演，主线是侗族青年男女寻情求爱的故事，穿插了侗族大歌、对歌、侗笛、傩面舞、芦笙踩堂等多种极具民族风情的歌舞形式。各大酒店、旅行社和团购网站都有折扣票销售。

ℹ 实用信息

三江县人民医院（见172页地图；☎861 1663；微信公众号：lzrmyy；古宜桥西北1号）三江县的二甲综合性医院。本书作者调研时河东的新院正在建设中，未来将整体迁入新院。

大侗寨景区游客中心（见172页地图；☎858 1288；多耶广场对面；⏲8:30~18:00）位置便利，工作人员态度友好，可以咨询关于三江旅行的各种信息。出售《坐妹》的折扣票。

ℹ 到达和离开

火车

三江南站（古宜镇泗联村）三江的高铁站，也是旅行者最常用的车站，在县城以南8公里，前往柳州、南宁、桂林、贺州、榕江、贵阳、广州等地的列车在此停靠。多耶广场对面有公交车去车站（3元；20分钟1班），车程约20分钟。从高铁站也可坐五菱面包车（10元/人）去河西车站，方便转车去程阳八寨、独峒镇等地。

三江县站（古宜镇寨准村）三江县的老火车站，在县城以北11公里，停靠的列车不多，包括南宁开往兰州和张家界的火车。三江县城前往独峒、八江的班车都能经过，车程约30分钟。

长途汽车

三江汽车总站（见172页地图；雅谷路51号）即河东车站，前往周边各县市的班车均由此发车。微信公众号"泰禾智慧客运"（GXTHYS）可查询、购票。注意，由于高铁的便利性，三江已没有到桂林、南宁的班车。

河西车站（见172页地图；三江县人民医院对面）主要发车前往各个乡镇，班车一般停在路边，上车买票即可。

ℹ 当地交通

县城内有1路和2路公交，上车1元。

出租车起步价1公里5元，之后1.6元/公里，但每过200米跳一次表。

林溪镇侗寨群

以程阳桥为主要亮点的程阳八寨，无疑是林溪镇最有吸引力的目的地。不过别急着就此返城，沿着通往湖南的公路继续北上，还有几座偏远但风貌原始的村寨值得一看。

景点

程阳八寨 村落

(见171页地图; 门票60元; ⏲8:30~17:30)旅行者来这里通常只有一个原因:为了看一眼三江乃至全国最著名的风雨桥——程阳永济桥。这座桥横跨在林溪河上方,今天的程阳八寨景区,指的就是林溪河沿岸的8个村寨,即马安(鞍)寨、岩寨、平寨、大寨、董(东)寨、平坦寨、吉昌寨、平铺寨。

前三个寨子是游人最多的核心区,一般从程阳永济桥所在的马安寨开始游览,穿过程阳桥直走就进了寨。沿着石板路来到一个分岔口,左边是旅馆、饭店云集的商业街,可以更快前往岩寨;右边是马安寨的中心,上坡即可看到**马安鼓楼**和戏台。从马安寨跟着路标往岩寨走,会先路过一座历史悠久的**合龙桥**,始建于清嘉庆年间,1941年修复后保存至今,看上去相当古朴。无须过桥,继续走,看到**岩寨鼓楼**,旁边有个**三江侗族民俗工艺博物馆**(门票10元),展出内容有木工用具、建筑模型、侗布制作、服饰与刺绣等。再往前是万寿桥,过桥后至**岩寨小鼓楼**向右再过一座水泥桥,就到了平寨。日常的侗族歌舞演出就在平寨的**表演艺术中心**(也叫"月也堂"),每天10:00和15:30各有一场(约30分钟),可免费观看,包括侗族大歌、芦笙舞等表演。

从平寨沿着河边继续走,可以抵达游人稀少的董寨。这里同样也有鼓楼,但更值得一看的是纪念"飞山公"杨再思的**飞山庙**。沿着比较宽敞的大路走到大寨,便可穿过普济桥走回到岩寨。平坦寨、吉昌寨、平铺寨是相对较远的三个寨子,游人很少去,寨子里新建的砖房数量正在逐渐超过传统的木屋,使得可看性大大降低。

如果只是游览核心区,两三个小时便够。几个寨子都有住宿,岩寨和马安寨从位置上来说最方便。河西车站有班车到程阳桥景区,20分钟1班,票价3元。

高友村 村落

(见171页地图)高友村藏在程阳桥以北约20公里的大山之中,进村的路可谓九九八十一弯,但当你进入高友,爬到高处的凉亭里,将大片比较原生的侗寨风貌一览无余时,定会感慨不虚此行。

据考证,高友的建寨史可以追溯到明代,现在仍保存着几处清代古迹,包括一座飞山宫(2005年有所修缮)。寨子的中心是2005年新落成的十三层瓦檐的福星楼,一侧的南岳宫鼓楼,据说是全寨历史最久的鼓楼,楼板上"以粮为纲,全面发展"的老标语依旧清晰。

高友人最津津乐道的本地特产是韭菜,如今每年五一黄金周期间会举办"韭菜节"。在旅游业的带动下,村里的旅馆和小饭店也多了起来,**老黑饭庄**(☎135 1752 3350; 标双 80

值得一游

程阳风雨桥和它的守护人

程阳风雨桥(又名"永济桥")是中国迄今保存较完整、规模较大的侗寨风雨桥。它全长77.76米,墩台上建有5座塔式桥亭,中亭似宝塔,侧亭似宫阙,亭廊相连,宛如一座长廊式楼阁。整座建筑不用一根铁钉,均为榫接,穿方衔接,横直斜套,形成一个坚固的整体。

杨似玉是三江侗族著名楼桥世家的第三代传人,程阳桥就是他爷爷杨富堂领衔建造的,于1924年正式落成。不过如今我们所见之桥并非原物,1983年,中间的墩亭在一场百年不遇的洪水中被冲垮。复原过程中,这座建筑的构造之复杂,曾难住了专程前来的专家、工程师。而杨似玉和他的父亲杨善仁出马后,仅凭心算就记下了各种梁、柱等的尺寸,十天就备好了料。在正规设计的重建图纸还没有画好时,工人们已经在他们的指挥下完好地恢复了程阳桥的昔日雄姿。

现在杨似玉成了当之无愧的"专家"。香港回归时广西壮族自治区政府赠给香港的礼物"同心桥"和三江县城最宏伟的标志性建筑——27层的"三江鼓楼",都是杨似玉的作品。若想了解更多侗族的传统手工艺,可以去岩寨他开办的三江侗族民俗工艺博物馆里看看。

元）靠近中心鼓楼，房间简单宽敞，使用公共卫浴，兼做餐饮。

林溪镇到高友村有10公里路程，运气好的话可以坐上赶集回村的小面包车（每人10元），包车单程约60元。村里每天清晨有车去三江县城（20元），可以提前联系。本书作者调研时，从林溪镇到高友村的公路正在彻底重修，无法通行，必须绕由湖南通道县进入，据说2019年可通车。如果游兴未尽，距离高友不远还有一座同样淳朴的侗寨高秀村（每年10月底11月初有“红薯节”），可由高友沿山间小路步行40分钟前往，或开车从外面省道进入。

食宿

比起林溪镇中心，程阳八寨的食宿选择要丰富得多。不过部分旅馆位于景区内，正常工作时间必须购买门票才能进入（其他时段店家会告诉你免票入内的方式）。旅馆一般设有餐厅，价格以景区来说还算合理。如果有节庆活动，或是有团队游客提出需求，程阳八寨和北面的冠洞村会举办百家宴，届时散客也可以自费参加（人均50~80元）。住宿的旺季价格会是淡季的两三倍，甚至房间供不应求，最好提前预订。以下为淡季房价。

望桥楼　客栈 ¥¥

（☎858 2421；www.donghotel.com；程阳八寨景区正门外，过现代风雨桥后左拐第一家；标双150元，三人间180元；Wi-Fi 空调 P）房间布置得较有民族特色，全部都带独立观景阳台，可观程阳桥及河谷风景。房间干净整洁，一楼设有餐厅。老板是个驴友，对当地户外的环境非常熟悉，常带欧美团队走附近的三省徒步。后门外即可免费停车。

苏溪微舍　客栈 ¥

（☎155 7848 0019；马安寨内；铺/标双48/120元起；Wi-Fi 空调）程阳八寨景区中难得一家提供多人间床位房的客栈，采用砖混结构，虽说不如木屋有氛围，但相对隔音更好。和所有景区内的住宿一样，客栈没有自己的停车场，需停至指定地点，且另外收费每晚20~25元。

到达和离开

河西车站每天有班车开往林溪镇（5元；7:20~18:30，间隔20分钟），沿途经过程阳八寨景区、冠洞村。去高友村或高秀村需要在林溪转车，最便捷的方式是包车，单程约50元；也可以乘坐三江到通道的班车，在路口下车再步行进村（至高秀村2公里，至高友村6公里）。

独峒镇侗寨群

独峒不似隔壁的林溪，有程阳桥那样的头号招牌，却也因此保留着更多更加清静、原始的村寨。这里有9座村寨联合作为三江侗族生态博物馆，集中展示着侗族的传统文化和建筑精华。

景点

独峒的各个侗寨基本沿着县道636分布，沿着苗江逆流而上，可以依次经过坐龙、八协、平流、华练、岜团等村寨，到达独峒镇中心。八协的巩福风雨桥、平流的赐福风雨桥、华练的培风风雨桥各具特色，在路边就能看到。独峒镇后方有一座与贵州黎平县、湖南通道县相连的高山，名字就叫“三省坡”，山脚的高定、林略等村寨虽偏远，却更有侗家韵味。

★ 高定村　村落

（见171页地图）作为独峒镇中距离县城最远的村寨之一，高定难能可贵地保持着比较完好的侗寨风貌。而更具吸引力的是，这个500多户的寨子中，竟密集分布着7座鼓楼，包括一座罕见的**独柱鼓楼**——不同于常见的4根主柱和12根环柱的鼓楼，它只是依靠一根普通成年人都能抱住的主柱和8根环柱，却支撑起了十三层檐的双层鼓楼，令人惊叹。

高定的寨门非常高大，堪比门楼。寨门旁有个**三江侗族生态博物馆工作站**（☎152 7885 1733；铺50元），不定期开放，可联系工作人员免费参观。沿着寨门旁的水泥路走上坡5分钟，那儿有个小观景亭，可以从高处俯瞰整个高定寨。

寨子的中心在寨门进去约1公里的地方（顺着水泥路前进即可）。路边有座挂着“五六雄鼓楼”牌匾（实应为“吴六雄”，高定寨吴氏为大姓）的鼓楼，八角楼阁般的造型十分别致。鼓楼旁是条宽阔的石阶，直走上去便

寨火下的妥协

一个显而易见的事实是，村落中的传统木屋正在越来越多地被砖房取代。这自然会让许多远道而来的旅行者感到遗憾，但你也无权指责村民的做法。之所以存在这样的改变，除了现代化浪潮的影响，另一个客观的原因是——木建筑不耐火。对于木屋紧密相连的寨子而言，一户人家偶然的用火不慎，完全有可能演变成全寨的灾难。在一些侗族老人的回忆里，一辈子可能就是积累财富、建造房屋、遭到火灾、再积累再建房的循环。

2009年11月，林略村一场由电气故障引发的大火，带走了近两百座民房、历史悠久的鼓楼和几个鲜活的生命，而这已经是独峒镇当年继八协村、知了村之后的第三场重大火灾。尽管如今消防意识有所加强，消防设施也在完善，但我们在调研中仍能听到村民说着前不久哪里又失了火。距离高定村6公里的干冲村号称“千户侗寨”，曾有着不输西江千户苗寨的传统村落景观，但在2007年遭遇了一场特级大火之后，如此壮景便不复存在。而就在2017年，干冲村又发生了火情，22座木屋被毁，村中百余人受灾。是否要再建木房，成了村民不得不思考的问题。

能见到全寨的中心鼓楼，前面提到的独柱鼓楼就在中心鼓楼的西侧不远处。

本书作者调研时只有博物馆工作站正式提供食宿，但节假日访客较多的时候，也有村民把自家房间腾出来（双人间80元左右，可联系134 0782 0295）。每年农历三月三和中秋节的时候，寨子里都会格外热闹。

高定村距离独峒镇中心约10公里，路面平整，但弯道较多。独峒镇上包车需要和司机议价，小车去高定单程约40~50元，摩托车便宜些。高定5公里外还有个水库形成的高山湖泊大塘坳（但风光谈不上多特别），从大塘坳岔道口继续走5公里也可到达林略村，全程都是水泥路。

林略村

村落

（见171页地图）林略村在独峒镇中心西北5公里处，地势较高，有着从三江到独峒一路都难得一见的山林梯田风光。林略的建筑群坐落在开阔的梯田之上，远远望去，一面面黑色斜屋顶层层铺排向上，颇为壮观，故而还赢得了“天上宫阙”的美誉。

不过遗憾的是，在2009年的一场大火之后，近两百座民居和多座鼓楼遭到损毁。如今虽已重建完成，却多了不少砖混结构的房屋，视觉上难免打了折扣。好在梯田依旧，复原的鼓楼（尤其是中心那座将鼓楼与戏台融为一体的“戏台鼓楼”）也值得一看。

欣赏林略的最好角度，在从独峒进入林略的公路旁，可将对面的村寨和梯田全景收入镜头之中。从独峒镇上包车到林略，单程约20~30元。

岜团风雨桥

桥

（见171页地图；岜团村境内）乍看之下，这座建于清代的风雨桥实在娇小朴素得不起眼，既没有足够长的桥身，桥亭也称不上华丽。然而在三江众多风雨桥中，这是“唯二”被列为全国重点文物保护单位的一座（另一座是程阳桥）。它的珍贵之处在于桥的复杂设计：在供人行走的桥廊一侧，还有一条更低、更窄的通道，用于牛羊等家畜的通行，堪比双层立交桥，非常罕见。

从三江到独峒的班车都会经过岜团村，在村口下车从小巷进去约200米即到。

食宿

独峒镇中心的食宿相对丰富，有几家价位在百元上下的小旅馆和数量更多的餐馆。高定村的生态博物馆工作站可以提供食宿，但房间数量很少，需提前联系。应急情况下，也可以去村民家中借宿。

到达和离开

三江河西车站有开往独峒的班车（10元；6:50~18:30，间隔30分钟），全程1.5小时。高定、林略和干冲在独峒镇中心以北，有水泥路相连，但没有班车，可以在独峒镇上找小面包车，通常客满发车（每人5~8元），或者自行议价包车（单程30~50元）。

布央茶山

（见171页地图；八江镇布央村境内；门票 旺季/淡季 80/40元，含观光车；⏲8:00~17:30）位于布央村的这片高山茶园，是三江县最早的一处茶叶种植试点。经过30年的种植，如今不仅茶业兴盛，数千亩的茶园还被打造成了可供游览的仙人山景区。最大的亮点是分布于海拔600~900米的仙人山山腰中的茶园，站在山顶向四周俯瞰，一行行排列规整的碧绿茶"田"，与远处郁郁葱葱的山脉相映成趣。你还可以住在布央侗寨里，欣赏清晨云雾缭绕的胜景。

景区的游览路线由观光车串联，全程非常轻松。半山腰的广场上有多家中规中矩的住宿（兼餐饮），平日100元左右即可过夜。本书作者调研时，还有度假酒店、茶文化展示厅、汽车露营地等正在建设中。

河西车站有开往布央的专线（7元；8:00，10:40，14:00，16:40，淡季仅有8:00和14:00），返程最晚一班18:00（淡季为16:00）。三江过来的自驾旅行者可以考虑由此继续前往独峒镇，不过接下来一段十多公里弯多路窄（但路面平整）的盘山公路，对于不常走山路的司机会是个不小的挑战。

丹洲古镇

（见171页地图；☎663 9636；三江县丹洲镇；门票 20元，含往返摆渡费；⏲渡船 7:30~21:00）明朝万历年间，三江县（旧称"怀远县"）将县治从三江口（老堡乡）迁至丹洲，开始了丹洲的建城史，至今已走过了400多年。丹洲的地理位置十分特殊，整个坐落在全县最南端的融江的江心洲上，在主要依靠水运进行贸易往来的明清时期，曾是黔、桂、湘三省交界地区的重要口岸。如今这里依旧没有建桥（当地人认为一旦有桥再无丹洲），融江也就成了天然的景区大门，进出全凭渡船。

从东门码头上岸后，按照指示先前往**丹洲书院**，这是岛上现存规模最大的一处古建筑，抗日时期著名学者费孝通先生也曾借住于此。书院的后门紧挨着古城**东门**，你可以在门洞内壁找到一块怀远县的石刻地图。穿过东门便来到了西门街，接着拐入北门街，就能见到横跨路中的**北门**，这是古城仅存的明朝古建筑。继续直走进入柚子林，这里藏着一座尚待修缮的**粤闽会馆**。之后从步道穿过这片柚子林，经富贵街、东门街就能回到东门码头。如果不走林间步道，也可沿着江边去看两株千年古树，其中之一是柳榕合璧，可谓奇观。

总体来说，丹洲的古城风貌并不明显，家家户户建有两三层的水泥房，从城门上俯瞰街道，与普通小镇无异。抛开几处古迹，岛上最吸引人的还是随处可见的沙田柚。每年11月的丰收季，丹洲会举办热闹的柚子节，届时商

另 辟 蹊 径

侗乡的夜郎文化

如果你已经游览过三江北部的林溪、独峒，就知道那里的侗寨多有祭拜少数民族首领"飞山公"杨再思的风俗。但当你到了三江西部、紧邻贵州榕江县的榕江流域，会发现"飞山庙""飞山宫"没了踪影，取而代之的是"三王宫"。这里的"三王"，是指传说中夜郎国王竹多同的三个儿子。

如今在良口乡的和里村，仍保存着一座始建于明嘉靖、经清代修缮扩建的**和里三王宫**（见171页地图；免费），现为全国重点文物保护单位。宫门门楼与两侧山墙高耸坚实，门内是干栏式的戏台，进门就到了戏台底下。内部有厢楼、仪门和两座正殿，分别供奉着三王和天帝相公的神像。每年农历二月初五是三王的神诞，届时会举行热闹的庙会。不妨留意一下这里身着传统服饰的侗族妇女，她们往往会在头部扎起白头巾，相传正是给三王戴孝。

由于紧挨着321国道，三江汽车总站开往同乐、富禄、从江的班车皆可经过（车程30分钟），路口走进去不过300米。穿过有三座桥亭的风雨桥——"人和桥"，便能看到三王宫。

铺里都会摆上两三筐柚子，每个10元左右。

岛上客栈很多，标间价格80元起，一般自设餐厅，可以试试这里的炒柚子皮。往来于三江和融安的班车都会经过去丹洲的路口，下车走约1公里即到游客中心。

融水苗族自治县

作为广西唯一的苗族自治县，融水是旅行者在广西感受苗家风情的最佳去处，尤其是那些深藏于县城西北广袤大山的村寨。县城位于山外的河谷地带，除了东面的融江，其余三面都挨着重叠起伏的喀斯特峰林，远远望去也很壮观。县城南郊的老子山历史悠久，山脚向北延伸的寿星路是县城的主干道，与东西向的朝阳路交织出了城中的繁华地带。距此2公里的民族体育公园与之呼应，周边同样生气勃勃，每到节日之时更是热闹非常。

景点

老子山 山

（见179页地图；寿星南路尽头；门票 2元；⏲7:00~18:00）老子山是融水县城南郊一座200多米高的小山，明代旅行家徐霞客就曾登过此山。由于票价几乎可以忽略不计（对本地人更是免费），因此也是当地人活动筋骨的地方。山上佛教氛围浓郁，佛像石刻随处可见，还有个寿星寺，逢年过节香火尤其旺盛。对于旅行者来说，老子山最大的亮点还是山顶——在这里你可以将融水县城一览无余，密集的现代建筑旁，一座座小山秀雅清丽，彼此相连，一派喀斯特地貌风光。

在距离老子山不到2公里的地方，是2017年新开放的景区**老君洞**（见179页地图；苗都大道尽头；门票 日场/夜场 80/20元；⏲日场 8:00~17:30，夜场 17:30至次日2:00）。最主要的看点是隐仙洞和真仙岩，后者即老君洞，内壁有十多块宋代石刻，相传当年徐霞客还在这个岩洞住了十多天。或许是为了让游人感觉物有所值，景区增设了不少人造看点和游乐项目，但性价比仍不如老子山。夜间仅开放山脚游览区域，不包括岩洞。

旅游专线1号线在老子山和老君洞均设有站点。

融水城区

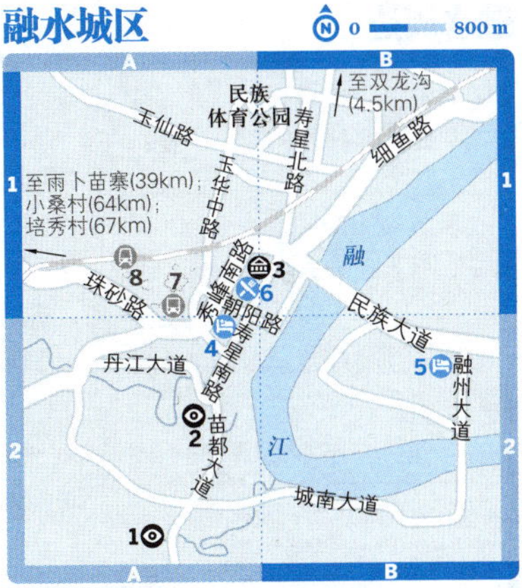

融水城区

景点
1 老君洞 A2
2 老子山 A2
3 融水苗族自治县民族博物馆 B1

住宿
4 东杰大酒店 A2
5 元宝山假日酒店 B2

就餐
6 融水市场滤粉 A1

交通
7 融水汽车站 A1
8 融水站 A1

融水苗族自治县民族博物馆 博物馆

（见179页地图；寿星中路大广场，政务服务中心三楼；免费；⏲9:00~11:30, 15:00~17:30，周六和周日闭馆）展览分为“悠久融州”和“民族风情”两部分，展示了苗族的苗锦、苗绣、生产生活用品，解读了融水苗族的民风民俗。

双龙沟 自然景观

（见180页地图；☎645 1888；微信公众号：广西融水双龙沟景区；融水镇古选村；门票 108元；⏲售票时间 9:00~16:30）2016年推出的新景区，无论规模还是票价都是融水首屈一指的水平。主打原始森林风光，包括古树、溪流、瀑布等景观。不过票价之所以贵，主要在于有一条199.9米的高空玻璃栈道。景区门口还有《苗魅》实景表演（148元；20:00）。民族

融水周边

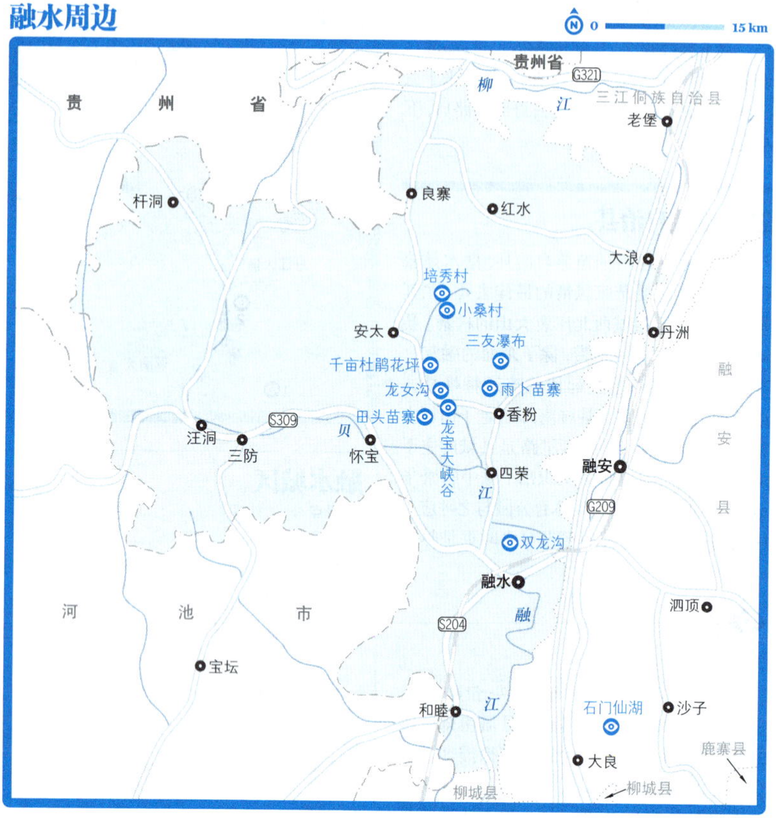

体育公园有旅游专线开往双龙沟（5元），也可乘坐公交28路（1元），打车约25元。

顺便一提，融安县的**石门仙湖**（见180页地图；微信公众号：广西融安石门仙湖景区/shimen xianhu；融安县大良镇石门村；门票 128元；⏲售票时间 9:00~16:00）近年也增设了玻璃栈道，有更多溶洞、天坑、地下河、峰丛等喀斯特地貌景观，可看性稍高于双龙沟。可乘坐三江至融安或融水的班车在大良镇路口下车，再打车去景区（每人约20元）。

食宿

融水县城不大，宾馆和餐厅主要集中在融水大桥桥西、寿星南路和朝阳路一带。民族体育公园附近也有不少食宿选择。

融水不能错过的食物是它奇妙的米粉，一是滤粉，二是刮盆（盘）粉。前者是用米浆现场过滤烫熟的米粉，新鲜软糯；后者现场将米浆倒入铁盘中，蒸成一张薄薄的粉皮，然后直接从盆上刮成条状的粉。需要注意，比较正宗的粉店一般只上午营业，最好早上去。

东杰大酒店 酒店 ¥

（见179页地图；☎512 5080；寿星南路3号，近朝阳路；标单/双 149/168元起；📶❄🅿）2018年重新装修的酒店，设施齐全，整洁度高，地段非常好，出行或就餐都很方便。

元宝山假日酒店 酒店 ¥¥

（见179页地图；☎586 6666；民族大道182号；标单/双 301/369元起，含双早；📶❄🅿）这是本书作者调研时，融水县城设施最好的高档酒店，房间宽敞，床垫尤其舒适。自助早餐非常丰富，在26楼的餐厅还可远眺融水县城。唯一的不便是地处融江东岸，距离主城区约2公里。

融水市场滤粉

小吃 ¥

(见179页地图; 朝阳西路28号融水民族市场内; 滤粉 5元起; ⏲天亮至16:00) 融水县城最受欢迎的滤粉店, 没有店名。从朝阳路的民族市场牌坊穿进去, 最靠近市场入口、人气最旺的那家店就是了。环境比较简陋, 但口味绝对不差。

节日

号称"百节之乡"的融水并非浪得虚名, 据统计, 全县大大小小共有130多个民族节日。在演变过程中, 许多活动形式也逐渐融合, 如今但凡重大节日, 都能看到芦笙踩堂、斗马等传统项目。县城过节的主场地一般都在民族体育公园。

苗族坡会

苗族节日

(⏲农历正月) 苗族坡会是融水最盛大的节日之一, 从正月初三闹到正月十七, 命名根据坡会举办的日期, 从"三坡"一直排到"十七坡"。届时, 男人们扛着芦笙, 姑娘们身着盛装, 从四面八方赶去坡会。其中规模较大、活动丰富的是正月十三的安太坡会、正月十六香粉乡的古龙坡会、正月十七安陲乡的芒蒿坡会。后者也是安陲传统的**芒蒿节**, 青年男子会头戴面具, 身披草衣, 装扮成"芒蒿"神的模样, 走街串巷, 寓意驱赶魔鬼, 为人们带来幸福。

新禾节

苗族节日

(⏲农历六月初六) 传统上, 过完坡会, 芦笙就该收起来了, 而再次吹响芦笙的日子, 就是年中的新禾节, 也叫"吃新节", 此时人们会煮上新米以庆祝丰收。现在的活动形式更加丰富, 除了斗马、斗鸡、芦笙踩堂等, 还有将气氛推向高潮的"闹鱼"(即下河捉鱼), 以红水乡良双村的最为热闹。

芦笙斗马节

苗族节日

(⏲11月) 斗马是融水苗族百姓喜闻乐见的一项活动, 基本上每个传统节庆都少不了这一环节。1987年融水借着县庆日(11月26日)举办了首届斗马节, 2000年开始将它作为一年一度的固定节日。每年日期不定, 通常在县庆日或提前几天, 主场地设在县城民族体育公园。到时县城住宿会很紧张, 最好提前预订。

苗年

苗族节日

(⏲农历十一月二十八前后) 苗年是苗家最隆重的传统节日, 不过各地时间并不统一。2017年融水县将农历十一月二十八定为"自治县苗年", 放假2天, 并在民族体育公园举办大型庆祝活动。你也可以去村寨感受更淳朴的过年氛围。

到达和离开

融水汽车站 (见179页地图; ☎513 4399; 香山路217号) 融水到周边县市和乡镇的班车都在此发车。乡镇班车通常停在路边, 上车买票即可。特例是去香粉的班车, 需直接到汽车站停车场里面等车(靠近门卫房的位置)。

融水站 (见179页地图; 大旗山路29号) 从南宁开往张家界、兰州的列车, 以及往来于湛江和襄阳、深圳和重庆的列车, 皆在此停靠。

融水汽车站车次时刻表

目的地	发车时间/班次	票价(元)	行程(小时)	备注
安太	6:30~14:30, 间隔30~60分钟	22	3	经过龙女沟景区
培秀	6:00, 15:00	22	3	
香粉	7:50~18:00, 间隔40分钟	13	1.5	7:50, 14:00, 16:20直达雨卜, 15元
三江	8:50~17:20, 间隔1.5~2小时	40	1.5	
罗城	7:00~17:00, 间隔40~60分钟	18	2	
柳州	5:20~19:40, 间隔20~40分钟	普通/快速 38/48	普通/快速 3/2	
桂林	6:30~14:10, 共7班	50	5	
南宁	8:30, 14:00	107	5	

当地交通

县城有多路公交，票价1~2元，支持微信“乘车码”小程序。另外有类似景区观光车的绿色旅游专线车，路线覆盖汽车站、老街口（大同街和寿星南路交叉口）、老子山、双龙沟等地，票价2~5元。

出租车一般不打表，上车前议价，城内基本5元。

环元宝山旅游带

元宝山位于融水县境中部，有着广西第三高的海拔2086米的主峰，山林茂盛，野生动物繁多，一派原始森林风光。与此同时，元宝山一带的香粉、安太、安陲、四荣等乡镇，分布着众多以苗寨为主的少数民族村落，富有特色的饮食服饰、建筑形式和节庆活动都会让人眼前一亮。

景点

元宝山的景点比较分散，为了更好地串联起来，融水县规划了环元宝山旅游公路。具体来说，南线为香粉乡田塘（龙门大峡谷）至四荣乡小东江（龙宝大峡谷）；东线为香粉至毛坪、乌翁，串起的景点包括雨卜苗寨、三友瀑布等；西线最长，自南往北分布着田头苗寨、龙女沟、千亩杜鹃、小桑村、培秀村；北线连接起培秀和白云乡。

至本书作者调研时，环线基本都已通车。不过，如果打算一次性游完，最好的方式仍是自驾或包车。可以先游览东线，再从南线绕至西线，上到培秀，最后从北线经白云乡、大浪乡进入高速，便可返回融水，或继续前往三江。本节景点的排序也参考了这一路线，与推荐程度无关。

雨卜苗寨　　村落

（见180页地图；香粉乡雨卜村；免费）位于元宝山山脚的雨卜保存着一片规模不小的传统木质吊脚楼，有清澈的溪流和青翠悠然的竹海，是能够较好感受苗家风情且距离融水县城不算太远的一个苗寨。

苗寨大门后的主街有间**游客服务中心**（☎8:00~17:00），提供咨询以及团队活动预订（220元/人，含一顿特色晚餐、夜间篝火舞蹈、斗马表演）。路边有不少客栈和小饭店。但这里不是雨卜的重点，继续前进，过桥，穿过一片客栈建筑群，往山坡上的梯田走，才是风貌古朴的老寨。

从雨卜苗寨继续向北约7公里有个**三友瀑布**（见180页地图；毛坪村境内；门票20元），三条瀑布从十余米的高处落入清潭之中。一旁有更衣室，可以跳入潭中清凉一把。瀑布所在的毛坪村也是元宝山徒步路线的起点（向导150元/天），可登上元宝山的青云峰。

融水汽车站开往香粉的班车里，有3趟可至雨卜（15元；7:50，14:00，16:20）。若没赶上，就在香粉乡上找三轮摩托（10元/人）前往。

龙宝大峡谷　　峡谷

（见180页地图；四荣乡小东江境内；免费）龙宝大峡谷和东侧2.5公里的龙门大峡谷，实为一道峡谷的两段，可以依靠简单的栈道和巨石在流淌着溪水的峡谷中前行，是夏日里嬉水的好地方。无人管理，从公路旁的石阶走下去即到峡谷。搭乘融水到安太的班车，在小东江的路口下车，走进去约3公里便可见到指示牌。

田头苗寨　　村落

（见180页地图；东田村田头屯；免费）田头苗寨位于谷地中，一条小河分隔开新村、老村。最大的看点是情侣榕树，两株参天大树相伴着连为一体，形成一个“V”字形。不过总体来说，除了四周的田园山林风光，村落里的开发痕迹较重，如果你已经去过雨卜苗寨，大可略过这里。

龙女沟　　峡谷

（见180页地图；四荣乡归秀屯；门票 50元；⏲9:00~17:00）发源于元宝山西麓的都郎河，在归秀屯一带突然变宽，水量增大，原因就是这里的一条小峡谷，如今则被开发成了龙女沟景区。沿着谷底前行，一路可以游览清潭、竹海、瀑布等。山路渐高，对面的村寨梯田可尽收眼底。归秀屯内有经营食宿的店家（标双120元起）。融水去安太的车经过景区入口。

千亩杜鹃花坪　　观景点

（见180页地图；荣塘村甲达屯；免费）每年5月，元宝山半山腰的杜鹃花就会开得漫山遍野。这片在海拔1200米处的花坪是一处相对成熟的赏花点，为了打造旅游，特地修有一条从甲达屯上来的盘山公路（约3公里）。最好包车或自驾，在月亮湾度假山庄的岔道口拐进荣塘村，走上约6公里的进村路，然后开始盘山。

★小桑村　村落

（见180页地图；安太乡境内）令人赞叹的秘境往往藏在不易到达的地方，可以说，小桑村就是对你这一路辛苦爬坡的最大犒赏。

小桑村有着十分开阔的梯田风光，其间点缀着古朴的深色吊脚楼。村内有一间**安太苗族生态博物馆**（☎189 7805 2396；免费；不定期开放，可联系工作人员参观），陈列了关于苗族生产生活、民俗工艺的展品。穿过小桑村继续向上还有个**元宝村**，同样是观赏梯田的好地方，也可由此登上元宝峰（需向导）。

小桑村另一端的高处是**青山寨**，它更为人熟知的名字是"石上人家"——这里有许多建在裸露岩石上的木质吊脚楼，没有稳固的地基，也看不到黏合，全凭木柱与岩石之间恰到好处的夹角受力来保持平衡。青山寨还是攀登元宝山青云峰的入口，中途经过"吊脚崖"的时候，几乎所有人都会在崖头坐下，双脚悬空，留下一张彰显勇气的照片。

这几个村寨内都有住宿点。可以乘坐融水到培秀的班车，路口下车走到小桑约2公里。

培秀村　村落

（见180页地图；安太乡境内）培秀村位于元宝山脚下，同样有着苗族民居和梯田风光。不过旅行者到这里，更多是为了攀登元宝山蓝坪峰。村内有多家客栈，村口的**野人瀑度假村**（☎180 7848 5177；标双100元；就餐人均30元；Wi-Fi P）经营多年，老板对山路熟悉，可兼做向导。

ℹ 到达和离开

前往元宝山各个景点，最实用的两条班车路线是"融水—香粉"和"融水—安太"。去香粉的班车中有三趟直达雨卜苗寨。融水到安太的班车沿路经过田头苗寨、龙女沟，以及去龙宝大峡谷和千亩杜鹃花坪的入口，如果继续前往小桑村和培秀村方向，需在白竹下车等候去培秀的班车，或者另外包车。融水到培秀的班车每天2趟（6:00，15:00；22元；3小时）。

另辟蹊径

攀登元宝山

元宝山是柳州境内经典的户外目的地，方圆近300平方公里的森林公园，已经被驴友们探索出了十多条攀登路线。元宝山有四大高峰，由南至北依次是元宝峰（2081.5米）、广西第三高的青云峰（2086米）、蓝坪峰（2081米）和白虎顶（2064米）。

其中最成熟的线路是培秀村至蓝坪峰，这一段坡较缓，路标清晰。培秀至白坪的公路（约13公里）已经通车，只剩下不到3小时的登顶山路，一般人都可以完成。白坪的登山入口处有较开阔的露营地，以及一间供应简单食宿的**白坪旅馆**（☎137 6822 6600；单间/双人房/四人房 70/120/200元）。

如要登上最高的青云峰，可由小桑村青山寨进入，从青山寨到青云峰海拔上升1200米，一般需要7~8小时。青云峰下山时，可以前往元宝山东麓的毛坪村（5~6小时），之后经雨卜村乘车返回融水。这条路线体力消耗较大，适合有经验的户外爱好者。同样野味十足的还有元宝村至元宝峰一线，几乎没有路，登顶需要7~8小时，之后也可下至毛坪村。

更大的挑战是三峰一次穿越，从融水县城出发至少需要三天，且登山全程背负露营装备。由于峰与峰之间不相连，需要反复上下坡，实际很耗时耗力。元宝峰到青云峰需要6~7小时，青云峰到蓝坪峰需要4~5小时。

元宝山不时有黑熊伤人事件爆出，更有个神秘的"野人"传说，虽说遇上的可能性不大，但为了以防万一，尽量避免单独行动，且带上必需的医药品。以上所有线路除了白坪到蓝坪峰，都不建议贸然深入，一定要请老乡作为向导（每天150元左右）。

来 宾

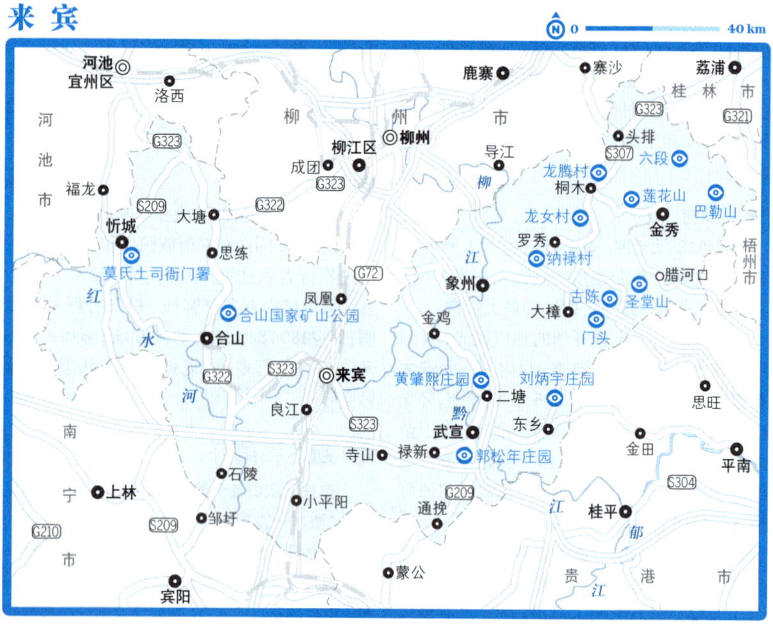

来宾

南邻南宁、北抵柳州的来宾，是个2002年才脱离柳州地区的地级市，年轻到常常没什么存在感。对于外地旅行者而言，来宾更多是乘坐动车往返桂、柳两地时的一个经停站名。他们很少在这里下车，因为即使要前往下辖的金秀、武宣、忻城、象州和合山，也完全无须经过来宾市区，从柳州出发足够便捷。

经过多年的工业“催熟”，来宾城区已经建设得有模有样，尤其是市政府所在的城北新区，高楼林立，道路宽敞。**来宾市博物馆**（翠屏路东1号；免费；⏲9:00~12:00，15:00~17:30，冬季下午14:30~17:00，周一和周五闭馆）虽然没有值得一提的藏品，也能带你全方位地了解来宾。这里还有丰富的食宿选择，不会让临时需要逗留的你感到失望。

金秀瑶族自治县

八十多年前，大瑶山里的金秀还是个交通闭塞、无人问津的地方，著名学者费孝通受邀前来进行瑶族社会调查，留下一句“世界瑶族研究中心在中国，中国瑶族研究中心在金秀”，令金秀“世界瑶都”的美名广为传扬。尽管今天的金秀依旧是“无高速、无铁路、无水运”的三无山区，但由此保留下来的宜人生态环境和山林风光，却吸引了无数前来登高、吸氧、避暑的游人。而深山中的古老瑶寨，又为金秀增添了一份别样的魅力。

方位

金秀县城很小，方向感再差的人也不会在这里迷路。城内只有两条贯通南北的主干道：解放路在西，功德路在东，经过闹市区的路段实行单向行驶（解放路由北向南单行，功德路相反），中间的金秀河是天然的隔离带。汽车站、瑶都广场、医院、大部分酒店等主要设施都在这两条路上。瑶都广场的北侧是瑶医药一条街，沿路有很多展示销售瑶药的店铺。

景点

除了县城的博物馆，金秀大部分景点都分布在周边乡镇。本书作者调研时，银杉公园正大规模提升改造，据说需要两三年才会重新开放。

金秀瑶族博物馆
博物馆

（见186页地图；平安路6号；免费；⌚周二至周五 8:00~12:00，14:30~17:30，周一闭馆）金秀是中国首个瑶族自治县，这也是国内第一个瑶族博物馆。两层的展厅内展示了金秀境内五个瑶族支系的历史、民俗、服饰、生活用品、建筑、出土文物等，是全面了解瑶族文化的窗口，很值得一看。博物馆位于汽车站南面的山丘上，爬上200个石阶后能一览金秀县城全貌。

圣堂山
山

（见184页地图；☎621 7133；门票 65元，观光车 30元；⌚8:30~16:30）圣堂山位于金秀县城40公里外的南郊，身为大瑶山的主峰，有着1979米的海拔，云集了奇峰、怪石、云海、巨杉等景观，是金秀首屈一指的自然风光景点。

乘坐景区观光车来到半山腰的登山入口，由此踏上石阶，约3个小时可登顶。沿途能看见造型各异的巍峨群峰，尤其是圣堂走廊一路，堪称精华。高处还有一株已经成为圣堂标志的南方铁杉，苍劲的枝干撑起一片古老的绿意。山上生长着万亩神奇的变色杜鹃，花色会随着花期而变化，每年4月至5月中旬便能为圣堂山披上迷人的色彩。

山顶附近有一间**云海宾馆**（标双 淡季/旺季 600/1000元起），不要对设施抱任何期待，毕竟别无选择。虽然景区不允许露营，仍然有驴友在这里搭起帐篷。山顶的餐饮选择极少且昂贵，建议你自备干粮。

每天8:00瑶都广场有专线车前往圣堂山，票价20元，车程1小时。错过的话也可以从金秀客运站乘坐去罗香的班车，经过景区售票处。

莲花山
山

（见184页地图；门票 65元；⌚8:30~16:30）和圣堂山相比，莲花山的风景更为秀气，因从远处看似一朵含苞待放的莲花而得名。攀爬难度比圣堂山低，风景也略逊一筹，跟着路标顺时针走一圈就能饱览莲花山风光。沿途设有多个观景亭，忆王阁和松涛亭的位置都很不错，莲花栈道和圣堂山的圣堂走廊比较类似。总体来说，后山的景观略显平淡。园区内有大片原始森林，有些植物含有毒素，不要随意采摘。游览整个景区约需3~4小时。

莲花山离金秀县城约16公里，从金秀到桐木、柳州等多地的班车，都会经过莲花山的公路入口，这里到景区售票处还有5公里盘山路。从县城包车来回120元。

巴勒山
山

（见184页地图；忠良乡巴勒村；玻璃栈道 100元）巴勒山位于金秀大瑶山的东北，距离县城65公里，恰在金秀与桂林荔浦、梧州蒙山的交界处。在海拔1068米的山顶，可以看到连绵起伏的山包和一道道深绿色的沟壑，远处更有云海翻涌。这里生活着一支茶山瑶，名为巴勒瑶寨，虽然基本上都盖了水泥房，好客的传统依旧保留了下来，每逢节庆也有热闹的活动。从村后的梯田继续往上走，大约2小时可以到达海拔1300米的**平老岭**，这里有着开阔的高山草甸风光，也是不少户外爱好者来巴勒山的主要目的。

费孝通与大瑶山的不解之缘

费孝通是中国社会学、人类学的奠基人物，而金秀瑶乡的扬名，很大程度上要归功于费孝通对大瑶山（金秀旧名“大瑶山瑶族自治县”）瑶族的深耕调研。从1935年毕业后首次踏上大瑶山独立调查，到78岁高龄之时的再度探访，费孝通前后五上瑶山（亦有说法“六上瑶山”，即加上1951年对广西瑶族的考察），不仅根据调查资料写成《花篮瑶社会组织》等著作，还对大瑶山的县域划分、经济建设等提出了切实的建议。但令人感慨的是，1935年调查时的一次意外，竟让费孝通与结伴同行的爱妻王同惠生死两隔。

如今，你仍能在金秀各处找到这位学术泰斗的痕迹：县城金秀瑶族博物馆门口挂着费先生题字的匾额，六巷乡的门头瑶寨留有“费孝通先生瑶族调查故址”，在六巷乡乡政府不远处的小坡上，还有一座王同惠纪念亭。他们曾经逗留多日、专门考察的古陈瑶寨，也是现在金秀最原汁原味的瑶寨之一。

金秀城区

如今巴勒山上已进行了旅游开发，铺了一条更适合观景的玻璃栈道，与山脚的**岭祖大峡谷**（门票 50元）共同组成了**古沙沟景区**（微信公众号：古沙沟旅游景区/gushagou；⏲8:00~17:00），可分开购票。如在山上住宿，巴勒村有多家客栈可供选择，还有蒙古包和汽车露营地。巴勒村特产红薯，味道香甜。

在金秀客运站乘坐到忠良的班车，可经过古沙沟景区售票处。这里到山上的玻璃栈道处还有15公里盘山公路，景区有车上山，但一般用于10人以上的团队，如包车往返需80元左右。

课程

瑶凤凰瑶族织绣店 手工艺

（见本页地图；☎159 7825 6615；功德路南段）店里经营瑶族手工织绣需要的原材料和成品，店主赵凤香是自治区级瑶绣织绣技艺的传承人，会织绣本地5个瑶族支系的图案。由于她常出门教学，最好提前联系预约课程，具体时长和费用可以与店主商议。基础不难，小学生也可以入门，通常一天能学会“八角花”等典型的瑶绣图案。

金秀城区

景点

1 金秀瑶族博物馆 B3

活动

2 瑶凤凰瑶族织绣店 B3
3 瑶浴堂 B3

住宿

4 怡程酒店 A1
5 有间客栈 A1

就餐

6 老谢大排档 A1

实用信息

7 金秀瑶族自治县人民医院 B2
8 山水瑶城游客中心 A2

交通

9 金秀客运站 B2

节日和活动

盘王节 瑶族节日

（⏲农历十月十六日）盘王节是瑶族百姓祭祀其民族始祖盘王的盛大节日，也称“跳盘王”“祭盘古”等。一般都要唱盘王歌、跳长鼓舞，展现盘王操练兵马、驱魔赶邪的场景。如今金秀县城盘王节的活动规模越来越大，除了传统的祭祀仪式，还有各种非物质文化遗产的展示，如瑶族“上刀山下火海”的绝技、黄泥鼓舞等。此时各村寨也会举办民俗体验活动，是探访瑶寨的好时机。

瑶药浴 公共浴室

瑶医药有着悠久的发展历程，疗效深受当地百姓认可，药浴就是其中一种传统保健方式。且不论药效如何，至少在木桶里泡着确实能消去一身旅途的疲惫。县城里有多处可以泡药浴的地方，包括**盘王谷深航假日酒店**（见本页地图；解放路1号，县城南郊；☎633 1888；药浴 128元）、**瑶浴堂**（见本页地图；☎613 1888；解放路和公园路交叉口；药浴 88元；⏲13:00至次日1:00）等。

食宿

因为地处山区，金秀值得一尝的多是时令山野食材，如各种笋和野菜。另外，瑶家的

"鲊肉"(一种腌制肉)也可以试试。

金秀县城不大,食宿的选择倒是不少,最集中的当属刚进县城门楼的一段,500米长的街面上几乎开满了旅馆和小饭店。瑶都广场周边也有很多住宿点,离汽车站近,出行更方便。注意,五一黄金周期间正逢杜鹃花开,一房难求,导致全城房价上涨2~3倍。以下为淡季价格。

怡程酒店

酒店 ¥¥

(见186页地图;功德路北段;621 0888;标单/双 305/326元起;) 金秀县城"唯二"的两家高档酒店之一,综合地段、设施、服务等来看,性价比远超另一家盘王谷深航假日酒店。2017年开业,从大堂到房间都很新且干净,前台身着改良后的盘瑶传统服饰,颇有民族风情。

有间客栈

客栈 ¥

(见186页地图;188 7729 2323;秀园小区;标双/四人间 100/120元起;) 充满人情味的一家客栈。一楼公共空间特地做成生态感十足的泥土地面,还有个可以唱歌交流的小阁楼。房间温馨整洁,主人乐于提供旅行建议、帮忙联系包车等。住客可以使用厨房(料理费 8元/人),或和主人拼餐(30元/人)。

瑶天下

民宿 ¥¥

(633 1168;六巷乡大岭瑶寨;标双 300元起;) 背靠圣堂山、面对五指山的大岭瑶寨是花篮瑶、盘瑶、山子瑶的聚居地,有着青山绿水的迷人风光,作为金秀的民宿试点地,近年迎来了这家度假村式的民宿。建筑由瑶族民居改造而来,并加入了本地特色树种的布置,民族风情浓郁也不失住宿品质。不过由于村民大多外迁,生活气息稍淡。大岭距离县城80公里,适合自驾前往。

老谢大排档

大排档 ¥¥

(见186页地图;135 9727 5781;解放路和瓦厂路交叉路口东南角;10:00~21:00) 这是县城里相对实惠的一家小饭馆,老板厨艺不错,常有菜品在金秀县美食评比中拿奖,包括油而不腻的脆皮土猪手(58元)。蔬菜多是老板老妈的自种菜,十分新鲜。

另辟蹊径

寻访瑶寨

金秀居住着茶山瑶、盘瑶、坳瑶、花篮瑶、山子瑶五个支系的瑶族,各支系的服饰、风俗、语言等都不尽相同。全县各地都有瑶寨,只是随着经济发展,有的在原址翻新,有的由老寨迁到新寨(如古占瑶寨),住进了砖混水泥房。淳朴的瑶乡风貌,往往存在于远离县城的大山之中。

古陈瑶寨(见184页地图;六巷乡境内) 地处偏远的古陈,距离金秀县城100公里,即使在狭窄山路中幸运地不会遇上对面来车,也需要3小时才能到达。这里生活着坳瑶,村落依山傍水,民居大多仍是垒石为基、夯土为墙。古陈的黄泥鼓舞十分原汁原味,过年、盘王节等重大节庆时就会跳起。金秀有到六巷的班车,六巷乡到古陈(西为下古陈、东为上古陈)还有10公里,只能步行或包车。吃住可以回到六巷乡。

门头瑶寨(见184页地图;六巷乡境内) 与古陈一样属于六巷乡,到乡上大约10公里,是花篮瑶的聚居地。寨子建在山腰的陡坡上,房屋层层向上铺开,大部分是青砖土瓦房,也保留了少量老泥房,还重建了一座曾于20世纪70年代被拆除的碉楼。村里有间花篮瑶博物馆(需联系旁边的村委会开门),陈列着传统生产生活用具。交通参考古陈。

六段瑶寨(见184页地图;六段村) 距离县城20公里的六段生活着茶山瑶,而茶山瑶是五大支系中最早进入大瑶山定居的,占有较多的山坡、田地,因此经济水平相对最高。寨子里有一条300多米长的主街,两侧是清代留存下来的青砖房,曾是个热闹的小集市。每户二楼都有个小巧的木吊楼,过去就是瑶族青年男女"爬楼相会"的地方。村里有私营面包车(137 6857 8072)跑金秀和桐木,县城包车到六段往返100元。

金秀客运站车次时刻表

目的地	发车时间/班次	票价（元）	行程（小时）	备注
忠良	7:30, 13:00	30	3	
罗香	8:00~17:00, 间隔1~1.5小时	20	2	
桐木	5:00~16:00, 间隔30分钟	12	0.75	
柳州	5:00~16:00, 共15班	直达/普通 48/43	直达/普通 3/3.5	8:00, 10:00, 11:35为直达车
鹿寨	5:00~16:00, 共12班	35	2.5	即部分经停鹿寨的柳州班车
桂林	7:35	70	4.5	途经荔浦、阳朔
南宁	7:25, 9:50, 15:50	125	5.5	

实用信息

金秀的很多旅行社甚至游客中心，都可以买到打折的圣堂山、莲花山等景点门票，比网上订票还便宜。

山水瑶城游客中心（见186页地图；解放路和瓦厂路交叉口；⏲8:30~17:30）金秀的游客服务中心，有各景点的介绍，工作人员可以根据你的行程提供建议。

拾光山水（微信公众号：shiguangshanshui）金秀本地旅行达人运营的公众号，致力于推广金秀旅游，文章皆为原创，有一定参考价值。

金秀瑶族自治县人民医院（见186页地图；☎621 2144；微信公众号：jxxyy1952；平安路45号）成立于1952年，为综合性二甲医院。

到达和离开

金秀客运站（见186页地图；☎621 2317；功德路54号）金秀县城的汽车站，有发往周边县市和乡镇的班车。

桐木汽车客运站（☎635 2791；桐木镇307省道

另辟蹊径

金秀周边的特色村落

距离金秀县城最近的大通道，是连接梧柳高速、桐木镇和头排镇的307省道，几乎所有开往金秀的班车都会途经。而在这条公路沿线上，分布着几座各具特色的小村，有时间不妨前去一探究竟。

龙女村（象州县大乐镇境内）很难想象在这个不起眼的村子里，会藏着一座气势恢宏的哥特式砖石教堂。这是在法国传教士苏安宁的主持下于1896年落成的圣母堂，已有一百多年的历史。教堂内部是现代化的装修风格，仍进行宗教活动，门前的老人通常很乐意帮你开门。村外还有苏安宁神父的墓地。在桐木镇乘坐南下的班车，路口下车走3公里可到龙女村。

纳禄（绿）村（象州县罗秀镇境内）纳禄村的村民大多姓朱——这不是偶然，他们确实是明代皇室的后人，先祖甚至可以追溯到曾经镇守西南的“靖江王”朱守谦。当年清军进逼桂林，众族人在撤退中途经象州时留下了一部分，从而开始在此定居。村内如今仍有24座明末清初的青砖瓦房，保存较好。在桐木镇乘坐南下的班车，路口下车走2.5公里即到，路标明确。

龙腾（屯）村（金秀县七建乡境内）这是个壮族寨子，保存着明清时期建造的梁氏古祠和近40座古宅。梁氏古祠（春台梁公祠）正厅上挂满了牌匾，表明梁氏过去的文武双全。祠堂右边有条奇特的“回音巷”，回声清晰洪亮。村中很多古宅是青石门框，其中40号房有着村民口中的“豪门”——门框两侧各为一整块高近3米、宽近1米的大青石。在桐木镇乘坐北上的班车，路口下车走1.5公里进村。

另辟蹊径

矿山变公园

来宾合山曾是广西著名的"煤都"，全市面积的70%以上是煤田，储量约占广西的三分之一，早在一百多年前就开始了煤矿开采。然而，经过不间断的索取，终于在2009年，合山被列为资源枯竭型城市之一，煤矿公司纷纷关闭。

为了更好地利用被废弃的园区，**合山国家矿山公园**的方案呼之欲出。至本书作者调研时公园已基本建设成型，具体分为一南一北两个园区，即里兰和东矿两大矿区。**东矿园区**（322国道旁；门票10元，骑车30元；⏲9:00~17:00）在合山汽车站以北约6公里处，又名"28号铁轨景区"，最大的亮点就是被重新启用的28公里长的运煤专用铁路——它现在是一条骑行观光道，你可以坐上特制的双人自行车，在铁轨上边骑边欣赏沿路的花廊（目前可骑行段为7公里，返回有车接驳）。园区内还有一间设在火车车厢内的餐吧，布置得很有氛围。**里兰园区**（人民南路南，近光热小区；免费）主要是被改造为公园的煤矸石山，爬到山顶可以远眺里兰矿的生活区。两个园区内都有很多用旧机器零件焊接而成的创意雕塑作品。公交2路往返于里兰和东矿，经过合山汽车站，前往任何一处都很方便。

旁）桐木镇在307省道上，过往车辆多，金秀开往周边县市的班车也大多在桐木车站停靠。如果金秀客运站没有你要乘坐的班车，可以到桐木车站问问，如武宣（45元；10:40；2.5小时）。

当地交通

金秀县城中心从北到南仅2公里，一般步行即可。城内没有出租车，多的是红色三轮摩托，县城内5元足够。如果去周边的景点，在汽车站附近可以找到包车司机。

武宣

武宣旧称"武仙"，别名"仙城"，流经境内的黔江和秀丽的喀斯特小山为这里带来了不少山水风光，虽不及仙境，倒也赏心悦目。不过武宣最具竞争力和独特性的旅游资源，还属分布在全县各处的乡间庄园。在2007年开始的第三次文物普查中，统计到武宣百年以上历史且规模较大的庄园共20多处，包括刘炳宇庄园、黄肇熙庄园、郭松年庄园等。

如今已整修完毕作为景点开放的，仅有**刘炳宇庄园**（河马乡下莲塘村；门票20元；⏲8:30~17:30）。庄园始建于清末民初，主人刘炳宇是民国时期的一位陆军中将。最引人注目的莫过于庄园中心的主楼，门窗和走廊上的拱券结构、屋顶的尖塔形装饰，无不透着一股西洋风范。楼内三层皆可参观，你可以从厚实的木地板、严密的双层玻璃、用于隔断兼通风的木质百叶窗等建筑元素里，感受到庄园建造时的用心良苦。与庄园相隔一片莲塘的，是刘炳宇叔叔——刘季三将军的旧宅将军第，风格与刘炳宇庄园截然不同，现在仍有村民居住，所以日常都会开放，注意参观时不要打扰村民的生活。下莲塘乡夏季有荷、秋季有葵，花开时与庄园相互映衬，十分上镜。武宣到河马有公交（10分钟1班），在下莲塘村口下车即到。

黄肇熙庄园（二塘镇樟村）是武宣现存庄园中规模最大的，不过本书作者调研时正在全封闭施工，开放时间未定。**郭松年庄园**（桐岭镇雅岗村）有着非常华丽的土楼立面，巴洛克装饰尽显欧陆风情，可惜年久失修，杂草丛生，只留下残破的躯壳让人感慨。

武宣汽车站（☎521 9846；城北路94号）就在县城中心，附近食宿选择很多，**万慧达度假酒店**（☎662 5888；城北路110号；标双140元起；📶❄🅿）的性价比不错。红糟酸是武宣的一大特色，很多饭店都有红糟大肠之类的菜式。

莫氏土司衙门署

（忻城县西宁街，翠屏山北麓；门票20元；⏲8:00~17:30）土司制度是中国古代在边疆少数民族地区设立的一种特殊政治制度，土司有着极高的财、政、军权，世代沿袭，堪比"土皇帝"。忻城的莫氏土司是当地壮族，自元代受封为土司开始，在忻城统治长达470年，共历19任土司。这座现存下来的土司衙署，最初是由明万历年间的第七任土司主持建造，建筑规模在当地数一数二，为土司办公和起居之所，因此也被称作“壮乡故宫”（当然占地面积和规模远不可相提并论）。

不过由于战争和火灾，衙署几经损毁，现在的建筑部分是清代大修后的遗存，部分是新中国成立后的重建。建筑内没什么展品，只是对土司文化、忻城莫氏以及土司制度下忻城的文教、经济情况做了介绍，以及用彩塑人物再现了各个房间的使用功能（牢房逼真得有些吓人）。相比之下，壮族地方特色的屋脊和极具民族风的花窗更值得看上一眼。

出了衙署右转，沿着老街可继续走到**三界庙**（免费；8:30~16:30，其他时段告知要烧香也可进入），这里供奉的是壮族药王三界公。庙门前石柱上的一对楹联十分有趣，与著名的浙江江心寺对联异曲同工，看看你能否将它读出来。

莫土司衙署的西门正对着土司文化广场，广场上的**忻城五福旺角酒店**（551 9558；土司文化广场的东北角；标双 128元起，含双早；）房间虽小但还算整洁，附近就餐很方便。景点距忻城汽车总站1.5公里，乘坐三轮车（5元）或步行半小时就能抵达。

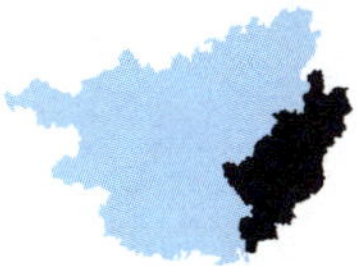

桂东南

包 括➡

贺州 194
黄姚古镇 201
富川 205
梧州 212
桂平市 222
玉林 227

最佳古建筑

- 黄姚古镇（见201页）
- 经略台真武阁（见231页）
- 秀水村（见207页）
- 谢鲁山庄（见232页）
- 马殷庙（见208页）

最地道美食

- 葱油鱼（见217页）
- 生炒牛料（见230页）
- 纸包鸡（见217页）
- 白切猪脚（见232页）
- 客家三宝酿（见197页）

为何去

从贺州到玉林，千年的古道上走来贬谪的文人，也带来了中原的诗书与木作；从梧州到桂平，奔流的西江舶来广州的货品，也接纳了粤东的骑楼和饮食。时光荏苒，一条条通路兴起，辉煌一时，又终归于沉寂。梧州骑楼上被江水泡过的痕迹依稀还在，而古道早已荒草萋萋、踪迹难寻。桂东南似乎永远不是故事的主角，但当它重新走进旅行者的视野时，我们欣喜地发现，这片土地上竟还存有许多人在找寻的乡愁，像一座包罗万象的民间博物馆，内蕴深厚而默默不语。

北回归线穿过桂东南地区，给这里留下了高山、森林、瀑布和溶洞的美景，也造就了四季适宜旅行的气候。良好的生态环境里，产出了昭平茶、六堡茶和西山茶；勤劳的果农手中，培育出鸡嘴荔、妃子笑和糯米糍。上山看看风景，在古村里听听故事，来江边喝杯清茶，再啖几颗晶莹甘甜的荔枝，桂东南的古往今来便被包容其间。

何时去

3月至5月 春雨润色了黄姚的石板街，春风染红了姑婆山的杜鹃；玉林的寒山三圣诞辰还延续着新年的喜庆，梧州的清、浊两色江水已预示着夏日的临近。

6月至8月 去大容山避暑露营，仰望星空，到贺街镇参加庙会，听浮山歌；贵港的池塘中荷花开始绽放，桂平的果园里荔枝纷纷成熟。

9月至11月 中秋节、重阳节、盘王节，瑶族的庆典连绵不断；富川脐橙、容县沙田柚、岑溪砂糖橘，香甜的水果竞相上市。

12月至次年2月 到马峰趁圩，去黄姚游街；在富川体验炸龙的弥漫硝烟，上泗洲岛聆听古朴的下俚乡音。

桂东南亮点

❶ 漫步雨后黄昏的**黄姚古镇**（见201页），石板街映着亮起的灯笼，眼前的路仿佛在梦中相识。

❷ 站立在富川**秀水村**（见207页）状元坪中央，尝试把四周大宅的飞檐翘角，拍进一张全景照。

❸ 徒步钟山**百里水墨画廊**（见210页），一幅幅灵秀的喀斯特山水画卷，在每个转弯后次第呈现。

❹ 清晨喝碗冰泉豆浆，然后闲逛**梧州骑楼城**（见213页），从纸包鸡、艇仔粥一路吃到龟苓膏。

❺ 登**桂平西山**（见223页），以乳泉水沏一壶西山茶，眺望山下的江流，带走了多少浔州故事。

❻ 在容县**经略台真武阁**（见231页），惊叹那四根“失重”般支撑了房梁四百年的高大立柱。

❼ 在陆川的迢遥青山中，走访宁静美丽的民初**谢鲁山庄**（见232页），亭台楼阁好似江南园林。

❽ 在北流**大容山**（见232页）的高山杉树林与湛蓝湖泊旁，与小教堂合影，仿佛穿越到了欧陆。

贺州

人口：244万

区号：0774

随着香港无线电视台《茶是故乡浓》和《酒是故乡醇》两部乡土剧的热播，贺州的姑婆山、贺街镇、莲塘镇作为取景地渐渐为人所知，而2006年毛姆小说《面纱》被搬上银幕后，更使得烟雨迷离的黄姚古镇，成为无数寻找田园梦境的人心仪的地方。无论你热爱山川户外，还是欣赏人文建筑，贺州都是桂东南最适合慢慢探索的区域。古老的潇贺古道旁，既有林木茂盛的山峦，也有灵秀挺拔的喀斯特峰群，清澈的江河与天然的温泉奔涌不休，还有瑶家的风雨桥和客家的大围屋，以及那些深隐在乡间和山野里的古民居和古石城，等待旅行者前去倾听他们的故事。

贺州市

贺州的“贺”可以追溯到2100多年前汉武帝设立的贺县，而如今的城市则脱胎于八步镇。清朝来此经商的广东人在沙街临江岸边，建起八个埠头，开设商铺。因“埠”“铺”与“步”音近，粤语中“步”又与“宝”同音，为求吉利，“八步”这个名字就叫开了。贺州城区城市建设无甚特点，但穿插其间的盆景般山水还是有它独特的魅力。

城区东西向长条形展开，南有贺江穿城而过，北有将军山驻守。灵峰广场是老城区的中心，周边均是商业街，大部分公交车经过这里。发展较早的城西通常道路狭窄，而城东的街道和环境更为宜居。向行人或司机问路时，他们偶尔会提到“六路”，指的是建设路光明大道路口以及附近的区域。

景点

灵峰广场 广场

灵峰广场是市区传统意义上的中心。你可在清晨跟随登山锻炼的人，爬上神似桂林独秀峰的灵峰山。虽然附近已有成片的高楼，眺望南边的贺江、原野和绵延青山依然很舒畅。登山道位于山脚南侧，路稍陡，登顶大约需15分钟。广场上摆放着一个是原物6倍大的国宝麒麟尊复制品，若无缘得见真身，不妨与这尊可爱的山寨神兽合个影吧。灵峰山24小时开放，登山小径有灯光照明，想看日出或夜景也无须担心。

西侧的体育路口有不显眼的**贺州市博物馆**（体育路65号；免费；⏲10:00~16:00，周一闭馆），陈列有瑶族风情展和一些当地出土的文物。对面还有其下辖的**留趣山**（免费；⏲10:00~16:00，周一至周五），展出有原贺街三乘寺的1500斤古铜钟，天晓时，钟声响彻方圆20里。只需几步便能走上山顶，难怪贺州人称之为“老鼠山”。在这里可以观望对面的灵峰山。

西约街历史文化街区 街区

（八步大桥西侧；免费）贺江边的老八步码头，兴起于清嘉庆年间与广东的水路贸易，至民国时期在附近形成矿砂、米面、油料、典当等各类专业集市。抗战时期香港、广州、桂林相继沦陷后，这里作为三省交界处的安全孤岛，反而繁荣一时，被称为“小香港”。

你可以先来到新兴北路上的**八步大桥**，这也是贺江上最老的一座桥。在桥上环顾一周，从江边尚存的渔民船屋到岸边低矮的黑瓦老屋，从20世纪七八十年代的砖混小楼到拔地而起的高楼大厦，八步镇的今昔尽在眼底。

从桥头往西走进**西约街**，这是从前八步镇的主要街道。100米后左拐，顺着青石板路转入安静的**沙街巷**。巷子通往一座小桥，桥北侧的大石桥头是曾经的**“一景茶楼”**，70多年

神兽麒麟尊

龙、凤和麒麟，是中国古代的三大神兽。在贺州沙田镇出土的距今已有2500年历史的战国青铜酒器麒麟尊，却将三大神兽聚为一体。它长着麒麟的脑袋，背上盘龙，尾上附凤，可以装满酒水的圆滚滚肚子囧态可掬，身上华丽的纹饰既有商周遗风，又富百越民族特色，是华夏文化和百越文化相互交融的见证，被定为国家一级甲等文物。不过，它虽是贺州市博物馆的镇馆之宝，但目前暂在中国国家博物馆古代中国厅展出。

贺州

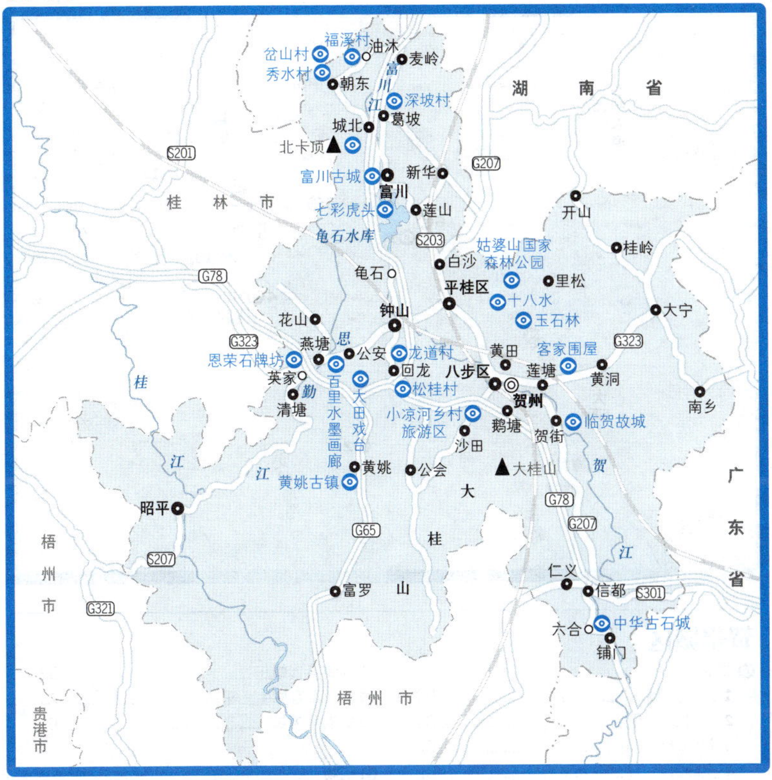

前，粤剧名伶红线女在此献唱过一个月。过了桥就是**河边巷**，小巷的两侧还是旧日光景，有三层高的洋楼和木板壁的小店，还有一条横巷通往江边的**老码头**。

游览完毕回到西约街口，可在**张氏古今良药茶**喝一杯凉茶，有20余个品种，均售3元。

大钟山公园 山

（贺江南岸；免费；⏲8:00~18:00）大钟山公园是贺州2017年建成的城市开放公园，以贺江南岸的大钟山为核心，是散步的好去处。沿盘山道步行10分钟，便来到群峰环抱的中心，这里有大草坪和人造水景，周围的山峰皆有路可攀登。北侧面向贺州的两座山峰视野极为开阔，观景最佳，登上300多米高的山顶，可以看到蜿蜒的贺江、贺州市区和背后层层叠叠的喀斯特群山。

公园正在进行二期开发，竣工后将在灵峰大桥附近开设北门，从市中心步行即可抵达。公园正门在新兴南路上，乘坐3路、24路公交到光荣院站下车。

住宿

贺州市中心的酒店集中在灵峰北路到建设中路一带，步行到灵峰广场看夜景、坐车都不远。平安西路上也有几家不错的酒店，去龙山路美食街大快朵颐很方便。而光明大道上的酒店，则距离火车站、汽车站较近。

IU酒店汽车站店 连锁快捷酒店 ¥

（☎510 8998；建设西路99-5号；标双178元起；📶❄🅿）这家互联网主题连锁酒店于2016年开业，配色时尚大方，有带立体声音箱的电视和支持USB的插座。热水、网络都令人满意，洗浴用品包装上还印有诙谐的标语。可免

贺州城区

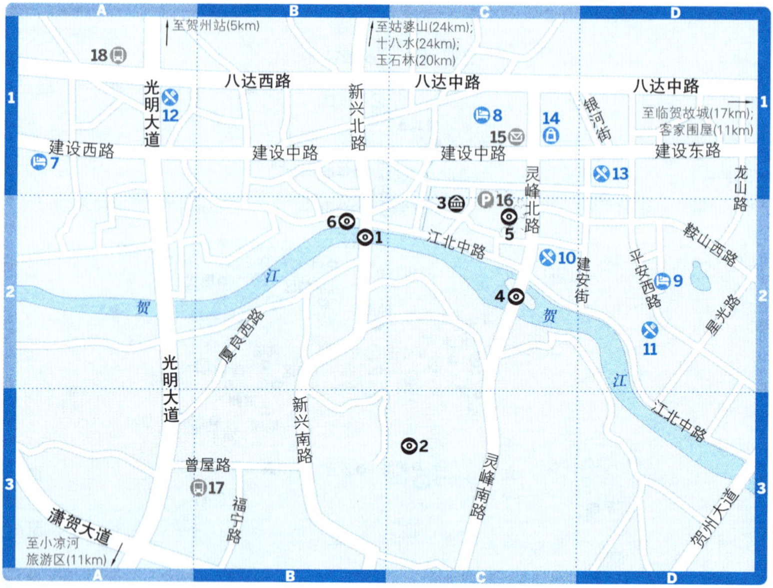

贺州城区

景点

1 八步大桥 B2
2 大钟山公园 C3
3 贺州市博物馆 C2
4 灵峰大桥 C2
5 灵峰广场 C2
留趣山 (见4)
6 西约街历史文化街区 B2

住宿

7 IU酒店汽车站店 A1
8 骑迹驿站青年客栈 C1
9 喜悦城市酒店 D2

就餐

10 公会醉仙楼牛肠酸 C2
11 海英煲螺王 D2
12 千家客原生土味坊 A1
13 壹号粥铺 D1

购物

14 泰和水果土特产店 C1

实用信息

15 邮政大厦 C1

交通

16 贺州大会堂停车场 C2
17 贺州客运中心站 B3
18 前往贺街公交始发站 A1

费停车，附近就餐的选择余地不大。

喜悦城市酒店

酒店 ¥¥

（☎510 1588；平安西路117号；标双159元起；📶❄🅿）酒店房间宽敞舒适，装饰精致有特色。入住可免费使用酒店对面的停车场，附近餐馆和酒吧很多。非特价的房型内配备有干衣机。

骑迹驿站青旅客栈

青年旅舍 ¥

（☎137 3743 3880；油草塘139号；铺50元；📶❄）2017年开张的青旅，提供二到六人间，公共卫浴。公用区域空间宽敞，楼顶露台栽满了各色植物。客人可免费自助洗衣，使用厨房要酌情收费。入住可以10元每日租用专业自行车，老板是骑行达人，有问必答。非住客也可前往租车，费用50元，提供身份证即可。

就餐

地处三省通衢，就连贺州人自己也说不清当地饮食的特色是什么。湘菜、粤菜和桂菜的饭馆随处可见，牛肠酸、生滚粥、螺蛳粉也是贺州人的便餐选择，烧烤大排档更是朋友聚会不可缺少的环节。

龙山路上分布着恭城油茶、信都鸡、河鱼之家、古典鸡、四季鹅等大小餐馆，无须费神思量，从名字就能判断每家的招牌菜是什么。而灵峰广场人工湖畔的美食街如今显得有些过气。银河街（也被本地人叫作“排洪河”）的夜宵街，则是贺州人深夜的聚集地，点上各类烧烤，就着油茶或漓泉啤酒，越夜越火爆。

千家客原生土味坊 客家菜 ¥

（☎526 1118；八达西路光明大道口；人均50元；⏲7:30~21:30）这家高调的餐厅也像一家饮食博物馆，在公共区域展示民间饮食相关的老物件。菜单包括客家菜和农家养生菜，其中三宝酿（39元）通常由茄子酿、豆腐酿和尖椒酿组成，而附近黄田镇名吃黄田扣肉（59元）则由南乳调味，口味咸甜。如选择包厢，席间可能会有简单的民俗表演。

海英煲螺王 广西菜 ¥

（☎189 7845 1003；平安西路218号；人均30元；⏲6:00至次日2:00）这里的田螺煲（35元）是桂北的风味，将田螺、鸡脚与酸笋、雪菜、金花菜共煮，并以薄荷叶调味。炒螺（15元）也颇受欢迎，微辣适合大多数人的口味。

公会醉仙楼牛肠酸 小吃 ¥

（☎134 5744 3767；贤德巷129-9号；⏲13:30~24:00）公会镇的牛肠酸或许是最能代表贺州的小吃，以牛小肠为主的牛杂，配以萝卜、油豆腐烧制。位于市区的这家店只是步行街中央的小吃亭，“醉仙楼”则得名于公会镇的总店。9元小份的牛肠酸，酸甜咸辣，令人欲罢不能。担心回家想念这里的味道，可以加掌柜的微信，可真空包装后发快递。

壹号粥铺 小吃 ¥

（☎136 3508 8478；建安街1号；⏲6:30~13:30）不起眼的小店，没有菜单，告诉老板要什么生料，即配以姜丝和香菇末，在米粥中烫熟。生滚粥（10元）量挺大，可选择肉类或猪杂、牛杂，各种素馅的粉角（1元）也是特色。

购物

贺州土特产琳琅满目，比如信都红瓜子、昭平茶叶，还有用大肉青梅做成的腌梅子和话梅。有些虽然味道好，却难以携带，比如富川的脐橙、姑婆山的九铺香米酒，喜欢的话只能在当地吃个够。**泰和水果土特产店**（☎527 6555；建设中路灵峰北路口；⏲8:00~20:00）的价位属于中等，但品种齐全，质量也让人放心。

实用信息

邮政大厦（建设中路31号；⏲9:00~18:00）

贺州旅游网（hezhou.gov.cn）贺州地区的旅游线路、景点介绍。

贺州旅游（微信公众号）贺州旅游的各类新闻和信息。

贺州生活圈（微信公众号）贺州的吃喝玩乐信息。

到达和离开

长途汽车

贺州客运中心站（☎528 3263；光明大道）也叫“华安汽车总站”，是贺州唯一的长途客运站。可通过“桂客行”APP或关注“广西客运联网售票”微信公众号查询购票后，在车站取票。从贺州出发

当地知识

灵感来自饺子的酿菜

酿菜是客家特色，据说起源于客家人对饺子的思念。从中原迁居岭南后，因为不出产小麦，客家先祖们就地取材，用豆腐、蔬果等各种食材，代替饺子皮，填入馅料，聊解思乡之情，没想到歪打正着，创出一道道全新的菜肴。几百年来，酿菜越来越精细，品种也越来越多。贺州人更是将它发扬光大，有“贺州百菜酿”之称。从传统的豆腐、茄子、青椒，到冷门的笋丝、大蒜和南瓜花，没有贺州人不能酿的。不同的酿菜，吃法也不同：茄子酿、大蒜酿，最好是煎的，鲜香可口；如果是清淡的瓜花酿，清蒸或煮汤则最为美味。

贺州客运中心站车次时刻表

站点	发车时间/班次	票价（元）	行程（小时）
富川	6:30~19:00，10分钟1班	23	2.5
钟山	6:00~19:00，5~10分钟1班	8	1
梧州（高速）	8:10~19:00，10班	60	2
桂林	13:10，13:50，14:50	62	5
柳州	10:30，12:10	100	5
广州（高速）	11:00，12:50，18:55（隔日）	100	4

的高速班车不多，除梧州外，通常通过铁路前往周边城市会更快捷。K1路、2路、7路、10路、18路公交车可到。

火车

贺州站 在城区北面约5公里处，通过贵广高铁可便捷前往桂林、柳州、南宁、广州、深圳、贵阳等地，每天车次很多。而通过洛湛铁路前往梧州、玉林、永州、洛阳、湛江等地的普通列车则车次不多。K1路、1路、9路、11路公交车可到贺州站。

当地交通

公交车 有20多条线路，覆盖整个市区，也前往附近的主要乡镇。票价2元，出城可能需要3~4元，姑婆山专线车5元。大部分固定票价的线路支持刷“腾讯乘车码”，在微信中开通“广西一卡通乘车码”即可扫码乘车。这些车辆也提供速度很快的免费Wi-Fi。

出租车（☎520 1111）起步价7元（2公里），之后每公里1.5元。在市区都打表，但去城外景点需要讲价。市区也有大量的滴滴快车营运。

共享单车 目前有**哈罗单车**在市区投放了自行车和助力车，在旅行者光顾的区域很容易找到。但城西道路狭窄，摩托车和自行车经常被迫使用人行道，骑行须注意安全。

租车 **一嗨租车**（☎180 7065 9370；贺州站；⏲8:00~20:00）服务贺州地区，提前预约后，工作人员也可以在向阳路的贺州大会堂停车场提供送车和还车服务。旅行者可以考虑租车前往富川、钟山等公共交通不便的村镇。

贺州市周边

贺州市周边的旅游资源丰富，许多都是老牌景点，交通和配套完善，旅行者从市区当日往返即可。我们调研时也看到小凉河旅游带的兴起、临贺故城的改造、姑婆山大道沿线绿道的铺设，相信能给旅行者带来新的体验。贺州的大部分收费景点，都可以在网络平台购买到折扣票。

姑婆山国家森林公园

（见195页地图；☎523 6888；guposhan.com；门票 82元，观光车 15元，讲解 80~100元；停车 10元；⏲8:00~17:00，夏季至17:30）在姑婆山茂密的森林中，空气负离子含量高达15万/立方厘米。进入景区后，往东北的岔路可到**八品猴园**，那里有数百只野生猕猴。回原路往前去方家茶园，每年清明、中秋前后可以体验一回采茶女的生活。**情人林**与茶园相隔不远，长着成双成对的树木藤蔓，林边的情人湖是个天然泳池。再走约20分钟便是**仙姑大草坪**，5月中旬这里举办帐篷节，但平时不允许露营。草坪一侧的**仙姑庙**，在农历正月初九仙姑庙会，以及六月二十四仙姑诞期间都热闹非凡。从这里往东的山路通往**银河落九天瀑布**，而往西走十几分钟是**仙姑瀑布**。

仙姑瀑布距海拔1730米的**姑婆顶**还有很远，登顶前须先到**罗汉瀑布**，再沿蜿蜒山路暴走6公里才能到达。4月份、5月份的顶峰开满杜鹃花，幸运的话能在早晨的云海中邂逅“佛光圣景”。海拔1844米的桂东最高峰——天堂顶也在景区内，目前未对游客开放。

观光车循环发车，各个景点均有站点，终点是仙姑瀑布。坐车游览需要2~3小时，步行往返山顶需要5~6小时。

景区入口旁边是**姑婆山森林酒店**（☎523 6918；标双 268元；📶❄），在附属的餐厅点菜价格偏高，选择套餐则便宜些。500米外还有几家家庭旅馆，房价在120~150元。16路、17

路姑婆山专线公交车，分别从贺州国际酒店和贺州站发往姑婆山，发车间隔40~80分钟，上车5元。姑婆山方向首班车在7点左右，回市区末班车是18:15。自驾车走姑婆山大道即可，沿途标识很清楚。

十八水原生态景区

（见195页地图；☎528 3798；shibashui.com；黄田镇路花村杨梅冲；门票 73元，讲解 30元；停车 10元；⏲8:00~18:00，夏季至20:00）这里的看点是一个接一个的叠水瀑布群，可以忽略入口处几个牵强附会的景点，山上四条形态各异的瀑布，即使在冬天，水量也比较充足。顺时针走上环形游览路线，最清幽的是山脚的**黄绸瀑布**，在石桥上拍摄的角度最好。第二条**神龙瀑布**是一道双瀑，源头是一泓七彩的石潭。山顶的**大佛瀑布**落差最大，有80多米，下山的路上还有一条修长的**仙女瀑布**。山道平整，走一圈1.5小时足矣。

乘坐16路、17路姑婆山专线车在十八水路口下车，距景区还有1.7公里。拨打电话☎187 7845 0099可免费接送。十八水路口距离姑婆山有2公里，如两处一起游玩也可步行这段路程。

玉石林

（见195页地图；☎523 3922；黄田镇路花村南；门票 57.5元，讲解 60元；停车 10元；⏲8:00~17:30）形成于一亿多年前侏罗纪的玉石林，部分石柱、石笋由汉白玉构成，茫茫如雪原一片，相当罕见。穿过150米长的天然石缝一线天，有一片山顶**迷宫**，路径狭仄复杂，最好结伴游玩。景区面积不大，小径蜿蜒于巨石间，饶有趣味，好似江南的狮子林，游览需1.5小时。在山顶还可一窥附近的足球小镇，竟有相连的十余片球场。

从市区乘坐4路公交车至路花村委，顺着指示牌往右走1.7公里到景区大门。景区有一辆车往返于这段路程，班次不多，可致电询问。如在傍晚到访，可在17:30搭班车与景区工作人员一起返回市区，车资5元。同时游玩姑婆山或十八水，只需在路花路口换乘4路车。

临贺故城

（见195页地图；贺街镇；免费）贺街在历史上一直是贺县县治所在地，保留有各个时代建筑和20余座氏族宗祠，值得花上半天时间寻古探幽。

河西古城的历史可追溯到东汉25年，现存古宅多是明清遗物。从大桥西边镇政府旁的水泥路往里步行10分钟，经过气派的李氏宗祠、廖氏宗祠，往前几百米是**桂花井**。年久日深，井沿上由绳索勒出的深浅石槽多达107道。左拐至三元街，有充满古意的**莫氏宗祠**，祠堂前立着先祖中的唐代状元雕像。前行至宏伟华丽、岭南式样的**刘氏宗祠**，墙上绘满从刘伯温到刘少奇等古今著名刘氏人物。走过**城隍庙**和

月光光，何处是故乡

客家人是汉族最颠沛流离的一个分支。为了躲避战乱、饥荒并寻求耕地，早期居住在河洛地区的汉人，从1600多年前就开始南迁，先后经历了至少5次大迁徙。贺州的客家人，大多是明末清初从广东梅县迁来的。由于迁入地早已有主，南迁移民在登记户籍时，被立为“客籍”，这就是“客家人”称谓的来历。

长年的流散，不但没有让客家人分崩离析，反而促使他们更加注重保护自己的语言与文化。“宁卖祖宗田，莫忘祖宗言”，保留了中州古音、意韵悠长的客家话，是维系这个如今遍布全球的群体最坚强的纽带。“月光光，秀才郎，骑白马，过莲塘……”20世纪80年代末，贺州有位叫曾龙城的音乐家，在这段家喻户晓的客家童谣基础上，创作了歌曲《月光光》。清越的旋律，质朴的歌词，由稚嫩的童声用客家乡音娓娓唱来，不知让多少游子泪湿衣襟。有兴趣的话上网找来听一听，哪怕听不懂客家话，也会被其中思恋故土的深情打动。

在莲塘镇有一处建于乾隆末年的**客家围屋**（☎511 6008；莲塘镇仁冲村；门票 29.9元，讲解30元；⏲8:00~18:00）可供参观，曾经作为影视剧取景地，内部如今还有两户住家。25路公交车可到，如与临贺故城一并游玩，则需在莲塘镇转乘23路公交车前往。

陈王庙，维修过的古城墙始建于东汉，墙头的五层宝塔便是魁星楼（也称"文笔塔"）。近年来古城中主要巷道两侧的房屋都贴上了青砖，远近乡民也捐资整修过各自宗族的家祠，通常只有列入重点文物的几处开放参观。

过贺街大桥后向右，便是河东古城，最大的看点是一条充满生活气息的骑楼街，以及街上的粤东会馆、八圣庙等古迹。街上另有一座魁星楼，楼前原有浮桥沟通东、西古城。顺着骑楼街一直往南，到江边码头找条小船（单程20元/人，人多议价）可到玉印浮山。这是江心中一个形似印章的小石山，浮山寺就建于其上。每年农历四月二十六和五月十九举办浮山庙会时，四方乡亲赶来对歌唱戏，敬神拜佛，祈求吉祥。从大桥步行至码头有3.6公里，可在公交候车处找摩托车前往码头（往返15元），也可以直接前往浮山寺（往返30元）。

市区有23路、24路公交车到贺街，其中23路经过莲塘，约10分钟一班。两班车始发都在金旗市场附近路北侧，车资4元。

小凉河乡村旅游区

（见195页地图；沙田镇；免费）这条汇入贺江的沙田河，由于20世纪70年代电影《欢腾的小凉河》在附近取景，索性改名成了"小凉河"。河边村落中有晚清民居，田园中穿插着喀斯特群峰，不管是漫步还是骑行都很惬意。

从龙井村路口进村后不到500米，有一棵遮天蔽日的古樟树，龙井村迷宫般曲折难辨的巷道由此铺开。一路走去，注意看那些房檐下、门楣上的彩绘泥塑，窗棂上的精细木雕，还有极富想象力的石雕，便可揣想当年的繁盛。村子里最有代表性的是有"龙井"二字的门楼，另外还有残缺凸立的"镇龙坊"门楼和高大的"旭升楼"门楼。旭升楼高低分为三层，修复后的松、竹、梅、鹿、鹤图案和一旁的碉楼有些突兀，但楼前的龙井泉便是龙井村名称由来。泉水清澈，翻腾涌出，冬暖夏凉，据当地人讲，奇特之处是可以根据气泡和浑浊程度来预报天气。

从龙井泉后方的石桥跨过小凉河，沿着河边的乡村小道走上一段，在下一个桥附近有一处小瀑布，看完后回到河北岸。古暖村中的小路依次经过"新利""古暖""新明"三个门楼，以及一处宝福观。相传300余年前，宝福观于农历十二月二十破土，演变成一年一度的马峰古圩。除了置办年货外，各式精美的民间手工艺品也吸引了贺州人前来赶圩。

从马峰村回到小凉河，新桥一侧是有近200年历史的五桂桥，桥身三拱宽大，不费木料灰浆，只由石块堆砌成。如有兴趣，可继续沿河前往大石岩，那里有巨大的石岩龙洞。位于一片荷塘前的陈氏围屋，被用作小凉河景区的游客中心，内有农耕文化展览。参观完毕后，仍要经马峰村回到公路。

另辟蹊径

中华古石城

位于铺门镇中华村的石城寂静荒蛮，充满了神秘的味道。信都平原上这几座石山呈天然的围合之势，只在南、北两处有缺口。古时这里是封阳县所在，明隆庆五年建起南、北两座城门，封堵住石山的缺口，形成了一座隐蔽而坚不可摧的城池。

石城入口离大路不远，但不易寻找，要问问当地人。首先来到南门，这南、北门上原来都有城楼，现在只留下嵌在城墙下的"南星楼"和"北岳阁"两块石碑。古老的石板路上已经荒草丛生，几排房屋也是残破不堪。直走便是北门，也是石城最美的地方。一棵巨大的榕树瀑布般盘根错节，将城砖、城墙与石山纠缠得严丝合缝，俨然柬埔寨塔布隆寺（《古墓丽影》的外景地）的翻版。

贺州客运中心站每天有三班发往铺门镇的班车（30~37元；9:30，11:45，15:30；2.5小时），在中华村下车。或坐发往信都镇的车（25~30元；6:00~17:55，20分钟1班；2小时），抵达后换乘摩托车去中华村（单程30元）。自驾需先到信都，出信都圩后左拐往铺门方向，行驶10公里就到石城。因为没有标记，一路请多问人。

小凉河距贺州约10公里，2路公交车会经过龙井村路口和马峰村路口。如果你有一辆自行车，那就可以一路沿河骑去道石镇，或者探索周边的区域，包括麒麟尊的出土地龙中村。要注意的是，这里并不在贺州市区哈罗单车的服务范围内。

黄姚古镇

（☎672 2748；门票 100元，讲解80元；⏲售票处7:00~22:00）黄姚始建于宋代，明清时期倚仗水路便利，兴盛一时。现存的20余座祠堂寺庙、300多间青砖大屋就是那时的遗留。近代姚江水位持续下降，再也支撑不起昔日的繁华，却间接保护了它的完整。山环水绕的古镇，连同那些奇石古榕，生动诠释出“小桥流水人家”式的人居环境，亭台楼阁散布其间，如水墨画一般写意。如今黄姚声名在外，其不可复制的独特地理吸引旅行者接踵而来，也推动了它的迅速发展。

黄姚分为古镇与新街。古镇里东西走向的主街分段被命名为安乐街、金德街、迎秀街和天然街。沿着这条青石板街一直往东走，过了永安门便是带龙桥。石板街南侧的巷道相互贯通，怎样都能走到仙人古井与郭家大院；北侧的小路则分别通往三星楼与西门楼，这两处门楼连着北边的新街。新街上多是以登高拍摄黄姚古镇全景为卖点的宾馆和饭店。在我们调研时，新街两端各有一公里左右的商业街区正在建设中。

景点

黄姚按照九宫八卦而构筑，屋后多临山或者傍水，建筑群外的临水处，按玄学要求建设神坛、寺庙和道观。曾经的寨墙护卫着黄姚，有**三星楼**、**西门楼**、**东门楼**、**亦孔之固**等防御寨门，门楼不大，却可攻可守。在**亦孔之固门**的石门槛和门楣上都有排列整齐的正方体凹槽，正好能竖着把木棍像栅栏一样顶在中间，加固防御。**三星楼**的上层为瞭望楼室，下层为城门通道，连接**西门楼**的街道，如今是古镇内客栈最为集中的区域，而**东门楼**前大树环抱，成为早上看日出和晨曦的好地方。

无论大街小巷，黄姚的道路全部用石板嵌砌而成，全长1.5公里，据说共用9999块石板，距今已经有300多年。你可以踏着古老的石板路，寻访下面这些地标。

古戏台 古迹

古戏台位于黄姚的入口旁，有480多年历史。屏风上方的“可以兴”横匾为清代举人林作楫题书，整座建筑雕梁画栋，有各种飞禽走兽的形象，左、右门楣均有精美的题字和壁画，天花板绘有“双凤本月”图。八根高大的木柱是明代的原物，石头台基四周放置着数个大水缸，能增强共鸣效果，蓄水后能让演员的音色听上去更圆润。

宝珠观和龙爪榕 古迹

戏台前方是宝珠观，殿内的石柱上雕刻着石龙，四周壁画色彩斑驳，古朴精美，观门前还有石狮驻守。出观门后可见壮观的**龙爪榕**，这棵古树有850岁高龄，气根与寄生的藤蔓极似巨形龙爪，悬在半空，范围约有十几米之宽，形成过目不忘的奇观。

带龙桥 桥

古桥位于古镇的核心位置，也是黄姚的地标。桥旁老宅栋栋，桥头古树婆娑，加上石桥和行人的身影倒映在水中，形成一幅美丽的乡村画卷。**带龙桥**两旁怪石嶙峋，尤以西侧桥头下的一处酷似蛇头的石头最为知名，人称**“南蛇出洞”**。

仙人古井 古迹

相传农历七月初七在此取水，饮后让人百病不生，故名“仙人古井”。从地底涌出的泉水，按照顺序先后流进五口水池，第一口为饮用池，第二口为洗菜池，剩下用作洗衣服、洗手，最后汇入河中。百年来居民都自觉遵守规矩，如今这里已成为拍摄淳朴乡俗题材的热门地。

兴宁庙 古迹

兴宁庙位于护龙桥头，依地形而建，布局体现了“有水必有桥，有桥必有亭，有亭必有诗联”的黄姚特色。屋脊上的人物泥雕非常精美，正中悬挂着古镇第一名匾**“且坐喫茶”**。不妨在这里坐一会儿，或和古镇的老人们聊聊天。

黄姚古镇

0 100 m

节日和活动

鱼龙节

节日

鱼龙节在当地已有200余年历史，农历正月初二晚上，当地人会举行舞鱼龙活动，上千人的队伍舞着鱼龙灯、狮灯、龙灯绕行古镇，祈求来年风调雨顺。近来鱼龙节已经演化为盛大的提灯晚会。

宝珠观庙会

庙会

庙会的举办正逢三月三，新街上舞龙的队伍长达数十米，古戏台上还有桂戏和彩调的演出。

柚子灯节

节日

每年农历七月十四，黄姚居民会放柚子灯祭河神。放灯时，头灯先下水，然后用一根绳索把尾灯连起来，中间穿上几十个柚子，柚子上插上香烛，浮于水面，从宝珠观一直到兴宁庙以下两百米处，河上星星点点，十分梦幻。

住宿

新街上很多旅馆的天台和房间能拍摄古镇全景，而恋旧的人更喜欢住在古镇内，当一回“梦里人”。只是民居改造的客栈条件普遍有限，卫生间狭小，干湿不分离，一般来说选择装修时间晚的会略好些。古镇的客栈数量近几年经历爆发式的增长后，在2018年国庆期间，终于不用面对部分游客需要而分流到几公里外巩桥镇去住宿的境地。但节假日里涌进的客流，还是使得房价上涨3~4倍，想要选择理想的住处，务必预订。

八戒与悟空

客栈 ¥

（☎131 2357 8105；天然街11号；标双 107元起；📶❄）装饰简单温馨，营造出琴棋书画的

黄姚古镇

景点

1 宝珠观与龙爪榕 C2
2 带龙桥 D3
3 东门楼 D3
4 郭家大院 B2
5 郭氏宗祠 A3
6 古戏台 C2
7 三星楼 C2
8 石跳桥 C2
9 守望楼 D4
10 吴氏宗祠 B3
11 西门楼 B2
12 仙人古井 C3
13 兴宁庙 C3
14 亦孔之固 C2
15 永安门 C3

住宿

16 阿瑶的房子 B2
17 阿瑶的房子二店 C3
18 八戒与悟空 B2
19 黄姚·壹栈 A3
20 龙鳞台全景精品酒店 D2
21 水墨客栈 B2
22 缘泉居客栈 C3

就餐

23 来群驿站 B2
24 梦境园酒家 B2

购物

25 陈氏草药铺 B3
26 金德庄 B3
27 杨晋记 A3

实用信息

28 一骑吧 A2
29 医务室 B2
30 中国邮政 C1

古雅，也不乏年轻人的审美。门口的对联解释了客栈名称的由来，也体现出主人的生活哲学。定价合理，闲暇可与老板弈棋，或静听老板娘弹奏古筝（如果她心情好的话）。

水墨客栈

客栈 ¥¥

（☎672 2020；天然街9号；标双191元起；📶❄）素雅而充满艺术气息，房间分布在狭长院落的几栋楼里，走进去一路上各种空间都很上相。楼顶的VIP房型景观最佳，并配有浴缸，其他湖景房就只能从侧面观湖，但你也可以惬意地坐在公用露台上欣赏湖景。

阿姚的房子

客栈 ¥¥

（☎672 2828；迎秀街18号；标双 258元起；📶❄）颇受欢迎的网红客栈，堆积着主人云游四方带回来的物品。房间各有特色，有一种混搭而无秩序的美感。店里设有各种乐器和钢琴，阿姚在店里时，晚间便将客厅变成民谣风格的音乐吧。另有一家分店开在大贵巷。

龙鳞台全景精品酒店

精品酒店 ¥¥

（☎672 8199；中兴街40~43号；标双 303元起；📶❄）背靠真武山，由五品官员的宅邸改造成颇具设计感的酒店，带有酒吧、茶室等公共空间。客房和价格随地势层层抬高，行李多的旅行者可能会有不便。拾阶而上，最高处的大平台上有令人满意的古镇全景。

缘泉居客栈

客栈 ¥

（☎672 2818；仙人古井旁；标双109元起；📶❄）房间干净朴素，有一间充满阳光的大茶室。由于楼间距近，北向的房间光线稍暗。东向的房间都带有阳台，早晨7点左右居民开始在古井边洗衣服，略有些吵，但这恰恰是它们比较抢手的原因。

黄姚·壹栈

客栈 ¥

（☎136 5773 2898；天然井旁；标双125元起；📶❄🅿）这家位于古镇西北角的旅馆2016年开业，条件好于大部分新街上的住宿。虽然楼顶视野有限，但价格相对便宜，并且由于不在主街上，门口还有不少停车位供客人使用。和许多旅馆一样，在这里客人也能免费自助洗衣、品茶和购买土特产。

尚客优精选酒店

连锁快捷酒店 ¥

（☎672 8669；黄姚新街8号；标双145元起；📶❄🅿）由住宅改造的旅馆总有差强人意之处，而这家2018年开业的连锁快捷酒店，房型标准几乎和大城市没有差别。这里房间很多，

黄姚摄影小贴士

即使你是一个摄影门外汉，黄姚的美也会随时激发你的创作灵感。

带龙桥 是拍摄小桥流水人家的不二之选，建议你在桥西边拍摄，用老屋、凉亭和古树作为背景。桥畔有个餐馆，桌椅就摆在大榕树下，最好避开吃饭时间，以免大吃大喝的食客闯入画面。

石跳桥 一带拍树、拍人皆有水中的倒影。如果坐上游船漂流在古镇的小河间，还可拍到经典的石桥景观，以及两岸光怪陆离的天然石林。

仙人古井 一定要在早晨前往，勤劳的妇女们会簇拥在井畔洗衣服，浓浓的生活情趣与清冽的井水相伴，动静皆宜。

石板街 最需要雨水的滋润，那份油亮的质感，会使你觉得下雨也是一份馈送。可以用色彩鲜艳的雨伞，在冷色调中增添别样的韵味。入夜后，老街上处处红灯笼高挂，既可以拍摄光影迷离的古宅民居，也可以拍出那些身影的恍惚。

隔江山和**真武山** 就在古镇旁，是拍摄古镇全景的好地方，但山势险峻，攀爬相当危险。不妨借用西门楼外新街上**金兰居宾馆**的楼顶（非住宿者10元），可拍到古镇错落有致的灰屋顶和东方的日出。

东潭岭 有更壮阔的日出，距离黄姚12公里，包小车往返约150元。这里能看到古镇和水库，破晓时分常雾气萦绕，流云之上浮现千百座山头，磅礴而梦幻。

一楼也有不少免费的车位。由于楼间距很近，侧面的房间采光很差，预订时可留意咨询。

就餐

豆豉、豆腐酿、河鱼是当地特色，老街和新街上有很多小餐厅，本地人按照家常口味制作，菜肴水平也比较平均。古镇内价格会稍高些，但菜量并不少。小吃则都集中在新街上，随处可见米粉、肠粉、馄饨，是早晨的最佳选择。夜宵大排档则聚集在古戏台附近。

梦境园酒家 中餐 ¥

（672 2038；新街西门楼对面；人均30元；10:30~21:00）镇上的老牌餐厅，有几道媒体报道过的招牌菜。上过央视的豆腐酿（20元）几乎每桌必点，味道类似江南的千张包，蘸豉汁食用更入味。豆豉蒸排骨或焗小河鱼（35元）味道也不错。饭店供应四到十人的套餐，但价格与单点相差不大。

来群驿站 中餐 ¥

（134 7198 0697；迎秀街13号；人均50元；11:00~21:00）豆豉蒸龙骨鱼（60元，约1.5斤）肉质细嫩鲜美，也有黄焖土鸡（60元，约1.5斤），同样受欢迎的黄瓜花酿（38元）只在夏季供应。别忘了欣赏手写的菜单，如果喜爱的话，结账时老板会亲自书写一张古典收据奉上。白天经常在门口石板街地上练字的就是他。

购物

黄姚街市上最多的就是豆豉，郭记和杨晋记比较有名。**杨晋记**（672 8258；天然井旁）的家庭作坊就在天然井附近，上午如果天晴，有时可参观到制作过程。豆豉每斤10元，也出售以豆豉制作的各类酱菜。**金德庄**（672 2880；金德街17号）售卖各种包装精致，用当地药材、野果泡的药酒，我们推荐黄精酒（98~188元/斤）。黄精是一种补气益血的珍贵药材，以黄姚出产为最佳。如觉得不方便携带，也可以向店家网购，或者干脆出门左转，去**陈氏草药铺**（130 1494 9899；黄姚大剧院斜对面）购买黄精（每斤120元）。这里的黄精经过九蒸九晒，每斤黄精可以泡制5到8升酒，也可用于煲汤。草药铺还供应传统凉茶，5元一杯。

实用信息

中国邮政（新街古戏台附近；9:00~18:00）

医务室（金德街34号，洋巷口）

黄姚古镇（huangyao.cn）官方网站，有古镇各类活动信息，可预订打折门票。

ℹ 到达和离开

长途汽车

黄姚镇的班车均停靠在新街东侧的大牌坊前，离古戏台的入口有700米。

贺州客运中心站有到黄姚的班车（30元；6:30~17:55，共12班；2小时），上车买票只需20元。贺州站则有高速班车（☎183 7840 8098；20元；8:30~17:50，共8班；1小时）到黄姚，也可以在光明大道沿线的路边候车。

桂林汽车客运南站每天9:00、13:30有去巩桥的班车，倒数第二站是黄姚（60元）。梧州金晖站每天10:40、12:20有前往昭平的班车，同样会经过黄姚（50元）。

自驾

桂梧高速在黄姚有专门出口，自驾旅行者可享受全程高速。

汽车不能驶入古镇内。新街边划线的停车位可免费使用，但数量非常有限。黄姚镇西缘往巩桥去的723县道上，大部分客栈也将自己的庭院作为临时停车场，价格在每天10~20元不等，通常取决于步行到古镇的距离。古戏台入口外的酒壶山宾馆也设有停车场，收费8小时以内10元，24小时15元。

在节假日期间，自驾车可能会被导流到古镇东南部的游客中心，换乘景区观光车往返东门楼入口，以缓解交通压力。

富川

南北走向的都庞岭和萌渚岭，夹着地势低垂的江华—富川平原，地理优势使富川成为2000多年前贯通中原与南方的潇贺古道在岭南的第一站。尽管古道并不是秦始皇功绩中最耀眼的一项，却是往后的悠长岁月里，这座地处桂、湘交界的边陲小城赖以生存、发

另辟蹊径

骑车去看更多的风景

黄姚的白天充斥着旅行团，你完全可以只在一早一晚的清静间欣赏古镇的韵味，当游客大潮进古镇时，你已经骑上自行车去到古镇外的山野乡间。

向西：顺新街往西，前往3公里外的**仙女湖**（原名“周家水库”）。沿途略有上坡，到达后可沿湖边骑行。再往西还有个**黄姚花海**（☎670 7550；罗望村；门票 60元；⏲8:00~18:00），虽四季有各色鲜花，但面积不大，放低镜头才能拍出花海。往返加游玩约2~3小时。你若想要从这里骑到**东潭岭**会是极大的挑战，一路都是陡上坡，而回程的下坡亦很危险。

向北：穿过黄姚新镇和大片的移民新村，来到**白山村**。这里是广西艺术学院的实践基地，村民的红砖墙被改造后，画上了几十幅颇具创意的壁画。再往北的**玉泉洞天**如今被打造成一个**洞藏酒窖**景点，虽是“旧洞藏新酒”，但沿途田园风光旖旎。这条路线需要1~1.5小时。

向东：目标是东北方向12公里外的**五指山**。先骑行到高速的出口处，再往北骑到界塘村，这段路有上下坡。从界塘村往东去五指山4公里，有几段连续上坡，途中会经过一处水库，可停车休息。当那伸出五根指头的奇峰出现在面前时，你就有了汗水换来的浑身舒坦。全程需要3~5小时。

向南：沿古镇西侧往巩桥方向骑，经过东门楼300米后左拐，进入一条破败的乡间小道，约500米后，**文明阁**就在左侧**天马山**的山壁上。文明阁被誉为“黄姚旧八景”之首，历代名人诗刻很多，如今却颇为萧条，去往山顶**求雨台**的小道更是路迹难寻，尽量结伴前往。1小时足以往返。

新街有一家**一骑吧**（☎256 7681；新寨路口北50米；⏲8:30~19:00），有自行车出租（普通车20元/次，山地车30元/次），可咨询路线。

富 川

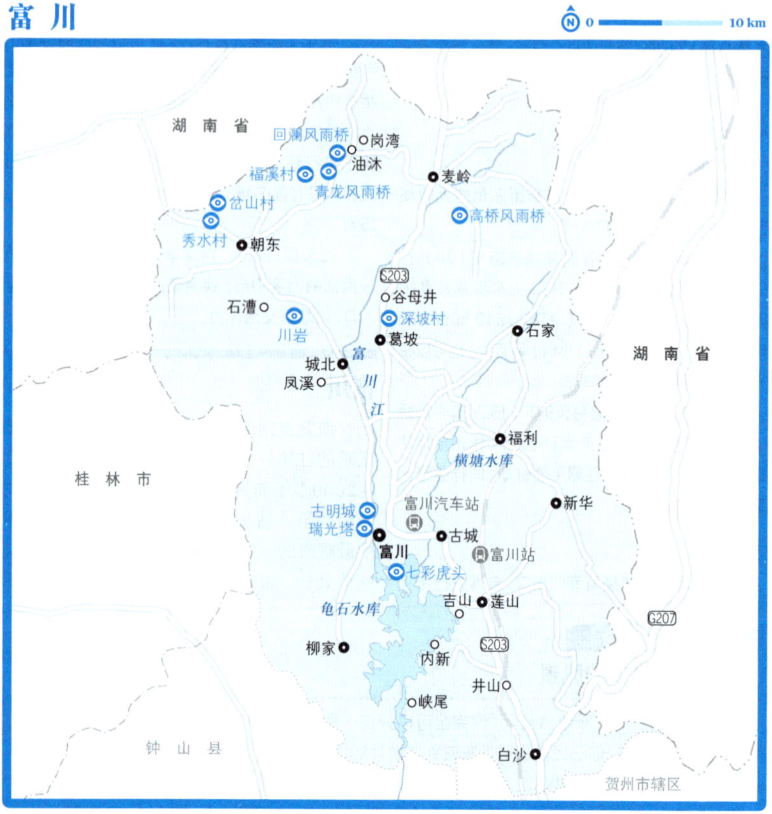

展的命脉。随着古道的衰落，曾经灿若群星的古城池和古村落也黯淡了光芒，被遗留在广西偏远的角落。

富川县城（富阳镇）沿富川江展开，河西城墙围合的古明城以及河东的新永路保留着部分历史遗存。老城向南由民族路、凤凰路围绕着马鞍山和凤凰山，划出新城的地界，主干道两侧都是整齐划一的"飞檐翘角"外墙立面。想要品味旧日的时光，赶紧出发去探访那些隐于古道、小山、河流边的古村落和风雨桥吧。

景点

富川古城　古城

（富阳镇内；免费）**古明城**距今已有600多年历史。过了富阳桥与人民医院后，前行百余米，路右就是引人瞩目的**向日门**（南门）。如今经过修缮，找回了旧貌。穿过幽深的南门进入古城，城中道路也恢复为用鹅卵石铺成，俗称**"花街"**。花街上有几座**神楼**，每年正月初十到元宵，街上居民凡是头年家里添了小孩的，都会在神楼上挂一盏花灯，酬谢神恩。沿着仁义街一直北上，从偏门出城后，有一座写有"声塞苍冥"的**戏楼**。往左走5分钟，便能看到**迎恩门**（北门）。北门重修痕迹很明显，可登楼观景，但面城一侧被居民楼房阻挡。西门已毁，镇升街往东，直走便是**升平门**（东门）。

沿古明城西的瑞光路南行10分钟，便来到富川江畔的**慈云寺**，寺后院内有7层六角形砖塔**瑞光塔**，塔尖覆400斤铜刹，古朴沧桑，是富川城的地标。沿阶梯小心盘旋而上，至顶层各面开窗，可观县城全貌。寺院虽免费开放，但有时会被要求购买香烛方得入内。

慈云寺以南的瑞光园是一片城市公园，每天入夜后健身者集聚。走过瑞光园门口正对的风雨桥，你就能回到县城中心。1路公交车可以到达古明城。

★秀水村 古村落

（朝东镇西北；免费）秀水又称“状元村”，在1300多年历史中，这里出过26位进士，南宋时还出了一名状元。村子由石余、八房、安福、水楼四个小村组成，清澈见底的玉带河穿村而过，屋舍、桥梁就像长在那里一样自然。

从西头的入口进村，可以看见面对面的状元楼和古戏台，状元楼中供奉着状元毛自知的雕像。沿玉带河前行，河边有棵名为“过江龙”的古树，粗壮的树干探过小河。路左有“秀峰邑爽”门楼，可以顺山径上秀峰山到秀峰亭。秀峰山下，便是巷陌交错的八房村。从“富江首辟”门楼进入八房村，门旁立着一块“江东书院之记”石碑，这里曾是桂东南最早的书院。村中心有一片近2000平方米的状元坪，极具气场，四面都是保存相当完好的灰砖黑瓦老宅。穿过挂着“文魁”牌匾的门楼，便可以深入探访那些铺着鹅卵石路面的深巷老屋。村子西北角还有气派的毛氏宗祠，两侧古树面对“韵叶鳌山”古戏台，屋檐高挑轻盈。往东经一座水泥桥进入石余村，这里有秀水最美的景致——如斯夫戏台。戏台旁有一处地下河天然涌泉，名坦川，汩汩涌出的泉水形成一个清浅的石潭。古戏台就建在水中，一汪碧水里的倒影，美如梦境。

入口处有停车场和几家小饭店，开心农家乐（☎180 7068 6817；标双100元；🛜❄🅿）条件一般，往里走有一家灵山居（☎187 7848 1517；标双130元；🛜❄🅿），庭中布满盆景、奇石，房间也要舒适很多。

在富阳桥东坐到朝东的班车，到达后转乘摩托车前往（10元），或步行3公里。富川有发往桃川、恭城和部分桂林方向的班车直接经过秀水村，但班次很少，时间不定，可咨询车站。

岔山村 古村落

（朝东镇西北；免费；停车10元）渐渐热闹起来的岔山村，名正言顺地占据了“古道入桂第一村”的名号，村背后的山峦便是湘桂边界。岔山村有600余年历史，村内的石板主街曾是潇贺古道的一部分。村口有一座兴隆风雨桥，上有双层桥亭。往东的古道两侧老屋内，如今开起了不少食铺，主打本地的小吃油茶（15元/壶）、梭子粑（2元）、凉粉（2元），也提供小菜，价格不贵。小型博物馆和知青馆可免费参观，要看原生态的古民居，需向两边的巷子里走走。天气好时，循村口听道门的小径可攀至听风阁，一览两省田园风光。

沿秀水村河东的乡间道路向北2公里就是岔山村。从朝东镇坐摩托车前往需15元。

潇贺古道

在富川旅行，你会发现有个关键词被反复提及，那就是“潇贺古道”。先秦时期，人们就利用这片平缓的宽谷走廊来往于岭南、岭北之间。秦始皇的南征大军打败西瓯土著、统一岭南后，上马了两项交通工程，一是开凿灵渠，二是在原先古道的基础上，拓建适合秦国战车行走的“新道”，以加强对岭南三郡的控制与管理。这条“新道”北起湖南道县，在江永分为两路进入富川境内，东路进麦岭，西路入朝东，两路在城北会合后，继续南下至富川古城码头，在此改换水路，沿贺江进入珠江，最后到达广州。因为连接了长江流域的潇水与珠江流域的贺江，故称“潇贺古道”。

随后一千多年中，这条“国道”一直是中原进入岭南的“华山一条路”，至唐朝时还是著名海上丝绸之路的一部分。以后随着岭南通道的增多，潇贺古道的作用也慢慢降低，但依旧作为人们穿梭岭南、岭北的便利通路，直至清末、民国。近现代以来，随着古道沿线铁路、公路的建成和贺江水位的不断下降，古道水运功能开始衰退，陆路也湮没于田野山林之中茫然难寻。1972年，长沙马王堆汉墓出土的一份《长沙国南部地形图》引起了学者们的注意。结合田野考察结果与地图标记，越来越多的人相信，富川境内残存的65公里鹅卵石、青石铺面的古道，正是历史上的潇贺古道。

★ 福溪村

古村落

（朝东镇东北；免费）福溪村始建于宋朝，有"七朝古寨"之誉。一公里长青石板铺成的**三石街**，两旁伸出若干横巷，巷口建有各个姓氏的门楼，内里便是那一族聚居的地方。扬名在外的是一座榫卯结构、不费一钉的**马殷庙**，由76根长短不一的立柱和44根吊柱、托柱支撑，俗称百柱庙。每年春耕前，村民会在庙前广场上**"耍春牛"**，祈求好收成，有时逢节日也为游客表演。从三石街向北，有一座别致的**钟灵风雨桥**，入口是中西合璧的样式，桥头还有几块拦路大石突兀而起，在村中其他地方也多见，这些是守护村子的**生根石**，故不能去除，村民有时还会在石前焚香许愿。一旁的**濂溪祠**，纪念的是村人先祖中的濂溪先生周敦颐。街上的**福溪业余剧团**内，设有民俗展览和一些精美的历史遗物。

村口有一家**宋寨客栈**（☎133 6754 8188；普双 60元；🛜❄🅿），有四间客房，也提供餐食。从朝东镇往油沐方向出镇9公里后左侧有条岔路，再往里3公里即到福溪村。坐摩托车前往约需30元。

青龙风雨桥和回澜风雨桥

桥梁

从福溪路口往北约3公里，**青龙风雨桥**就架设在几近干涸的黄沙河上。这座单拱石券桥一头有三层楼阁，气宇非凡，登上楼阁可观看廊桥的二层桥亭。往北再走800米就是**回澜风雨桥**，形式上是三拱二层楼阁，与青龙桥形成了联袂并肩的姊妹桥。两桥均建于400多年前的明代，桥内有数通石碑，镌刻着历次维修的事迹。如果身旁有当地人，他们通常可为你讲述关于"情浓"和"会兰"的"瑶族版梁祝"故事。每年4月中上旬，黄灿灿的油菜花会把双桥四周装点一新。从朝东镇坐摩托车往返两座桥约需60元。自驾可导航到油沐中学。

深坡村

古村落

（葛坡镇北；免费）蒋氏先祖800多年前在此定居，也是潇贺古道中的重要停靠点。村中有近800米由两竖一横青石板铺成的街巷**三镶街**。来自村外地下暗河的涌泉水，跟随街道流经各家门前。村中小广场的左边是**玑公祠**，右边是**恕堂书屋**。沿着三镶街进村，左拐弯后是**"深坡村"门楼**、**大夫第**、**汲古书屋**和**蒋澄公祠**散落在街上。**蒋氏公祠**在村子的**东门**外，公祠旁山脚有**观鹭楼**，可观赏栖息的白鹭，也能俯瞰古村鳞次栉比的红墙黑瓦。

深坡村在葛坡镇以北2公里，坐开往麦岭的班车，在深坡村下车（8元）。

七彩虎头

村落

（富阳镇南；免费；停车10元）虎头村是龟石水库的移民村，近年来由于居民楼墙体彩绘的走红，成为旅行者的出没地。整个村庄色

另辟蹊径

富川风雨桥

风雨桥是瑶族重要的公共建筑之一。与三江的风雨桥相比，富川风雨桥的年代更为久远，多建于明清。按古建筑学家的说法，属于"石券廊桥"，即结合了石券桥、亭阁与廊桥的特点，是中原和百越文化交融的见证。富川地区的27座风雨桥，在2013年被公布为全国重点文物保护单位。这些桥多分布在村落入口的河道、溪流之上，如果你有兴趣多造访几座，最好是自驾或包车，可按如下顺序穿插到古村落的游历中。

城北镇：凤溪村有**朝阳风雨桥**，石拱上又以横梁分三跨，铺架楞木地板，如今已隐没于一片民宅中，少了几分野趣。凤溪高处另有一座**福寿风雨桥**。石曹母村的**迴龙风雨桥**则独处于一片田野中，木梁分两跨过溪，上覆三层檐桥亭。

朝东镇：东水村有**双溪风雨桥**，特点是两端八字形的马头墙入口，二层桥亭设有阁楼。龙归村的**龙归风雨桥**，桥亭上翘似一顶官帽，入口门拱上有竹节状装饰。沐笼村的**集贤风雨桥**和**毓秀风雨桥**，一体的梁架雕有花纹。

麦岭镇：高桥村边的**高桥风雨桥**，桥基高6米，大梁长11米，纵横叠架成桥面，三层桥亭也高大繁复，"高桥村"由此桥得名。

彩斑斓，一些壁画颇具观赏性，是摄影的好题材。邻近的水库边是一片湿地公园，有崭新的栈道，远处还有成片的风力发电机，晚霞漫天时，若置身童话世界。

村中有一家**迎客松渔家民宿**（☎139 7847 4925）即将开业。虎头村距富川县城5公里，打车前往15～20元。自驾沿新建路往南，顺指示牌即可抵达。

节日和活动

炸龙

民俗节日

每年正月初十到元宵节期间，来自富阳镇5条街坊的5条彩色长龙，从古明城的北门街出发，一路舞到新城。所到之处，人群里三层外三层，个个手拿鞭炮，铺天盖地地往龙身上招呼，谁扔得多、扔得响，新年就能行大运。舞龙者也不甘示弱，用各种腾挪、跳跃的高难度动作，把花炮弹回去。舞到酣畅时，舞龙者甚至会除去上衣赤膊上阵。

盘王节

少数民族节日

作为瑶族县，每年农历十月十六是举县欢腾的盘王节。瑶族老少都穿上节日盛装，唱盘王歌、跳长鼓舞，祭祀自己的盘王先祖。富川一些瑶族乡还会在中秋节和盘王节期间举行血腥的砍牛，以此体现对祖先的敬重。节庆前一天要请出神像巡游周边各村，当天还会唱诵还愿歌，整个仪式隆重而狂热，往往提前一个月便开始准备。

住宿

富川不大，景点都可当日来回，所以推荐住在县城。宾馆多集中在凤凰路的两侧，在我们调研期间，这里还没有连锁酒店。元宵节炸龙期间，房价会比平时翻一番，记得预订。

凯悦商务宾馆

酒店 ¥

（☎788 3000；新建路16号；标双 116元起；📶❄🅿）这家2017年开业的酒店位置相当优越，靠近各类餐饮和步行街，去古明城和风雨桥也很近。房间简约舒适，网速挺快。地下停车场有免费车位，但场地略显狭隘。

就餐

富川饮食与湖南接近，喜欢大把放辣椒。风雨桥头的几个巷子里藏着一些小吃店，到晚上选择会很多，这里有不少店只经营夜宵。民族路南端有几家大排档，富川的肉牛全广西闻名，推荐水煮牛肉（40～50元），几个人点一份新鲜热辣的，来几样小菜，人均大约30元。如果只想简单填饱肚子，新建路和凤凰路都有一些米线和粉店，更地道的米粉店在老街（新建路以北的新永路）上。步行街附近则以炸鸡快餐和甜品为主。

> **不要错过**
>
> **20世纪的“天堂电影院”**
>
> 在城北与朝东之间，有一处乡间道路穿石龙山而过。岩洞名为“川岩”，并非因与“穿”字同音，而是路在洞中与小河为伴，水声潺潺。西侧入口处怪石高悬，有清同治年间广东将领潘嶙“独挽狂澜”赫然题于壁上。洞中漆黑，无任何光照，中部宽50米，高80米。20世纪八九十年代电影下乡时，只需在洞中架起放映设备，白天也能为数百人播放。前行约300米后，光亮逐渐靠近，从东侧出洞后豁然开朗，只见林木苍翠，小桥右边还有一片小瀑布。
>
> 坐发往朝东的车，到川岩或石狮村路口下车（8元），往里走500米即是。洞中行走需要照明，道路仅一车宽，自驾或步行都请注意安全。

阿波罗烤鱼

烧烤 ¥

（☎134 7199 9887；建设路风雨桥头；人均40元；⏲19:00至次日2:00）这家店的招牌烤鱼（60元）很受欢迎。1.8斤左右的鲤鱼铺在韭菜上，四周以花生、脆黄豆、蕨菜、酸豆角作配菜，鱼肉软嫩，香气扑鼻。对于不食辣的旅行者来说，可能微辣也是一场冒险。

实用信息

富川公众信息网（gxfc.gov.cn）有富川旅游资源介绍。

富川圈（微信公众号）富川的各类资讯、民俗活动。

到达和离开

富川汽车站（☎255 8020；竹稍村203省道上）位于县城以东2公里。前往贺州以外的长途车票可在“桂客行”APP或“广西客运联网售票”微信公众号预订。发往朝东的班车，则从文教路上的富阳桥东头出发。

富川汽车站车次时刻表

站点	发车时间/班次	票价(元)	行程(小时)
朝东(经城北)	7:00~17:40, 15分钟1班	12	1.5
麦岭(经葛坡)	7:00~17:40, 20分钟1班	12	1.5
钟山	7:00~16:50, 30分钟1班	15	1.5
贺州	6:10~18:30, 10分钟1班	20	2
桂林	6:40, 7:30, 8:40, 10:30, 12:00, 13:50, 15:30	60~70	4.5~5

火车

富川站 距离县城约9公里，每天只有4班普通列车停靠，可前往贺州、梧州、玉林、南宁、湛江、永州、南昌、长沙、武汉、济南等地。

当地交通

富川县城的公交车很少，对旅行者有用的是1路车(2元；7:00~18:00)，自火车站经汽车站、凤凰路、富阳桥、古明城往返富川高中。出租车基本需要议价(5元起)，我们调研时在县城也发现少量的滴滴快车。

2017年底，永贺高速贯通后，在富川设富阳、城北、麦岭三个出口，富川又重新回到快速交通网络中，也给自驾旅行者带来了便利。

钟山

钟山有堪比阳朔的山水画廊，也有饱经风雨的古村、牌坊与戏台，散布在叠嶂群山之中。湘桂走廊到这里得以东西向展开，钟山自古就是交通要冲，如今更有国道、高速和高铁贯穿县境。而钟山的众多古迹，仍是访客寥寥，更能引发旅行者怀古之幽情。

钟山县城围绕县政府前的新世纪广场向四面铺展，主干道钟山路和兴钟路从广场一角经过，大部分公交也停靠这里，长途车站就在广场西侧。新城在东部的富川江两岸迅速生长，钟山公园和滨江公园适合散步，值得流连的景点都在周边的村镇。

景点

★百里水墨画廊 自然景观

(公安镇荷塘村；免费)这里的景观与阳朔颇为相似，且不会由于人满为患而让山水失色。田园、村落与千奇万秀的山峰荟萃，虽然缺乏灵动的江河作为纽带，但群山的排列变幻多端。夏日前来最佳，能观赏莲叶田田、荷花盛开。大片莲池倒映群山的山水画卷，是钟山的标志景观。

从入口处荷塘区域往“画廊”深处的山区徒步，画卷逐步展开。道路蜿蜒曲折，“远近高低各不同”的喀斯特群山形态各异。步行4公里后便抵达群山中的双元村，这里是摄影的好地点。我们调研时，景区正在进行二期开发工程，包括草坪和绿道的铺设、各类休闲设施的兴建，但不影响向游客开放。

搭乘前往清塘或任何一辆写有“十里画廊”的班车，在景区下车(6元)。入口处有巨大的牌楼，目前自驾车仍可从一旁的荷塘村驶入。

恩荣石牌坊 古迹

(燕塘镇玉坡村；免费)建于清乾隆年间，是该村举人廖世德为纪念先人而建的功名坊。牌坊为三间五楼，庑殿顶结构，以大块青石雕刻，卯榫嵌合而成。花鸟走兽与众多人物形象由精美的浮雕、透雕和圆雕完成，几无破损，非常难得。注意牌坊上的石狮子形象，是极其罕见的苗条兼压扁形，更显萌态可爱。牌坊背后，有一座**廖氏五房祠堂**。村里还有建于清道光年间的**协天宫**，门楼里有石柱、石门槛和石狮子，值得细细看一回。乘坐钟山开往清塘的班车在英家路口下车(10元)，离玉坡村5公里。乘摩托车来回约30元。

大田戏台 古迹

(公安镇大田村；免费)建于清光绪年间，以保存完好、华丽精致著称。台基上的石雕分为上、下两层，上层为花鸟、走兽、飞龙，下层是八仙人物，图案生动圆润。戏台有多根木柱支撑着双层飞檐歇山顶，木彩雕不但精致古朴，而且配色艳丽。村中荷塘前有一排前墙落错的老屋，在夏季也相当上镜。乘坐钟山开往清塘的班车在大田路口下车（3元），步行2.3公里左右，戏台在小学旁边。

龙道村

古村落

（回龙镇东北；免费）老屋在坡地上一排排、一层层严整铺展开。村中门楼、炮楼众多，反映出清中后期附近一带的动荡。龙道村有一奇，这里的对联不是写在纸上，而是镌刻在石门框上，每家每户无一重复，以示文风流传、永志不忘。这样的对联当年有近百幅之多，目前清晰可见的仍有几十幅，字体多样，文辞雅致。在人去屋空的深巷老屋间一路仔细看去，还可以发现墙壁上残缺的壁画和精致的浮雕。乘坐钟山到珊瑚的班车，在回龙下车（3元），往东北方向走2公里即可到达。

松桂村

古村落

（石龙镇西南；免费）松桂村建于明末，先祖自南京迁居而来。老屋间巷道规整，青砖黑瓦，多有考究的门饰。村口有一所被用作老年协会的祠堂，石柱和木梁架雕刻皆极精致，旁边连接一座标志性的四层炮楼。池塘边，两株老榕树枝繁叶茂，像巨伞笼罩住一片休闲场地，足有几百平方米。乘坐钟山到珊瑚的班车到石龙下车（4元），松桂村在西南方向2公里处，路边的指示牌是松桂寨。如在石龙镇停留，也可一看县政府前的清代子母古桥石龙桥，两侧石栏有精美浮雕。

住宿

钟山的住宿多分布在兴钟路两侧，尤其是新世纪广场周边。汽车站离广场南端很近，住在附近出行更便捷。

钟 山

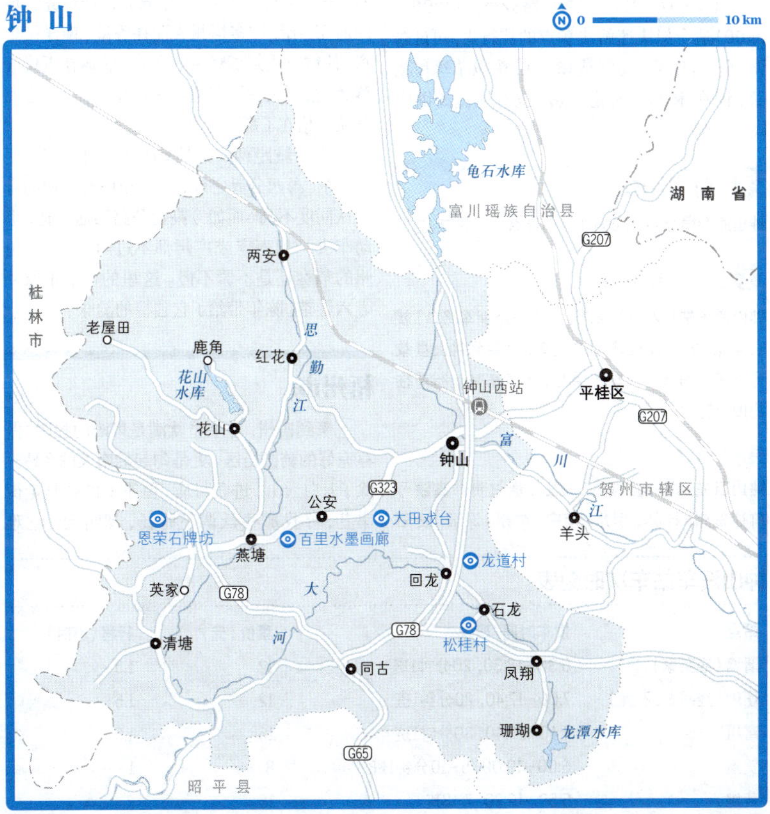

旺峰商务酒店

酒店 ¥

(☎569 3333; 书香西路1号; 标双118元起; 📶❄🅿)和酒店狭小的门面相比，三层高的巨大中庭给人眼前一亮的感觉。房间设施有些旧，但基本都能正常使用。地下的停车库非常宽敞。

就餐

钟山油茶是贺州特产之一，以植物油与茶叶、姜、蒜捶打炒制，以利于山地瑶族驱寒除湿，饮用时再加入盐、葱花、香菜、花生、油果、炒米，但浓郁辛辣的口感并非每个人都能接受。当地有将肉类在油茶中炖煮的做法，感兴趣的旅行者可在钟羊路一带的餐馆找到。新世纪广场、兴钟中路和书香路也有不少饭馆和小吃店。

一品天下蒸笼饭

快餐 ¥

(☎897 0808; 兴钟中路32号; ⏲9:00~21:00)适合想快速解决餐点的旅行者，可自选两到三种肉菜(13元或16元)，配以芋丝和蔬菜，铺在米饭上入笼蒸熟。也有炖盅汤供应(10元起)。

实用信息

钟山旅游局(hzzsly.com)钟山景点介绍和游记。

到达和离开

钟山汽车站(☎898 2205; 钟山西路拥军路口)就在县城中心。发往珊瑚的班车，则要到钟山县教育局南侧的兴钟南路上乘坐，由汽车站步行前往约10分钟。

火车

钟山西站 距离县城约5公里。通过贵广高铁可前往贺州、桂林、柳州、南宁、广州、深圳、贵阳等地，每天约有40个班次。原**钟山站**已没有列车停靠。

当地交通

钟山县城的布局相对紧凑，旅行者步行即可前往大部分目的地。1路公交车(2元; 8:00~22:00)往返新世纪广场与钟山西站。市区出租车一般收费4元，前往钟山西站12元，如遇乱收费或拒载可拨打☎133 7712 8866投诉。钟山县城路上也有不少滴滴快车。

梧州

人口: 349万

区号: 0774

舜帝南巡，崩于苍梧之野，梧州的历史可以追溯到上古神话时期。作为西江黄金水路上最重要的港口，历朝都曾将其设为岭南首府。第二次鸦片战争后，梧州是广西最先开埠的通商口岸，许多梧州人前往香港、南洋做生意，使城市达到了繁荣的高峰。航运在近代衰落后，梧州失去了交通带来的生机，也让它的气质定格在了那个年代。

梧州城距两广边境10公里，自古广信便是粤东、粤西分界之地，多数市民对广西的身份认同度不高。而如今高速公路四通八达，坐动车去一趟南宁或广州都不过两个小时，梧州的节奏还是不紧不慢。这里的生活正像一壶六堡茶，陈年带给了它独特的韵味。

梧州市

来到梧州，耳朵里就满是粤语的腔调，保存完好的骑楼街区，更是勾起岭南人的乡愁。除了上白云山、进龙母庙，更重要的就是走街串巷，寻找那些低调不张扬，却叫人一吃难

钟山汽车站车次时刻表

站点	发车时间/班次	票价(元)	行程(小时)
清塘(经英家)	6:30~18:30, 20分钟1班	12	1.5
珊瑚(经回龙、石龙)	7:00~17:40, 20分钟1班	12	1.5
富川	7:40~16:40, 30分钟1班	16	1.5
贺州	6:00~19:00, 5~10分钟1班	8	1
黄姚	6:50~16:20, 7~8班	18	2

梧州和贵港

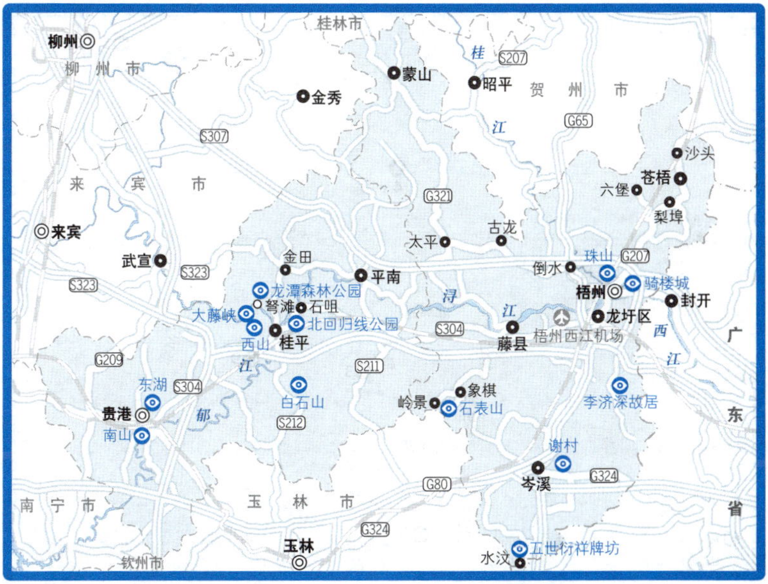

忘的粤西特色美食。很多小店并不开分店，每天定量售卖，卖完就收摊回去，享受自己的生活。有这种慢慢悠然的心态，哪怕只是做一碗牛腩粉，也能把它做到极致。

梧州城区不大，筑于丘陵起伏的三江水口，任何一块平地都得细心经营，新老城区都是高楼林立。河东的老城陈旧拥挤，生活气息浓厚。城墙在民国时毁于大火，而后兴建的骑楼街区奠定了今天的格局。河西的新城则呈东西向沿浔江发展，主干道新兴路显得整洁气派，但两侧街巷里也多是老楼老店。

景点

★骑楼城 街区

梧州骑楼城保留较好，从大东下路一直到北环路，整片老城几乎都由骑楼街构成。不但有南洋式、仿巴洛克式的骑楼，还有一批历史建筑、古旧民宅，共同组成了一座没有大门的岭南市井百态博物馆。

新西旅店（见214页地图；西江一路14号）雅致的7层大楼，糅合了欧洲与中国建筑元素。这是当年梧州最豪华的酒店，正对大南码头，是外地客商到港后的首选。1936年，这里上演过真人版“色戒”：多次策划暗杀蒋介石、汪精卫的职业杀手王亚樵，被情妇引诱至新西旅店，随后被一拥而上的军统特务杀死。

大东邮局（见214页地图；大东上路55号）在1884年发出了广西的第一封电报。三层米黄色的西式大楼庄严、内敛，建于1932年，上有“邮电局”三字。我们调研时，这里和新西旅店已被列入全国重点文物，新一轮修缮正在进行中。

当地知识

粤语发源于梧州？

粤语在广西被称为“白话”，本意是浅白、通俗的语言。由于它保留了大量隋唐以前的中原古音，在说官话的人听来，倒成了“黑话”。其实，哪怕同属粤语区，桂平人、南宁人、北海人讲的白话，广州人也只能听懂一半。但梧州人一开口，无论广东、广西乃至香港人，没有听不明白的。20世纪90年代，有语言学家提出，粤语发源于古广信，而广信的府治就在梧州。梧州白话与广州话的差异微妙，前者语调重一些，语气衬词更多，本地人一听即知，外地人则区分不出。

梧州城区

梧州城区

景点

1 白云山 D1
2 大东邮局 D4
3 金龙巷 C2
4 龙母太庙 B1
5 维新里 B3
6 梧州市博物馆 A3
7 新西旅店 C4
8 英领事署旧址 A4
9 中山纪念堂 C2

住宿

10 环球大酒店 C3
11 新龙门客栈 D4
12 星卓酒店 B3

就餐

13 冰泉豆浆馆 D1
14 六膳酒楼 C4
15 双钱龟苓膏 D4
新粤西楼 .... （见14）
16 粤友餐厅 C4

购物

17 大同路 C4
18 鸳江丽港土特产街 C4

活动

19 攀悦 C3

实用信息

20 中国邮政 C3

交通

高铁快线 .... （见10）

维新里（见214页地图；民主路）保留了梧州城较完整、漂亮的近代民居。**西一巷**的深墙大院和趟栊门，**西二巷**口的彩色雕塑，以及窗檐上随处可见的清雅雕花，都值得细细品味。里弄深处拜占庭风格的**天主教堂**，是广西最老的天主教堂之一。教堂对面是**富荣里**，藤蔓缠绕的旧牌坊很有味道。

金龙巷（见214页地图；建设路法院里）的民居年代比维新里早，可上溯到清代中、晚期。巷子长约350米，蜿蜒似长龙，曾经是城中的富人区。可观察居民临街屋顶的矮墙，供深闺女子向外眺望，被称为**"女儿墙"**。

龙母太庙
寺庙

（见214页地图；桂林路75号；门票 28元；⏲9:00~17:00，逢农历初一、十五8:00~18:00）龙母是西江流域广受信奉的河神，类似于福建、台湾地区的妈祖。相传龙母姓温名媪，战国末期生于梧州藤县，是百越族的一位女首领，因为收养了五条西江巨龙，感化龙子造福百姓，被尊奉为"龙母"。梧州的龙母太庙始建于北宋，一直香火鼎盛。庙宇经过多次重修，古貌已经无法追寻，但富有地方民俗色彩的泥塑、壁画、贡品，会让你感慨信众的想象力之丰富。碰上农历五月初八龙母诞，通宵达旦的庆祝活动很值得一看。公交1路、16路、18路、19路、28路可达，从骑楼城步行前往仅1公里。

中山纪念堂
纪念馆

（见214页地图；中山公园内；免费；⏲9:00~17:00，周一闭馆）孙中山筹备北伐战争时，曾三次驻节梧州。矗立于山顶的这座美丽、宁静，宛如老教堂的白色建筑，于1930年建成，是全国最早的中山纪念堂。中部是西式大礼堂，两侧是孙中山生平与梧州辛亥革命的展览。所在的中山公园是老城中心的绿肺，有时间不妨在山上呼吸一下新鲜空气。从中山路往北走，写有"天下为公"四字的石阶入口直通纪念堂。

珠山公园
公园

公园位于三江交汇处西边的珠山上。**梧州市博物馆**（见214页地图；免费；⏲周二至周五9:00~11:30，14:30~17:00，周六和周日9:00~17:00，周一闭馆）在山顶的西边，展出内容从石器、铜器到瓷器，还有以"千年岭南重镇，百年两广商埠"为主题的梧州历史文化展。博物馆旁是**建道圣经学院旧址**，几座当年的教学楼旧貌依然。再往东走，便是**英领事署旧址**（见214页地图；免费；⏲同博物馆），建于1897年梧州辟为通商口岸后，有着英式庭园和高大圆拱的回廊，门外还立有一块**"还我河山"石碑**，记述梧州人民与英军抗争、收回领事署的历史。登上对面四层高的**鹤岗楼**，便可隔着桂江看到老城的全貌。

坐2路、3路、7路、10路、11路、13路、14路、18路、19路、22路、28路、46路、48路到河滨公园，下车后顺盘山路上山。

住宿

在梧州，旅行者感兴趣的目的地绝大部分都在河东，住在这里相对方便。住宿分布在骑楼城以及西江路上，有些酒店的房间可能和这片区域一样充满历史感。若想住得舒

当 地 知 识

落雨大，水浸街

"骑楼"其实是一种商住两用楼，楼下做生意，楼上住人。一楼靠街的部分建成行人走廊，日晒雨淋都不影响买卖，二楼凸出来"骑"在走廊上方，又扩大了居住面积。这种外廊式建筑最早起源于18世纪末的印度，据说是英国殖民者针对当地炎热多雨的天气发明的。梧州的骑楼是20世纪20年代从广州"引进"的，又发展出自己的特色，那便是铁环和水门。在2002年防洪堤建成以前，梧州每年入夏都会"水浸街"，整片骑楼城变成汪洋水国，只能划船出入。骑楼外墙上一高一低的铁环，便是大水来时拴船用的，二楼临街的水门则是大水时人员、货物出入用的。梧州人对洪水早就见怪不怪，由于水位是一点一点慢慢涨上来，所以买卖照做，麻将照打，不到最后一刻，谁都懒得撤退。正放暑假的孩子们更是乐不可支，唱着"落雨大，水浸街"，相约结伴去"睇大水"。

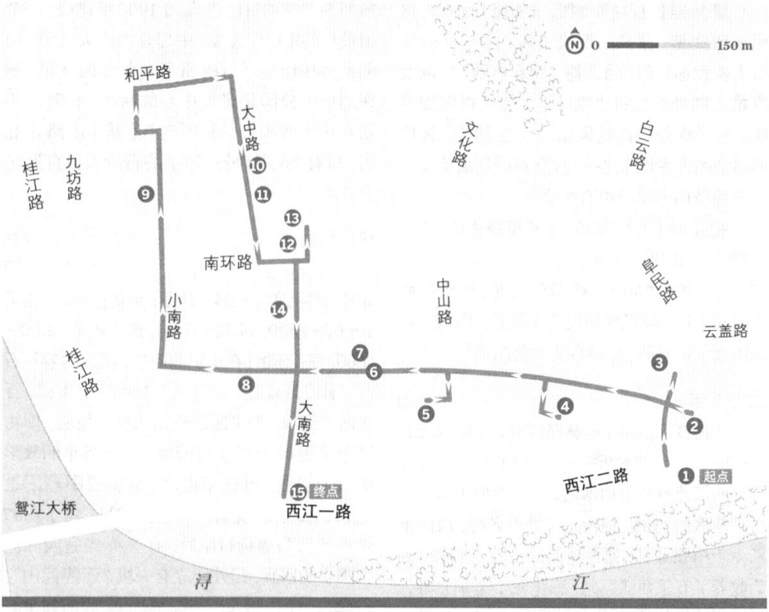

步行游览
梧州骑楼小吃

起点：双钱龟苓膏店
终点：新西旅店
距离：约2.5公里
需时：2小时（不含小吃品尝时间）

先从50多个品种中确定一碗❶**双钱龟苓膏**来品尝。过街走到阜民路与大东下路的路口，看看修葺一新的❷**大东邮局**。在路口北侧有一家极具市井气的❸**老伯田螺**，小碗田螺或石螺售6元，梧州人会搭配一瓶维他豆奶。走进大东上路骑楼步行街，左侧大同路小巷中，有1920年开张的梧州第一家现代旅社❹**大同酒店**。回到大东上路，往前来到中山路，城市便捷酒店一侧小巷里有家❺**肥婆牛杂**，原是路边摊，牛杂每串2元，萝卜和油豆腐也好味。

回到大南路，穿过❻**"中国骑楼城"**的牌坊，右手边有家❼**福康草药店**，凉茶（2元/碗）清火祛湿，喝着苦，但效果不容小觑。注意沿街骑楼柱子上的拴船铁环和雕塑装饰，这附近早年遍布老字号商铺。往前的五坊路，集中了很多老字号小吃，可在❽**辉记粥铺**点一碗艇仔粥（10元），原是广州荔湾一带水上人家在河面划舟经营的，粥糯料足。

向右拐进小南路，穿过南环路后，就是❾**维新里**。参观完深巷大宅和天主教堂，在巷底的和平路右拐，来到大中路。路上有家❿**黑芝麻汤圆**，手磨的芝麻糊和花生糊（5.5元）香甜暖胃。再往南还有家⓫**醒醒田螺**也是本地招牌。

到南环路后，左拐走到⓬**大东酒家**，从店面到纸包鸡皆保持传统。隔壁小巷里，有⓭**卿记烧烤**，可尝尝岭南口味的烧烤，鸡翅7.5元一串。穿过南环路，走进对面的大南路，路右的⓮**正传鸡爪王**，香辣和蒜香鸡爪（30元/斤）都很入味。继续往南走到西江路，左边就是⓯**新西旅店**，到此便结束了这段旅程。如果意犹未尽，面前的鸳江丽港还有土特产和美食街。

适，可选择连锁酒店或者口碑好的大酒店。在10月下旬梧州宝石节期间到访的话，最好预订，部分酒店价格也会上浮。

星卓酒店

酒店 ¥¥

（见214页地图；☎395 5688；桂江二路38号；标双 215元起；📶❄🅿）无论从哪座桥进入河东，桂江边的星卓酒店都分外醒目。这里的大床房都有180度的江景，房间设施保养得不错，洗手间很大。楼下有专用的停车场。

环球大酒店

酒店 ¥¥

（见214页地图；☎203 8888；文化路28号；标双 162元起；📶❄🅿）地处中山公园和骑楼城之间的环球大酒店，以及旁边榕树荫下的街心小花园，是老城中央的一个地标。房间中规中矩，但能满足旅行者的需求。停车场在中山路往北一点的地方，高铁快线从门前发车。

新龙门客栈

酒店 ¥¥

（见214页地图；☎281 5666；大东上路64号；标双 188元起；📶❄🅿）2017年开业的酒店，房间风格活泼多样，大堂和走廊装修也用心。楼下即是步行街，在附近有合作停车场，入住赠送水果和酸奶。这家店在一些订房平台上叫作"新玉龙客栈"。

就餐

梧州菜等于粤菜，食不厌精，讲求新鲜、清淡、好食材，老火靓汤不可少。新老餐馆的水平都是水涨船高，就连街边小店也常有美味出炉。老城区的餐馆集中在鸳江丽港和中山路，小吃则分布在骑楼城步行街，大中路上也有几家老字号。河西的旺城广场中有许多新餐厅，而潘塘公园附近是小吃、夜宵聚集区。

梧州最常见、最平民的饮料就是清热去火的凉茶。凉茶并不都是苦的，也有甘蔗汁、金银花茶等甜滋滋的凉茶，夏天来一杯，暑气大消。国泰广场与骑楼城牌坊之间的小街上凉茶铺林立，品种繁多，味道、价钱也差不多（2元/杯）。

★粤友餐厅

粤菜 ¥¥

（见214页地图；☎202 1959；大东上路175号；人均60元；⏲11:30~21:00）主营粤式家常菜。店面狭长拥挤，有五层，生意火爆，去的晚就要等位。招牌菜葱油鱼（65元，半条38元）将草鱼炸得外酥里嫩，浇上葱香浓郁的芡汁，口感丰富，为每桌必点。红葱头油淋鸡（半只45元）、烧汁莲藕饼（48元）和白果小肚汤（40元）也做得好。

新粤西楼

粤菜 ¥

（见214页地图；☎203 9333；西江二路鸳江丽港3号楼129号；人均40元；⏲9:00~21:30）继承了经典老店粤西楼，以快餐化的方式来经营。纸包鸡是梧州非物质文化遗产，将鸡肉腌制后，裹入玉扣纸，隔纸烹炸，15元一小份，也有口味类似的纸包排骨（48元）。已经便携速食化的纸包鸡产品，居然还改良出香辣味，可携带上路或在网上购买。

六膳酒楼

粤菜 ¥

（见214页地图；☎282 3456；西江一路香港城3楼；人均35元；⏲7:30至次日0:30）全天都有点单式早茶，出品相当不错。茶位费4元，自助用电热水壶烧水沏茶，当地人大多会自带茶叶。茶点4~18元一份，常见的广式点心都有，推荐花旗参汤虾饺皇（19.8元4件）、卤水牛展（18元）、香煎马蹄糕（9元）和核桃包（13元3件），酱脆萝卜皮（7元）比较解腻。

冰泉豆浆馆

小吃 ¥

（见214页地图；☎202 2474；白云路冰泉里6号；⏲6:30~12:00）梧州人钟爱的老品牌，主营豆浆（5元/碗），配以简单的点心，价格亲民。服务员会以全糖和无糖两壶豆浆，兑出你需要的甜度。不过，全糖的口味对于大部分外地人显得过于甜腻。二楼雅座只供应每人28元的套餐，含6件点心和一碟肠粉，豆浆畅饮。冰泉豆浆如今已在多地开出了连锁店，但当地人还是认为白云山脚这家才是正宗，节假日前往要做好排长队的准备。

★双钱龟苓膏

甜品 ¥

（见214页地图；☎399 2635；鸳江丽港3号楼31号铺；5元起；⏲9:30~22:30）相传最早在明末清初时，梧州民间已有龟苓膏的店铺。老字号双钱龟苓膏以货真价实闻名，如今更是有了50多种搭配不同的吃法，加以水果、坚果或滋补品。龟苓膏中含有多种中药材，孕妇和肠胃病患者慎食。

购物

梧州是八桂土特产销往粤港澳的集散地，**鸳江丽港土特产街**（见214页地图；西江一路鸳江丽港；⏲10:00~22:00）有各式各样稀奇古怪的土产，比如拳头大的罗汉果、张牙舞爪的蛤蚧干，以及各种山草药。

梧州六堡茶是黑茶的一种，口感与普洱相近，素以"红、浓、陈、醇"四绝著称，久藏会形成特殊的风味。土特产街和骑楼城中有很多茶铺。如果选择困难，三鹤牌或中茶牌比较可靠。还有一种寄生茶，用吸取树木养分的植物桑寄生制成，补血养颜，也是梧州独有。

大同路上有多家传统砧板店，选用坚实细致的枧木手工制作，表面光滑如镜，经久耐用，切斩皆不留刀痕。中等大小的直径约34厘米，厚5厘米，160元左右。这样一块砧板重达5公斤，商家可代为邮寄。

作为东南亚最大的人造宝石生产交易中心，**梧州宝石城**（西环路68号；⏲10:00~17:00）的人造宝石饰品价钱只是外面的三分之一，宝石城周边也有大量商铺，记得还价。11路、13路、21路、28路、29路、31路、38路、41路、302路、307路公交车可到。

实用信息

中国邮政（见214页地图；南环路24号；⏲9:00~17:00）

梧州政府网旅游频道（wuzhou.gov.cn）梧州的景点、特产和旅游新闻。

梧州零距离（微信公众号）了解梧州的大小事。

到达和离开

飞机

在我们调研时，**梧州长洲岛机场**已关闭。新落成的**梧州西江机场**位于距离梧州市区35公里的藤县塘步镇，有航班往返北京、上海、长沙、重庆、福州、贵阳等地。

长途汽车

金晖梧州汽车站（☎385 7716；红岭路5号）是梧州最大的汽车客运站，3路、13路、20路、30路、31路、38路、43路、46路、50路、303路、306路、307路公交车可达，其中3路、13路、46路经过老城区。位于龙圩区的**龙圩汽车客运站**（☎266 2909；

另辟蹊径

消食之旅

到梧州旅行，你的行程计划中餐馆小吃店往往要远多于景点的数量。饱餐之后，不妨迈开双腿，把活动的范围扩大一些。消食之余，说不定还能对梧州产生新的认识。

白云山（见214页地图）是老城居民健身常去的地点。古木漫山，山顶的云峰亭是梧州市区的最高点。下山可走南路前往恢宏的**四恩禅寺**，建成仅十余年，却在当地很具人气。公交18路、19路可到白云山大门。

潘塘公园（新兴一路东段）在河西中心地段，有大小两片水域，倒映着湖边绿树和栋栋高楼。每逢夏季，成片的荷花在上潘塘中亭亭绽放。经过这里的公交车有2路、3路、12路、18路、20路、22路、23路、26路、29路、41路、42路、46路、49路。

允升塔（火山路；⏲9:30~11:30，14:30~16:30）位于西江南岸的锦屏山，又名"文笔塔"。爬上七层塔顶，可观老城的"正面相"。坐公交48路、301路至火山隧道站，登山入口就在小路内100米处。有时看门人可能姗姗来迟，你可以稍晚些来。

泗洲岛（长洲水利枢纽附近江中）在长洲岛以南，岛上有几个村庄，寺庙和祠堂建于明朝。每年元宵时，青山庙会的"下俚歌"值得一听，这种山歌以本土方言唱诵，取材广泛，每句唱词皆以"俚"或"下俚"结尾。乘公交306路可到，环岛一周约3公里。

攀悦（见214页地图；☎138 7840 1713；大中路；⏲12:00~18:00，20:00~22:30）隐藏在骑楼城中，是梧州目前唯一的室内攀岩馆，线路丰富。60元不限时，包含指导和攀岩鞋的费用，也能组织附近的野外攀岩。

金晖梧州汽车站车次时刻表

站点	发车时间/班次	票价(元)	行程(小时)
贺州(高速)	8:00~19:00, 10班	60	2
玉林(高速)	9:30, 10:50, 13:45, 20:20	70	2.5
桂平	7:00, 9:50, 11:10, 12:10, 14:00	45~60	3
桂林	8:40, 9:00, 11:10, 14:30, 16:40, 18:30	100~120	5
南宁(高速)	8:30, 10:00, 11:10, 15:40	130	4.5

龙城南路1号)也有不少班车，但离城区较远，50路、302路公交车经过那里。从梧州坐汽车前往广东方向班次不多，且耗时较长，旅行者可优先考虑高铁出行。两个汽车站的车票都可在“桂客行”APP或“广西客运联网售票”微信公众号预订。

火车

梧州南站 位于龙圩区，接入南广高铁，可快速抵达贵港、南宁、肇庆、广州、深圳以及桂林、柳州、北海、昆明等地，班次非常频繁。48路、49路、50路、303路、307路公交车可到，其中48路经过老城区。也可以在环球大酒店乘坐高铁快线(5元；每30分钟1班)。

梧州站 位于长洲区，金晖汽车站西北约3公里处。这里每天有10多班普通列车可前往贺州、玉林、长沙、武汉、杭州、上海、北京等地。31路、46路、303路公交车可到，其中46路经过老城区，而303路连接了梧州站与梧州南站。

当地交通

公交车 线路非常多，运营时间长，去往常见的目的地基本都无须转车，票价2元。大部分线路支持刷“腾讯乘车码”，在微信中开通“广西一卡通乘车码”即可扫码乘车。也可以直接刷带有“闪付”功能的银联卡和手机，或者下载“云闪付”APP进行扫码支付。

出租车 起步价7元(2公里)，之后每公里1.7元。司机有时不太愿意打表，特别是在车站等处。在市区有一些滴滴快车营运。

共享单车 目前有**哈罗单车**在市区投放了自行车和助力车，通常很容易在路边找到。

租车公司 有**一嗨租车**(☎188 2509 1321；梧州南站；⏲8:00~20:00)的门店，可在金晖汽车站和龙圩区的7天酒店提供送车和还车业务。

梧州市周边

浔江南岸的龙圩区，脱胎于古代广西“四大圩镇”之一的**戎圩古镇**。开埠1400余年，到明朝时商业极为繁盛。如今沿江的码头被防洪堤取代，老屋也纷纷被翻新为五花八门的新房，古韵无存。在风岭路忠义街口有一处**粤东会馆**，屋脊梁架间的石雕木刻精巧秀美，可一窥当年之盛。会馆在清康熙年间由关夫子祠改建而来，在广西现存的粤东会馆中历史最久。龙圩区东南部有一片广阔的**苍海湿地公园**，正在逐渐建设成城市开放公园，梧州的**园博园**也坐落于苍海湖畔。

有兴趣的话还可以去探访一下**李济深故居**(☎269 6548；龙圩区大坡镇料神村；免费；讲解50元；⏲9:30~12:00, 14:00~16:30, 4月至9月至17:00, 周一闭馆)。故居建于1925年，青砖瓦房，四合院式的厢房和楼房，四周筑围墙，四角有炮楼。大宅前有荷塘，后有小山，风景幽雅。龙圩客运站有去往李济深故居的班车(4元；7:45, 10:10, 14:30, 16:30)。也可乘坐去大坡镇的班车，坐到路口换摩托车前往(10~15元)。

石表山

(☎708 7582；sbshan.com；藤县象棋镇道家村；石表山寨60元，观光车5元/次；停车10元；⏲8:00~18:00)石表山挺拔的丹霞兀立在一片田园之中，雨后在山顶观看云海，远近山峦一一浮现。从**游客中心**附近的入口攀登**石表山寨**，不久后来到一条斜悬在石壁上的**天梯**，往后的路程是一条环线。最具特色的要属**赤壁长廊**和**丹霞叠翠**，半山处还有一汪山泉汇成的**相思湖**，在下方形成一道**飞瀑**。步行游览大约需2小时。景区也和附近大小名山一样，建了收费的玻璃桥和玻璃滑道。

游客中心另一侧的**道家沙滩公园**，则是以经营休闲项目为主，看点不多。石表山近年另开发的观赏瀑布的**古井景区**和丹霞峡谷中的**石龙大峡谷**，距离游客中心较远，需乘坐观光车前往。景区也提供思罗河上的竹筏漂流活动(100元，1小时)，如果想一次多玩几处景点，在网络平台上预订套票会有较大折扣。

在景区住宿和就餐的选择很多。游客中心有木屋酒店(☎708 7582；标双238元)，道家村里的**如意农家乐**(☎137 8834 4618；标双108元)和**篱笆园饭店**(☎139 7741 5361；标双138元)价格相对便宜。

从金晖汽车站乘坐班车到藤县(10元；7:00~19:00，10分钟1班；1小时)，再转车前往石表山(18元；7:35，13:35，15:15，17:20；1.5小时)。藤县有频繁发往岭景镇的班车(15元；6:00~17:20，20班；1小时)，从岭景到石表山还有5公里，可坐摩托车到达(10元)。继续前往容县、玉林的旅行者，可以回岭景等候过路车，最后一班往玉林方向的车(40元；2小时)大约在15:45经过这里。

贵港

人口：556万

区号：0775

西江自古流金淌银，其上游的黔江和郁江在桂平汇成浔江。清朝流传有“一戎二乌三江口”之说，除了梧州的戎圩外，平南的大乌圩(今大安镇)和桂平的大湟江口(今江口镇)是广西最大的贸易中心之一，舟车络绎，粤商云集。现代贵港的发展更是得益于其交通枢纽的位置，旅行者若在这里中转，不妨停留一晚，寻访几桩荷城往事。

贵港市

作为一个新兴城市，贵港的风头还不如其下辖的桂平。1976年，罗泊湾汉墓出土的漆器、铜器上有“布山”纹样，以及2008年在市区发掘出的汉代城址，证实贵港正是秦汉时桂林郡的郡治——布山县所在地。贵港到唐代时被降格为贵州，明清时再降为贵县，属浔州府(即桂平)，至今日仍有许多桂平人称呼贵港为贵县。

城区最热闹的要属建设路，从西头的唐人街、梦之岛一直到东头的老街，都是人气鼎沸的商业中心。老县城的范围相当小，缺乏维护的骑楼街在大厦脚下更显得岌岌可危，居民们却从容地操持着各自营生。老城以北是汽车总站和旧火车站，也被称为“地洞口”，穿城而过的铁路线北侧则是面积广阔的新城。

景点

南山寺 寺庙

(南山公园内；门票9元；⏲8:00~18:00)南

另辟蹊径

岑溪访古

在岑溪市水汶镇附近的国道边，立有一座**五世衍祥牌坊**，是清同治皇帝为旌表南禄村百岁老人五代同堂而建的。坊身三间，遍布人物、鸟兽、花卉灰塑，极具岭南特色，还有梧州知府和岑溪知县的题字。

另一处可去的地点是曾经的县治所在地——**谢村**，有迷宫般的巷道和四座城门。进村前有香火旺盛的**三圣庙**，挂满艳丽的彩灯和锦旗，村中还有一座**高大夫庙**。顺路一直往前就是西门，要找到四座城门并不容易，但村中的老人都很愿意指路。

在梧州金晖汽车站乘坐到岑溪的车(30元；7:10~21:50，64班；1.5小时)，再转坐到水汶镇的班车(10元；6:45~17:30，20分钟1班；1小时)，牌坊就在到达水汶前的路左侧。前往谢村要在岑溪探花汽车站转乘诚谏、筋竹方向的班车(6:50~17:10，20分钟1班)，到谢村路口下车(3元)，步行1.7公里进村。

在岑溪停留时，可以品尝一下岑溪“古典鸡”。这是一种没有引进外来血缘的本地土鸡，肉嫩味鲜。从岑溪可继续前往容县、玉林游玩，无须返回梧州市区。

山寺位于郁江南岸狮山岩洞中，宋朝时因得皇帝赐书、题字而名扬天下，寺中以菩提树、天然石佛和宋代铁钟为三宝，洞中遍布历代摩崖石刻，奇岩怪石都被赋予了各类传说。新建的前寺两尊力士、大雄宝殿中的罗汉壁画却极为现代，驴山脚下还有一口洞内堆积着上千尊观音、关公像。登上山顶，可观周围二十四峰环绕，山水秀丽。坐8路车到南山公园北门，向南步行约10分钟。

贵港市博物馆 博物馆

（桂林路仙衣路口；免费；⊙9:00~17:00，周一闭馆）亮点是罗泊湾一号墓展厅，这是广西目前发现的规格最高的西汉墓，复原墓室周边陈列的精美文物却都是复制品（真品悉数留在了广西博物馆）。二楼的“西江明珠，古郡遗珍”展厅还有大量陶器、铜器，出土于贵港近年发现的500多座汉代墓葬。博物馆位于新城的西北边缘，8路和18路公交车去往那里。

东湖公园 湖泊

贵港多水塘，皆栽莲藕，每逢夏日，碧叶连天，花香满城，故以荷城驰名。东湖因苏轼书“东湖”两字得名。湖西北侧有建于民国的翼王亭，湖心岛上立有翼王塑像，皆为纪念贵港历史上最耳熟能详的名人石达开。东湖水面宽阔，环湖步道古榕掩映，步行一周约3公里。

住宿

贵港的各条干道上均有大量住宿。我们推荐旅行者选择和平路附近的酒店，这里靠近汽车总站，去老城区吃饭方便，饭后还可在东湖边散步。

雅斯特酒店 快捷连锁酒店 ¥

（☎680 2666；建设东路59号中央广场3号楼；标双 123元起；🛜❄🅿）就餐、购物都便捷，走到东湖也仅5分钟的脚程。房间位于大厦26至30层，视野极佳。住宿的客人可以免费使用洗衣房，以及中央广场的地下停车场。

就餐

贵港四通八达，虽然独特的菜式不多，但

贵港城区

贵港城区

景点
1 东湖公园……B2
2 贵港市博物馆……A1

住宿
3 雅斯特酒店……B2

就餐
4 万众素食馆……B2
5 老街……B2

交通
6 贵港汽车西站……A2
7 贵港汽车总站……B2
8 贵港站……B2
9 神州租车……B1
10 一嗨租车……B2

各地小吃都能找到。可以尝一下比较有特色的东龙酸粉（7~8元），宽粉凉拌，辅以叉烧或牛巴，酸甜爽口，夏日最佳。蒙公烧鸭粉和荷叶饭也遍地可见。老街附近和凤凰街一带小吃最多，这两处都有夜宵排档。在古榕街上有时可以看到卖传统手工藕粉的老人，售价45元一斤。

万众素食馆 素菜 ¥

（☎159 9456 8200；和平路180号；⊙11:00~14:30，17:00~21:30）经营多年的素食自助，18元一位。水果和饮料乏善可陈，但50余款菜肴和点心味道都清淡可口，还有龟苓膏和糖水供应。

贵港汽车西站车次时刻表

站点	发车时间/班次	票价(元)	行程(小时)
南宁(高速)	7:20, 8:20, 11:10, 13:00, 15:00	52	2
柳州	6:30, 7:30, 8:40, 9:50, 14:00	55	2.5
来宾	6:30, 7:00, 11:10	37	2

贵港汽车南站车次时刻表

站点	发车时间/班次	票价(元)	行程(小时)
玉林	6:00~18:30, 15分钟1班	30	2
南宁(高速)	8:50, 14:00, 17:50	45	2

到达和离开

长途汽车

贵港汽车总站(☎422 8007; 和平路326号)位于旧火车站对面,前往桂平的高速班车(6:30~20:30, 20班; 23元; 1.5小时)都从这里出发。公交线路有2路、3路、7路、8路、9路、10路、18路、19路。贵港各汽车站的车票均可在"桂客行"APP或"广西客运联网售票"微信公众号购得。

贵港汽车西站(☎456 4152; 仙衣路中段)是比较大的车站,主要发往贵港以西方向的班车。乘坐3路、13路、14路、16路公交车可到。

贵港汽车南站(☎423 7822; 江南大道410号)则主要经营贵港南部和东部目的地的车辆。7路、16路、19路、Y2路公交车可达。

火车

贵港站 是目前桂东南最大的铁路枢纽,通过南广高铁可抵达桂平、梧州、南宁、肇庆、广州、深圳以及玉林、桂林、柳州、北海、昆明等地。运行于黎湛铁路上的普通列车,则可抵达贺州、海口、上海、济南、北京、成都、厦门、南昌等地。贵港站目前须从北边的金港大道进入,南向的旧火车站已停止运营。服务火车站的公交车有4路、13路、17路、18路。

当地交通

公交车 线路比较多,票价1~2元。大部分线路支持刷"腾讯乘车码",在微信中开通"广西一卡通乘车码"即可扫码乘车。

出租车(☎425 0633)起步价10元(3公里),之后每公里1.4元。可下载"荷美出租"APP叫车或预约服务。市区的滴滴快车也相当多。

共享单车 目前有**哈罗单车**在市区投放了自行车和助力车。但对于旅行者来说,贵港老城区以及东湖一带更适合步行,而骑行前往南山或博物馆则显得有些远。

租车公司 有**一嗨租车**(☎136 7772 0170; 金港大道761号; ⏲8:00~20:00)的直营店,可在宏桂城市广场提供送车和还车业务。**神州租车**(☎436 4826; 金港大道五洲医院旁; ⏲8:30~22:30)则是加盟店,要注意条款可能会有不同。神州租车有东湖公园、汽车南站、汽车西站和唐人街四个送车点。有兴趣的旅行者可以考虑在这里租车,自驾前往桂平周边的景点。

桂平市

桂平在明清时称"浔州",得名于它赖以生存的浔江,但"桂平"却可追溯到南朝时设置的桂平郡,治所就在西山脚下。以"石奇、树秀、茶香、泉甘"著名的西山,让这座小城闲适得令人羡慕。这是桂东南最像旅游城市的地方,至于一百多年前发生在这里的那场惊天动地的起义,仿佛不过是一场梦。

西山和黔江、郁江划出桂平市区的轮廓,南北走向的桂贵路是主干道,与之平行的桂南路是商业街。市区北侧的人民路,一头连接着西山,另一头则是老城。老城的范围不大,一派市井气息中,藏着一间小得可怜的博物馆。人民路上的文化广场,是传统意义上的城区中心,中山公园、汽车总站和步行街都在附近。

景点

★西山

山

（☎337 7661；门票90元；停车10元；⊙4:00~20:00，寺院至17:00）西山是桂平的地标，自古有“三绝”流传：一为常年恒温的乳泉水，表面张力极大；二是山上僧侣手植的西山茶，用乳泉水冲泡是绝配；三是树皮圆若铜钱、好似鳞片的龙鳞松。1989年西山洗石庵的住持释宽能法师圆寂后，火化得三颗舍利子。这是史上第一次出现比丘尼的舍利，西山也一跃成为桂东南头号佛教名山。

过了山脚的售票处，有两条岔路，右转是登山的步道，登顶需2~3个小时。向左是索道入口，坐缆车（7:30~17:00，单程50元，10分钟）能俯瞰**棋盘亭**一带美丽的茶园，终点是半山的朝阳亭。

洗石庵位于登山入口，一般人无缘得见舍利子，法师生平展倒可以看看。**乳泉**在**龙华寺**边，品尝泉水需要收费（1元/杯），旁边也有茶座经营。从龙华寺前往**半山亭**，一路尽是藤蔓怪石与历代的石刻。在**朝阳亭**和**九龙亭**可以眺望市区，过了**一线天**离山顶还有1个小时的路程，几乎全是新建的台阶路，没有景点。

下山回到洗石庵，可在一旁的**敬慈素食馆**（☎337 3702；⊙8:00~16:00）吃一碗斋面（15元），配有腐竹、冬菇和极富嚼劲的豆腐。素食馆的各式菜肴也很出名，但价格颇贵。4路、5路、7路、8路、9路、666路公交车可到西山山门附近。

龙潭森林公园

森林公园

（☎337 0033；金田林场内；gplongtan.com；门票 60元，观光车20元；讲解100元；⊙8:00~17:00）公园位于大藤峡峡谷口，是一片保存完好的原始林区。这里有“茶族皇后”金花茶，与恐龙同时代的桫椤树等珍稀花木。大山深处的**龙潭瀑布**与深达300米的**龙潭峡谷**是景区的精华，瀑布四周峭壁的石岩排列得十分整齐，就像石块砌成的城墙。夏季时，景区的漂流很受欢迎（连门票120元/人，3.2公里，1.5小时，5月1日至10月7日）。2018年这里也建起了玻璃栈道和玻璃滑道。

从桂平站坐666路支线前往龙潭公园（8:30，10:00，11:30，13:00，14:30，16:00；10元），可在文化广场上车，回程末班是16:45。自驾车可驶入景区，便于随时停车观景，还能开往**绿水冲旅游码头**，看一看毛泽东书写的**“大藤峡”崖刻**。

大藤峡

峡谷

（☎339 9155）大藤峡是广西最长的峡谷，相传曾有粗藤横跃江面，当地居民攀藤往来两岸，故而得名。在明朝时，政府对这一带的压迫剥削激起了瑶民的起义，他们利用山高峡险的地形，与派来镇压的武装进行周旋，从明朝开国后不久的洪武年间，一直坚持到明朝灭亡前夕的天启年间，历时250余年。

峡谷需坐船游览，**金银潭**（85元，3.5小时）包含岸上的行程，经过水潭、瀑布等景点，**大肚湾**（85元，3小时）则完全是在船上观景。另有一条连接龙潭森林公园的路线（165元，6小时）发船较少。通常在每天上午10点和下午2点出发，但当天是否发船和线路

当地知识

太平天国梦一场

1840年以后的中国，上层阶级对民生充耳不闻，鸦片战争、政府中的腐败以及外国列强的侵略，使得大量白银外流，经济日益衰弱，社会百病丛生。两广地区原本贫弱，外加自然灾害，在这样的环境下，洪秀全——一个典型的因科举不中而失意的塾师，在1851年以“拜上帝会”之名于桂平金田村聚众起义，企图建立一个梦想中的“小天堂”。14年的太平天国历史中，从两广到江南，战乱不止，虽然严重削弱了清政府的统治，但也几乎摧毁了最富庶的江南地区，造成了巨大的损失。

在距离桂平24公里的金田村中，有一处**太平天国金田起义地址**（15元；⊙8:00~17:30）。梧州的蒙山县城中，还有**太平天国永安活动旧址**免费。然而除了一些雕像外，两地都已看不到那次起义的痕迹。

桂平城区

的选择都不确定，接待旅行团时也可能不按时间发船。我们建议旅行者提前一天联系游客中心，并留下电话，请对方及时通知。

坐4路、5路、7路、9路、11路、14路公交车到滨江公园附近，往南走500米，游船码头就在公园南侧。码头内停车收费10元，但外侧道路上的免费车位不少。2019年建设中的大藤峡水利枢纽截流后，会对游船造成影响，务必在出行前咨询。

白石山 山

（麻垌镇洞天村；免费）白石山的丹霞群峰令人过目不忘。进村后有两条线路，前往**三清观**的路线较为平坦，观中有道家三十六洞天之一的**白石洞天**。沿小路再往前走还有**朝天歌**、**令牌石**、**飞来石**和**独秀峰**等景观。到达三清观之前有一所建于宋代的**寿圣寺**，寺门前雕刻精美的牌坊在1997年倒下，至今仍散落在地面上。

沿白石山居旁的小道可以登山。**苍玉峡**形成了一条近百米高的登山陡坡石阶路，接着又是一条袒露在陡峭石壁上的**云梯道**，通往**会仙观**，然后可以登顶**莲芯峰**。近年来白石山

桂平城区

重要景点

1 西山……B2

景点

2 大藤峡码头……C1
3 桂平市博物馆……D3
4 中山公园……C2

住宿

5 三叶草假日酒店……C3
6 圣地兰酒店……C5
7 西山假日大酒店……B2

就餐

8 滨江红业……C2
9 大千烧鹅……D2
10 大千石磨粉……C2
11 三千城……C3

购物

12 韬智书店……C2

实用信息

13 中国邮政……C2

交通

14 桂平汽车总站……C2
15 桂平客运中心……C5

的铁索栏杆被悉数拆除，登山要小心，没有经验的旅行者请止步于会仙观，这里看到的群峰景色与山顶差别并不大。

白石山居（☎308 9908；标双 168元；📶❄）是村中的“星级农家乐”，最好预订。这里也售卖当地的石斛养生茶和其他特产。农家饭不贵，但石斛煲土鸡就要150元起。从桂平的两个车站都有车前往麻垌镇（10元；6:30~18:30，5~10分钟1班；1小时；客运站班次更频繁），下车后搭摩托车到洞天村（8公里，20元）。自驾前往的话把车停在村口，村民会收取10元车辆保管费。

住宿

西山路口有大量的酒店，通常也是来桂平的旅行者的首选。城南郁江路一带也有一些不错的选择，这里离高铁站更近，房价不受旅游旺季影响。相比之下老城区附近的酒店条件明显都不尽如人意。

西山假日大酒店 度假酒店 ¥¥

（☎338 8888；西山山门口；标双 175元起；📶❄P）老牌四星级酒店，出门就能登山。客房稍显陈旧，但能正常使用。酒店各类设施齐全，餐厅价位也很合理。缺点是常有旅行团出没，且停车需要收费10元。

三叶草假日酒店 酒店 ¥

（☎336 6669；浔州北路；标双 161元起；📶❄P）这家2017年开业的酒店不在热闹的区域，但步行到西山路口或是市中心都只需10分钟左右，向南则是三千城商区。这里的客房细节完善，卫浴和床上用品都舒适。有自助洗衣房和地下车库，楼下是个音乐餐吧。

圣地兰酒店 酒店 ¥

（☎339 9988；桂江中路59号；标双 116元起；📶❄P）在客运中心附近，2018年重新装

不要错过

立竿不见影的北回归线

如果正好在夏至日（公历6月21日或22日）来到桂平，你一定要去广西第一座**北回归线公园**（☎365 8578；石咀镇小汶村304省道旁；门票 10元；⌚8:30~17:30）看看。北回归线的标志是一条弧形方柱，穿过直径达6米的“地球”。每年夏至的正午时分，站在这座标志下方，你将看不见自己的影子。在正中轻声说话，声音就像用了麦克风一样洪亮。

公园内还设有**桂平国家地质公园博物馆**，范围涵盖西山的花岗岩崩塌地貌、龙潭的砂岩峰丛、白石山的丹霞和大藤峡的侵蚀峡谷，各具特色。8路公交车直达公园（4元），班次不多，但304省道上往来的长途客车频繁，均可搭乘。途中经过桂平东塔村，不妨下车去看看立在浔江边的古塔。这座建于明万历年间的八角九层砖塔，高达50米，是广西最高的古塔。

修开业。以地中海风格为主题，房间不大但显得年轻活泼，有洗衣房和楼顶充满阳光的早餐厅。街边可免费停车，晚饭左右到店可能就需要去远处找车位了。

就餐

桂平美食以小吃为主，麻垌烧鸭粉、蒙圩云吞、罗秀米粉随处可见，通常6~7元一份。鸭、鹅、田螺在当地餐桌上也受欢迎。桂南路一线都有很多小店，许多位于旁边的街巷中，尤以人民路、新岗街、光明路为多。文化广场以西的人民路上有几家川菜馆，而从西山路到滨江公园一线大排档很多，晚上才热闹。三千城路口有不少新餐馆，消费要高于其他地区。

大千烧鹅

中餐 ¥

（☎339 9366；人民中路机关招待所内；人均50元；⏰11:00~13:30，17:00~20:30）平时是承办喜宴的饭店，品相和口味都有保证。招牌有大千烧鹅（88元四分之一只）、杏谷鸭（48元），也有社坡腐竹烧节瓜（19元）。大厅空间和菜量都比较大，如果只是一两个人，可以前往旗下的大千石磨粉（☎336 1858；人民西路宇洋国际大酒店南；⏰24小时），有大千烧鹅煲仔饭（22元）和大千烧鹅粉（18元）供应。

滨江红业

大排档 ¥

（☎189 7878 3838；浔州路松柏街口北；人均40元；⏰19:00至次日2:00）原来在滨江公园门口营业的老牌大排档，搬到新址后，布置得像个网红店。美味鸭嘴（35元）和鸭脚（35元）以酸笋和蕨菜炒制，酸辣可口，令人难忘，可点"嘴脚各半"。炒田螺（30元）也是招牌，还有各类烧烤和奶茶。

购物

桂平的西山茶、乳泉酒、罗秀米粉、社坡腐竹、白石山铁皮石斛都很出名。西山大酒店旁有特产商街，人民路北段更是大量特产店一字排开。六七月份到访的话，更不要忘记品尝麻垌荔枝。

韬智书店

书店

（☎337 2848；人民路丰宝大厦；⏰9:00~22:00）是广西连锁书商，这家面积较大，不像其他地方只经营教科书。错过了大藤峡的游船，不妨来这里打发时间。

实用信息

中国邮政（人民路27号；⏰9:00~17:00）

桂平旅游网（gxgply.cn）桂平旅游资讯，有景区虚拟游览。

桂平旅游（微信公众号）发布桂平及周边旅游资讯，还可预订打折门票。

到达和离开

长途汽车

桂平汽车总站（☎422 8007；桂贵路人民路口南）经营桂平发往各地的长途班车，1路、4路、5路、7路、8路、9路、10路、11路、12路、14路、15路、666路公交车可到。汽车总站的车票可以在"桂客行"APP或"广西客运联网售票"微信公众号购买。南部的**桂平客运中心**（☎332 3058；桂贵路郁江路口南）则主要经营前往区内各村镇的车辆，公交线路有1路、3路、4路、8路、9路、10路、12路、15路、666路。

火车

桂平站 位于市区南部10公里处，由南广高铁可便捷前往贵港、梧州、南宁、肇庆、广州、深圳以及玉林、桂林、柳州、北海、昆明等地。从市政府发车的13路公交车和从西山出发的666路旅游专线均可到桂平站，费用都是3元，全程大约需要40分钟。

桂平汽车总站车次时刻表

站点	发车时间/班次	票价（元）	行程（小时）
贵港（高速）	6:30~20:30，20班	23	1.5
玉林	6:30~18:40，30班	35	2
柳州（高速）	8:00，9:00，12:00，14:00，16:00，18:30	70	2.5
南宁（高速）	7:00，9:30，13:00，16:30	73	2.5

玉林

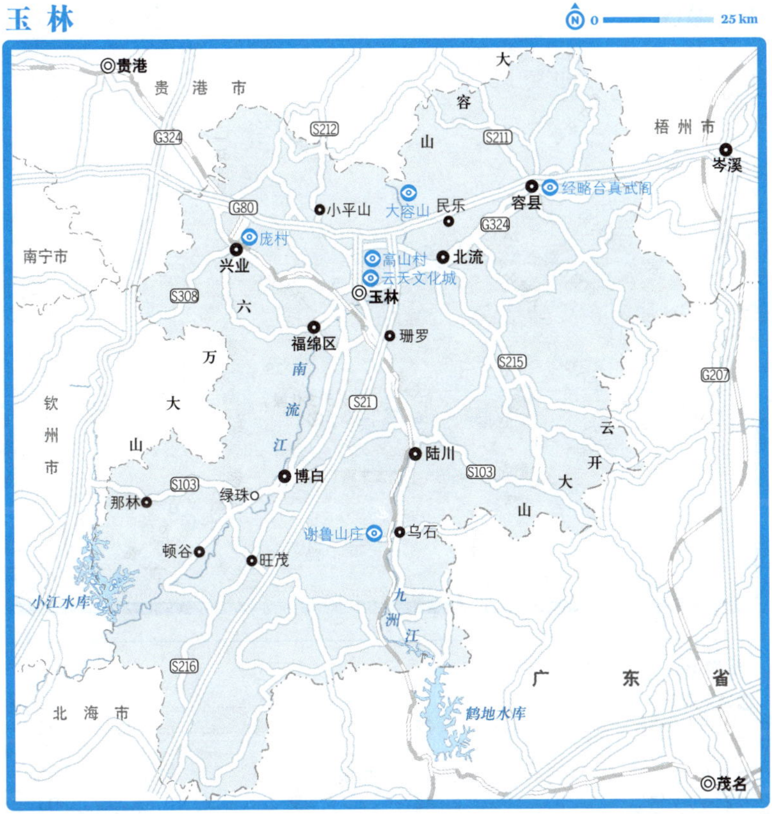

当地交通

公交车 线路不少，票价2元，前往市区以外需要3~4元。某些班次等待时间较长，但旅行者常用到的666路旅游专线（西山经广场、汽车总站、客运中心站前往火车站），大约10分钟就有一趟。

出租车 起步价5元，几乎都要讲价。市区的滴滴快车比较多。

共享单车 目前有**松果单车**在市区投放了电动车，使用前注意查看运营区域范围。

玉林

人口：724万

区号：0775

历史上，玉林被称为“郁林”，也符合那个尚未开发、满是葱郁林木的时代。凡中原的诤臣贤士被贬谪南方，必经玉林方能到达琼州（今海南）。这种郁闷的“迁徙”，无形中推动了这片百越之地的发展，让玉林变成了偏安一隅的富庶之乡。随之带来的诗礼教化，也使得这里成为桂东南中原文化的集大成者。反映在建筑上，就是一派唐宋遗风的真武阁和明清时代的高山村；而民国年代的谢鲁山庄与众多的将军故居，则是近代人文积累的体现。时过境迁后，“郁林”在1956年改为“玉林”，有了富贵吉祥的寓意。开阔肥沃的玉林盆地，是八桂大地的粮仓和果园，近年更因中小企业的蓬勃发展，成为桂东南最具活力的地区。

玉林市

提起玉林，许多人大脑中浮现的是颇具争议的“荔枝狗肉节”，不论是非对错，光是这个以毒攻毒的搭配，就令人对玉林望而生畏。事实上，玉林大街小巷中的美食琳琅满目，道路上车水马龙，配以高低音调的玉林

玉林城区

玉林城区

重要景点

1 云天文化城 C2

景点

2 粤东会馆 A2

住宿

3 艾尔法酒店 B2
4 千景精品酒店 C3
5 千宜酒店云天宫店 C2

就餐

6 惠隆鱼餐馆 B3
7 美极大排档 B3
8 西街口 A2
9 宴家生料王 B2
10 永兴猪肚鸡 B2

购物

11 大润发 D3
12 九州户外 B3
13 中药港 D3

实用信息

14 中国邮政 B2

交通

15 神州租车 C2
16 玉林旅游汽车客运站 D1
17 玉林汽车总站 A2

话，是个极具生活气息的城市。

南流江和清湾江一南一北从城区流过，主干道人民路和民主路在中心交汇。但是提起“十字街”，玉林人想到的还是解放路和玉州路，这片热闹的骑楼城与南流江之间的区域是老城，巷道错综，留存的古迹已很少，可以看一看粤东会馆的门面。气派整齐的新城分布在南部和东部，作为广西人口第二的城市，二环路已经围不住迅速发展中的玉林。

景点

★云天文化城

博物馆

（yuntiancity.com；江滨路461号；门票150元；⏲8:30~19:00，售票至17:30）就算你是“见过世面”的旅行者，还是会对这家私人博物馆瞠目结舌。作为玉林最张扬的地标性建筑，当地人称它为“云天宫”，不仅因为酷似布达拉宫的外形，更因内里媲美皇宫的气派藏品，以及让人咂舌的任性"烧钱"做派：就连庭院中随便一棵罗汉松，也是自日本移植而来，树龄都在500年以上。

云天宫分庭院与宫殿两部分。庭院里各类奇珍异木、雕塑作品排列整齐；而宫殿目前仅开放六个展厅，占整体建筑不到十分之一，藏品以各种菩萨、寿星、王母、瑞兽造型的木雕、石雕和瓷器为主，材质稀罕，雕工繁奇。六楼整层都贡献给了30米高、600吨重的皆大欢喜佛，那里可以俯瞰南流江以南的区域。在市区乘坐2路、4路、8路、16路、18路、21路公交车可到。

玉林市博物馆

博物馆

（石棠路文化艺术中心内；免费；⏲9:00~17:00）2015年底在新址开放的玉林市博物馆，展品丰富、生动，并有详尽的历史、古建筑、民俗资料展示。其中在北流铜石岭出土的十余面青铜鼓是镇馆之宝，最大的直径有133.7厘米，鼓面带有虎、蛙等立体形象。一侧的**玉林市城市规划展示馆**（免费；⏲9:00~12:00，15:00~17:00，周日和周一闭馆）则是了解现代玉林的窗口，也很值得一看。旅行者可以乘坐17路、22路公交车到市政广场下车。

节日和活动

寒山诞

民俗节日

寒山是玉林近郊最高峻的山。相传有三兄弟为尽孝葬其父母，辗转各地，最后在寒山之巅寻得宝地，葬毕即羽化成仙，为"寒山三圣"，掌管风雨，"寒山应雨任君求"的说法自宋朝就有记载。每年的农历二月十二、四月十五、九月十五的三圣诞辰，渐渐演化成民间最热闹的庙会。届时寒山村会请出神像，绕周边村镇巡游，舞龙、舞狮、抢花炮、演大戏，各类活动目不暇接，前一晚还有上寒山顶庙烧头香的习俗。寒山诞也辐射到周边远近村屯，其中以兴业县蒲塘镇的庙会（农历二月初十）最为盛大。

住宿

玉林各种档次的酒店很多，主要集中在人民路沿线、人民公园和两个汽车站周边，在南部的中药港附近也有不少。在非旅游旺季时，部分酒店往往允许客人在下午两点退房。

千宜酒店云天宫店

连锁快捷酒店 ¥¥

（☎270 0666；一环东路2号；标双 162元起；Ⓦ❄Ⓟ）这家2017年开业的千宜酒店简约时尚，房间中不放置任何收费物品，有种居家的感觉。酒店赠送酸奶和水果，有自助洗衣房，也可免费代客洗衣，住宿可以使用对面居百惠的停车场。

千景精品酒店

酒店 ¥¥

（☎271 5666；江滨路476号；标双 172元起；Ⓦ❄Ⓟ）离云天文化城最近的住处，虽然自称是精品酒店，但装修的细节还有改进的余地。南向的房间面对南流江南岸的体育馆和公园，视野不错。酒店有地下停车库，在江滨路就餐很方便。

艾尔法酒店

酒店 ¥

（☎272 6888；玉州路262号；标双 158元起；Ⓦ❄Ⓟ）在玉州路南端，邻近玉林最热闹的十字街，也方便去人民公园散步。2016年开

玉林小吃集锦

想吃遍远近驰名的玉林小吃，需要一个特别能"战斗"的肚子。内环南路与大北路之间的一段解放路，当地人叫"西街口"，云集了许多小吃。这里有几家**牛腩粉**（8元左右），牛腩久煮很入味。转弯处文廿一美食的**酥肉**（14元/斤），炸至金黄，口感酥脆，可请店家剪成小块当作零食。如果觉得有点腻，那么在街对面有城隍发记的各种**酸料**（10多元/瓶），酸脆爽口。往前走到人民路口，有一家**福绵鸭王十三**（40元/斤），鸭肉细嫩，鸭肠爽脆。往西一个路口的嫦娥路上，有家**老保肉蛋**（30元/斤），千锤百打制成的肉丸，极富口感，但需买回自煮。玉州路上的**大碌米粉**（又称"大米粉"，8元）为玉林特有，口感软糯。附近的美林街和龙船市场内，有两家**大兄云吞**（6元），手锤肉酱，皮薄肉嫩，添上骨汤的好滋味，顾客盈门。

业，装修明快而有鲜明的年轻色彩，大堂展示着几部机车。后院有一些停车位，入住送水果。

就餐

在十字街一带，解放路和龙船市场周边，很容易就能找到吃饭的地方，从米粉到日本料理都有，价钱也很大众化。江滨路上一家挨着一家全是大排档，按牛料、河鱼、田螺等扎堆排开，人均不会超过50元。当地人更多光顾清淳路上的大排档，美林街的餐馆则稍小资一些。如果在江南，大润发附近选择会比较多。

美极大排档 大排档 ¥

（☎280 5197；江滨路581号；人均50元；⏲10:30~14:30，17:00~21:00）这里只经营三道菜——生炒牛料、青菜和牛骨汤，两层店面不小，可桌椅还要摆到路上。55元1斤的黄喉、百叶、牛肚、牛肉和牛丸，在猛火中使劲翻炒2分钟即装盘，味道、火候都是恰如其分的好。路过一楼厨房时，可以看看切牛杂、爆炒的场面。食材都是当天宰杀送来，晚上7点后到的话，就不一定还能吃到了。

晏家生料王 小吃 ¥

（☎178 0775 7109；金东街东龙路口东；⏲7:00~23:00）生料粉也是玉林最常见的小吃之一，可以选择猪杂粉（10元）或牛杂粉（12元），口感鲜滑。这家粉店也可用生料制成老友粉、大米粉或炒粉，再配一瓶广西当地的六点半豆奶（3元）。

永兴猪肚鸡 火锅 ¥

（☎288 0292；东龙路76号；人均30元；⏲10:00~21:30）藏在巷子里的店，每天晚上座无虚席。小锅猪肚鸡（68元）也够2~3人食，人多可再涮菜。第一次前往可叮嘱少放胡椒，以蘸料提味，这样的汤更适合饮用。用美团买单会有折扣。

惠隆鱼餐馆 中餐 ¥

（☎282 9928；江滨路569号；人均40元；⏲9:00~21:00）绝大部分客人都是奔着一鱼多吃来的。附近水库中打捞的草鱼，从鱼头到鱼尾，从鱼鳞到鱼肠，炒焖炸熬能做出多达十几道的菜品，鱼肉还可以用来涮锅。团购的套餐会比较实惠。

购物

玉林名气最大的特产，就数牛巴了。正宗的牛巴只选用黄牛的后臀肉，有嚼劲。西街口也是牛巴一条街，十几家牛巴店像打擂台一样云集于此。最有名的是吴常昌和吴二记，价格差不多。在安定街上则有多家卖芒果干和地瓜干的商铺。

玉林还是南方最主要的中药材集散地，在金港路有被称为中药港的大市场。这里售价便宜，但各类药材都是以批发为主，通常至少需购买1~2斤。5路、8路、21路公交车可到。

九州户外 户外用品

（☎282 5252；江滨路549号；⏲9:00~22:00）从户外服饰到装备一应俱全，还可以出租帐篷（双人40元/天）和炉头（30元/天）。

实用信息

中国邮政（人民东路825号；⏲9:00~17:00）

玉林旅游（http://lfw.yulin.gov.cn/）玉林旅游的各类信息。

玉林美食（微信公众号）玉林餐馆的资讯。

到达和离开

长途汽车

玉林汽车总站（☎282 3398；大北路194号）发往各地的班车很多，除容县外，前往玉林各县镇的班车在教育西路的进站口乘坐，都是上车买票。有1路、3路、4路、6路、11路、13路、16路、17路、23路公交车可以到达。远途车票可以在"桂客行"APP或"广西客运联网售票"微信公众号购买。

玉林旅游汽车客运站（☎267 5138；人民东路136号）主要经营长途客车，3路、7路、9路、16路公交车可到。

火车

玉林站 经过近年的改造后，经由贵港接入高铁网络，动车可以前往贵港、南宁、柳州、桂林等地，但广州方向就只有普通列车，能抵达的目的地有成都、南昌、厦门、海口、上海、济南、北京等。1路、2路、5路、9路、22路公交车可以抵达火车站。在车站地下还能换乘客车往返容县、北流、陆川、博白等地，班次多为半小时左右一班，极为便捷。

玉林汽车总站车次时刻表

站点	发车时间/班次	票价（元）	行程（小时）
贵港	5:50~18:30，15分钟1班	26	2
桂平	6:00~18:20，30班	35	2
梧州（高速）	9:40，13:40，15:10，16:50	80	2.5
南宁（高速）	6:50~21:30，21班	75	2.5
北海（高速）	9:00，10:30，12:00，13:20，14:30，15:00，18:30	90	3
茂名	11:20，13:00，14:00，14:40	60~75	4
湛江	8:30，13:40	70	4
容县	6:00~20:20，10~20分钟1班	20	1.5
北流	6:10~20:30，10分钟1班	10	1
陆川	6:00~20:30，10分钟1班	13	1.5
兴业	6:00~20:30，10分钟1班	10	1

玉林旅游汽车客运站车次时刻表

站点	发车时间/班次	票价（元）	行程（小时）
梧州（高速）	10:10，14:10，17:20	80	2.5
南宁（高速）	7:00~21:00，15班	75	2.5
北海（高速）	8:30，10:00，11:30，14:00，18:00	90	3
广州（高速）	8:30，16:00	160	5.5

当地交通

公交车 线路不算少，但部分车班次不频繁，前往某些目的地经常需要转车，或步行比较长的距离，票价都是1~2元。

出租车（☎580 9999）起步价6元（2公里），之后每公里1.7元。也可关注微信公众号“玉林打车”后自助叫车，基本比较规范。在市区运营的滴滴快车非常多。

共享单车 目前有**哈罗单车**在市区投放了自行车和助力车。旅行者可以利用共享单车弥补公交车的不足，但要注意在市区有一些禁停区，以及路上电动车较多，骑行要注意安全。

租车公司 有**神州租车**（☎281 8281；民主中路65号；⏲9:00~19:00）的加盟店，要注意条款可能会有不同。这家公司可在火车站、城市候机楼、汽车总站、师院东区和维也纳酒店提供送车服务。旅行者租车自驾前往大容山，会比包车便宜不少。

玉林市周边

玉林市周边的自然、人文景点数不胜数。容县、北流的旅游开发比较完善，既有老牌景点如道家三十六洞天中的都峤山、勾漏洞，也有新开发的铜石岭、五彩田园。容县出过多名“桂系”将领，如夏威、夏国璋、韦云淞、马晓军等，有兴趣的旅行者可以前往参观他们的故居。陆川、博白、兴业的景点则普遍公共交通不便，更适合自驾。

玉林市周边也有丰富的骑行资源，寒山水库、大容山等地都有经典路线，五彩田园景区也引进了哈罗单车。云天宫捷安特专卖店组织的“征途骑行俱乐部”，每周二、四、六有免费活动，爱好者可以在“行者”APP中查找。

经略台真武阁

（容县沿江北街容州古城景区内；门票60元，讲解50元；⏲8:30~17:30）建于明代的真武阁，筑于唐代的经略台之上，直到1962年才被到此考察的梁思成“发现”，惊为“天南杰构”。真武阁三层三檐，出檐深远飘逸。当你登上二楼时，一定要俯身看看那似乎承担重负的四根支柱。你会发现，那些立柱并不是顶天立地，而是离开楼板3厘米，像失重一般"漂浮"着。真武阁的立柱与横梁结合的榫卯处还有间隙，可以动态调整，经历了多次地震和台风依然无恙。

虽然容县确是历史上容州的所在地，但近年来围绕真武阁和"贵妃故里"打造的容州古城景区，包括后面的开元寺，则完全看不出历史的痕迹，连杨贵妃是否是容县人，目前也有争议。新落成的博物馆（免费；⏲9:00~16:30，周一闭馆）中倒有不少文物值得一看，如重达1750公斤的唐代景子铜钟，以及城关窑址出土的青白瓷、红釉瓷片。

从玉林乘班车到达容县汽车总站后，步行1.3公里，或坐6路、13路、旅游专线前往容州古城（2元）。容县沙田柚每年10月下旬成熟，到时漫山柚林都挂满了金黄色的果实。在景区北侧的东大街上，有多家餐馆提供特色柚皮菜，包括肉酿（35元）、鸡煲（60元）等做法，可以尝试。

谢鲁山庄

（☎713 2256；陆川县乌石镇谢鲁村；门票27元；⏲24小时）谢鲁山庄中亭台楼阁依山而建，恍若置身于江南园林。从折柳亭一直到白云深处，小桥、流水、长廊、假山穿插其中。山庄的建造者吕芋农是前清秀才、国民党陆军少将，"谢鲁"是他先祖的名字。山庄建于1920年，抗战时还接纳附近学校的学生在此避难上课。新中国成立后，年近八旬的吕芋农在陆川附近被枪决，当时周恩来曾下令"枪下留人"，可惜为时已晚。

参观谢鲁山庄时，请仔细读一下每处展板的介绍，因为建造者将不少想法融入庄园的建筑中，像二门门楣上的无字南瓜图，与折柳亭的镂空"三喜"花窗，都有寄托的寓意。不要错过入画的好景致赏荷亭，就在琅嬛福地牌坊后，站在桥右侧拍摄最佳。

从玉林坐班车到达陆川总站后，步行1公里，或搭3路、5路公交车去陆川二运站（2元）。前往良塘、下水、陆豹的部分车辆会经过谢鲁山庄门口（8元；7:00~16:30，约10班；1小时），要注意车前是否写有"谢鲁"字样，回陆川末班车是17:30。

山庄内设有一招待所，环境清幽，但价格偏贵（标双220元）且无热水。如在陆川停留，可在连锁的亚珍猪脚鹅肉店解决饭食，有本地招牌白切猪脚（35元/斤），白切鸡、鸭、鹅也都不错。再看一看陆川的中山公园，小巧雅致，仿佛走入了旧日时光。

大容山森林公园

（☎666 2662；drsfp.forestry.gov.cn；北流市民乐镇大容山林场；门票50元；⏲8:00~17:30，周末、节假日24小时）大容山的高山湖泊森林，是桂东南旅行的亮点之一。龙门景区位于山脚，这里原来是林场旧场部，现改造成酒吧、休闲的多功能区，并且从皖南整体拆迁来江家大院（内部只在节假日开放参观）。九瀑谷有亚热带雨林奇观，全长2公里，是小型瀑布群与森林组成的溪谷长廊，瀑、潭、滩贯穿整条溪谷，适合徒步观赏茂盛的蕨类植物。

景区中部的天湖景区海拔800多米，以森林、湖泊、溪流、草地为特色。莲花景区则是大容山的精华所在，平均海拔1100米。小莲池是水库形成的湖泊，一片杉树林整齐排

当地知识

猪的美色与美味

在陆川，处处都能看到白肚黑背的陆川猪"玉照"，圆滚滚的肚皮往往拖到地面，被形象地称为"五脚猪"。为了保证这种皮薄、骨细、肉嫩的矮胖小猪们能够优生优育，陆川每年都举办名猪文化节，包括猪赛跑和"猪后""猪王"选美大赛。

"五脚猪"的脂肪与胆固醇含量极低，富含蛋白质，是食肉老饕们的福音。当地最有名气的便是白切猪脚，选猪前脚去骨，用竹片固定绑紧，下锅熬煮2小时，再配以乌石酱油，更为鲜美。还有香脆土窑猪，烤制得香脆浓味，更富厚重的口感。不过陆川猪好吃，名字可不能随便乱叫，因为它还是一个专门针对陆川人的侮辱性称呼。当地民风彪悍，小心吃不了兜着走。

不要错过

玉林古村

高山村（玉林城北镇；免费）村口有几株大榕树，前行穿过**安贞门**，便来到苔痕深深的**青云巷**。宗族的公学**绍德书房**与进士**牟廷典旧居**就在巷中。再往前便是保存最好的**牟绍德祠**，建于1750年，因其后人中出了两位进士且族人众多，修得风光气派。沿着野草茂盛的巷道继续前行，还能找到4座**牟氏祠堂**。从村口大榕树往右走，有一座**聚星楼**，上面满是长条形的枪眼。旁边则是三进大院的**承绪楼**，在全盛时期曾有121个门。从玉林汽车总站坐前往大洋的班车，到高山村下车（3元），有时需去村委办寻找开门人，勿中午到访。

庞村（兴业县城东；免费）里有30多栋清代民居。其中**梁氏宗祠**值得细看，共三进，每进屋檐下都有精致木雕，门楼中还有早年的壁画。村内不少门前有"广西重点文物保护"的牌子，标号为146号的是**"将军第"**，最能体现庞村古建筑的风格。在玉林汽车总站搭乘去兴业的班车，到庞村路口下车（10元），那些古建筑就在小学边。旅行者可以在兴业中转，前往贵港。

列成几个蜿蜒的半岛形状，湖边的**教堂**满足了人们对欧陆风情的想象。继续深入就是**大莲池**和**莲花瀑布**，瀑布不大却清秀。小莲池旁还有步道可登顶**桂东南第一峰**，山峰海拔1275米，约需1小时。山脊线上那17座**风力发电机**形成了一道美丽的风景线，这里也是观日出云海的最佳位置。

龙门景区的**桫椤谷度假酒店**（☎666 2586；标双 168元起；📶❄🅿）负责整个园区的住宿预订，包括**龙门民宿**（288元起），莲花景区的**云端小筑**（1188元起）和很抢手的**集装箱**（288元起，仅6间），部分房型只能通过电话预订。山顶还有露营（租借帐篷、睡袋约110元/2人）和房车营地，两个景区都设有餐饮服务，并且覆盖了Wi-Fi。

从北流城南客运站有203路公交车发往大容山（7:30，12:00，16:00；10元；班次不定），但从龙门景区到莲花景区的16公里没有公共交通，建议你自驾或包车前往（玉林包车单日往返400~500元）。车辆进入大容山需收取20元管理费（过夜50元），弯多但路况很好，行驶到山顶约45分钟。检票口在龙门景区以上，如在山下住宿，可将免费的九瀑谷和收费的莲花景区分作两天游玩。

行摄广西

广西的山水始终吸引着摄影师们的镜头，在壮美的喀斯特风光之外，还有更多值得探索的自然与人文风光。

你是否觉得自己已经足够熟悉摄影师镜头下的广西？但哪怕在人气最高的桂林，也还有一些你想象不到的城市秘境。喀斯特的山峰与溶洞是生产风光大片的天然车间，你需要挑战全新的视角来不断按下快门；在更为偏远的少数民族村寨，迈向远方的每一步都不会被这里深藏的质朴民俗所辜负。日出日落、晨昏雪雾，各式时节气象都会带来不同的天然滤镜，你需要耐心，也需要激情。

1

楼学 摄

2

最佳景观

- 每6天一次的**德峨街**（见299页）赶圩，狂欢的顶点是正月初二开始的苗族跳坡节。
- 在正月十一冲进**宾阳炮龙节**（见83页）的“爆炸”现场，和当地人共度一个不眠之夜。
- 3、4月间，**遇龙河**（见133页）畔油菜花盛放，与古桥、村落共同绘制一幅美好的田园。
- 登上陡峭的**老寨山**（见135页）顶，3、4月间的漓江春雨更增添一份水墨诗意。
- 每年的8、9月，**元宝山**（见182页）翻腾的云海烘托出一场壮观的日出。
- 穿行在市井气息浓郁的**钦州**（见303页）老街中，用镜头记录广西的慢生活。

何时去

正月期间的广西成为一个没有签到处的民俗摄影节，从宾阳的炮龙节到富川的炸龙、神楼花灯，各地的民俗节庆前赴后继，组成一场漫长又热闹的春节嘉年华。随之而来的春雨浸润出秀美的田园风光，是前往阳朔或黄姚拍摄烟雨镜头的最佳时节。夏季则奔向银滩和涠洲岛，在海浪声中完成你的日落大片。10月以后，最适合沉浸在海洋般的银杏林或龙脊梯田的璀璨金黄之中。12月，失落的漓江渔火被重新点亮，最北端的八角寨将迎来冬雪。

1. 从兴坪老寨山顶俯瞰漓江大拐弯

2. 宾阳炮龙节

摄影主题

自然风光

喀斯特地貌当然是广西当之无愧的主角。最著名的漓江拥有秀丽的峰林平原，无数"哥特式"的山峰搭建出世界喀斯特地貌的"主教座堂"。桂林（见99页）的各大公园都可以登顶拍摄城市与峰林共生的景致。兴坪（见135页）是漓江的精华河段，童子山、老寨山、相公山提供了三个不同的视角。

广西喀斯特的另三大王牌则是乐业（见289页）的天坑、巴马（见258页）的水晶宫和七百弄（见269页）的峰丛，"岩溶"制造出密集的地上丛林与华丽的地下王国。德天瀑布（见84页）与宁明花山（见90页）都是"喀斯特+"的杰出代表，前者融汇了异国风情，后者则需要你高昂头颈对准那些写满谜团的岩画图案。

在喀斯特之外，桂北资源的八角寨（见156页）拥有广西罕见的丹霞地貌，你可以登上峰顶出挑的"八朵"悬崖，拍摄远处如海浪起伏的丹霞峰林，这里冬季的雪景更值得你重访。在南面的北部湾，涠洲岛的暮崖会送上海上落日的大片。

野生动物

广西拥有的野生动物种类繁多，你可以在众多的自然保护区中亲近这些平日里难得见到的可爱生灵。崇左的白头叶猴自然保护区（见89

1

页）在2019年刚刚对外开放，你将可以在这里见到这种全世界濒危的灵长类动物。每年的4月至9月，钦州（见303页）的三娘湾成为欣赏中华白海豚的好去处。东兴（见325页）的万鹤山则是白鹭的家园，超过5万只白鹭栖息于此，每年的5月至10月是观察它们活动的最佳时间。

拍摄野生动物需要准备一支长焦镜头，注意不要使用闪光灯，也不要惊扰动物。

建议摄影器材

- **超广角镜头** 更好展现风景与建筑的宏大壮观，但是要注意边缘的变形。
- **长焦镜头** 无论是抓取人物表情，还是捕捉局部细节，都是不可或缺的利器。
- **偏振镜和中灰渐变镜** 让天空和云朵更加靓丽，让光影更加均匀。
- **三脚架** 拍摄溶洞、瀑布、星空和城市夜景的最佳助手。
- **视频稳定器** 想用手机或相机创作风光视频？一个轻巧的视频稳定器会让你的作品倍显专业。

民族节庆

尽管越来越多的传统节日正在向旅游节庆靠拢，广西仍然拥有足够充裕的选择。农历正月会让每一位民俗摄影爱好者倍感兴奋和疲劳——整个广西都陷入鞭炮、焰火带来的硫黄味中。宾阳的炮龙节（见83页）、富川的炸龙（见209页）都是持续多日的视听盛宴，跟随狂欢的人群行进，你需要提前调整好相机参数，随时按下快门。京岛的哈节（见331页）、瑶族的晒衣节（见150页）以及壮族的蚂拐节（见

从左上角顺时针

1. 东兴万鹤山纷飞的白鹭 **2.** 资源八角寨风光 **3.** 龙胜晒秋

©图虫

2

©视觉中国

3

©视觉中国

256页）都是热闹又丰富的民族盛典。隆林赶街（见297页）是现场版的最炫民族风。

拍摄少数民族的节庆需要尊重被摄者的意愿与当地习俗。如果你答应了要给他们寄送照片，请不要食言。

特色田园

广西的田园风光融合了秀美奇崛的地貌景观和富有生活气息的村寨聚落，是一部自然与人文共同谱写的精彩乐章。最"陈词滥调"的目的地非龙脊梯田（见147页）莫属，景区早已贴心地为你准备好梯田间的观景台，但想要寻找全新的角度，还得不辞辛劳地奔波在曲折蜿蜒的田埂之间，在灌水期和丰收季，抢占一个好机位也并非易事。

手机及无人机摄影贴士

手机和无人机摄影的潮流正在席卷广西的每一个角落。自拍杆是必备的拍照神器，可以帮你获得更为宽阔的广角视野。如果费尽体力登上了喀斯特峰顶，就不要闲置手机的全景模式，来一次360度的旋转。溶洞摄影要善于利用环境中已有的光线，闪光灯很容易导致近处过曝，或是在庞大的洞厅里白白耗费电量，HDR模式可以帮你应付这种强光比的环境。

在各种喀斯特天坑、峰林和河谷之中，无人机将挑战那些常人无法获得的上帝视角，但也要注意野外天气的复杂多变，"微气候"的影响不容忽视，也需要注意避开高压线和手机基站。越是大开大阖的风景名胜，无人机就越能带来突破传统的新鲜感。在城市及机场周边，有必要了解禁飞区域，以免不必要的麻烦。而在自然保护区附近，不要随意放飞无人机，高频的噪音很容易导致野生动物受到惊吓。广西的深山无法提供你想要的后勤保障，备用的电池、螺旋桨都是必要的。

在三江的布央茶山（见178页），你可以把镜头对准山腰上的茶园景观。在日益成熟的明仕田园（见87页）和游人如织的黄姚古镇（见201页），都要善用喀斯特山峰来展现其经典的广西属性。在会仙湿地（见113页）的晨昏水雾中，结合一些村舍、木船的元素，更能表现田园牧歌的情怀。

古迹古建

无论是灵渠（见151页）还是靖江王陵（见110页），黄昏总是表现庞大历史叙事的最佳时段。灵渠需要高高在上俯视的全景视野，而王陵的石刻则需要贴近地面去表现其高大雄伟。程阳风雨桥（见175页）、独峒风雨桥（见177页）都是当地民族重要的公共空间，人是应当着重表现的画面重点。北海（见302页）的骑楼街和梧州（见212页）的骑楼城都有着鲜明的岭南味道，而拱券、尖顶、巴洛克风也并非只是老城老街的专利，黔江环绕的武宣（见189页）拥有二十多处西洋风格的百年庄园，不要错失那些精致的建筑细节。

从左上角顺时针

1. 龙脊梯田
2. 北海的珠海路老街

©视觉中国

2

楼学 摄

桂西

包括➡

金城江……244
东兰……254
巴马……258
凤山……265
大化……269
百色……276
靖西……282
乐业……289
隆林……297

最佳住宿

- 柏曼酒店（见263页）
- 金牌大酒店（见280页）
- 梓·越界边境故事客栈（见285页）
- 馨兰园（见292页）
- 和义精品酒店（见295页）

最佳摄影点

- 红水河第一湾（见256页）
- 月亮河长寿村太极山（见256页）
- 巴平梯田（见275页）
- 命河景区（见260页）

为何去

桂西是一个地上壮观、地下华丽的喀斯特王国，天窗、天坑、峰丛、洼地、盲谷等地理名词，将以洗脑般的频率不断出现在你的旅行中。这里有最深的洼地、最白的溶洞、最大的天坑群……地表之下的幽暗国度里，水晶宫披冰挂雪般纯净；大石围天坑底部的原始森林成了濒危绿植的基因库；盘阳河潜入洞穴，穿过天窗，一次次暗流涌动后，透过三门海给人惊鸿一瞥。峰丛密集的东巴凤、大化、乐业，除却千山便是万壑，盘山公路即天然的F1赛道，足以让老司机们开得荡气回肠。

巴马的养生、百色的红色是这一地区最广为人知的看点，随车赏景也有无限风光。公路贯穿七百弄；受水电站之惠的驮娘江、红水河四季常绿，湿地、平湖、峡谷次第展开；有“小桂林”之称的靖西、罗城，四季的色彩由农作物主宰。

美景之外，你不得不接受的残酷事实是，上帝创造了一片中看却不那么中用的土地，山峰一丛丛一簇簇，却是山无三寸泥，世居于此的民族以坚韧乐观对抗着土地的贫瘠。布努瑶因势开垦出龙卷地，五岭八百峰的苗族保持着六天赶一次街的习俗，耳边还有不绝于耳的壮语。

何时去

3月至5月 春暖花开的时节，靖西、东兰、南丹周边的田园风光令人心醉。你还可以跟随壮族过节，过完三月三歌圩节，再去敢壮山寻根问祖。

6月至9月 峰丛地带无遮阴，炎热异常，户外活动要注意防暑防晒。峡谷里最清凉，赏瀑布、玩漂流正当季。台风、暴雨会影响盘阳河的水色，三门海等景点也受天气影响。

10月至11月 “十一”过后，气温和人气都降了下来，雨水少了，水色也更靓。北部的绿林里渐现耀眼的火红或金黄。

12月至次年2月 除了“候鸟族”从四面八方聚到巴马，其他景区都很冷清，门票也有折扣。冬天北部高海拔山区可能会降雪。

桂西的交通

2018年11月28日河百高速的通车，大大改善了桂西核心区的交通状况，目前高速已连通靖西—百色—巴马—东兰—南丹—金城江—宜州、百色—隆林，其他还有百色—乐业、贺州—巴马段在建中，预计2020年后通车。若打算一路赏景而不走高速的话，路况实在难说很好，路窄、坑洼多，持续修筑工程导致烟尘很大，又以隆林周边的路最糟糕。微信公众号"广西运达智慧客运"和"驰程智慧出行"可分别查询、购买河池和百色各市、县客运总站发车的车票。

本区域内火车不如汽车方便，目前仅百色通有高铁。百色和河池各有一个机场，航班都很少。如果从南宁出发来桂西，最近的目的地是大化和百色。

在桂西旅行，怎样才算熟门熟路

- 别被清晨阴郁的天气骗过，那是山间的雾气尚未散去，9点多太阳自会现身。
- 除了百色和金城江，大多数县城的公交仅在白天运营，出租车只跑县城外围，三轮车（也叫"三马"或"马仔"）才是时刻准备好为你服务的交通工具。
- 不论去景区、住店还是吃饭，甚至坐大巴、公交，付款二维码随处可见，不必携带太多现金在身上，手机越来越万能。
- 这一带很多景点都在两县之间的沿途，如果不想多走回头路，最好在出发前做好规划，并为行李减重。
- 如果是站在公路边拍张照就能看完的景点，不妨与班车司机商量，通常都愿意稍作停靠。
- 河池地区的住宿条件总体不如百色地区，缺乏100～150元区间的干净舒适之选，如果有快捷酒店，基本上就是最好的选择。黄金周时期，靖西、南丹的住宿涨价最厉害，其次是百色和巴马，其他地区无明显变化。
- 文化广场是整个县城的中心，夜市通常在附近。

喀斯特榜单上的桂西

喀斯特山水在桂西发挥到了极致，你将有机会见识几位重量级"大喀"们创下的各种纪录：乐业天坑群——不到20平方公里内分布着28个天坑，是世界上最大的天坑群；大石围天坑——地下森林面积世界第一、深度世界第二、容积世界第三；罗妹洞——直径9.2米的莲花盆为世界最大；鸳鸯洞——36.4米的石笋"盘龙柱"排在中国最高、世界第三；七百弄——峰丛密度、洼地深度和密度为世界之最；布柳河仙人桥——以177米的跨径，新晋为世界上跨度最大的喀斯特天生桥。

快速参考

河池

- 人口：430万
- 区号：0778

百色

- 人口：417万
- 区号：0776

如果你有

3天

第1天游览巴马水晶宫（见259页），然后去凤山三门海（见267页）。第2天去完鸳鸯洞（见266页）后到东兰，看红水河第一湾（见256页）。第3天坐车穿七百弄（见269页）到大化。

4天

前2天路线同上，结束凤山后去乐业。后2天游览乐业的天坑。

7天

用1天半游览靖西，然后去百色吃吃喝喝，走走老骑楼。后4天同上条路线。

阅读桂西

- **《河之上》**黄佩华著。右江沿岸三大家族的百年历史。
- **《中国国家地理·喀斯特专辑》**桂西的内容占了三分之一的篇幅。

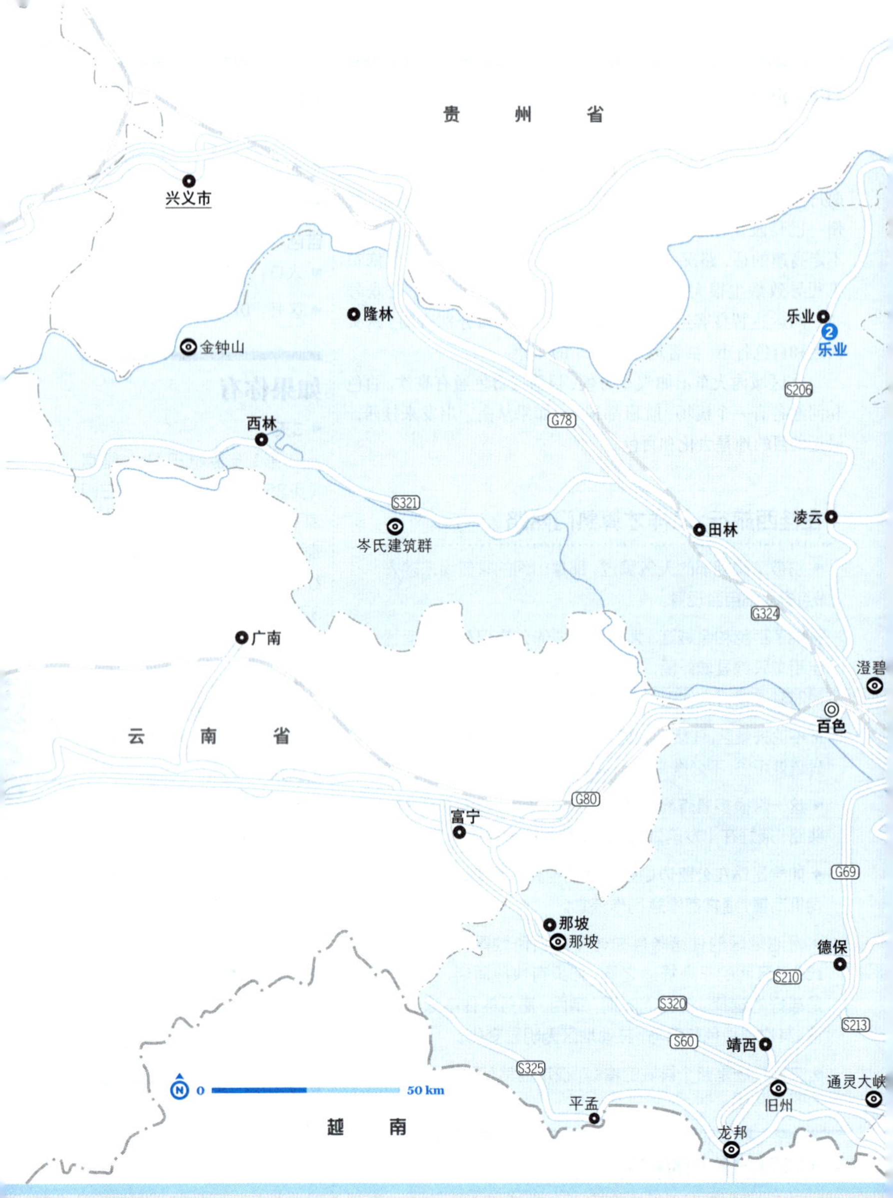

桂西亮点

❶ 在**水晶宫**（见259页）仿如玉砌般的白色世界里，欣赏满壁的石毛、石花。

❷ 去**乐业**（见289页）看看世界上最美的天坑，体验一段直通地心的穿越之旅。

❸ 旱季的**三门海**（见267页）将以堪比大海之蔚蓝，惊艳你的视线。

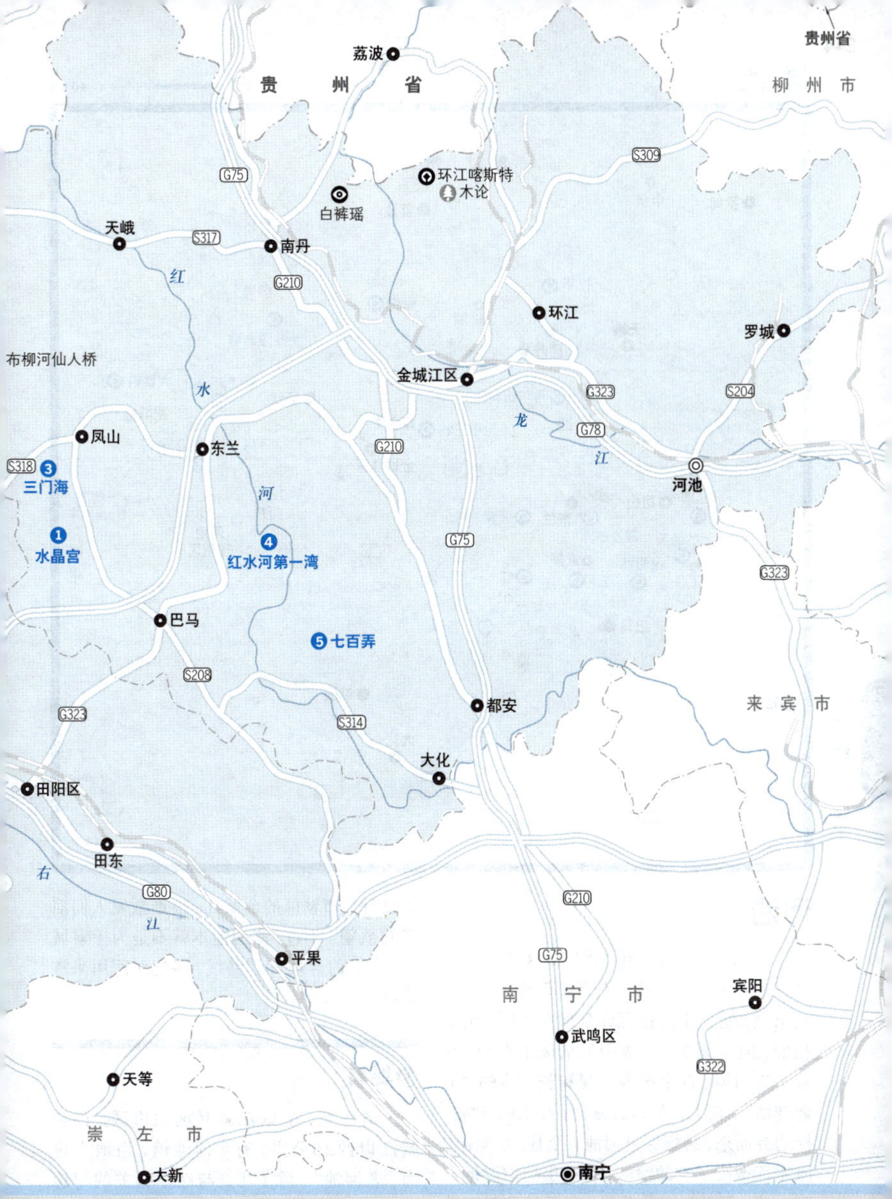

4 登上**红水河第一湾**（见256页）的观景台，俯瞰红水河漂亮的转身。

5 贯穿**七百弄**（见269页），深入了解喀斯特峰丛下的生活不易。

河 池

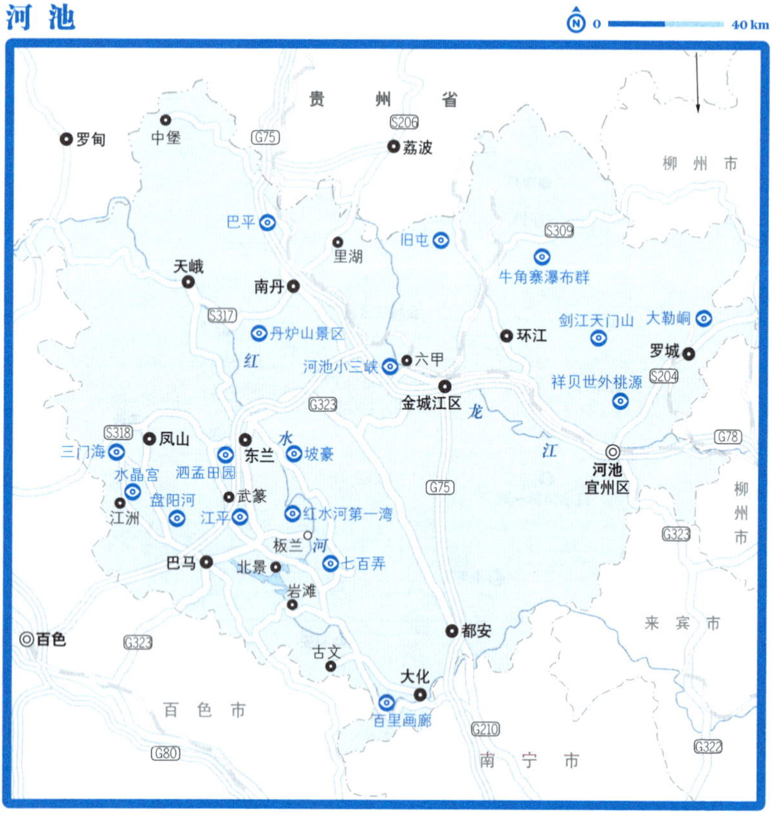

河池

喀斯特的“山”和“水”在这里得到了最好的诠释，城市被千山万岭重重围住，一走出城，便是千山接万弄延伸向天际。山山相似，但水无重样。盘阳河从凤山发源，孕育了三门海、百魔洞等奇观和长寿乡的“不老神话”，在大化汇入红水河；红水河自黔、桂边界而来，蜿蜒穿过河池五个县，龙滩、岩滩水库改变了它的险峻，塑造出湖泊湿地、第一湾、百里画廊等美景；东部的龙江下游是刘三姐的故乡——宜州，穿过南丹的白裤瑶之乡，溯源北上，可以直通贵州的荔波小七孔。

东兰、巴马、凤山组成“东巴凤”三叉戟，联手“修路脱贫”，并以长寿之名“旅游致富”。大化位置虽偏僻，但有世界级的景观——七百弄为其撑腰，叫人忽视不得。反倒是身为市辖区的金城江，很难激发人们前来的欲望。不过，来河池本就不是为探索城市，出发前合理计划路线，多把时间用来赏景吧。

金城江

请注意，金城江就是河池市区。在金城江以西23公里，有个河池镇，当地人称为“老河池”，除了几处与红军相关的纪念地之外乏善可陈，初来乍到的你可别跑错地方。

旅行者来到金城江更多是出于转车需要：这里位于河池中心，无论东去宜州、环江、罗城，西探南丹、天峨，抑或是南下东巴凤，都很方便。不过，如果时间有余，城西的河池小三峡人少水清，倒也值得一游。

景点

河池小三峡 峡谷

（☎256 7771；金城江区六甲镇，金城江水电厂内；船票80元；⏲9:00~17:00，发船时间10:00、11:30、13:00、14:30、16:00，满6人发船）你能想象从三峡顺流而下，居然漂进了阳朔遇龙河的感觉么？这就是名不见经传的河池小三峡（也称“六甲小三峡”）。

参观景区需要乘坐游船，逆流而上9公里，从天门峡、凉风峡到龙门峡，一路绝壁万仞，秋季还有机会看到遍布半山的红枫林。要是夏季赶上雨后初霁，江面云雾缭绕，更是有如仙境。途中会在一个主打民俗的梦古寨逗留约30分钟，全程耗时近2小时。

需要注意的是，游船满6人发船，班次固定。独行侠最好选择周末出行，或提前致电景区询问当日客流，不然只能花10元进到码头，望一眼最近的天门峡。六甲镇上有多家河鱼馆，回程有时间不妨一试。

从市区乘坐公交18路可达六甲镇桥头（4元；40分钟），之后还有4公里的乡间小路，可在镇上找摩的或三轮车（10元/人）。

食宿

龙江（也叫“金城江”）自西向东穿城而过，南岸的白马步行街一带是最繁华的吃喝玩乐之地，住宿选择也很多。文体路一带的小餐馆、老字号不少，同样是觅食的好去处。

运达城北大酒店 酒店 ¥

（见246页地图；☎228 9788；江北东路63号；标单/双 138/158元起，含早；📶❄🅿）酒店紧邻城北汽车站。房间简洁舒适，设施齐全，虽然位置稍偏（到白马步行街约2公里），但附近餐饮也很多，对于在城北车站中转的旅行者来说性价比很高。自驾旅行者可以把车直接停入车站停车场。

印象四季酒店 酒店 ¥¥

（见246页地图；☎228 5555；金城中路262号；标双187元起，含双早；📶❄🅿）在白马步行街附近，对面就有个公园，就餐出行都非常方便。房间中规中矩，服务态度比较热情，设有自助洗衣房。

茂军螺蛳粉 小吃 ¥

（见246页地图；☎139 7789 8616；文体路104号；螺蛳粉 7元；⏲24小时）本地人气最旺的螺蛳粉连锁店，这家是总店。一碗螺蛳粉，配一瓶豆奶，就可以假扮当地人了。吃完还能去隔壁的百草堂来一份甜品。

到达和离开

机场

河池机场（☎227 7001；金城江以西50公里）位于金城江和南丹的中间，规模非常小，航线也很少。每天各有一趟航班由河池飞往桂林（140元起；1小时）和重庆（490元起；3小时；经停桂林）。有机场大巴前往金城江的河池大酒店，前往机场亦可在河池大酒店等车（25元；9:00；1小时）。

火车

金城江站（见246页地图；解放西路1号）这是黔

金城江城西汽车站车次时刻表

目的地	发车时间/班次	票价（元）	行程（小时）
巴马	7:40~17:30，间隔40~60分钟	85	2.5
凤山	8:00~18:10，间隔40分钟	77	2.5
东兰	6:30~18:40，间隔20~40分钟	55	1.5
大化	7:30~18:40，间隔1~1.5小时	68	2
南丹	6:40~20:20，间隔15~20分钟	32	1.5
天峨	6:30~20:30，间隔20~40分钟	57	3
百色	6:40，8:50（快），11:40，15:30（快）	普/快 120/140	普/快 6.5/3.5
南宁	7:20~21:00，间隔20分钟	100	3
七百弄	13:45	55	3.5

金城江区

金城江区

住宿

1 印象四季酒店......C4

2 运达城北大酒店......D1

就餐

3 茂军螺蛳粉......A2

交通

4 河池机场大巴始末站（河池大酒店）....B2

5 金城江站......D3

6 金城江城北汽车站......D1

7 金城江城西汽车站......A4

桂铁路在广西境内的主要枢纽，由此往贵阳、成都、重庆去的列车都会经过南丹（12.5元起；1小时），往柳州、南宁、广州、湛江去的则绝大多数都经过宜州（10.5元起；1小时）。多路公交可到达车站。

长途汽车

金城江城西汽车站（见246页地图；乾霄路35号）金城江最主要的汽车站，有开往桂西大部分中心城镇的班车。可利用微信公众号"广西运达智慧客运"查询购票。

金城江城北汽车站（见246页地图；江北东路63号）车站较小，有前往环江（12元；7:00~20:00，间隔40分钟；50分钟）、罗城（48元；7:00~18:30，间隔40分钟；2.5小时）、桂林（134元；9:00，12:50，14:30；4小时）的班车。

金城江城东汽车站（南新东路22号）前往宜州（22元；6:10~19:40，间隔20分钟；75分钟）需在此乘车。

当地交通

公交上车1~2元，可使用微信"乘车码"扫码付费。市内有共享单车，出行更灵活。

出租车起步价1公里5元，之后每500米加1.7元，亦可使用打车APP。注意，龙江桥每日高峰时段会单向限行，过桥需绕远路，如果司机停在桥头劝你步行过桥，那他的确是在为你省钱省时间。

宜州

自唐贞观年间至近代的新中国成立初期，宜州始终都是河池地区的经济文化中心。被贬谪至此的北宋诗人黄庭坚曾在这里开馆讲学，教化众人；明代的徐霞客停留了30天，用两万多字的篇幅记述了宜州的名胜风物。而家喻户晓的歌仙刘三姐，相传正是在宜州出生，让不少本地人津津乐道。除了城区规模不够大之外，今天宜州现代化的风貌事实上丝毫不输金城江。以河池命名的河池学院也设立于此，为整座城市带来了不少活力。

景点

宜州博物馆 博物馆

（见248页地图；冯京路28号；免费；⏲9:00~12:00，15:00~17:00，周一闭馆）不妨把这间博物馆作为你在宜州游览的第一站，全面了解一番宜州的历史、人文和山水风光，尤其是刘三姐歌谣文化。博物馆隔壁还有一间2018年新开的**浙江大学西迁宜山纪念馆**（免费；⏲同宜州博物馆），以纪念1938年浙大在竺可桢老校长的带领下迁至宜山（"宜州"古称）办学的历程。坐公交601路在冯京公园站下车即到。

刘三姐故里景区 村落

所谓刘三姐故里景区，实为下枧河沿岸的一系列景点。你可以乘坐**游船**（☎322 5887；门票120元，含表演；⏲10:00和14:00，满10人发船，冬季枯水期可能不开）从冯京公园的码头出发，一路经过流河寨、壮古佬、歌仙桥，中途上岸进寨游览、观看民俗表演，全程约3个小时。如果你不打算乘坐游船，也可以自行前往，有选择地参观。

流河寨（市区以东7公里；门票60元；⏲9:00~18:00）是1996年拍摄电视剧《刘三姐》时投资打造的刘三姐故里，随即开发成了民俗村。村内保留有刘三姐家、阿牛哥家、媒婆家等建筑，虽称不上古迹，但古色古香的环境倒也适合取景拍照。流河寨的对岸是新修的歌仙庙，中间以吊桥相连，桥上可以望见不错的山水风光。本书作者调研时流河寨正在铺设通往壮古佬景区的沿河塑胶骑行道（约6公里）。从河池学院打车前往约15元。

壮古佬景区（刘三姐镇马山塘；门票20元）和**歌仙桥**（刘三姐镇；门票20元）都在市区以北5公里的刘三姐镇，没有严格的开放时间和管理人员。前者规模不如流河寨，同样提供民俗表演；后者是一座建在水泥石墩上的木质风雨桥，可能只对从未见过风雨桥的人有些吸引力。公交601路（2元；13分钟1班）直达这两个景点，宜州前往罗城的班车也都会经过刘三姐镇。

如果只想体验一小段水上游览，壮古佬和歌仙桥附近也有码头，可坐船（50元/人）往来于流河寨。游船都是机动船，不是竹筏。

会仙山 公园

（见248页地图；公园东路8号；免费；⏲6:00~19:00）会仙山在宜州城北，又称"北山"，是古代"宜阳八景"之首的"会仙远眺"的观景点，如今也是一览宜州城及其周围小山重叠之景的好地方，爬到山顶仅需半个小时。山上保存有几十处自宋代以来的历代摩崖石刻，已以"会仙山摩崖石刻"之名列入第七批全国重点文保。其中在山腰的**白龙洞**（收费20元）内，有一幅北宋刻于洞壁的全国现存最早的五百罗汉圣号碑，颇具文献价值。因为宜州是北宋诗人黄庭坚（号"山谷道人"）的被贬及病逝之地，故而山麓建有一座**山谷祠**（始建于宋，近代重修）以作纪念。公交9路、11路可直达。

四牌楼 古迹

（见248页地图；城中东路小北门路口）这座清代建筑原名"会魁楼"，是当时文人学子的聚会处，因有四个方向的门洞而俗称"四牌楼"。石基上的二层楼阁建筑为后世复建，若为古迹而来，看点只有四个窄窄的拱门。与其"望楼兴叹"，不如一窥附近街道（小北门、小南门）的老式格局。紧挨着的宜州一中前身是战火中西迁至此的浙江大学，学校西侧的西迁纪念广场上，还有一尊竺可桢先生的塑

宜州区

宜州区

景点

1 会仙山........D1
2 四牌楼........D2
3 宜州博物馆........B1

住宿

4 城市便捷酒店(宜州汽车总站店)......C2
5 精途酒店........C2

就餐

6 宜州好吃街........C1

实用信息

7 河池市第一人民医院........C1

交通

8 宜州汽车总站........C2

像。公交2路、8路、16路至市一中站下车即可望见四牌楼。

祥贝世外桃源 村落

(祥贝乡;门票120元;⏲8:30~17:00)位于宜州以北约30公里处,与"世外桃源"确实有几分相似——当小船缓缓驶向山壁,看似无路可走时,竟出现了一个小洞口;穿过山洞,还会见到"土地平旷,屋舍俨然",叫人惊讶不已。事实上,洞内的这片"桃源"正是过去村民躲避战乱的藏身之处,隐蔽性极高(连手机信号都很微弱),至今仍有5户人家在里面居住。不过仿古茅草屋之类就是景区的后期打造了。

除此之外,持门票还可登高俯瞰"太极湾"。这是祥贝乡最吸引人的自然景色:呈"S"状的祥贝河在稻田和屋舍之中流淌,从空中俯瞰,恰如一幅被群山包围的天然太极图。山上建有观景台,爬上半小时即可一览无余。

宜州的城北客运分站有开往祥贝的班车(13元;7:30~18:00,每小时1班;1小时),中途会经过**古龙河漂流**(门票80元;⏲5月至10月,9:00~17:00)的起点,全程10公里,约需2小时,夏季开放时可顺路一游。

食宿

塘中路和城中路是宜州城内最热闹的区域,食宿选择很多。本地美食大多是物美价廉的小吃,豆腐圆、粽子、煮粉、马打滚(比"驴打滚"更软糯)等。和平北路(近城中路)有一小段路,沿街都是烧烤、米粉、小炒和糖水，没什么环境可言，但口味足够地道。

精途酒店

快捷酒店 ¥¥

（见248页地图；☎317 8878；城中中路12号；标单/双 181/192元起；📶❄🅿）位于闹市区，与美食云集的立新巷仅百米之遥，就餐出行都非常便利。房间很宽敞，整洁舒适，只是沿街房间略嫌吵闹，最好入住背街的客房。有立体停车库。

城市便捷酒店（宜州汽车总站店）

快捷酒店 ¥¥

（见248页地图；☎819 8666；中山大道汽车总站斜对面；标单/双 171/192元起；📶❄🅿）城市便捷酒店向来有着不错的口碑，这间位于汽车总站对面的分店也是如此。房间舒适，设施齐全，还有洗衣房，很适合在此中转过夜的旅行者。

宜州好吃街

美食街 ¥¥

（见248页地图；宜山路，刘三姐广场东侧）龙江北岸的这条美食街虽然白天冷冷清清，但到了晚上8点之后，各种干锅烧烤爆炒油炸就会纷纷上阵，满街飘香。野味是这里的特色，若想试试"烤田鼠""炒蚂蚱"之类的奇葩美食，来这儿准没错，一般都经营到凌晨两三点。其中一家**地野特色烧烤**是宜州的口碑老店，人气很旺。

实用信息

河池市第一人民医院（见248页地图；桂鱼街124号）三甲综合性医院。可通过微信公众号"河池市第一人民医院"预约挂号。

到达和离开

宜州汽车总站（见248页地图；中山大道东段）是宜州的中心汽车站，开往周边县市的班车都由此发车。可利用微信公众号"广西运达智慧客运"查询购票。在城北还有一间小小的**城北客运分站**（龙江路288号），和加油站差不多大，前往宜州北面乡县的车都会在此停靠，去祥贝乡需在此候车。

宜州站（中山大道西端以南1公里）柳州和南丹之间每天有2对火车经停宜州站。出站有公交8路、9路、10路通往市区。

当地交通

公交1~2元，其中601路（6:45~21:00）是旅游专线，途经汽车总站、冯京公园、刘三姐广场、河池学院、会仙山景区、下枧村（壮古佬景区）、歌仙桥景区。

出租车起步价5元，但司机很少打表，城内一般不超过15元。另外也有三轮摩的，价格和出租车差不多，只是移动起来更灵活。

环江毛南族自治县

即使在2014年"环江喀斯特"申遗成功之后，环江这座黔、桂交界处的小城也依然

宜州汽车总站车次时刻表

目的地	发车时间/班次	票价（元）	行程（小时）	备注
金城江	6:30~21:00，间隔30分钟	20	1	
巴马	9:10，9:40	110	3.5	途经东兰
东兰	8:40，13:30	70	3	
南丹	13:00，15:30，17:30	50	2.5	
环江	7:00~18:30，间隔30~60分钟	25	1.5	
罗城	7:00~19:00，间隔40分钟	18	1	
南宁	7:30~19:10，间隔1小时	100	4	
柳州	7:30~21:00，间隔40~60分钟	45	2	
百色	9:10，9:40	150	4	途经巴马、东兰
桂林	9:30，13:10，14:30	115	3.5	9:30和14:30的班车可至桂林机场，票价120元
荔波（贵州）	8:40	68	4	

环江城区

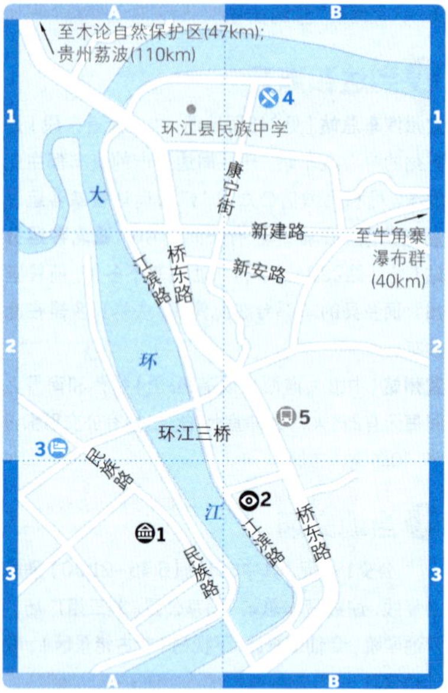

环江城区

景点

1 毛南族博物馆……A3
2 民族文化广场……B3

住宿

3 毛南民族酒店……A2

就餐

4 红鼎羊美食城……B1

交通

5 环江汽车总站……B2

没能引起足够多的注意，与隔壁的贵州荔波呈现出截然不同的旅游热度——尽管它们的地貌特征极为相似。但也正因如此，让环江保持着更为原生态的面貌，藏在大山深处的瀑布、梯田或古道，都是献给探索者们的最好回馈。若是赶上毛南族的节庆日，你还能一睹这个神秘民族传承千年的傩文化信仰。

景点

从地图上看，有两条江由北向南贯穿环江全境，西为大环江，东为小环江（中洲河），环江的看点就基本分布在这两条线上。层叠壮观的驯乐梯田、拥有独特锥状喀斯特地貌的川山镇以及环江县城，都在大环江流域；而长美乡的山高水长景区（见254页）正是小环江风光最好的一段河道。

毛南族博物馆 博物馆

（见250页地图；民族路南段；免费；⌚9:00~12:00，14:30~17:00，周一闭馆）博物馆的规模不小，设有毛南族"肥套"（一种祭祀仪式）、分龙节、花竹帽编织技艺、建筑、服饰等多个专题展厅，可以让你对这个相当罕见的少数民族有个比较全面的认识。其中"肥套"展厅中有4幅清代的毛南族傩神画像，是当地人从大火中抢救出来的，颇为珍贵。如果你对毛南族非常感兴趣，还可以去环江县城以西40公里的下南乡南昌屯，那里被认为是毛南族的发源地，是环江境内相对最原汁原味的毛南族村落（但不必期待过高）。博物馆距离环江汽车总站约1.5公里，过桥不远即到。

木论自然保护区 自然保护区

（川山镇和木论乡）环江木论乡一带的林区，与紧邻着的贵州茂兰保护区共同构成了一片保存完好、面积广袤的锥状喀斯特森林，规模在同纬度地区首屈一指。如果从空中俯瞰，整个地区的喀斯特峰丛就如同一片波涛汹涌的"绿海"，极为壮观。但要是想用肉眼见到此景，登高是唯一的办法。本书作者调研时，川山镇的旧屯正在铺设通往山顶的道路，在竣工之前，你可以从小路爬至山顶（约需2小时），那里暂时有一座简易的瞭望台；据说通车后就能直接开车上山。在旧屯以北1公里的下寨，则有个新开发的**木论喀斯特生态旅游景区**（☎880 5333；⌚9:00~16:00），可游玩的项目包括古宾河漂流（128元）和**森林户外拓展基地**（58元）。可在环江乘坐班车至川山，再包车前往（60元）；或者乘坐环江到荔波的班车，在立有木论自然保护区标识牌的路口下车，步行进村（7.5公里）。

牛角寨瀑布群 瀑布

（明伦镇八面村牛角屯；门票60元；⌚8:00~17:00）瀑布爱好者应该来这儿过把瘾：在短短3公里的游览路线里，你可以连续观赏到十多个瀑布，尤其是最后的七仙女瀑布，宽

另辟蹊径

徒步黔桂古道

川山镇的旧屯不只是登山俯瞰喀斯特森林的入口，它还是一条穿越森林、前往贵州荔波的黔桂古道的起点。

古道全长25公里，路面由不规则的青石板砌筑而成，宽约1.2米，蜿蜒于苍茫的崇山林海之中。据记载，古道始建于汉代，拓宽于唐朝，清道光年间为了缩短路程又进行了重修。自修建以来，诸多往来黔、桂两地的百姓、客商甚至军队都曾取道于此。沿途有关隘9座，但目前仅头尾两关尚留有明显的遗迹。

你可以向旧屯的村民打听古道的入口（旁边就是正在修建的上山公路）。从入口走到第一关"峒平关"仅需20分钟，路上会经过石拱桥、古榕树。如果体力或时间有限，大可到此返回——你已经看到了古道上保存最好的一座关隘。假如决心穿越古道，你需要提前做好更多的准备：食物、水、手杖、必备药、指南针等。中间有几公里人迹罕至、荒草丛生的路段，被掩盖的古道很难寻觅，有时候当地人常走的山路会比古道更明显，一定不要走错。耐心寻找青石板，就是成功穿越的关键。一般来说，全程耗时在8小时左右，最终走过抗日战争期间中日激战七天七夜的"黎明关"，即可抵达荔波洞塘乡的板王屯。注意：古道内手机没有信号，入口设有"安全自负"的警示牌，没有把握的情况下务必及时原路返回。

60米，高50米，堪为微缩版的黄果树瀑布。景区内森林茂密，山幽谷深，本身也是不错的避暑胜地。环江到龙岩的班车经过景区门口。通常一天可从县城往返，自驾旅行者还可继续北上，前往云贵高原山麓的驯乐苗族乡，那里有大片的梯田景观与淳朴的苗寨风情，只是乡间路况较差，务必谨慎慢行。

节日和活动

分龙节 毛南族节日

（⏲6月）毛南族以龙为民族图腾，民间认为，每年夏至后的第一个辰日是五龙布雨的日子，因此要举行隆重的祭龙敬神仪式，以祈求风调雨顺、人畜平安，这便是分龙节的由来。届时会有一系列的祭祀仪式，俗称"肥套"，极具傩文化色彩。现在的分龙节则多了层旅游节的意味，美食展、龙舟赛、山歌、傩面舞等活动纷纷上演，主场地通常在县城的民族文化广场。举办时间不定，或按照传统，或设在"文化和自然遗产日"，可留意微信公众号"看环江"（k-huanjiang）的节日预告。

食宿

环江汽车总站门前的桥东路南北贯穿环江县城，大部分经济型宾馆都分布在这条路上，尤其是与环江三桥（最大最新的那座）的交叉路口一带。桥西的**毛南民族酒店**（见250页地图；☎882 8111；金环大道2号；标单/双258/268元起，含早；📶❄🅿）是环江品质最好的酒店，从工作人员服饰到房间布置都极具民族风情。

邻近环江县民族中学的凯丰路周边是餐饮最密集的地方，凯丰路北五巷整条街都是餐馆，河鲜、牛杂、烧烤应有尽有。**红鼎羊美**

环江汽车总站车次时刻表

目的地	发车时间/班次	票价（元）	行程（小时）	备注
金城江	6:40~20:00，间隔20分钟	12	0.7	
宜州	7:00~18:30，间隔30~60分钟	25	1.5	
牛角寨	6:50~15:40，间隔30分钟	20	1.5	即龙岩班车
驯乐	15:50	32	2.5	
荔波（贵州）	10:10	45	3	

食城（见250页地图；☎880 6329；凯丰路北五巷北端；人均50元；⏲10:30~21:00）主打地方特色和各式炒菜，本地老顾客很多，环江香猪（115元/斤）尤其值得一尝。

到达和离开

环江汽车总站（见250页地图；桥东路219号）是环江唯一的汽车站，去周边各县市和乡镇均在此乘车。

当地交通

县城公交1~2元。出租车起步价1公里5元，之后每公里1.6元。

罗城仫佬族自治县

为民族风情而来的旅行者可能要失望了：尽管是全国唯一的仫佬族自治县，但这里的仫佬族就人口占比而言，在县内依然是少数民族。无论是服饰还是语言，你都很难将仫佬族与本地的汉、壮族区分开来。也就是在博物馆和偏远的村落里，以及一年一度的依饭节上，才能一窥仫佬族的民族特色。当然也不会悻悻而返，罗城"小桂林"的美誉并非浪得虚名，尤其在剑江和武阳江一带，独特的地貌遗迹、水体景观都会让人惊喜连连。

景点

罗城仫佬族博物馆 博物馆

（见253页地图；罗城县西端，近204省道；免费；⏲9:00~12:00，14:30~17:30，周一闭馆）这是全国最大的仫佬族博物馆，介绍了仫佬族风俗文化的方方面面，甚至还原了一间仫佬族民居，内部摆设、堂屋"地炉"等细节都十分到位。

博物馆紧挨着**于成龙廉政文化展示馆**（免费；⏲同博物馆），在此可以了解到被清康熙帝封为"天下廉吏第一"的于成龙的个人生平。

大勒峒 村落

（小长安镇龙腾村大勒峒屯，罗城县以北21公里）这大概是你能在罗城找到的保存得最完整的仫佬族民居群。村子藏在群山之间，常住人口不过百人，均为吴姓（仫佬族的大姓之一），村中仍有一座古朴的吴氏宗祠。现存的60多栋老房密集排列，多建于清代，砖墙瓦顶，呈四合院之形。只是因村民基本都已迁入在不远处盖起的新楼，使得这片老宅少了些生活气息。

2016年由于电视剧《于成龙》的拍摄，剧组在村口搭起了一大片仿古建筑，包括题有"罗城"的城门、茅草房等。好在仿得很成功，没有太大的违和感，如今反而比古民居群更受欢迎。本书作者调研时大勒峒正在进行旅游开发，新建了广场、亭台等公共设施，广场旁还有一间乏善可陈的仫佬族生态博物馆（需联系村委开门），但何时以景区面貌开放或收费，尚不可知。

从罗城到大勒峒没有直达车，可乘坐公交6路，或是罗城到牛毕、融水的班车，在路口（有"大勒峒"指示牌）下车。这里距离村子还有5.5公里的水泥路，可跟随电子地图的导航前往。

一代清官"于青菜"

罗城历史上数一数二的名人，当属大器晚成的清官于成龙。尽管45岁才初入仕途，但此后20多年无论身处穷乡僻壤还是富庶江南，于成龙始终勤政廉洁，生活节俭，甚至因为常年仅以青菜为食，被百姓称为"于青菜"。六十多岁逝于任上，可谓鞠躬尽瘁。

而于成龙首次赴任的地方，就是罗城。在他的治理下，三年之内，罗城就从一片人烟稀少、土地贫瘠、盗贼猖獗的化外之地，变成了可让百姓安居的乐土。任职罗城知县的七年时间里，于成龙留下了许多兴教化、严吏治、除弊政的事迹，颇为后人称道。如今在罗城，无人不知这位"老县长"，罗城仫佬族博物馆对面，还新修了一座以他命名的**于成龙公园**。当年于成龙进入罗城县的**于成龙古道**（小长安镇双河村，大山口屯—地梁—大旗山），是现在廉政学习团队的经典徒步路线，沿途青山绿水，还有乾隆年间罗城知县的"于公旧治"碑刻，感兴趣的话不妨一走。

罗城城区

节日和活动

依饭节 　　　仫佬族节日

（⏲立冬）依饭节是仫佬族特有的节日，又称“喜乐愿”，有着向祖先和神灵还愿、祈福之意，通常在立冬之后的“吉日”举行。节日的核心内容是进行“依饭道场”的仪式，法师会头戴面具身穿法衣，边舞边唱请来36位神。此时家家户户也要大宴宾客，载歌载舞共度佳节。现在的依饭节则带有更多民俗展示的色彩，不仅有少数民族盛装游行，各乡镇草龙队还会云集县城一比高下。

罗城城区

景点

1 罗城公园 C1
2 罗城仫佬族博物馆 A2
3 民族文化广场 D1
4 于成龙公园 A2

住宿

5 茂源大酒店 C2

交通

6 罗城汽车总站 C2

食宿

罗城的住宿主要集中在汽车站周边，以及东西贯穿县城的朝阳路两侧。**茂源大酒店**（见253页地图；☎240 8888；解放路115号；标双110元起，含早；📶❄🅿）作为罗城最早的一间大型酒店，虽已略显老旧，房间也不算宽敞，但卫生和早餐都令人满意，堪称性价比之选。罗城街头的小吃相当丰富，例如五花八门的粥、大头粉、滤粉等。汽车站西侧的江畔（沿江路）开满了餐馆，大多经营火锅、烧烤，一到夜晚就热闹非凡。

罗城汽车总站车次时刻表

目的地	发车时间/班次	票价（元）	行程（小时）
宜州	6:30~19:00，间隔20分钟	18	1
融水	6:50~16:40，间隔40~60分钟	17	1.5
金城江	6:30~18:30，间隔40分钟	48	2.5
环江	13:50	45	2.5
牛毕	6:30~17:00，间隔30分钟	10	1
怀群	8:05~15:45，间隔1小时	16	1.5
兼爱	13:50	20	2

到达和离开

罗城汽车总站（见253页地图；解放路108号）有开往周边县市的长途公交，部分去乡镇的班车则停在路边，无须进站买票，直接上车即可。

当地交通

罗城县城内有公交1路、2路、3路，上车1元；5路往来于县城和四把镇（2元），6路往来于县城和小长安镇（3元）。但公交数量很少，需要耐心等候。

比起公交，出租车和三轮摩的更加常见，大多不打表，直接议价。在县城内移动一般不会超过10元。

东兰

在巴马高举"寿乡"旗号的时候，东兰却默默拿出了更多百岁老人的数据。当然，这里引人注目的不只是养生旅游，铜鼓不是东兰独有的风物，但全世界传世铜鼓的四分之一在东兰，且不仅仅是供在博物馆里的标本，藏鼓、养鼓、祭鼓、斗鼓、舞鼓等习俗至今活跃在民间；东兰还是早期的革命根据地之一，红七军便诞生在此。除了长寿之乡、壮瑶铜鼓、红色革命这三张名片，我们更偏爱它周边的自然美景，何况它们大多还是免费的。红水河把最美的一段赐予了东兰，江平的喀斯特地貌也极富表现力，而站上东巴凤的最高点，山峰层层如巨浪翻滚，是你体会喀斯特峰丛地貌的好角度。

东兰县城沿红水河东西向展开，新汽车总站在东端，老车站在中间，老电影院（有发往武篆方向的面的）在西端。五峰路和曲江路分别是河南、北两岸的主干道，曲江路最热闹，还有一座拥有四百余年历史的古石桥值得去走走。

景点

除了以下景点，在本书作者调研期间，长乐镇（往坡豪、板升方向）有一个地下溶洞长乐宫正在开发中，常有本地人打着手电进去游玩。县城至红水河第一湾的沿河景观带，也正紧锣密鼓建设中，沿线还计划铺设自行车道，今后除了坐车欣赏红水河，骑行也是不错的选择。

另辟蹊径

罗城环江山水行

如果你正打算自驾往来于罗城和环江，别急着开上宽阔的省道，有一条穿行在乡镇之间的路线，或许更值得你走上一程。全长120公里，可由罗城县城出发，经过四把镇、怀群镇、兼爱乡、长美乡、大安乡，最终到达环江县城。一路山水相伴，好不惬意。沿线值得逗留的景点有以下几处，非自驾旅行者也可乘坐班车前往游览。

剑江天门山（罗城怀群镇以西4公里）虽没有张家界天门山那样的海拔，但横跨江面的"天门"（天生桥）同样让人惊喜不已。"天门"拱高80米，宽约40米，加上江面的倒影，越发气势恢宏。江边常有经营竹筏游剑江生意的婆婆，通常6人一筏（70元，往返40分钟）。罗城有到怀群的班车。

兼爱牧场（罗城兼爱村）当这片开阔的高山草甸出现在道路两侧时，你几乎会怀疑自己的眼睛。这里是理想的露营地，你也可以爬上牧场后方村庄挨着的小山，饱览四周奇峰兀立、峰丛连绵的美景。牧场在怀群镇以北约16公里处，也可乘坐罗城到兼爱的班车前往。

山高水长景区（环江长美乡）所谓景区，实则是小环江（中洲河）的沿岸景色。从长美乡向南顺水而行，眼前尽是重重叠叠的山影，不时有瀑布挂在山间，赞美此地胜景的"山高水长"四字石刻更是经典的合影对象。可在码头包船游览（二人60元起）。在环江搭乘开往长美的班车，下车不远即到码头。

本书作者调研时，罗城到环江的这段路正在改造为二级路，路况时好时差，但小车谨慎驾驶也可通行。预计2020年竣工，届时会在沿途增加观景台等设施，更适宜自驾观光。

传世铜鼓：青铜器流落民间的艺术

源自青铜器时代的铜鼓，至今已有2700多年历史，除了以王公贵族的礼器身份存在，也是普通百姓祭祖、祈福、节庆、丧葬时使用的乐器。前者早已随历史入土为安或束之高阁于博物馆，后者还生生不息在西南民间流传至今。

壮族、瑶族、苗族、水族聚落都有保存和使用铜鼓的习俗，又以壮族拥有的铜鼓数量最多。铜鼓并非家家户户都有，因南方少铜，有时甚至需要熔铜币做铜鼓，所以铜鼓也是社会地位和财富的象征。过去，人们会在老人过寿和新人结婚时赠送铜鼓。当家中有老人去世，要将铜鼓请出，扶亡人坐在铜鼓上着寿衣，与铜鼓告别。有钱人家在建房时会将铜鼓埋进土里作柱础，甚至还有爱炫富的土豪背着铜鼓去赶集。拥有铜鼓的家庭会将铜鼓世世代代相传下去，与其他老古董不同，铜鼓因为经常被触摸，越摸越亮，倒很有历久弥新之感。

铜鼓的装饰主要体现在鼓面上，代表太阳神的太阳纹是最流行的纹饰，其他还有几何、十二生肖、福禄寿、狩猎、战争等图案，壮族的铜鼓上常有代表其民族图腾的青蛙作立体装饰。铜鼓在不同时代有不同类型，但大多数只存在50年就消失了，贵州麻江县出土的麻江型铜鼓是延续时间最长的铜鼓，广泛流行于宋代到清代，也是如今最常见的铜鼓，其特征是体型扁矮、鼓壁较薄、发音效果好，鼓面装饰上，同心晕圈中铸有十二生肖、八卦、盘龙等浮雕。

东兰民间铜鼓收藏馆 博物馆

（☎633 3028；新城路拉同桥头；门票80元；⏲9:00~18:00）大多数博物馆里展出的铜鼓以出土文物为主，多为古代贵族的陪葬品。西南少数民族地区还盛行一种生活中使用的传世铜鼓，平时供奉在家里，每当节日或重要活动（如壮族蚂拐节、瑶族祝著节）便会拿出来敲打，并跳起铜鼓舞，作祭祀、祈福之用。全世界传世铜鼓仅2300多面，仅东兰一县尚在民间传承使用的就达612面，占世界总量的四分之一，这个比重相当可观。

这家私人博物馆展出的传世铜鼓都是从民间搜集而来，展品非常丰富，铜鼓年代以清朝为主。购票入内，便会有讲解员全程陪同，详细为你介绍铜鼓对壮族的意义、铜鼓的纹饰和含义，接近1小时的讲解细致而全面。一些非常规形态的铜鼓很有意思，如葫芦鼓、凤求凰鼓、双龙戏珠鼓、南瓜鼓、柱础鼓等。馆内所有展出的铜鼓都可以触摸，还可以敲打。镇馆之宝是一面明代的双面鼓，铜鼓两面敲击的声音不一样，也称“阴阳鼓”，它的价值不在于年代久远和纹饰复杂，而是因铜鼓击出的声音。要知道，在生活中使用的传世铜鼓，除了观赏性，声音好不好才是首要的。

博物馆距新汽车站不远，步行或坐公交前往都很方便。

韦拔群纪念馆 纪念堂

（东兰烈士陵园上；免费；⏲8:00~17:00，重要公众节假日闭馆）推平了一座小山头建起来的韦拔群纪念馆，赶在2009年韦拔群诞辰115周年时正式建成。有人质疑这是政绩工程，民间也对此颇有过一番争议。但了解了韦拔群生平之后，或许会认同对于一个为革命献出自己甚至全家17口性命的人，这些纪念都不算过分。毛泽东曾赞韦拔群“读了半本马列主义，红了半个中国”，本地人更是亲切地称他为“拔哥”。

纪念馆内分七个展厅详细介绍了韦拔群的革命历程，以及他向穷苦山民传播革命、为鼓励军中战士写下的山歌。登上县城西边的烈士陵园台阶，穿过拔群广场便是纪念馆。

坡豪湖 湖泊

（红水河东岸坡豪村；免费）地图上原没有“坡豪”这个地名，下游的岩滩电站建成后，将坡豪的洼地变成了湖区，岸边延伸的梯田和果园将河流变成了星罗棋布的湖泊，也成就了东兰县境内红水河最静美的一处风景，日出日落和雨后云海最叫人叹为观止。

这里的生态极好，不像县城拥挤嘈杂，也有不少旅行者选择在此小住。**坡豪养生书院**（☎661 5219；标单/双 180元起；Wi-Fi 空调 P）是个精致的小院落，食材都是自家栽种的，天台就是拍摄坡豪湖日出日落的最佳取景地。

在东兰县城老汽车站门口，坐发往板升或大同方向的班车（12元；见258页车次时刻表；50分钟），在坡豪下车即可。

红水河第一湾 观景点

（县城以南46公里处的板文村；门票30元）红水河上一个U字形的拐弯，让向南流的河水360度掉头往北走了一大段，可谓红水河顶级的景观。坐船游览可饱览两岸雄奇的山形与水色，登上山腰上的观景台可一览全景，是拍摄第一湾的最佳角度。据本书作者调研时了解，未来将在码头和观景台之间建起缆车。

没有班车发往第一湾，离第一湾最近的三石镇距其还有22公里。常规的游览方式是从坡豪村或大同乡坐游船前来，船会在第一湾停留等候，待你从观景台下来后再载你回程。从坡豪村出发约需400元/船，可找坡豪养生书院联系船夫；从大同乡出发约需300元/船（☎187 7681 2558）。都是可以乘坐20人的船，但很难拼足人数。大同乡逢农历三、六、九的赶集日，14:00会有船运送村民回第一湾，船票5元，但船只有去无回，你只能自己想办法返回。从第一湾所在的板文村包辆车到三石镇，这里就有途经的班车去东兰了。

神仙山 山

（县城以南12公里）神仙山是东巴凤一带的最高点，民间传说曾有神仙在山顶下棋，山上一日、地上一年，此后人们便奉此山为神山，也成了本地区不同民族的共同信仰。出县城往武篆方向，有岔路通向神仙山，顺着盘山公路而上，最后还要爬上一段台阶到山顶。站在山顶眺望，如波涛起伏的峰丛一览无遗。没有班车发往神仙山，更适合自驾者在去武篆的途中顺道一游。

武篆镇 古镇

武篆镇是“拔哥”的故乡，此地自然以红色旅游为主。镇上的**魁星楼**建于光绪年间，是一座四层六角的木石塔楼，体积之小，令人很难想象它居然是1922年韦拔群组织东兰农民攻打东兰县城时的指挥部，之后的中共红七军前委和东兰苏维埃政府也设在这里，还是1930年4月邓小平突破封锁，前来和韦拔群会晤的住所。

列宁岩（武篆镇巴学村；免费；⏲8:30~18:00）是个巨大的天然石洞，夏日时，尚未入洞，便已感受到阵阵清凉。石洞大约相当于20个标准篮球场的面积，可容数千人，深处有清泉数脉，有曲径通向后山。清朝时这里曾建有私塾，1922年，韦拔群在岩洞内创办了广西第一届农民运动讲习所，培养出了大批革命骨干，如今这里已被列入全国重点文物保护单位。游览时也常会遇到本地单位在此召开的党会或入党仪式。位于半山腰上的**韦拔群故居**（武篆镇东里村东里屯特牙山半山腰上；免费）是按原貌复建的，真正的旧宅在革命时期已经被烧毁。

东兰县城老电影院门口有面的发往武篆（13元；8:00~18:00，坐满发车；40分钟），车就停在魁星楼旁。若想去列宁岩或韦拔群故居，得再坐三马，约10元。武篆发往巴马的班车（3元；8:00~16:30，每小时1班；10分钟）也经过列宁岩。

月亮河长寿村 村落

（武篆镇江平村）江平村周围不足10平方公里的范围内，喀斯特峰丛林立，观音山、小象山、驼峰山、猫儿山等山头惟妙惟肖，清澈的月亮河蜿蜒绕行其间，称得上是一幅唯美的山水画卷。登上800多级台阶的**太极山**，是目前脚力能到达的最高点，视野极佳，站在这里俯瞰，水绕田园正好形成一个太极八卦图。

选址在这里建长寿村可谓取尽天地日月精华，长寿村里的几栋高楼是短租公寓也是酒店（☎400 0990 966；一室一厅/两室两厅284/434元），条件比巴马盘阳河沿线农家乐式的短租房要好很多。有意来做“候鸟族”的话，可以交付一定押金，享受半个月至1年不等的免费入住，押金于次年退还。也可以预付费后以折扣价按月入住扣款。

东兰县城老电影院门口有发往江平的面的，但车次很少，不如先坐车到武篆，再转武篆发往巴马方向的班车，在江平下车（5元；20分钟）。

节日和活动

蚂拐节 壮族节日

“蚂拐”就是壮语里的青蛙，壮族将

不要错过

泗孟田园

在县城以西20公里处的泗孟乡，有一大片相对平坦的农田镶嵌在喀斯特峰丛中。四五月的春末插秧季，或八九月秋收前后的田间灌水是最上镜的时候。拍摄和俯瞰的最佳角度在泗孟乡旁约2公里处的半山腰上，这里有一处观景平台。从观景台再上去有个新发现的天坑，但目前没有通路，想看只能借助无人机。据本地村民介绍，已有开发商计划在天坑附近建桥。

县城老电影院门口有发往泗孟乡的班车（10元；8:00~18:00坐满发车；30分钟），到泗孟乡前会经过观景台所在的山，就在过了隧道口的左手边，司机通常会在这里停车收车费，可以下车后走上山。若随车到了泗孟乡后再找摩的去观景台，往返8元。

东兰发往凤山的班车也经过这里，你可以顺道游览，在下一辆班车（通常在3小时后）到来前有足够的时间游览。离开泗孟田园后，班车一路绕喀斯特山峰穿行，沿途全是瑶族村寨，水柜星星点点散布在山间，前方与泗孟田园相似的风景还有两三处，坐在车上就可以探头张望到，记得选右侧位置。

其视作雷神在民间的化身，也寓意繁衍生息。蚂拐节从大年初一延续到二月初二，历时一个月之久，是红水河流域壮族的重大节日。最热闹的过节地点在东兰北部的巴畴乡，正月里往往能聚集上万人，通过找蚂拐、祭蚂拐、颂蚂拐、葬蚂拐等仪式，祈求风调雨顺、五谷丰登。青年男女对山歌、敲铜鼓接力赛、篝火晚会等，也是节日里重要的活动。

祝著节 　瑶族节日

祝著节即瑶年，相当于汉族的春节，每年农历五月二十九举行，是布努瑶祭拜始祖密洛陀（即母亲）和庆祝丰收的节日。如果恰巧在祝著节期间来东兰，值得去一趟三弄瑶族乡（三弄乡三合村下弄宁屯），平日里冷冷清清的村落变得热闹非凡，村民们拿出家里祖传的铜鼓，打铜鼓、跳铜鼓舞，还有对山歌、射弩、捉迷藏、斗鸟等活动。

食宿

想要住得好，就落脚在新汽车总站附近，但是这一带冷冷清清，没什么可吃的。想要吃得好，就住到老车站附近的核心区，但住宿条件一般，设施陈旧，普通宾馆的标间价格在百元上下。

东兰的饭馆不多，但满街都是粉店，曲江路上有各色粉店，包括柳州螺蛳粉、桂林米粉、羊肉粉、烧鸭粉等，年轻人喜欢的奶茶店和面包房也不少。

城市便捷酒店 　快捷酒店 ¥¥

（☎637 1818；新汽车总站斜对面；标单/双 210/232元；📶❄🅿）胜过星级酒店的快捷酒店（至少在东兰县如此评价不为过）。房间和洗手间都很宽敞，漂亮舒适，单人间是一张1.8米的床，双人间是两张1.5米的床，卫生间有吹风机。对面的**东皇国际大酒店**（☎793 3333；新汽车总站旁；标单/双128/168元；📶❄）房间虽不大，倒也干净整洁，可作备选。

东昇国际大酒店 　酒店 ¥¥

（☎633 6999；曲江路45号，靠近烈士陵园；标单/双 248元，含早餐；📶❄）主城区比较有规模的一家酒店，房间中规中矩，洗手间有点小，双人间是两张1.3米的床，房间里的矿泉水收费，停车也要收费（10元）。旁边的**运达东兰国际大酒店**（☎633 1988；陵园路59号；标单/双 180/198元；📶❄）除了房间大一点、提供免费矿泉水，其他都类似。

秋菊螺蛳粉 　小吃 ¥

（中心桥南；人均6元起；⏲7:00~23:00）柳州特色的螺蛳粉，很受本地人认可。相较于其他粉店，这家环境也最好，内设空调，桌椅干净。各种配菜1~2.5元，本地特色的豆腐圆不可不尝。同条街上的**和味亭高汤螺蛳粉**（中心桥北；人均7元起；⏲24小时）味道也不错。

切学黑山猪风味馆 　本地菜 ¥¥

（五峰路老车站附近；米粉8元起，炒菜人均60元起；⏲8:00~23:00）以黑山猪肉为特色，有

东兰县客运车次时刻表

站点	发车时间/班次	票价（元）	行程（小时）	发车地点
巴马	7:10，9:30，11:10，14:30，16:00，17:30	30	1.5	新汽车总站，经停老车站
凤山	9:00，11:50，14:50，16:10	28	1.5	新汽车总站，经停老车站
大化	8:40，12:40	53	4.5	新汽车总站，经停老车站
百色	8:10，11:40	75	3	新汽车总站，经停老车站
板升	7:50，12:50	30	3	老车站门口
大同	8:30~18:30，每30分钟1班	16	1.5	老车站门口
金城江	6:40~17:20，每20分钟1班	45/50（高快）	1.5	新汽车总站
南丹	9:10	55	3.5	新汽车总站

生闷、爆炒、白切、红烧、涮火锅等吃法。一个人就餐也可以吃个黑山猪肉粉（12元）或黑山猪肉的小炒快餐（20元起）。

实用信息

曲江路上中心地段有工商银行和农业银行及24小时ATM。邮局、医院、药店也在这条街上。

到达和离开

东兰新汽车总站（☎632 6005；323国道那亨加油站附近）距县城中心2公里。位于主城区核心地段的**老车站**（运达大酒店斜对面）已停止运营，不过大化、巴马、凤山、百色方向的班车进出东兰都会从老车站前经过，非节假日票不紧张时，你大可以算好时间在老车站前拦车。去金城江、南丹、宜州方向的话，就不得不到新汽车站候车了。

发往泗孟、武篆、江平等方向的车在**县城老电影院**（五峰路农村信用合作社前）门口坐，基本都是私人承包的面的，8:00~18:00之间运营，坐满发车。

当地交通

公交车仅在6:00~18:00运行，两条公交线（隘洞—电影院、新车站—委荣）都经过新车站和主城区，发车频次很高。晚上只能坐三马，从主城区到新汽车站8元，主城区到电影院3元。

巴马

不可否认，是“长寿之乡”的名声带红了巴马，小小的县城马路宽敞，酒店、精品店林立，尽显繁华大气。孕育了长寿老人的盘阳河畔，大大的“地磁疗养房”广告牌屹立在村口，一个个长寿村里，冬来夏走的“候鸟族”数量有时超过了原住民。昂贵的景点总有络绎不绝的游人捧场，连溶洞里的钟乳石也纷纷借“寿”上位，更别说满街冠以“长寿”之名的衍生商品，以及面向“候鸟族”的新楼盘、售楼处。

撇开这些“商业增长点”，巴马自有其讨好旅行者的良好基因。这里的溶洞有着独一无二的晶莹剔透，充足的负氧离子也绝非吹嘘，纵然长命百岁难求，暂时的明目洗肺总能令人身心愉悦。而纯天然状态的盘阳河，由天色决定它的颜值，既有美如身处滤镜下的时刻，也能在一场暴雨后如黄河翻滚。如遇水色天蓝的好时节，沿河赏景就是最惬意的事。

景点

盘阳河串起了一个个长寿村落，也是“候鸟族”聚集的养生住宅区。百魔洞附近的**坡月村**设施最全，菜场、邮局、银行、快递公司、车票代售点和旅行社应有尽有，交通也极便利，巴马与百色、凤山、南宁、南宁机场等地的对发班车都会在村中停靠，大概也正由于此，这里挤满了“候鸟族”。但就环境而言，坡月村最为混乱，省道穿村而过，修路和来往车辆掀起漫天尘土，汽车喇叭噪音不断，修身养性或许并不容易。

寿星最密集的巴盘屯已更名为**长寿村**，村子前依盘阳河后枕山，本是一副宁静祥和的画面，但整齐划一的房屋反而有雕琢过头之嫌，唯余村中央的一座老木桥独存沧桑。村内的主街上，除了吃烤香猪（100元/斤）的馆子，便是销售各种长寿养生用品的店铺，“巴马牌”的保健品从头到脚，无所不包。百岁寿星家门口挂好了档案，和寿星合影需要包个红包（5~10元），但我们并不建议你打扰他们正常的生活，平静安宁也是他们的长寿之道。

比长寿村更规整的**坡纳村**挂上了“度假村”的牌子，村里的房子从里到外格局都一样，村口沿河有5公里的休闲步道，便于“候鸟族”散步锻炼。这里的生活最不便，村里甚至没有菜市场。

长寿博物馆　博物馆

（见260页地图；☎621 8152；城东体育广场北；免费；⏲夏季 8:30~12:00, 15:00~18:00，冬季 8:30~12:00, 14:30~17:30，周一闭馆）虽然名为长寿博物馆，但博物馆并不会只聊长寿，也有关于生活在这一带的瑶族服饰、节日、风俗等陈列。在长寿主题方面，馆内详细解析了巴马地区的气候和环境，有满满一整面墙的百岁老人照片，以及最新的巴马百岁老人统计数据，还透露了其他各长寿国的养生“秘方”。

★水晶宫　溶洞

（☎621 6177；那社乡大洛村牛洞屯；门票180元，含讲解；⏲8:30~17:30）千万别因为你已经看过太多著名的溶洞而错过这里，水晶宫真的不太一样。虽然导游的解说词将钟乳石串成的故事听来啼笑皆非，但是不必计较，石头的形状本非这里的特色，纤细的鹅管、细密的石毛、如雪花纷飞的石花、剔透的水晶石、逆重力而生的卷曲石，才是别处溶洞难以得见的奇妙景象。

最初的一段游程是观赏石钟乳、石笋、石柱、石幔等重力水沉积物。一路往里走，溶洞越发晶莹剔透，呈现出罕见的白色，石花、石毛、卷曲石等非重力水沉积物分布达8000平方米，把南方溶洞变成了北国飘雪之地。最后一个大厅看似粗犷凌乱，但藏宝不少，含有方解石的钟乳石让整面墙闪闪发光，头顶上还悬垂着细如粉丝的鹅管。

巴马汽车总站发往江洲的班车（20元；8:00、11:30、13:30、16:00；1.5小时）经过水晶宫，继续随车前行，会到达江洲天生桥（见267页方框），班车从江洲返程的时间是10:40、14:30、16:00，开到水晶宫不到半小

巴 马

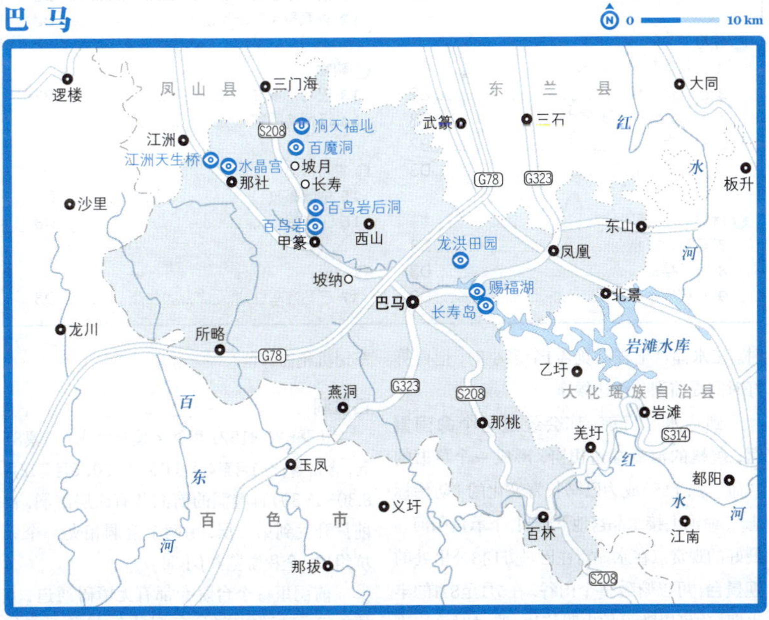

巴马城区

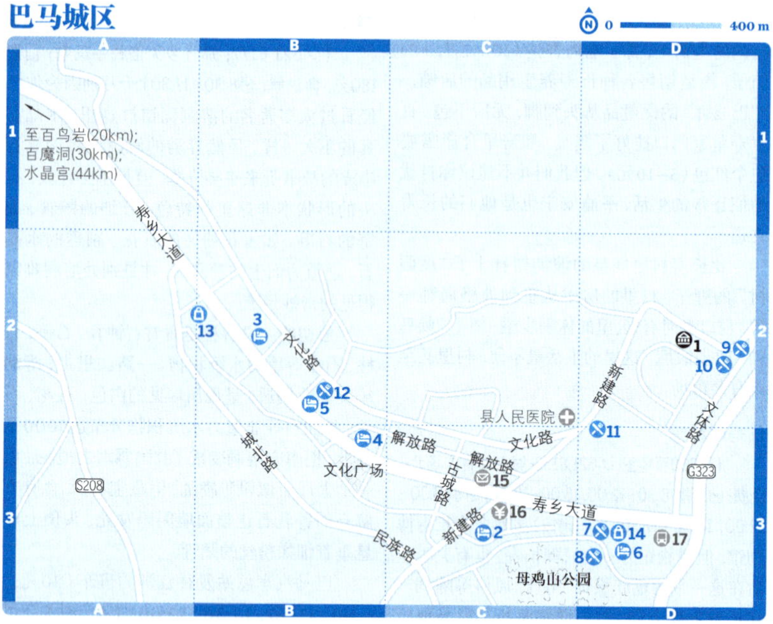

巴马城区

景点

1 长寿博物馆 D2

住宿

2 巴马得哥国际青年旅舍 C3
3 巴马青年旅舍 B2
4 巴马寿乡国际大酒店 B3
5 柏曼酒店 B2
6 万丰商务酒店 D3

就餐

7 阿海大排档 D3
8 贝兰楼 D3
9 不夜城 D2
10 老牌遗忘角 D2
11 姐妹手工粉 D3
12 香飘飘手工米粉 B2

购物

13 巴马寿乡市场 B2
14 泽师牌香猪 D3

实用信息

15 中国邮政 C3
16 工商银行 C3

交通

17 巴马汽车总站 D3

时。在水晶宫全程游览需1个多小时，记得算好时间提前到公路边候车。

到达水晶宫前，你会经过一个**命河景区**，蜿蜒的河流穿过田野，形成一个草书的“命”字，已经成为巴马长寿文化的“防伪标志”，命河上接水晶宫地下暗河，下承盘阳河。最好的观赏点在水晶宫往巴马方向3公里处的**观景台**，可以俯瞰整个山谷，在5月至8月的丰水期，你可以随手拍出明信片，路过时可让班车司机稍做停留。

百魔洞　　溶洞

（☎621 8152；甲篆乡坡月村东；门票85元，含讲解；⏲1月至4月 9:00~17:00，5月至12月 8:30~16:30）百魔洞的前洞共有四层溶洞，目前只开发到第二层，由两个溶洞相夹一个天坑组成，全程游览共1小时。

前洞里每个台阶旁都有无障碍通道，方便年纪大的游客通行；后洞最大，主要欣赏钟乳石造型。两洞之间的天坑才是精华，负氧离子含量达每立方厘米7万个，为整个巴马地区最高。坑内生长着上百种植物和中草药，留意其中濒危的桫椤。天坑北侧有一条通往顶部的小路，上面是一个瑶寨，如今还住着三四百人。

作为溶洞景观，百魔洞严格来讲算不得很美，负氧离子、地磁、弱碱性水三大养生因子才是它的特色。到天坑的天然氧吧吼几嗓子、坐在前洞的石灰岩上接受磁疗，是拿着景区月票前来的"候鸟族"每天的必修课。

旅游专线公交的终点站就是百魔洞，巴马与凤山之间的班车也会经停百魔洞的路口，往里走上1公里就到景区，或到了坡月村再坐三马过去，车费2元。

洞天福地

溶洞

（百魔洞以北7公里；门票 128元，含讲解；⏲9:00~17:00）这里是2018年10月新开的景点，位于百魔洞上游，实际上是百魔洞的后洞，开放参观的部分与百魔洞类似，也是两洞一坑的格局。这里可能是桂西人为痕迹和高科技运用最多的一个景点，洞口屹立着彭祖雕像，前洞里有人造荷花池，整片岩壁就是一场华丽的灯光秀，全天循环播放。中间的天坑和钟乳石丰富的后洞相对自然些。全程游览约1.5小时。

景区外正在建酒店式公寓，天坑旁的瑶寨是规划中的别墅区，建成后将是又一处面向"候鸟族"的养生地。

目前，巴马汽车总站每天有3趟公交发往景区（8:00，12:00，14:30）。

百鸟岩

溶洞

（☎621 6177，621 8152；甲篆乡列屯；门票90元，含游船导游；⏲8:30~17:30）百鸟岩又名"水波天窗"，游览全程都在水上观赏岩溶"天窗"。如果去过凤山三门海，就不必再来这里了，两者的相似度太高，而且三门海更典型、规模更大。

盘阳河在山间四进四出，百鸟岩是它注入红水河前的最后一次伏流出水口。岩洞内

洞穴小百科

在暗无天日的喀斯特地表下，是隐秘的洞穴世界。"钟乳石"这个名词我们并不陌生，每当你走进冬暖夏凉的溶洞，形状各异的石笋、石柱便扑面而来，仿佛打开了另一个美丽新世界。

最常见的洞穴景观是因地心引力作用而产生的重力水沉积物，再作细分，又有滴水沉积、流水沉积、溅水沉积、池水沉积等，又以前两者最为普遍。这些名词本身已诠释了各自的形成原因，如滴水沉积物，包括自洞顶向下倒挂生长的石钟乳和细长空心的鹅管（鹅管"发胖"后便成石钟乳）、自洞底向上沉淀生长的石笋、石钟乳与石笋相向生长最后连为一体的石柱等。流水沉积物包括帷幕、窗帘、瀑布状的石幕、石幔、石瀑，以及梯田状的流石坝（也称"边石坝"）等。比较特别的是莲花盆，它通过洞顶滴水、洞底流水、洞底平静池水三方共同发力而成，乐业的罗妹莲花洞（见289页）是此中典型。石珊瑚和穴珠分别由于飞溅水沉积和池水沉积形成，这两类比较少见。

与重力水对应的是非重力水沉积物。当洞顶的毛细血管渗出的水表面张力大于地心引力时，水珠会长时间依附在岩壁上而不再滴落，结晶就开始向上、向旁边无规则地生长，从而形成石毛、石花、卷曲石等。只有在密封度和湿度达到100%、常年恒温（如水晶宫常能保持在20℃）的洞穴内，才有可能产生非重力水沉积物，世界上仅3%的洞穴属于这一类，而以水晶宫最具规模。

如果你游览过多个溶洞，不难发现有些洞内的钟乳石色泽光亮，有些则发黄发灰，看起来粗糙得多，这和人的生长与衰老原理相似，钟乳石颜色越白代表洞穴越年轻，而除了自然老化，暖光灯的照射和空气流通，也会导致其提前"年老珠黄"。桂西的溶洞都由导演带队参观，且大多会在参观前做一些溶洞行为准则的说明，一定要严格遵守。要知道，可能随便伸手一摸，就会伤了钟乳石千万年的努力。

百鸟岩后洞

巴马至坡月的公交车走的是208省道，而在这条省道未贯通前，人们走的是另一条更紧贴盘阳河的公路，百鸟岩后洞就藏在这条老路边。

坐上从县城开往坡月的公交，过了百鸟岩路口在第一个隧道前下车，公路右侧有一个小岔路，顺路走进去，穿过一个约20米长的小隧道再朝右看，盘阳河上的一个大山洞便是百鸟岩后洞。留意右手边的下坡有一条不太清晰的小路，顺着走下去，便能进入后洞，穿过洞内丛生的植物能发现一块巨石，从这里就能俯瞰前洞过来的游船，即购票游览百鸟岩的游船。当你出现的时候，搭船而来的游客脸上必然写满惊羡。

游览完后洞，你可以继续沿河前行，河边修了一条步道通到松吉村。这条路紧挨着盘阳河，比208省道安静得多，沿河散落着一些清静的瑶族村寨。路的尽头会绕回到208省道，离长寿村也就不远了。

没有灯光，每隔两三百米就有一个天窗。晴天时光线直射进洞里，构成若明若暗的光影变幻。农历三月至六月，会有大量候鸟飞来这里安家，其他时间百鸟岩里并没有鸟，只能看到蝙蝠。第一个洞穴入口右上方有墓洞，据说是古老的丧葬遗存。

随船而入可以看到四个天窗，全程游览约40分钟，夏季汛期或突遇大雨，致使水位升高、水流湍急，船行只能一半甚至三分之一路程，门票也会减为70元。建议你在购票时先问清能游览的范围，如果仅能游览一个天窗，还不如不去。

巴马汽车总站的旅游专线经停百鸟岩路口，下车后过桥走将近1公里到景区大门。

龙洪田园　自然景观

（龙洪村，县城以北6公里）意欲在巴马找一处没有游客的风光带，就去龙洪田园吧。它的景致不输盘阳河沿岸，却有盘阳河比不上的清静，青山、绿水、滩涂、树林、吊桥、田园，一切都还保持着原本的自然状态。它被冷落的原因在于前往不易，虽然距县城直线距离不远，但一路坑坑洼洼，也不通班车，能快速衔接两地的赐福湖大桥，由于各种原因，工程搁置多年。从县城包车往返需要150元。

节日和活动

三月三歌节　壮族节日

巴马虽为瑶族自治县，壮族人数也不在少数。农历三月三的壮族歌圩节，县城会组织大型山歌会和抛绣球、碰彩蛋等活动，壮族家里有扫墓祭祖、做五色糯米饭等活动。

祝著节　瑶族节日

农历五月二十九的祝著节，县城有庆祝仪式，不过周边瑶寨里才看得到原汁原味的打铜鼓、射箭、斗鸟和打陀螺比赛等。

盘王节　瑶族节日

农历十月十六的盘王节是瑶族祭祀祖先盘瓠的节日，县城有庆祝活动和民族风情演出，人们穿上民族盛装，祭祀盘王、打铜鼓、唱盘王歌、跳盘王舞等，祈求来年风调雨顺。

长寿文化旅游节　文化节

长寿文化旅游节由巴马旅游局举办，两年举办一次（下一届是2019年），通常在11月，旅游节上集中展示了当地民俗和长寿文化。

住宿

巴马的住宿选择非常多，从青年旅舍、便宜的小宾馆到豪华酒店都有。最好住在文化广场周围和汽车总站一带，比较便利。寿乡大道西边也有很多不错的新酒店，但没什么饭馆。

盘阳河流域的各个村子都是面向“候鸟族”的短租房，价格在600~2000元/月不等，坡月最贵，提供厨房，水电需另收费，条件都难称好。在有余房的情况下也可以按天卖（80~120元），每个村里也有几家宾馆，总的来说都是农家乐的条件。

赐福湖边新建了一些民宿，近年成了当地旅游新热点，景观、住宿条件都不错。

巴马县城

柏曼酒店

酒店 ¥¥¥

（见260页地图；☎627 2666；寿乡大道746号；标单/双 321/348元；📶❄🅿）与城市便捷酒店属同一集团，比商务酒店更高端。从大堂、走廊到房间每个细节都无可挑剔。房间宽敞、漂亮，床品舒适。单人间小而精致，卫浴干湿分离，设计很棒。

万丰商务酒店

酒店 ¥

（见260页地图；☎622 0562；寿乡大道117-2号；标单/双 168元，无窗或内窗房128元，含早餐；📶❄🅿）靠近巴马汽车总站，房间宽敞、简洁、干净，床品也舒适。无窗或内窗房也无异味，比较划算。

巴马得哥国际青年旅舍

青年旅舍 ¥

（见260页地图；☎688 6338；河堤路179-6号；铺35元，标单100元；📶❄🅿）一楼大堂很有青旅氛围，主人也能提供实用的游玩建议。多人间分四人间和两人间，住宿空间很大，但房间里的洗手间都非常小而简陋。在旅舍可以自炊，也有电动车出租（10元/小时，50元/天），方便你骑行游览盘阳河。寿乡大道上还有一家**巴马青年旅舍**（见260页地图；☎180 7086 9669；铺 35元；📶❄），由公寓住房改建而成，缺乏青旅的氛围，但是干净，卫生间也很不错。

巴马寿乡国际大酒店

酒店 ¥¥

（见260页地图；☎622 1818；寿乡大道488号；标单/双 280元；📶❄🅿）酒店位置非常好，就在文化广场对面，旁边就是步行街。房间不算大，床垫不够软，设施略显老旧，有点配不上四星级的标准。不过，按照前台价入住的话，可以获得附近很多景点门票的五折优惠，包括水晶宫、百鸟岩、百魔洞、三门海等。22:00点后会推出110元的特价房。

盘阳河沿岸

百鸟庄

度假村 ¥¥¥

（☎627 7788；甲篆乡列屯村口，近百鸟岩；标单/双 450元起，含早餐；📶❄🅿）在百鸟岩附近，很有特色的木屋别墅，准五星级的标准，中式古典风格的装修很有档次。

长寿乡的秘密

巴马被评为“世界第五长寿之乡”，并非指它排在第5位，而是指第5个被发现，实际上，巴马的百岁老人所占总人口比例位居5个长寿乡之首。截至2018年6月的统计数据，巴马百岁老人共108位，其中110岁以上的有4人。

光是数数有多少个长寿老人或许并不足以服众，国际自然医学会和科研机构不遗余力地为巴马寻找科学依据，并分析出了磁场、水质、空气、土壤等对人体有益的因素。巴马的地磁强度为0.58高斯左右，普通地区仅为0.25高斯，高地磁意味着人的兴奋度会降低，能增加睡眠深度和延长睡眠时间。巴马的饮用水呈弱碱性，pH酸碱度为7.2~8.5，而人体血液pH酸碱度为7.38~7.44，两者非常接近，能很好维持血液和体液的酸碱平衡，更容易为人体细胞吸收。负氧离子的好处大概是最无须解释的常识，走在百魔洞、百鸟岩、水晶宫内便能真切感受到。巴马的土壤中锰、锌、硒含量很高，虽然不能说它们是抗衰老三元素，但的确对健康有利。

如果你登门造访过本地家庭，可能会发现堂屋里赫然摆着一副棺材，而家中并不在办丧事。别意外，在巴马，当老人活到60岁，晚辈就得为其打一口棺材，称作“备棺”，这是巴马特色的敬孝，也有为子孙后代讨个升官发财的好彩头之意。除了备棺，还要为老人补粮，当地认为人活到60岁，老天爷赐予的粮食（意指寿限）便吃得差不多了，接下来得由子女和亲人来为其补粮，意即添寿。届时，同村亲友每家每户都会拿出一把米去老人家煮，为老人做新衣服等。

非刻意为之的话，在巴马碰到百岁老人全靠缘分，不过90岁以上高龄的老人随处可见，街头迈着健步而来的老人，其步速、心率比好多中年游客稳多了，有机会不妨与他们聊聊，你会获得比科学论证更实用的长寿秘籍。

河池金秋公寓养生度假中心 酒店 ¥

（☎790 3188；甲篆乡坡月村足拉屯，近百魔洞；标单/双 158/168元；📶❄🅿）比坡月村满街的短租公寓条件好很多，也更清静。房间宽敞、明亮、干净，有阳台，也设有电梯。

就餐

香猪、油鱼、火麻是巴马餐桌上的三大美味。巴马香猪体型很小，肉质香嫩，县城餐馆和长寿村都能吃到；油鱼是一种无须煎、自带油的小鱼，鱼轻骨细，只生活在盘阳河水流湍急处，相当珍贵，甲篆乡菜市场上鲜活的油鱼要卖到150元/斤；火麻是唯一能够溶解于水的油料，据说不饱和脂肪酸含量达93%，巴马种植和食用火麻历史悠久，被认为是长寿的秘诀之一，火麻青菜汤是最简单常见的一道菜。

县城的餐馆沿河最多。汽车总站对面的文体路上很多饭馆，一路走到底，是夜市；文化广场西边的巷子里以小吃、快餐为主，河对面是一溜排档和烧烤吧。

阿海大排档 本地菜 ¥¥

（见260页地图；☎621 8898；寿乡大道131-137号，广电局旁；人均60元起；⏲11:00~20:00）这家生意很好的饭馆可以品尝各种巴马本地菜，烤香猪（98元）、香煎油鱼（90元）、巴马豆腐圆（38元）和火麻汤（35元）都很受本地人认可。

不夜城 夜市 ¥

（见260页地图；文体路北端；人均50元；⏲19:30至次日2:00）本地人口中的不夜城就是露天夜市，21:00以后才热闹起来，以烧烤为主，也有炒菜和砂锅粥等。这里集中了几十家大排档。其中，**寿乡烧烤**经营了二十多年，人气一直很旺。不夜城旁边的**老牌遗忘角**（见260页地图；图书馆以东150米；⏲17:00~22:00）有粥、烧烤、炒菜等，味道不赖。

姐妹手工粉 小吃 ¥

（见260页地图；县人民医院对面；人均5元；⏲7:00~15:00）很简陋的一家小店，是吃巴马特色卷粉的好地方。用小抽屉蒸粉，铺上馅料和酱汁后一卷便成。**香飘飘手工米粉**（见260页地图；文化街与寿康路交叉口；人均5元；⏲6:00~24:00）的卷筒粉也很好吃。注意，两家店的卷筒粉都只在早餐时段有售。

娱乐

梦巴马山水实景演出（☎621 6177；赐福湖长寿岛；票价138元；⏲夏季20:30~21:30，冬季20:00~21:00）类似"印象漓江"，但规模小很多。舞台就搭在赐福湖水面上，在现代多媒体技术的烘托下，展现瑶族的风土人情、长寿文化，甚至壮族的"裸浴"习俗。

购物

盘阳河沿岸的各个长寿村里，到处是销售火麻油的摊点，其实本地人不会购买成品，都是买火麻原籽回家自己制作。做法非常简单，你也可以如法炮制，将火麻籽放在搅拌机里搅拌后，过滤掉残渣，仅留乳白色的汁，直接加入快煮好的粥或焯过水的青菜里，便可食用了。县城的**巴马寿乡市场**（见260页地图）就有火麻籽卖，10元/斤，比包装好的火麻油便宜很多。巴马汽车站旁的**泽师牌香猪**（见260页地图；☎189 3495 5558；巴马汽车站旁；⏲8:00~22:00）可以买到香猪肉干类的零食（20元）和火麻油（128元起）、火麻茶（78元）、山茶油（108元）等。

实用信息

巴马的各种基础设施都在寿乡大道两边，**中国邮政**（见260页地图；寿乡大道近新建路；⏲9:00~17:00）有少量明信片出售，对面就是**工商银行**（见260页地图；寿乡大道新建路口；⏲9:00~17:00）。巴马寿乡国际大酒店两旁有工商银行和农业银行的24小时ATM。

在盘阳河沿岸各个长寿村落里，随处可见旅行社主推巴马周边的一日游线路，供在此养生的"候鸟族"解闷。最常见的线路有3条：水晶宫+命河+百鸟岩+赐福湖游船，以及一个鸡肋民俗表演的长寿岛，300元/人；水晶宫+命河+百鸟岩+梦巴马实景演出，360元/人；水晶宫+命河+百魔洞，230元/人。

到达和离开

巴马的交通十分便利，**巴马汽车总站**（见260页地图；☎242 8867；寿乡大道南头）位于城东，除了有发往周边各地的班车，还有班车直达南宁

巴马汽车总站车次时刻表

站点	班次/发车时间	票价(元)	行程(小时)	备注
金城江	8:00~16:30，共12班，30~60分钟1班	75	3.5	
百色	6:40，7:20，7:50，8:30，9:10，9:50，10:30，11:30，13:00，13:50，14:40，15:40，17:30	50	3/1.5(高速)	
百色高铁站	7:00，10:10，12:00，14:20，16:00，18:00	50	3/1.5(高速)	
东兰	8:20，10:30，11:20，12:30，13:00，13:30，14:00，15:40，17:00，17:30，18:00	30	1.5	
凤山	6:50，7:50，8:50，9:40，10:30，11:20，11:30，12:10，13:10，13:50，14:50，15:40，16:30，17:20	30	1.5	途经甲篆、坡月、袍里
江洲	8:00，11:30，13:30，16:00	30	2	途经水晶宫
大化	6:30，7:00，7:40，8:40，9:30，10:10，10:50，11:20，11:50，12:50，13:20，14:20，15:00，15:40，16:30	50	3.5	途经岩滩
大化	7:10，12:20	50	3.5	途经北景
南宁	6:40~18:30，共20班	95	5	

吴圩机场(140元；6:00，9:00，12:00；6小时)和百色机场(50元；8:10；2小时)，南宁机场发往巴马的班车时间是12:30、14:00、15:30、18:00，百色机场发往巴马的班车每天一趟，时间不固定。

当地交通

对旅行者最有用的是从汽车总站发出的**巴马旅游专线**(2~5元；6:30~18:00，15~20分钟1班)，一路沿208省道行驶，途经坡纳、甲篆乡、百鸟岩、巴盘屯(长寿村)、坡月村，到达百魔洞。该班车会穿越寿乡大道，沿途在各公交车站停靠，不必特意去汽车总站，在寿乡大道上招手上车即可。值得提醒的是，本书作者调研期间208省道拓宽中，近一两年内路况都很差，游览沿线景点最好多预留时间。

从文化广场搭乘三马到汽车总站5元。出租车集中在汽车总站门口，如需包车，可在这里寻找。

凤山

作为乐业—凤山世界地质公园里的半壁江山，凤山县城本身就诠释了一个“喀斯特”专用名词：边缘坡立谷，即岩溶区与非岩溶区接壤处形成的宽谷地带。概念可能太过抽象，若是从东兰或河池方向而来，当班车一路盘到山顶、县城在下方出现的那一刻，生涩的概念立刻就形象起来了，而眼前的一段盘旋而下的公路虽然险峻，也美得叫人惊叹。

与乐业相比，凤山由于大部分地质景观还没被开发，故可以游览的景点不多，也较分散。在“东巴凤”的兄弟连中，凤山开发又不及巴马，连最拿得出手的三门海也受限于天气，暴雨一来就得关门大吉。所以你不必局限于既定景点，自驾或包辆车走走班车改道前的公路，就能观察到更多神奇的地貌，比如神龙见首不见尾的伏流，你可以一路尾随它，眼见它消失在山脚，又在几个山头后再度流出地面，是很奇妙的体验。

托了游客稀疏的福，凤山县城保持着安逸悠闲和自得其乐的氛围。乔音河穿城而过，沿河东岸的树木遮天蔽日，即使炎炎夏日走在下面也能感受凉爽。河西的文化广场本地人俗称“新广场”，入夜后非常热闹。若有闲情，广场后的峰丛有步道可登高。

景点

乐业—凤山世界地质公园博物馆 博物馆

(凤山县城北穿龙岩；免费；⏲9:00~12:00，15:00~18:00，周末不开放)博物馆建在

不走回头路，看遍桂西喀斯特

乐业、大化和东巴凤是桂西的喀斯特集中区，大部分景点都处在衔接各县的交通要道上，你完全可以用“路过”的方式沿途游览，只要掐准班车时间，便可以不走回头路。

乐业—凤山

若是打算从乐业去凤山的途中顺道游览布柳河，就得坐首班车，记得选右侧座位，车行1个多小时后，布柳河便现身窗外了。之后进入重重大山，当车盘上山顶，已属河池的天峨县。车行至山脚，有一处岔路通向仙人桥，你可以在这里下车，下一趟班车间隔6小时，游览时间绰绰有余。再度上车后，接下来有半个多小时贴着布柳河而行。过了更新乡后路非常差，也无风景可看，你可以安心补觉了。

凤山—三门海—袍里—坡月—巴马

先从凤山坐公交去三门海，结束游览后继续坐公交到袍里乡客运站，在此等候凤山发往巴马的班车。到达巴马前会依次经过坡月（百魔洞）、长寿村、百鸟岩路口、甲篆、坡纳，时间够的话你可以一路游玩过去。当晚也不一定要赶到巴马，坡月、长寿村、坡纳都可以住宿。

巴马—江平—武篆—东兰

巴马到东兰有走国道的直达车，不过要赏风景，还得改走县道。从巴马坐上去武篆镇的班车，先在江平下车。公路两边的山水田园风光非常上镜。再坐后续班车去武篆镇，看完几个红色景点后去东兰。

东兰—坡豪—七百弄—大化/巴马

打算一天内完成这一段的话，就得坐上东兰至板升的首班车，随车赏景即可。过了隘洞镇的红水河大桥后，红水河水域变得宽阔，河岸郁郁葱茏，红巾翠袖般衬着青山碧水，一路经长乐镇到达坡豪湿地。之后，公路告别红水河，经大同乡到板升乡。在此换板升到大化的班车穿越整个七百弄景区，可自由上下赏景。末班车15:00从板升出发，而班车在景区内行驶约1.5小时（即板升—双福村），意味着最晚16:00左右，你应该在最后一处景点千山万弄等车了。当晚到达大化。

终点也可以设在巴马，路线仍不重复。出七百弄后，在双福村路口等待从大化发往巴马的班车，大化发车后约2小时经过双福，到达巴马前还能欣赏一段岩滩湖的风光。

巨大的穿龙岩洞穴大厅内。穿龙岩又名“凤阳关”，自古就是进入凤山的通道。它是一个大型厅堂型伏流穿洞，属于乔音河地下洞道的一部分，在此身临其境地了解地质知识是很棒的体验。博物馆内分沙盘展示区、地质公园八大景区图文展示、古生物化石展示、科普演示、流石坝等。

也别忘了看看穿龙岩本身：西南洞顶有大面积的方解石；溶洞一侧洞壁上的边槽有上、下数层，反映了其历史水位变化；溶洞上方有一片清光绪年间遗留下来的长50米、高5米的摩崖石刻；洞下还有巨大的剧场，县城许多大型活动会在这里举办，如果碰上领导团，就可以蹭着欣赏一出壮族风情表演。穿龙岩也是个天然攀岩场，若是看到头顶有人飞檐走壁可别惊讶。

穿龙岩就在县城北部，步行可达。本书作者调研期间，博物馆在施工中。

鸳鸯洞风景区 溶洞

（凤山县城东南凤凰山腰；门票118元，含讲解；⌚8:30~17:30）包括鸳鸯泉和鸳鸯洞两个景点，鸳鸯泉远观更有趣，鸳鸯洞却是近看才有意思。鸳鸯洞内数以千计的石笋简直让人感觉压抑，20米高的石笋就有15个之多，仿如一个洞中石林，若不经指点，很难找到它的镇洞之宝——高达36.4米的“盘龙柱”和29米的“千年古松”，盘龙柱是中国最高的石笋，世界范围也能排到第三（仅次于古巴67.2米和意大利38米的石笋）。在鸳鸯洞景区门口就能俯瞰山脚的鸳鸯泉，两个泉眼相距不到20米，却是一蓝一绿，大小形状都颇似一对，“鸳鸯”之名也由此而来。

虽然景区离县城只有2公里，但是到达前还有一大段上坡盘山公路。三马要价30元，且大多不愿意去。县城发往东兰或金城江的班车路过鸳鸯洞路口。

三门海

自然景观

（袍里乡坡心村；门票108元，含游船导游；⏲5月至10月 8:30~17:30，11月至次年4月 9:00~17:00）三门海既无门也无海，门是指天窗——地下河之上的洞穴顶板塌陷形成的窗口；海其实是地下河，却拥有堪比大海的水色，不过碧波只在旱季有，一场大雨便会把水色彻底搅浑。从地质角度看，三门海应该称为“七门海”，不足1公里的地下河道有7个岩溶天窗，但目前仅开发了前3个天窗，后面的天窗均需潜水贯通。

从码头坐船沿坡心河逆流而上，依次经过三个天窗，导游会给你许多发挥想象力的讲解，包括悬在水中生长的奇树、农民运动时的隐蔽点、酷似鳄鱼的钟乳石，以及常年保持在22℃的第三个岩洞。然后原路折回，虽然看点不少，整个游览过程其实也不过30分钟，运气好能看到野猴群活动。雨水大时，三门海从洞口到谷底是一片汪洋，无法坐船进入，景区会关闭。

结束常规游览后，不妨换个角度再看看三门海——从售票口继续前行过桥（往万寿谷方向），左转进入居民区，沿小道走几分钟能下到三门海的第一个“入海口”；原路返回沿台阶上山，有一处六角凉亭，在此可以俯瞰第三个天窗下的一汪“海水”。路很好走，但没有明显标志，向居民打听即可。

凤山县城汽车站后门有公交直达景区（5元；7:30~18:00每半小时1班；1小时），游览完三门海如果打算直接去巴马，可以继续坐公交到袍里乡客运站，在此等候凤山发往巴马的班车，从凤山发车后约半小时到达这里。

万寿谷

溶洞

（☎681 5399；袍里乡坡心村；门票188元，含讲解；⏲8:30~17:30）盘阳河在地下溶洞间进进出出，万寿谷也是其中一站。在这一带的溶洞里，它不够典型，但称得上集大成，天生桥、天窗皆有，石钟乳、石笋、石柱、方解石、石幔、鹅管、卷曲石、边石坝非常丰富。它也是桂西溶洞景点里最大的一个，由两暗一明的三洞组成，一路不走回头路，全程导游陪同，游览近一个半小时。

第一个洞最精致，有大面积的石花、石毛和石幔。钟乳石形态各异，惟妙惟肖，最密集的当属被附会上寿星的老人像，也是景区名字的由来，多处石幔用手轻敲会发出悦耳的声音。第二个洞是个巨大的天窗，也是以前红七军秘密制造炸药的地方，洞内负氧离子充足，脚边遍布珍贵的野生植物，最大看点是一座洞内天生桥，高75米、厚20米、跨度达到了

值得一游

江洲天生桥和地下长廊

在凤山县的喀斯特地质景观中，江洲瑶族乡凤平村的天生桥是浓墨重彩的一笔。天生桥是因洞顶崩塌残留岩板横亘于沟谷而形成。江洲天生桥跨度118米、高58米，公路就从桥下穿过，坐在车上就能看个真切。

天生桥旁还藏着中国排名第三长的地下洞穴长廊——江洲地下长廊，出口就在万寿谷。科考显示其已测长度有46公里，预计长度超过90公里。地下长廊内的景观很漂亮，有巨型石笋、石花、卷曲石等。地下长廊尚无开发计划，从袍里乡谋屯村的弄怀洞口进入、步行2500米从蛮肥洞口出的路段，能够自行探访，但仅限于有探洞经验者。

凤山汽车总站门口发往江洲（25元；7:00~12:00坐满发车；1.5小时）的面的途经江洲天生桥，看完天生桥后若不想再返回凤山，可以在此等候江洲发往巴马的班车（30元；10:40，14:30，16:00；2小时），从江洲发出后约十分钟就到天生桥，这趟车也经过水晶宫（见259页）。

150米。第三个洞温度最低，看点也很多，但因有空气流通，钟乳石颜色发灰发黄，不如第一个洞漂亮。

三门海景区外有免费接驳车可送至万寿谷景区。到达万寿谷前，会穿过一个巨大的天生桥，被称为**社更穿洞**，也是广西著名的攀岩场，可以让接驳车司机停车拍照。

同寿山水 自然景观

（☎675 5888；袍里乡三门海下游和良湾河之间；门票98元，含游船导游；⏲8:30~17:30）若遇三门海关闭，可将此作为备选。与三门海一样是坐船而入，欣赏两岸造型独特的钟乳石等，全程游览45分钟。不同的是，同寿山水比三门海更宽更高——水洞廊道长1100米，宽50~60米，水面到洞顶高50~70米，即使连日暴雨也不受影响。三门海景区外有免费接驳车可送至同寿山水景区。

食宿

凤山的住宿很不理想，缺乏舒适便宜的快捷连锁酒店，云峰路上三五步就有一个小宾馆，都在百元以下，也都很简陋，沿街的房间很吵。县城两家条件较好的酒店都在乔音河西岸。

文昌路、文昌路南巷、文昌路南二巷是餐馆集中地，粉、粥、快餐、炒菜、烧烤吧和酒吧都有，晚上8点半后烧烤摊便摆上街了。

七天旅馆 旅馆 ¥

（☎682 6282；中山路近云峰路；标单/双90元；📶❄）门面非常小，套用了著名快捷酒店的名字，内部也学得有模有样。不过入住前选一下房很有必要，有的房间很干净，有的就脏乱不堪。

恒升大酒店 酒店 ¥¥

（☎681 5988；西环路新广场旁；标单/双218/198元，含早餐；📶❄P）不计较电视机不是等离子、矿泉水不免费、床品不够柔软的话，它确实已经是县城最好的酒店了。房间称得上漂亮，装饰布置类似商务酒店。单人间和双人间一样大，但因临江景致略胜。双人间有两种床型。附近的**金洲大酒店**软硬件设施都与之类似，价格贵20元。

柳螺源 小吃 ¥

（文昌路与文昌路南巷交叉口；人均6元起；⏲7:00~24:00）开遍桂西各县螺蛳粉的连锁店，凤山这家味道略胜一筹。桂林干捞粉和柳州螺蛳粉都是这里的特色，加菜性价比很高，3块钱加份叉烧，分量就多到吃不完。

久加蒸粉 小吃 ¥

（中山路靠近文昌路南巷；人均6元；⏲6:00~20:00）手工做的粉，用传统柴火蒸，口味偏清淡。

百草堂 甜品 ¥

（云峰路靠近中山路口；人均4.5元起；⏲9:00~23:00）相较于满大街时髦的奶茶铺，这家甜品店非常朴素，凉茶、龟苓膏和甜品是三大特色，黑米八宝粥和海带绿豆也很受本地人欢迎。

实用信息

县城银行不多，汽车总站对面的凤阳路上有

值得一游

自驾凤山—江洲—巴马

本书作者调研期间，凤山至江洲的班车已改线，这一段33公里公路的大片景观只能留给自驾者了。

从凤山出发，沿208省道的盘山公路开半个小时，最高处可俯瞰坡心河。在进入袍里乡前，有一条岔路通往坡心村，会路过**三门海景区**。过三门海后继续向前，两分钟后，左侧连绵的山体上会惊现巨大的**社更穿洞**。沿小路往西北方向约13公里到平乐乡后南下，经过**蚂拐洞**。接着经过以蓝靛著称的**梦娥瑶寨**，进寨尚需步行30分钟。之后会看到酷似男女生殖器的**阳山**和**阴山**，分别位于公路两边。待公路穿越横在半空的**江洲天生桥**之后，转向东，经巴马水晶宫和命河观景台，由甲篆乡回到208省道，一路向南抵达巴马县城。

凤山汽车总站车次时刻表

站点	发车时间/班次	票价(元)	行程(小时)	备注
巴马	6:20, 7:40, 9:00, 10:30, 12:10, 12:50, 14:30, 15:10, 16:50, 17:35	30	1.5	经袍里、坡月、甲篆
东兰	8:50, 12:40, 14:10, 17:00	28	1.5	
凌云	9:00	42	2	
金城江	7:50, 9:20, 10:40, 11:40, 12:50, 13:30, 14:30, 16:10, 17:30	67/72(高速)	4.5/3(高速)	
乐业	7:50, 13:30	58	5	
百色	7:00, 8:00, 9:50, 13:30, 15:30	62	3	
南丹	8:00, 13:20	58	4	

农业银行和农村信用社，鼎丰百货西门(凤凰路)有农业银行24小时ATM。

到达和离开

凤山汽车总站(☎681 5722；凤阳街120号)主发县外的班车，开往巴马的班车一路经过坡月、甲篆、坡纳等，网络订票只能买全程票，车站售票窗口可以分段购票。

到江洲的私人面的(25元；7:00~12:00坐满发车；1.5小时)停在车站外的凤阳路上，途经江洲天生桥。去三门海的公交(5元；7:30~18:00每半小时1班；1小时)停在车站后门的云峰路上。

大化

大化县城嵌在喀斯特山峰间，沿红水河而建，南岸是你进出的门户(汽车站位于此)，北岸热闹繁华，食宿选择多。红水河两岸各建了一条步道和一条类似风雨桥的长廊，并有台阶深入河边。城北的将军山公园，有修砌平整的登山步道，山顶可远眺红水河，欣赏周围层层递进的喀斯特峰丛，本地市民视其为健身步道，但其实爬上山顶颇费体力，尤其在炎热的夏季，傍晚上山比较好，顺便还可以赏个日落。

真正的景观都在县城外。七百弄最好地诠释了喀斯特峰丛的定义，大化境内的红水河段经几个水电站截流后形成多个"平湖"景观，从上游的岩滩水库到下游的百里画廊，都显得阔朗大气。

相比东巴凤紧凑的核心地带，大化的位置有些偏离，但它离南宁很近，不妨将其作为你桂西之行的第一站。

景点和活动

七百弄国家地质公园 自然景观

(☎580 8888)说是"地质公园"，其实是"趴"在大化县都阳镇**双福村**至**板升乡**的整段约40公里长的公路，看点都在公路两侧。七百弄的地貌非常罕见，公路两侧的峰丛海拔不算高(最高在1000米左右)，所有峰丛高度相对平均，而洼地极深，落差多达300米以上，且密度极大，总共有5000多座峰丛，峰丛的密度、洼地的深度和密度皆为世界之最。

常规路线是从双福村进入景区，迎面就是数个"之"字形转弯相接的**八里九弯**，一路上坡到顶，便可到达最精华的**千山万弄观景台**(门票50元)。爬上480个台阶到最高点，毫无遮拦的百余平方公里喀斯特峰丛尽收眼底。继续往前，不要忽略公路旁的**乔圩洞**，这里是骑行者夏日休息的最佳空调房，洞内漆黑一片，切忌贸然深入。之后经过的**天上人间**，和千山万弄观景台一样是登高眺望山峰，区别在于这里免费，而且可以开车上去，自驾的话不妨拐上去看看。再往前是**天街别墅**，得朝下望，遮天蔽日的树丛中有着几间房子，看起来像悬在崖边。在到达热闹的七百弄乡府前，有一条岔道，进去8公里是**弄耳山**，本地摄影师很喜欢在这里拍摄日出日落。

过了七百弄乡，下一站是被称为**天下第一**

峰丛与峰林，喀斯特的双生子

中国的喀斯特地貌主要分布在广西与云贵高原，初看皆是千山万峰无穷尽，究其质地也都是碳酸盐岩溶地貌，但其实峰与峰之间有很大不同。学术界将喀斯特地貌分为峰丛与峰林两大类，有无基座与河流是区分它们的肉眼衡量标准。峰丛地带由一簇簇有基座相连的石峰组成，一山连着又一山，地表鲜见河流，但地下必有暗河；峰林地带是一个个孤峰，彼此分离，底部无基座，山峰间有河流相伴。有两种方式来看清它们的不同，一是航拍，二是坐车。空中俯瞰不但能让你对基座的概念一目了然，还能看到峰丛之下为壑（封闭式的洼地），而峰林之下为平原。坐车穿行其间，你也能感受到明显的不同，峰丛地带逼仄，车永远在绕着山峰画S形；峰林区虽谈不上一马平川，但笔直的公路不少见，车窗外的视野也要开阔得多。

在桂西地区，靖西以外的大部分地方都是典型的喀斯特峰丛，又以七百弄发育最好、最密集。穿行在峰丛地带，田间一个个巨大的圆形石砌水柜分外夺目，这是生活在此地的人们用来收集雨水的贮水池。桂西气候潮湿，降水充沛，但最缺的也是水。喀斯特地表的土壤层薄、渗透性好，天上降雨，峰丛间的洼地或漏斗为其“导流”，致使水土分离严重，无论下多少雨，地表的薄土还没来得及吸收，就已经全部“漏”光，被地下河吸走了。大自然的鬼斧神工并没有造福人类，干巴巴的土地上种不活水稻，只有坚韧的旱地作物玉米类能存活。所以，在赏心悦目的喀斯特美景背后，是此地人们努力脱贫的生活现实。

弄的甘房弄。群峰合围中一个深530米、坡度达70度的洼地，形成了地球岩溶地貌中最深最陡的洼地。没有公路通向弄底，生活在弄底的村民，迄今只能靠双脚进出，旅行者亦然，沿着1418级台阶到达底部，体验一把深陷旋涡的感受，再原路返回，上下至少需要2个小时。弄口右侧还有一条向上的小栈道，可以登至更高的山顶俯瞰深弄。

之后一段6公里长的公路，可以欣赏右侧山谷里的**十里幽峡**，到达最后一个景点**龙卷地**。继续北上出地质公园就是板升乡。

你很容易在板升乡和七百弄乡包辆摩托车，根据距离远近，车资50~100元不等，但路险坡陡，尤其板升至天下第一弄的路非常差，也确实发生过摩托车事故。我们更建议你通过车次频繁的班车衔接游览全程。除了需要登高的千山万弄观景台和天上人间，其他各处景点站在公路边就能看到，班车司机通常愿意停车让你拍照。大化发往板升的班车贯穿整个景区，从大化发往七百弄乡（30元；7:50，12:10）和苦竹（40元；16:40；经过天下第一弄）的班车都只经过景区的一部分。板升返回大化的末班车为15:00。

如果你不想玩完七百弄再返回大化，可以如此设计路线：东兰—板升—七百弄景区—双福—大化。注意，这样走的话只适合将起点设在东兰、终点设在大化，因为板升发往东兰的末班车为12:00，如果以大化为起点的话，你最多只有2.5小时在七百弄景区内，而光是班车贯穿景区就至少要一个半小时，除非每处都只是在公路边拍照不深入，否则会来不及，但反向游览的时间绰绰有余。

红水河百里画廊景区 游船

（☎580 8888；县城以西约6公里百里画廊码头；票价120元起）拜大化水电站所赐，这一段的红水河河道开阔、平静，游船从大化至贡川，一路山水奇绝，风景如画，有犀牛饮水、情人湾等看点，往返2小时。发船班次不固定，至少10人以上才发船，独行侠若想坐船，最好在周末或节假日前来，比较有机会与旅游团拼个船。

2018年10月新推出的“长寿8号”豪华游船，工作日每天发1班（10:00）、周末发两班（10:00，15:00），票价198元/人（本书作者调研期间船票为5折），不限人数。与普通游船不在同一个码头，导航定位百排。

食宿

大化最好的住宿选择是**城市便捷酒店**

大化汽车总站车次时刻表

站点	发车时间/班次	票价（元）	行程（小时）	备注
板升	7:20, 9:00, 10:40, 13:10, 14:00, 15:00, 16:20	50	4	途经都阳、双福、七百弄
巴马	6:40, 7:05, 8:00, 8:30, 9:30, 10:30, 11:00, 11:30, 12:00, 13:10, 14:35, 15:35, 16:20	50	3.5	途经岩滩
巴马	7:30, 16:50	50	3.5	途经北景
北景	6:00, 7:30, 8:30, 12:00, 13:00, 14:10, 15:30, 16:50	30	2.5~3	
东兰	14:10	53	4.5	途经北景
金城江	8:00, 9:00, 10:10, 11:00, 11:50, 13:40, 15:00, 18:20	68	2	
都安	8:00~17:50每25分钟1班	17	1	
南丹	8:30, 11:50, 13:30	65	4	
百色	8:50	80	4	
南宁	6:10~19:30每40分钟1班	52	2	

（☎589 0088；江滨北路8号；标单/双 211/222元起；Ⓦ❄Ⓟ），房间很大很新，明亮洁净，床品舒适，临江的房间贵上10元，风景无敌，但晚上略吵。图赶车方便的话，就住在汽车总站附近，住宿条件比不上北岸核心区，车站旁边的**久维便捷酒店**（☎685 8355；红电南路144号；标单/双 88元起；Ⓦ❄Ⓟ）房间宽敞简洁干净，是个将就之选，还可以稍微砍点价。

红水河两岸有不少饭馆，北岸从红水河大桥以西沿河一溜的野味饭店，入夜后相当热闹。本地特色风味是红水河里的野生鱼，分清蒸、红烧、火锅三种做法，分量很大，适合多人就餐。一个人的话，还有满大街的粉可选，**螺香阁**（文化路40号；人均7元起；⏲24小时）和**酸菜鱼粉**（新化路39号；人均8元起；⏲7:00~18:00）人气都很高。

ℹ 到达和离开

大化汽车总站（☎581 4197；红电南路213号）位于红水河南岸，有发往自治区内各市和区内各县的班车。

有公交从汽车总站开往将军山公园，票价2元，不过只在白天运营，入阳落山后只能坐二马，起步价5元，从汽车总站到红水河大桥北岸6元，到将军山公园至少10元。

当地知识

不止七百弄

七百弄的“弄”就是指喀斯特峰丛间的洼地，在古壮字中的书写方式是“山”字头下面加个“弄”。由于现代汉字无法收录，而简化为了“弄”字。“七百弄”的叫法源于清光绪年间，改土归流时官府在该地区设团总局，局以下设七个村团，每个村团下辖100多个弄，因此得名“七百弄”。然而真实数字远不止如此，2009年七百弄被授予国家地质公园资格时，测得这个区域总共有2566个“弄”，深度大于300米的有114个，深度大于500米的有5个。长久以来，面对贫瘠的土地和脆弱的生态，人们将生存空间压缩到弄底（因为峰丛洼地的地貌中只有弄底是一小块平地），世居此地的瑶族，将倾斜超过45度的耕地，凿出层层而下、螺旋形的同心圆梯田，成为现在我们看到的“龙卷地”，如今仍有百余寨布努瑶生活在七百弄内。你可以下到弄底，体验他们的视角——仰头是万壑林立的奇迹，低头见斧凿民生的不易。

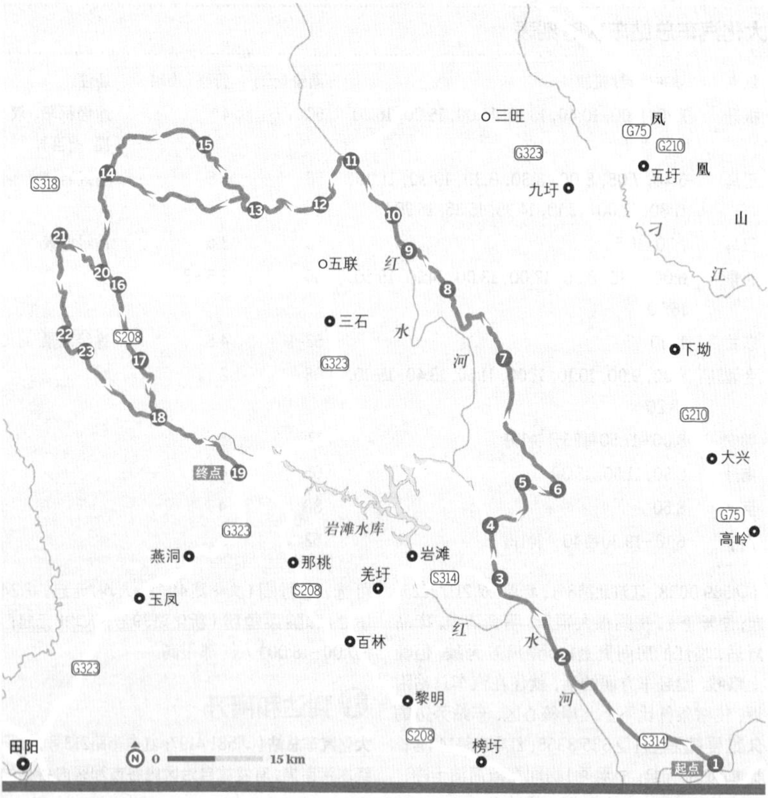

户外骑行
大化—东巴凤

起点: 大化县城
终点: 巴马县城
距离: 320公里
需时: 4天
最佳季节: 春季、秋季
难度等级: 中级

对于骑行者来说，大化与东巴凤的公路有难度，但大部分还算平整，沿途美景不间断，当中还有一段被誉为“骑行不穿七百弄，遍走川藏也枉然”，很值得挑战。

一、❶**大化县城**—❷**古河乡**—❸**都阳镇**，55公里。

第一天比较轻松，沿314省道骑行，欣赏红水河下游“高峡平湖”的风光。推荐在古河乡红水河边午餐，当天歇脚在都阳镇，悦来宾馆（☎570 8688；标间60元；❄）和绿都宾馆（☎570 8899；标双60元；❄）都称得上干净整洁。

二、❸**都阳镇**（沿912县道）—❹**双福村**（转入906乡道）—❺**七百弄国家地质公园**—❻**百都村**（转入898县道）—❼**板升乡**—❽**大同乡**—❾**坡豪村**，100公里。

前半程骑行穿越七百弄国家地质公园，从双福村进入景区后就是“八里九弯”的4公里“之”字形长上坡，做好心理准备。沿路可游览景区内全部景点，百都村是两条乡道岔路口，转上东侧898乡道，前行2公里便是**天下第一弄**，之后公路很烂，多坑洼，骑车要倍加小心。从**龙卷地**北上12公里便到板升乡，继续上行20公里到大同乡。后半程进入东兰县，沿路是东兰段红水河景色的精华段，傍晚到达坡豪看红水河落日。

午餐在七百弄景区内解决，七百弄乡和板升乡都有不少饭馆。当晚可住在坡豪养生书院（见255页）。

三、❾**坡豪村**（沿894县道）—❿**长乐镇**—⓫**隘洞镇**（过东兰红水河大桥后转入323国道）—⓬**东兰县城**（沿323国道西行出县城，约2公里后转入318省道）—⓭**泗孟乡**（由泗孟乡沿318省道西行，约6公里后转入891县道）—⓮**凤山县城**，95公里。

前半程欣赏坡豪村到隘洞镇的一段红水河风光，到东兰县城吃个午餐，继续出发。从泗孟乡起，后半程起伏较大，但山间风景很好。

从泗孟乡到凤山还有一条偏北的线路，即一路沿318省道，经凤山⓯**长洲乡**到凤山县城，这一段路况要好一些，但骑行里程多出约16公里，且风光不及小路。

四、⓮**凤山县城**（沿208省道）—⓰**袍里乡**—⓱**坡月村**—⓲**甲篆乡**—⓳**巴马县城**，70公里。

这一段是巴马长寿乡景点的精华段，始终沿着208省道而行，骑行时间宽裕，可以一路顺道游览袍里乡的三门海和坡月村的百魔洞等。沿途各乡、村都能解决午餐，住宿可在巴马县城或坡月、坡纳等地。

另一条支线更具挑战性：出凤山县城沿208省道南下，到坡心村附近转入去⓴**三门海景区**的小路，往西北方向约13公里到凤山㉑**平乐乡**，沿小路南下往㉒**江洲仙人桥**，向东往巴马㉓**水晶宫**，之后由甲篆乡转入208省道抵达**巴马县城**。全程110公里，从三门海开始进入难行的机耕路，有部分路段碎石铺就，需谨慎控速。

南丹

南丹是著名的锡都，它的传奇与沉寂都与锡矿有关。有人曾创出"开得到矿日入数十万"的奇迹，也有人因那起著名的特大矿难繁华尽逝。如今，挖矿已受到限制，旅游业正在起步，此地的山、洞资源被大大利用起来，旧的景点也在新一轮重建中。然而，白裤瑶才是真正值得你专程而来的看点，在南丹县城，你已经能看到三三两两身穿瑶族服饰的族群，想真正了解他们，还得走入大山深处的村寨。很多人也会将南丹与贵州荔波连线游览，一路延续喀斯特地貌和白裤瑶风情，看看它们在黔桂大地上的异同。

景点

本书作者调研期间，温泉公园正在扩建中，预计2019年年中重新营业，里湖乡的恩村洞景区已关闭，据说已有新的投资商计划重新开发这个溶洞。

洞天酒海 酿酒厂

（☎721 9771；丹泉酒厂；门票100元，含讲解；⏲9:00~17:00）这是广西最大的白酒企业——丹泉酒厂用来储藏酒的溶洞，相比其他溶洞，此洞虽大，但钟乳石形状不佳，赏洞不如闻酒香。丹泉酒厂本不在这里，因洞里的地下河水适合酿酒而搬迁至此，却又意外发现天然溶洞内常年温度保持在16℃~17℃，湿度在80%~95%左右，正是藏酒的最佳环境，于是酒厂顺理成章，将它改造成了世界上最大的恒温恒湿天然藏酒洞。

为了便于藏酒，溶洞改造得宽敞、平坦，你所走的道路也是运酒车行驶的路。一路走在洞内，两边都是储酒罐，总共有5万吨酒藏于此。洞内有一个华丽的、7层楼高的"金屋藏酒"建筑，以及根据溶洞量身定做的巨型酒窖，还有一片酒厂老板私人收藏的美酒展示区。

除了溶洞，这里还有世界酒文化馆和酱香、米香、浓香三个酿酒体验区等。景区很大，全长3公里，游览约需1.5小时。陪同导游讲解很详细，可以很好地了解中国白酒文化。

前往洞天酒海，在县城内乘坐1路公交到

不要错过

岩滩水库

岩滩水电站是红水河中游的大电站，大坝在峡谷中拦出岩滩湖和朵朵岛屿，壮村瑶寨的渔家景象分布其间，风光不错。大化与巴马之间有两条班车线分别从一南一北经过岩滩湖，风景都在沿途，坐在班车上就可以轻松赏景。南线走**岩滩镇**，到岩滩镇前有10分钟路程是沿河而行，水色非常美，途经镇上的岩滩大桥就可以远眺到大坝，司机会在这里停车上、下客，想拍照的话不妨与之商量等你两分钟；北线走**北景镇**（大化与东兰之间的班车也经过此地），山水大片从双福村至北景镇延续半个多小时，这条线更偏自然风光，两岸的喀斯特地貌也更好看。

如果你不打算走大化—巴马对穿路线，两条风光带都距巴马更近。两条线都想看看的话，可以走巴马—岩滩—都阳—北景—巴马的环线，去都阳中转一下，都阳在巴马与大化对发班车的必经路线上，车次很多，很容易衔接上。

丹泉酒业前门下车即可，注意，酒厂前的路是单行线，回程时你得原路返回走上500米才到公交站。

丹炉山景区 山

（吾隘镇昌里村丹炉屯；门票138元；⏲9:00~17:00）2018年新开的景点，亮点是凌空于山腰上的玻璃栈道，目前以离地超过180米的高度位列广西第一，以280米的长度成为中国单体最长的玻璃栈道。栈道沿峭壁而建，脚下就是万丈深渊，恐高者还需三思。景区内还有一个明万历年间那地州土司炼丹的遗址，以及保留完好的旧时古营盘的石城墙、石城楼等。

县城汽车总站每天只有1班车（23元；16:00；2小时）发往丹炉山，并不适合旅行者，或者坐发往天峨的班车在吾隘镇下，距景区还有19公里，路况不好，你得再找面的前往。最方便是坐景区接送车，每天9:00~18:00在县城汽车总站、火车站等地上门接送，根据车型单程价格分别为30元（普通车）和50元（宝马、路虎），需提前电话预约（☎727 5899）。

歌娅思谷 村落

[☎797 7799；里湖乡甘河屯；门票 30/80元（含地下大峡谷）]南丹里湖乡是白裤瑶的主要聚居区，不过县城重点打造的这个民俗风情园更像个大公园，大部分是人为造景，几乎没有真正原生态的元素，关于白裤瑶的风俗，更多是以表演的方式呈现，白裤瑶服饰展厅、农耕文化体验区也都形同虚设。景区里有一些土生土长的白裤瑶，更多的则是把民族服饰当工作服穿的景区工作人员。至于里面的**地下大峡谷**，看点寥寥，溶洞路线长达3公里，灯光也不够好看。如果不去地下大峡谷，通常可以免费进景区。

景区里的**养生度假酒店**（☎727 7288；标单/双 339元起；📶❄）倒是值得一住，独栋独院的木结构泥夯建筑，刻意模仿了白裤瑶传统民居的外形，里面又很现代化。住客可以免票。

县城南丹客货运输服务站发往里湖乡或荔波的班车，经过歌娅思谷（10元；45分钟）。

白裤瑶生态博物馆 博物馆

（里湖乡怀里村；免费；⏲9:00~17:00，周一闭馆）除了华而不实的歌娅思谷景区，随着政府扶贫工程的进行，越来越多的白裤瑶走出大山，迁入新家园。想要看未经修饰、保持原始生活形态的白裤瑶，就去里湖乡怀里村吧，村里的蛮降屯、化图屯和化桥屯三个寨子尚未改变，村里还有一座白裤瑶生态博物馆，可全面了解白裤瑶的服饰、文化、建筑和丧葬习俗，馆内的工作人员也是白裤瑶，乐意分享他们族人的生活和各种传统。参观完，你可以再去村里实地看一下白裤瑶的真实生活。

蛮降屯是村里最大的寨子，总共有87户人家，当地服饰随处可近观其详，博物馆里展示的粮仓、蜡染、粘膏树都能在寨子里一一得到印证。底层架空的干栏式建筑也能找到原貌，虽然它正逐渐被砖房取代。

怀里村的中老年妇女都穿着传统服饰，年轻人的穿着大多如你我一样，只有在春节或瑶族小年（农历六月三十），所有人才会穿上最华丽的服装到镇上赶集，届时对歌声此起彼伏，还有盛大的铜鼓祭祀。另外，里湖乡的圩日是阳历3号、6号、9号，就在里湖乡的铜鼓广场上，这些日子前来也会收获颇丰。

县城南丹客货运输服务站有去里湖乡的班车（15元；7:20~17:00，约半小时1班；1小时），去荔波的班车也是同样的路线。博物馆距里湖乡还有5公里盘山路，摩托车单程15元，返程是下坡，公路很平整，一路风景宜人，散着步回去也不赖。里湖返回县城的末班车17:30。

巴平梯田 梯田

（芒场镇，距县城25公里）巴平梯田的名气远不如龙胜，但风貌也不尽相同。巴平梯田的落差不大，梯度平缓，全靠柔美的田埂线条塑形。也正由于此，只有在合适的季节，你才能拍出令人心动的照片，其余时候相对平淡。记住这几个时间：3月油菜花开，连绵成金色花海；4月蓄水插秧前，波光潋滟如镜面；5月下旬插秧后，稻田郁郁葱葱，满眼皆绿；8月底稻熟秋收，风吹稻浪满坡镀金。站在公路边就能看到梯田，梯田间正在建观景台，村内还计划建帐篷酒店。

前往巴平，可以在南丹客货运输服务站坐麻尾方向的班车（10元；7:10~18:20，每25分钟1班；1小时），回程末班车为18:00。

食宿

汽车站所在的丹东路上，多是50~80元的小宾馆，民行路上有几家像样的酒店，但软硬件设施都不理想。**泓泉雅居酒店**（☎727 8800；民行中路6号；标单/双 128元；Ⓦ❄Ⓟ）和

男穿白裤女背大印

白裤瑶是瑶族的一个分支，全国只有4万多人口，有3万多居住在南丹。白裤瑶的服饰很特别，男子上身穿青布短襟，下穿齐膝白裤，裤脚上绣有五条红杠，被称为“瑶王印”，据说是瑶王战死沙场时留下的手印。女子上身穿前、后两块黑布拼成的挂衣，侧面不缝，直接挂在肩上，正面无图饰，背后绣有“井田纹”，从后面看上去仿佛背了一个大印章，下穿蓝底红边的齐膝百褶裙。过去白裤瑶女子赤身穿挂衣，从侧面看尽显女性曼妙身姿，不过这道美丽的风景如今不再，人们都会在挂衣里面穿件衣服打底。白裤瑶服饰的难得之处，在于从种棉、纺纱、织布，到蓝靛染色、粘膏树取汁作画全为手工，整套齐备的瑶服，从夏季晒色到冬季作画，起码要耗时8~10个月，一年顶多制作 两套。全手工的瑶服相当耐穿，如果你看到一些年长妇女的裙子发白，那是已经穿了十几年了。

白裤瑶有着独特的丧葬文化，整个仪式分起棺、哭牛、砍牛、送葬、下葬5部分，并且要打铜鼓和跳铜鼓舞，隆重而复杂，热闹大于悲哀。最重要的一环是砍牛，白裤瑶认为忠实的牛可以陪伴逝去的亲人，在另一世界继续劳作生活，一头牛的价格不菲，家境好的大户人家甚至一次可以砍好几头牛。砍牛之后牛血会分给族人饮用，并将牛角装饰在亡者的墓碑上。最后，人们露天摆下长席宴，送葬者席地而坐一起就餐，才结束整个葬礼。白裤瑶的丧葬文化曾经试图申报非物质文化遗产，但因为砍牛的过程过于血腥，也有悖于动物保护，而没有“申遗”成功。白裤瑶不介意外人参加葬礼，如有机会不妨参与其中，会让你对瑶族的文化有更深切的认识。

白裤瑶散居在里湖乡一带的大山里，一些寨子进出极不易，贫困、落后一直是他们的代名词。近年来政府开展扶贫动迁计划，千户瑶乡（位于歌娅思谷与里湖乡之间）就是为他们新建的家园，总共5000户，全是昔日大山深处的极贫困户。新家园一改传统的干栏式木房或土坯房，代之以整齐划一的新式砖房。你也许会问，这么多村民离开了他们赖以生存的土地与农田要如何生活，在政府的规划中，未来这里将会是一个大型景区，旅行者便是他们的收入来源，除了餐饮、住宿，白裤瑶妇女手工制作的瑶服也是相当昂贵的哦。

南丹新天地大酒店（☎797 2666；民行中路137号；标单/双228元；📶❄🅿）的条件相对较好，但是前者的洗澡水要放很久才会热，后者的床又偏硬。

南丹没什么当地特色的美食，依然以米粉、烧烤为主，本地人很喜欢吃辣，如果不能吃辣，点菜时记得提醒一句。丹东路和河东路的桥头白天是水果市场，晚上是夜市，也有很多粉店。**刘记甜品**（丹东路河西路转角；人均2元起；⏲9:30~23:00）是一家地道的凉茶铺，有龟苓膏、凉茶、糖水等40多个品种，无论你需要下火还是祛湿，总有一款适合。**禾民膳食**（☎231 1115；教育路中段；⏲8:30~21:00）是快餐店，有米粉、卤味饭、瓦罐煨汤等。

到达和离开

南丹的两个汽车站都在丹东路中段。**南丹汽车总站**（☎728 1985，728 2185；丹东路103号）主发县外的班车，车站外面就有农业银行和邮政储蓄的24小时ATM。马路斜对面的**南丹客货运输服务站**（☎723 5169）主发县内的里湖、巴平等地，去贵州荔波（30元；7:20，10:05，12:00；2.5小时）的班车也在这里坐，同样经过里湖。

火车

南丹火车站 位于县城以南2公里，是黔桂铁路在广西境内的最后一个大站，北上贵阳、成都，南下柳州、广州、深圳的列车都从这里经过。

当地交通

南丹县内公交线路不少，对旅行者最有用的是1路公交，连接火车站、汽车总站、龙泉广场、洞天酒海（丹泉酒业前门站），运营时间6:30~21:10，班次很频繁，票价2元。

百色

“百色”之中最出名的就是“红色”——百色起义的革命火种由此地燎原，使之一度成为本地旅游业的最大卖点。真正的百色恰如其名，有着更多姿多彩的面孔。以百色市为界，往北是海拔不断上升的喀斯特峰丛，一路到乐业，以天坑大戏收尾；往南地势平坦，峰丛与峰林交错，经过有着“小桂林”之称的靖西，一路冲向国境线。你还可以往西北的崇山峻岭去，那里没什么景点，却有4个世居少数民族和纷繁的支系组成的文化大拼盘，每天都有集市可赶，光是对着不同的服饰辨认民族都很有意思。路越难行，越有惊喜。

百色市

云南流入的鹅江和源于凌云的澄碧河，在百色汇而形成右江，依靠便利的水路交通，百色在清朝到民国期间是滇、黔、桂的交通枢纽，在百色起义之前，它更为出名的身份是繁华的商贸重镇。如今，它是广西最大的地级市，不同于桂西那些嵌于喀斯特山峰中的行政区，百色相对要开阔一些，夏天也更炎热，这样的气候孕育了此地丰富的水果。百色还是广西最大的果蔬基地，每年冬天，满载着各种蔬菜的“百色一号”绿色专列直通北京，为北方人的菜篮子担负起“南菜北运”的重任。

南丹汽车总站车次时刻表

站点	发车时间/班次	票价（元）	行程（小时）
金城江	6:20~19:50，车次频繁	27	1
巴马	8:00，9:00，14:30	77	5
凤山	7:50，12:50	57	4
大化	6:30，8:10	65	4
柳州	12:50，13:30，15:00，18:30	90	4
天峨	6:50~19:25，约20分钟1班	25	1.5
宜州	6:40，8:05，8:45，11:10，12:00，14:00	50	2.5
东兰	8:00，13:30，14:30	55	3.5
平塘（贵州）	8:10，14:50	47	4

值得一游

由桂入黔/滇，将喀斯特主题进行到底

桂西处于云贵高原向广西盆地的延伸地带，三省交界皆为喀斯特地貌，同中存异，不妨来一次跨省游，深化喀斯特这堂地理课。

从南丹去荔波（贵州）

从南丹到荔波只有77公里，2个半小时车程，当碧绿的打狗河出现在视线里，便进入贵州了。沿途所经的南丹里湖乡和荔波大瑶山，都是白裤瑶聚居区，都生活在缺水的喀斯特峰丛地带。但视野里两地喀斯特分明不同，荔波植被丰富，孕育出了茂兰和小七孔这样的原始森林，更有“地球腰带上的绿宝石”之称。夏日里，你可能会暴露在毫无遮挡的桂西山间晒到脱水，但一入黔南，满眼的绿色会湿漉漉地浸润肺腑。

从南丹去平塘（贵州）

从南丹北上黔南的另一个选择，这是一条自明朝延续至今的黔桂通道。如今你依然能在黔、桂分界处找到公路边的古驿道遗址——云阳关，过了这里便是贵州平塘县的四寨镇了。这一带的喀斯特山体不如桂西高，但也很密集。云阳关对面有一座放生山，众植被茂密的喀斯特峰丛间，只有它石壁花白，云阳关身后的山上有一个很大的天坑，所有这些山峰都没开发，不要独自前往，附近的住户或许会愿意为你带路。

从天峨去罗甸（贵州）

桂西的天坑最多最集中，不过世界上面积、容积最大的天坑——打岱河天坑却在黔南。从直线距离看，位于平塘县的打岱河天坑离罗甸更近，天峨汽车总站每天有2班车（8:00, 14:40）发往罗甸，你需要从罗甸转车去塘边或“中国天眼”所在的天文小镇，再包车去天坑。一路坐车别忘了留意一下公路两边的喀斯特地形，从罗甸到平塘很少有一座座耸立着的峰丛，更像是一个个山坡连绵不绝。

从隆林去兴义（贵州）、罗平（云南）

从隆林往西，可以方便地将桂、黔、滇连线游览，领略3种不同形态的峰丛峰林。“天下名山何其多，唯有此处成峰林”是徐霞客对兴义的赋诗。早春二月罗平“漂浮”于油菜花海上，是一期一会的美景。

从西林去广南（云南）

普者黑、坝美是云南喀斯特的代表之作，前者夏天有荷塘增色，后者应验了陶渊明笔下的桃花源。从西林去广南仅2小时车程，西林汽车总站每天有8班车（7:00, 8:20, 9:20, 10:30, 12:00, 14:00, 15:20, 16:30），到了广南坐个公交就能到坝美，前往普者黑也很方便。

右江最优美的一段抛物线，正衔接起昔日商贾云集的解放街，现在依然是百色最有烟火气的地方，旧日的格局、斑驳的旧屋、20世纪的药铺，以及基督教礼拜堂等，都不由得令人心生今夕是何年的怀旧感。附近的中山路最适合旅行者落脚，周边美食很多，超市、购物中心都在这条街两边，出行也方便。

景点

城北的澄碧湖国家水利风景区（☎294 0186；门票15元，游船50元；⏲8:00~18:00）是本地人喜欢的休闲度假地，风光不错，若是在城里待得无聊了，可以前去一游，不过是单程半小时的公交距离。如果走百色—凌云或乐业方向，在班车上就可以顺路一赏。

解放街 街区

在现代化的百色市区，解放街的存在成就了一段怀旧佳话。从街口的灵州会馆开始，到街尾的两河相交处，小青石板铺就的街道长不过四百米，两边是白色骑楼，从街灯到建筑都是清末民初的风格。百年前这里异常繁

百色城区

华，上接云贵，下连粤港，商贾云集。民国时期曾是鸦片交易中心，之后还充当过红色革命的总部，抗战期间缅甸远征军在此停留，甚至还接待过美国大兵。如今，高墙上还留有旧时的商号和“天下为公”的题刻。

骑楼下依然是一家家紧挨的商铺，满足百姓日常所需的商铺并无特色，你得抬头向上看，一个个屋檐上的雕饰各不相同。沿途有三个码头通向河边，其中，大码头正是1929年百色起义前，邓小平率队挺进百色的登陆口岸。遗憾的是，大码头的牌坊太新了，远不如二码头和三码头来得古朴耐看。

粤东会馆（中国工农红军第七军军部旧址） 历史建筑

（见278页地图；☎282 0967；解放街39号；免费；⏲5月至10月 9:00~17:00，11月至次年4月 9:00~16:30，上午每30分钟/下午每小时一场免费讲解，周一、农历腊月二十九、三十闭馆）1929年12月11日，张云逸在这里宣布百色起义，中国工农红军第七军就此诞生。百色起义得到了粤商支持，粤东会馆正是当时党委机关和起义指挥部及红七军的军部所在。会馆内保留了当时的办公室、会议室，以及邓小平、张云逸等人的宿舍。

真正吸引人的是这座建于明朝末年的岭南风格老宅。三进三路九院的布局，中路为主建筑，左、右两路与之各有一条巷子相隔。屋顶墙头的玻璃釉彩陶塑，色彩鲜明，线条简洁粗放，厅堂屋脊和女儿墙上有不同题材的陶塑脊饰，墙上还有多处锦鲤、寿桃的雕饰，这些都是旧时广东民间建筑的典型元素。

另外，解放街口的灵州会馆（见278页地图）同样是岭南风格，但不开放，站在门外也能窥见其精巧的屋脊装饰。中山路上的八一希望小

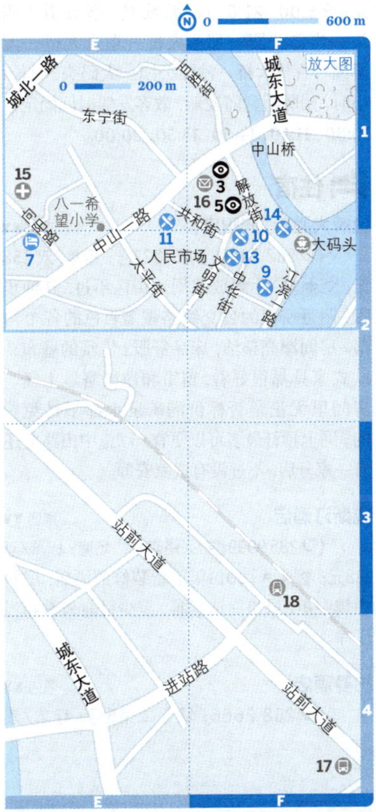

百色城区

景点

1 百色起义纪念碑……C1
2 百色起义纪念馆……D2
3 灵州会馆……F1
4 右江民族博物馆……C1
5 粤东会馆……F1

住宿

6 柏曼酒店……A2
7 金牌大酒店（向阳店）……E2
8 威斯汀酒店……B2

就餐

9 德国啤酒……F2
10 好再来小吃店……F2
11 黄氏乡味小吃店……E1
12 江滨荣姐烧烤……B2
13 梁氏炖品小吃店……F2
14 夜遇1929……F1

实用信息

15 右江区人民医院……E1
16 中国邮政……F1

交通

17 百色城东客运中心……F4
18 百色火车站……F3

学内，一座黄色小楼是红七军政治部旧址**清风楼**，已有百年历史，可与门卫商量后一观。

百色起义纪念公园 纪念馆

整个纪念公园建在右江河以北，横跨两个山头，包含多处看点，主题都离不开百色起义。从中山桥东侧，攀上高高的台阶，便是**百色起义纪念碑**（见278页地图）。继续前行是**右江民族博物馆**（见278页地图；☎293 1826；免费；⏲周二至周五 8:30~12:00，14:30~17:30，周末和节假日 9:00~16:30，周一闭馆），历史文物厅中有整面墙关于百色从旧石器时代到1949年解放的编年史。民族民俗展厅最值得一看，可以了解壮族的壮锦、壮剧、干栏式建筑等，也介绍了瑶族、苗族、仡佬族、彝族的服饰、节日等。

世纪铜鼓楼被辟为廉政教育展厅，可略过。穿过红军桥，沿台阶而上，小径两边是**邓小平手迹碑林**。接着便到了**百色起义纪念馆**（见278页地图；☎293 2189；免费；⏲5月至10月 9:00~17:00，11月至次年4月 9:00~16:30，周一闭馆），形似厚重的碉堡共上中下三层，分起义厅、英烈厅、小平厅三大主题，以大量图文、实物、实景影像资料等，介绍右江革命根据地和百色起义的历史，内容翔实。纪念馆每天有4场免费讲解（10:00，11:00，15:00，16:00）。站在3楼的露台上，可以俯瞰全城。

纪念碑和纪念馆隔着两站路，市内多路公交车经过。也可以先坐车到纪念馆，将以上路线反过来游览。

大王岭原始森林 自然保护区

（☎284 4288；右江区大楞乡龙和村，距市区40公里；门票180元，含漂流；⏲5月至10月）大王岭属于广西水源林保护区，120万亩的保护区内，山峰连绵、河流纵横，生态系统保存得非常好，有许多罕见的动植物品种都还在科考研究中。已知的珍稀植物中最古老的是桫椤，这种与恐龙同时代的植物“活化石”，在大王岭居然呈群落分布，堪称“桫椤王国”，而各种参天古木、蕨类、藤蔓、奇石更是遍地可见。山坡中部有一株银鹊树，需至少4人合抱，高约50米，直耸云天。

景区有两条游览线路：水上漂流和森林徒步，全长都是5公里，步道即沿着河流前行。漂流河段的落差很大，漂流起点和终点的海拔差近130米，一路激流无中断，沿途尖叫和惊险刺激的河段可不少，水流虽急也只是过膝的深度。河水由低温地下泉水喷涌而形成，由于植被十分茂盛，漂流河段几乎都在树木的遮蔽之下，即使是盛夏也十分阴凉，不必担心紫外线和曝晒。全程漂流约90分钟。漂流有季节性限制，每年开放时间会有变动，出发前最好先电话确认。

百色城东客运中心每天有班车（22元；6:40~14:00，共13趟；1.5小时）经过大王岭，回程末班车16:00从大楞发出。

本书作者调研期间，景区已关闭整修一年有余，目前尚不知晓具体的开放信息。

活动

船游右江（☎286 9668；解放街大码头；票价50元；⏲8:00~21:00）的路线是：解放街大码头—半岛公园—那毕大桥—东合大桥—园博园—百林大桥—沙滩公园—大码头，时长1小时。团队随到随发船，散客发船时间固定：10:30、11:50、14:30、15:50、20:00。

住宿

金牌大酒店（向阳店） 酒店 ¥¥

（☎282 2999；向阳路23号；标单/双 158元；📶❄🅿）距解放路周边街区不过5分钟步程，附近密集的公交线路覆盖百色的各个角落。房间漂亮整洁，床品舒服。优雅的壁布、欧式家具都很好看，窗帘和地毯略显土气。房间里无论是否标价的矿泉水都不是免费的。网上预订最多可以便宜40元。中山路上还有一家分店，不过没有这家安静。

威斯汀酒店 酒店 ¥¥

（☎285 9999；新兴路森林广场旁；标单/双188元；📶❄🅿）2018年重新装修的酒店，房间中规中矩，风格简洁素雅，至少目前来看相当干净。

柏曼酒店 酒店 ¥¥

（☎268 2666；城北二路5号；标单/双

祖公布洛陀和敢壮山

在壮族文化中，敢壮山和布洛陀是不得不提的两大话题，前者是壮族文化的发祥地；后者则是壮族远祖的首领。《布洛陀史诗》也已被列入国家级非物质文化遗产名录。百色田阳县将两者合二为一，声称敢壮山就是壮族文化的根、布洛陀文化的遗址，于是就有了每年在敢壮山举办的**布洛陀旅游文化节**。

敢壮山位于田阳县以东16公里，东西走向的山脉高仅一百多米，但在山南右江河谷平原的衬托下异常显眼。2004年开始，这里以布洛陀文化发源地为名，开办了第一届布洛陀旅游文化节。之后围绕敢壮山展开各种考古、文化宣传活动。2010年之后更是将这一壮族文化的节日上升到“壮族儿女最大的盛会”，甚至是“广西与东盟国家沟通联系的桥梁”的高度。节日早已不限于壮族和国内，和壮侗语系同根同源的布依族、黎族、侗族、傣族、仫佬族、毛南族等民族，都参与到了对始祖布洛陀的祭拜日里，并辐射至泰国等东南亚国家。也有不少人对此提出了质疑，觉得那不过是对民间神话的生搬硬套，并无史料支持，且布洛陀作为神话中的人物，根本就没有“遗址”可言。

不论如何，这个“文化旅游节”还是一年一年地办了下来，并且已经成了田阳县一年一度的大事，场面大得动辄“万人同祭、万人共唱”。每年农历三月初七至初九，来自右江盆地各县的壮族同胞三四万人会聚在这里，各种民族服装、民俗表演，以及狂欢的人群，着实可以见识不少。

从百色到达田阳县很容易，每天有多趟班车（13元；7:40~20:00，每10分钟1班；30分钟）。如果正逢过节，不妨来凑个热闹。

254/277元，含早餐；🛜❄🅿）软硬件都相当好的一家酒店，快捷酒店的标配，又在细节、服务上都比快捷酒店更周全。卫浴干湿分离，花洒很大。

餐饮

解放街后面的各条巷子充满各种美味，没什么大饭馆，都是些环境简陋、价格实惠的铺子。白天来的话，只有一些粉店开着，忘掉连锁店里的机器制粉吧，这一带多的是手工制粉的小店，卷筒粉、烧鸭粉是当地特色。18:00后，粉店纷纷打烊，让位给大排档，共和街和文明街交叉口最热闹，炖品、粥、烧烤、煲仔饭、糖水铺子应有尽有，粤式风味占了主导。

想吃炒菜的话，就去解放街旁的江边码头，沿江很多土菜馆，入夜后店家把饭桌搬到露天的江边石板街上，多人围坐喝酒畅谈，不亦乐乎。江滨路上以烧烤、酒吧为主。城东客运中心周围有很多全国连锁快餐店。

满大街的大菜糕（2元/个）和菜没什么关系，其实是一种甜品。你可以去升平街的人民市场购买水果，白天共和街沿路也有很多水果摊位，百色是中国芒果种植面积最大的地区，夏天前来可别错过。

★梁氏炖品小吃店 炖品 ¥

（共和街和文明街交叉口；炖品12元起；⏲18:00至次日2:00）主营炖品，含有三七成分的汤极鲜美，料也足，炖乌鸡、炖排骨点单率最高。本地人也很喜欢这家店的云吞、甜饭。

对面的无名排档是这条街上生意最火爆的，晚上供应现煮砂锅粥，约10种配料盆摆在你面前，有肉有鱼有海鲜，随你怎么组合都是10元，你还可以配上一碟每桌必点的卤鸭掌（20元）。

好再来小吃店 小吃 ¥

（共和街和文明街交叉口；卷筒粉4元/条；⏲7:00至次日2:00）大概是这条街上最敬业的店主，最早营业最晚关门，连其他粉店只做早餐生意的卷粉这里也全天候供应。卷粉皮Q馅多，肉末、肉条丝、胡萝卜、豆角、凉薯、木耳、酸菜等，齐齐包在通透的粉筒中，再淋上柠檬酱、海鲜酱、甜酱、番茄酱，内外口感皆丰富无比。

江滨荣姐烧烤 烧烤 ¥¥

（☎262 2798；江滨路A33号；人均70元；⏲12:00至次日2:00）百色烧烤界的老字号，不知你是否够胆一试本地特色的惊悚美食——烤猪眼和烤猪鞭。

黄氏乡味小吃店 小吃 ¥

（共和街6号；人均5元起；⏲6:00~17:00）这家粉店的品种不多，烧鸭、烧鹅都是自烤的。粉有扁粉和圆粉两种，汤很清爽，烧鸭味道很好。

德国啤酒 酒吧 ¥

（人均15元起；⏲18:00至次日2:00）打着德国啤酒的名号，摆足两面墙的啤酒，其实以果啤居多。不过开在江滨路上，始终是以烧烤为主打。吹着江风，吃着烧烤，不易醉的果啤一种换着一种喝，也算是夏日夜晚一大爽快。

夜遇1929 酒吧 ¥

（解放街84号；人均15元起；⏲19:00至次日2:00）就在大码头旁，店名取了百色起义的年份，门头也古老得很应景。没有进口啤酒，不过酒吧氛围还不错。

实用信息

中山路和新兴路上都能找到中国银行、工商银行、建设银行、农业银行的营业厅或24小时ATM。**中国邮政**（⏲9:00~17:00）也在这条路上。

百色市右江区人民医院（☎283 9331；向阳路和平街106号）

到达和离开

飞机

百色巴马机场（☎323 3666；田阳县，距百色48公里）是百色与巴马的共用机场。目前与北京、贵阳、桂林、重庆、深圳、海口、广州、长沙、天津有直航航班，但并非每天开航，非节假日很容易买到4折以下的机票。

长途汽车

百色所有班车都从庞大的**百色城东客运中心**（☎288 1290；站前大道，近火车站）发车。站内有多

百色城东客运中心车次时刻表

站点	发车时间/班次	票价(元)	行程(小时)	备注
靖西	7:00~19:50，共27班	65(高速)/50	2(高速)/3.5	
乐业	6:50~19:30，每40分钟1班	62	4	途经凌云
那坡	7:20，9:30，12:00，13:00，15:00，17:00，19:00	91	2.5	
隆林	8:10~20:50，每40分钟1班	78	2.5	
巴马	6:40~18:40，共26班	50	1.5(高速)/3	
大化	7:10，10:20	80	4	
凤山	7:20，8:40，10:15，12:40，15:10，17:20	62	3	
西林	7:10，8:10，9:10，10:50，12:40，14:50，16:20，17:40，18:30	86	5	
南宁	8:05，9:00，10:40，11:40，12:00，12:30，12:50，13:30，13:50，15:00，16:30，17:20，17:40	78	3	

台自助购票机，并区分了银联、现金、支付宝、微信付款区域，票价默认包含保险费用。

火车

百色火车站(☎268 7262；站前大道)是普通列车与高铁共用的车站。发往南宁的班次多达34趟，最快的动车只要1.5小时，最慢的过站普通列车3个多小时；发往昆明的列车也多达25趟，动车3小时左右，慢车要近12小时。

当地交通

抵离机场

百色城东客运中心有直达机场的专线车(26元；7:00，10:30；1小时)。

公交车

公交从6:30运营至21:00以后，票价2元，有多趟公交衔接起中山路核心路段和百色起义纪念馆。25路从城东客运中心开往火车站、中山路，2路途经中山路、百色起义纪念公园、澄碧湖景区。

出租车

百色市内的出租车起步价5元，市区打车到火车站约25元。

靖西

在桂西的喀斯特王国中，靖西有点特立独行，县城外，道路笔直顺畅，周边风光像极了桂林，峰林与峰丛组合镶嵌在平坦的田园间，不同作物形成不同层次的绿色，大大小小的瀑布随意散落着。开阔的公路大片一直延续至边境，名气很大的景点反而不如乘车沿途看的景色更迷人。如果从南宁而来，通过直达班车先游览德天瀑布，再转至靖西的路线，比直接到达百色性价比高很多。

壮锦大道和绣球大道是市区的两条主干道，前者热闹拥挤，两边的分叉小路，则是你寻找小城生活和发现当地小吃的好去处；后者道路宽敞，新楼盘林立。两个汽车站所在的西南边是拥挤的老城区，我们调研期间，老城区主街城西路挖成了一个大工地。注意，靖西的一些道路已经改名，原城东路更名为"绣球大道"，原城中路更名为"壮锦大道"，你有可能会发现实际路名与地图显示不符，甚至同一条街上新老路名共存的现象，一些酒店也尚未将地址更新。

景点

市区有一个**胡志明与壮族人民陈列馆**(见284页地图；新生街302号；免费；⏲8:30~12:00，14:30~17:30，周末闭馆)，是20世纪40年代胡志明和越南共产党人在靖西活动时的"越盟"办事处旧址，感兴趣的话可前去了解。县城往龙邦口岸的方向有一岔路通向**巴泽梯田**，春天插秧和秋天稻谷成熟时最美，没有班车前往，从县城包车往返约120元。你可以在县城北边20多公里的**渠洋湖**坐船游湖，途中会经过一个新开的溶洞——**胡志明洞**，并不比广西其他溶洞更出色。

通灵大峡谷

峡谷

(☎618 0076; www.gxtldxg.com; 湖润镇新灵村; 门票115元, 导游讲解100元, 电子导游机20元; ⏲8:00~17:00)两段地下暗河中间夹着一条长满珍稀植物的峡谷，这是靖西王牌的景点，它对于植物学家或地质学者来说无疑是宝库，但对普通游客而言，落差达188.6米的通灵瀑布更吸睛。

峡谷全长3.8公里，游览需近2小时。建议你租一个电子导游机，这样，当你行走在植物王国里，才不至于觉得每片叶子都相同。桄榔树、咬人树都是你平时不多听到的名字，更值得留意的是被称为"活化石"的桫椤。峡谷尽头便是通灵瀑布，丰水期可达30米宽，除了远观还能深入其中，沿着栈道绕进其底部洞穴，湿身不可避免，在暗黑的洞穴里，瀑布排山倒海般冲来，震耳欲聋，巨大的气浪仿佛要将人吞噬。走上一段回头路，然后进入暗河隧道，记得在离开暗河前抬头找一找岩壁上的洞葬遗迹。

景区出口处每天有5场民俗表演(10:20, 11:20, 14:30, 15:30, 16:30)，演出半小时，游客不多时表演场次也会相应减少。从出口走回到入口处的停车场还有1公里的上坡公路，可坐观光车(10元/人)代步。

在靖西汽车南站乘坐前往湖润的班车，在通灵路口下车(14元; 6:00~18:00, 7:00前10分钟1班，之后每30~50分钟1班; 45分钟)，步行1.5公里到景区大门口，给班车司机加3元可以送你到景区门口。

靖宇汽车站有通灵大峡谷与德天瀑布的连线专车(☎622 2185)，8:30从靖西发往通灵大峡谷，10:20从通灵大峡谷发往德天瀑布，两张车票都是25元，需预约。

古龙山峡谷

峡谷、漂流

(☎618 0315; www.glsxg.com; 湖润镇新灵村; 漂流门票190元，徒步门票110元; ⏲8:00~17:30)在通灵大峡谷同一个下车点，你会看到另一个名字——古龙山峡谷。其实这才是地理意义上的通灵大峡谷，位于通灵大峡谷景区下游西南面。但因为由两个公司分别开发，故形成两个独立的景点。

古龙山峡谷的亮点是漂流，"一漂穿三洞"欣赏三明三暗的景观。漂流全程6.8公里，共需2.5小时，你会乘坐有船工的皮划艇漂过古劳峡、新灵峡、新桥峡三个峡谷，分别进入180米长的迎宾洞、350米长的百福洞和680米长的水帘洞，洞中无光，全靠船头手电照明。徒步的话，只能游览最后一个峡谷和最后一个暗河溶洞，洞长803米，全程约需1.5小时。无论漂流还是徒步，都是单程线，到终点后会有免费接驳班车送回景区大门。

古龙大峡谷到达方式与通灵大峡谷相同，下车便能看到景区招牌。没必要两个都去，想玩漂流就去古龙山，想看瀑布就去通灵大峡谷。同一班车继续向东南行驶不到5公里，还有一个**三叠岭瀑布**，公路边就能看到，是免费的!

旧州

村落

(☎251 4468; 靖西县城以南8公里; 门票48元; ⏲24小时，售票时间8:00~19:00)旧州古称"那签"，历史可追溯到南宋年间，如今它被冠以"壮族活的博物馆"的名号，遗憾的是，行走其间你感觉不到一丝古意。景区指示牌上列出了20多个看点，但大多形同虚设，只有**文昌阁**还保留着明清时的旧模样，也只有这一处适合留影，它与周边的古桥、山水构成了

不要错过

爱布瀑布

爱布瀑布是一个三叠瀑布，上源为龙潭河及鹅泉两河的汇流，可算是德天瀑布的源头之一。它一点也不高大，也不与深山峡谷相依，就嵌于良田阡陌间，周围是一派田园牧歌的景象。这里有被开发的痕迹，但最终还是被荒废了，也令前往探索这件事变得野趣十足。更重要的是，它是免费的。

瀑布就位于离县城16公里的爱布村，从县城南站坐发往岳圩的班车(7元; 6:50~17:30，约半小时1班; 20分钟)，在爱布瀑布路口下车沿公路旁的岔路进去，步行约500米，有一座石拱桥，站在桥上便能遥望到瀑布。继续往前小走一段，有一座伸入田间，仅剩支架而没有桥面的桥梁。旁边有一块危桥警告的牌子。在这里近距离看看瀑布吧。

靖西城区

靖西城区

景点

1 胡志明与壮族人民陈列馆.................. C3

住宿

2 时佳快捷酒店.................................. B4

3 星波时尚酒店.................................... B2

就餐

4 德保许家传统木炭香煎猪血肠........... C3

5 肥佬烧鹅.. A3

购物

6 壮嘉东南亚特产商行........................ B3

实用信息

7 县人民医院.. C3

8 工商银行.. C1

9 建设银行.. D2

10 农业银行... B2

靖西鑫都旅行社......................... （见11）

交通

11 靖西靖宇汽车站................................ B4

12 汽车南站... C4

经典的旧州田园照。村里的**靖西壮族生态博物馆**（⏲8:00~11:30，15:00~18:00，周日、周一不开放）介绍了本地的文化、风俗、传统节日和本地名人等。

旧州是著名的绣球之乡，如今绣球也成了这里独有的景致。走在村里，非但满是卖绣球的纪念品店（根据大小8~50元不等），坐在街边制作绣球的妇女也是这方独有的景致。

村里的戏台每天15:30~16:30有民俗表演，周六20:00~21:00有篝火晚会，能否准时开演由游客量决定。村里还有一些本地名人遗址，有兴趣也可以逐一拜访，跟着指示牌走便是。村旁的河流便是鹅泉。

前往旧州的公交车（4元；7:30~17:30，每40分钟1班；20分钟）可在百汇超市旁乘坐，沿着凤凰路行驶，你也可以在凤凰路上等车。回程末班车是18:00。靖西往返龙邦的班车也经过这里，回程也可以搭过路车。

鹅泉

自然景观

（☎251 4467；鹅泉村念安屯；门票48元；⏲24小时，售票7:00~19:00）鹅泉是德天瀑布的源头，它与云南大理蝴蝶泉、广西桂平西山乳泉并称为中国西南三大名泉。

未入景区，一座清朝时期的15孔石拱桥先叫人眼前一亮，有点像贵州的小七孔古桥，夕照时最上镜。购票进入景区，有环泉步道可深入湖心，到达鹅泉的泉口；有登山步道可登高俯瞰山水田园，夏天荷花池映衬着喀斯特山峰的景象，颇似云南普者黑。湖边的村落每家每户都养了很多鹅，倒是与鹅泉之名应景。

鹅泉距离靖西县城6公里，可在百汇超市旁乘坐发往泗梨的公交车（5元；7:30~17:30，每小时1班；20分钟）。同班车开到终点站泗梨再返回鹅泉约半小时。回程末班车18:00。

活动

靖西周边风光无限，光是坐在班车上走马观花，很难过瘾，不妨骑上单车且行且赏。沿途大部分路段已铺设好骑行绿道，几乎每隔1公里就设有指示牌，基本不用担心迷路，周边村子也很容易找到补给，即使没有骑行经验也可以一试。常规骑行路线有36公里的短线（县城—鹅泉—旧州—化峒—县城）和70公里的长线（县城—鹅泉—旧州—二郎瀑布—十九渡—爱布—化峒—大小晚—县城）两条。

锦绣旅游开发公司骑行分公司（☎251 9597；绣球大道和古龙路交叉口；⏲8:00~17:00）可以租到山地车（50元/天，押金200元），骑行线路就画在其外墙上。

住宿

靖西的住宿条件和新旧城区的布局相符，汽车站附近都是百元以下的小宾馆，城北则有一些规范的快捷酒店、星级酒店等。

星波时尚酒店

酒店 ¥¥

（☎305 6999；城中路60-8号，财富广场对面；标单/双 169元起，含早餐；❄📶）位于热闹的城中路上，对面就是购物广场和超市，打算去旧州、鹅泉的话过个马路就能坐车。虽然走廊看起来陈旧，房间内部倒洁净如新。有多种房型，有大有小，单人间有1.8米的床，也有1.5米的床，有内窗的有外窗的，价差也就10~20元，建议你入住前先选一下房间。

★ 样·越界边境故事客栈

客栈 ¥¥

（☎622 1185；绣球大道小城故事26号楼；标单/双 238元起，含早餐；❄📶Ⓟ）这家很有特色的客栈2018年新开业。每个房间都有不同设计，每个房间对应一个越南故事，可以查阅床头的小册子。早餐是越式的，下午还有越南咖啡供应。

时佳快捷酒店

酒店 ¥

（☎251 6966；中山一小区102-8号；标单/双 80元；❄📶）也许是汽车站周围的众多廉价旅馆中，房间最干净整洁的一家。本书作者调研期间，酒店才重新装修过，换了新的木地板，换了墙纸，配有吹风机，淋浴的花洒虽然袖珍，并不影响出水量。设施的硬伤依然存在，如房间灯光太暗、空调声音太大等，但已经是车站附近的舒适之选了。

餐饮

汽车南站外有很多简陋的粉店，适合赶车前垫下肚子。壮锦大道上以快餐、小吃为主，也有一些外省风味的餐馆。主山路上有不少小吃和茶饮铺。傍晚时分，靖宇汽车站以西的凤凰路上会出现很多流动摊位，以卤味、烧腊为主，烤架上硕大的一头猪，不多久就会被分售一光。中山路南端（接近城区外围）有很多烧烤吧，入夜后才开张做生意。

肥佬烧鹅（☎618 9995；凤凰路822号；快餐15元起；⏲10:30~21:30）主做烧腊、卤水，所有烧腊都可以做成快餐，方便一人食，一份

端午药市，靖西特色的街圩

每年端午前后，全国各地的药商、郎中、乡民纷纷赶来靖西，在绣球大道上摆起各式各样的草药摊进行交易，1公里长的马路两边被上千个药市摊布满，热闹会持续一周左右。这就是中国民间流传悠久的端午药市，靖西自唐朝便有端午赶药市的习俗，一直延续至今。药市上最多见的是田七（即三七），还有石斛、八角、肉桂、罗汉果、鸡血藤、广豆根、金银花、鱼腥草、地黄连等几百种草药，不只本地特色的壮药会在药市上交易，全国各地的草药都有。如果你正好端午期间前来，不妨跟着凑凑热闹。

叉烧烧鹅双拼其貌不扬，却好吃得叫人停不下筷子。**德保许家传统木炭香煎猪血肠**（☎150 7822 2469；人民街134号；猪血肠9元/斤；⊙10:00~19:00）很受本地人喜欢，猪血肠分蒸和炸两种。**胡同里**（小城故事大东街1-04号；猪血肠9元/斤；⊙19:00至次日2:00）是靖西唯一有乐队驻场表演的酒吧。

购物

城西路中山公园对面有几家销售酸嘢的店铺，包括酸木瓜、酸芒果、珍珠萝卜、酸沙梨等，小瓶8元、大瓶12元。**壮嘉东南亚特产商行**（☎137 3763 6819；中山公园对面；⊙9:30~23:00）售卖越南拖鞋、越南咖啡、马来西亚咖啡、椰子糖、芒果干等。

实用信息

壮锦大道和城西路上能找到工商银行、中国银行、农业银行等的营业厅或24小时ATM，营业厅个人业务办理时间都是9:00~17:00。靖宇汽车站旁就有农行和建行的24小时ATM。

靖西鑫都旅行社（☎622 0318；靖宇客运站内）有靖西周边、广西的线路，也有越南边关路线。

到达和离开

长途汽车

靖西有两个汽车站，**靖西靖宇汽车站**（☎621 2269；凤凰路978号，中山小区对面）主发县外的班车，目的地包括百色[65（高速）/50元（普通）；7:00~19:00，共27班；2（高速）/3.5（普通）小时]、南宁（8:10，11:10，13:50，14:10，14:40，15:30，18:40；100元；4小时）和渠洋（11元；6:20~17:40，每20分钟1班；40分钟）。这里也是高铁无轨站，每天有11班大巴直接发往百色火车站，票价同发往百色的班次。

位于城西路上的**汽车南站**（☎621 2536；城西路近新生街口）主发周边各镇的班车，皆可直接上车买票。到通灵大峡谷、爱布瀑布（7元；6:50~17:30，每半小时1班；30分钟）和龙邦口岸（17元；6:20~18:30，8:00前20分钟1班，之后40~50分钟1班；1小时）的班车在此乘坐。

前往鹅泉（5元；7:30~17:30，每小时1班；20分钟）和旧州（4元；7:30~17:30，每40分钟1班；20分钟）的班车在壮锦大道的百汇超市门口发车。

火车

靖西火车站位于市区西北2.5公里处，目前每天只有3趟与南宁之间对发的普通列车。

当地交通

县城内公交车不多，32路连接靖宇汽车站和火车站。当地人的主要出行工具是马仔（三轮车），城内基本是5~8元。出租车没有打表一说，司机不愿意去城内较近的地方，都是开往城外，需要直接和司机商量价格。县城里也能找到少量共享单车。

那坡黑衣壮山寨

2001年的南宁国际民歌节上，那坡黑衣壮的“尼的呀”民歌，让世人认识了大山中的黑衣壮。距那坡县城12公里的吞力屯可以让你了解这个民族。这里曾被开发为景点，本书作者调研期间，政府对这个寨子又开始了新一波的旅游升级改造。据了解，未来寨内的原住民将全部迁出，重修一条直通寨子的新公路，所有游客都必须乘坐观光车进出寨子，寨子里的砖房将全部拆除，统一搭盖壮族传统的木质干栏民居。听起来，又一个崭新的古镇式景点要诞生了。

好处是，近两年前往黑衣壮寨免门票，虽然无法进入民俗博物馆、民俗体验馆中参观，但其他都和原来一样。不过它可能依然和你想象的遗世独立、淳朴的村落大相径庭。黑衣壮女子的传统服饰很有特色——上三层下两层，长裙折起束于腰间，只用筷子撑出头布。不过村民们早就不穿传统服饰了，连过节都不穿，为了劳作方便，蓝色、绿色的斜襟褂子和土布裤子才是他们正常的服饰。但他们也早已习惯了通过向游客展示传统服饰获利，当你走入村子，就会有人迎上来问你要不要看跳舞、要不要试穿他们的传统服饰拍照。这也是看黑衣壮传统服饰的唯一门路，掏钱吧：穿壮服拍照10元；歌舞表演240元——村民们换上盛装，集中到晒谷场为你上演一场30分钟的歌舞秀。

到达和离开

靖西靖宇汽车站有班车发往那坡县(32元；6:20~17:30，共24班；2小时)，那坡县到壮寨没有班车，包车往返100元起。你大可不必返回靖西，**那坡汽车站**(☎682 0574)有班车发往百色(91元；7:30~17:30，约每小时1班；2.5小时)，或者先从那坡去云南的富宁(20元；7:30~17:00，约半小时1班；1.5小时)，再转高铁去其他地方。

凌云

凌云旧名"泗城"，它的历史远比现在风光得多。凌云有着605年的古州建制史和399年的岑氏土司独立统治时代，一度发展成广西最大的直隶州，如今名气更大的百色、乐业，以及贵州的罗甸都曾是它的管辖地，拥有白毫茶的它，也是古代茶马古道重要的一站。冲着景点而来，你可能会大失所望，但凌云有其自得其乐的一面，伴着泗水河的美景，生活悠闲而市井，随处可见的古桥、古树尽显城市的沧桑。

与泗水河平行、相隔几步之遥的迎晖路是商业主街，南北贯穿县城，住宿、餐饮、农贸市场、银行、邮局沿街都能找到，落脚在此最方便。

景点

本书作者调研期间，位于县城北边、以摩崖石刻闻名的**水源洞**已经关闭，未来是否会再度开放还不确定，你可以去凌云民族历史博物馆中，看看水源洞摩崖石刻的复制品。县城以南1公里的206省道上有一个**云台山公园** 免费，可登高眺望周边的喀斯特峰丛。

凌云民族历史博物馆 博物馆

(凌霄路东200米；免费；⏲周二至周五冬春季8:00~12:00，15:00~16:00，夏秋季8:00~12:00，14:30~17:30，周末和节假日 9:00~16:30，周一闭馆)博物馆位于县城东边的山脚下，仿若一座古城楼。馆内有3个展厅，**泗城记忆展厅**详细介绍了凌云的历史和古代土司文化，展品以这一带的考古发现为主，包括多座铸造于明清时代的古刹铁钟，以及一块慈禧太后御笔写的"禾寿"木匾。**多彩民俗展厅**主要介绍了居住于此的瑶族、壮族、高山汉族的生活习俗和服饰特色等。二楼的展厅可以了解到凌云白毫和本地一些旅游资源。

另辟蹊径

龙邦口岸

靖西境内的龙邦口岸是百色唯一的一级口岸，靖西与越南交界有152.5公里的边境线，有多处历史遗迹，都需要爬山，有兴趣可以寻觅一下。口岸南1公里处的七星山顶，有清光绪十二年(1892年)建造的防御工事十二道门，靖西通往此地的公路正从山下经过，不过十二道门是军事禁区；东南3公里处，有金鸡山炮台；或者沿边境公路走一走，估计一不小心就走到了界碑后头。

除此之外，龙邦口岸只是个货运关口，除了和界碑合影、眺望一下越南茶岭镇、买点越南特产，也没别的了。每逢农历三、八是龙邦镇自己的赶街日，四、九是越南人的赶街日，后者才值得看，会有很多越南人带着他们的货品前来交易，赶街都在上午，9点开始热闹，11点后就差不多散了。

发往龙邦口岸的班车在靖西汽车南站乘坐，返程末班车17:30。

博物馆旁边荷花池中的建筑是**中山纪念堂**，不开放参观。

纳灵洞

溶洞

(☎761 2081；迎晖山以北1公里；门票60元，含讲解；⊙9:00~17:00）景区自封“亚洲神奇第一洞”，内有一百多个钟乳石看点，但都没什么特色。导游的解说相当敷衍，除了附会钟乳石的形状以外，没有任何关于溶洞的地理知识。洞内还有很多人工痕迹，彩灯效果艳俗。倒是两株没有光照依然常绿的植物让人眼前一亮。

纳灵洞距离县城中心3公里，走过去至少得半小时，坐三轮车吧，只要5元。

茶山金字塔

山

(☎753 6033，753 6008；加尤镇央里村）凌云北部海拔1100多米的大大小小五十多个茶峰，种满了凌云白毫，连绵起伏，形如绿色的“金字塔”。周围风光不错，茶山上也有为游客设置的登高台阶和山顶凉亭。三四月的春茶采茶季最值得来，蹭上团队还有机会看到凌云白毫茶的制作全过程，听听瑶家姑娘的山歌。

县城没有班车直达景区，你可以去电信广场乘坐发往加尤镇的班车（17元；7:30~17:00，每半小时1班；40分钟），距景区还有6公里上坡路，摩托车单程约20元。若是从县城包车往返不低于200元。

食宿

县城核心区好的住宿选择不多，**时代凤凰时尚便捷酒店**(☎261 3568；迎晖路128号；标双118元；❄📶）就在热闹的迎晖路中段，也是核心区最好的酒店。房间干净舒适，淋浴房宽敞。各项细节都比一般的宾馆和快捷酒店考虑周到，洗浴毛巾用袋子密封好，牙具不是一次性用品，可以带走，但最好选不靠马路的房间。楼下居然还有个环境不错的电影院。好的酒店都在县城以南的206省道沿线，自驾者不妨住远一点。

金水桥两头的餐馆生意很好，小吃、快餐、炒菜皆有。夜市有三处：汽车总站前、新秀路西端的电信广场前、太平桥至下关桥沿岸。新秀路上有很多水果摊，晚上很晚才收摊。

购物

凌云白毫茶是中国21个名优茶树品种之一，因叶背上有白色茸毛而得名，每年清明前后县府广场上会举办茶文化节。天下第一壶对面都是销售凌云白毫的店铺，最小的50克/包，根据质量20~75元不等。大多数店家都可以先品尝后购买。

到达和离开

凌云汽车总站(☎761 2893，761 8430；迎晖路南端）有发往百色的班车（20元；7:00~18:00，每半小时1班；2小时）。凌云没有班车发往乐业，百色发往乐业的班车（见282页）都经停凌云，但不进站，你需要走到县城南端的206省道上等候过路车，从百色开出后约2小时到达凌云，继续开2小时到乐业，从凌云上车车票30元。

不要错过

古泗城寻古

逗留凌云最惬意的莫过于沿泗水河漫步，看看河上八座古桥和随处可见的高龄古榕树，找寻古泗城的踪迹。出凌云汽车总站，沿河往南走，迎来第一座桥——**下关桥**，桥头有古城门——**挹翠门**。接着，过桥沿河向北，首先出现的是有着漂亮浮雕的**伏龙桥**，紧邻的**金水桥**为木制风雨桥，廊桥上是个小小的集市。之后的**太平桥**是城中唯一的石拱桥，桥头还有一棵830岁的小叶榕，树根抱石形成一座拱门，颇有点吴哥窟“古墓丽影树”的神韵。旁边的**泗城文庙**(⊙3月至11月 8:00~17:30，12月至次年2月 8:30~17:30）已整修一新，你只能免费参观棂星门、泮池，更里面的大成殿得请香才能进。接下来的**镜澄桥**市井气最足，打牌的老人、算命先生、江湖郎中等都聚集在桥西。沿着河西岸走，会看到凌云的官方名片——**天下第一壶**，然后经过**接龙桥**，桥头是城中的另一座城门——**春熙门**，康熙年间始建，2009年重建。不久到达最后一座古桥**泗水桥**，桥栏上的浮雕已模糊，桥边的小叶榕却是沿河最年轻的古树——120岁。

乐业

乐业不只是中国的天坑王国，放眼全世界也是独此一家，不足20平方公里内密布着28个天坑，而这绝不会是乐业天坑的最终数据，地表之下也还有很多未解之谜等待专家们揭晓。最出名、最典型的天坑已经开发为景点，公路边、村庄里还有更多野趣十足的天坑洞穴，如果你能跟着专业的户外俱乐部前往一探，过程更令人难忘。一个尴尬的现状是，旅游开发速度配不上乐业的名气，旅行者慕名而来，却发现除了大石围、穿洞天坑、罗妹洞之外便无处可去了，除了大石围开发完善，其他一些景点反而因游客太少、维护成本太高而索性关闭了，"中国户外小镇"至今只是一句口号。本地旅游和酒店业，都寄希望于2019年底高速的开通能带来新一波的客人，很多整修中的景点，也正紧锣密鼓地以与高速同步完工为目标。

乐业县城不大，几乎每条街都有一个"乐"字。同乐路、振乐路口是县城最热闹的中心，乐天路上食宿最多。乐业夏无酷暑、冬无严寒，冬天下雪的日子十年难得一次，但雾淞却年年都有。

景点和活动

大石围天坑、穿洞天坑、罗妹莲花洞三大收费景区有不同组合的联票，折扣幅度近25%（大石围天坑+穿洞天坑118元，大石围天坑+罗妹莲花洞128元，大石围天坑+罗妹莲花洞+穿洞天坑158元）。

乐业—凤山世界地质公园博物馆 博物馆

（见293页地图；罗妹广场北侧；免费；⊙8:30~15:00）有必要在游览天坑前来博物馆上一堂喀斯特地理课。天坑的地质成因、地下河的完整流向图、天坑的剖面图，以及冒气洞的神奇原理等，这些翔实的资料和科考数据可谓十足的"干货"。还有乐业出土的早期大熊猫小种头骨化石，以及各种不同种类和时期的岩石及化石标本。除了乐业本地的天坑群，也能在此了解世界上其他著名的天坑。仔细读完这些内容，你也能迅速成为半个"天坑专家"。本书写作时，博物馆经过整修后重新开放。

博物馆旁边还有一个**中国红军第七军第八军乐业会师纪念馆**（⊙8:30~11:30，14:30~17:30），有兴趣也可进去一览。

罗妹莲花洞 溶洞

（见293页地图；罗妹广场南侧；门票80元，含讲解；⊙8:00~17:00）离县城最近的景点，也是桂西几大著名溶洞中最小的一个，全长不足1公里，全程游览需30~45分钟。整个溶洞由两层组成，下层为流动的地下河，上层的旱洞才是开发出来的景点。

同大多数溶洞一样，罗妹洞也离不开灯光秀的套路，入洞和出洞还分别有一场罗妹的故事，洞内的景观被冠以和故事相关的美名，但这些都不是重点。S形走向的溶洞内，密布着大小不一的莲花盆和流石坝，这才是罗妹洞的特色。洞内共有296个莲花盆，加上盆中盆达600多个，有些盆内还长有非常罕见的"莲子"——穴珠。镇洞之宝是直径9.2米、面积近70平方米的莲花盆，为世界最大。参观罗妹洞的最佳时间是每年6月至7月的汛期，其他时候你只能看到干巴巴的"莲花干"。

你可以从县城步行20分钟或坐三轮车（5元）来此，也可与其他景点连线游览，乐业发往其他任何景点的班车都会路过这里，参观完可以继续拦车去下一站。

大石围天坑景区 地质景观

（见290页地图；☎792 0585，景区内救援电话792 1543；同乐镇刷把村；门票90元，含观光车；⊙8:30~16:30）如果只看一个天坑，非大石围莫属——"东西600米，南北420米，最大垂直深度613米，面积16.6万平方米，容积6700万立方米，坑底原始森林面积9.62万平方米"——这些数字构成了好几个世界之最，如果你还是没有概念，那么想象一下——把台北101大楼扔进去也冒不出头，离天坑顶部还差着100多米！

大石围的旅游配套设施相当完备，进入之后一切都有工作人员热心引导，全程游览约2小时。景区门口到天坑还有8公里，坐上自带导览的观光车，会依次经过流星天坑、冒气洞、白洞天坑、神木天坑、邓家陀天坑、苏家天坑、罗家天坑，最后到达压轴的大石围天坑。**流星天坑**是大石围天坑群中排行第二大

乐 业

的天坑，站在观景台，可以看到它如流星般拖曳的尾巴，观光车会在此停留拍照。**冒气洞**最有趣，洞口呼呼往外冒气，抓一把路边的树叶往洞口一扔，树叶瞬间飘到高处去了，但只有在洞内外温差超过10度时才能产生这种奇妙景象，春、冬两季概率较大，“不冒气”时观光车不停留。本书作者调研期间，白洞天坑正在建观光梯。

在大石围天坑，你可以步行前往3处观景台。首先是在天坑齐腰处，穿过观光车停车场边的**蚂蜂洞**，便是位于东峰绝壁上的天窗观景台，此处距天坑顶部约300米，自下而上“坐井观天”，可以感受天坑之高，洞里的一堆乱石可是2300万年前的地下河床遗迹。然后前往**东垭口观景台**，此处视野最好，可俯瞰深不见底的天坑。继续步行登上703级台阶，是1486米高的**东峰顶观景台**，虽然站得最高，却无法及深，因为视线全被茂密的植被遮挡了，脚下的一根钢丝是2004年阿迪力高空走钢丝刷新吉尼斯纪录的见证。钢丝的另一端是对面的**西峰**，本书作者调研期间，西峰正在建造玻璃观景台，预计2019年底完工。比较难得一见的景象是在冬季或夏季的雨后，大石围的坑内坑外形成较大温差，洞中雾气蒸腾，趁日出（东峰）或日落（西峰）时爬上观景台，斜射的阳光会将你的倒影打在天坑的云雾中，运气好的话，可以看到神奇的“云海佛光”。

大石围景区离县城约12公里，在森工站（乐天路靠近同乐路口）坐开往花坪的班车（10元；7:20～18:30，每半小时1班；30分钟），经过大石围。冬季景区有时会因路面积雪或结冰而关闭，建议你提前电话确认。

穿洞天坑

地质景观

（见本页地图；同乐镇刷把村竹林坝屯；门

票75元；⏲8:30~17:00）由六座山峰围成的穿洞天坑是乐业所有天坑中峰体最多的一座，它的坑口长370米、宽270米、洞深312米，排进了世界六大超大型天坑之列。

穿洞天坑是目前乐业唯一可以通过溶洞进出坑底的天坑，溶洞长约200米，生长着鹅掌楸、香木莲等珍贵的植物标本，坑底到处是藤树相缠的景象。千万不要在“穿洞”后就立刻原路返回，它的坑底西部连接着另外一个溶洞，沿着栈道继续下行便可到达**半月洞**，浑圆宽敞的大厅顶端有一个微型天窗，形似嘴唇。晴朗的中午，光柱会从113米高的洞顶小天窗射入洞穴厅堂，这一瞬别致的阳光被称为“天使之吻”。要看到这个奇妙景象，需要阳光充沛，且在11:00~13:00左右到达。但根据时节不同，时段也可能变化，连景区贴出的广告和导游说的都不一样，所以能不能被天使吻到，还得看运气。

穿洞天坑离县城约10公里，坐与大石围景区同1班车，在路口下车后还需步行4公里。从县城包车往返100元。

布柳河仙人桥景区 地质景观

（☎792 0585；新化乡磨里村；门票90元）2001年布柳河仙人桥发现后，以165米高度、177米跨度超过贵州黎平的天生桥，被认为是世界上跨度最大的天生桥。

景区入口离仙人桥还很远——你得坐着皮划艇在布柳河峡谷里漂流16.9公里，才能看到跨于布柳河上的仙人桥。峡谷沿途风光本身就很值得流连，原始植被保留得非常完整，你可以看到以猴群为首的多种野生动物。

在县城同乐路邮局斜对面乘坐到磨里的班车（15元；7:00~16:00，坐满发车；1.5小时），可到景区门口，也就是漂流的起点东拉码头，终点在仙人桥的巴满码头。漂流只有夏季才有，本书作者调研期间，景区正因修建公路而关闭，建好后有望在非漂流季节坐观光车游览布柳河。景区关闭期间，漂流也停止了，虽然能找到私人船夫，但如此漂流的风险得自己承担。

如果没有漂流的计划，还有一种不花钱看仙人桥的方案。乐业与凤山之间对开的班车经过仙人桥附近，比玩漂流的景区入口更近。车行约1个多小时后，便能看到右侧（乐业往凤山方向）窗外碧绿的布柳河嵌于高山峡谷中，沿途的田园坝子和层层叠叠的小梯田分外秀美。然后进入重重大山，当盘山公路

天坑，大地之眼

天坑的形成大致经历了三个阶段：地下河发育—地下崩塌大厅形成—天坑露出地表。地下河的流动对可溶性碳酸岩层产生强烈溶蚀和侵蚀，导致岩层被掏空后失去支撑，而发生山体崩塌，进而在地下形成了空洞，又在经年累月的持续溶蚀和塌陷后形成地下大厅，当大厅顶部因崩塌变得越来越薄，并逐渐接近地表，最终形成天窗或天坑。天窗与天坑的区别在于塌陷程度，小范围的塌陷形成“天窗”，穿洞天坑里的“天使之吻”就是这个阶段的地貌，如果崩塌足够剧烈且范围够大，就有机会形成“天坑”。从地质形成原理来理解天坑或许太抽象，肉眼可观的定义则直观得多：天坑底部有地下河，洞穴崩塌后四周形成闭合状，即有绝壁围绕，同时口径和深度大于100米。

“天坑”这个名词最早在2001年由中国地质研究专家朱学稳教授提出，国际岩溶学界的科研术语里天坑使用的是中文音译“tiankeng”。目前全世界已知的80个天坑中，中国占了50个，而全世界13个超大型天坑中，乐业就占了7个。2010年“乐业—凤山世界地质公园”正式获得联合国教科文组织的批准，在这个组合中，乐业的主要贡献是天坑。

大石围无疑是乐业天坑群中最完美的，其天坑形态完整，体量巨大，底部的原始森林茂密。1995年11月，大石围天坑第一次公布于世，巨石滚落47秒后才落地闻声；1998年，人类首次进入大石围坑底；2002年，来自9个国家的28名科考人员入洞探测，测得洞穴总长度近40公里，地下河长度6.6公里。目前，出于对大石围生态和安全的考虑，天坑内的任何探险活动都需要提前向当地政府报批，普通旅行者来只能按照景区既定路线游览。

开始下行时，可睁大眼睛寻找右侧山谷中光秃秃的岩壁。如果只想随车一瞥仙人桥，可提前告知司机，司机会在唯一一处不被树木遮挡的角度为你停车，即便如此，你所遥望到的仙人桥也只是冰山一角。待车盘至山脚，有一处岔口，在此下车，往里走2公里便是仙人桥。这里也有当地村民经营的船游或竹筏游布柳河（120元/船，可以坐10人）。

火卖村 村落

（见290页地图；☎792 3615）火卖是个挂在半山腰的小山村，村内仅34户人家，以邹姓为主，是清末从贵州遵义迁移而来的。近年来，火卖村极力打造生态村的概念，所有房屋统一披上了木质外衣，但它真正值得你前来的是“一山两天坑”。

风子荡一洞三坑就在村内，顺着指示牌走就行。“一洞三坑”指的是天坑下有三个天窗，站在坑口探头张望能看到40米深处的坑底，得依赖专业的探险设备下降到坑底后，才能徒步穿越三个天窗。

站在村里，抬头便能看到村子背后**观音山**上的凉亭，这是当地著名的日出云海观赏点，登顶约需20分钟，看日出的话，得在6:30前到达山顶。相距不远的另一座山头上也有个凉亭，站在这里朝下看，可以看到底部一个更大、更深的天坑——**大曹天坑**，别看它“荒废”于乡野，也是世界级的呢，天坑里的**红玫瑰大厅**是世界第二、中国最大的地下溶洞大厅。

你可以走到大曹天坑跟前去，与前往观音山同一方向，但不要上山，一直沿着小路往前走，大约30分钟后会看到一个小村，穿过农田，便能到达大曹天坑边缘（或者你也可以在进火卖村前先去大曹天坑，留意上山的盘山公路有条向左的分岔路，便是通往大曹所在的村子，也可直接向央林小学问路）。有两处可以欣赏天坑，贴着村子的一面是户外人员速降的地点，从此直降150米到天坑底部，然后进入漆黑的洞内，穿过红玫瑰大厅，最后在火卖村的公路口重见天日。而贴着山壁的一面，爬高一点可以拍摄天坑全景，这一侧有一条羊道通往天坑底部。因为少有人走，称之“举步维艰”都不为过，可能还没入洞就已经需要2小时，不建议你涉险。

火卖村里可提供住宿的不少，最便宜的50元/晚，但原生态到需要自己打水洗漱。相当于县城小宾馆条件的**德馨园**（☎792 1045；标双150元；❄📶）条件最好。本书作者调研期间，火卖村正在建养生酒店和别墅。

火卖村离乐业县城8公里，到大石围的班车经过火卖村路口，进村还有4公里盘山公路，沿盘山路而行时留意一下旁边的山坡，几乎每个S形弯道皆有小路可抄近道，可节省至少一半时间。

牛坪屯 村落

（见290页地图）牛坪屯东、南、西三面环山，北部入口是喀斯特地区难能可贵的一片草场。百朗河在牛坪这一段流出地表，形成一段明流。村落绕河而建，有沿河栈道可赏水，有登山步道可赏植物，有铁索桥带你近距离直面溶洞口，夏天还可以去葡萄园自由采摘。

村里的**馨兰园**（☎839 0999；标单/双188/148元起；❄📶）是一家很棒的民宿，房间装修格调不凡，空间很大，复古地板，原木色

百朗地下河

地下河对天坑的形成起了决定性作用，正是它的强烈溶蚀和侵蚀，令洞顶不断崩塌，最终形成天坑。百朗地下河便是孕育出大石围天坑群的水动力系统。地下河并非总是藏在喀斯特峰丛下，它几经明暗交替，才最终完成使命，彻底冲出地表。地下部分只有专业的探洞人员才有机会一窥究竟，地上部分不难寻觅踪迹。百朗河入口就是县城罗妹洞旁那条不起眼的小河，在此潜入地下，然后在牛坪南端流出地表，形成一段明流。之后隐身于大石围等数个天坑底层，再无露头，直到40公里后才在百朗大峡谷冲上地表，并经前方的龙滩水电站注入红水河。**百朗大峡谷**是个盲谷，范围从百中村到地下河出口之间的5公里，有绝壁、绿植可赏的峡谷风光，若非对喀斯特地貌感兴趣，并不值得专程前来。从县城包车往返150元。

乐业城区

0 300 m

乐业城区

景点

1 乐业—凤山世界地质公园博物馆 B3
2 罗妹莲花洞 B3

活动

3 飞猫探险队 C1

住宿

4 和义精品酒店 C2
5 简·派风尚酒店 C2
麦乐精品酒店 .... (见12)
6 明月湖酒店 C2

就餐

7 甘记乐业土鸡米粉店 C2
8 螺公堂 C2
9 苗苗干捞粉 C2

实用信息

10 中国邮政 C1
11 农业银行 C1

交通

12 乐业汽车客运站 A4
13 森工站 B2

家具，有榻榻米茶桌和衣帽架。大床房还有一个天井和露天浴缸。牛坪也是当地人经常光顾的地方，这里的土鸡、土鸭、野菜等都是最新鲜的美味。美中不足的是，中国联通的手机在牛坪村内无信号。

牛坪屯离乐业县城6公里，到大石围的班车经过村子路口，下车后还需步行约2公里，绿色的百朗河就在你右侧，一路上出洞入洞的景象会交替陪伴着你。村口有一片为自驾者准备的汽车营地。

五台山 山

（见290页地图）不必执着于乐业的地下世界，站得高也有不俗视角。五台山位于县城西北部，山上植被丰富，野生动植物种类繁多，已被定为国家级森林公园。4.2公里长的登山步道通往海拔1657.6米的山顶，沿途有5个观景台，往返约需3小时。原始森林除了体现在空气分外清新上，蚊虫也格外多，一定要做好预防措施。本书作者调研期间，环森林的玻璃空中栈道已完工一半，树屋酒店也在规划中。

每年4月，各个山头的杜鹃花竞相开放，花影婆娑引得当地人也纷纷前来，人气最旺当属“五一”，景区有配合县城的一系列活动，山顶有赛歌会。

景区入口离县城16公里，没有班车，包车单程100元。沿途会经过明晃晃的上岗水库，11月时水库两岸的枫树变红，会给你意外的动人景致。

活动

徒步

在乐业徒步，风光与难度是成正比的。不难走也不太美的是紧贴县城西侧的峰丛徒步，从北端的农贸市场通往罗妹洞，全程1.5小时，为本地人茶余饭后的健身步道。

旅行者可以从罗妹洞徒步去火卖村，约12公里，一路边走边看的话可花去一个白天。从罗妹洞口北侧上山，最初的不到1小时始终看得到县城。出现岔路后选择左侧深入喀斯特山峰。半小时后翻下山到达旅游集散中心。接下来你要在公路上走上约3公里，到达火卖村口。转入盘山公路时多留意山体，每个转弯附近都有直上的捷径。到达火卖村后，再沿通往观音山的小径走30分钟，就可以到达大曹天坑所在的村子，再从大曹天坑回到盘山公路上，然后出村。

较有难度的徒步路线是：县城—大曹天坑—火卖村—熊家洞—大石围天坑。需要分两天走，第一天住在火卖村；第二天才是考验，需要从熊家洞东洞穿到西洞，你需要准备头盔、头灯等专业装备。

探洞

或许在乐业做一个无惊无险的观光客并不能让你满足，这里还有很多未被圈入景点的野坑、野洞，让你一偿探险的夙愿。进入天坑得借助SRT（单人单绳上升下降技术）“从天而降”至坑底，最适合体验的地方是火卖村的大曹天坑与风子荡。

入门级的探洞之旅也在火卖村。村口公路边的巨大岩壁上有两个巨大的山洞，右手边的一个通往红玫瑰大厅和大曹天坑，左手边的洞通往杨柳井和牛坪屯，目前两个洞内都已修好了步道，但尚未安装照明设备，洞内伸手不见五指。穿洞天坑旁的熊家东西溶洞，是乐业国际山地户外运动挑战赛的穿越赛道，洞内设有反光路标，也是很好的探洞体验地。强光手电或头灯、头盔、登山靴、水、干粮等都是基本的探洞装备。你还要避开农历六月至八月，因洞内有地下河，夏季雨水充足，极易引发洪水，想想2018年夏天泰国少年足球队的案例吧。

无论是天坑速降，还是洞穴穿越，都需要专业的设备、足够的户外经验和团队协作，切忌自行前往。成立近20年的**飞猫探险队**（见293页地图；英华路县药监局后面）是本地著名的户外俱乐部，多次参与科考项目和中外探险合作，“上天入洞”的经验极为丰富，也是普通旅行者在乐业进行户外体验值得信赖的向导。

攀岩

亚洲最大的人工岩壁就坐落在县城南边的罗妹广场上，攀岩爱好者可以在那里找到适合自己的练习方式。县城还计划新建一个世界上最高的攀岩场（38米）。县城周边的天然岩壁路线有几百条，包括牛坪洞、穿洞天坑里的半月洞等，布柳河仙人桥是广西最难的结组线路，攀岩高手们可以一一挑战。

节日

中国百色乐业国际山地户外运动挑战赛 文化节

这是乐业最盛大的节日，已经连续举办了10年，吸引到国内外各路户外高手。每年4月底举行，为期2天，包括速降、攀岩、山地自行车、越野跑、徒步、漂流等赛事，甚至有的驴友“跟着比赛去旅行”，找到了属于自己的路线。

其他季节也会举办一些越野赛事，每年举办时间和内容不定。2018年11月，这里举办

附生兰的乐土

被冠以“君子”雅名的兰花，你肯定见过不少，它需要营养富足的土壤，既怕暴晒又不能不晒，温度太高太低、水多了少了都难以成活，正对应了“娇生惯养”四个字。这样的植物看起来与存不住水的喀斯特地形八竿子打不着，可偏偏“中国兰花之乡”诞生在了乐业。其实，我们所熟知的家养兰花叫地生兰，没有厚土无法存活。还有一种兰花叫“附生兰”，它可以附生在石壁上、石缝中、树杈上，一点点土就够它们满山绽放了。

乐业不少人迹罕至的石块峭壁，为附生兰提供了一方乐土。位于花坪镇以南12公里的**黄猄洞天坑**，坑底生长着44属130种野生兰科植物，还发现了迄今为止全球最大的野生居群莎叶兰和大香荚兰，以及全国唯一的野生居群带叶兜兰。黄猄洞现在作为国家级自然保护区，不再对外开放。2007年，雅长兰科植物国家级自然保护区成立，花坪镇的**雅长兰科植物繁育实验中心**内设有游客中心，但以接待旅游团为主，独自前来的话，可以与工作人员商量一下进去参观，一般会被允许。这里的大棚里培育着很多铁皮石斛、西藏虎头兰等兰花品种，但因广西曾出现过盗采绝境珍稀品种的兰花牟取巨利的案例，故保护区内最珍贵的兰花只对科考人员开放。不过，火卖村内的兰花园参观没有门槛。

了**China100山地越野赛**，百公里长的赛道需要穿越8个溶洞、10多个天坑。

卜隆古歌节　壮族节日

卜隆古歌起源于明代，是流行于桂西北地区的一种民歌，每年“五一”，新华镇磨里村周边的壮族欢聚在一起，传唱卜隆古歌、举行长桌宴，并有独竹漂、水上拔河比赛等民俗活动。

住宿

乐天路上有几家快捷风格的酒店，软硬件设施都不错，加上周边餐馆很多，是你在乐业的住宿首选。同乐路上小宾馆不少，是乐业最早的一批宾馆，条件都难以令人满意，乐业夏天不热，如果住这类小宾馆，将空调遥控器交还给老板吧，可以省下一二十元。

简·派风尚酒店　民宿 ¥

（见293页地图；☎778 5008；三乐南路文化广场对面；标单/双 98/158元起；❄📶）本书作者调研期间新开的酒店。每个房间装修都不同，每个房间也都很大，有的是套房，有的带阳台，唯一不理想的是所有房间的卫生间都偏小。二楼还有一个榻榻米式的公共区域。顶楼的房间稍小，最便宜。酒店位置也很好，正对着文化广场。

和义精品酒店　酒店 ¥

（见293页地图；☎792 7666；城南扶贫农贸市场当站路口；标单/双 138元；❄📶P）2018年开业的酒店，房间简洁干净，床品舒适，有落地镜、USB充电口插座、夜灯。除了特价房（117元）外，其他房间都有干衣机。

麦乐精品酒店　酒店 ¥¥

（见293页地图；☎779 9988；汽车客运站旁；标单/双 158/178元，含早餐；❄📶P）这家装修不俗的酒店就在客运站旁边，对面就是前往大石围等景区的岔路口，离罗妹莲花洞和博物馆不过2分钟脚程，缺点是远离县城中心，就餐不方便。房间和卫生间都很大，每个房间都有不同运动主题的装饰画。单人间小小的飘窗不但能坐着喝茶，也增加了空间感。

明月湖酒店　酒店 ¥¥

（见293页地图；☎255 9999；城南乐天路，近兴乐路，县住建局后；标单/双 189元，含早餐；❄📶P）酒店称得上漂亮。房间整洁舒适，卫浴干净。

就餐

乐业没什么特色菜，包含各种土菜的高山簸箕宴勉强算一个，不过只在周边村落供应，价格在250元以上，适合至少6人以上分享。县城内，乐天路上以快餐、米粉店为主；民乐小吃街入夜后烧烤摊便烟熏火燎起来；兴乐路靠近乐天路一带贵州、云南风味的餐馆居多；兴乐路靠近三乐南路一带有一些夜排档，营业至半夜两三点。山高路远也影响到了此地的消费水准，饭馆、烧烤摊人均消费并不低。

本地特产红心猕猴桃，在菜市场和水果店都可以买到，八九月是采摘季，口感最佳。

甘记乐业土鸡米粉店

小吃 ¥

（见293页地图；三乐南路38号；人均4元起；⏲6:30~15:00）这家的土鸡粉不可不尝，汤很鲜，土鸡肉分量十足，称得上汤靓料正，粉有圆粉和扁粉两种可选。浇头（2~4元）包括扣肉、叉烧、锅烧等，也都很美味，据说都是当天备料当天售完。只做早餐和午餐。

苗苗干捞粉

小吃 ¥

（见293页地图；乐天路241号；人均6元起；⏲6:00~15:00）每天早上乐天路上生意最火爆的一家粉店，粉是宽宽的手工切粉，有三种汤料可以自行添加，还有一堆重口味的调料。服务员一边戴着手套抓粉，一边收钱，在简陋的小吃店里已算是注意细节了。

螺公堂

小吃 ¥

（见293页地图；乐天路241号；人均12元起；⏲7:00~20:00）在广西，带有“螺”字的粉店做的都是螺蛳粉，这家是少有的以炒螺蛳粉为特色，不同于“螺蛳粉里没有螺蛳”的汤粉，炒粉里一颗颗螺蛳清晰可见，吃起来口感会比炒面更为爽滑。

实用信息

本书作者调研期间，乐业县很多景点正处于关门整修中，为避免吃闭门羹，最好提前电话咨询**乐业县旅游局**（☎792 3615）或**大石围旅游服务中心**（☎792 0585）。

县城里银行不算多，振乐路、三乐路上能找到**农业银行**24小时ATM，**中国邮政**（⏲9:00~17:00）位于同乐路上。

到达和离开

乐业汽车客运站 位于县城南端，发往百色（60元；6:00~17:30，约20分钟1班；4.5小时；经过凌云）的班车中，有15班可直接送达百色高铁站，另外还有发往凤山（58元；7:10，13:00；5小时）、天峨（65元；14:00，15:00；5小时）和贵州罗甸（60元；6:30，13:00；4小时）等地的班车。

去往花坪（15元；7:20~18:30，半小时1班；1小时）的班车在乐天路靠近同乐路口（当地人口中的森工站）乘坐，沿途经过牛坪村路口、火卖村路口、穿洞天坑路口、大石围天坑，回程末班车18:00。同一乘车点还有旅游公交专线（2元；7:30~17:30，半小时1班）发往大石围天坑，同样经停以上路口。

另外还有两个车站，都在同乐路上。县人民医院对面有发往百中（9:00，12:00；2小时）的班车，百中离百朗大峡谷很近了；邮局斜对面有发往磨里（15元；7:00~16:00坐满发车；1.5小时）的班车，去布柳河仙人桥漂流就坐这趟车。

另辟蹊径

把吉屯

离大石围约3公里的把吉屯是个高山汉族聚落，村子的先民在明末清初为躲避战乱迁移而来，此后，他们逐渐与本地少数民族的生活方式相融合，而与故土的汉族渐行渐远，于是才有了高山汉族的名字。村里的房舍、村民的穿着都无特别之处，有看头的是火纸制造。火纸是祭拜祖先神灵时用的纸，最传统的做法是以竹子为原料，经过石灰水浸泡、风干、清水浸泡、粉碎、捞浆、榨纸、晾干等步骤，历时半年完工。在机械化和半机械化造纸的今天，把吉屯村民难能可贵地保留了这一古老的手工技艺。不过如今村里会造纸的老人越来越少，想看的话得尽早来。腊月和六七月是村民们的造纸季，其他时候来，你只能看到空置的造纸工房。村子就在县城去大石围途中，快接近大石围时，790县道旁有一条拐向北的小道，再走2公里就到。从县城直接包车往返120元。

距县城35公里的**母里屯**，是一个仅13户家庭的村落。这里保留着很多母系氏族的风俗，比如女人当家，女人喝酒、抽烟，男人负责做饭带娃。母里屯位于遥远的逻西乡，从县城包车前往约200元，实际上很少有司机知道这里，更适合自驾前来。

当地交通

7路公交车途经汽车总站、罗妹广场、博物馆、文化广场，票价1.5元，公交运营时间6:30~20:30，虽站牌上写着8分钟1班，实际上车次很少，本地人还是更习惯乘坐三轮车，县城内都是5元。

隆林

隆林是百色12个县中唯一一个少数民族自治县，这里有壮、苗、彝、仡佬四个少数民族，单单苗族就有偏苗、红头苗、白苗、清水苗、栽姜苗、花苗六个支系。县城没有民族风情可言，大多数村寨也已“改头换面”搬进了新居，只有路途遥远不易到达的寨子，还守着过去的容颜未改。如果图省事，就去县城周边赶街吧，几乎每天都有一场，每个乡镇轮番举办，你的满眼看到都会是毫不做作的“民族服装秀”。

县城布局较散，并没有一个区域可满足吃住购一条龙。东边的民族文化广场和南边的财富广场是两大繁华区域，前者入夜后最热闹，广场周围摆满夜市摊，后者是购物区，白天人气高。兴隆街、龙山路一带餐馆众多。老汽车站在东南，新汽车站在西北，中间隔开一个后龙山公园，两个车站附近都有很多食宿点。

景点

隆林没有被规划的景点，几年前周围的一些寨子还各有特色，政府也尝试进行过开发，但鲜有游客的到访，令其缺乏维续的动力，最终景不成景，如今各寨子在时代大潮的推动下越来越现代化，也越来越雷同。距德峨不远的**张家寨**（县城开往蛇场、龙滩的班车经过），成了追溯传统的标准化苗寨——寨内的房子本都是水泥房，如今又在外表加盖了一层桐油漆的木板，这里以音乐演奏闻名；位于常么与德峨之间的**龙洞大寨**，蜡染和刺绣是此寨的特色；猪场乡的**田坝村**和那伟村**洞沟屯**，分别是红头苗和花苗寨子，但路途遥远，到了猪场乡仍需包车。无论去哪个寨子，最好是节日或赶街的日子，在平时可能有些乏味，各寨的手艺人更是不易得见。德峨与龙洞大寨之间有个**野猪岭**景区，登上不高的山头，能眺望到克长苗乡周边的“五岭八百峰”。

在805县道沿线还有几处小景可去一探，离县城最近的六楼是壮族聚落，公路边崭新的水泥房是村民们的新寨，老寨还在2公里外的大山深处，已无人居住，空留一座座传统风格的木板房；清水苗村落**大树脚**的亮点是村里一棵千年古榕树，茂密的枝叶遮蔽了整个公路；8公里处的**冷水村**有一个瀑布群，水源自不远处的梅达地下河，6月至7月的汛期水量最丰沛，不过据当地人介绍，如今瀑布已严重缩水，当你找到它时，不妨留意一下旁边山体上光秃秃的石块，那也曾是瀑布冲刷的地方。隆林到者隘的农村客运小巴（☎134 8160 6315）一路经过这三个地方，不过由于乘客太少，每天发车、回程时间都不固定，提前与司机联系会保险一点，包三轮车游览这几处往返价格50元。

食宿

汽车总站和迎宾路一带有不少小宾馆，订房网站上能搜到的几家，正是这条街上条件相对较好的几家，最好不要选临街的房间，这些宾馆的窗玻璃都太薄了，不足以隔绝来自公路的噪音。

入夜后，民族文化广场西侧就成了热闹的夜市，以烧烤、麻辣烫为主，还有酸嘢摊，广场南侧有几家餐馆。由于隆林接近贵州，街头贵州特色饭馆不少见。**羊瘪汤**是苗家上乘佳肴，对外地人来说是需要胆量的黑暗料理。食材来自羊胃肠里未消化的残留物挤出的汁水，与各种羊内脏一起熬煮，加入胆汁，并以花椒、橘皮等各种香料去除腥腐味。如果你打算放胆一尝，尽量别去想它的制作过程。

朝平鑫悦酒店 酒店 ¥

（☎821 0888；迎宾路1666号，靠近民族中学；标单/双 128/138元，含早餐；📶❄）迎宾路上性价比较高的一家宾馆。房间干净，床舒适，淋浴花洒很大，前台非常友善。距离文化广场不远，很方便晚上去夜市觅食。网上订房有时低于100元就能拿下了。

成飞精品酒店 酒店 ¥

（☎250 7799；迎宾路汽车总站旁；标单/双 108/128元起；📶❄🅿）虽远未达到精品酒店的标准，但也算有特色了。不同房间价差仅一二十元，越贵的越大，卫生间干湿分离，配有吹

另辟蹊径

平流壮寨

这个遥远的寨子，深藏在距县城4小时路程外的金钟山乡，背靠国家级黑颈长尾雉森林保护区，是当地人听了都叫远的地方。平流寨是一个青衣壮的世居村寨，百户人家统一的原木干栏式建筑，历经数百年风雨，原汁原味地保留至今，整个寨子镶嵌在层层叠叠的梯田边，远观近赏姿色各有千秋。平流壮寨于2012年12月被列入第一批中国传统村落名录，才得以在周边所有寨子都走砖房路线时，原封不动地保留下来。

县城到金钟山乡的路极差，尽量选择前排座位，否则你的屁股可能没有一刻能安放在座位上。沿途一路的原始森林风光和梯田美景，算是对你旅途劳累的补偿，尤其在到达金钟山前，壮美的南盘江出现在下方，叫人眼前一亮，对面就是贵州了。县城老车站每天有两趟发往金钟山的班车（40元；9:00，13:50；4小时），上午的班车到达金钟山后仅停留15分钟便返回县城，下午的班车在次日7:00返回。因此你只能在金钟山住一晚，乡里有几家宾馆（60~100元），条件和县城没法比。从金钟山到平流寨还有4公里，可以走过去，或找辆摩托车送过去（20元）。自驾最为理想，不但能当日赶回，还可以避开最令人崩溃的一段坑洼路（那绍有一条新的柏油公路直通金钟山，车程能缩短1小时）。

风机和免费矿泉水。最小的单人间也很善于利用空间，还隔出了一个衣帽间。酒店开业不久，很干净。

万民国际大酒店 酒店 ¥

（☎250 9999；民族路228号；标单/双 148/158元；Wi-Fi 空调 P）靠近城东客运站，离文化广场也不过3分钟脚程。酒店设施相当于三星级标准，简单干净。高楼层为豪华间，要贵20元，但除了地毯更干净，其他没什么不同。

者浪卷粉 小吃 ¥

（迎宾路；人均5元起；⏰6:30~13:00）县城有不少者浪人开的卷粉店，迎宾路汽车总站至邮政储蓄银行路段就有三家，都在路的北面。卷粉店只在早餐时段有，与百色卷粉不同的是，者浪卷粉无须添加佐料就已经相当入味。除了卷粉也有汤粉，记得说一句“要手工切粉”哦，否则店家会默认给你机器制粉。

羊瘪汤 本地菜 ¥

（☎820 0265；兴隆路南端，财富广场对面；羊瘪汤38元；⏰11:00~22:00）品尝本地苗族特色菜羊瘪汤的好地方。这家店供应的其他荤菜都来自羊身上。

鑫泰鑫饭店 中餐 ¥

（☎820 2828；迎宾路欣欣花园2-12号；人均30元；⏰10:20~20:00）本地人比较推荐的一家饭馆，如果人多的话可以选择来这儿吃个圆桌。各地风味都有，还有蚂蚁、蚕蛹等虫子菜。

购物

隆林特产辣椒骨是一种酱料，只在每年腊月制作，春节前家中宰猪剐下的大骨，捣成碎末，连带肉、辣椒一起剁碎，再放到坛里腌制，半年后才可食用，食用方法和辣椒酱一样，可以炒菜，也可蒸熟作为蘸料。**隆林特产总汇**（☎820 8299；兴隆街17号，农业银行对面；辣椒骨20元起）可以买到各种容量的辣椒骨。

汽车东站附近的**含山心莲兴民族服装加工专卖店**（迎宾二路421号；壮族服饰600元起）是制作销售壮族服饰的一家店，虽然没有买的必要，但可以来看看，毕竟在街上遇到身穿传统服饰的壮族妇女的概率不算高。

到达和离开

隆林有两个汽车站。**隆林汽车总站**（☎250 5038；兴隆街236号，迎宾路口）位于城北。都是发往县外的班车，包括南宁（170元；8:00，9:00，10:20，11:10，12:30，15:00，17:30，18:00；6小时）、百色（75元；6:40~19:00，共18班；2.5小时）和贵州兴义（50元；6:20~17:40，每40分钟1班；2.5小时）的班车。

城东客运站（☎250 5096；迎宾二路313号）即当地人口中的老车站，有班车发往西林（30元；6:40~17:30，约每40分钟1班；3小时）、金钟山

（31元；9:00，13:50；3小时）等，发往德峨的班车最多，除了10:20、11:30、15:10、16:10的直达车，开往西林、金钟山、蛇场、龙滩、高山、那绍等地的班车也均经过德峨。

注意，在一些购票APP上，显示隆林到西林的班车是从隆林客运服务站发车，这是错的，请到老车站坐车。

1路、2路公交连接两个汽车站，但是班次太少，三轮车5元。

驮娘江沿岸

驮娘江发源于云南广南，在西林县入境广西，一路流向东南，在下游汇入右江后，直奔珠江而去。“驮娘”之名来源于一则民间传说：北宋某个大旱之年，壮族后生侬智高背着母亲逃荒寻水，终于找到水时母亲已渴死在儿子背上。驮娘江水色绿如翡翠，从隆林前往百色若不赶时间，不建议你坐走高速的直达车，你可以绕道西林，沿驮娘江而行，一路上碧水衬绿野，风光妙不可言。西林是砂糖橘之乡，秋冬前来的话，驮娘江两岸硕果累累。

西林最著名的一段历史，莫过于“西林教案”——1856年2月法国传教士马神甫违反《中法黄埔条约》而被西林知县处死，成为第二次鸦片战争的导火索之一。不过当下的西林县城没什么值得停留的看点，周边更精彩。从隆林坐车到西林（这趟班车会依次经过长么、德峨、猪场，若正好碰上赶街日，可下车顺道一游）后，直接在车站外乘坐开往那劳的公交车，票价10元（注意，车站内售票大厅和网络购票也可以买到西林去那劳的车票，车票却

最炫民族风？

满心以为会看到满大街花花绿绿的民族服饰，可最后却发现，你和当地人的区别只有语言，说好的最炫民族风呢？其实也不难理解，博物馆里那些隆重的传统服饰，哪里适合平时工作与劳作中穿？只有在过节时，人们才会翻出压箱底的衣服，戴上全套银饰，热热闹闹地回归传统。隆林一带，四个民族一年有四个重要的节日，届时，从县城到乡镇都是他们的秀场。

苗族跳坡节 正月初二到十四，高潮在初九与初十。最特别的节目是爬坡杆，那些能在杆顶畅饮美酒、摘取红腰带和腊肉的小伙子是坡场上的英雄。一般在德峨镇的民族文化广场能看到这样的盛会。

壮族歌圩 农历三月三，各家各户做五色糯米饭祭祖，还有踩风车、荡秋千、演壮戏等风俗，对歌是最重要的节目。县城文化广场有大型的歌圩和各种民俗竞技可看。

彝族火把节 农历六月二十四，除了点火、祭火，还有斗马、赛马、摔跤、舞蹈、打磨秋、抹黑脸等各种娱乐活动。通常在德峨镇保上村阿稿屯上演。

仡佬族尝新节 各地根据秋收时间过节，现在隆林定在农历八月十五。这天大家停止农作，穿上盛装到田里采集新谷物。尝新节也是拜树节，有牛心祭祖的风俗。在德峨乡么基村大水井屯可以看到。

节日可遇不可求，但赶街（赶集）就容易得多，每天都有集市，每个乡镇轮番举办，都是每6天举行一次。赶街的日期不看阳历或阴历，而是看生肖。德峨镇的街日属虎和猴，之后依次是长发、常么、猪场、那绍、克长/者浪，以德峨的街日规模最大最热闹。不会算也没关系，到车站问问各班车司机，他们会告诉你当日轮到哪里赶街。赶街时，阿婆们身穿传统服饰（日常便装，非节日盛装），你能看到最多的是偏苗——头戴镶着白边的层叠大黑帕，大襟短衣配上有三条横纹的长裙。至于其他各个分支，去找集市上卖传统服饰的摊主聊一聊吧。赶街要趁早，摊主清早就开始陆续搭台，人们背着背篓，好几条街都被密密麻麻的人群和背篓挤满，如果11点才来，就只能欣赏他们收摊了。遇到农忙时节，赶街的人气会有所减少，要是问什么时候最热闹，无疑是新年和三月三了。

要16元）。班车开出没多久，驮娘江就出现在右侧窗外了。

约75分钟后到达那劳，在此下车，按指示走1公里，便到了被列入全国文保的**岑氏建筑群**（☎866 7520；免费；⏲夏季8:00~18:00，冬季8:30~17:30），即本地人口中的宫保府。这是桂西北壮族地区保存规模最大、最完整的明清建筑群，包括思子楼、南阳书院、荣禄第、增寿亭、宫保府、将军庙、岑氏祠堂等。我们调研期间，始建于明朝的岑氏土司府还在修缮中，321省道上的孝子孝女石牌坊是推倒后重建的新建筑。清朝末年，岑氏一门相继出了三位总督，成为盛极一时的望族，戍守西南边疆、指挥中法战争、开办学堂，在中国近代史上留下了不可磨灭的印迹。如果你去过凌云的民族历史博物馆（见287页），就会了解到这三位总督正是泗城岑氏土司的后裔，而这里各个建筑中也有关于岑氏家族的详细介绍。

结束参观后，回到之前的下车点，等待西林发往百色的班车（末班车约17:45经过那劳），继续坐车欣赏驮娘江，直到田林县的八渡瑶族乡，才告别驮娘江。从那劳到百色的车程要4个多小时。

北部湾地区

包括➡

北海 302
涠洲岛 313
钦州 323
东兴 325
京岛 330

最佳餐饮

- 侨港美食（见310页）
- 南湾海鲜市场（见321页）
- 秀英西贡美食（见328页）
- 菠萝根海鲜饭店（见328页）

最佳住宿

- 茗宿（见307页）
- 这里·海度假酒店（见307页）
- 21海里·别岛民宿（见318页）
- 镜观闲居（见319页）
- 浪古村宿（见320页）

为何去

阳光、沙滩、大海，或者用更时髦的3S（Sun/Sand/Sea）叫法，谁能抵挡住它们的诱惑？亚热带的岛屿、新鲜的空气、美味（又便宜）的海鲜，又让多少人来过一趟便念念不忘？北部湾地区正好坐拥这些优势：金滩、银滩、白浪滩，每个近海的城市都有软软的沙滩；侨港、澫尾、涠洲岛，渔船上刚刚卸下的海鲜等着入肚。更难得的是，比起海南，或者是珠三角、长三角那些在当地颇有名气的海岸岛屿，北部湾的旅游热度总要低上一点，也更有性价比。

除了大海，北部湾还有其他亮点送给远道而来的旅行者。北海和钦州都有海风吹拂下沧桑尽显的老街区，一帧帧骑楼映像正好装进相机。东兴有中越边境上食色生香的异域风情，有触手可及的地理坐标，那里正是鹭飞林密所在。再往西的十万大山深处，还有等你挑战的山路十八弯。少一些过分的期待，这片山海相连的地方总能给你带来惊喜。

何时去

12月至次年3月 北部湾的冬季不冷，通常温度在20℃左右。只有冷空气南下的几天，可能会降到5℃左右。

4月至6月 海滨旅游逐渐升温，打着赤膊或穿着比基尼玩海的时间到了！三娘湾不仅有白海豚开始跃出水面，农历五月还有大潮可以观赏。

7月至8月 暑假的北部湾相当热门，周末一定要预订，尤以涠洲岛的船票、住宿最为紧张。农历六月金滩有哈节，不仅能玩海还能看民俗。

9月至11月 秋季的海鲜最是肥美，除了国庆长假，游人都不会太多，是来北部湾旅游性价比较高的时候。

北部湾地区亮点

❶ 号称“中国最美海岛”的**涠洲岛**（见313页）究竟有多美？你应该亲自去看看。

❷ 孤悬海外的**斜阳岛**（见318页方框），还在质朴状态，要去趁早。

❸ 踱步在北海**老街**（见303页）之上，试着读懂每一处时光留下的斑驳印迹。

❹ 领略过侨港海滩的日落美景，再去检阅**侨港美食**。（见310页）

❺ 追随北仑河的流向，沿国境线**骑行京岛**。（见331页方框）

❻ 自驾沿边公路，与**十万大山**（见327页方框）来个亲密接触。

北海

人口：175万

区号：0779

南国的海却被唤作“北海”。作为北部湾顶上的明珠，这座美丽的滨海城市正从地产泡沫、传销基地的噩梦中醒来。温暖宜人的气候、沙质水质均属国内一流的城市海滩、新鲜海产加上粤式料理，吸引着南腔北调的外地人来圆“面朝大海”的梦。而旅行者则更多地流连在骑楼老街的历史建筑、银滩的梦幻日落、侨港的诱人美食，以及大海那头令人神往的涠洲岛。

方位

这座小城在三面临海的半岛之上，因为北面也是海水才得名“北海”。外来人口和本地居民也许生活在两个北海中：在火车站以南到银滩的区域，普通话（也许是东北话）是最强音。这里高楼林立，道路宽阔，但似乎少了一分人间烟火，几乎所有旅行者都会用到的国际客运港也在这里。真正的本地居民大多生活在火车站以北的老城区，其中以北部湾广场到北海老城的区域为核心。老城以北、伸入海中的外沙岛由人工填海而成，集中了海产销售和餐饮度假的功能。

景点

免费 银滩 海滩

(见304页地图；救援☎189 0779 3929；救生员工作⏰4月1日至10月31日7:00~19:00）银滩当得起“银”的称号：白色的沙滩在阳光下熠熠反光，配上颜色深沉的海水，符合绝大部分人对于海的期盼。这里的沙质十分细软，赤足踩上，“脚感”很棒；漫长的沙滩更是坡度缓和，很适合游泳和散步。黄昏是银滩最美的时候，潮汐抚过的细沙平滑入镜，完美地倒映出每一寸变幻的天光。

银滩大门是大部分游客下车的地点，穿过大门就是碧海银沙。银滩游客中心冲淡水每人20元，保管箱25元，路边小店稍便宜些。滩上有沙滩车、气垫船等水上项目，淡、旺季和早、晚价格变化都很大，其中最刺激的是摩托艇(100元/10分钟)。晒太阳的话可以租套太阳伞躺椅(100元/天)，沙滩步行道上那些桌椅摆设也是有偿使用的，包括马路对面的麦当劳，执行的都是昂贵的景区价格。想要避开熙熙攘攘的游人，就去西边一点的**海滩公园**(见304页地图)，那边的海岸更加适合漫步，公园的标志是音乐喷泉，这个当年号称亚洲最大的喷泉，如今只剩下地标的作用了。

银滩位于市区东南的银滩路上，从北部湾广场乘3路车、从火车站乘20路车、从南珠汽车站乘21路车都可到达。从老城区打车过来需要25元左右。

★ 老街 历史建筑

(☎208 8260；www.cn0779.com；珠海路、中山路一带）老北海的印记在此清晰可见。始建于1883年的珠海路，曾是北海最繁华的商业街区，后来变成了以民宅为主的街道，如今则开辟成观光步行街。当年经营渔民用品的商店变成了食肆、酒吧、客栈、咖啡馆以及贩卖旅游纪念品的商店。与中国其他极度商业化的步行街不同，这里不乏本地人也常光顾的可吃、可看之处，你需要一点耐心把它们辨认出来。

你可以在**老城景区游客中心**(见308页地图；老街中段)，老街东、西入口等处找到详细的老街地图，按图索骥，在1.2公里长的老街上寻找几口古井、几块石碑、几处渡口旧址；当然，光是这几百栋保存完好的骑楼就值得你好好驻足观看，那些墙面上中西合璧的浮雕、卷拱结构的窗顶如此精致，却早已烙上了斑驳的色彩。

此外，老街景区还开辟有四个收费景点：**北海老城历史文化馆**、**坭兴陶馆**、**明清木雕馆**、**水彩画馆**，门票均为10元。这些展厅

疯狂的年代

地产泡沫和传销，像是北海永远难以抹去的伤痕。它们带来的疼痛，至今仍可感知。

前往银滩的路上，会看到许多欧式风格的别墅区，它们多是当年的烂尾楼，好在停缓建工程整改的启动，让这些“史前遗迹”得以“洗心革面，重新做楼”。那个疯狂的年代在20世纪80年代末至90年代初，先是一批“国有部队”来此打造休假疗养基地，后在1993年有更大规模的海泰别墅区开建：耗资13亿的“哥特式”“巴洛克式”别墅438幢尚未建成，北海地产就大势已去了。在那之后的很多年里，这个被戏称为“地产泡沫展览馆”的地区，一度成为拾荒者、真人CS爱好者的天堂。今天，位置优越的海泰别墅区已被许多酒店利用起来，是旅行者不错的落脚之地，但你还是能看到一些犹如“鬼片片场”的废弃别墅。

有人从地理条件上分析，为何传销“选择”了北海：前往南宁、广东、海南的交通便利、亚热带气候优势，以及地产泡沫后的大量空置房，成为三大助推因素。1998年4月国家全面封杀传销之后，北海的传销活动一度销声匿迹。然而好景不长，随着传销企业陆续“转型”，北海的传销死灰复燃。时至今日，你还会在黄昏的海滩看到亢奋的人群手拉手围成一圈载歌载舞；在冠头岭的最高点，还有不少人一边请你观看望远镜，一边声情并茂地讲解北部湾的大好形势。见怪不怪的北海人，对此只能露出五味杂陈的微笑。

北海城区

北海城区

景点

1 冠头岭 A2
2 海滩公园 D4
3 侨港海滩 A4
4 银滩 D4

住宿

5 海巢青年旅舍 B4
6 海之泰房子 B4
7 花生度假酒店 B4
8 金昌开元名都大酒店 A3
9 仟那·栖海酒店 C2
10 苏福比画廊酒店 B4
11 一宅一院花园酒店 B4
12 映画年代 B4
13 这里·海度假酒店 B4

就餐

14 24幢糖水铺 A3
15 地角花园大排档 B1
16 冯家江酒店 D3
17 好乐吧 A3
18 南澫渔村 A3
19 瘦佬大排档 A3

饮品

20 研磨时光咖啡 C2

购物

21 中国珍珠城·北海水产市场 B1

交通

22 北海城市候机楼 C2
23 北海港客运站 B1
24 北海国际客运港 A4
25 北海火车站 C2
26 南珠汽车站 D1

都位于珠海路的老建筑中，环境和展品都颇具匠心，值回门票。

和珠海路平行的中山路更接近当年的生活风貌，邻里守望，市井依然。几条小巷将珠海路和中山路连接起来，中间有一道窄窄的沙脊街，宽度仅2米，历史却比珠海路要早上60多年，是名副其实的"北海第一街"。

途经北部湾广场、火车站的2路公交车可以带你到达老街的西入口。

海底世界 海洋馆

（见308页地图；☎222 3888；www.seasj.com；茶亭路27号海滨公园内；门票成人148元，身高1.1~1.4米儿童88元，1.1米以下免费；⏰8:00~18:00）实话说，北海的两处海洋馆（另一家是更为老旧的"海洋之窗"）都配不上它们高昂的票价。但如果在你身边的是个拥有渴望眼神的孩子，就带他/她来这里吧。展馆分为A、B两区，A区的珊瑚生态厅和海龟馆最为吸引人；B区鱼池总高超过三层楼，360度全方位透视的海底隧道，仿佛把你抛进了海洋之中。

公交3路车的终点站——海滨公园下车即到。

侨港海滩 海滩

（见304页地图）如果觉得银滩过于拥挤，那么就来属于本地人的侨港海滩吧。这里广义上也属于银滩的一部分，海水、沙滩虽然略逊于前者，但另有风情。20世纪90年代末，为了帮助从越南归国的8000多名旅越难侨重建家园，中国政府和联合国难民署共拨款约9000多万元，在侨港建起了居民楼、学校、医院和渔港。如今，越南风味的侨港美食和热闹

另辟蹊径

北海历史的见证

1876年中英签订了《烟台条约》，第二年北海正式开埠，成为广西第一个对外开放的通商口岸。此后北海从一个小渔村变成北部湾地区的中心城市。抗战前后，"居桂南粤南出入之要冲"的北海历经战火洗礼。百余年的时光精彩跌宕，再追溯到合浦县的悠久历史（见311页方框），北海得以获评"国家历史文化名城"。走在老城一带，别忘了留意这些地方，大多都可以免费参观。

英国领事馆旧址（见308页地图；北京路近文明路；⏰9:00~12:00，14:30~16:30）如今位于北海一中正门内，曾在1885年至1922年作为英国领事馆使用，1999年市政建设之际整体平移至此。现已辟为**北海近代外国领事机构历史陈列馆**。

德国领事馆旧址（见308页地图；北部湾中路近北京路）是一栋美观的西洋建筑，位于银瑞大酒店门外。当年德国商船在北海活动最为频繁。目前不可入内参观。

法国领事馆旧址（见308页地图；北部湾中路32号迎宾馆内）直到新中国成立，法国才撤出，后来成为接待领导人和外宾的贵宾楼。

大清邮政北海分局旧址（见308页地图；中山路近海关路）是当时国家邮政的少数几家直属分局之一。每周三至周日9:00~12:00和14:30~17:30对外开放。

北海海关大楼旧址（见308页地图；海关路近珠海东路）曾是广西最早的海关之一，一切要职都由洋人担任，是北海关税权外丧的物证。

贞德女校旧址（见308页地图；和平路83号人民医院内）是英国圣公会在北海开办的首间女子小学。附近还有**女修道院旧址**、**会吏长楼旧址**、**普仁医院旧址**，都是黄色墙面。

丸山药房旧址（见308页地图；珠海中路104号）曾发生过"九三事件"，从事间谍活动的日本老板被刺死。如今为免费开放的爱国主义教育展馆。

永济隆（见308页地图；珠海东路172号）是北海早期钢筋混凝土建筑的代表，曾为国民党粤桂边剿匪司令部，1949年12月4日被解放军攻克，是北海解放的标志。

的侨港风情街、鱼市，让这里成为游客的必去之地，本地人也常来这里造访他们长期信赖的餐厅。

前往侨港可以在北部湾广场乘坐5路公交车，终点站是侨港海滩。侨港美食街离国际客运港很近，步行10分钟即到。

冠头岭 公园

（见304页地图，免费）高出海面120米的冠头岭，恰似北海这个小小半岛的"头部"，在城市最西端翘首眺望。这里是北海地势的最高处，山上林间植被茂盛，山脚海边渔业火热，是当地人休闲的首选之地。

山脚南麓的**南澫渔村**被称为"北海第一村"，每年农历三月二十三有热闹的"三婆诞"，村里会进行传统的招兵仪式，还能看到刺激的上刀山、过火海表演。平日里则是有点杂乱、出售各种海鲜小吃的"海滩嘉年华"。向东不远处，如果你能忍受**南澫码头**的气味，傍晚时就能以惊人的便宜价格买回晚餐的海鲜。

途经北部湾广场的6路公交车B线，最多只能带你到冠头岭半山腰的普度寺。沿公路继续向上1.5公里，可到达拥有登山步道的**冠头岭国家森林公园**。不过，半路上你就能经过可眺望大海的绝佳观景点——这里出租望远镜的人，除了附赠一篇北部湾大好形势的演讲，还会讲述大人物入住下方**冠岭山庄**时的故事。沿公路向北下降到海边，冠头岭北麓有一片水质很好的海滩。日落时分，悬崖上的婚纱摄影基地也非常上相。游览过后，继续沿海景大道向东走2公里，在石埗村可以搭到返城的公交车。

活动

游泳

游泳是海岸线不变的主题。最好的浴场必是银滩，除了冬季，这儿从不缺乏泳者，旺季假期更有"下饺子"的感觉。因此建议，下水地点最好稍偏离浴场中心，这让你能彻底遨游一番：比如去海滩公园或者侨港海滩。一部分本地人会去外沙岛、地角一带游泳，但我们不建议这样做，一来这一带有城市排污口，二来非正规浴场的安全难以保障。

自行车

北海城市不大，地势平坦，非常适合自行车代步。你可以将银滩至侨港一带、北部湾广场至老城一带视作两个区域：在区域内使用共享单车游览，区域间则靠公交车接驳。在北海街头，还有一种橘黄色的共享电动车，使用方式与共享单车类似，押金199元，2小时内10元。另外，部分出售电动车的商店也提供日租服务，价格在50元/天左右。

另辟蹊径

不红的红树林

银滩大门向东8公里的**金海湾红树林保护区**（见304页地图；☎399 2600；www.beihaijhw.com；龙潭大冠沙；门票 80元，游览车 25元；⏰7:30~19:00），如今成为北海另一个旅游热点。在这里，你可以感受到热带、亚热带海岸潮间带特有的红树林群落，欣赏到潮涨则隐、潮退立现的神奇现象。涨潮时可以坐快艇（120元/人）去看神奇的"海上森林"，退潮时则能挖沙虫、捡海螺、围海捞鱼，丰俭由人。

不过，无论你在哪个季节去红树林保护区，都不会邂逅想象中的一片火红。红树得名的原因是其富含单宁酸，被砍伐后氧化变成红色，其树皮还可以提取红色染料，故称"红树"。最奇妙的当属红树的"胎生现象"，红树林中的很多种子，在还没有离开母体的时候就已经在果实中开始萌发，脱离母体，掉落淤泥后，几个小时就能扎根成新的植株；或是在大海上漂流几个月，在几千里外的海岸扎根生长。互相牵拉形成稳固的支架、落潮时露出水面的呼吸根，让红树林在海浪的冲积下存活下来。

在银滩大门口打个三轮车或出租车，15元可到。在北部湾地区很多地方可以看到免费的红树林，比如钦州港**仙岛公园**（见323页方框）和东兴市**竹山村**（见329页方框）。

海泰别墅区的新生

作为北海地产泡沫时代的“代表作”，位于海滩公园对面、面积广大的海泰别墅区，拥有极富时代感的“巴洛克”或“哥特式”别墅建筑群。市场崩盘后，这些外观如童话世界般的别墅，要么烂尾、要么被闲置。近年来，一批有理想、有能力的酒店从业者，正在用行动让这里获得新生。对游客来说，入住这些新兴酒店，现在正是最具性价比的时期。以下是我们推荐的一些酒店：

在★**这里·海度假酒店**（见304页地图；☎306 6399；海泰别墅区S区2号、3号；标双338元起；📶❄）小住并不能看到海，但依然是值得推荐的体验。带有地中海风格的建筑和院落，雅致精当、又不失实用。从床品到沐浴用品都有较高品质。一楼带有私人泳池的房间尤其适合家庭亲子旅行。免费接送国际港、海鲜代加工等服务，对旅行者来说也很贴心。

苏福比画廊酒店（见304页地图；☎380 8777；海泰别墅区L区1号、2号、7号、8号；标双288/338元起；📶❄）是海泰别墅区内的老牌航母式企业，正在被后起之秀疯狂追赶。除了真的有个画廊以外，酒店还有宽大的院落和泳池。装修和家具陈设，都带有东南亚度假酒店的舒适感觉。软件方面也做得不错，比如免费洗衣、定点班车接送客人往返海滩等。此外，它还拥有**海之泰房子**（见304页地图；☎306 8777；银滩中路海泰别墅区O区11栋；标双138元起；📶❄）和**映画年代**（见304页地图；☎380 7599；银滩中路海泰别墅区P区1栋、2栋；标双218元起；📶❄）两家分店，前者主打性价比，拥有别墅区内不多见的、能看海的房间。后者以电影为主题，不过用力过猛。晚间有经典电影放映。这三家酒店的资源和权益基本上可以共享，入住时记得询问前台。

一宅一院花园酒店（见304页地图；☎177 779 78421；海泰别墅区S区16栋；标双188元起；📶❄）是一幢外观清丽的小楼，有绿草如茵的院落和一个小小的泳池以及休憩空间。房间也像是出自一位“森系”少女之手，简单、明快、干净。入住赠送水果和凉茶，还会提供实用的旅行建议。但四层的建筑没有电梯，对腿脚不便的人是一个遗憾。

在**花生度假酒店**（见304页地图；☎185 077 90738；海泰别墅区N区11栋；标双290元起；📶❄），水泥地、原木、铁艺——现代派的三大法宝在这里使用得比较得体，丰富的公共区域充满奇思妙想的装饰，值得一提的是，还有一个好看又好玩的儿童娱乐区。早餐可选中式或西式，同样没有电梯。

住宿

国际客运港周边和外沙岛附近，是我们推荐的住宿区域。它们都保持着和主要景点若即若离的关系，游览非常方便，又不会太吵闹。

银滩和侨港

海巢青年旅舍 青年旅舍 ¥

（见304页地图；☎388 0114；银滩中路海泰别墅区J区4栋；铺50元，标双100元起；📶❄）坐落于海泰别墅区的一栋红色“城堡”中。合格的卫生、数量足够的公用设施，以及贴心的旅行攻略，使之成为一家不错的YHA青年旅舍。旅舍带有厨房，无论自炊还是拼饭都很方便。不过我们觉得，没有必要来这里住标间。

金昌开元名都大酒店 酒店 ¥¥¥

（见304页地图；☎396 6666；金海岸大道59号；城景房650元，海景房750元；📶❄）银滩附近档次最高的老牌酒店，豪华舒适，离国际客运港和侨港很近。住客可以享用行政酒廊的免费下午茶。

市中心

酒店集中在北部湾广场、老街和外沙岛。相比银滩，这里更具人间烟火气息，骑楼、夜市、本地排档活色生香。外沙岛靠海的酒店，同样拥有面朝大海的景观。

★**茗宿** 酒店 ¥¥

（见308页地图；☎208 3208；外沙岛西20幢NA01号；普通房280元、海景房380元起；📶❄）

老街至北部湾广场

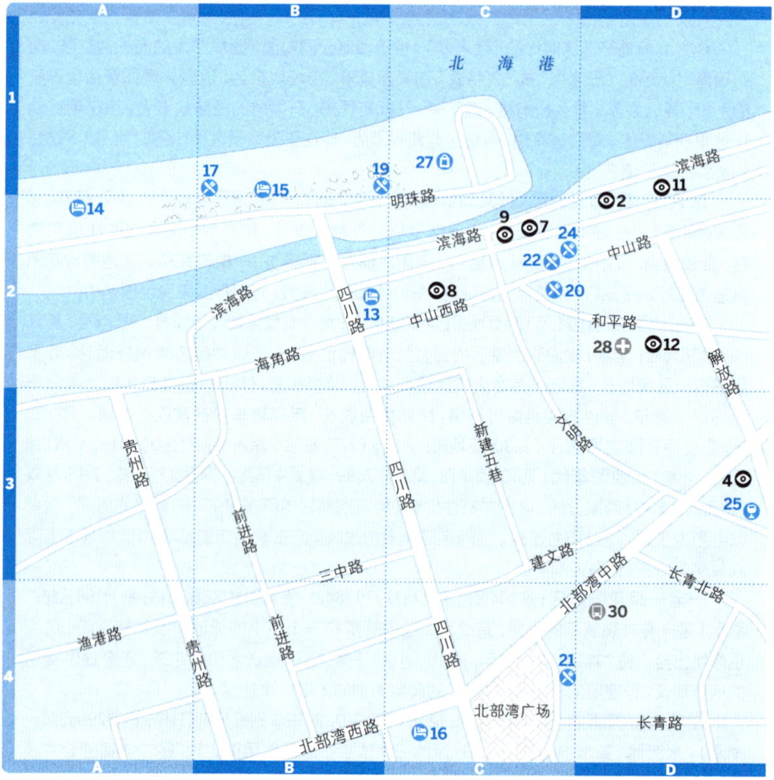

还是多花100元住海景房吧！这家新近开业的酒店拥有高挑的层高和不俗的装修，但最大卖点还是全景落地窗外那风平浪静、一望无边的“北海”。除此之外，你还将拥有一个宽大的、带有浴缸和躺椅的观景阳台。一楼海边有一个精巧的院落供客人用餐，可以代为加工海鲜，或者吹着海风品尝来自酒店福建老板的武夷佳茗。

仟那·栖海酒店 　　酒店 ¥¥

（见304页地图；☎265 6666；重庆西路6号；标双268元起；📶❄）这家开业不久的酒店，位于火车站和北部湾广场之间。当下两种时髦的装潢风格都能在这里找到：低楼层大床房的撞色显得前卫大胆，包括房间正中的红色半透明卫生间；而高楼层则提供清新整洁的“无印良品”风格。各房间的窗户面积大不相同，记得向前台索要两面开窗的敞亮房间。这里住客提供免费自助洗衣服务，每层公共空间还有免费茶道空间。如果你喜欢这个连锁品牌，不妨花38元办张会员卡，价格减免后当天就能“回本”。

臻宝仕酒店 　　快捷酒店 ¥¥

（见308页地图；☎315 6668；北部湾西路1号；标双218元；📶❄）酒店就在北部湾广场旁边，离富贵路夜市也很近。从大堂到房间都有一种美式的自由随意和一点工业风。床铺柔软、卫生间干湿分离，楼下商圈音箱的轰鸣在房间内基本感受不到。入住时注意避开低楼层采光不佳的内窗房。

老道精舍精品酒店 　　酒店 ¥¥

（见308页地图；☎203 0605；珠海西路165号；标双138元起；📶❄）走进位于老街西端的这家酒店，如同走进一座古堡：红砖拱门、铁栏花床以及收集而来的复古家具，可惜房间

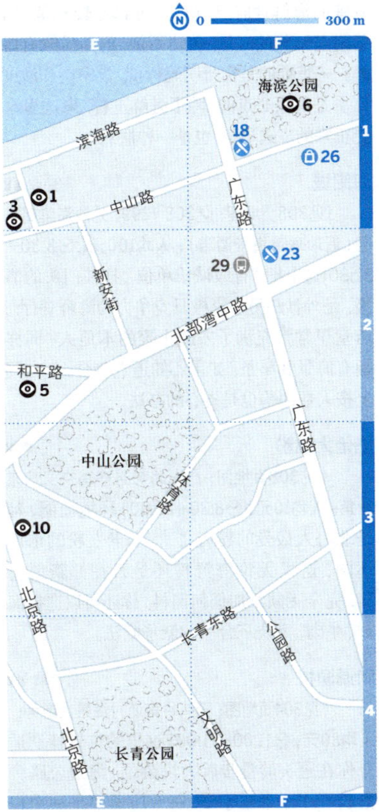

老街至北部湾广场

◎ 景点

1 北海海关大楼旧址 E1
2 北海老城 D2
3 大清邮政北海分局旧址 E1
4 德国领事馆旧址 D3
5 法国领事馆旧址 E2
6 海底世界 F1
7 老城景区游客中心 C2
8 沙脊街 C2
9 丸山药房旧址 C2
10 英国领事馆旧址 E3
11 永济隆 D1
12 贞德女校旧址 D2

住宿

13 老道精舍精品酒店 B2
14 茗宿 A2
15 外沙岛北纬21度国际青年旅舍 B1
16 臻宝仕酒店 C4

就餐

17 疍家棚 B1
18 肥佬大碗粉 F1
19 海阳城 B1
20 胡子大厨 C2
21 金马美食城 C4
22 九叔鸡饭 C2
23 伍记红鱼粥 F2
24 贞记快炒 C2

饮品

25 树吧 D3

购物

26 南珠宫 F1
27 外沙岛珍珠海味市场 C1

实用信息

28 北海市人民医院 D2

交通

29 二运汽车站 F2
30 和信客运中心 D4

给人的感觉是“老有余而精致不足”。考虑到它所在的核心区位，价格还算实惠。一楼同时经营着一家清吧，微醺之后不妨逛逛夜深人静的骑楼老街。

外沙岛北纬21度国际青年旅舍 青年旅舍 ¥

（见308页地图；☎315 5655；外沙岛西区15栋；铺26元起，复式房158元；）由一个东北家庭经营，有猫有狗有台球，青旅味十足，只是细节上有些不修边幅。最大的特色莫过于拥有开阔海景的复式房间了，一楼客厅、二楼床铺。特别适合同学少年在此聚会。

就餐

海滨城市自然少不了海鲜。外沙岛的位置很好，近海近城，云集了多家有规模的海鲜食府，质高价也高，不一定适合所有旅行者。侨港风情街一带，也有不少海鲜摊档，近年更是多了不少价格中档、环境精致的新派餐厅，适合对用餐氛围有要求的食客。更经济的海鲜大排档集中在三中路、贵州路北段，但不要对用餐环境有期待。我们并不建议去银滩景区附近吃海鲜。

另一个很好的方式是自己去海鲜市场

购买食材，北海的很多酒店都提供代客加工服务，一些路边餐馆也可以，通常收取15~20元/道的加工费用。市中心的文明市场、南珠市场，侨港的侨港市场，都是受到市民青睐的海鲜市场。更进阶的买家，会去外沙码头、侨港码头、南澫码头直接购买，凌晨有新鲜渔获，晚上有抄底价格。

★侨港美食

美食街 ¥¥

北海著名的侨港鱼市，从凌晨3点就开始热闹起来，卸下船的都是让人目不暇接的鲜活海产。附近有实惠的海鲜排档，集中在邻近侨港海滩的港口路一带，大部分也提供代加工服务；藏在一条小巷里的**瘦佬大排档**（见304页地图；☎388 2086；红棉路17号；人均60元；⊙10:00~21:00）游客不多，但最受当地人追捧。作为越南难侨的安置点，侨港的另一大美味是各种越南风味小吃，集中在侨南路、小港北二路一带，能吃到不错的越南卷粉、鸡饭、炒螺、蟹仔粉……侨南路东侧还有好几家糖水铺，因此有个"糖水街"的别名，**24幢糖水铺**（见304页地图；⊙10:00~21:00）和对面的有间冰室名声较大，糖水的价格都在5~7元，板栗鸡蛋和绿豆海带值得尝尝，但不推荐这里的冰沙。

冯家江酒店

海鲜 ¥¥¥

（☎313 1128；见304页地图；银滩大道与上海路交叉口西南角；人均120元；⊙11:00~22:00）除了本地老饕，大概不会有游客来这家老旧的宾馆寻找美味。这家店最大的卖点就是只经营野生海鲜，价格比养殖海鲜高出三分之一，但人们依然趋之若鹜。老板对食材选购的严苛在圈内闻名，因此点菜时听他的推荐不会有错。最后要提醒，重口料理似乎对高品质的海鲜不太尊重，选用白灼就好。

伍记红鱼粥

小吃 ¥

（见308页地图；☎207 9981；广东路二运汽车站对面；人均30元；⊙21:00至凌晨）这家晚上9点以后才营业的老牌餐厅，堪称北海的"深夜食堂"。鲜香可口又滚烫的招牌红鱼粥，不知在黑夜慰藉了多少疲惫的灵魂。配一盘牡蛎煎蛋或是虾米干炒豆芽，是经典的组合。

疍家棚

海鲜 ¥¥

（见308页地图；☎208 7088；外沙海鲜岛印尼餐饮区西区20栋；人均100元；⊙8:30~22:30）当地老牌的海鲜食府，环境、服务都比较规范，用餐附送开阔的海景。价格不低，但品质颇有口碑——重要的是实行明码标价。疍家煲和沙虫几乎是每桌必点的。除了海鲜正餐，来这里享受正宗的广式早茶，也是一种惬意。

海阳城

海鲜 ¥¥

［见308页地图；☎208 7299；外沙海鲜岛东区（近珍珠湾海景酒店）；人均100元；⊙8:30~22:30］这个把"省级诚信单位"挂在门头的酒楼，是外沙岛另一家极具竞争力的海鲜餐厅，店堂里常常充满了来此小聚的本地人，同样拥有海景和早茶。如果不知道点些什么，在网上按人数团购也是省心的办法。

肥佬大碗粉

小吃 ¥

（见308页地图；广东路与茶亭路交叉口东北角；人均10元；⊙8:30~22:00）环境简陋，却是北海人最爱的粉店之一。和老友粉的浓厚不同，这里无论海鲜粉还是云吞都新鲜清甜，完全无须添加任何调料。你还可以选择海鲜、牛肉、叉烧三合一的豪华吃法。

南澫渔村

海鲜 ¥¥

（见304页地图；冠头岭南澫村海景大道旁；人均80元；⊙11:00~21:00）这里的位置特别适合你在冠头岭漫步后大快朵颐。海边公路旁搭起一个个木制小亭，每个房子都是一个包厢，海鲜都来自不远处南澫码头的渔民，价格颇为实惠。随着填海工程的进行，从前涨潮时用餐海水会漫至脚下的浪漫不再，好在菜品、人气和眼前南澫海滩的落日美景依然。

地角花园大排档

海鲜 ¥¥

（见304页地图；☎138 7798 6560；地角上路和地角下寮交叉处；人均60元；⊙18:00至凌晨）一处很有人气的冰鲜大排档，拥有中档的价位和不错的品质。位于地角渔港附近的一处三岔路口，下午五六点开始摆上桌椅，等候驾车过来的食客逐渐汇集。

金马美食城

小吃 ¥

（见308页地图；长青路19号和安商都地下一层；人均50元；⊙11:00~14:30，17:30~21:30）美食城就在北部湾广场旁边，汇聚了北海小吃和各地美食，种类挺多，味道尚可，是解决吃饭问题（尤其当你一个人时）的方便之选。

贞记快炒

广西菜 ¥

（见308页地图；中山中路百货大楼斜对面；人均30元；⏲11:00~21:00）就在游客摩肩接踵的老街背后，藏着这家30年历史、味美价廉的老店。经营的都是北海人熟悉的家常菜，中午和晚上都有不少上班族来此用餐，干煎猪杂、瓜皮蒸瘦肉、巴碟鱼、香煎鱿鱼都是爆款。考虑到这里没有菜单，你还是悄悄指着别人桌子点菜吧。如果一座难求，隔壁还有另一家旗鼓相当的老店——九叔鸡饭，可做备选。

好乐吧

西餐 ¥

（见304页地图；☎182 779 21956；金海岸大道8号万泉商务会所一楼；人均50元；⏲周一、周三11:00~21:00，周四至周日8:00~21:00，周二休息）这是一家由加拿大大厨经营的北美风味餐厅。汤姆师傅天赋异禀，比萨汉堡、意面薯条、牛扒羊排、墨西哥风味、甜点蛋糕都能信手拈来（甚至还经营中餐），而且价格实在，口味正宗，不少身在北海的外籍人士都会来此一解乡愁。

胡子大厨

西餐 ¥¥

（见308页地图；☎202 1900；中山中路59号；人均60元；⏲11:00~21:00）走过北海老街，不要错过这家法国厨师掌勺的餐厅。主人对食材和料理颇有追求，牛排均采用谷饲牛肉，沙拉中的蛋黄酱都是亲自制作的。除了常规西餐外，推荐你尝尝法式风格的炸鸡肉饼和芒果肥肝。非就餐时段，用店里香浓的咖啡、马卡龙或者芝士蛋糕做下午茶也很不错。

饮品

很遗憾，悠闲的北海目前少见深入市井的茶饮、咖啡文化。想泡一泡咖啡馆，可以选择**研磨时光咖啡**（☎208 1968；城市丽景1号；⏲10:00~23:00；📶），这家经营多年的老店有着宽敞的环境和稳定的出品，离火车站很近也成为消磨等候时间的好选择。晚间可以去**树吧**（见308页地图；☎181 188 66655；北京路与文明路交叉口西100米；⏲19:00至凌晨；📶）消磨时光，这间小小的酒吧有一种"大学生俱乐部"式的轻松氛围，出售价格实惠的啤酒、鸡尾酒以及一些自制的非酒精饮料。

购物

南珠宫

珠宝

（见308页地图；☎205 1135；www.bhnzg.

值 得 一 游

去合浦，梦回汉朝

位于北海市区以北30公里的合浦，是我国盛产珍珠的"南珠之乡"，更是汉代海上丝绸之路的始发港之一。东西文明交融碰撞中的大量实物，随大量汉墓长眠地下，为这座小城留下引以为傲的文化遗产，而"一带一路"背景下备受加持的**合浦汉代文化博物馆**（免费；☎728 5790；⏲周二至周日9:30~12:00，14:30~17:30），已经成为北部湾甚至广西最重要的博物馆之一。博物馆的汉风建筑体量宏大，分为土火之韵、青铜之光、碧海丝路三个部分，分别展示了陶器、青铜以及金银珠宝器。其中最引人瞩目的当属高高在上的碧海丝路展厅，汉代玻璃杯的蓝色魅影、鼓型缠花金球的繁复精美，都让人过目难忘。如果时间有限，你可以直奔位于二层的这个展厅。最后要提醒你，在漫长的午休时间，博物馆将关闭，请合理规划参观时间。

北海到合浦最方便的是动车——仅需6.5元，也许是全国最便宜的动车票之一。不过从火车站到博物馆，还是要花10元坐三轮车。合浦市区并无太多看点，不过沿着城内的西门江走一走，还是能看到一些市井生态。河上有一座始建于明正德年间的**惠爱桥**，木制的结构古朴典雅，值得一观。回程不必再乘火车，到市中心的汽车总站门前，回北海的班车滚动发车（8元，40分钟），终点在北部湾广场附近的**和信客运中心**。

在合浦高铁站前的游客中心，有78元/人的电动车一日游，涵盖了合浦县包括博物馆在内的所有景点，虽然多数景点都有附会之感，但贴心的服务还是很适合行动不便的人士。

com；茶亭路4-1号）这家五十多年老店是由中国创办最早的海水珍珠养殖企业开设的，除了能买到淡水珍珠、海水珍珠、大溪地珍珠和南洋珠等珠品，还可以看到那颗最大的天然海水珍珠——南珠王。当然，这里的标价不菲，一串海水珍珠饰品，价格一般在1000至3000元，毕竟是旅游团经常光顾的地方。你还可以去**中国珍珠城·北海水产市场**（见304页地图；云南北路6号）选购，不过可得擦亮眼睛，好好挑选。

外沙岛珍珠海味市场 市场

（见308页地图；外沙岛东侧）如果想把北海的味道带回家，海产干货再合适不过了。这个颇具规模的市场离老城区很近，适合游玩时顺道一逛。众多商家出售鱼干、瑶柱、鱿鱼丝、干贝……以及你闻所未闻的干海产。由于市场的管理，宰客现象已不多见，不过还是建议你购买前，先通过互联网了解一下基本行情。

实用信息

危险和麻烦

传销的鬼魅尚未完全从北海消失，冠头岭、银滩、南澫都是他们活动的热门地点，相信聪明的你可以一笑置之。此外，旅游推销抽成，可能是北海出租车司机的重要副业，如果轻信他们对景点、餐厅和酒店天花乱坠的描述，等待你的很可能是高昂的账单和低劣的服务。

医疗服务

北海市人民医院（见308页地图；☎203 8430；www.bhhospital.com；和平路83号）

旅游信息

北海市旅游局投诉电话（☎306 0140）

北海旅游发展委员会（www.bhly.gov.cn）北海市旅游局下属的网站。

网络资源

北海365（www.beihai365.com）是最大的当地社区，其中的吃喝玩乐信息对旅行者也有指导意义。也可关注微信公众号“Hello北海”，除了当地推荐外，还有很多有情怀的原创文章。

到达和离开

飞机

北海福成机场（☎851 2770，北海市区东郊福成镇）距市区约25公里，主要有往返北京、上海、广州、深圳、长沙、成都和昆明的航线，有时会有较大的折扣。

长途汽车

坐汽车从南宁来北海，首选埌东汽车站，其次是江南客运站。早班火车到达南宁站，出站后也有前往北海的正规营运大巴。

位于东郊的**南珠汽车站**（见304页地图；☎209 5899；北海大道2号）是北海市最大的汽车站。有前往区内主要城市、周边省份以及越南河内的班车。可通过微信小程序“运德互联”查询购票。

和信客运中心（见308页地图；☎221 0211，北部湾中路29号）离北部湾广场很近，车次数量仅次于南珠客运站，也同属运德集团。合浦、钦州的方向大多在这里发车。

二运汽车站（见308页地图；☎202 3438；广东路60号）更多的是发往广东、福建的省际班车，也有为数不多的发往南宁、柳州、玉林的班车。去往南宁吴圩国际机场的大巴（100元；5:00~17:30，整点发车；4小时）也在这里发车。可在微信“北海二运汽车站”查询购票。

火车

钦北、南钦客运专线通车后，动车成为前来北海的首选。南宁前往**北海站**（见304页地图；站北路近北京路）只需1.5小时，从桂林前来、纵贯广西的旅程也只需4.5小时。寒暑假、黄金周等旺季

南珠汽车站车次时刻表

站点	发车时间/班次	票价（元）	行程（小时）
南宁	7:00~17:30共10班	70	3
钦州	8:30	33	2
防城港	9:45，13:30，19:45	55	3
东兴	8:10~20:45共9班	65	3.5

经常一票难求，别忘了提前订票。

北海站每天有3班发往防城港北站的普通列车，出站后就有前往东兴的大巴，是前往东兴性价比最高的交通方式。

船

北海国际客运港（见304页地图；☎388 0711；银滩中路近三号路）的客船主要带你去两个岛：涠洲岛和海南岛。根据不同季节和海况，去涠洲岛的班次调整较大，但每天早、中、晚都一定会有，票价根据不同席位在150~240元不等。通常去程末班、返程首班为小船执航，尽量不要选择。如果有可能的话，尽量不要选择下层后部（普通舱B区）的舱位，噪声很大。港口前会有很多拉客私船，安全毫无保障。请不要理会，直接去售票大厅买票或取票。

去往海南海口的客船（250~360元；每天18:00发船；11小时）夕发朝至，因此颇受欢迎。终点是海口市区的秀英港，从这里乘公交到海口东站再坐动车前往文昌、博鳌、三亚非常方便。同时提供车渡服务，价格在800元/辆左右。

北海港客运站（见304页地图；☎392 2386；海角路230号）也有客船（160~220元；每天18:00发船；全程11小时）去海口，终点是离海口站更近的新海港。

在北海市区、涠洲岛的车站或旅游门市，都可以很容易地购买上述船票，一般不会加价。更便捷的方式是通过网络购买：**来游吧**（www.laiu8.cn）是官方认可的旅游代理商，出售涠洲岛船票、门票、相关旅游产品，以及国际客运港出发的海口船票；此外，通过携程等旅游门户网站也可购买。乘船前在售票大厅凭身份证取票即可。

ℹ 当地交通

抵离机场

北海城市候机楼（见304页地图；火车站正对面万汇海鲜城1楼）与北海福成机场间有机场大巴往返（20元；6:30~21:00，每隔45分钟1班；50分钟），中途经停南珠客运站。

公交车

北海的公交车线路不多，但是足够方便。最有用的线路在下面列出。

3路从海底世界（海滨公园）发出，途经二运汽车站、和信客运中心、北部湾广场、站前路口（近北海站）、海洋之窗、侨港水厂、国际客运港、海滩公园，终到银滩大门。**5路**从人民剧场（近老街）发出，终到侨港海滩。**2路**经过地角、北部湾广场和北海站。

出租车

起步价8元，从北到南（老城到银滩）的价格约为30元。拒载、不打表的情况较为严重，可拨打☎0779-12328投诉。满街都有的摩的三轮车不失为一种应急交通补充，价格通常比出租车低三分之一。

> ### ℹ 登岛前，准备好
>
> **关注未来天气**
>
> 涠洲岛官网（www.weizhouisland.com.cn）有天气、潮汐、船班信息的及时更新，旺季还有登岛人数限流提示，一定要密切关注。不建议你将涠洲岛的行程放在旅行最后，因为船班稍有变更就会影响后续行程。
>
> **电动车，骑熟练**
>
> 租一辆电动车是涠洲岛上最经济也最方便的游玩方式，不过一些陡峭的上下坡还是比较危险的。如果你以前没有相关经验，不要贸然租车。
>
> **带齐海岛用品**
>
> 要拥抱阳光和沙滩，遮阳帽和拖鞋必不可少。此外，泳装、太阳镜、防水钱包、防晒霜、防治中暑及晕船的药品都相当有用。
>
> **了解海鲜常识**
>
> 由于远离陆地，涠洲岛海鲜的品质不错。提前了解一些常见的海鲜品种，并知道它们的价格行情和基本做法，以防到海鲜市场时一脸茫然。

涠洲岛

（☎601 6278；www.weizhouisland.com.cn；上岛费98元）这颗位于北海以南21海里、北部湾深处的明珠，是中国最年轻的火山岛，由第四纪火山经四次喷发而形成——最后一次喷发距今仅有3万年。人们凭借对地质奇观和碧海蓝天的憧憬而来，最终爱上的却是岛上慵懒自在的生活节奏。

涠洲岛

涠洲岛

景点

1 贝壳沙滩……C1
2 鳄鱼山……B4
3 军用码头……C3
4 暮崖……A2
5 日出沙滩……D2
6 圣母堂……B2
7 石油码头……B1
8 天主教堂……D2
9 五彩滩……C4
10 猪仔岭……B4

住宿

11 东篱小院……C1
12 渡舍精品民宿……C1
13 浪古村宿……C1
14 偏安一隅小院客栈……D2
15 野里宅院度假酒店……B1
16 隐拙轻奢度假民宿……D2

饮品

17 海鸥酒吧……D2

实用信息

18 涠洲岛信用社……C2

交通

19 西角码头……A1

涠洲岛旅游开发的历史不长，经历过盲目发展的歧途后，如今正走入正轨：基础建设已臻完善，价格秩序基本形成，餐饮和酒店业也正经历着良性的升级与洗牌——对旅行者来说，此时登岛时机正佳。我们不确定这里是不是“中国最美海岛”，但只要选对日期造访，并掌握一些窍门，在涠洲岛度过一个完美假期是不成问题的。

除了冬季会有短暂的冷空气造访，涠洲岛终年温暖。最适合旅游的季节是4月至11月，尽可能地避开黄金周、暑假以及夏秋之交台风肆虐的日子。

方位

涠洲岛的形状有点像一只弓着背的鲸鱼。弯曲的鱼胸就是岛上最繁华的中心所在——南湾。鱼尾巴有鳄鱼山和滴水丹屏，这里的滴水村是岛上新兴的热门居住区。东岸靠内陆一些的位置是天主教堂所在的、充满生活气息的盛塘村。乘船抵离岛屿的西角码头，恰好在鱼背的拱起处，北海岸则有游客罕至的湿地和鸟类保护区。

景点

强制收取的98元上岛费一直以来都有争议，因为它实则是鳄鱼山地质公园景区的门票——这个景区也是岛上唯一需要检票的地方，由于下船时已经采集了所有游客的个人信息，因此身份证也可作为凭证。

鳄鱼山 地质景观

[见314页地图；☎601 3998，救援152 7897 1658；西岬角（近滴水村）；需要检票；⏲8:00~17:30]完整的木质栈道、视野开阔的观景台、茂盛漂亮的植被、详细的景点介绍……鳄鱼山是岛上唯一称得上正式开发的景点。最年轻的火山岛是什么模样？你在这里能找到许多答案。

一进景区大门，高15米的**涠洲灯塔**正在眼前，还有一方小小的**古炮台**。沿左侧木制阶梯向下，中间会路过**汤翁台**——涠洲岛“形象代言人”汤显祖的坐像在此眺望着大海。下到海边就可看见**火山口**的标志，木栈道有时会被海水浅浅地淹没，也为你的游览增添了乐趣。这个火山口，最近的一次喷发距今只有7100年，但因其在水面之下，无法得见。当年喷出的岩浆布满了狭长的海岸，黑褐色的火山岩就像刚遭大火烧过一样。

接下来架设在海面之上的这段栈道，就是欣赏火山地质奇观的精华路段，一些深入峭壁的海蚀洞穴，被起了诸如**龙宫探奇**、**藏龟洞**等名称，比较有趣的是**贼佬洞**，据说是长达数公里的熔岩流过形成的隧道，水洞曾是海盗（贼佬）藏身的地方。你还可以看到一座**海蚀拱桥**，这是海蚀洞被冲刷、风化到晚期的经典之作。桥附近是岛上最密集的火山弹区域，难以数计的褐黑色弹体铸造出突出海面、千奇百怪的形象，被称为**“百兽闹海”**。之后来到**月亮湾**，能看到一块高几十米、宽一百多米的弧形海蚀崖，崖顶布满了仙人掌，脚下踩的是大片珊瑚遗骸堆砌成的沙滩。木栈道的终点是**海枯石烂**，附近有上行的阶梯带你回到景区大门。如果你有更多好奇心，可以沿着小路继续在海边前行（天气恶劣时请止步），前方有一处被称为**天然水族馆**的巨大海蚀平台：一个个盛满海水的坑洞里，总有活体珊瑚和鱼虾困于其中。再沿着海边前行不远就是**滴水丹屏**（见316页）。

在鳄鱼山的海边栈道漫步，并不像想象中那样安全，涨潮时水位会远高于铺建的栈道，风浪猛烈时很容易被打下水。救生人员会在涨潮时到最靠近海岸的地方奔走警告，可水涨得很快，而且鳄鱼山海边路线较长，如果正好在进退两难之地，撤离时间会很不充分。总之，天气不好时建议远离海边栈道。

从滴水村漫步到鳄鱼山景区只需要10分钟，这里离**涠洲岛主标志广场**大约2公里，三

汤显祖和涠洲岛

如果为小岛涠洲写一部人文史，明代大戏曲家汤显祖的那次避暑而来，就是最重要的节点之一。万历年间，汤显祖被贬谪至雷州半岛上的徐闻县。瘴热难耐的夏天让他泛舟海上，登上渔民、珠民们经常提到的涠洲岛。

“地倾雷转侧，天入斗微茫。薄暮游空影，浮生出太荒”，茫茫大海如同异次元的世界。“乌艚藏黑鬼，竹节向龙王”，航程可谓十分颠簸。“交池悬宝藏，长夜发珠光……弄绡殊有泣，盘露滴君裳”，南海珍珠让诗人浮想联翩。“日射涠洲郭，风斜别岛洋”，则成为描写涠洲岛的最美诗句。

轮车往返需要30元。我们调研时，广场附近修葺一新的**火山地质公园博物馆**（见320页地图；免费；⏲8:00~18:00）已经开放，2000平方米的展厅内，系统而生动地介绍了涠洲岛的形成、特征和生态环境，不妨在游览前后到这里看看门道。

滴水丹屏　地质景观

[见320页地图；西海岸南段（近滴水村）]滴水丹屏在滴水村下面的海岸上，有大面积的海蚀崖，崖顶的壁裂隙水源丰富，崖壁上布满了茂密的植物，滴水终年不断。崖壁前的沙滩是看日落的最佳地点，沙质在涠洲岛也算不错。踩着沙滩一路向北，经过一段全是珊瑚残骸的海岸，就来到了石螺口沙滩。

石螺口　沙滩

[见320页地图；西海岸中段（近下石螺、竹蔗寮、茅寮村）]和涠洲岛其他地方的沙滩一样，石螺口沙滩的沙粒也不够细软，还掺杂着许多硌脚的珊瑚残骸和贝壳。不过由于较靠近游客中心，这里的人气很旺，遮阳伞、冲淡、寄存、摩托艇等游乐项目更容易找到。越来越多的餐馆和民宿也聚集在这里。如果你是个喜欢清净的人，那么不建议来这里看海和玩水。

五彩滩　地质景观

[见314页地图；东岬角（近湾仔村）]五彩滩又称"芝麻滩"，是国内罕见的海蚀崖、海蚀洞和海蚀平台"三位一体"的大型地质景观带，与鳄鱼山相比，这里的景观虽然不够多样，但是更为震撼——比如岛上面积最大的海蚀平台区域，退潮时宽度可达上百米。请留意上面一道道的海蚀沟，一些竟如同人工切割般方正。需注意的是，涨潮时这里什么都看不见。

暮崖日落

暮崖——这个坐落在西角码头南边、拥有浪漫名字的村庄，是岛上最好的日落观景点。这里有一处高高在上、绿草如茵的天然观景平台。黄昏时分登高眺望，视野里除了西坠的红日和平静的海面，还有见证了沧海桑田的海蚀断崖，远方船只的剪影更为这幅画面增添了些许生机。你只需要查好日落时间、打开电子地图导航"暮崖"，就能享受这份美景。

骑电动车来最方便，在一处石油工厂的围墙拐角，就是观景平台的入口。有很多村民会为你指路，因为他们将向你收取5元的电动车停车费。

日出沙滩　沙滩

[见314页地图；东海岸北段（近横岭、牛栏山、下坑村）]沙滩位于涠洲岛的正东面，自然是观赏日出的最佳位置。和南边的五彩滩都是礁石不同，这边以沙滩为主，沙质在岛上算得上最细软的。这里离天主教堂所在的盛塘村不太远，平日里游人不多，是个听涛看海、享受清净的所在。

贝壳沙滩　沙滩

（见314页地图；北海岸东端）漫长、安静的贝壳沙滩长约5公里。正如名字所言，沙滩上有很多贝壳、海螺、珊瑚残骸等。这一带植被茂密，是湿地公园和鸟类保护区的所在地，凉爽的林间小路特别适合骑行。沙滩上有不少木屋式酒店，只是实际条件不如想象中美好。

天主教堂　历史建筑

（见314页地图；盛塘村；免费）与周围低矮的民居相比，这座巨大的哥特式天主教堂尤为醒目，甚至当你还在村子附近，就能望见伸出芭蕉林之上的塔尖。走到近处，斑驳的外墙仿佛历经了历史的洗涤，其实这种沧桑的色彩是珊瑚石的本色——因地制宜的这座教堂，建筑材料全取自岛上的珊瑚、岩石和石灰。教堂内部同样美轮美奂，精美的拱顶、十诫的告示、受难的图画，以及耶稣、圣母玛利亚、施洗者约翰的塑像，一切都沉浸在肃穆的氛围中。请留意教堂内的部分圣像，也是用珊瑚制成的。

每天11:00和15:30，教堂有两场持续半小时的唱诗表演；每星期日19:30，全村信众会在神父的带领下做弥撒。

这里距南湾约5公里，距滴水村、主标志广场大约7公里。乘坐环岛公交车在盛塘村下车，再步行5分钟就到了。

★ 节日和活动

和其他中国南方的沿海居民一样，**妈祖**

海岛上的诸神

清朝初年实行海禁，岛民迁回大陆，涠洲岛曾一度荒废并成为海盗的据点。直到19世纪中后叶，海禁重开，广东开平等地的客家人迁徙到此。他们在途中得到法国巴黎外方传教会唐神父的救济，慕道者日渐增多。1879年，一座雄伟的哥特式教堂在岛上落成，让居民们有了祈祷之所。至今岛上仍有相当一部分村民信奉天主教。骑行在乡间小路，会时不时遇见天主教徒的墓地，还会看见另外一座教堂——**圣母堂**（见314页地图；城仔村；门票20元），规模较小。

岛民大部分以打鱼为生，自然也不会少了对妈祖等神祇的崇敬。几乎每一个村子都会有一座小庙，供奉着妈祖，或者叫婆母、三婆、大皇、天后。规模比较大的是巧妙利用海蚀洞而建的**南湾三婆庙**（近南湾街中石化加油站）。不过有人请你求签时，就要当心了。此外，有中国人（特别是岭南人）的地方就有关公崇拜，南湾街深处就有一家关帝庙。

庙会是涠洲岛原住民最热闹的节日，时间在农历三月廿三（妈祖诞辰日）、九月初九（妈祖升天日）前后，各个村落都会有庆祝活动。

露营

在涠洲岛露营是一件十分惬意的事，岛上的贝壳沙滩、五彩滩、滴水丹萍、石螺口海滩等地都是不错的选择。沙滩附近的一些客栈有帐篷出租和餐饮服务。每年的7月至9月，台风频繁，不适合露营。

游泳

涠洲岛没有阳光椰树海岸，沙中夹杂了大量的珊瑚遗骸，无法和北海银滩相比，管理者也有自知之明，早早在上岛售票处旁，贴出了岛上游泳后果自负的“温馨提示”。但实际上，岛上有默认的海滨浴场——**石螺口沙滩**。另外，**滴水丹屏沙滩**和**日出沙滩**也适合游泳，不过都属于“野游”，一定要注意安全。

潜水

虽然潜水老鸟们不会在这里下水，但涠洲岛近海的水质和珊瑚生态在国内算是中上，新手体验一番还是可以的。这片海域最好的潜水地点是大海深处的**斜阳岛**（见318页方框），海水清澈，海底精彩，不过收费相当不菲。

石螺口、**南湾**、**滴水丹屏**都有潜水俱乐部，收费基本一样，近海船潜380元，通过淘宝等预订会有百元左右的优惠。其中**南湾海上运动基地**（见319页地图；☎601 5700；南湾近主标志广场）规模较大，而且潜点在鳄鱼山火山口附近。其他还有**小丑鱼潜水**（见319页地图；☎183 7795 7676；南湾街中段）、**火山岛潜水基地**（见320页地图；☎183 7711 6621；滴水丹屏沙滩）和鑫昌隆潜水旅游度假村（见320页地图；石螺口沙滩）。

海钓

海钓是涠洲岛的一项特色活动，每年3月至6月是海钓的热门季节，5月还有全国海钓锦标赛在此举行。**鳄鱼山**海边的礁石是较好的钓鱼地点，一般会收获青衣和石斑。**石油码头**也很不错，常有本地人来此钓鱼；**猪仔岭**、**军用码头**也常能见到垂钓者。当然，孤悬海外的**斜阳岛**也是海钓的上佳地点。为数不多出租渔具的店家集中在南湾，客栈老板一般也能帮你租借到。

你也可以和渔民一起出海捕鱼，过半天纯粹的海上生活，南湾主街上就有很多出海捕鱼的招牌和电话，一般开价是400元/船。也可以直接和渔民谈价格，他们带客出海不过是顺便之事，因此别不好意思还价。

住宿

酒店和民宿扎堆聚集在岛上几个位置优越的村庄，按我们的推荐排序是滴水村—盛塘村—南湾。北海岸、日出海滩、暮涯也有零星分布，但住宿以外的配套服务不太完善。对旅行者来说，最好的办法就是每天换一个区域住，并游玩附近的景点。

南湾

南湾可以视作全岛的“经济中心”。大大小小的店铺沿主路排开，码头上密密麻麻地停满渔船，市场里人声鼎沸。人文爱好者视为“活色生香”，喜欢清净者却避之不及。

★21海里·别岛民宿 酒店 ¥¥¥

（见319页地图；☎181 779 46815；涠洲岛中心小学东500米；海景房798元；）如果你想拥有一处私享海湾，也许只有这家民宿可以满足你。这里与鳄鱼山景区隔南湾相望，海滩上也拥有类似的火山地质遗迹。酒店规模不大，每间客房都面朝大海，让人忘却外界纷扰。软硬件设施在岛上均属一流，细节设计也颇具匠心，比如停放在沙滩上古朴的渔船。儿童“玩沙”区装备齐全，更是让孩子们乐不思蜀。不想下海的话，酒店还有自己的泳池。

涠洲岛南湾海景酒店 酒店 ¥¥¥

（见319页地图；☎266 9888；湾背；标双588元起；）坐落在南湾背后几十米高的悬崖之上，远离市井喧嚣，却尽赏海湾之美。整体风格为东南亚海岛度假型，房间宽敞豪华，但已经有一点岁月痕迹。我们更推荐800元以上的豪华海景房，拥有私人泳池和观景平台。通过电话预订，可提供免费的码头接送服务。不足之处是酒店餐食价高质低，而步行到南湾大街吃饭单程需要20分钟。

生如夏花海景艺术酒店 客栈 ¥¥

（见319页地图；☎181 7608 7682；南湾卫生院旁；标双158元起；）名字起得也许过于自信了，实际只能说是一家性价比不错的家庭客栈。装修清新，老板热情，虽然海景一般，但胜在其位置就在南湾海鲜市场背后，生活非常方便。提供免费接（不含送）码头的服务。

西海岸

以滴水村为代表的西海岸，已逐渐成为涠洲岛旅游的中心。这里离鳄鱼山景区、滴水丹屏、石螺口、主标志广场都很近，沙滩

值得一游

斜阳岛

如果涠洲岛是喧嚣的地球，那斜阳岛就像寂寥而令人神往的月球。不想到涠洲岛东南9海里之外的这颗“卫星”上探索一番吗？

和涠洲岛一样，斜阳岛也是火山喷发堆凝而成。最初的岛民也是客家后裔，世代以打鱼为生。斜阳岛的魅力全因它的“小”——岛屿面积和北京故宫差不多大，却是山石竦峙、悬崖峭立，海水也更加蔚蓝清澈。

26人——就是如今岛上的全部居民，青壮年外出务工，留下守岛的都是老人。全岛只有每天晚上供电5个小时，目前只有一户居民自费安装了光伏发电，得以全天用电。相比电力供应，通信状况要好很多，移动、电信4G信号良好，2018年秋季甚至做到了家家光纤入户——想发朋友圈的你可以松一口气了。

在涠洲岛的很多地方——特别是南湾，都能看到斜阳岛一日游的广告牌。在这之中我们推荐回乡创业的**小邓**（☎139 077 90495；微信公众号：醉美斜阳岛），这位土生土长的斜阳岛男孩熟知旅行者的需求，以及岛上每一处动人所在。常规的斜阳岛一日游有两种套餐，分别为280元和360元：包含往返快艇、钓鱼、海上环岛（视天气情况）和午餐，后者多出一项浮潜体验。如果喜欢这里，不如住下吧！一夜过后，相信你对“宁静”和“星空”都会有新的认识，而晨昏之际的天光云影，更是令摄影爱好者痴狂。过夜往返船费加上食宿（民宅或帐篷），总共约500元/人。

天气晴朗时，站在南湾可以眺望到斜阳岛，出发和返回也在这里的渔民码头。乘快艇时，一个浪头就能让你全身湿透，最好准备雨衣和手机、相机防水罩，并保留一套干爽衣物。

南湾

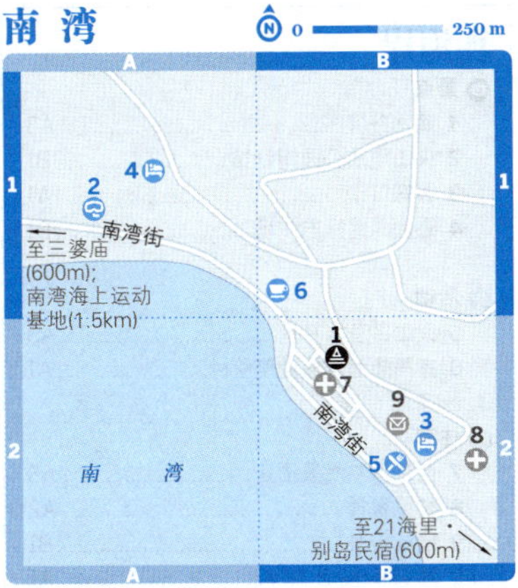

和海景也十分开阔。除了飞速升级换代的酒店和民宿，还有争奇斗艳的餐馆、咖啡店和酒吧。

★镜观闲居　酒店 ¥¥¥

[见320页地图；☎186 779 92228；新安村7组50号（近主标志广场）；标双369元起；📶❄🏊]这家2018年开业的酒店掩映在一片香蕉林中。庭院大泳池像是对不靠海边的一种弥补。除了明亮的公共空间外，房间装饰也清新典雅，不落俗套。床品、开关、热水等细节也做得毫不马虎，厨师的手艺更让懒人失去上街觅食的动力。酒店备有发电机，以应对经常停电的夏季。

野屿艺墅民宿　酒店 ¥¥¥

（见320页地图；☎601 2808；滴水村57号；海景房700元起；📶❄）坐拥滴水村首排海景位置，景观自不必说。比较难得的是店家将精力放在了内在细节上，建筑外观现代中保留有当地特色，床品优异，房间电器都是大牌，还有智能马桶、蓝牙音响等贴心便利设施，千元以上的豪华房还带有私人露台。室外公共空间有些狭促，是一个遗憾。

初见客栈　客栈 ¥¥

（见320页地图；☎601 2963；滴水村25号；标双188元起；📶❄）这家颇受欢迎的老牌客栈，如今已不再经营床位。这或许意味着更少人和你竞争庭院的树荫，以及后院拥有完美海景的躺椅。除此之外，客栈的酒吧也是滴水村晚间的亮点，欢乐的演出往往在歌手与

南　湾

景点
1 关帝庙………B2

活动
2 小丑鱼潜水………A1

住宿
3 生如夏花海景艺术酒店………B2
4 涠洲岛南湾海景酒店………A1

就餐
5 南湾海鲜市场………B2

饮品
6 传说中的哈瓦那………B1

实用信息
7 宝岛药店………B2
8 涠洲岛中心卫生院………B2
9 涠洲邮政支局………B2

客人的欢乐大合唱中结束。相比之下，房间倒显得一般，建议你选择带有榻榻米的，条件要稍好一些。

陌野life民宿　酒店 ¥¥¥

[见320页地图；☎158 2868 7686；石螺口竹蔗寮村5号（近主标志广场）；标双368元起；📶❄]这是一家2018年开业的崭新民宿，坐落在交通要冲，抵离酒店便捷。不靠海，但石螺口海滩、滴水丹屏、鳄鱼山、南湾都在步行可达范围。种着香蕉的宽大庭院适合休憩、用餐。房间没有太多花哨，干净舒适，能保证你睡个好觉。

芭芭贝尔海景酒店　酒店 ¥¥¥

[见320页地图；☎601 6305；滴水村82号（近滴水丹屏）；标双368元起；📶❄]餐厅和顶层露台都拥有俯瞰滴水丹屏海滩的绝佳景观。整个酒店像是一个装修爱好者的试验田：有北欧、地中海、工业风、东南亚和西部风混搭的房间可供选择，可惜房间面积比图片看上去要小不少。院子里的卡通形象雕塑和游乐设施，迎合了酒店主打的亲子主题。

东海岸

这一带的住宿集中在盛塘村（天主教堂）、湾仔和牛栏山村附近。其中牛栏山离海

西海岸

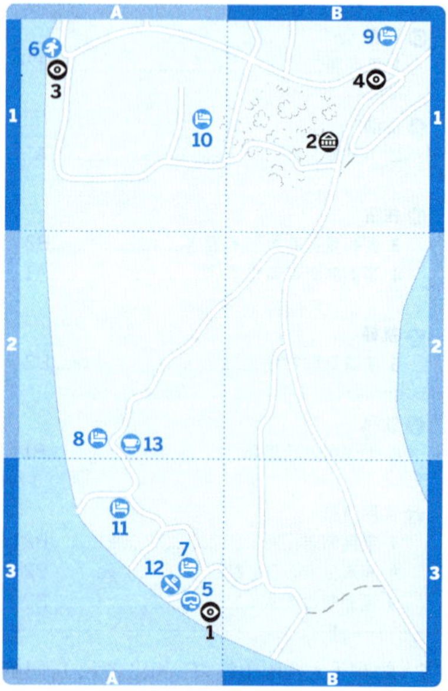

西海岸

景点

1	滴水丹屏	A3
2	火山地质公园博物馆	B1
3	石螺口	A1
4	涠洲岛主标志广场	B1

活动

5	火山岛潜水基地	A3
6	鑫昌隆潜水旅游度假村	A1

住宿

7	芭芭贝尔海景酒店	A3
8	初见客栈	A2
9	镜观闲居	B1
10	陌野life民宿	A1
11	野屿艺墅民宿	A3

就餐

12	滴水丹屏大排档	A3

饮品

13	七月咖啡	A2

最近，可惜酒店品质和周边环境都一般。我们更推荐在前两者中做出选择。

★浪古村宿　酒店 ¥¥

（见314页地图；☎177 7791 6856；公山村村委会旁；标双238元起；）聪明的主人只是在古老民居的原有样貌上稍加装点，就带来了令人耳目一新的感受。宽大的庭院郁郁葱葱，廊前、屋顶、花间、树下都布置了惬意的小憩之地，还有一个阳光通透的茶室餐厅。每个房间都保留有珊瑚石的元素，但和庭院一样，毫无造作之态，床品、设施也颇具品质。此外，老板的厨艺和热心也广受称赞。

隐拙轻奢度假民宿　酒店 ¥¥¥

（见314页地图；☎181 7795 1234；盛塘村公所沟门村4号；标双438元起；）古朴的珊瑚石外墙围起一栋洁白的小楼，细石铺就的庭院加上日式石灯，带来枯山水的意味，房间也是干净的"冷淡"风格。一楼的房间比较潮湿，最便宜的房间面积很小，因此最好先挑选一下再做决定。酒店位于一个安静的村庄里，但离贝壳沙滩和天主教堂的喧嚣也只有10分钟脚程。

偏安一隅小院客栈　客栈 ¥

[见314页地图；☎181 7796 0030；盛塘村27号（近邱芳故居）；铺50元，标双178元起；]主人是来自广东的年轻人，"一个小院子、六个客房、五块草坪、两棵果树、一条土狗"，轻松慵懒的青年旅舍氛围颇受年轻人喜欢。教堂、海鲜市场近在咫尺，日出海滩也步行可达。由于是平房改建，故房间都比较潮湿。预算有限的旅行者来此住床位是挺好的选择，而接近两百元的标间就不太划算。

北海岸

你可以说这里清净，也可以说荒凉。酒店大多不临海，离景点和闹市也较远，因此店家只能在内部硬件上下功夫，所以这里的住宿选择趋于高档。这里离西角码头不远，很适合第一个或最后一个晚上来此奢侈一把。

东篱小院　酒店 ¥¥

[见314页地图；☎181 7608 3339；上后背塘村北港村24-1号（近蓝桥）；标双289元起；]位置在北海岸算是不错的，贝壳沙滩和湿地公园都在步行可达范围。带有泳池的清新院落被主人打扫得一尘不染。细节考虑

也很周全，比如，泳池的玻璃围挡可以避免孩子意外落水。我们更推荐这里的复式房间，比普通房间要敞亮许多，适合亲子旅行。重庆厨师的好手艺，一定程度上弥补了这一带就餐不方便的缺点。

渡舍精品民宿

酒店 ¥¥¥

[见314页地图；☎139 7796 8826；上后背塘村北港村4号（近蓝桥）；标双 400元起；]珊瑚石墙面和大量原木碰撞出老宅的新潮感觉。不同房型的格局、面积、采光都有很大差异，建议你看过再做选择。提供特色“管家式服务”，可以及时有效解决你的疑问和需求，尤其适合全家游的客人。

野里宅院度假酒店

酒店 ¥¥¥

[见314页地图；☎601 5975；上后背塘村7号（近蓝桥）；标双 648元起；]因一档明星真人秀节目而被外界熟知，为数不多的房间常常被预订一空。平心而论，这里的装修品质和硬件在岛上均属第一梯队，但周边环境确实比较“野”，用餐和出行都有不便。

就餐

涠洲岛基本上只出产香蕉，绝大部分蔬菜和肉类需要从外界运送，这导致了餐饮价格的高企，素菜25元、荤菜35元是基本行情，吃一顿简单早餐也要20元起。如果说东北人主导了涠洲岛的酒店业，那餐饮业绝对是四川人的天下。目力所及之处，最多的就是川菜馆，味道和价格大同小异，因此我们不做个别推荐。总体来说，不临主街的餐厅性价比要高一些。

涠洲岛海鲜的品质很好，但价格也不低。面对游客销售，无论餐厅还是市场，很少有商家能做到足斤足两，再算上加工费，小吃一顿，每人至少也要七八十元。综合来看，去南湾、盛塘等地的当地市场采买，回客栈自炊或请老板代加工，依然是最优方案。

★南湾海鲜市场

海鲜 ¥¥

（见319页地图）紧挨渔船码头，南湾海鲜市场是涠洲岛最热闹的地方。建议你下午三四点前往，这时正是渔船回港的时间，各种海货最为丰富和新鲜；可以先在市场里多问几家摊位，然后直接下到码头登船看货，根据渔船上鱼虾的鲜活程度或是购买，或是返回市场选货。一般而言，鱼贝类的价格较为稳定，虾蟹类则变化较大。

海鲜市场附近就有几家提供加工的**大排档**，多为本地人经营，由于邻近市场，环境稍差。可以向西到酒吧街那片，有几家外地人开的餐厅也提供海鲜加工服务，环境要好多了。涠洲岛的海鲜加工收费比较统一，基本都为白灼（清蒸）10元一盘，红烧、辣炒等15元。

海鲜市场一旁就是**南湾水果市场**。在岛上买水果也最好来这里，选择多、价格相对实惠。

滴水丹屏大排档

海鲜 ¥¥

（见320页地图；滴水丹屏景区）如果你住在滴水村，也可以考虑来这里吃海鲜。每天下午，沙滩上也会有一些渔民撑起太阳伞贩卖海鲜。买好了交给身后的大排档加工，收费和南湾街差不多，但你可以一边吃海鲜一边欣赏日落美景。

饮品

近年来，岛上经营奶茶、糖水、咖啡的店铺呈现雨后春笋态势，但基本还停留在形式大于内容的初级阶段。因此，别太纠结于饮品品质，关注哪家空调凉、景观好就行了。

七月咖啡

咖啡馆 ¥

（见320页地图；☎601 6295；滴水村28号）这是一次对老民居的摩登改造，爬上一道颤颤巍巍的铁梯，就来到这座透明玻璃建筑的内部。宽敞温暖的感觉，让人忍不住想

另辟蹊径

猪仔岭

站在南湾街、鳄鱼山向海上眺望，能看见卧于海中的一座小小的礁石，长期以来被风蚀成一只小猪的样子，因此得名“猪仔岭”，渔民们把它当作天然航标。几年前一场大风将猪仔岭的鼻子吹掉，如今你看到的是经过重新“整容”的猪仔。从南湾街继续向东，在当地人经常垂钓的**军用码头**附近，有一条碎石小路通向海中猪仔岭，涨潮时，路被淹没，不能上岛。

坐下来，主人亲切健谈。除了咖啡和饮品，这里还提供卤肉粉、华夫饼、芝士焗饭等简餐。

传说中的哈瓦那
酒吧 ¥¥

（见319页地图；☎186 7799 1240；南湾街）这家南湾街上的老牌酒吧一副“雷鬼”装扮，人气始终很高。除了民谣弹唱，有时也有爵士和摇滚乐队演出，是音乐爱好者在涠洲岛的不二之选。在这条南湾酒吧街上，一字排开还有多家酒吧，价位基本一样：啤酒20元，鸡尾酒40元，可以先巡礼一番再做决定。

海鸥酒吧
酒吧 ¥¥

（见314页地图；☎189 7796 2215；横岭村）若不仔细看小小的招牌，你一定会错过这栋“老房子”。酒吧位于盛塘村和日出海之间有一棵大榕树的三岔路口。主人精心营造的石屋和小院让人心动。白天这里波澜不惊，晚上却变身为极具氛围的Live House。微醺的深夜，吹着海风穿过宁静的乡间，散步或骑车回去睡觉，这感觉谁不爱呢？实在不想走……这里也经营客栈。

购物

涠洲岛的特产和北海类似：珍珠和干海产，不同之处是价格贵不少。因此，我们并不推荐在此购物。如果非买不可，滴水丹屏附近有几家规模较大的珍珠商店，干海产集中在盛塘市场、南湾市场和老码头周边。

实用信息

危险和麻烦

与海为邻，最大的麻烦当然来自天气。夏季的西南季风和台风都会为北部湾带来海面风浪和强降雨，航船一旦停航，旅行者势必滞留岛上，时间长了还会面对物资短缺、物价上涨的窘境。如果你打算在7月至9月造访涠洲岛，请密切留意专业气象部门的信息，也可向码头、民宿经营者、旅行社工作人员等相关人士获取第一手的资讯。

同时，在暑假等用电旺季，岛上的电力供应完全无法满足开足马力的旅游业，少则数小时、多则整日的停电停水是家常便饭。在这个时候，选择拥有自备发电机的酒店就显得格外重要了。

为了控制游客数量，涠洲岛在国庆、春节甚至暑假期间，都很有可能限制上岛人数。如果你打算在这个时候登岛游览，一定要留意涠洲岛旅游官网的信息，在放票第一天就订好票（一般都是提前7天）。

岛上经营者的欺客事件时有发生——特别是在旺季。因此无论乘车、就餐、购物，还是参加水上活动，都应先问价，并确定细节。尤其要当心海滩附近的流动商贩。

医疗服务

涠洲岛中心卫生院（见319页地图；☎601 2920；近南湾文体活动广场）

宝岛药店（见319页地图；☎601 2030；南湾老码头附近）

银行

涠洲岛目前只有全岛中央、镇政府附近的一家**涠洲岛信用社**（见314页地图；双拥路5号）能取到现金。

邮局

涠洲邮政支局（见319页地图；南湾街21号；⏲9:00~12:00，13:00~16:00，周日休息）

旅游信息

涠洲岛旅游区管委会（☎601 3025）接受投诉。

当地交通

随着环岛公路的建成，环岛**公交车**也成为旅行者的经济之选。1路从西角码头出发，环行全岛，可达主标志广场（步行至滴水村20分钟）、贝壳沙滩、日出海滩（步行至盛塘村10分钟）、南湾（步行到南湾街20分钟），2路则只连接码头和主标志广场，价格均为5元/次。

三轮摩托车可带你直达景区或更偏远的地方，最多坐4人；大致价格是西角码头到南湾、滴水村30元，南湾到滴水村20元。此外，街上还有流动的**观光电动车**可供选择，人均价格和三轮摩托相仿。中档以上的酒店客栈，基本都能提供接送码头的免费服务。

对于旅行者而言，最具性价比的是“自驾”**电动车**，60元/天，许多客栈都有电动车可租，滴水村、盛塘村还有不少租车行。据我们观察，电动车骑行最大的危险，恐怕来自边骑边看手机找路。因此建议你提前规划路线，看手机时请靠边停车。从中心小学、湾背两个方向下到南湾海滩的路非常陡峭，最好绕行主标志广场，这里下到南湾的路相对平缓。另外，不要把车骑到海滩上，如果沾上海水和沙子，可能会被车主扣掉押金。主要景区门口都有村民自发的看车服务，收费5元。

到达和离开

进出涠洲岛的船班受天气和假期影响很大。正常天气、平常日子里，每天能保证有来回共6班船。一般情况下，**北海国际客运港**（见304页地图）和**西角码头**（☎318 2686；见314页地图）的首末班均为8:30和17:30，旺季可能排到往返共20多班船仍然一票难求。购买船票需身份证实名制。

北海市区许多车站、酒店和旅游门市都代售涠洲岛船票，一般不加价。最方便的还是登录**涠洲岛船票官网**（www.laiu8.cn）购票，咨询电话为☎307 1866，各大旅游电商也有涠洲岛船票出售。

根据船型不同，价格和航行时间也有差别，普通舱和特等舱的价格约为150元/240元。北游12、16，为大型快艇，单程航行时间70分钟，是兼顾时间和舒适度的选择；北游8、18、19，飞达，飞逸1号为小快艇，单程航行时间为60~90分钟，价格稍低，但极易晕船；北游15是带有观光甲板的大型慢船，最为平稳，单程航行时间也最长，为110分钟。

钦州

人口：409万

区号：0777

钦州是曾经的“钦廉四属”之首，是千年以来北部湾地区的中心城市。这是一座中国传统型的临海城市，临海而不滨海；因此市区没有海景，也就少了像北海、防城港那样的林立高楼和外来人口。南宁、防城港、北海的铁路干线形成一个“人”字，恰在交会点的钦州值得你停留一两日：城南一、二、三、四马路一带，骑楼老屋依旧，仿佛穿越到了黑白片的镜头里；走进近代民族英雄刘永福、冯子材的故居，你可以在精美的岭南宅院中感受良将风骨；热爱自然的话，就南下直奔三娘湾，那里是中华白海豚的游乐场。

方位

旅行者只在钦江西岸流连就够了。人民路由南向北串起了刘永福故居、老城区、大花园转盘、冯子材故居。高铁站和汽车总站分别居于城市的东北和西南角，离市中心颇有些距离。

景点

★刘永福故居 故居

（☎369 2054；板桂街10号；免费；⏲9:00~17:00）刘永福是清末著名的爱国将领，统领着大名鼎鼎的黑旗军，一生经历更是传奇：从最早的反清义士，到中法战争时归顺清廷抵抗外侵，再到甲午战争时远赴台湾战斗，最终更是支持辛亥革命、反对袁世凯复辟。故居是其归老所居的家宅，又称“三宣堂”，占地面积22,000多平方米，房间多达119间。故居门前的广场立有刘永福塑像，进门后是足可练兵的宽阔前庭，右侧便是三进式的庭院建筑。主座周围有书房、伙房、兵器房、用人房等厢房环绕，其间有暗道连通，围墙四角还有四座炮楼，俨然一座防御工事。同时，屋脊、房檐和窗棂处精彩繁复的木雕，又显示出这座建筑柔美灵动的一面。此外，东侧厢房开设的**钦州市民俗风情展**，有助于你快速了解当地的风土人情。回到前庭，对面是建成开放不久的**刘永福纪念馆**，以丰富的图片和实物

另辟蹊径

中山先生的钦州港之梦

除了领导发动了钦廉上思起义和钦廉防城起义这两次反清革命，孙中山先生在《建国方略》中也和钦州结下了不解之缘。按照他的规划，中国将建成三个世界大港（直隶、上海、广州），再有四个二等海港——营口、海州（连云港）、福州和钦州。他评说“凡在钦州以西之地，将择此港以出于海”，这和“西部大开发”的北部湾出海口策略相同。如今，钦州港的**仙岛公园**（逸仙路近海景一街）就是为了纪念孙中山先生所建，内有世界上最大的孙中山铜像。登临岛顶，能看到钦江入海口的**七十二泾**风光，弯曲的河面上生长着红树林。可从钦州汽车总站乘坐班车前往钦州港，下车后步行或打摩的即到。钦州去三娘湾的班车也路过钦州港。

材料，展现了这位爱国将领传奇的一生。

在人民路上乘1路、15路到三马路、四马路，或在永福广场下车步行即可到达。

冯子材故居 故居

（☎282 5466；宫保街70号；免费；⏲9:00~17:00）又名"宫保第"，是清军将领冯子材退居时的住所。同样是三路三进式的岭南庭院风格，但跟刘永福故居相比，这里显得规模较小，朴实无华。今天故居内主要是冯子材生平展，东侧精巧的庭院内是一处**名人雕塑园**。

15路公交车有冯子材故居这一站点，1路、3路、6路只能在钦州湾鸿发路口下车，沿宫保街步行一段。

三娘湾 海湾

[☎381 6068，381 6898（观海豚船票）；www.qzsnwly.com；犀牛脚镇东面约5公里处；门票 40元]这里的确会看到白海豚：只要在天气晴朗时出海，你就有可能和这些可爱的家伙不期而遇。最佳时节是4月至9月，气候温暖，白海豚活动频繁，运气好的话，还能看到它们跃出水面的场景。在三娘湾看海豚一般搭乘8~10座的快艇（40分钟，100元/人），在渔村沙滩前的**三娘湾景区游船部**设有售票点，满员才发船。当然，也有一些渔民绕开景区管委会私下提供观豚服务，每条船价格在300~500元。但无论哪种形式，都不能保证百分之百看到白海豚，对于渔民所谓"包看到"的承诺价，最好不要轻易相信。

比起观海豚之旅，三娘湾景区的吸引力就显得十分有限——如跃出海面的白海豚雕塑、拥有牵强名字的巨大天然景观石，以及不尽如人意的设施维护。天气好的时候，你可以到陆地最南端的海滨浴场游泳，水质不错，但与北海银滩相比，这里的沙质要粗得多。每年农历五月，这里会有一两次较高水位的大潮，俗称"五月大潮"，届时会举办**三娘湾观潮节**。

一般而言，没有必要在三娘湾过夜。这里的食宿集中在景区东面的**三娘湾村**，有海鲜大排档和还过得去的渔家旅馆；景区大门到三娘湾村海滩约有2公里，可搭三轮车（5元）。景区东侧的海滩上有一家**火车驿站**（☎381 4650；标单/双 120元；📶❄），这是十几节用水泥制作的车厢，内部完全模拟火车硬卧的设置，舒适度一般。

钦州汽车总站每天7:00~19:00有滚动发往三娘湾景区的班车（15/20元；40分钟），返回钦州最晚一班时间为19:00。也可在高铁钦州东站门前乘港城5路车直达景区。

节日和活动

钦州人采食生蚝的历史已经有三百多年，被称为"中国大蚝之乡"，大啖生蚝绝对是旅行者来钦州不可错过的体验：街边摊档随处可见，低于全国的价位更是让人大呼过瘾。需要提醒你的是，不少摊档出售经过冷藏的"组装蚝"，最好的办法是不要贪图便宜（如10元5个），并留意摊主是否现撬现烤。

2011年"钦州大蚝"获得国家农产品地理标志登记保护，从那时开始，政府主导的"钦州蚝情节"于每年11月底至12月初开幕，届时会有一系列品鉴、交易和文化演出活动，可以留意微信公众号"钦州旅游"获取相关信息。这一时段正值旅游淡季，物价低廉，正是来钦州的好时机。

食宿

建议你住到大花园转盘附近，吃、住、行都非常方便。新近装修的**曼途酒店**（☎510 0888；钦州湾大道1-18号；标双 108元起；📶❄）环境整洁、气氛温馨（甚至带有床边氛围灯），颇具性价比。在大花园转盘以南，以不到200元的价格入住四星级的**金湾国际大酒店**（☎213 3288；人民路13号与新兴街交会处；标单/双 198元起；📶❄）也是划算的选择。

"钦州猪脚粉，神仙也打滚"——连皮带肉的硕大猪脚配以原汤米粉，这就是钦州最具代表性的食物。老城区市中医院旁边的猪脚粉店，甚至懒得起名和制作招牌，但这家有20多年历史的**"二马路猪脚粉"**，在钦州人心中早已落地生根；市中心离大花园转盘不远的**张六猪脚粉**（向阳街15号）也颇有口碑。需要注意的是，老城区多数猪脚粉店只经营晚市，18:00以后才能吃到。如果你不习惯这种重口味食物，店里通常都有叉烧粉、牛腩粉可供选择。

到达和离开

长途汽车

钦州市有4个汽车站，对旅行者有用的是新

另辟蹊径

广西楹联第一村

钦州灵山县城东的大芦村，拥有广西保存比较完好的一处明清古建筑群，因有几百副对联和匾额得名“广西楹联第一村”，并被评为国家历史文化名村。现已开辟为**大芦村民俗风情旅游区**（☎630 1180；门票15元），由**东园别墅**、**三达堂**、**镬耳楼**等九座古建筑组成。此外，村中还有几株古树和一个漂亮的池塘，古建筑在池中的倒影是摄影师们争相捕捉的画面。

钦州汽车南站有滚动发往灵山的班车（40元；1.5小时），出站后可坐三轮车（20元）到达8公里外的大芦村。我们调研时，通往灵山县的道路正在施工，大芦村也正经历改造，因此提醒你，来之前掂量一下自己对古建筑和书法的热衷程度。

近启用的**钦州汽车总站**（☎210 3448；金海湾西大街）和**钦州汽车南站**（☎210 9977；金海湾东大街）。总站有发往三娘湾和钦州港的车，都会路过南站门口。前往南宁首选汽车总站的班车（73元；5:25~20:40滚动发车）；往东兴的班车为7:00~20:00滚动发车，票价40元。前往北海最好去南站坐车（33元；7:50~18:30）。

汽车总站和位于汽车南站的**钦州城市候机楼**，每天都有前往南宁吴圩机场的班车，前者5:05~20:30每逢半点发车；后者8:00~18:00逢整点发车。

上述两个车站的车票，均可微信关注“泰禾智慧客运”查询购买。

火车

钦州东站（永福东大街东端）往返南宁、北海的动车基本随到随走，此外，还有每天早、中、晚3班北海往返防城港北站的普通火车停靠这里。车站前的8路、22路公交车都能带你到大花园转盘和老城区。

当地交通

钦州道路不宽，因此经常拥堵，一般来说没有必要乘出租车。1路、3路、8路公交车基本上可以满足你的所有需要，局部交通可以用共享单车来解决。

防城港

人口：93万

区号：0770

防城港市

一个“防”字，道出了它与越南海陆相连的重要位置。防城港市可以视作两个相对独立的部分，也就是人们口中的“港口”和“防城”：年轻的防城港于20世纪60年代才建港，今天是繁忙的货运码头，也是房地产和外来人口大行其道的新城区；而年长一些的“防城”之名可追溯到宋朝，现在仍是多数本地居民生活的区域。

平静的港湾、林立着吊装机械的码头、整洁宽阔的街道和大大小小的城市公园，今天的防城港无疑是一座宜居城市。但对旅行者而言则缺乏看点，多数人跳过这里直奔东兴或越南，如果你想在防城港逗留，可以去**江山半岛**。这里是广西最大的半岛，由北及南有**月亮湾**、**白浪滩**（大平坡）、**白沙湾**三片不错的海滩，其中白浪滩面积最大，退潮时沙滩宽度可达2公里，月亮湾是欣赏防城港港口的最佳位置。

防城港北站（防城区南北大道）停靠南宁等地开过来的动车和北海开过来的普通火车，出站后有前往东兴的大巴候客，也有公交车连接港口汽车站。**港口汽车站**（桃源街近广场北路）每20分钟有1班发往白龙的班车，可带你到江山半岛上的主要景点。微信关注“防城港超大汽车站票务”可查询购买。

东兴

凭山邻海，坐中望越，东兴是一座慵懒宜居又充满活力的边境小城。宏伟的国门标示着版图的边界，但隔着狭窄的北仑河，你甚至能和越南芒街的姑娘谈恋爱。每天熙来攘往的商旅，把越南美食和各色商品注入斑驳的老街骑楼中，街坊们闲聊时安然的神色却从未变过。跟随北仑河入海的方向，红树林

东兴城区

东兴城区

景点

1 陈公馆 C3
2 大清国五号界碑 B4
3 东兴口岸 B3

住宿

4 多米踏沙国际青年旅舍 B3
5 国门大酒店 B4
6 宜商酒店 C2

就餐

7 菠萝根海鲜饭店 D2
8 华姐鸡粉 B3
9 明翠炒螺 C3
10 天然大排档 C2
11 兴侨卷粉 C3
12 秀英西贡美食 B2

购物

13 万众国际批发市场 B4

实用信息

14 东兴市人民医院 D3
15 东兴市邮政局 C2
16 广西中国国际旅行社（东兴分社） C1

交通

17 东兴汽车总站 D1

始终优雅地站在海中，而陆地上的界碑则为你讲述着近代史上的抗争。大海在金滩豁然开朗，这里的主人是京族人——他们是中国唯一在海边生活的少数民族。

景点

陈公馆 故居

（永金路与明虹路交叉口；门票25元；⌚9:00~16:00）这座法式大宅是国民党粤军将领陈济棠的旧居。出生于东兴镇大田村的陈济棠少年从军，励精图治，最终成为权倾岭南的“南天王”。而你今天得以参观这里，则因其和共产党结下的友谊，以及逼蒋抗日、治理广东等功绩。两座隐蔽的炮楼守护着绿树成荫的庭院，陈公馆的主体建筑由主、副两栋别墅构成，中间有弧形的天桥相连。两栋建筑内分别为陈济棠生平陈列馆，以及中越友谊纪念馆——可惜无论是展板的字体还是家具的陈列，都显得过于粗糙了。公馆隔壁是东兴香火很旺的**观音寺**，可以顺道一观。

陈公馆就在东兴老街靠近北仑河的核心地带，离汽车站有2.5公里路程，坐摩托车需要5元。

东兴口岸 口岸

（新华路南端）就算没有一车接一车的团队游客，这里也是东兴人气最旺的地方。中越友谊大桥在对越自卫反击战时曾被炸毁，可如今桥上白天来往人群络绎不绝（通关时间为8:00~20:00），界河上也是船来船往；晚上则有两国区别分明的霓虹灯。桥底西侧立着一块**大清国五号界碑**，是清政府与法国签订《中法会订越南条约》的明证；沿着河堤路继续往西还能看到1368号界碑，越南芒街的景色显得触手可及。政府在此建有“中越对歌台”，每年秋冬季节，两国会轮流举办青年对歌联欢活动。

你的“国门漫步”之旅，应该以从北向南平行排列的建设街、电线街和木兰路为范围。历史上这里便是东兴最热闹的市集，戴斗笠的越南妇女和中国商人共同经营着牛角梳、咖啡、越南帽、白虎油等各类商品和越南美食，如今宏伟的**万众国际批发市场**（新华路中免大厦），更是给了这些小商品一个大舞台。

从汽车总站到东兴口岸可乘坐1路公交车，摩托车则需要6元。

另辟蹊径

十万大山和沿边公路

和同在广西的六万大山、九万大山相比，十万大山的“头衔”最大，名气也是最大的。不过总体而言，十万大山的景色并不惊艳。如今，上思县、钦州市分别开辟有**十万大山国家森林公园**（☎846 2108；上思县红旗林场；门票35元）、**八寨沟**（☎0777-578 8028；钦州市钦北区贵台镇垌利村；门票40元）等景区，都有宾馆、餐厅等配套设施，尤其适合自驾游前往。

相比而言，东兴市区向西的**沿边公路**横穿十万大山山区，最终到达凭祥，约280公里的路程倒是颇有看点。过了高林村，公路开始翻山越岭，会经过**马鞍坳**、**峒中温泉**（防城区峒中镇板典村；☎398 1222；50元；⌚9:00~23:00）、**北风口**（顺风坳）、**爱店口岸**等——风景虽然比不上沿边公路龙州、大新、靖西段的喀斯特地貌，但是山高路远，马鞍坳、北风口等险段颇能体验自驾的乐趣；登高俯瞰中越两国的群山峻岭，更是颇有气概。除了自驾，也有一些勇士选择花3天时间骑行这段山路，沿途许多村庄都可以提供补给，两晚分别在峒中和爱店过夜，都有干净整洁的住宿。遇到雨雾天气勿走这段路，很可能碰到塌方或者能见度很差的情况。到达峒中后，也可走桐棉到宁明，桐棉的**炒马巴**（炒马肉干）相当有名。

班车只通到峒中口岸，东兴汽车总站和防城汽车站都有，不过都不会经过马鞍坳这个险段。东兴的车更多一些，大概每小时1班；前往温泉请买票到板典，路况很差，车程2.5小时。返回东兴的末班车在下午5点50分左右。

从东兴去越南

东兴现在凭身份证即可异地办理出入境通行证赴越南芒街旅游。很多旅行社都可办理，比如，**广西中国国际旅行社（东兴分社）**[☎767 1068；新华路138号（近东兴口岸）]跟团一日游220元左右，当天9点开始办证，然后去越南芒街转上几个小时；河内下龙湾三天两晚的行程则需要880元左右，且必须携带护照原件，两个工作日出签。

由于东兴与越南芒街仅一桥之隔，会有不法分子诱导游客出境，实施骗购、强购、诈骗和抢夺，必须提高警惕。东兴口岸（国门）是进出越南的唯一通道，其他途径均属偷渡行为。

屏峰雨林 自然景观

（☎766 8117；马路镇平丰村；石门谷步道80元，红石谷漂流150/190元）景区包括两部分，都是以玩水为主，游玩各需要2小时左右：石门谷穿梭在森林中的步道上，可欣赏溪流跳下的一叠叠瀑布；红石谷是玩漂流的，分为逍遥漂和勇士漂，适应不同人群。通过网络预订门票会有较大优惠，最好在7月至9月的丰水期前往。

景区距东兴市区有25公里的崎岖山路，最好自驾或者跟团游。东兴大街上的旅行社都有将红石谷漂流和金滩京岛打包在一起的一日游，价格在200元左右。东兴市区有11路公交车前往屏峰雨林，在汽车总站外的北仑大道上可以坐到。

住宿

多米踏沙国际青年旅舍 青年旅舍 ¥

（☎766 4440；解放路199-4号；铺35元起，标单/双108元起；📶）东兴唯一的YHA青旅。坐落在老街上，位置优越，步行几分钟即到东兴口岸，附近也有多家不错的美食店可以选择。院落宽大，从鱼池到健身器材都有，但显得凌乱而缺乏规划。二楼及以上的标间，明显比一楼的铺位更干爽一些。老板是海洋运动的发烧友，因此店内开设有桨板冲浪和皮划艇的体验及系统课程。不太忙的时候，还会组织客人去海边抓螃蟹、钓鱿鱼。

宜尚酒店 酒店 ¥¥

（☎766 6222；民族路90号；标双258元起；📶❄）这是一家2018年新开业的酒店，离汽车站不远，楼下吃喝也很方便。房间拥有简洁干练的现代风格，年轻的服务人员亲切热情。只是个别房间比较潮湿，选房时要注意一下。

宾呈酒店 酒店 ¥

（☎765 2599；河州路中原新都小区西门；标双108元起；📶❄）虽然几幅奇怪的装饰画没能给房间带来欧陆风情，但这里依然是极具性价比的选择。酒店位于城市西侧，更具本地生活气息，离东南亚美食街和红木博览城咫尺之遥，房间和床品的清洁程度都对得起这个价位。

国门大酒店 酒店 ¥¥

（☎766 5888；新华路口岸旁；标双248元起；📶❄）四星级的国门大酒店是东兴市较好的酒店之一，无与伦比的就是它的地理位置，368元起的景观房能俯瞰口岸、北仑河和越南芒街经济特区的全景。

就餐

越南菜和海鲜是东兴不能错过的口福。北仑大道上的许多路口，晚上都会摆出小型夜市，味道也毫不马虎，可做夜宵之选。

★ **秀英西贡美食** 越南菜 ¥

（☎185 7702 3423；贵州路1巷20号；人均30元；⏲8:30~22:00）店主从胡志明市（西贡）带着故乡的口味举家而来，提供比越北风味更清淡细致的料理。我们更推荐这里的简餐：从馅料丰富、口味富有层次的越南面包三明治，到轻薄透明的春卷，还有干爽入味的炒星米和咖喱饭、鲜中带甜的牛肉粉……基本上点什么都不会失望。也许是慢工出细活，这里出菜速度比较慢，点上一杯滴漏咖啡边喝边等吧。

菠萝根海鲜饭店 广西菜 ¥¥

（☎765 0301；北园路60号；人均70元；⏲9:00~22:00）游客通常聚集在北仑河岸一带吃海鲜，而这里则是本地人的选择。海鲜都是当天捕获，现点现杀，生蚝48元/份；明虾、青蟹都在58元/斤左右。料理风格偏向广西的重佐料，如果喜欢清淡的，记得叮嘱店家。饭店所在的北园路和黄花岗路，是海鲜大排档的聚集地，竞争激烈，斜对面标榜非人工养殖海鲜的天然大排档（☎139 0770 7385）人气也颇高，你可以用舌头评比一下。

明翠炒螺店

越南菜 ¥¥

（☎185 7706 9898；教育路7-11号；人均70元；⏰16:00至次日4:00）老板和店员都是越南人，沟通起来有时要多费一些工夫。炒螺的食材和味道也是地道的越南风味，68元/斤的炒螺可选椰片爆炒和香茅白灼的做法，我们更推荐后者。另有扇贝、蛏子、花甲以及其他螺类，价格稍低。也提供屈头蛋、蟹膏粉、春卷、鲜榨芒果汁等越南小吃和饮品。

华姐鸡粉

小吃 ¥

（☎139 7702 7556；教育路66号；⏰7:00～17:00）这家由越南华侨经营的小店简洁干净。主打当然是汤鲜肉嫩的越南鸡粉，记得随手拿一个小柠檬挤到汤中。此外，还有搭配酸甜汁蘸料的卷筒粉和春卷。

高佬海鲜粥

粥 ¥

[☎768 1155；东盟大道近湖南路（东兴二中对面）；⏰7:00～15:00]东兴的沙虫粥自称“天下第一粥”，以前在口岸有好几家不错的老字号，如今都拆迁到新址。店面依然是不修边幅的“古早味”。粥最好早上去喝，不然下午卖完就打烊了，此外，还有鲜嫩的炒猪肝、烤鸡等佐粥小菜。

兴侨卷粉

小吃 ¥

（☎768 1825；劳动街43号；⏰7:00～17:00）老街上的一家老店，叉烧粉实在到粉吃完了肉还在碗底。也出售口味很好的越南卷粉（1.5元/条）和猪杂粥等。是不错的早餐选择。

ℹ 实用信息

东兴旅游局出版有东兴旅游的介绍册和各景点的小册子，在宾馆前台、旅行社以及旅游集散中心对面的**东兴旅游汽车站**大都能取阅到。

旅游投诉电话（☎769 0270）

东兴市人民医院（☎768 5028；永金街东端）

东兴市邮政局（☎768 1866；北仑大道近民族路；⏰9:00～17:00）

ℹ 到达和离开

东兴汽车总站（☎768 6365；北仑大道295号）前往南宁、防城港、钦州、北海的车很多，但前往凭祥的每天仅有一班。此外，还有发往南宁吴圩机场（经停防城港港口、防城汽车站）的专线车，咨询电话为☎765 7699。通过微信公众号“防城港超大汽车站票务”可查询、购票。

ℹ 当地交通

大部分公交车会经过新华路口向东的北仑大道，在那里的车站候车即可。市内最多的是摩的，起步价为5元。想包车的话，车站前有不少出

值得一游

大清一号界碑

竹山村或许是广西最具标志性意义的地点。它位于东兴市东面10公里的北仑河出海口，那里不仅是广西沿边公路的起点，还是中国大陆海岸线的西南起点。

1885年6月，中法战争结束，清政府与法国在天津签订《中法会订越南条约》，越南自此沦为法国殖民地。随后，钦州知州李受彤作为界务总办，同法国的勘界官员开展了长达数年的拉锯斗争。到1890年，终于在竹山设立了“大清国一号界碑”，并且“涉深谷、爬峭壁”，在竹山至峒中100多公里的范围内设立了33块界碑，表现出寸土不让的民族气节。今天，这块“大清国一号界碑”依然矗立在竹山村，守望着中国海岸线的起点，你还可以从旁边的介绍碑文中，读到李受彤“位卑不敢忘忧国”的家国情怀。

在东兴汽车总站对面的公交车站乘6路车（全程4元；30分钟）可到竹山村，除了界碑，这里还有一个北仑河口国家级自然保护区的小展馆，着重介绍了有关红树林的知识。沿着海边向西走，就是新建成的气派的“海地相连”广场。

东兴汽车总站车次时刻表

站点	发车时间/班次	票价（元）	行程（小时）	备注
南宁	6:30~20:50，滚动发车	68	3	
南宁吴圩机场	5:10~18:00	90	4	经停防城汽车站、防城港
钦州	9:45~19:15，约20分钟1班	40	2	
防城港	6:30~21:00，滚动发车	13	1	
凭祥	8:50	125	5	
北海	7:00~16:50，约1小时1班	68	3	
峒中	6:25~17:35，1小时1班	20	2	

租车和小面包车，金滩京岛半日游的价格在150元左右。

京岛

京族是中国唯一的海洋少数民族，也是越南的主体民族（越南称"越族"），东兴城东约23公里处的京族三岛，即澫尾、巫头和山心一带是他们唯一的聚居地。20世纪70年代围海造田运动后，三个岛已与陆地相连，变成了半岛，如今踏上京岛已不再有"岛"的感觉。同样不存在的，是你期待中的"民族风情"，平日这里与一般的汉族村庄别无二致，只有在"哈节"时，独有的民俗和传统才会出来"走两步"。当然，多数旅行者还是奔着这里平直宽阔的金滩而来。

当地知识

独弦琴和喃字

这是京族两样最有代表性的文化标志。

独弦琴 是只使用泛音演奏整首乐曲的乐器，奥秘来自琴头特殊的摇杆。演奏者通过外拉内推来控制琴弦的升降，以取得新的泛音（又称"摇杆泛音"）。曲目以《高山流水》《珠情月意》最为著名。琴艺传承方面，京族打破了传男不传女的传统，做到了后继有人。

喃字 是京族特有的文字，直译过来就是"喃唱"出来的方块字，多出现于民间的唱哈歌本、经书、族谱和乡约中，形为汉字，意为京语，现已很少使用。"喃"即自古流传至今的越南文，因为是通过唱歌流传，所以叫作"喃唱"。据了解，如今京岛上识得喃字的人已不多，文字传承的瓶颈已经凸显。

景点

在我们调研时，京族博物馆正因改扩建而停止开放。

金滩　　海滩

澫尾金滩长达10公里，沙色金黄，滩势平缓。沿途有一些小店能提供基本的淋浴、更衣、伞凳租赁等服务，还有坐船出海等游览项目。海滨浴场——也就是景区大门处可以视为海滩的中心，越向两端，游客和商家越少。天气晴朗的早晨有可能看到壮观的拉大网；渔网长达1公里，从拉网到收网需数小时之久。路边见到的供奉神灵的小庙是京族的传统民族建筑，也能看到描绘拉大网、唱哈节等场景的壁画。东兴市区开过来的5路公交车就停在金滩的海滨浴场。

澫尾哈亭　　民族建筑

京族三岛各有一个哈亭，其中澫尾哈亭最大。哈亭是现代修建的一间庙宇，是祭祖、议事和娱乐（歌亭）的中心场所。门口两侧的墙上贴有严谨的亭规，亭内正堂供奉着镇海大王及京族各姓祖先的排位，四周堆放着哈节使用的道具，其中包括一把巨大的独弦琴，墙上有几副喃字对联。作为社交中心，哈亭门前终日都有当地老人饮茶闲坐，其中不乏京族歌唱、书法的传承人，他们很愿意和你聊天。另外，哈亭是京族人心中的神圣所在，参观时应注意举止。

值得一游

骑行京岛

狭窄的北仑河在东兴市区分隔开中国和越南，随着河水缓缓东流，河面渐渐开阔，最终伴随着大片红树林注入北部湾。再向前，穿过一个个树林掩映的渔村，便是平直开阔的金滩和京族三岛。

从东兴到京岛，往返60公里的路程，跟随北仑河的足迹骑车游览再合适不过。从市内河畔的**新华路**出发向东，留意河岸上为防治走私而建起的“界墙”——中间开有玻璃窗，方便游客观景，经过有很多本地人晨练的**东兴外滩公园**，你就已经离开市区。接着你会看到正在建设的海关大桥，未来它将跨越北仑河，连接中越。继续向前，北仑河即将与来自北方山中的罗浮江汇合入海，江上同样有座未完全建成但可以通过的大桥，它是你的必经之路。随着河面渐渐宽阔，滩涂上的红树林也多了起来，而路旁铁栅栏和监控摄像会时刻提醒着你边境的所在。骑过一座大坝上平直的公路，北仑河在竹山村附近入海，除了“大清国一号界碑”以外，这里还建起了一座“海地相连”广场。继续朝东南方向，从沙虫寮村向海边骑去，可到万鹤山湿地，这里是观赏白鹭的最佳地点；三德村有一座精美的天主教堂，是19世纪末由法国传教士修建的。向前下一个小坡就到**古榕部落**，在这里可以看到渔民在海边结网、捕捉沙虫。之后依然伴着海岸线行驶，经过沙尾、陈屋，向南转入主干道，走到底就是金滩的最西端了。相比滨海公路，这条沿着海岸线、穿村过寨的小路车辆极少、风景也更佳。返程时如果不想原路返回，可以向北骑到江平镇，恳求公交司机载上你和你的自行车返回东兴。

多米踏沙国际青年旅舍（见328页）可以租到性能不错的山地车，30元/天。

澫尾大圆盘向东100米就能看到北面有一条小巷，牌坊上写有“澫尾哈亭”的字样，进去即到。

万鹤山 湿地

万鹤山位于巫头南部的海边，滩涂上生长了大片的红树林；岸边有个沙丘，周围树林茂密，是白鹭的栖息地。据了解，自20世纪六七十年代起就有白鹭在此活动，由于当时村民分不清鹤、鹭，故将此称为“万鹤山”。如今这里栖息的白鹭已近5万只，每年5月至10月是观白鹭的最佳时间。它们一般早出晚归，白天在红树林及滩涂觅食，傍晚纷纷归巢，站在枝头展示傲人身姿。

万鹤山距金滩海滨浴场7公里，地图上没有这个名字，位置大约在沙虫寮村和庙仔山南边的海滩上。骑车造访是最合适的，也可以从金滩乘摩托车、三轮车（约20元），记得留下司机电话，方便回程时联系。

节日

哈节 京族节日

哈节又称“唱哈节”，是京岛每年最盛大的嘉年华，“哈”是京语译音，含有“歌”“请神听歌”的意思。相传哈节是京族人为了感谢杀死祸害岛民的“蜈蚣精”，并让海岛人民安居乐业的“镇海大王”的恩德，故年年岁岁唱哈祭神至今。京族三岛唱哈节的日期有所不同，澫尾、巫头为农历六月初十，山心为农历八月初十；其中澫尾哈节的规模最为宏大，通常会持续3至5天。主要仪式集中在哈亭举办，内容涵盖了祭祖、乡饮、社交、娱乐等各个方面，正日那天活动最丰富。整个过程可分为迎神、祭神、入席、送神四个部分，还会举办万人餐。近年来，在政府的主导下，哈节的规模日益扩大，玩法也花样翻新，临近节日时可留意**防城港旅游网**（fcgly.gov.cn）发布的官方日程。

食宿

除了来参加哈节以外，没有太大必要住在京岛。澫尾大转盘东西方向有不少家庭旅馆式的住宿，标间大约100元，如**金滩花园饭店**（☎722 2123；标单/双 100元起；📶❄）等，条件最好的是**京岛酒店**（☎722 2688；海滨浴场向西1公里；标双 188元起；📶❄），但邻近海边，潮湿是所有酒店的通病。

饮食上，建议你以**万尾海鲜市场**为中心坐标，一圈饭店环绕着中间的市场，都提供海鲜导购和代加工服务（15~20元/道）。不过，在旅游旺季里，宰客现象时有发生，需要了解行情并问清价格。我们更推荐你到市场外为当地人服务的快餐店，价格要低不少。

到达和离开

东兴和京岛两地之间有5路公交车（45分钟，全程6元），每15分钟1班，末班在20:00左右。可在东兴汽车总站对面的北仑大道上搭车，终点为京岛的澫尾金滩。从防城港过来，可在江平镇或京岛路口下车，再换公交车或班车。

了解广西

今日广西 **334**

在“东盟”和“一带一路”等政策热词的鼎力襄助下，广西经济正向南、向海发展。突飞猛进的交通基础建设，不仅联通起“城市圈”，也正在打通落后地区的发展经脉。平衡、可持续——或许是广西未来几年的关键词。

历史 **337**

秦始皇修筑灵渠，开启了广西发展的序幕，但直到近代，广西历史浓墨重彩的“戏份”才有所加重。而今日，广西更迎来了加速发展的新时代。

广西人 **349**

性格相对“模糊”的广西人其实多元又宽容，丰富的方言和风俗呈现出多姿多彩的一面。

少数民族 **352**

八桂大地汇集了11个世居少数民族和其他40多个民族成分，这是一座永远生机勃勃的民族博物馆。

建筑和艺术 **355**

从风雨桥到骑楼，建筑之美穿越时空；耳边的刘三姐歌声余音绕梁，绚烂的民族工艺品又闯入你的视线……

饮食 **360**

“桂菜”也许并没有一张清晰的面孔，但广西人对美味的追逐却不马虎。尝遍“三大米粉”、品过清新的龟苓膏和酸嘢，难道你不想尝尝重口味的田鼠和屈头蛋吗？

环境 **366**

高山大海、河流湖泊，雄壮的丹霞和奇幻的喀斯特地貌，广西这座天赐的动植物乐园美丽而脆弱，需要人们精心呵护。

今日广西

单就GDP来看，广西似乎已经脱离了“差生”队伍。突飞猛进的交通基础建设，不仅联通起“城市圈”，也正在打通落后地区的发展经脉。充分发挥近海临边的地缘优势，也让广西从“外向”中尝到甜头。不过，南宁和沿海的蓬勃，也同时衬托出桂西的贫困、桂东南的低迷以及桂柳的衰退。工业、渔业和运输业也对脆弱的喀斯特以及近海生态的威胁日渐加剧。平衡、可持续——或许是广西未来几年的关键词。

阅读广西

《李宗仁回忆录》，李宗仁口述，唐德刚撰写。从历史风云人物的口中，探究近代以来桂系崛起和广西模范省的往事。

《青春念想》，白先勇著。自选散文集，第一部分就是“桂林”，娓娓道来少年时代在家乡桂林的乡情旧事。

《没有围墙的民族博物馆》，梁汉昌著。图文并茂地展示生息繁衍在桂西北五个民族、十余个分支的摇曳多姿的民族民间文化。

《大瑶山七十年变迁》，徐平著。从1935年费孝通夫妇悲壮的大瑶山考察之旅开始，铺展出一部金秀大瑶山的断代史。

观影广西

《刘三姐》（1960年），共和国电影史上的经典之作，父辈人对广西的第一印象由此而来。

《面纱》（2006年），根据英国小说家毛姆的同名小说改编，宁静的黄姚古镇，还原了小说里20世纪初西方人关于遥远中国的各种想象。

《高山下的花环》（1984年），除了可以看到年轻时的斯琴高娃、唐国强和倪大红之外，还能了解对越自卫反击战的历史。

《夜莺》（2013年），由李保田主演

经济：向南，向海

2018年12月11日，常被误称为“省”的广西壮族自治区迎来了成立60周年的纪念日。如今全区的GDP总量是1958年的832倍，城镇和农村居民的人均可支配收入也分别超过了3万元和1万元。基建方面，纵横贯穿全区的高铁，更以1751公里的总里程雄踞全国第一；高速公路总里程突破5000公里。这片传统印象中的“边穷”地区，整体经济水平正在跻身全国中游。同时也不难看出，长期以来桂、柳、邕三强并立的格局也正在发生变化。在新经济形势下，发展的机遇和优势正在向南、向海倾斜。

2017年，北部湾城市群规划获国家批准，在这张包含桂、粤、琼三省15个城市的蓝图中，南宁是唯一定位于未来特大城市、区域性国际城市的核心。依托“近海临边”的地缘优势，又有“东盟”“一带一路”等政策热词的鼎力帮衬，这座曾经存在感颇低的“首府”不再低调：东盟博览会落户此地的十几年间，这个驶入快车道的“东盟市集”不断长高、变大。2017年全年建成7座200米以上摩天楼的成绩可以排到世界第二，而2018年5月落成的华润中心东写字楼，更是将广西高楼的纪录刷新到403米。与此同时，城区面积也几乎扩大了三倍，原本位于东郊的南湖，一下竟成了市中心。有了梧桐树，不愁凤凰来。一个直观的数字就是，南宁吸纳流动人口的比率占到全广西的58.1%。这座城市正像一块磁石，将最年轻、最具生产力和创造力的人们吸引至此。

另一个跃跃欲试的地区是北部湾。10年前，我国第一个国际区域经济合作区在这里正式落地。2017年，作为北部湾集装箱第一大港——钦州港货物吞吐量8338万吨，已开通的集装箱班轮国内外航线30条，其中连接了12个东南亚国家。防城港历史上的关键字“防”，也许在今天应该改成“放”，这里既是航道宽、泊位深的天然良港，又有便

捷的铁路接驳至内地，已经成为开放的“中国—东盟合作第一城”。崭新的基础建设和宜居宜业的城市梦想，吸引着外来定居者的同时，也激励起蓬勃的房地产业。2017年，习近平总书记对北海的视察，一下捧红了合浦汉代文化博物馆和金湾红树林生态旅游区。这座美丽而慵懒的海滨城市，也正抖掉身上由地产泡沫和传销带来的灰尘，小跑加入北部湾跨越式发展的行列。

反观其他地区，形势却并不乐观。在少数民族聚集的桂西山区，一些地方的贫困依旧触目惊心。2018年底关于凤山县高级中学“零一本”的高考成绩，以及5年内年轻教师全部“跑光”的新闻，更让人们为这里的未来担忧。曾经不可一世的桂林、柳州与“领头羊”南宁的差距似乎也正在加大，2017年，工业重镇柳州的GDP只有南宁的65%，而桂林与柳州尚有400多亿元的差距；梧州领衔的桂东南地区更是一副睡不醒的样子。回顾历史，人们惊讶地发现，桂柳的“没落”和当年作为水陆要冲的梧州简直如出一辙。

交通：高铁，高速

2013年12月28日，广西第一列高铁——桂林到北京西站的G530次首发，许多市民赶来尝鲜。短短5年间，柳南客专、南钦客专、钦北客专、钦防客专、南广高铁、贵广高铁等相继开通，南宁铁路局担当乘务的绿皮（无空调）火车全部停运，广西全境高铁里程已名列全国第一，广西从时速60公里一举跨入时速250公里的动车时代。一横一纵的高速铁路大动脉，使穿越全境的旅程不过4个小时，桂柳和北部湾城市圈之间频密的班次，更使动车实现了公交化运营，近邻城市更加融为一体。

如今，早上在桂林沿漓江漂流，下午到南宁来一碗老友粉，晚上在北海侨港饕餮海鲜的行程并不慌乱。广东人早就习惯了搭贵广高铁来“后花园”过周末，让他们为难的是，究竟该去贺州踏访乡间，还是去桂林寄情山水；去梧州寻找回忆，还是去桂平登高远眺。2018年3月，随着云桂铁路的贯通，“一路向西去大理”也不再是难事。更重要的是，这条途经百色的线路，正在为长期以来欠发达的桂西地区带来些许生机。

2019年，广西的高铁建设仍在升温。正在建设的合（浦）湛（江）高铁，力求使北部湾城市真正合为一体；箭在弦上的南（宁）玉（林）深（镇）高铁，也将打通桂东南最后的经脉。喀斯特大山的阻隔，让桂西铁路的进展相对缓慢，但眼看着邻居贵州高铁的先进经验和重大利好，相信离开工时间也不远了。

高速公路的建设同时在进行。河百高速在2018年底通车后，河池到百色不再有万山之遥，串起东兰、巴马，穿越壮美喀斯特地貌的行程只需2.5小时。此

快速参考

人口：**5696万（2019年）**

面积：**约24万平方公里**

河流总长度：**约3.4万公里**

海岸线长度：**1595公里**

全区生产总值（GDP）：**21,237.14亿元（2019年）**

如果广西有100人

63人是汉族
11人是壮族
3人是瑶族
1人是苗族
22人是其他民族

2018年上半年接待游客（亿人次）

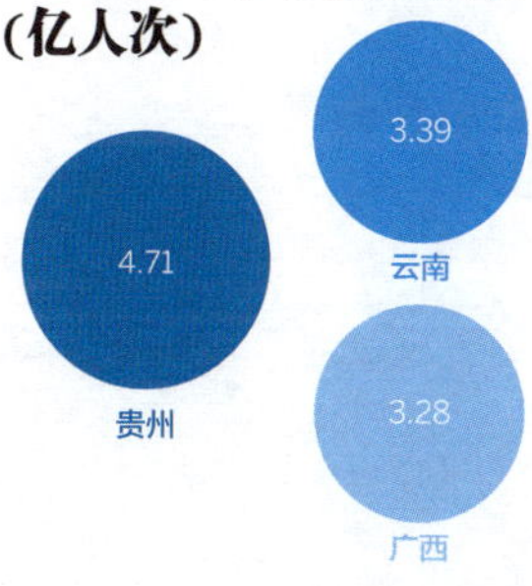

的这部亲情电影，曾代表中国角逐奥斯卡最佳外语片。片中唯美的镜头，展现了桂林、阳朔和三江程阳八寨的美景。

网络资源

新浪微博#污染随手拍#，一起为环保大计贡献力量。

红豆社区（hongdou.gxnews.com.cn）广西人气最旺的网上论坛。

桂林生活网（www.guilinlife.com）户外论坛和美食论坛颇具参考价值。

北海365（www.guilinlife.com）北海最大的生活分享社区。

微信公众号"南宁圈"，当下最流行的提供南宁吃喝玩乐资讯的窗口。

外，2019年计划开通的高速公路还有贵（港）隆（安）、荔（浦）玉（林）、阳（朔）鹿（寨）等，大多数位于广西的欠发达地区，相信将为这些地方带来更多人流和机遇。另外，也有不少环保人士担心，大规模的基础建设会给独特的喀斯特地貌和脆弱的生态环境带来灾难性的危害。

旅游业：升级，着急

2018年上半年，广西全区接待游客3.28亿人次，旅游总消费达到3669.18亿元，这一数字虽与邻近的旅游强省云南、贵州尚有些许差距，但依然是同比增长超过33%的高光表现。取得这样的成绩，很重要的因素是广西摒弃了以往空洞地宣传"好山好水"的粗放模式，而在吸引游客的手段上精耕细作。外宣方面，承办诸如环广西自行车赛等国际顶尖赛事，吸引西方目光、部分城市实施72小时过境免签政策；面向国内，为吸引消费能力较强的自驾游客，建立了诸多房车营地，以及提供吃住玩"一条龙"服务的旅游联盟；由政府主导的"三月三""开海节""蚝情节"贯穿全年，吸引渴望感受当地风俗的旅行者；更有趣的是，他们还瞄准了"富裕邻居"广东居民的荷包，以景点门票"粤籍五折"的诱惑刺激近邻前来消费。

曾几何时，"甲天下"的桂林是中国少数几个开展旅游业的城市之一，连外国元首到访中国都要到此一游才算圆满。此后很长一段时间里，这个老牌旅游胜地却饱受质疑：千篇一律的体验、不尽如人意的基础设施，以及时有发生的欺客和安全事件，让青山绿水蒙上一层阴影。好在，随着市场的成熟和眼光的放远，桂林正在恢复它应有的魅力。2013年和2014年，国际顶尖度假村品牌地中海俱乐部和悦榕庄的相继落户，让传唱千年的桂北山水有了新的品玩高度。个体经济也不甘人后，越来越多有趣又实干的年轻人汇聚到阳朔这个"乌托邦"，一间间个性十足的咖啡馆、餐厅、酒吧、民宿和创意商店相继开业，一年比一年热闹的攀岩节已颇具国际影响力。

在南方的海岸线上，北海的旅游业正经历同样的升级。栖身于老街骑楼中的历史与艺术展览馆与环境融为一体，且颇具匠心；散落在老城中的外国领事馆等遗迹，被认真整修并开放为博物馆，述说着那段历史。乘船出海，21海里外的涠洲岛度假风情更浓：平整宽阔的环岛公路已经建成，激烈的竞争使酒店从业者各出奇招，丝毫不敢懈怠。曾经猖獗的欺客行为，也正在市场的规范下越走越远。

相较上述旅游发达地区的"升级"浪潮，其他地区只能用"着急"来形容。拥有奇幻地貌的桂西，依然只是户外爱好者和驴友的天堂，巴马的养生神话也正在尘土飞扬的混凝土建设热潮中遭到质疑。广大的桂东南地区眼看着黄姚古镇正在被过度消耗，却迟迟没有下一个旅行热点为其分忧。

历史

公元前214年，在秦始皇一统天下的雄心驱使下，灵渠历时4年而成，短短数十公里的运河，却将偏安一隅的蛮夷之地与中原大地紧密连接，也由此开启了这片土地两千余年的发展史。或许是因为它过于遥远的地理位置，之后的千余年中，广西始终以“非主流”姿态不声不响地存在于华夏文明之中，直到清中期才好像一下子清醒了过来。波澜壮阔的金田起义和随后的太平天国运动，注定成为近代中国史上的辉煌一笔；百色起义、龙州起义也成为中国共产党在那个年代奏响的强音。近年来，随着2004年东盟博览会永久落户南宁，巴马、乐业、北海等新兴旅游目的地的逐渐升温，“一带一路”倡议带来崭新契机，当广西纳入全国高铁版图，广西的发展也迎来真正的提速期。

先秦考古与百越族

在距今约十万年至两万年前的旧石器时代，广西顶蛳山、白莲洞、宝积岩和甑皮岩等地，都发现了母系氏族社会人类活动的痕迹。那些墓葬中屈肢蹲葬的骨骼、生活用的石器工具、兽骨及陶器，足以反映当时物质及精神生活的点滴，但具体的政治权力结构与社会面貌，却难以全部得知。

根据中原地区的汉文古籍记载，在夏、商、周三代时的华南地区，当地人都被中原人笼统地视为“百越”，意思是众多的越族人，而广西人则被指为是众多越族中的一支。在一些文献中，也偶有使用“百粤”一词，因此有“越”又通“粤”之说。不过这些观点似乎值得商榷，因为百越除了广东外，还包括今日福建省福州一带的闽越和浙江省南部温州的东瓯等地。

在众多的越族人当中，苍梧、西瓯和雒越（或写作“骆越”）被视为今天广西地区壮族的祖先。如今广东西部与广西分布着众多冠以“六、渌、禄、绿、陆”等字的地名，都是“雒”的转音，是过去雒越人的活动范围。他们有成年人凿齿、断发文身、食蛇、巢居、善于舟水战等生活技能和特点。

大事年表	距今约十万年至两万年前	公元前214年	公元815年（元和十年）
	在顶蛳山、白莲洞、宝积岩和甑皮岩等地，发现旧石器时代母系氏族社会的人类活动痕迹。	秦始皇下令开凿灵渠运河，并于岭南地区设置了桂林郡、南海郡和象郡，从此广西正式纳入中国版图。	柳宗元被贬为柳州刺史。他在柳州4年多，留下了许多政绩，至今流传。819年在此地去世。

屈肢蹲葬

屈肢蹲葬是广西母系社会的一种丧葬习俗。死者以坐姿的方式入葬，因为当地人相信死亡是一种不醒的长眠，灵魂尚在，因此应该坐着；另一个更为科学的解释为：当地气候潮湿，人们"坐皆蹲踞"，避免身体和地面直接接触，就能避开潮气和蛇虫的侵袭。据说1949年以前，当地的壮族依旧保留着这个传统。

在秦始皇统一中原及南征之前，广西地区在政治及文化上都与中原分离，经常被称为"南蛮"之地，可见，当时中原人对邻近其他民族的认识还处于无知状态。虽然周王朝已开始与百越交流，并设"楚庭"与南方地区交往，但仍然未有能力对广西地区进行实质控制。

秦汉时期与南越国

秦始皇在南方设立州郡前，已听闻南方盛产犀角、象牙、翡翠及珠玑等财宝，于是下令屠睢挥军五十万，分五路大举远征岭南的百越，其兵力比北伐匈奴的三十万大军还要多。由于当地环境险恶、交通不便，加上兵马众多、粮草不济，一路向南的秦军历尽了艰难险阻。于是秦始皇"使监禄凿渠运粮"（《史记·平津侯主父列传》），于今日兴安县东南部，开凿运河灵渠来改善交通运输。经过4年大兴土木，灵渠于秦始皇三十三年（公元前214年）大功告成，之后秦军可以船运经湘江通过灵渠进入漓江，来补给物资。灵渠的完工象征着中央王朝的统治来到了广西，广西与中原的交流得到加强，也见证了中国第一个中央集权王朝的诞生。历朝对这条别称湘桂运河或兴安运河的水路进行了二十多次修葺。直至近代粤汉铁路和湘桂铁路陆续开通，灵渠的航运逐渐减少，终至失修淤塞及堤岸多处崩坏，河道边也修起新楼房和工厂甚至排污渠，附近的自然生态和景观颇受影响。

秦亡后楚汉相争，秦将赵佗以番禺（今广州市番禺区一带）为根基，割据广西、广东及今天越南中北部等地，建立了历史上的南越国。为了获得当地越人的支持，赵佗上承秦朝南海郡尉任嚣的"和集百越"政策，下启越人与中原南下移民之间的融合之先河。

汉武帝平定匈奴后，便派兵十万分五路攻灭立国近百年的南越国，第三代南越国君主赵建德及丞相吕嘉被杀。这次平定南方割据政权的事件，也是越南史上"赵朝"的结束。时至今日，广州市内的南越国宫署、水井、宫殿及御花园遗址（现南越王宫博物馆），以及位于解放北路象岗的南越

公元868年	971年	1201年	1370年
庞勋在桂州领导农民起义，史称"桂林戍卒起义"，从此开启一连串的唐代农民起义序幕。	北宋将领潘美攻灭南汉，广西地区重新设置在广南西路之下。	王正功在桂林任广南西路提点刑狱权府事，于宴会赋诗时吟咏了"桂林山水甲天下"的名句。	朱元璋封其侄孙朱守谦为靖江王，位于桂林的靖江王府于1372年开始兴建，历时20年才宣告完工。

王赵眜墓（现南越王墓博物馆），都可反映南越国的规模及辉煌的历史。2005年百余枚南越木简出土，更多南越国的历史面貌有待后人发现。

汉朝史料对广西的记载不多，由今天仍然保存相对完好的贺街镇临贺故城来看，可知南方城池规模的剪影。“百越”和“越族”等名称也在日后的史载中渐渐消失，这种现象很可能是汉化的结果。中原地区也慢慢通过派驻任职的官员，得到对广西地理环境、风俗民情的一些了解，尽管这些了解充满着好奇和偏见。三国时期广西属于吴国，东吴把岭南地区的行政单位重新划分，交州的治所从番禺迁往龙编（今越南河内东北部），初现岭南分为两广的雏貌。当时广西大部分地区，隶属番禺为治所的广州所管辖，而北海市、玉林市、钦州市等临海地方则属于交州。

在兴安县灵渠景区（见151页），有着两千多年历史的伟大工程依然清晰可见，秒杀一切“豆腐渣”工程。其中包括“三七分水”的“铧嘴”和“大小天平”，以及堪称“世界船闸之祖”的“陡门”。

统一大业：桂林郡、南海郡和象郡

从这三个行政单位的名称，我们可以了解到秦汉时期，广西仍是自然景观保存良好的生态乐园。秦统一六国之后，在秦始皇三十三年（公元前214年），于岭南地区设置了桂林郡、南海郡和象郡。其中桂林郡治府在布山县（即贵港市南岸一带），其名由来或许与该地茂盛的桂树林有关，西汉灭南越国后更名为“郁林郡”，仍然带有丛林遍野的意味。时至今日广西全区的简称便是桂林的“桂”或别称“八桂”。

南海郡的名称一直从秦朝沿用至唐末，是一个十分稳定的行政单位名称。其管辖范围，包括今天广西东南部、广东和海南岛。其治所番禺的位置，就位于今天广东省的省会广州市。南海一方面反映秦朝大一统的视野下，以珠江三角洲为中心的岭南地区，也是中原南方的海疆；另一方面也说明当时这里有不少土地，仍然未被冲积形成，可能有着大片的水道。

象郡辖区包括的地方及面积极富争议性，其中有一种说法是象郡包括广西壮族自治区西部，以及广东西南部的雷州半岛和贵州省南部；另一种说法是除前者以外，还包括今天越南北部和中部。其治所的位置亦同样莫衷一是，有记载认为治所是在临尘县（今广西崇左市），也有“在今天越南广南省维川南茶荞”的说法。

在广西的明代建筑遗址中，建成于洪武十五年（1382年）的朱守谦靖江王府（见103页）最为著名，位于今天的广西师范大学校区内。

漫长的地方蜕变：六朝到明朝

东汉末年至三国时期，广信人（今广西梧州）士燮割据交州，统治今天的广西、广东以及越南北部各地约40年，故此他在越南历史上被称为“士王”。士燮致力于化解外来人及本地人之间的矛盾，令南方相对稳定，也间

1496年
忻城县改为“土县”，莫氏世世相袭该地土官之职，直至光绪三十二年（1906年）才被撤。

1637年
徐霞客进入广西，开始了为期大约一年的广西考察，其见闻后被整理成《粤西游记》。

1851年1月11日
洪秀全在广西金田村起义，开始了历时长达14年、纵横18个省的太平天国运动。

1865年
出身天地会的黑旗军首领刘永福创建对抗法国侵略的黑旗军。

读史广西

《古南越国史》，余天炽等主编

《桂胜》与《桂故》，明张鸣凤撰

《广西一览》，赖彦于主编

《广西通史》，钟文典主编

《广西大百科全书——历史卷》，许家康主编

《父亲与民国：白崇禧将军身影集》，白先勇著

接使这些地区进一步汉化。在魏晋南北朝的分裂时期，今日的广西仍然分属于交州的合浦郡，以及广州的苍梧郡、郁林郡、桂林郡管辖。唐朝时将全国划分为十道，广西大部在当时属于岭南道。南宁市上林县曾经是唐朝澄州的所在地，在太宗至中宗年间建造的智城，其四道城墙，部分城池及水井遗址仍然存在。咸通九年（868年），庞勋在桂州领导农民起义，史称"桂林戍卒起义"，次年朝廷派二十万人前往镇压。这次起义虽然很快被朝廷镇压，但却开启了更大规模农民起义的先河。《新唐书》的作者认为兹事体大，于是在《南诏传》中评论说："唐亡于黄巢，而祸基于桂林。"

唐末藩镇势力拥兵抗命朝廷，下开五代十国时期，广西北部当时被马楚政权（907~951年）管辖，西部则隶属吴权在交趾建立的吴朝。其中广西中部和东南部则属于刘安仁据岭南建立的南汉国政权。

宋太祖在开宝四年（971年），派潭州防御使潘美攻灭南汉。后主刘鋹投降后，广西地区又重新设置在广南西路之下，与雷州半岛和海南岛等地同属，可谓渐见现代意义下"广西"一名的雏形。

自唐宋以来，随着经济的发展和外来移民、官员的增加，中原对广西的了解进一步得到加深。虽然这时的广西经常作为官员的贬谪之所出现，是

土司文化

对中原政权来说，广西作为以瑶、壮为主体的非汉族社会，各种情况甚为复杂。如果希望地方长期稳定，最佳方法就是通过任命当地有威望的土著少数民族首领担任世袭官职，来实现间接统治，于是自元朝至清朝一直沿用的土司制度便应运而生。在今日现存的广西土司文化遗产中，要以忻城莫氏土司衙门署（见189页）最有代表性。莫氏土司祖先莫保是永定（今宜州市）人，早在元朝至正年间（1341~1368年）已被朝廷授予宜山八仙屯千户的官职。明朝推翻元朝统治，莫保也在洪武初年遭罢黜，后与家人移居忻城。

边疆地区经常因生活习惯及语言风俗等的不同而引起矛盾及冲突，明朝洪武四年（1371年），广西的金秀、象州、蒙山、荔浦和桂平等地，曾经爆发瑶族起义，所以明代也有任命各族首领来安抚地方的需要。永乐二年（1404年），当地陈公宣领导壮瑶农民起义，进攻县治迫使官军败走。当时莫保的玄孙莫敬城支持朝廷平定起义后，莫氏东山再起被推举为土官。

弘治九年（1496年），忻城县改为土县，莫氏世世相袭土官之职，直至第十九任土官莫绳武因对百姓过分压迫而在光绪三十二年（1906年）被撤，结束四个多世纪的地方统治。忻城莫氏的官署曾先后四次迁移，最后搬到今天广西忻城县翠屏山北麓。

1876年

《烟台条约》签订后，北海亦名列通商口岸之一。英国、德国、奥匈帝国、法国、意大利、葡萄牙、美国及比利时8国，在北海建造领事馆和商务机构等西式建筑。

1884年

老将冯子材击败进犯西南边疆的法军，成为著名的民族英雄。

1907年

同盟会革命领袖孙中山和黄兴，在越南河内附近指挥广西的镇南关起义。

1911年

武昌起义后广西响应革命，宣告脱离清朝统治，并出现"桂人治桂"的政治主张。

徐霞客与广西

《徐霞客游记》是中国古代地理学家徐霞客的野外游记，而其中30%的篇幅都是由他对广西的考察记录《粤西游记》组成。徐霞客曾于崇祯年间花了近一年时间行走广西，他先游览漓江、阳朔、桂林一带，赞叹漓江的“碧莲玉笋世界”；之后到达柳州、南宁，考察了当地的喀斯特地貌；又前往桂西南、西北地区，对这里土司的争斗、当地特产、壮瑶聚居区的风土人情亦做了详细记录。他在书中对广西岩溶地貌的描写详尽而形象，现代岩溶地理研究中的不少科学命名都从他的描述逐渐演变而来。

化外“瘴乡”之地，但其秀丽的风景亦给予来自中原的失意士大夫们以慰藉。柳宗元在永贞革新后左迁柳州刺史，他曾写过《柳州山水近治可游者记》赞誉当地风光，可说是最早的柳州旅行笔记；在他眼里，柳州是“岭树重遮千里目，江流曲似九回肠”的幽美。不少文学大家如唐代的宋之问、张九龄、杜甫、李商隐，宋代的苏轼、范成大等，也都曾吟咏过广西的山水。桂林在此时已成为广西政治、军事、文化中心和重要的交通枢纽，其山水“甲天下”的名气已经在隐隐酝酿，杜甫就曾赞赏“宜人独桂林”。

今天蒙山县内永安古城的西段城墙仍然保存良好，加上太平天国遗址26处，成为太平天国遗迹较多的地点之一。

元朝灭南宋，又令广西地区划归湖广行省的统治下；元末所设“广西行中书省”是“广西”作为我国地方一级行政区划名称的起始。

明初洪武四年（1371年）以降，广西大藤峡地区的壮、黎、瑶三族反抗明朝统治的起义此起彼落，于是黎族聚居的海南以及钦州、廉州划归广东省，以收分而治之的效果，但反抗活动一直持续了两个半世纪之久。

登上历史舞台

明亡清兴，南方的社会经济也渐渐恢复，在广西不少地方仍然保存有完好的“粤东会馆”，见证了广东人在广西的经济活动。清朝初期广西一直相对稳定，直至清中叶后，广西才在中国近代史上发挥重要的作用。

其中最波澜壮阔的历史，首推对抗清廷14年（1851~1864年）、纵横十八个省的太平天国起义。1851年1月11日，拜上帝会借恭祝洪秀全生日，于广西金田村西侧的犀牛岭上（今桂平市北部金田镇金田村）聚众起义，今天见到的金田起义遗址俗称“金田营盘”。这次抗清运动除了发起人洪秀全及冯云山是广东人外，其余参加的三万名士兵，以广西人为主。另外，太平天国的重要领袖有浔州人西王萧朝贵和翼王石达开，桂平人东王杨秀清、北王韦昌辉以及北伐将领林凤祥，他们位居太平天国的要职，可见太平天国

刘永福为越南抗法而立下汗马功劳，被越南国王封为“三宣提督”，刘永福的故居就命名为“三宣堂”（见323页）。这栋清代建筑位于钦州市钦城管理区板桂街十号（旧称“下南关”），屋舍雕刻精美，是钦州保存最完好的清代建筑群。

1916年

护国战争期间，广东督军陆荣廷以武力控制广西、广东及湖南三省，因作风粗野令民生困苦。

1924年

新桂军将领李宗仁及黄绍竑接受广州革命军政府的领导，率军讨伐陆荣廷。

1929年

邓小平、陈豪人、张云逸等共产党人来到广西开展革命运动。12月11日，起义部队在百色粤东会馆门前广场宣布起义，建立中国工农红军第七军，并宣告右江工农民主政府成立。

1936年

广西北部的罗城（即今日罗城仫佬族自治县）抗日救国文工团，演出了以刘三姐为主角的戏剧。

1933年至1940年间，广西大力开展“国民基础教育运动”。每个村庄一所学校的目标，在当时的中国难能可贵。其间，白崇禧甚至亲自走访80多个县检查办学，办学不力的官员可能当场遭到撤职。

与广西历史密不可分。拜上帝会在桂平金田村起义之后，挥军北上攻占永安州，10月24日洪秀全进城驻扎后在城内武庙登基。太平军留驻永安州的半年，先后颁布多个诏令，包括12月17日宣布建立太平天国，举行建国封王大典，并废除清朝历法，改用《太平天历》。

广西除了是太平天国的起源地之外，还是清代名将刘永福的家乡。1865年，他在归顺州（今靖西）安德墟北帝庙创建黑旗军，抗击法国入侵者。最初刘永福是以北斗七星黑旗为战旗反清，后因不敌，被迫在1867年与二百多名黑旗军退至越南保胜，几经发展成为一千多人的军队。1873年之后，法军攻破河内等地，刘永福应越南阮朝皇帝阮翼宗之请，前赴河内纸桥等地作战击退法军，并击毙了法军上尉，令法军撤出红河三角洲达十年之久。他在这次抗法援越战中立下奇功。1894年日本侵占台湾，刘永福奉命再以黑旗军应战，他在台湾血战5个月并曾击败日军。

与刘永福同时期的另一名将冯子材，是由两广总督张之洞力荐，对抗1884年法军进犯西南边疆的英雄。当时法军六百多人，由越南谅山入侵战略重地镇南关。已67岁的老将，手持长矛亲自上阵迎战，在镇南关伏击法军一千多人而取得大捷。此役令发动战争的法国总理茹费理（Jules Ferry）于1885年3月被迫下台，鼓舞了中越两地抗击法国侵略的士气。

天高皇帝远，20世纪初期的广西等边陲省份是清末革命分子的活跃之地。1907年的镇南关起义，孙中山和黄兴在越南河内就近指挥。镇南关是中越之间的要津，早在汉初就已被视为交通的中途站，今天的楼门建筑在明初已渐具雏形。历史上镇南关的霸气，已因1965年改名为“友谊关”而消散。

从辛亥革命到百色起义

到了民国时期，广西的范围仍然沿袭清朝。1911年武昌起义后，广西响应革命，宣告脱离清朝统治。任职广西副都督的陆荣廷利用当时“桂人治桂”的政治形势，排挤来自湖南善化（今长沙市）的巡抚沈秉堃及非广西籍的官员，成为新任的广西都督。不过最富讽刺意味的是，陆荣廷向来是凭借镇压革命党人而受清廷重用的。1916年护国战争期间，陆荣廷被任命为广东督军，次年再任两广巡阅使，于是顺理成章地控制了广西、广东、湖南三省。南宁市兴宁区白龙人民公园望仙坡的镇宁炮台，便是陆荣廷统治时期所兴建的。

这时候，共产主义思想也悄然在广西发芽。广西桂平县人黄日葵在

1939年11月15日	1944年11月至1945年7月28日	1950年2月至1951年9月	1955年7月
日军在钦州湾防城县一带登陆。同年11月24日攻陷南宁，数天后昆仑关亦被日军占领。	广西的文化重镇桂林被日军占领，开始了对当地人民长达8个多月的黑暗统治。	新中国成立初期，广西仍然有国民党残余部队及土匪横行，解放军在广西进行了大规模的剿匪行动。	钦县随合浦专区划归广东省管辖，同时大塘全部的18个乡与贵台的5个乡划归广西管辖。

1920年于北大求学期间，曾受到李大钊思想的影响，后与邓中夏等19人成立“北京大学马克思学说研究会”，这是广西人早期所参加的共产主义活动。三年后，黄日葵与广西贵县人谭寿林，又在北大联络其他广西学生，成立“新广西期成会”，并编辑《桂光》半月刊寄到广西各地发行，以收宣传之效。1924年，广西陆川县人宁培英在广州创《群言》杂志，大力宣扬社会主义。

陆荣廷在广西的势力庞大，凭借强大武力入主了广东省，成为岭南地区的一方霸主。他后来被广西兴起的地方军事力量推翻，以他为首的一批桂系军阀因此被称为“旧桂系”。1923年6月，白崇禧拜访孙中山后不久，加入国民党，李宗仁等广西籍军人也仿效白崇禧反对陆荣廷。1924年，驻守

模范广西

“模范”当然是每个有宏图大志的地方共同追求的理想。在清末，台湾是模范省，德国治下的青岛曾自夸为模范殖民地，开平也有模范村，可见清末民初，地方建设是普遍的心愿。到了1936年，在美国《纽约时报》远东特约记者亚奔特和皮林汉丁合著的《中国的命运》一书中，便有一章称赞广西为中国的模范省。此外，国联远东调查团团长李顿、德国驻粤总领事阿登伯博士及美国传教家艾迪博士，也曾对广西的建设给予高度评价。广西在当时白崇禧、黄旭初、李宗仁三位本省人士的努力经营下，实行自卫、自治、自给的“三自政策”。具体建设如家畜保育所、渔牧养殖所以及柳州沙塘的广西农业试验中心，都成功地推动了生产。20世纪40年代，工业化企业达20多家，其中制糖、面粉、水泥与纺织业蓬勃发展。十多年来的心力，加上收容沦陷区迁来的百余所大小工厂，造就了广西各大城市的工业实力。

经济的发展为各项建设提供了原动力。从1925年起，广西开始修建连接主要城市的公路，抗战前已经建成5000多公里，下辖的30多个县都通达公路，这在当时的中国是难以想象的。至今，从桂林到南宁的国道依然是以当时的老路为基础修建的。

此外，广西还创立了中国最早的公务员制度。村公所成为最小的行政单位，以村主任为代表的基层公务员统一朴素着装，被称为“广西灰”。

开源节流方面，广西做得同样出色。在全国割据的大形势下，广西的领导者却能大力裁军，最少时正规军只有3万，其理念之领先可见一斑。节约的资金多数被用来兴办教育，在“国民基础教育”展开后，财政支出的15%被用于教育事业，约七成孩子能进校学习，广西全省的识字率一度高达50%，甚至还有针对少数民族的“特种部族教育”，这在今天看来都称得上是“前卫”之举。请注意，这些数字的背景是20世纪30年代的中国！

1956年12月	1957年	1958年3月5日至3月15日	1962年
毛难族被正式确认为单一民族，并在1986年6月经国务院批准改称为“毛南族”。	国家推行把壮语文字罗马字母化，成为日后进一步简化壮语的基础。	广西举行第一届人民代表大会第一次会议，宣告成立“广西僮族自治区”。	中国古建筑专家梁思成到广西东部容县考察，并且把这次考察的内容发表在《建筑学报》上，题为《广西容县真武阁的“杠杆结构”》。

梧州的新桂军将领李宗仁及黄绍竑接受广州革命军政府的领导，率军讨伐陆荣廷。陆荣廷不敌并离开广西，广西成为新桂系的天下。

陆荣廷被驱逐后，以广西人为主的政治力量，对广西日后的政治发展起着重大作用，其中以李宗仁及白崇禧在中国近代史上最为著名。他们在1925年统一广西，令广西重新归顺中央政府，并且参与北伐。北伐期间，李宗仁和白崇禧等人率领的广西军屡建奇功，并获得“钢军”之称，威望高升，令蒋介石有“削藩”之念。孙中山逝世后，因新桂系与蒋介石争夺势力范围，1929年爆发“蒋桂战争”，蒋介石发动各方政治势力来围攻广西，李宗仁及白崇禧等战败并被革除国民党党籍，逃亡香港及海外。

广西地处边陲地区，并经常被视为落后的地方，但在新桂系的苦心开发经营后，堪称现代化的中国模范省之一。

主政广西的俞作柏和李明瑞思想上倾向共产主义，于是邓小平等共产党人顺利进入广西，并策动了一连串的革命活动。20世纪20年代，中国共产党的革命活动在全国各地都十分活跃，广西当然也不例外。1922年3月，推崇共产主义思想的韦拔群，在东兰县武篆镇巴学村的一个天然洞穴北帝岩组建革命同盟。1925年夏，韦拔群在广州农民运动讲习所，跟毛泽东学习后，于同年9月与陈伯民等在北帝岩洞内，开办东兰第一届农民运动讲习所。当时他们吸引了右江地区十多个县的青年270多人前来，因此韦拔群成为中国共产党历史上广西农民运动的早期领导人之一。1930年2月，红七军军长张云逸来到北帝岩，将其改名为“列宁岩”。

广西起义多

中国历史上王朝更替常引致社会动荡不安，甚至人心思变。明清以来广西人尤爱投身国事，甚至革命。

广西及其他边陲地方，由于远离政治中心，向来都是起义者的起事之地。李宗仁在其回忆录中说：“革命党在广西的活动本有悠久的历史。因广西是洪杨起义的故乡，人民的民族意识极为浓厚，更兼民风强悍，富于冒险犯难的精神。所以革命党人注重广西，自因其具有特殊背景的缘故。”

广西人或许不比草原民族彪悍，但却频频发生起义事件。如果细加考察，不难发现明朝初年至清中叶的起义者大部分是地方少数民族，他们主要是受到官府及土司的欺压而奋起反抗，起义的动机为民族矛盾及经济原因等。例如，太平天国运动的起源是广东的客家人与广西本地人之间的地域和族群矛盾，加上洪秀全拜上帝会传教活动的推波助澜。

1965年10月12日	1966年6月5日	1977年7月	1979年2月17日
经国务院批准，广西僮族自治区正式更名为“广西壮族自治区”，其名一直沿用至今。	广西师范大学在“文化大革命”期间曾经宣布停课，当地教育工作大受影响。	贵县罗泊湾发现大型西汉墓葬，出土漆绘青铜器等珍贵文物1000多件，为研究古代岭南地区历史提供了新的资料。	在广西及云南边境上，中国与越南发生了武装冲突，对越自卫反击战随后爆发。

与此同时，1929年邓小平、陈豪人、张云逸等共产党人来到广西开展革命运动。12月11日，起义部队在百色粤东会馆门前广场宣布百色起义，建立中国工农红军第七军，并宣告右江工农民主政府成立。当年的红七军司令部设于粤东会馆，而红七军的政治部在一座砖木结构的三层建筑清风楼内，用以制定标语及口号等宣传物，同时这里也是《右江日报》的编辑部。1930年2月1日，龙州新填地广场的群众大会爆发龙州起义。在一座今天称为“红军楼”的三层砖木法式建筑内，中国工农红军第八军成立，这座建筑如今已改建成红八军纪念馆。另一幢二层砖木结构的中式楼房中，左江革命委员会正式成立。1930年，邓小平、张云逸、李明瑞率领红七军三次经过河池，在一所1926年建成的青瓦屋面宿营新屋上，写了55条红军标语，面积达90平方米。而当年的新屋成了“中国工农红军第七军河池宿营地旧址”。

抗战期间到解放

1931年，“九一八事变”后，蒋介石在12月15日辞职，团结一致抗日的呼声越来越高。1932年上海“一·二八”淞沪战役后，国民党内外各派谋求妥协，1932年4月，李宗仁重新出任广西绥靖主任，白崇禧任副主任，与蒋介石等共同抗日。

1937年“七七事变”后，抗日战争全面爆发，广西军重新参加抗战。民国时期广西的治所位于南宁市，1936年抗日前迁回桂林市。徐州会战前夕，李宗仁、白崇禧共同指挥国民党军队于1937年12月至1938年5月在大运河北岸的台儿庄打败日军。台儿庄大捷是抗日战争中国军队取得的又一次重大胜利，也是广西战将的彪炳战功之一。

1939年11月15日，日军于钦州湾防城县一带登陆，同年11月24日攻陷南宁，12月17日至12月31日的昆仑关战役中，中方开始长达14天的总反攻，一共击毙日军四千余人并俘虏日军百余人，但国民党军队的伤亡也达一万多人。

另一位著名的广西籍抗日志士李济深，曾被蒋介石囚禁汤山，1929年获释后回到家乡。抗战时期，李济深以家乡梧州祖屋为中心，联络蔡廷锴等各界人士，商讨抗日的敌后工作。1944年，李济深联合董必武所派遣的爱国文化人士，一起组建“南区抗日委员会”，领导广西民众进行武装抗日。

抗战胜利后，李宗仁在1948年当选副总统，新桂系的声誉达到高峰。

广西名人故居

刘永福故居：钦州市板桂街

李济深故居：梧州市苍梧县大坡镇

李宗仁故居：桂林市临桂县两江镇浪头村

白崇禧故居：桂林市临桂县会仙镇山尾村

徐悲鸿故居：桂林市阳朔县县前街

韦拔群故居：河池市东兰县武篆镇东里村

抗战时期的八路军桂林办事处是一幢中式两层木楼房，位于现在的中山北路96号（原桂北路138号）。1938年11月，李克农来到桂林办事处，以此为据点执行中共中央南方局的抗日宣传活动。楼下一层作为警卫值班以及办公室之用。楼上则为会议室及电台，也作为周恩来等中共要员来广西工作时的临时居所。

1980年9月1日

弄岗自然保护区被列为国家级重点自然保护区，主要保护对象正是一级保护动物白头叶猴。

1982年

国家颁布进一步简化的《壮文方案（修订案）》，使广西出现了今日所见的新壮文。

1984年

陈凯歌在广西电影制片厂，执导其重要的电影作品《黄土地》。

1998年4月21日

国家明令禁止传销活动，但广西的传销活动此后仍然屡禁不止。

然而广西并没有因此得到更好的发展。新桂系的主要成员，在国共内战后与国民党退居台湾。李宗仁则在1949年底流亡美国，并曾公开提出和平解放台湾的建议。广西的镇南关升起了中国人民解放军的旗帜，象征广西全境得以解放。但事实上，解放初期广西依旧残留了不少当年国民党的武装力量，以及当地土匪武装，1950年2月至1951年9月期间，解放军在广西进行了大规模的剿匪行动。

新中国成立后

新中国成立初期，中国出现了不少全国性社会运动，广西也积极参与。1958年1月12日，桂林便有首批知识青年及干部800多人，到郊区安家落户。“文革”期间，广西曾出现过严重的武斗，造成社会的动荡。中共十一届三中全会后一些冤假错案得到平反。

越南邻近中国西南，也是社会主义国家。20世纪60年代中苏关系破裂后，苏联拉拢越南，在战略上对中国形成南北包围的姿态。20世纪70年代中美关系好转，令苏联和越南感到疑虑。中越战争的导火线是越南强迫华侨登记为越南国籍并没收华人资产，越南北部的华人被集体驱逐回中国，于是中国便停止援助越南。1979年2月8日，越南军队向中国开火，而中国军队亦在广西及云南向越南边界集结还击。1979年2月17日，在桂滇边区上，中越两国发生了武装冲突，广州军区司令员许世友指挥广西军区独立师，以及广西军区边防团等在东线作战。河口及老街一带更是中越军队交锋的主战场之一，边贸口岸在战事中受到极大破坏。中越边陲战在中国军队攻陷谅山及同登后结束。停战后的十年期间，中越边界仍然有小规模的边境摩擦及冲突，以1984年3月至4月的老山战役最为激烈。1986年越南开始推行改革，中越关系缓和，边境也真正走向安宁，而昔日的旧战场已变身为红色旅游景点。

广西虽然盛产有色金属，包括锡、锰、铟等，但是在改革开放初期，广西并没有像广东那样快速发展起来，而是为广东及台资企业提供廉价的劳动力。除了重工业之外，广西的主要经济来源还是旅游业，除了桂林、阳朔这样一直深受游人欢迎的目的地外，不少曾经以重工业为支柱的城市近年来也逐渐转型，例如柳州。过去的柳州曾有“雨水下来似醋酸，城里处处白面山”的说法，而现在却山清水秀，碧水盈盈的百里柳江是当地著名的旅游项目。但大片贫瘠山水依旧为广西的整体发展带来阻碍，不法分子利用了当地人急于脱贫致富的心理，在广西大搞传销。随着规模的扩大，传销

2000年9月14日	2001年7月17日	2003年	2006年5月20日
前全国人大常委会副委员长、广西壮族自治区政府主席成克杰被执行注射死刑，他也成为新中国成立以来因贪腐被处以极刑的最高级别官员。	南丹龙泉矿冶总厂拉甲坡矿发生特大透水事故，致使在井下作业的81名矿工遇难。事后企业与当地政府对事故进行遮掩与隐瞒，在全国范围内引起震惊和愤怒。	在中国—东盟第十次贸易谈判委员会会议上，正式决定从2004年起“中国—东盟博览会”永久落户南宁。	国务院批准广西传统的刘三姐歌谣，成为第一批中国国家级非物质文化遗产。

的中心也一路转移，从南宁到柳州再到北部湾，来宾和北海两市成为传销的重灾区。这种畸形的经济生态很快引起了政府重视，打击力度也越来越大。自2011年以来，南宁、来宾、北海等地先后破获多起涉案人员数千人、涉案金额超过4000万元的特大传销案，流毒八桂大地的传销得到了控制。然而之后不少传销人员更改聚居地和活动模式，给执法查处带来一定难度，看来这一痼疾的痊愈仍需时日。

作为中国西部唯一既沿海又沿边的省份，广西拥有非常好的地理区位优势，它是西南最便捷的出海通道，是联结粤、港、澳与西部地区的重要通道。国家也越发认识到广西的经济发展需要依赖于对外开放。1991年中国成为东盟的全面对话伙伴国后，国家逐步把对东盟合作的中心放到了广西。2003年，在重庆举行的中国—东盟第十次贸易谈判委员会会议上，正式决定“中国—东盟博览会”的会址永久落户南宁，每年在南宁举办一年一度的“中国—东盟博览会”。2010年1月1日“中国—东盟”自由贸易区正

海上丝绸之路的起点

提起海上丝绸之路，人们首先想到的或许是泉州或者广州。实际上，广西北部湾的合浦和雷州半岛的徐闻，早在秦汉时期就已经成为西南地区海上贸易的重要港口。北部湾是一个容易形成环海流的区域，在指南针尚未得到应用的早期航海中，这里的海流和季风对只能在近海沿岸行驶的船只大有助力。

合浦位于南流江的入海口处。秦朝时开凿的灵渠，连接了长江水系和珠江水系，如此一来，海运货物可以从合浦沿南流江溯流而上，进入珠江流域的西江，之后通过灵渠到达长江水系，并沿湘江进入内地。合浦在当时对外交往中作用十分突出，汉朝在这里设置了合浦郡以加强其政治地位。徐闻则不同，雷州半岛并无内河行驶，但近海航行的船只在通过琼州海峡时必须要经过这里。货物到达这里后，要么继续走海路向合浦或者番禺航行，要么走陆路溯南流江北上进入灵渠。所以，当时有“欲拔贫，诣徐闻”的说法（想摆脱贫困就到徐闻去），可见当地商业活动的繁华富庶。除了经济上的往来，这条通道还是佛教从印度传入中原的必经之路。到了魏晋时，随着航海技术的发展、船舶负载量增加，北部湾沿岸多沙洲、礁石的环境逐渐不利于航行，合浦、徐闻的海上贸易逐渐走向衰落。

合浦汉代文化博物馆收藏有波斯陶壶、罗马琉璃碗等5000余件文物，证明汉代时我国就已经与东南亚、南亚、西亚各国进行友好、和平的商贸交流与文化交流。合浦汉墓群、大浪古城遗址和草鞋村遗址三处“海上丝绸之路”古建筑遗迹，已被列入中国世界文化遗产预备名单。

2010年

在第五届中国户外“金犀牛奖”评选中，乐业县大石围天坑群脱颖而出，荣膺“年度特色户外目的地”奖项。

2012年4月7日

南宁警方开展2012打击传销集中清查整治行动。

2013年10月

在美国有线电视新闻网（CNN）评选的15条全球最美河流中，桂林漓江成为中国唯一的入选者，评语为“这一带是典型的喀斯特地貌……每一处都是一幅中国水墨画”。

2014年1月17日

中国—东盟的《泛北部湾经济合作路线图（战略框架）》，标志着广西泛北部湾的经济合作迈出了关键性一步。

式全面启动。这是一个涵盖11个国家、19亿人口、GDP达6万亿美元的巨大经济体，也是目前世界人口最多的自贸区。

2013年以来，广西作为国家"海上丝绸之路"战略南线的一部分，逐渐将自己的发展重心转移到了北部湾。2017年，作为北部湾集装箱第一大港——钦州港货物吞吐量8338万吨，已开通的集装箱班轮国内外航线达30条，其中连接了12个东南亚国家。

2018年12月11日，广西壮族自治区迎来了成立60周年的纪念日。如今全区的GDP总量是1958年的832倍，纵横贯穿全区的高铁更以1751公里的总里程雄踞全国第一；高速公路总里程突破5000公里，在新经济形势下，广西面向的将是一片更加广阔的未来。

2015年3月24日	2016年7月15日	2017年11月23日	2018年12月11日
全球最大的旅游网站Trip Advisor揭晓"2015旅行者之选——全球最佳目的地"榜单，广西龙胜、阳朔进入中国国内旅游目的地前十名（分别位列第六和第七）。	在土耳其伊斯坦布尔举行的第40届世界遗产大会上，左江花山岩画文化景观成功列入世界文化遗产，成为中国首个岩画类世界文化遗产。	"广西龙胜龙脊梯田系统"在罗马通过联合国粮农组织（FAO）评审，正式被认定为全球重要农业文化遗产（GIASH）。	广西壮族自治区成立60周年。

广西人

跟财大气粗、敢闯敢干的邻居广东相比，广西人的性格特征要模糊得多，身份也晦涩得多。你很难在这个少数民族自治区中找到鲜明的民族特色，甚至很难解释何谓广西话。作为中国少数民族人口与方言种类最多的省份，“多元”“宽容”这些时髦理念，其实早已融入广西人的血液。

“热”与“狠”

很多旅行者都对广西人的热情好客留下了深刻的印象，尤其是在问路或者需要帮助的时候。广西自古山路崎岖，交通不便，来一趟不容易，人们对远道而来的客人有种发自内心的好感。在旅游发展较早的地方，情况可能有些不同，人也更势利些。我们的经验是，越往山里走，越能感受到人们的淳朴与善良。

生活在广西的外地人，有一个很深的体会，那就是广西人很少排外。这片土地上的人，除了壮、侗语族的土著民族，大多是历朝历代迁徙而来的，而且同属于“苦出身”，不是流离失所的难民，就是遭贬谪官员的后代。长期的同舟共济，形成了广西人性格里难能可贵的部分，那就是宽容。他们并不觉得此地天然属于自己，只是寄居讨生活，没必要硬分出先来后到。宽容的另一面，则体现为安分守己，不妒忌别人，也不强求自己，时间长了，便成为他人眼里的“不思进取”。

广西人不算温文，也绝不懦弱，有些山区的民风甚至可以称得上彪悍。历史上无数次发生在广西的大小起义，便是有力的佐证。但是，哪怕在最繁华的南宁，你也甚少有机会像在别的城市那样，观摩到公交车上的骂战好戏（连刘三姐骂地主，也要唱起山歌娱乐大众），这是很有意思的事情。往深里想，广西人血液中兼具“狠”与“韧”，他们从不胡乱发飙，挥霍怒火，但绝对不要试探他们忍耐的底线，否则就会吃不了兜着走。

热血广西人

大藤峡瑶民起义：几乎贯穿整个明朝，持续270余年。

狼兵：明廷倚重的广西地方军队。

金田起义：拉开太平天国运动的序幕。

刘永福与黑旗军：清末在中越边境屡挫法军。

桂系军阀："猛如老虎恶如狼。"

人口和民族

广西拥有中国人口最多的一支少数民族——壮族，人数有1500万之众。此外，全国将近60%的瑶族人口分布于此，再加上其余9个世居少数民族与40多个民族成分，无怪乎广西拥有全国最多的少数民族人口。除了壮族、瑶族，广西也是苗族、侗族、京族、仫佬族、毛南族等民族世代生活的地方。除了人口多于1000万的汉族与壮族，其他少数民族受独生子女政策的约束略少，人口年龄构成因而比汉族人口年轻。然而近年来，广西少数民族的生育水平同样在下降，下降幅度甚至超过了汉族。

生活方式上，广西与其他西南省份并无太大差异。在沿海以及靠近广东的地区，人们的观念可能更开放、前卫一些，内陆的山区则趋向保守。尽管“男孩女孩都是宝”的口号喊了很多年，但在乡村，重男轻女的思想依然很盛行，计生干部与超生家庭的“游击战”从未间断，甚至引发过剧烈的冲突。

方言

广西方言种类之多，算得上中国之最。光是汉族人使用的方言，就有粤语、西南官话、客家话、平话、闽方言与湘方言6种。其余11个主要的少数民族都有自己的语言，一些民族之内不同的支系所说的语言也各不相同。绝大多数少数民族都会说居住地的汉语方言。或许是方言实在太多，很难PK出个结果，所以广西人自己也说不清楚，到底哪一种语言才能称为“广西话”。

粤语（本地叫“白话”）是广西使用人数最多的方言，估计有1500万人，主要分布在桂东南。广西粤语区的人口，很可能是清朝至民国时期在当地经商的广东人的后裔。但广西的粤语与广东出入很大，60%属于勾漏粤语，它结合了少数民族土语，音调繁多（足足有10个！），音系复杂，听之如坠云里雾里，而且各地语音多有差异，甚至一个村的人也会“鸡同鸭讲”。梧州、桂平所说的粤语属于广府粤语，可以与广州话沟通无碍。此外，南宁一带的邕浔粤语与北部湾一带的钦廉粤语，也能与梧州话互相听懂。近年有学者认为，粤语其实起源于梧州。

方言趣词

狗肉：朋友（桂林）

答你都困：讨厌（柳州）

嘎嘎：熟肉（桂林）

燎菜：挨打（桂林）

杀舌/杀拐：谈恋爱（舌、拐分别指男女青年）（柳州）

西南官话主要是指桂柳话，即流行于桂林、柳州的方言，属于北方方言的一种，爽利干脆，与普通话相似度最高，是外地人最容易听懂的语言，有些词汇与湖南、云南方言相似，比如大家都把“去”说成“刻”，而且“n”“l”不分。不过桂柳话也有地域和新旧的差异，比如，有些来自农村的人说话会带壮语口音，这就是所谓的“夹壮”。壮语中的词汇也会进入桂柳话中，比如将青蛙称为“蚂拐”。

客家话（本地叫“涯话”）主要在贺州、玉林地区通行，当地客家人大多是乾隆年间从广东梅县迁入的移民后人。粤西客家话与梅县客家话差异也比较大，因为前者的词汇与语法更接近普通话。广西的闽方言属于闽南语的次方言，其使用者是福建南部漳州府的后裔。平话以柳州为界，分为南、北两种。桂南平话受粤语影响较大，同样保留大量入声词，甚至一度被归为粤语。桂北平话则更像是广西各种方言的大杂烩，因而与任何其他方言都不尽相同。

少数民族语言中使用最广的自然是壮语，一些与壮族杂居的民族通常也兼通壮语，如瑶族与彝族，虽然都有自己独有的勉语与彝语，但也懂得一些壮语。壮族还有自己的文字——土俗字，不过在壮族人中间，汉字的普及率反而高得多。西南官话是广西少数民族讲得最多的汉族语言。

“我劏鸡，你吃毛！”

在方言大省广西，有个流传很广的笑话：广西人请朋友吃田螺，夹起一个，说：“公的！”然后放到一边。再夹起一个，说：“公的！”又放到一边。外地人咂舌叹道，广西人真厉害，连田螺是公是母都看得出！原来，当地“公”“空”不分，田螺是空的，自然要弃之不食。广西的粤语地区也有一个笑话，说的是到某处乡下做客，乡民热情地招呼道：“我劏鸡，你吃毛！”客人难免腹诽这是哪门子待客之道。原来，乡民问的是：“我杀鸡，你吃冇（你吃不吃）？”

带副“棺材”做手信

有句关于广西的俗语非常出名，体现了人生极致享受的几个好去处，过去乃是每个中国人梦寐以求的，那就是：“玩在杭州，穿在苏州，吃在广州，死在柳州。”柳州之所以成为死后安魂的首选，源于当地出产上等棺木，尤以柳江上游的融水与三江所产的楠木为佳，据说可保尸体百年不腐。外地人忌讳棺材，柳州人则喜欢棺材，称之为“寿材”，旧时柳州有专门做棺材的“寿板街”，产品供不应求。上了年纪的人，干脆就把棺材备放家中，当成一件贵重家具，向人夸耀。随着国家推行火葬，这门兴旺一时的行当已风光不再，倒是工艺品店中出售的迷你棺材，成为柳州最具特色的手信，寓意“升官发财”，百无禁忌的游客不可错过。

宗教信仰

广西的少数民族最初信奉的是原始宗教，山川河流皆有神性，祖先与灵魂都受敬畏。古代岭南物产瑰奇，激发出人们在巫术上的无限想象力与创造力，巫师在各种事关鬼神、生死的礼仪中，扮演着沟通天人的重要角色。

东汉年间，道教传入广西，它也是最早进入百越之地的外来宗教。道士们迅速发现，广西称得上是洞天福地，不仅山水灵秀、自由安宁，而且各种珍稀古怪的炼丹材料应有尽有。到了两晋时期，道教已经盛行岭南，还经广西远播到越南。道教中“法力无边”的茅山术，与骆越先民的巫术信仰不谋而合，逐渐融合发展为壮族的师公教。师公并不是传统的道教徒，也没有固定的组织，他们大多是半职业性的农民，只在丧葬、驱邪等场合作为神职人员披挂登场，能画符唱诵，会驱鬼治病，深受村民尊敬、爱戴。据调研，至今在广西西北部山区的壮族、瑶族人中，师公仍然是过年过节、红白喜事上不可或缺的人物。而正宗侍奉三清的道教，反而日渐式微。

佛教的香火在广西要旺盛得多，尤其是桂东南地区，氤氲祥和，一如中土。当地人虽称不上笃信佛教，对佛却有着世俗的恭敬之心，不少人家中都供着菩萨，大年初一一早更是抢着去寺庙上“头炷香”。

英明神武的历史人物，在民间信仰里一向大受欢迎。在广西，最受拥戴的应属关公，人们亲昵地称他为“关二哥”。打开门做生意的商家，十有八九都在入门处供一尊关二哥像，每日敬茶敬酒。如果碰上开张或年节，还要请师傅择好时辰，哪怕是大半夜，全体同仁也要集合，毕恭毕敬地向关二哥上香，祈求保佑生意兴隆。

19世纪中期，法国传教士把天主教带入了广西，一开始主要在西南山区传教。1875年，罗马教廷即下谕设立广西教区，可见传教成果斐然。“一战”爆发后，美国教会取代法国人，将天主教版图扩展到桂东南。1955年，梧州教区的美国籍主教被限令离境，成为最后一个离开广西的外国神父。至今天主教在民间尤其是山区的少数民族中间，依然占据了人们精神生活的重要位置。

此外，在桂林、柳州与南宁还居住着少数信仰伊斯兰教的回民。他们已不会说本族语言，日常交流都使用汉语，但依然保持着本族信仰。桂林、柳州等地的清真寺，如果单看外观，与汉族寺庙并无太大差别，只有进入到幽深空旷的礼拜堂中，才能感觉到伊斯兰教的味道。

少数民族

八桂大地生活着12个世居民族和其他44个少数民族。千百年来，壮族人的山歌吟唱着山水与爱情，侗族人的风雨桥庇护着生活的安宁，苗族人的芦笙年年在坡会上吹响，瑶族人在桂北大山里开垦出了层层叠叠的梯田，直到今天，这浓郁的民族风情正是吸引旅行者前来的魅力所在。

民族节日

壮族三月三：歌圩节，壮族人也在这一天扫墓祭祖。

瑶族盘王节：农历十月十六日举行，是祭祀祖先盘瓠的节日。

京族哈节：又称“唱哈节”，京族三岛日期各有不同。

苗族坡会：从农历正月初三一直闹到正月十七。

侗族花炮节：三江县“三月三”里最具特色的活动。

仡佬族尝新节：各地根据秋收时间过节，有牛心祭祖的风俗。

仫佬族依饭节：立冬之后的“吉日”举行，有着向祖先和神灵还愿、祈福之意。

毛南族分龙节：夏至后的第一个辰日，要举行俗称“肥套”的祭龙敬神仪式。

原住民族

广西是中国少数民族人口最多的省区。壮族是人口最多的民族，约有1500万人，主要聚居在桂西、桂中地区，其中百色靖西是壮族人口比例最高的地区，占了99%以上。广西也是中国瑶族人口最多的省区，有170余万之众。此外，还有广西特有的山地土著民族仫佬族与毛南族。中越边境的京族，则是广西唯一以渔业为主的海上民族。

广西最古老的民族，应当追溯到生活在这片土地上的百越族。百越又称“古越人”，因为人数众多，种姓复杂，所以统称“百越”。先秦时期，广西属百越之地，据《旧唐书·地理志》记载为“古西瓯、骆越所居”，西瓯人与骆越人族属不同，语言各异，这些界定模糊的族群，约从唐宋时期开始发展成身份更加明确的民族，也就是广西最早的一批世居民族——壮族和侗族。他们有一个共同之处，即所说的语言都属于汉藏语系下的壮侗语族。

广西少数民族的“原住民”壮族（原称“僮族”），也是中国人口最多的少数民族，据说由俍族发展而来。“僮族”一词也是外族冠的统称，最早出现在宋人范成大的《桂海虞衡志》中。新中国成立前，僮族各支的统称五花八门，有布爽、布依、布曼等，最后被合并为僮族。1965年，周恩来提出僮族的“僮”字有两种读音，容易读混，而且含有“仆人”之意，显得对少数民族不尊重。此后，“僮族”便改为了壮族。

侗族的“侗”原是唐宋时期的一个基层区划单位，最早分布在湘、黔、桂边界周围。他们可能是骆越、伶、僚的后裔，自称“布金”，最后采用了外族赋予的“侗”。大约在元明时代，早期伶、僚等族群中的一支演化为仫佬族，他们自称“伶”“谨”。同时，毛南族（原作“毛难族”，意为本地人）、水族的名字也出现在了明代文人的著作中。据推测，他们也同侗族、仫佬等族一样，是伶、僚后裔。

广西最早的百越诸族遗俗仍能在这些土著民族中找到痕迹。在南方出土的众多先秦铜鼓中，以广西居多，壮族、瑶族、苗族、水族聚落都有保存和使用铜鼓的习俗，又以壮族拥有的铜鼓数量最多。在桂西东兰一带，尚在民间使用的传世铜鼓就有612面，占全世界传世铜鼓的四分之一。这些铜鼓上装饰着太阳纹、几何纹以及十二生肖、狩猎、战争等图案，铜鼓上的一些纹饰或许还启发了壮锦的几何纹设计。

未识别民族

我国现有56个民族，这是小孩子都知道的常识，但事实上，有一些民族其实不属于这56种族类，他们有一个专门的术语来定义——“未识别民族（Unrecognised Ethnic Groups）”，算是另一种形式的官方认定。在广西就有两个这样的民族：布努人和茶洞人。

布努人主要分布在广西的西部和西北部山区，人口有40万之众，被识别为瑶族的一支，但据考证，他们的语言、文化更偏向于苗族，很多习俗也是布努人特有的，而不与其他瑶族支系共享。但文献资料的匮乏为后世考证布努人源流带来重重障碍。茶洞人主要分布在桂林临桂区茶洞乡、两江镇，以及永福县龙江乡的部分村寨中，人口约有2万，他们大部分被划归汉族，有少部分则归为壮族。但据考证，茶洞话属于壮侗语族中的侗水语支，更接近毛南话，而且也有不少茶洞人认定自己是毛南族。此外，有人对茶洞人的DNA进行过研究，结果表明茶洞人与壮族、侗族、仫佬族的亲缘关系，要比毛南族和汉族近一些。

移民来迁

广西瑶族主要居住在北部、西部和东南部等地，与壮族不同，他们最早可能是在汉代由东南地区迁来的。学者普遍认为，瑶族起源于江汉流域的武陵蛮，他们也许是中国历史上迁徙最频繁的少数民族。唐人所撰的史书中称他们为“莫徭”，到了宋代，才有“瑶”的称呼。如今广西境内不同支系，甚至不同姓的瑶族都有各自的源流记载。从有些族谱中可以看出，直到清代，仍有瑶族从外地迁入。但一些族谱将自己的祖先追溯到南京、会稽、河南等汉地，也有从越南迁来者。但明清族谱传抄、附会者不在少数，因此这些记载有些仍存疑。

苗族也是一个飘忽不定的民族。“老鸦无树桩，苗家无地方”，让人想起苗家人从魏晋时起，便飘摇来去的历史。大约到了明初，部分苗族人辗转迁到了广西，直到民国仍有迁入。广西苗族主要居住在融水、隆林、三江、龙胜四个自治县，多是自然条件苛刻的山区，苗家诗歌中也时有赞颂苗族祖先让地的善举。或许，苗家的让地也有无奈之处，苗人来到广西时，条件较好的平地已被世居的和历代迁入的人占据，只剩下深山可以继续开发。

由广西投资拍摄的中国首部反映稻作文化的大型人文纪录片《稻之道》，分别以《稻之源》《稻之田》《稻之人》《稻之味》和《稻之恒》五集的篇幅，全面展示了稻米的起源和广西少数民族种植水稻的历史及由此形成的文化。

除了较早迁来广西的瑶族和苗族，此后陆续有回、京、仡佬、彝等民族从四方迁入广西，或随军来，或避战乱，到了明清以后，一些道路通达的村镇也吸引来一些外族。回民定居广西的历史可以追溯到宋朝。据一些当地老人回忆，柳州曾有一清真寺的碑文（碑已不存）上记载，北宋大将狄青征讨侬智高起义时带来一部分回族将士，最后留在了广西。元朝起，开始有回民入广西做官。到了明清，更多回族迁入广西，如今主要分布在桂林、柳州、南宁等地。此外，还有明代从越南迁入的京族（原称“越族”），明初从云南迁来的彝族，清代从贵州迁来的仡佬族等。

京族是越南的主要民族，占据着约80%的人口。16世纪初的越南内外交困，一批涂山渔民跨海进入明朝境内，那里天高皇帝远，之后又陆续引来更多避难者。这些人定居在如今被称作“京族三岛”及其附近的地方，以前叫“越族”，1958年以后正式被命名为“京族”。他们靠海吃海，打鱼晒盐，耕海的传统流传至今，对旅行者来说最直接的福利还是一种独特的调味品——“鲇汁”，也叫“鱼露”。

仡佬族和仫佬族

你没有看错，这的确是两个不同的民族，他们在广西都有分布。其中，仡佬族是广西人数最少的世居民族。他们多数在明清时期从贵州迁移而来，主要分布在隆林各族自治县及西林县。“祭树”是他们特有的节日仪式，在农历三月初三中午，各家备好米酒、猪肉、鲜鱼、糯米饭等供品，带着红纸鞭炮上山，选择高大粗壮的古树，烧纸焚香跪拜之后，一人执刀在树皮上砍3个口子，另一个人“喂”些肉、饭、酒于刀口中，最后用红纸把刀口封住，给树除草培土，“喂你饭，结串串；喂你肉，结坨坨”，预祝果实累累。

仫佬族主要聚居在罗城仫佬族自治县境内，他们自称为“伶”（音Ling），少部分地区自称“谨”（音Jin）或“本地人”。1956年，经过民族识别，才正式确认为仫佬族。他们最为独特的节日是驱虫保苗节，又称“吃虫节”，是专门驱除虫害的节日，在农历六月初二举行。出嫁的姑娘这一天要回娘家过节，途中要捉害虫到娘家去炒着吃。全村人来到田间的吃虫庙，举行祭祀吃虫娘娘——甲娘的活动。

传统与传承

民族文化与淳厚风情一直是广西的名片，但在当地经济发展与城市现代化进程中，传统与传承之间的矛盾已经凸显出来。如果不是在节日期间前往，在广西的多数城镇，你很难意识到自己身处少数民族自治区。许多少数民族早已离开祖先居住的大山，换下代代相传的服饰，他们的下一代也不再会说本族语言，而是统一说起了普通话。旅行者往往要深入非常偏远的桂西、桂北山区里，才能找到尚未被“同化”的少数民族村落。

旅游开发的浪潮或许在客观上也为广西民族传统保留了一些东西。例如壮族歌神刘三姐，几乎成为广西旅游的品牌代言，南宁国际民歌节也在全球范围内获得了一定影响。一些原本淡出日常生活甚至一辈人记忆的遗风旧俗被挖掘出来，一些久已无人问津的民间活动，如男女对歌、上刀山下火海等，纷纷被搬上舞台表演。铜鼓的制作技术在消失了两百年后被东兰人复原了，也让铜鼓表演和铜鼓纪念品开始火热起来。

活着的手艺

壮族织锦

壮族铜鼓

毛南族花竹帽

侗族刺绣

侗族草龙狮

瑶族织绣

苗族服饰

从2003年至2011年，广西推行“1+10工程”，由广西民族博物馆牵头在民族地区建立10个生态博物馆，例如，南丹里湖白裤瑶生态博物馆、三江侗族生态博物馆和靖西旧州壮族生态博物馆等，形成了目前中国较大的民族生态博物馆群之一，抢救了一批濒临消失的民族文物，维修了一批不可移动的民居建筑和公共建筑，并对传统节日、仪式、技艺、风俗习惯等进行了及时的记录、拍摄和整理。另外，还建立了以非遗传承人为依托的文化示范户制度和传承机制等。生态博物馆的建立，也带动了当地经济发展，为旅行者提供了欣赏民族文化的去处，算是一种共赢模式。

但是，旅游大开发也导致了一些急功近利的做法，越来越多的民俗节庆活动和手工艺被迫进入程式化、同质化的趋势中，而且少了生活气息、信仰力量的烘托，节庆、仪式和民间工艺的传承反而陷入新的两难境地——如何在创新和传承中寻找平衡点，使传统在新形势下的传承不至于因“变味”而失去魅力。

建筑和艺术

广西在中国算不上发达的省份，正因为如此，它的建筑和艺术以一种缓慢的方式进化着，当其他许多省份忙着“不破不立”时，这片土地上的一切仍然保持着基本的原貌。梧州城古旧的骑楼下，当地人仍然悠闲地喝着早茶；宁明花山石崖上的壮观壁画，铭刻着壮族先民生息繁衍的足迹；历经风雨的贺州围屋，投影出勤劳隐忍的客家人聚族而居、抵御外敌的历史；漓江，世界上最阔美的舞台，刘三姐的天籁之声划过时空，不绝如缕。广西的一楼一景、一歌一舞，都是这里没有抛弃往昔的证明。

建筑

干栏

广西的乡土民居中，最常见的便是“干栏式”。干栏式建筑的雏形早在新石器时代就已出现，在七千年前的河姆渡遗址就曾发掘出此类型的房屋结构，这种悬空式的设计，蕴含了先民朴素的智慧，不仅防潮、防野兽，而且还大大扩展了居住面积与储物空间。

“干栏”其实是壮语，汉族人的叫法更直观，俗称“吊脚楼”。壮族通常居住在山区，气候潮湿，炎热多雨，他们将房屋建在背靠青山、面临溪河的地方，最初只是在树丫上架木搭棚，后来发展到在地面立柱架楹，铺板为楼。以松木、杉木或石头为柱，上部建造房屋供人居住，下层四周用木板或砌石为墙，用于饲养家畜。现代干栏建筑主要有全楼居和半楼居两种形式，全楼居是典型的全木结构高脚干栏，半楼居多依山而建，劈坡为平台，后半部以屋基平台为居住面，前半部则立柱悬空为楼，上铺楼板与平台齐，形成半边楼。全楼居主要分布于龙胜、三江、融水、忻城、龙州、田林、隆林等县的边远山区。半楼居主要分布于河池地区。

有一千多年历史的百色西林那岩古寨被称为“壮族干栏文化第一村”，至今仍保留着100多户明清时期的“干栏式”木楼，以及因军事防御而形成的“户户相连、家家相通”的布局。

除了壮族，瑶族人也喜欢建造吊脚楼，二者在外观上最明显的区别是，瑶族民居的屋顶是“人”字形的，飞檐翘角，十分秀气。瑶族住房多为竹木结构，一般是一楼一底，楼下住人，分成两间或三间，进门左边一间为住房，右边为堂屋，煮饭在房屋正中。楼上用作屯粮或储存杂物，也供男人居住，畜舍多在住房背后。在瑶族的支系白裤瑶的村寨中，还能看到别致的干栏式圆形高脚谷仓，谷仓建在由四根木柱支承的一块方木板上，四根柱子的上部安装四个倒装的陶罐，防老鼠偷食粮食。

风雨桥

行走于侗乡壮寨，最吸引人的就是那一座座横跨水面的风雨桥。它们不光是交通工具，还承担着休息等公共空间功能。在建筑形制上，风雨桥属于中国古代桥梁中的伸臂式木制桥梁，但当地人更喜欢叫它们廊桥或花桥，壮语叫“厅哒”。在众多的风雨桥中，以亭楼式的风雨桥居多。这种世界上最长的风雨桥——三江风雨桥（见171页），总长355米，桥宽16米，木构部分设计为侗族传统风雨桥，设七个楼亭，分别为歇山顶、攒尖顶、桥中楼亭，最高达18米。

广西“第一围”——贺州市八步区莲塘镇仁冲村客家围屋（见199页），是广西现存客家围屋中规模最大的。

风雨桥于长廊顶部竖起多个宝塔式楼阁，楼阁飞檐重叠，少的有三层，多的达五层，所有构件不用一根铁钉，仅凭榫卯穿方衔接，桥身庄重巍峨，如巨龙卧江，气吞山河，十分壮观。桥面两侧有精致的栏杆和舒适的座位，可供人们憩息。桥壁上或雕或画有雄狮、蝙蝠、凤凰、麒麟等吉祥之物的图案，形象诙谐洒脱、古香古色、栩栩如生。在修建风雨桥的过程中，当地工匠往往仅凭心算，就能标出各种梁、柱等木构的尺寸并备好材料，绝无浪费。

据传，风雨桥建在溪河上不仅仅是给人们的交通提供便利，还有镇邪和留财之意，后来也流行于湖南、贵州、广西、湖北、浙江等地。修风雨桥在当地是莫大的功德，凡捐款出资的人，都会珍重再三、勒碑为记。

围屋

贺州、玉林等地的客家人，至今仍有不少居住在围屋中。人们熟悉的客家围屋多是圆形或半圆形的，如福建土楼。广西的围屋则是独有的方形，因此也有“江南紫禁城”之称。

客家人不远万里艰辛迁徙，来到一个陌生凶险的环境，为了谋生存，同一族姓的房屋逐步拓展成“围屋”的建筑形态。“三兄四弟一条心，门前土地变黄金”，同姓同心、生死相依，也成了客家人的家族观念和生存方式。

整座围屋建筑为方形对称结构，四周有3米高墙与外界相隔，屋宇、厅堂、房井布局合理，厅与廊通，廊与房接，既方便必要时的沟通联络，又有相对独立的空间保障小家庭的隐私。围屋最讲究的是风水，不仅选址至关重要，连大门朝哪个方向开、下水孔做成什么形状，都有学问。留意墙上的对联、书画，还有雕梁画栋的装饰细节，它们无不体现着客家人对生活的美好追求以及处事准则。

骑楼

在桂东南的城镇中，到处可见骑楼。这种建筑形式，最早见于古希腊，后来流行于欧洲并辐射至亚洲的殖民地，再经由南洋一路从广州传到广西。骑楼是一种商住两用建筑，每幢楼房的底层前部留出一个三面通畅的空间，面向街道的大门缩进一定的距离，门内是商家店铺，楼上是商家住宅。大门外向前、向左、向右都是走道。二层以上的楼房跨过走道，骑在前面的廊柱上，“骑楼”一名也由此而来。骑楼一楼临街的地方盖有行人走廊，用作商铺，走廊上则加盖二楼，以供住人。整条街骑楼连成一片，行人便不用再受日晒雨淋之苦。

广西的骑楼，在中国也许并不是最多的，也不是最富丽的，但是，这种骑楼文化已深入很多城市，如桂林、柳州、南宁、北海、梧州、东兴等地。尤其是梧州，作为20世纪30年代的通商口岸，至今仍保留着一片骑楼城，在这里能看到罗马柱、圆拱形窗、宫雕等典型的西方建筑风格，也能找到一些具有代表性的中国建筑语言，如花窗、砖雕、牌坊等。梧州的骑楼普遍在二楼外墙上有一铁环和水门，这是梧州水都的标志。过去，洪水上街时，市民并不惊慌。水到门口，垫几块砖，继续做生意、打牌、摸麻将。水到二楼时，市民将船系在楼柱的铁环上，从窗口或水门上下船进出。目前梧州有骑楼街道22条，骑楼建筑560余幢，如同一座“中国骑楼博物馆”，向世人展示着骑楼这一东西方文化融合的美丽产物。

潇贺古道上的古建筑

2000多年前，中原与南方的交流，沿潇贺古道而来，岭南的第一站就在富川平原。古道沿途的古镇与村落，在格局与建筑上受中原影响颇深，直到今天，你还能在其中找到不少珍贵建筑。

富川秀水村中仍有不少保存完好的灰砖黑瓦老宅，状元楼、宗祠等建筑古韵盎然，尤其是建在水中的如斯夫戏台，台下就是清浅水潭，曲音隔水而来，分外真切婉转，戏台倒映水中，此景美如梦境。

富川福溪村的历史可以追溯至宋朝，村中有座马殷庙，殿内由76根长短不一的立柱和44根吊柱、托柱支撑，榫卯结构、不费一钉，俗称"百柱庙"，堪称广西古建筑中的珍品。

富川各村分布着27座风雨桥，按古建筑学家的说法，属于"石券廊桥"，即结合了石券桥、亭阁与廊桥的特点，是中原文化和百越文化交融的见证。

艺术

音乐和歌舞

一部电影《刘三姐》，让中国人都知道了《山歌好比春江水》和爱唱山歌的广西人。的确，山歌曾是广西少数民族血液里的一部分，就像吃饭、睡觉一样自然，不可或缺。除了著名的壮族"三月三"，几乎每个民族都有自己的歌圩，比如苗族的跳坡节、仫佬族的走坡节。瑶族人更是等不到达努节，三天两头村寨里就会举办会歌堂，青年男女借歌传情。歌圩所唱的内容，涉及天文地理、岁时农事，无所不包。即兴的对歌更考验人的捷才，难怪壮族人就连选女婿，也要通过赛歌会抛出绣球。

流传在百色平果县内的壮族民歌《嘹歌》，洋洋洒洒近万言，堪称岭南民间第一长歌。

最早的歌圩是歌舞结合，甚至以舞蹈为主的，目的也是娱神祭祀。后世歌圩由"舞化"转为"歌化"，富有仪式性的舞蹈，更多出现在重要的宗教节日上，如壮族的蚂拐节和瑶族的盘王节。蚂拐节上所跳的蚂拐舞，在花山岩画中已有描绘，是献给雷神的儿女——蚂拐（青蛙）的，祈求风调雨顺、子孙兴旺。舞者着力模仿青蛙的形态，舞姿诙谐拙朴。长鼓舞则是瑶族庆祝盘王节的重头戏，鼓声铿锵，程式复杂。

玉林博白地区的客家村落，每年农历正月十五还保留着传统的乡傩舞。代代相传的傩舞面具为黄杨木所制，雕的是各路妖魔鬼怪，自然还有捉鬼的钟馗、五雷将军，内容不外驱魔纳吉，保佑平安。

诚然，如今许多歌圩与节庆，都以表演性质为主了，原生态的歌舞只在非常偏僻的村落中惊鸿一现。无论如何，"民歌之乡"这块金字招牌，广西人是牢牢攥住不放的。南宁从1993年就开始举办大型民歌节，现在已发展为一年一度的国际民歌盛会，声势排场都不小。

广西观舞

扁担舞——河池市都安瑶族自治县的林江、地苏、安阳乡和南宁市马山县的白山、古寨、加芳乡

铜鼓舞——在东兰、天峨等地的三月三和春节，都安、巴马、大化等地的祝著节，以及南丹瑶族村落，仍能看到铜鼓舞

芦笙舞——柳州市三江侗族自治县

文学和绘画

曾经，广西的文学都是镌刻在石头上的。尤其是桂林一带的灵秀山水，引得无数文人墨客诗兴大发，桂林城30多座名山胜景上保留着2000多处摩崖石刻，上始西晋，下至民国，山水诗句、游记、散文近200万字，使桂林成为全国摩崖石刻最丰富的地方。

除了汉族的诗文外，壮族以古壮文书写的创世史诗《布洛陀》也是重要的文化遗产。布洛陀是壮族的智慧主神，意为"无所不知的智慧老人"。史诗描述了布洛陀创造天地万物的事迹，保留了大量壮族先民生活的记

柳宗元最后任职为柳州刺史，人称“柳柳州”。在柳州的柳侯祠（见165页），存有一块国宝级南宋石刻《荔子碑》，因其集有“韩诗、苏字、柳事”，又称“三绝碑”，颂赞的是柳宗元在广西的逸事懿行。

黄格胜的《漓江百里图》被誉为漓江画派的开山之作。在长达200米的画卷中，创造性地按照从昼至夜的方式，描绘了漓江山水在一天中的景色变幻。

录，因而被称为壮族历史的一面镜子。现在的《布洛陀经诗》，是学者根据东兰、巴马等地的师公唱本整理出来的。

从20世纪八九十年代开始，文坛上活跃起了一支“新桂军”，以“三剑客”东西、鬼子、李冯为代表，包括凡一平、林白、沈东子、胡红一、潘大林、黄佩华等一批广西作家，一扫以往的沉闷之气。

没有一个画家的笔触，能超越自然造化。然而美景当前，谁又能按捺住与自然一较高下的创作冲动呢？距今2500多年前的宁明花山崖壁画（见90页），可能是广西最早的绘画作品。这些最高达3米的人像、动物与兵器，到底是如何画在那高出江面30米的峭壁上，又是怎样保持鲜艳的赭红色，至今仍是不解之谜。

从17世纪的石涛（桂林人），到20世纪的齐白石、徐悲鸿、黄宾虹、李可染、阳太阳、涂克，无不画过桂林山水，或干脆以画桂林山水成名。20世纪80年代以来，画坛上出现了“漓江画派”的提法，涌现出一批引人注目的山水画家。他们以广西的山水为创作对象，注重写生与生活化的创作，展现出现代南方的新田园诗画风。

戏剧和电影

广西地方剧种很丰富，用五花八门的方言唱来，颇有兴味。

粤剧是受众最广的地方戏曲，街头巷尾常有人摆两张琴、支个话筒就开始唱，曲调多是人们熟悉的《春江花月夜》《平湖秋月》，唱词文雅优美。

彩调起源于桂北，流行于桂林、柳州、河池、百色等地区。因方言差异，各地名称不一，1955年才统一定名为“彩调剧”。最初为“双簧蛋”形式，单人表演男、女两个角色，而“对子调”则由男女同台表演。多从神话传说、章回小说、市井逸闻中取材，积累剧目500出。彩调《刘三姐》在国内外享有盛誉。

桂北更流行的是用桂林方言唱的桂剧，据说少小离家的白先勇，回到桂林一定会重温儿时在母亲怀里听过的桂剧。桂剧约在明代中叶便开始发端，舞台语言为桂林官话，声腔属皮黄系统，以弹腔为主，兼有高、昆、吹、杂诸腔，旋律优美、板式多样，表演风格细腻生动。传统剧目丰富，艺技深厚。

除此之外，在丰富的民间文学、音乐、舞蹈和说唱艺术基础上发展出了壮剧，清同治、光绪年间已有演出，流行于广西的西部和云南省文山壮族苗族自治州的富宁、广南一带。

桂林与白先勇

作为国民党高级将领白崇禧的儿子，白先勇在桂林只生活了7年，12岁时去了台湾。但此后的人生里，他一直生活在对广西这片土地的印象中。他的小说中，运用了许多桂林方言。例如“蚂捞车”“鸡猫鬼叫”等，桂林方言在他的怀旧小说中灵活而恰到好处的运用，使作品增添了一层独特的色彩。老桂林也许会有一种感觉，“金大奶奶”这个题目，本身就极富桂林味。白先勇不仅能说一口正宗流利的桂林话，还酷爱桂林米粉，称其为“天下第一味”。

广西师范大学出版社出版了他的作品自选集，第一辑便被定名为“桂林”，收录名作《花桥荣记》。小说中老板娘屡次提及的马肉米粉，如今在桂林依然可以尝到（见116页）。

“刘三姐”其实是“刘三妹”

刘三姐是壮族民间传说中的歌仙，史上有书称她为“刘三妹”。清代屈大均所著《广东新语》卷八有关于刘三妹的记载：“新兴女子有刘三妹者，相传为始造（山歌）之人。唐中宗年间，年十二，淹通经史，善为歌。”刘三妹的丰姿与歌声，甚至能够吸引“粤民及瑶僮诸种人围而观之”。她的传说不仅在广西，在广东、湖南、云南、贵州等地也有流传。2006年5月20日，刘三姐歌谣成为首批国家级非物质文化遗产。

当然，把刘三姐的歌仙形象推广至全国，成为广西文化的重要部分的“功臣”，还是1961年由苏里执导、黄婉秋及刘世龙合演的歌舞电影《刘三姐》。50多年过去了，刘三姐一直是广西旅游的形象代言人，在她的出生地桂西宜州（见247页），博物馆里有刘三姐歌谣文化展览；下枧河沿岸的一系列景点也被打造为刘三姐故里景区，你可以在游山玩水的同时，观看民俗和山歌表演；1996年拍摄电视剧《刘三姐》时打造的外景地流河寨，保留了刘三姐家、阿牛哥家、媒婆家、歌仙庙等外景地建筑。

壮剧分为北路壮剧、南路壮剧和师公戏三类，《红铜鼓》《夜明珠》《玫瑰花》《百鸟衣》《水轮泵之歌》等都博得了观众的好评。

以广西为题材的电影不算特别多，但只需一部就能蜚声海内外，那就是《刘三姐》。它不仅虏获了一代中国人，还让不少海外华侨第一次见识了中国新电影，对祖国的山水生出浓浓的乡愁。

广西电影制片厂于1958年筹建，20世纪70~80年代平均每年都要拍摄十几部电影。1984年陈凯歌执导的《黄土地》，摄影师是张艺谋，阵容可谓鼎盛。至今张艺谋仍然是广西电影制片厂的名誉厂长，据说连户口都落在广西。他的作品《一个都不能少》《我的父亲母亲》，也是由广西电影制片厂拍摄制作的。

手工艺

壮锦、绣球、坭兴陶是广西手工艺的三张名片。

壮锦精美艳丽、经久耐用，图案更是充满抽象的几何之美。一般以棉纱为经线、丝绒为纬线。早在宋代，壮锦就已在壮族民间广为流传，到了明清时代，壮锦已被列入地方珍贵的物品上贡朝廷，享有“土锦”美誉之称，与云锦、蜀锦、宋锦并称中国四大名锦。当时，妇女都以拥有壮锦为荣，土锦被面更成为嫁妆中不可或缺的东西。现在，壮锦因手工织造费时而价格昂贵，在深入壮乡的途中，想买到真正的手工壮锦可得多个心眼儿。

绣球，这种发源于壮族“三月三歌节”上的爱情信物，已经在全国范围内引申成为爱情的象征。最精美的绣球当属靖西老艺人的“堆绣绣球”。这种古老而复杂的刺绣工艺采用复线手法，丰富的图案细节和喷薄欲出的立体感，让它称得上“高清3D版”绣球。

坭兴陶作为一种传统民间工艺，至今已有一千三百多年历史。钦州坭兴陶也与江苏宜兴陶、云南建水紫陶、四川荣昌安陶并称四大名陶。坭兴陶土质奇特，器型变化多姿，特别是烧制过程中，因无法预知的“窑变”而形成了独特的色彩纹理，更让无数玩家为之痴迷。

饮 食

就像很多外省人提到广西只知桂林一样，人们对于广西美食，除了太普通的米粉和太吓人的羊瘪，几乎没有别的印象。在岭南一带，广西本地菜（又称“桂菜”）的名气远不如“邻居”粤菜来得深入人心。不过广西人并不担心这一点，什么都无法阻挡他们对本地美食的偏爱，无论在偏僻的桂西山区村寨，还是在南部的海边夜市排档，只要你来到广西，就会发现，在旅行中也能收获美食带来的惊喜甚至惊诧。

全在一碗粉

米粉无疑是这里的头道主食，但也绝不是桂林米粉一家独大。广西人将米粉简称为“粉”，他们将对美食的热忱全部融入小小一碗粉之中，卤水、汤头、配料、粉质，无一不讲究。米粉的配料之丰富，从桌上放着的一大堆碗碗罐罐就能看出，大致有酸豆角、折耳根、黄豆、花生、葱花、海带、辣椒等。品尝各地不同的米粉，是你在广西旅行的一大乐趣。

三大米粉

最为著名的三大米粉，分别是桂林米粉、柳州螺蛳粉和南宁老友粉。这三个地名应该是外乡人对广西最初的识别符号，但这些粉你却未必全都知道。

桂林籍作家白先勇7岁离开家乡，旅居半生的他重回桂林时，经常早、中、晚三餐都吃米粉，并称桂林米粉是自己“一肚子的乡愁”。

很多人已经在自己的城市里吃到过**桂林米粉**，并把它作为中式快餐的选择之一。但当你来到桂林吃上一碗，便明白自己吃了这么多年的“山寨”版。桂林米粉的雏形在秦始皇征战南越时就已经出现了，其精华在于卤水，须将猪肉、牛肉配以多种草药和香料熬制。卤水没有统一的配料秘方，于是家家都有私藏，即便是相邻的两家店，味道可能全然不同。店员将米粉烫熟后，放入卤水和牛肉片等配菜，然后直接拌着就可以吃了，吃完才加

广西人嗜辣吗？

在一份有关南方人吃辣程度的非官方网络排名里，贵州、湖南、川渝分列前三甲，广西则排在了第六位。广西人吃辣水平一般，整体口味偏于清甜、微辣、鲜香、脆鲜。即使被选入“桂林三宝”的桂林辣椒酱，也并非以辣取胜，而是以蒜蓉、豆豉作为配料，有“辣后回甜，鲜中带香”的口味。

看看地图，广西这个夹在广东和云贵之间的地域，必定是在清淡和干辣之间很好地协调了一番。桂西和桂北靠近湖南和贵州，是较能吃辣的地区；桂东、桂南则不吃辣，但广西人天生不排外的个性，让他们对辣椒也来者不拒。

点汤来喝。另一种汤粉是把切好并已调味的猪牛杂，放入小铁锅中煮熟，再倒进盛有米粉的碗中，在桂林周边的县城更受欢迎。白先勇的小说《花桥荣记》里提到的马肉米粉是桂林米粉中的经典，但那种一顿就是二三十小碟的吃法已然不复存在了。

柳州螺蛳粉可能是广西成名最快的米粉。在20世纪七八十年代，这个螺蛳和米粉的混搭产品才被发明出来，你甚至可以在网上查到它起步、发展、繁荣、低迷、复苏等不同阶段的故事。

螺蛳粉的那锅汤是重头戏，除了将田螺或小螺蛳加料爆炒之后，加入十几种香料和辣椒一起熬制，各家还加入秘制汤料，每家汤的咸、鲜、甜度都有所不同。看起来漂着一层红油又带着螺蛳腥味的汤头，会让外乡人觉得不习惯。螺蛳粉也是配料最多的米粉，一般标配就有油炸腐竹、油炸花生、酸笋、青菜，如果在柳州当地的老铺子里，还会有木耳、黄花菜、萝卜干等近十种配菜。配料基本都能堆得超出碗口，但外乡人仍常常会问"螺蛳在哪里"？记住，正宗螺蛳粉里绝不可能有螺蛳肉。

南宁老友粉这个十分亲切的名字，据说源自百年前一则老友间的故事，有几个版本。但大致就是，某人做了一碗粉（也有说面）给病中的朋友，结果此友吃后大汗淋漓，不药而愈。老友粉和老友面是南宁的金字招牌，但流行范围却不如前两种米粉广，基本就在南宁地区及桂东南的梧州。就算是南宁市，也只有国营亚光饮食店、舒记、复记几家老牌老友粉才够地道。

老友粉能集香、辣、鲜、酸于一身，关键在它先炒后煮的流程：将酸笋、豆豉、辣椒、鲜肉等配料一起爆炒出香味后，加骨头汤猛火煮出鲜味，最后撒上葱花装盘，才是一碗让人食罢大汗淋漓的老友粉。比起其他地方的烫粉，老友粉更入味更滚烫，酸笋带来的浓烈味道可能会让北方人敬而远之，但南方人就很容易接受。你一定要大口喝汤，有网友说："这就像是跟阔别多年的老朋友拥抱，情绪来得猛烈又痛快。"

在老友粉店里，除了老友粉，还会有老友面、粉利等供应，南宁人一般最喜欢猪肉粉和猪杂粉。

"三大"以外的米粉

在广西旅行，你还能觅到"三大"以外的多种米粉。

桂东与广东靠得很近，主要吃的是河粉，与港式炒牛河有些不同，河粉比较细、软、薄，一般做成汤粉。其中玉林牛腩粉和贺州黄姚豆豉米粉都比较有特色，前者加入牛巴（以黄牛臀部肉为原料烹制的玉林名吃）和牛肉丸，让当地牛产品得到了发挥；后者则因为豆豉而闻名。罗秀和岑溪米粉，则是很筋道、强韧的粉质，有人甚至试过用罗秀米粉荡秋千。

南宁的八珍粉采用肉片、鹌鹑蛋、鱿鱼、香菇等八种食材，据说来自清宫食谱。生榨粉也很有意思，将调制好的米粉团放入一个底部有数十个小孔的压榨机内一榨，出来的是一条条圆形的米粉，直接掉入下面一口大锅的开水里，猛火煮沸即可食用。现吃现榨是其特色，只不过，现在生榨粉也多为成品出售了。

往北走一点儿，由蒸粉、调酱水和腊牛肉巴这三项绝活烹煮出来的一碗酸甜适中的宾阳酸粉特别清凉消暑。桂西一带流行烫粉和煮粉，而在边境地区，越南鸡粉的汤头、鸡丝和生食的蔬菜，会让你对粉有新的理解。北海、钦州等地的猪脚粉，则更在意熬制出来的猪脚汁是否浓郁到“让神仙也打滚”的地步。

肠粉和卷筒粉是米粉的变化式，两者看起来很像，但各有出处。传统肠粉是粤式早茶的小吃之一，里面放的是生料。据说它是从广东传入广西的，在桂东一带颇为流行。而卷筒粉却是从越南传入广西的，里面放的是熟料。你在南宁及桂西地区都能吃到，不过各地做法略有不同。百色和南宁的做法是在滚水上设置用纱布绷住的蒸架，然后倒上米浆做成圆形粉皮，百色卷筒粉的内容比南宁略多，做出的卷筒粉也更为粗壮。

更有趣的可能是粉虫，那不是真的虫子，而是用米粉团搓成小条状，南宁老牌的老友粉店都有炒粉虫卖。还有一种是粉利，有些像薄一点儿的年糕片，而粉饺则是用米粉皮包成饺子，蒸完蘸黄皮酱吃，比面粉包的饺子更清淡爽口。

广西菜

甚至连广西人都会质疑“桂菜”一说，这也许与广西的地理环境有关。从北部喀斯特峰丛到南部海岸，广西的地形多变，由此带来热量充足、降水丰沛的气候条件，也造就了广西丰富的物产，许多菜肴都讲究就地取材，加上12个少数民族聚集，多种饮食文化融合，令广西菜口味各异又“野”味十足。

从食材来看，囊括山珍与海味。漓江、红水河出产各种野生鱼类，北部湾盛产蚝、蟹、鱿鱼、对虾，巴马香猪、信都三黄鸡、德保麻鸭、环江香牛、陆川黑猪等出自山野之间，贵港莲藕、桂林马蹄、荔浦芋头、田林八渡笋、桂平淮山、田林木耳、巴马火麻等，亦是本地特产。桂林的豆腐乳、辣椒酱，南宁的黄皮酱、柠果，陆川的乌石酱油，玉林的大蒜，田阳的古眉面酱，百色香叶，隆林辣椒骨，东兴鲶鱼汁，天等酸辣椒，黄姚豆豉，都成为广西各地不可或缺的烹制作料。

广西各地的不同物产，形成了北辣、南甜、西微辣、东鲜嫩的饮食格局。桂林、柳州地方菜构成的桂北菜，味醇色浓，善炖煮，嗜辛辣。桂东南菜，包括南宁、梧州、玉林一带的地方菜，讲究鲜嫩爽滑，用料多样化。粤菜占据了梧州人的桌面，总体清淡爽口、鲜嫩芳香。梧州人和广州人一样喜欢老火靓汤和早茶点心，做菜也讲究原汁原味，不放味精和辣椒。百色、河池一带为代表的桂西菜，带有浓厚的民族风味，以微辣、脆嫩为主。北海、钦州、防城港地处海滨，则擅长烹制海鲜。

少数民族菜肴在广西菜中也不可小觑。壮族用枫叶、黄饭花、红蓝草、紫蕃藤叶汁分别将糯米泡出红、黄、蓝、紫四种颜色，与白色米放在一起蒸出五色饭，是“三月三”的必备佳肴。同时他们善于烹制狗肉，用蛇、鼠和虫类制作药膳。苗族和侗族喜爱腌制的酸食，鸟酢是瑶族的待客上品，同时苗、侗、瑶都有打油茶的习惯。清蒸豆腐圆、苗家竹板鱼、侗族的竹肉串、毛南族烤香猪等，均是颇有影响的民族风味菜。如果深入乡间，你一定能品尝到更草根的美味。

东南西北的口味差异，确实难以整合成“桂菜”，它们各有千秋。在不同区域尽情体验当地风味，也许会拼凑出你对广西菜的印象。

小吃和饮品

米粉在广西属于“大吃”，广西人的小吃也是遍地开花，你可能会从街边的几串酸嘢就开始上瘾。宜州是桂西的小吃汇聚地，你可以在烤鱼和烤田鼠之间做个比较。凭祥（边境）一带的屈头蛋，是一种受精后不久就终止孵化的鸡蛋，年轻人特别爱吃。到了桂东，一碗明火白果粥可以为你清热解毒。而云吞、饺子、甜饭甚至糖水、炖品、牛杂、猪杂、烧烤等，也是夜市上常见的角色。

凉茶和龟苓膏是广西最有特色的街头饮品，它们能帮你的身体迅速适应岭南潮湿温热的空气。龟苓膏以梧州最为闻名，凉茶的品种就更为丰富了。建议你一定要尝尝当地的“王老吉”，味道极苦但降火效果极好，喝完后会得到一枚糖果来舒缓苦味。当然，并不是所有凉茶都那么苦，你尽可以挑甜的来尝。

八桂出产的茶叶有好几种，包括凌云白毫茶、十万大山的金花茶、昭平茶叶、梧州六堡茶、桂平西山茶等。到了边境之地，越南咖啡算是一绝，威拿和G7随你品尝。梧州的冰泉豆浆是另类产品，用白云山下的冰井水酿造，浓稠得连滴在桌上都能凝成珠。桂林的三花酒是游客必购的产品，而山区的酒类多采用山珍及药材来炮制，蛤蚧酒、蛇胆酒、黄精酒等，又或者只是淳朴的玉米酒。不妨都尝试一下。

最传奇的是白牛茶，与铜钱放入嘴中同嚼竟然能将铜钱嚼碎，至今仍无科学解释。为此，许多专家学者专门前往它的产地金秀罗香乡白牛村，只为一探真伪，你可以在朱千华的《岭南田野笔记》中找到相关记述。

水果

横跨亚热带和热带的地理优势，让广西成为中国水果的一大产地。若你在南宁街头多走几步，就能看到有人打开菠萝蜜叫卖。这种热带果王的果肉带有浓郁的甜香，连内核也能煮来吃。容县的沙田柚早已蜚声在外；田阳的芒果众多，每年还为此举办节日；荔枝的品种繁多，以妃子笑最为出

美人难过酸嘢摊

一部手推车，几个大玻璃缸里泡着成串的果蔬，人们围在那里边吃边聊——无论你在南宁还是在广西的任何一个地方，酸嘢摊都必定是街头一景。“酸嘢”是本地白话，意思就是酸的东西。在岭南这样的湿热气候里，不时吃些酸嘢，可以开胃消食又能解暑，所以更准确的说法是“行人难过酸嘢摊”，美人们只是更为偏爱罢了。

酸嘢的历史颇为长久，据说在秦始皇下令修建灵渠期间，泡菜由当初从外省入桂修建灵渠的工匠及厨师传入，但由于广西气温高、湿气重，因此工艺几经改进，就形成了如今广西特有的酸嘢工艺。

如同菜式一样，广西各地的酸嘢也各有不同。大多数酸嘢是用酿造食醋做成的，把新鲜的果蔬切成片状或者是块状，然后用酸醋浸没，一段时间之后酸味就会浸入果蔬当中，十分入味。萝卜、黄瓜、木瓜、菠萝、莴笋等就常常出现在摊上。有些水果需要不同的做法，扁桃、芒果、番石榴不用食醋浸泡，只需要在新鲜的蔬果上撒上辣椒粉、椒盐等调料，拌匀就可以吃了，口感偏鲜脆，这是钦州沿海的做法。而桂柳一带，则用酸坛泡腌，即用盐水浸泡蔬果，令其发酵自然变酸。酸“喉甘子”是酸嘢里的特色，用牛甘果制成，润喉开声，据说维生素C含量比奇异果还要高。初入口时又酸又涩，回味却带一丝甘甜。

相比如今的街头快餐，旧时的酸嘢则更为讲究，有的甚至在蔬果上雕花、切连刀，配上各种香料，令人食后难忘。不过，提醒一下，肠胃不够坚强的朋友，记得适可而止。

名；甘蔗在广西普遍种植，不仅作为水果也是制糖的来源；看起来像青梨的番石榴口感独特；新鲜龙眼比干制的好吃太多；罗汉果泡水作为例茶也常常能喝到。总之，在你的路途之中，别忘了带上岭南水果做伴。

餐饮场所

有些馆子正在向珍稀野生动物开刀，涉及鳄鱼、老鹰、黄猄、穿山甲、果子狸、蛇类等。作为旅行者，我们强烈建议你拒绝食用珍稀野生动物。

广西的餐饮场所众多，最普遍的可能是各类大小粉店，这也是当地人解决早、午饭和夜宵的好去处。除此之外，大部分城市有美食街和夜市街。前者必然有些不错的馆子，大致是人们请客吃饭的场所。后者则以烧烤、小吃、排档为主角，更为草根，但也更为热闹，常常从入夜开始营业到次日凌晨，价钱也更为经济实惠。总体而言，桂北菜和南部的海鲜比较受欢迎，在各城市中也有全国各地的菜肴，以及跨国经营的快餐和西餐。

咖啡馆和酒吧集中在旅行者众多的地方，价格可能偏贵。部分城市也会有此类场所，但为数并不太多，价格也更能令你感到惊喜，品质可能一般。

在桂林、北海等旅游成熟地区，你也许可以体验一下青旅的厨房。如果深入桂西山区，那么在感受民族风情的同时，去老乡家做客吃饭也是不错的选择。

节庆和风俗习惯

作为少数民族聚集的地区，如果你能赶在民族节日期间到达此地，便能品尝到不少美食。有趣的是，很多节日的特色菜肴都体现了广西的稻作文化。

春节时很多地方有包粽子的习惯，而且形状比起江南的粽子更大。

北回归线上的馈赠

一方水土养一方风物，荔枝只生长在北回归线附近地区，而广西的梧州、桂平、北流、容县都属于这个地区。荔枝的风味，七分都在“新鲜”二字上。生来娇贵的荔枝离开枝叶，三日变色，七日变味。唐代的“快递员”们跑断了腿，三天三夜疾驰长安，就是为了保证荔枝送到杨贵妃手里时依然吹弹欲破。有趣的是，即使现代科技也无法解决荔枝保鲜的问题，如果你在6月至8月来广西，那么就能大饱口福了。

荔枝的品种很多，从外形到甜度、香气都有所不同，爱吃荔枝的岭南人对此如数家珍。最早上市的是三月红，多汁而微酸；然后有最被人熟知的妃子笑，皮带点青色，味道也偏酸，但口感清新。6月满街荔枝飘香，常见的是黑叶荔与桂味荔枝。黑叶荔个头饱满，连果肉外那层薄薄的膜衣也透出红意，绝对没有一丝酸味；桂味荔枝则有一种非常独特的桂花香味。有一种精品荔枝叫“鸡嘴荔”，因种子退化成小鸡的鸡嘴状而得名。运气好时，能在市场中碰上，色香味俱佳，不可不尝。到了8月，沙头迟熟荔枝是最后的机会。错过了，荔枝迷们就要苦候第二年夏天了。

“日啖荔枝三百颗”是苏轼夸张的心愿，面对热性的荔枝，你千万不可贪心多食，也不宜空腹食用。当地人相信荔枝壳煲水喝，或者将剥好的荔枝泡在盐水中食用，都能去除热性。与性凉的山竹同吃也会有类似的效果，而且更受吃货欢迎。

难道广西水果的风头都被荔枝抢尽了吗？非也！如果你行走在桂北大地，桂林的黄皮果、容县的沙田柚、平乐的马蹄、恭城的月柿、龙胜的椪柑，都将是你甜蜜的旅行伙伴。

南宁横县的枕头粽十分出名，有时会把整个猪脚都包进去，也称为“猪脚粽”。“三月三”的时候，壮族的五色糯米饭不仅颜色丰富，也因加入不同植物的汁液而喷香扑鼻。

广西并没有像花江狗肉这样的名菜，但广西人喜欢吃狗肉却是事实。说到吃野味，广西人绝不输于广东人。除了狗肉，驴肉、马肉也常常出现在菜单上。对狗肉来说，且不论狗与人类的关系，如果无从查证狗肉本身是否为专门养殖而得，其卫生程度可以想象，你可以自主决定是挑战这些肉食还是转头就走，但当地人坚持他们的所爱，也需要你的尊重。

少数民族在吃喝的风俗上颇为讲究，包括吃的食物、食物的部位、座席的位置等，建议你在出行前，先查阅相关资料或多跟当地人打听，对不同的风俗习惯都应持有尊重的态度。当然，微笑一定是永远好用的通行证。

环境

三面环山、一面临海的广西，从高空俯瞰更像是一个“大盆地”，平地仅占总面积的23.4%，其余近八成是或连绵或独立的山峰。西江水系分布在群山之间，自西向东贯穿其中，哺育了广西大大小小的城市。喀斯特地貌占据了广西一半以上的面积，除了桂林外，也处处是风景。南侧是绵延近1600公里的海岸线，面朝繁忙的北部湾，平添了一份海阔天空。

自然地理

地形和地貌

喀斯特地貌

在广西野外行走，需要小心掩藏在草丛中的落水洞，小的落水洞仅有数米宽，但深度可达百米以上，它们的末端通常连通着地下暗河，你很可能会从村民口中听到家畜掉入落水洞，而隔天却在山下河边发现的故事。

镜头再拉近些，你看到的绝大多数广西山峰，都有挺拔峻峭的身型。从自治区的西北到中部，缓缓向东南方倾斜成一个美丽的斜面，曲折的河流穿山或绕山而过，清澈的水流仿佛从天上流下，在看不见的地下，数不清的暗河正在恣意流淌。这便是广西的招牌——喀斯特地貌。

喀斯特（Karst）是斯洛文尼亚的一个地名，这个地方的“水溶解岩石”现象最先被研究，因此捷足先登，喀斯特成了这一地貌的专有名词。喀斯特地貌还有一个更加形象化的名称——岩溶地貌，“岩溶”两字更好地解释了这种神奇地貌的形成过程：一是要有可溶性的“岩石”，即石灰岩、白云岩等可溶性碳酸盐岩；二是要有大量流动的水，能充分参与对岩石的溶蚀和侵蚀。除此之外，温度也是发育喀斯特地貌的必要条件，温度越高，溶蚀效率越高。刚好广西这三者都不缺，如此一来，碳酸盐岩中的碳酸钙遇到水和二氧化碳发生化学反应，部分岩体变成可溶于水的碳酸氢钙被流水带走，形成空洞（地表以下）或溶沟（地表以上）。在时间的推移下，无数个“空洞”连接而形成溶洞，细小的溶沟加深扩大分割出峰丛、峰林，喀斯特地貌就形成了。

如果说广西遍地是天坑，可能略有夸张，但广西大部分县市都有天坑存在，桂西和桂西北是广西天坑最密集的地方。当大型溶洞大厅继续发育，洞顶在重力的作用下崩塌，天坑就形成了。

如果驾车从桂西北走到桂东，你可以看到喀斯特地貌发育中期到晚期的各种形态。喀斯特峰丛在桂西北非常常见，它由喀斯特高原发育而来，山峰基座相连，多成锥状，世界自然遗产地环江喀斯特就是峰丛的典型。登高远望，锥状山峰密密匝匝，连成一片；峰丛喀斯特继续发育，就成为喀斯特峰林。同峰丛不同，峰林山峰基座不相连，多成塔状，正是峰林构成了桂林山水的主景。随着时间的推移，峰林中间的溶蚀洼地将继续被水溶蚀、侵蚀，面积扩大，连成小型平原，峰林成了一个个孤峰，孤峰平原便形成了，这种末期喀斯特地貌多出现在海拔较低的桂林、柳州、贺州、来宾、南宁、崇左等地。

除了壮观的地上喀斯特（正喀斯特），地下喀斯特（负喀斯特）同样看点十足，最震撼的是百色乐业的天坑群，与峰林平原正好相反，平坦的岩层间，分布着因为地下水长期冲蚀而坍塌形成的巨大“坑洞”，像地心之旅的

攀岩福地——喀斯特峰林

在广西攀岩界有一句话："站在阳朔的任何位置向任何方向望去，都能看到可以攀岩的地方。"喀斯特峰林不但处处有适合攀岩的崖壁，而且石灰岩壁相比于花岗岩或玄武岩壁有一个非常利于攀登的优势：石灰岩表面非常粗糙，纹理也很丰富，能为攀登者提供非常多的支撑点；崖壁上溶蚀形成的柱、坑、洞，也远比它们看上去的牢靠得多，对攀登新手来说，甚至可以借力休息一会再继续，登顶后，"甲天下"的山水更是能让攀登者得到极大的视觉满足。

入口；溶洞则是地下水溶蚀、侵蚀、沉积等作用而形成的，可以看到令人炫目的石钟乳、石幔和石笋等景观。

喀斯特地貌并非广西的全部（虽然它是当之无愧的主角），在东北部与东南部的丘陵地带，可以看到截然不同的丹霞地貌。在桂林资源县的八角寨，你就能看到兼具青、壮、老年三种形态的丹霞地貌。

海岸线

广西的海岸线长达1595公里，比江苏和河北的海岸线加起来还要长一些，北海、钦州、防城港都是优良深水港，防城港更是西部第一大港口。这或许颠覆了很多人对广西的印象：原来除了山高水深，还有海天一色。

北海的涠洲岛由火山喷发堆凝而成，岛屿上能看到各种典型的火山岩，如海绵一样多孔的浮石、火山喷发时冷却下落的岩屑形成的圆滑火山弹，以及火山灰固结堆积而成的火山凝灰岩。遗憾的是由于破坏与风化，很难找到完整的火山口了。

气候

总的来说，广西属于温和的亚热带季风气候，冬天短暂得可以忽略不计，但如果你有幸见识过桂北高寒山区的朔风与冻雨，一定会让你对"亚热带"有新的认识。最南端的北部湾属于热带，准确地说是北热带，虽然阳光、沙滩、椰子树一概不缺，但在最寒冷的1月，恐怕很难欣赏到穿比基尼的美女。

5月至9月是雨季，一年的降雨量，80%都集中在这5个月。相应地，10月至次年4月是旱季，鉴于广西是全国降水较丰富的地区之一，哪怕旱季雨水也不少见。所以，在广西旅行，雨具是不可少的。此外还要注意防晒，北回归线从广西境内穿过，意味着大部分地区都暴露在低纬度的烈日下。春天会非常潮湿，早晨你很难从模糊的镜子里看清自己的脸。习惯了干爽的北方人，身上可能会出现瘙痒——别懊恼，当地人有同样的困扰，只不过发生在干燥的秋冬。

河流与湖泊

西江的流域面积占广西总面积的85.4%，是广西名副其实的"母亲河"。它发源于云贵高原乌蒙山系，自西北流向东南穿过广西，最终在广州同北江、东江相汇形成珠江。这条母亲河还有其他很多名字：上游分别叫作南盘江、红水河，黔江、浔江两段共为中游，只有下游在地图上才标注为西江。除了名称众多的干流，西江还有很多"大名鼎鼎"的支流：桂林的母亲河漓江、南宁的母亲河邕江、柳州的母亲河柳江、百色的母亲河右江、崇左的母亲河左江……状如叶脉的西江水系，将广西多数城市串联了起来，在重峦阻隔、望山兴叹的年月，它是广西乃至大西南的航运大动脉，曾为当地人带来实实在在的利益。

因淋溶作用较强，广西土壤中钾、钠、钙积存少，而铁、铝含量高，故广西的自然土壤多呈红色，南部多为砖红壤，北部多为赤红壤。

造山运动使得岩浆活动频繁，大量花岗岩侵入地壳上部，天长日久孕育出丰富的有色金属矿藏。广西铟、铝、钨、锑的含量，在全国乃至全世界都排得上前几名。

桂东北的湘江与资江是洞庭湖的上游，属于长江流域。公元前214年在桂林兴安县开凿的灵渠，引湘入漓，沟通了长江与珠江，是秦代三大水利工程之一，至今仍然发挥着作用。桂南的河流以南流江为首，属于独流入海水系，汇入北部湾。

广西在地表之下同样有一个庞大的水系网，广西境内已发现的长度2公里以上的地下河就有593条之多，总长度超过1万公里，其中最长的地苏地下河长度达到了241公里。在桂西地区，除了红水河、左江、右江等干流水系外，密集的水网转入地下，峰丛山区中几乎看不到地表河流。算上地下水系，广西水资源总量在全国位居第五，要是碰上暴雨频发的汛期，排名还会急速飙升。除非身临其境，否则很难相信这些温柔婉约的诗意河流，会在十几个小时之内水位暴涨几米，变成真正的洪水猛兽。夏季的洪水是广西人的集体记忆，尽管不愉快，但也世世代代地接受了下来。因为抗洪经验丰富，而且到处有高地可供躲避，他们在洪灾面前并不惊慌，甚至搬家前还在打麻将。

植物

得益于多样化的生态环境，广西是中国植物种类较丰富的省区之一，

广西的世界和国家地质公园

公园名称	最佳游览时间	特色	活动
乐业—凤山世界地质公园（包括百色乐业大石围天坑群国家地质公园与凤山岩溶国家地质公园）	全年	全球最大的天坑群，最集中分布的洞穴大厅群、天窗群，最大跨度的天生桥，以及独特天坑生态环境保留的动植物多样性	登山、速降、滑翔、攀岩、探洞、潜水、野生动植物观赏、乐业母里屯亚母系民俗文化体验
资源国家地质公园	全年	丹霞地貌，资新大断裂遗迹	登山、观瀑、瑶族文化体验、农历七月半河灯歌节
北海涠洲岛火山国家地质公园	4月至11月	火山景观，海蚀与海积景观，古天主教堂	观光、海滩活动
鹿寨香桥岩溶国家地质公园	全年	高度集成的喀斯特地貌景观，包括山水、天坑、溶洞与石林等	观光、徒步
大化七百弄国家地质公园	全年	喀斯特高峰丛深洼地发育典型地区，红水河风光	登山、徒步、骑行、少数民族文化体验
桂平国家地质公园	全年	华南佛教名山桂平西山，龙潭国家森林公园，珠江流域第一大峡谷——大藤峡	观光、登山、徒步、乘船水上游览、佛教文化体验
宜州水上石林国家地质公园	全年	岩溶地貌、水体景观、地质剖面、古生物遗址	观光、刘三姐歌谣文化体验
浦北五皇山国家地质公园	全年	花岗岩石蛋地貌，原生红椎林海	观光、登山、徒步
都安地下河地质公园	全年	目前世界上已发现的最大地下河水系，喀斯特天窗密布	观光、乘船水上游览
罗城地质公园	全年	喀斯特峰林地貌	观光、登山、徒步
东兰地质公园	全年	喀斯特峰丛地貌，红水河峡谷	登山、徒步

濒危的苦苣苔

广西是中国苦苣苔科植物种类最丰富的地区之一，虽然名字中有个“苦”字，但苦苣苔却具有很高的观赏价值。苦苣苔科植物对水分、光照、土壤情况有着极为苛刻的要求，一旦生境被破坏，就可能导致整个种群完全消亡。苦苣苔科植物大多有着美丽的外表，却因此给自己引来了灾祸，在一些花卉爱好者圈内，追捧苦苣苔科物种奇特的花形、秀丽的叶纹，抛出高价求购。在暴利的诱惑下，盗采者将行囊搬入喀斯特密林中，“地毯式”搜索那些珍贵的苦苣苔科植物，一旦发现目标，就连根全部挖走。中越报春苣苔和异色报春苣苔就是最大的受害者之一，在遭受持续数年的盗采之后，如今在野外已难觅它们的踪影，距离灭绝仅一步之遥。

全区已知的维管束植物有8300余种，数量仅次于云南和四川。物种丰富导致竞争激烈，生存在这里的植物并不“轻松”：高大的乔木进化出了气生根、板根，以争夺尽可能多的养分；一些草本植物深谙“大树底下好乘凉”之道，附生在大树的枝干上；为了争夺生存资源，树林深处也处处上演“宫斗剧”——植物绞杀，如果你足够细心，在开放的森林公园或地质公园内就能看到这一出出“好戏”。

红树林是稀有的木本胎生植物，种子在母树的果实中萌出新芽后，会自动脱落，掉入淤泥中“自立门户”。广西拥有全国面积最大的红树林，然而由于围海造田、围海养殖和因市政工程砍伐，广西的红树林呈减少之势。

在喀斯特地区生存的植物，更是一开始就选择了“困难”模式，这里的土层浅薄、严重缺乏地表水，树木的根系只能生长在石沟石缝中，甚至很多植物还没有达到生理寿命就因缺水而死。然而正是植物不断死亡和生长，才有了枯枝落叶层涵养水源、腐殖质缓慢填充石山上的裂缝生成土壤、根系和树叶减缓了暴雨对泥土的冲刷和下渗……喀斯特生态系统形成的基础正是一代代的植物顽强地用它们的“躯体”堆砌出来的，这是一个极其缓慢和脆弱的过程，稍加破坏，喀斯特地区脆弱的生态系统就会有灭顶之灾。

广西保存了数量相当丰富的孑遗物种，和恐龙同时代的“植物活化石”桫椤最为神奇，4~5米的“身高”在树林里似乎其貌不扬，但其实桫椤是唯一的树形蕨类植物，你还可以在它的叶片背面看到细小的孢子。

广西境内的野生植物虽然种类多、分布广，但在人类频繁经济活动的影响下，森林生态系统受到干扰破坏，森林植被片段化，生长在其中的重点保护植物也随之逐渐成为零散的分布状态，一些特有种处在濒临灭绝的境地。

动物

广西的野生动物种类非常丰富，仅国家一级和二级保护野生动物就达143种。白头叶猴是喀斯特地区独特的灵长类动物，在漫长的进化过程中，它们为了躲避云豹等天敌的袭击，充分发挥自己的攀爬优势，逐渐向峰林的悬崖绝壁上转移，悬崖上或大或小的溶洞就成了它们绝佳的庇护所。白头叶猴以树叶和水果为食，对生存环境非常挑剔，而过度砍伐与石材开采，让它们的地盘一缩再缩，数量也急剧减少，它们的栖息地约相当于40年前的十分之一，仅存几十平方公里，数量只剩下1200只左右，而它们曾经的天敌——花豹和云豹早已难觅踪影。

喀斯特溶洞中黑暗、潮湿，但这里并不是生命的禁地。洞穴动物经过长期的进化，逐渐演变成适应洞穴生活的形态：眼退化或消失；体色变浅呈透明态，你甚至能够看到一些盲鱼跳动的心脏和盘折的肠管；感官代替视觉，触角、触须变细变长，洞穴斑灶马的触须达到了体长的2~3倍。洞穴生态系统非常脆弱，地下水污染、洞穴开发、布置灯光等人类活动，都可能改变原来稳定的洞穴环境，使洞穴生物遭受灭顶之灾。

工程性缺水

对于生存在广西喀斯特山区的人们来说，最大的困难是什么？答案可能会出人意料：缺水。从地图上来看，广西河网密布，大部分地区每年降水量高达1200毫米以上，似乎并不应该是缺水之地，但由于碳酸盐岩有着极高的透水性，并且喀斯特山区密布漏斗和落水洞，无论下多少场大雨，积水都会迅速渗漏到地下河中，地表依然是空空如也。而河流一般都在海拔较低的谷地中，对处在山坡或洼地的村寨来说，引水入寨需要巨大的工程量，难如登天，这种有水却无法通过修建引水工程加以利用的情况就是"工程性缺水"。为了应对工程性缺水，喀斯特山区村寨中家家户户都有一个"水柜"（小型水窖），通过屋顶收集雨水，引入水柜储存，来解决生活用水问题。

虽然情况有所改善，但是盗猎和走私野生动物的情况依然时有发生，相比于森林，你更可能在边境地区的餐桌上、在饭店的菜单上、在食堂的后厨里看到野生动物的身影。

环境的挑战

石漠化

很多人可能想象不到，中国西南湿润地区一样存在着严重的荒漠化问题。在喀斯特山区，石灰岩成土过程非常缓慢，土层厚度薄，生态地质环境极为脆弱，如果再有乱砍滥伐和过度开垦，就会出现严重的水土流失，造成岩石逐渐裸露，形成喀斯特石漠化土地。同自然主导形成的沙漠化不同，石漠化主要由"人为"所造成，正是由于人类不合理的经济活动，打破了生态脆弱区人地系统的平衡，才使得以裸岩为主的石漠景观，替代了原有的亚热带常绿阔叶落叶林景观。

广西全境石漠化面积超过2万平方公里，其中百色、河池、来宾三地的石漠化问题最为严重。更为棘手的是，中重度石漠化地区往往也是交通不便、生产结构单一的欠发达农村地区，农民越是缺少土壤，越是想尽办法开垦荒地，玉米被"见缝插针"地栽种在石芽间仅存的土壤中，"碗一块，瓢一块，扔个草帽遮一块"，当地流传的民谚就是对这种现象的真实写照。如此一来更加重了水土流失，造成恶性循环，最终出现了"一方水土养不了一方人"的悲惨现象。好消息是，管理部门已在石漠化地区推行综合治理方案：引种金银花等适合于石漠化地区生长的经济固土作物，退耕还草、还林，在重度石漠化地区实行整村外迁……近些年广西的石漠化继续发展趋势已经得到了遏制。

水电站

在水资源充沛的地区，只要一提到环境问题，人们首先就会质疑水电站，除了大型水库淹没土地、珍稀植物外，更令人担忧的是大批无立项、无设计、无验收、无监管的"四无"小水电站。因为投入不大，工期短回报又快，投资者一哄而上来广西"挖电"。在桂北某小县城不过40公里的流域内，竟然挤了近200个小水电站，平均200米就有一座。广西水能资源虽然丰富，但存在很强的季节性，如果水库规划不科学，在丰水期将被迫大量弃水、造成浪费，到了枯水期又"无米下炊"。若此时"涸泽而渔"放水发电，则会造成河水改向甚至断流，为汛期埋下隐患。小水电站整改难度很大，无论爆破拆除还是任由其废弃，都会带来后续棘手的环境问题。

生存指南

出行指南 372
住宿 372
证件 373
保险 373
银行 374
购物 374
邮政 374
电话 375
上网 375
地图 375
工作时间 375
气候 375
旅游信息 375
团队游 376
课程 376
摄影和摄像 376
危险和麻烦 376
独自旅行者 377
残障旅行者 377
女性旅行者 377
同性恋旅行者 377
志愿者服务 377
活动 377

交通指南 379
到达和离开 379
飞机 379
火车 379
长途汽车 380
船 380
区内交通 380
火车 380
长途汽车 380
船 381
自驾游 381
当地交通 381
公交车 381
地铁 381
出租车 381
三轮摩的 381
自行车 382

健康指南 383
幕后 387
索引 389
地图图例 397
我们的作者 398

出行指南

住宿

在广西，即使再穷乡僻壤、无游客问津的地方，都不难找到一张床睡觉，但睡得好不好取决于当地经济发展和旅游业发展程度。一般而言，热门旅游地如桂林、阳朔、北海等地，因为竞争激烈，住宿类型和价格的选择范围也多，基本都能达到舒适的要求；旅游业不发达的县镇，则住宿性价比要差很多，能做到干净达标就不错了。

节假日、旺季和当地民族节日期间，一定要预订，价格上涨也是难免的，涨幅最厉害的是阳朔、北海(2~3倍)，周末也会有很多广东游客坐高铁或自驾前来，引起一小波涨幅。

青年旅舍

作为中国最早被西方人发现的旅游目的地，桂林和阳朔拥有广西数量最多的青年旅舍，龙脊、北海、东兴也有一些青年旅舍。这类旅舍能提供干净简朴的住处和旅游咨询、订票、自助洗衣、自行车租赁等服务，开放的公共空间便于旅行者交流、结伴等。

广西加入**国际青年旅舍**(YHA China；www.yhachina.com)的青年旅舍有8家，床位价格在30~50元，持有YHA会员卡(年费50元)可以享受会员价，通常是一个床位优惠5元，或标间优惠10元。在订房网站大行其道的今天，即使没有会员卡，通过网上预订通常也能获得同样的会员价。HOSTELWORLD(www.chinese.hostelworld.com)上也列出了11家桂林的同类住宿。

阳朔、黄姚、北部湾、巴马等还有不少没有加入"组织"但按照青旅风格在经营的旅舍和客栈，你可以在**携程**(www.ctrip.com)、**大众点评**(www.dianping.com)、**飞猪旅行**(www.alitrip.com)、**青芒果旅行网**(www.qmango.com)等订房网站上搜索到它们。南宁有一些开在居民楼里的"青旅"，其实只是效仿了青旅的高低铺式住宿，并没有青旅的氛围，能获取的旅行信息有限，住客很多是在当地打工的长租客，我们不推荐你入住这一类"青旅"。

客栈和家庭旅馆

客栈在阳朔、龙脊、黄姚、涠洲岛、三江侗寨等地最为常见，有些是用当地民居改建的，有些是应旅游而生新建的，平日的价格在200元以下，旺季、节假日翻两倍都有可能。入住体验视客栈的改造程度和花费而不同，改造好的会非常有特色，草草了之的装修免不了在硬件上有硬伤，例如地漏处理不过关，广西大部

食宿价格范围

本书所列的食宿是按照作者推荐程度而不是价钱高低排列的，推荐度高的会排在前面。书中我们标注的房价，一般为标间价，即包含一张大床或两张小床，以及独立卫生间。青年旅舍会加标床位价格。除非特别注明，否则房价不含早餐。所有的价钱都是淡季价。

分类	住宿价格范围	就餐价格范围
¥(经济)	150元以下	人均50元以下
¥¥(中档)	150~350元	人均50~100元
¥¥¥(高档)	350元以上	人均100元以上

分地区潮湿，一些不注重细节的客栈在雨季可能很难保持床铺干爽。

另一类家庭式经营的小旅馆在桂西、桂东南的一些小县镇很普遍，类似招待所，设施和布置都很简陋，洗手间多为蹲式马桶，房费在百元上下。尽量选择开业时间较短的旅馆，相对会好一些，入住前多看几个房间，留意热水、空调与网络的情况，并检查门窗是否能关好。

这两类住宿的好处是老板大多是本地人，能为你提供不少有用的旅行信息，也可以了解更多真实的当地风俗。入住客栈或小旅馆，除非你提出要求，否则主人不会每天为你打扫房间、清理垃圾。

连锁快捷酒店

标准化的连锁酒店虽没有惊喜，却是比较放心的选择，基本的软硬件品质有保证，大多位于中心城区或车站附近，交通、就餐都很方便。快捷酒店的价格通常在120~200元，有会员卡的话还能享受一定折扣，用专属APP预订也有一定折扣，还可预选房型，退房也非常便捷。除了汉庭、如家、七天、莫泰168等全国连锁品牌，还有广西本土品牌城市便捷、精通等，城市便捷比其他快捷酒店要高端一些，房间更大，设施略胜一筹，当然价格也更贵一些（180~250元）。

快捷酒店在酒店选择较少的县城最有优势，往往比当地经营已久的老牌三星级酒店要干净、舒适得多。

星级酒店

各地级市都有大把星级酒店，三星级酒店价格在200~250元，设施条件与比其价格低一档的连锁快捷酒店差不多。如果预算充足，四星级及以上的酒店更值得入住，价位通常在350元以上。县城最高级的一般为三星级，经验表明，冠名“XX（县城名）酒店”的，常常是当地最好或经营时间最长的宾馆，但如果久未重新装修，还不如快捷酒店住着舒适。因此，选择酒店前了解一下新旧程度很有必要。另外，一家常年有旅游团入住的酒店，旅行者无论是通过订房网站还是直接致电前台，拿到的价格都要比旅行社的协议价高。

星级酒店的房费通常都含早餐，网上预订价格通常可以便宜10~50元，有时帮你省掉的就是早餐费。

精品酒店和民宿

精品酒店价格很贵，至少在千元以上，这类住宿漓江沿岸最多（例如阳朔悦榕庄），其次是龙脊、涠洲岛。精品酒店有五星级酒店标准的设施与服务，但更讲究设计感和私密性，有些依山傍水追求野奢感，有些由历史建筑改造着眼文化体验。

民宿介于精品酒店和客栈之间，它既有客栈的温馨氛围，又有精品酒店追求的设计感和文化体验。民宿大多由设计师或艺术家操刀设计，风格与经营者、设计者的审美和理想相符。在阳朔、北海及涠洲岛、乐业、玉林大容山森林公园等都能找到这类住宿地，价格范围较大，200元至千元的都有。

露营

大容山森林公园、猫儿山、元宝山白坪、全州真宝顶和涠洲岛、北海、防城港的沙滩等都是适合背包客安营扎寨的好地方。其中，猫儿山、大容山有帐篷出租，其他地方你得自行准备露营装备。

证件

学生、军人、记者和老年人等可以拿到景区折扣门票的人群，一定要带上自己的证件，它会为你省下一大笔费用。不过，如今研究生证已经被大多数景点排除在优惠证件之外了。参观博物馆时记得带好身份证，通常需要凭身份证换取免费的入场票。

如果想从广西出境前往越南或其他东南亚国家，记得在出发前带好护照。东盟10国中已有半数在南宁设立总领事馆，申请签证很方便（详见78页方框“从南宁去东南亚”）。凭祥和东兴的旅行社也可以代办越南签证。

保险

购买保险是旅行计划的重要组成部分。不少保险公司都推出了旅游意外险的险种，能够对旅行者在旅途中因人身意外、行程延误、财物丢失、医疗急救等造成的损失，进行一定比例的赔偿，尽可能降低旅行风险。如果你是参团游览，团费中一般已包含旅行社给你购买的旅行社责任保险，但这个险种只承担因旅行社的过错给旅行者带来的损失，并不包括因意外或旅行者自身过错造成的损失。

自助旅行者可以通过旅行社或保险公司直接购买保险，也可以光顾**磨房网**(www.doyouhike.net)和**绿野户外网**(www.lvye.info)这样的旅行网站，保险公司通常喜欢在那里推出令人惊喜的综合价格套餐广告。如果你有意在广西旅行时进行一些户外活动，可选择承保多种热门户外运动项目的险种。比如，**美亚**(www.aiginsurance.com.cn)推出的"乐悠游"险种，能承保如潜水、骑马、自行车、滑雪等(滑翔翼和跳伞活动除外)户外运动项目。华泰的"安途"系列不仅承保团队成员各项户外运动的意外风险，而且针对领队责任设计特别风险保障，很适合组团进行户外活动的驴友。

在长途汽车站或码头的售票窗口购买车船票时，售票员一般会默认搭售保险，根据保险自愿的原则，旅客有权拒绝（最好购票时提前声明）。即使没有另外购买旅游意外险，车票也已经包含了承运者的保险责任，如果发生意外，依然有权要求索赔，所以一路上的各种票据务必妥善保管，以备不时之需。购买机票前，可以考虑同时购买"延误险"，不到20元的付出如遇航班延误能带给你一点安慰。另外，旅游意外险通常包括了航空意外，有时候比购买航空意外险更加优惠，且保额更高。

自驾游的旅行者，建议为汽车购买全车盗抢险或车辆损失险。你也可以考虑为昂贵的相机之类装备购买财产险。

银行

在广西各县级以上的地区，很容易找到银行或24小时ATM机，通常分布在城市主干道和商业中心。较发达的乡镇会有农业银行，如果没有，你也一定会找到农村信用合作社或邮政储蓄银行。通常而言，在你需要过夜的落脚点，总能满足取钱的需要，能提供住宿的景区、寨子等是例外。但如今即使是连农村信用社都没有的偏远村寨，手机客户端支付也已经普及，无论景点还是吃住行，越来越多的商家或个人都有收款二维码，你甚至无须为乘坐公交车准备零钱。

购物

将少数民族元素融入设计的文创产品是近年来热门的旅游纪念品，这一类店铺在阳朔西街最多，但你需要一点眼光。大多数旅游超市和景区小摊上出售的围巾、服饰、饰品、牛角梳等极大可能是批发自义乌，并无当地特色可言。如果想买少数民族服饰，最好去他们的聚居区购买，手工制作的苗服、侗布、瑶裙并不便宜，购买前最好先理智地问问自己是否真的需要，当然作为收藏也是不错的。总而言之，我们更推荐到乡间、到村寨，从乡民手中直接购买纪念品，也能为当地人直接带去贡献。

北海的合浦已经有2000多年生产珍珠的历史，"南珠"指的就是合浦珍珠。在北海购买珍珠，专卖店有品质保障，但价格不菲；珍珠城水产市场出售的珍珠相对实惠些，但可能真假难辨；不要相信景区小贩兜售的纪念品，那绝对不是"真"珠。我们建议你去有保障的国营商店购买。另外，梧州是东南亚最大的人造宝石生产交易中心。

广西土特产颇丰，光是茶叶就有凌云白毫茶、十万大山的金花茶、昭平茶叶、梧州六堡茶、桂平西山茶等。将植物油与茶叶、姜、蒜捶打炒制的钟山油茶，口感辛辣，别与普通的茶混为一谈。广西所产的调味品味道独特、别处少有，南宁黄皮酱、隆林辣椒骨、黄姚古镇的豆豉等都很适合送礼或自用。很多县城都有售卖酸嘢的店铺，喜欢吃的话也可以带一瓶回家。巴马的"长寿牌"用品从洗头到洗脚、喝的吃的无所不包（不过本地的百岁老人可能一辈子没吃过、用过这些东西），购买昂贵的火麻油还不如去农贸市场上买便宜的火麻原籽，回家用搅拌机自制火麻油，本地人也是这么操作的。你也可以去北海的海鲜市场购买干海产、梧州的特产店购买蛤蚧干等。

由于与越南相邻，你可以在凭祥、东兴、水口、龙邦口岸的特产店或贸易集市，买到越南商品，包括越南咖啡、水果、拖鞋和红木制品等，你也可以回程时在南宁购买，不过价格要比口岸贵一些。

如果有意在广西进行户外运动，在南宁、阳朔都可以买到户外用品。

切记，在广西不要购买野生动植物制品。

邮政

县一级的地方都有邮局，寄明信片、包裹不成问题。**国家邮政局**(www.chinapost.com.cn)网站可以查询相关邮政资费。如果需要寄快递，EMS收费较高，在不赶时间的情况下，可以用普通包裹代替。各个民营快递公司在广西各地都有网点，一个电话就能上门收件。

电话

在广西大部分区域，移动、联通和电信的手机都有信号，城市和县城基本都有4G网络覆盖。县城一级基本上都有这些运营商的营业厅。相对而言，电信的覆盖率最广，只要是有人居住的地方就有信号。联通信号还没覆盖到偏僻的小村庄、桂西的大山深处。各喀斯特溶洞里没有信号。

上网

大多数住宿点都提供免费的无线上网服务，大城市或热门旅游地的餐馆、咖啡馆也有免费Wi-Fi。一些新建的酒店里已有USB充电口插座。很多酒店会有几间配电脑的房间。不过，一些硬件设施不过关的客栈可能会发生旺季时因入住客人太多，无线网络连不上的状况。

地图

出发前可以在手机地图APP下载最新离线地图，常规路线和景点利用高德地图、百度地图就足够了。一些过于偏僻的村寨，有时不能完全信任导航，多问问当地人更靠谱。如果你打算在广西进行一些户外徒步，可以下载奥维互动地图，六只脚—旅行户外出行轨迹规划大师APP也很实用。

工作时间

除了有季节限制（例如漂流）的景点，广西大多数景点都是全年开放，大部分博物馆周一闭馆。桂西的凤山三门海、巴马百鸟岩等夏天受台风、暴雨影响，水位上涨时会闭门谢客。节假日（例如中秋节）时一些景点也会关门放假，最好先致电景区询问一下，免得吃闭门羹。

各地银行、邮局的营业时间一般是9:00~17:00，一些公共场所和县级博物馆会有午休时间(12:00~14:30/15:00)。多数餐馆在14:00~16:00歇业，咖啡馆通常从9:00营业至午夜，酒吧则从晚饭后营业至第二天凌晨2:00左右。

气候

广西的气候东西南北差异很大，北海四季温暖，桂北和桂西北地区冬季降雪并不稀奇。不同地区的最佳旅行季节可见行前参考（见18页）。广西大部分地区4月至8月降雨较多，南部沿海会出现台风天气，对旅行会有影响。**中国天气网**（www.weather.com.cn）可查询未来3~7天广西所有市县的天气预报。你也可以在手机上下载“墨迹天气”，随时查看目的地实时天气情况，了解未来10天的天气变化，便于行程安排。

南宁

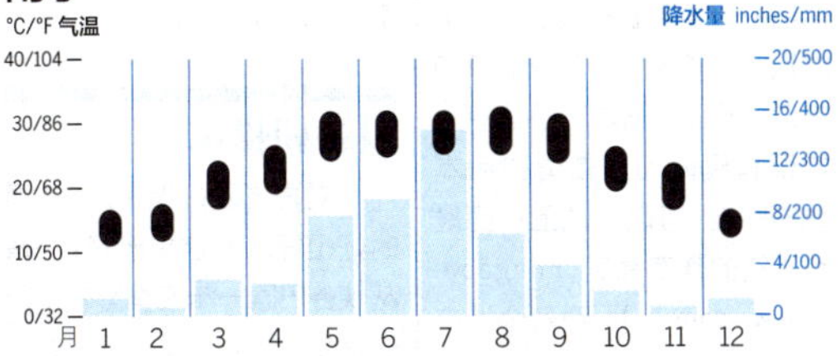

桂林

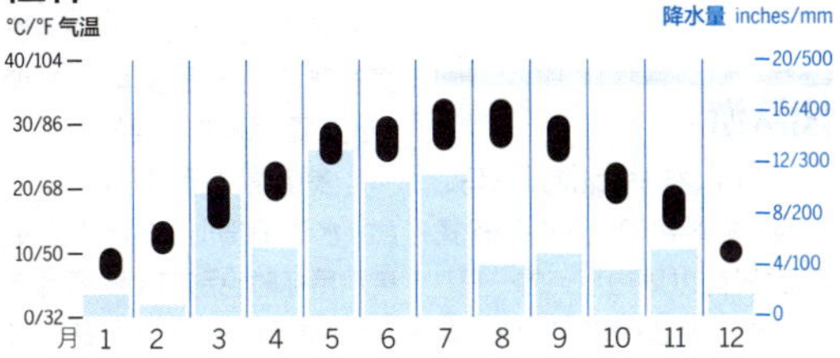

北海

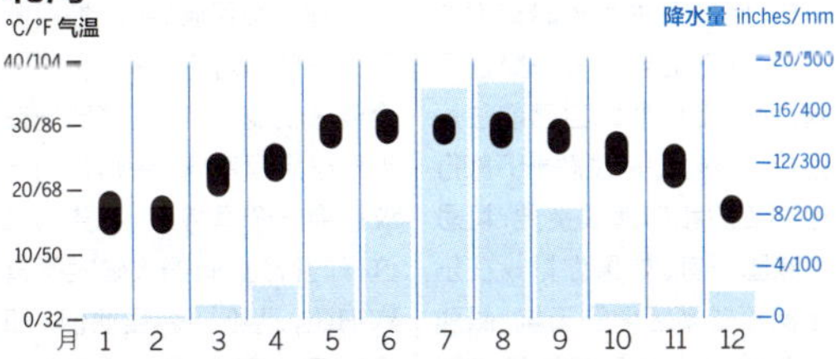

旅游信息

广西各地市、县的旅游局是最权威的旅游信息来源，你可以通过相关电话或政务网咨询民族节日和活动信息。主要景点、机场、火车站和部分长途车站设有旅游咨询处，可获取免费的旅游信息和景区地图等。高档酒店的前台或者房间抽屉里也能找到图文并茂的旅游手册。以接待旅行者为主的客栈、青年旅舍是获取最新旅游信息的好渠道。

各地级市都会有一个本地信息齐全的微信公众号，不妨提前关注起来，了解最新的交通、景区及吃喝玩乐信息。如果有具体问题希望咨询本地的驴友，可以试试上广西最有人气的**红豆社区**（hongdou.gxnews.com.cn），到各个地市的论坛里，直接发帖或留言给版主。

团队游

南宁、桂林、北海、巴马、靖西等旅游热门地区能轻松找到旅行社，以周边景点的一日、二日游和中越跨境游为主。如果不怕行程中不可避免的购物环节，倒也不失为省时省力的选择，你不必自己考虑交通问题，费用上也要比自己前往便宜些。不过，提前了解一下旅行社的资质和口碑很重要，切忌一味图便宜。如果你打算在乐业探索非景区内的天坑，跟随专业的户外俱乐部既是必要的，也是安全的保障。

课程

得天独厚的自然环境令广西成为全国学习攀岩的最佳地点。阳朔多家攀岩俱乐部提供从半天式的体验课程到为期一周的甚至更久的专业课程，有教练一对一指导，并提供基本的攀岩装备（见126页）。南部海岸虽然不足以吸引真正的潜水爱好者，却是学习这项技能的好地方。涠洲岛有专业的潜水培训课程（见317页）。

喜欢刺绣的可以在金秀县跟着瑶族织绣技艺的传承人学习（见186页）。有着“中国画扇第一镇”之称的阳朔福利镇可以让你体验绘制一把扇子（见134页）。

摄影和摄像

对摄影爱好者来说，广西的好山好水很容易出好片，峰丛峡谷田园一年四季皆有不同的美景。需要注意的是，这里有着较长的雨季和亚热带多变的天气，因此夏季前来，选择有防水功能的摄影包或者带上防雨罩是有必要的。

美景常在险要处。在山巅、水边拍摄时，在比别人更接近目标时也别忘了注意脚下安全，否则可就永远留在美景中了。

在少数民族地区，拍摄前最好先征得对方同意。有的人会要求收钱，除非这种情况在当地已经很普遍，否则我们建议你换一个模特儿，不要助长这样的行为。有的人确实不喜欢拍照，请不要勉强他们。如果你答应了将合影寄给对方，不要食言。在部分景点会碰到身穿少数民族服饰的漂亮女孩主动要求合影，这可不是免费的，如果不需要可礼貌拒绝。边境的军事边防设施严禁拍照，包括帅气的官兵。

危险和麻烦

总的来说，广西是一个对旅行者友好的省份，大部分本地人淳朴友善，各地治安也没问题。不过，出门在外，多个心眼总不是坏事。**南宁城市应急联动中心CERC**（见70页地图；cerc.nanning.gov.cn；青秀区双拥路48号）是中国第一套城市应急联动系统，旅行者遇到意外，可拨打110、119、120、122四个特服号码，进行求助。

广西是全国排名第一的传销基地，南宁和北海是传销重灾区，只要稍加注意，不难分辨那些巧舌如簧的骗局，遇到传销骗子，拒绝的态度一定要果断。

交通安全

广西不少城镇交通很混乱，车速快，红绿灯形同虚设。电动车/摩托车横冲直撞，你除了保证自己遵守交通法规外，还得眼观六路，提防着机动车辆。

每年七八月台风会频繁登陆，山区在雨季易发泥石流与山体滑坡，常常导致道路短时中断；冬季桂西、桂北山区会下雪，积雪易阻断道路。无论是乘坐班车还是自驾，对突发天气情况都需留心。北海到涠洲岛的航线有时会因为大风大浪而停航，不要为了赶时间乘坐非法运营船只上岛，那是非常危险的。

在七百弄、隆林、南岭、十万大山等陡峭山区自驾的话，一定要千万留心。如果打算在阳朔租一辆摩托车，请记住，在任何情况下无照驾驶机动车都是违法的。

掮客

“拉客”现象最严重的是桂林、北海，阳朔的掮客为全省最泛滥。当你在机场、车站和码头等游客集散地被掮客骚扰，果断拒绝即可。多数情况下他们只会将你引向一处性价比不高的住宿、一趟耽误你时间的班车或一日游等。也要避免初次认识的本地朋友带你去消费。

偷窃和欺诈

任何人群密集的地方都存在偷窃、欺诈的隐患。火车站、客运站、公交车上、闹市区等鱼龙混杂处都是偷窃高发地，夜市上小偷也不少。不要将包半挂在肩上，最好将双肩包背在胸前，不要佩戴贵重招摇的饰物。带单反相机的，要把相机放进包里或挂在胸前，不要斜挎在一侧，以免镜头被偷。入住旅店后，一定要锁好门窗，不要把贵重物品放在靠近窗口的地方。入住青年旅舍多人间，一定要将贵重物品锁进柜子里，即使只是去趟洗手间，也不要人财分离。总之一定要提高警惕，不要给对方可趁之机。

身为旅行者，在阳朔你往往还会面对一种隐形欺诈，你的交通费、餐饮价格可能都会比本地人高出一大截，面对这种情况，请不要纵容，你有权投诉（旅游投诉：12301；消费者投诉：12315；物价监管：12358；桂林市交通运输局：0773-355 6859）。各地景点（尤其是野庙中）的“大师”“和尚”，张口“布施”，闭口“消灾解难”，一定要敬而远之。

边境走私

广西与越南接壤的边境口岸也是不法分子的出没之地。如果遇到有人诱导你非法越境，一定要提高警惕，下一步往往就是骗购、强购、诈骗和抢劫，甚至事关生命。申请越南签证很容易，完全不值得冒这种险。如果遇到走私的车辆和人员，请不要表现出好奇心，以免惹来麻烦。

独自旅行者

广西有些地区的旅游开发还比较落后，没有公共交通去往景点，独自旅行中得额外支出包车费用。适合独自旅行者的青年旅舍和客栈只在热门旅游地，越是这样的时候，收集信息就越显得重要，健谈的司机、热情的旅店老板、偶遇的驴友都是很好的信息源。在淡季，孤身入山或者出海都要特别注意安全。有些景区可能要凑够人数才会开放，这时投靠旅游集散中心就显得很有必要。最重要的一点是，在路上记得定时打个电话，向家人报声平安。

残障旅行者

目前来说，残障人士在广西自助旅行还比较困难，南宁、北海、桂林情况相对较好。部分机场、4A级景区与高档酒店设有无障碍通道，市区盲道被占道的现象较为普遍。残障人士出行最好由专人陪同照顾，并且尽量选择搭乘飞机，入住设施完备的高档酒店。

女性旅行者

只要具备一些自我保护意识，女性旅行者在广西不会感到有任何不自在。但在游人相对较少、比较偏远落后的山村里，最好低调保守一点，既保护了自己，也更容易与朴实的村民打交道。尊重少数民族风俗禁忌，做到入乡随俗，尽量不要一个人去酒吧。有些青年旅舍提供按性别分宿的房间，有需要可以选择这样的住所。

同性恋旅行者

出于防治艾滋病的目的，广西官方对待同性恋的态度比人们想象中要开放。同性恋团体也比较活跃，在**广西绿城彩虹网**（www.nnch.cn）上能找到最新的信息与活动。在民间，人们对待同性恋者的态度，跟中国别的地方区别不大，有点好奇，但并不反感。总的来说，城市会比乡村宽容。只要不是公然有太亲密的举动，普通人甚至不会往同性恋方面联想，麻烦也就无从谈起。

志愿者服务

广西NGO组织集中在南宁，职责多为环境保护、支教助学、艾滋病防护与志愿者培训。你可以在**广西志愿服务网**（gx.chinavolunteer.cn）、**NGO发展交流网**（www.ngocn.net）找到在广西各地担任志愿者的机会。

活动

在广西可以开展丰富的户外活动，但需要提醒旅行者的是，不要为脆弱的生态环境增加负担。在野外随身带走垃圾，不要破坏植被，不要接触野生动物，对于难度较高的运动，不要独自前往，请向导是必需的。

徒步

广西的徒步路线以赏景为主，难度不大，带双合脚的运动鞋就可以尝试。最初级的是桂林的靖江王陵（见112页）、南宁附近的布泉河（见81页）、大新的黑水河（见87页）。阳朔周边的山水田园可以组合出多种徒步路线，包括简单的12公里的遇龙河沿线徒步（见136页）、最吸引人的4小时兴坪—全家洲（见138页）路线，石头城—兴坪徒步虽路线较长（2天），但走起来也很轻松。乐业穿越天坑洞穴的徒步（见294页）难度较高，需要带上头盔、头灯等装备，且需要请向导。

骑行

阳朔的十里画廊和遇龙河、北海及涠洲岛、靖西周边、明仕田园等都有成熟的骑行路线，也都能找到租车店，难度不算大，全程没有太大的地势起伏。骑行发烧友有两条线路可以挑战：弄拉景区里的3公里陡峭爬升（见82页）是每年环广西自行车赛最激烈的路段；40公里长的大化七百弄穿越（见269页），路窄、坡陡，不考虑海拔的话难度不亚于318国道。

漂流

广西的山水峡谷很多，玩漂流很过瘾，不但有抒情版的漓江漂流（见125页）、遇龙河漂流（见134页）、龙脊峡漂流（见150页）、资江漂流（见157页），也有摇滚版的龙颈河漂流（见139页）、资源五排河漂流（见157页）、乐业布柳河漂流（见291页）、古龙山峡谷漂流（见283页），百色大王岭漂流（见280页）沿途还可欣赏稀奇古怪的珍稀植物。

攀岩

阳朔是攀岩爱好者的天堂，周边的喀斯特山峰有近千条成熟的攀岩线路，桂西同样有很多天然岩壁。

探洞

你可以在乐业的诸多天坑中体验速降、探洞，不过危险系数不低，如果没有相关经验，建议联系专业的户外俱乐部。

其他水上运动

你可以在北海玩摩托艇（见303页）、在涠洲岛潜水（见317页），3月至6月还可以进行海钓。

交通指南

到达和离开

广西地处中国南部，区域内交通很发达。从邻近省份云南、广东、贵州、湖南前来的话，铁路和公路交通网络发达，南广高铁和贵广高铁更是为前往广西提速不少。从较远省份前来，飞机依然是首选，通航班次频繁的城市折扣机票很容易买到。从南宁飞马来西亚、越南、泰国等的机票也很有优势，游览完广西接上东南亚之旅也是不错的选择。

飞机

机场

广西目前有6座机场，南宁吴圩国际机场和桂林两江国际机场是主要的航空门户。

- **南宁吴圩国际机场**（NNG；☎0771-288 1111）是广西最大的机场，开通国内国际航线100多条，包括国内近80座大中城市和香港、台北及东南亚的主要城市。
- **桂林两江国际机场**（KWL；☎0773-284 5114）已开通20多条国内主要城市和吉隆坡等部分东南亚国家首都的航线。
- **柳州白莲机场**（LZH；☎0772-320 1088）有飞往北京、上海、广州、深圳、厦门、武汉、西安、海口、重庆、南京等22座城市的航线。
- **百色巴马机场**（AEB；☎0776-323 3666）有飞往北京、贵阳、桂林、重庆、深圳、海口、广州、长沙、天津的航班，但并非每天开航。
- **北海福成机场**（BHY；☎0779-851 2770）有飞往北京、上海、广州、深圳、长沙、成都、昆明等地的航线。
- **梧州西江机场**（WUZ；☎0774-383 3222）有飞往北京、上海、重庆、贵阳、长沙等地的航线。

航空公司

经营广西航线的主要航空公司有：

- **中国国航**（☎95583；www.airchina.com）
- **东方航空**（☎95530；www.ceair.com）
- **南方航空**（☎95539；www.csair.com）
- **深圳航空**（☎95361；www.shenzhenair.com）
- **北部湾航空**（☎95370；www.gxairlines.com）
- **桂林航空**（☎950 7101；www.airguilin.com）

机票

只要不是节假日，国内大中城市往返南宁、桂林的打折机票很常见。可以通过**飞猪旅行**（www.fliggy.com）、**携程**（www.ctrip.com）、**去哪儿**（www.qunar.com）等淘票网站及其APP查询、预订机票，订票后一定要在出发前确认机票已经出票。你也可以直接登录各个航空公司官网预订。

火车

从外省进入广西的铁路线主要有：南昆线（昆明方向）、湘桂线（北京、上海、西安方向）、黔桂线（贵阳、重庆、成都方向）、焦柳线（张家界、吉首方向）、黎湛线和洛湛线（广东方向）。湘桂线是贯穿广西南北的大动脉，其末端在凭祥与越南窄轨铁路对接。南宁与越南河内之间每天有一趟国际专列对开。

高铁在广西的推进速度相当惊人，南宁、柳州、桂林、宾阳、贺州、恭城、阳朔、兴安、全州、钟山西、梧州南、北海、钦州、玉林、贵港、桂平、百色、三江等城市皆有高铁站。南广高铁、贵广高铁、南昆高铁是进入广西的主要高铁线。从广州出发，3~4小时到南宁、2.5小时到桂林；从贵阳出发，5小时到南宁、2.5小时到桂林；从昆明出发，4.5小时到南宁，4个多小时到桂林。如果你是从这3个相邻省份出发，尤其是法定假期时高铁无疑是首选。

www.12306.cn可查询全国列车站点、车次、时刻、票价等信息并在线预订车票。

长途汽车

广西有9条国道与外部相连，最长的莫过于210国道，它从内蒙古草原一直往南，经陕西过四川盆地入黔，最后到达南宁。322国道则是另一条纵向的入桂通道，它几乎与湘桂铁路的轨迹相同，从湖南衡阳经桂林、南宁至友谊关，并与越南公路对接延伸至河内。324国道是衔接闽、粤、桂、滇四省的通道。325国道从广州经广西沿海到达南宁，如果你的旅行目的地中有北海和钦州，可走此线。

进出广西的跨省高速多达13条（部分在建中），包括G75兰海高速（经河池、南宁、钦州、北海）、G76夏蓉高速（经三江、龙胜、兴安）、G78汕昆高速（经百色、河池、柳州、阳朔、贺州）、G80广昆高速（经玉林、南宁、百色）等。2017年12月通车的永贺高速可谓潇贺古道的现代版本，大大方便了从湖南前往广西。

船

北海是广西唯一对外通船运的码头，只有一条航线：北海—海南岛海口。除了去码头购票，也可以通过**来游吧**（www.laiu8.cn）网上订票，流程与购买火车票、汽车票一样，都需要凭身份证去售票厅取票。

区内交通

区内交通以火车和长途汽车为主，“城际列车+快班”是畅游八桂的首选。大多数地方公路路况不错，桂西的喀斯特峰丛地带是例外。广西的6个机场仅桂林—北海、桂林—百色彼此直航，也并非每天发出航班，无论时间、价格都不具优势。

火车

有高铁且车次频繁的城市之间，坐高铁往来是理想的交通工具。北部湾4市（南宁、钦州、北海、防城港）已形成“1小时经济圈”；南宁—柳州、南宁—百色、南宁—桂林、南宁—梧州分别约1小时、1.5小时、2.5小时、2小时的车程；贺州—桂林车程1小时。但其余市县间的车次较少。

需要注意的是，如果同一个城市中，高铁站和普通列车不共享同一个车站，通常高铁站会距市区（或县城中心）比较远，算上前往高铁站的公交车程或出租车费，再与走高速的长途汽车相比，性价比也不太高了。

长途汽车

公路运输始终是自治区内交通的主力，目前，广西全区14个地级市全部贯通高速公路。桂林至南宁、柳州、梧州、贺州，南宁至钦州、北海、百色、玉林、梧州之间的城际班线皆在5小时以内。2018年11月建成的河百高速加快了桂西各市县间的交通；在建的河桂高速预计2020年完工，之后将大大方便旅行者将桂西、桂东北的喀斯特连游。

高速之外，广西的大部分国道、省道也都平整，是慢行赏景的好方式。但在桂西的大山里，还是有很多路窄、坑多的省道和乡村公路，且越是偏远、路难行的目的地，车次越少。

如果一个地方有超过一个长途汽车站，通常一个是发往自治区内（市/县外）和跨省的班车，另一个是发往市/县内各乡镇、村的。前者发出的班次均可通过广西客运联网或运德、超大、泰禾、驰程智慧、运达、桂林骏达客运等微信购票平台查询和购票；后者往往需要到车站内购票，一些乡村巴士为上车购票。桂西和桂东南一些发往村镇的班车，如果既可以在车站售票窗买也可以上车买票，有些目的地用后一种方式比前一种方式便宜。但桂林是例外，如果不在车站内乘车购票，很有可能面临售票员的随意加价（尤以阳朔、荔浦、恭城、龙脊梯田等景点周边较为严重）。

长途汽车一般有3种：高快、普快、乡村巴士。走高速的高快一般是大型客车，车内配有空调、电视，有些已安装免费的Wi-Fi热点，座椅宽敞舒适，运营也很规范，会要求对号入座，能准点发车，不允许超载。普快通常走国道，一路有很多盘山公路，车子的整洁度比高快差一些，但也都能准点发车。发往各乡镇的乡村巴士通常是破破的中巴车，车内卫生状况很差，座椅之间非常拥挤，超载是常有的事，发车准点率也不高，上座率不高的时候，有些司机会等齐一定数量的乘客才肯开车，且一路停车载客，还会带货，你也可以在路边招手拦车。

船

从北海去涠洲岛需要坐船。如果不容易晕船的话，尽量不要选择下层后部（普通舱B区）的舱位，会有很大噪声。港口前会有很多拉客私船，安全毫无保障。

另外，桂林—阳朔沿线可以坐船，但并非唯一的交通选择。阳朔一带的留公村、福利镇、兴坪镇还有渡口/码头，但也不是唯一的进村方式。

自驾游

只要不选在极端天气出行（例如台风、山洪），广西是适合自驾出行的。从广东自驾前来的旅行者最多，沿着G78汕昆高速、G80广昆高速、G65包茂高速，可以快速穿行于两广之间。其他省份的旅行者也可以到了广西后再租车自驾，南宁、桂林、贺州、梧州等大多数城市都能在机场、火车站等地找到神州租车或一嗨租车的门店。

广西大部分公路沿途风景极美，公路也修得平整。有两条路线对于新司机来说有点难度：东兴向西的沿边公路穿过十万大山到达凭祥口岸，公路狭窄、坡陡；桂西的七百弄弯多路窄坡陡，开完一段盘山公路，回首来路仍惊心动魄。

从广西去越南

广西与越南接壤，你大可以带上护照，结束广西游览后走陆路前往越南。你可以在南宁的越南总领事馆办理签证（见78页方框），也可以在凭祥和东兴委托旅行社办理签证。南宁埌东汽车站有发往河内、下龙湾的国际班车，南宁火车站有发往河内的国际列车，都是从凭祥出境，需要在友谊关口岸下车接受海关检查和办理出境手续。你也可以一路玩到凭祥后，再搭乘国际大巴。北海也有发往河内的班车。

如果你没有带护照，南宁、东兴、凭祥的旅行社可以凭身份证办理通行证，随后跟团前往越南，路线固定，一般为河内、下龙湾的四天三晚或三天两晚的行程。

当地交通

在广西各市和大部分县城，公交车、出租车都是最方便的代步工具。带电动马达的三轮车在各县很普遍。摩的价格不比出租车低，而且是所有交通工具中最危险的一种，不建议乘坐。

公交车

县级以上的地方一般都有公交车，能衔接起汽车站、火车站、主要景点、商业中心和主要地标，票价1~2元，多为自动投币。延伸至乡镇或周围景点的长线公交根据线路长短收费，有机场的城市都有机场大巴。部分城市的公交可以使用微信小程序“广西一卡通乘车码”扫码乘坐，免去携带零钱的烦恼。

有些小县城的公交车上没有自动报站，也不会每站都设站牌，最好事先告诉司机或售票员，请他们到站时招呼你一声。

城市里的公交车通常从早上6点运营至晚上9~10点，桂西各县、桂东南的富川、南宁周边的县城晚上6点后公交就结束了（一些是随学校放学结束运营）。

地铁

目前广西仅南宁有地铁，两条地铁线一纵一横，涵盖南湖、朝阳广场、民族广场等重要地标和火车站、4个长途汽车站等。柳州正在建设轻轨，预计2020年建成。

出租车

市、县都有出租车，城市里手机打车软件普遍，小城市和县城里的出租车司机没有打表的习惯，价格依距离远近而定，本地人大多对车费心里有谱，很少会问价，如果不放心可以在上车前问清楚车费，也可以先向旅馆老板了解一下本地的打车行情，做到心中有数。注意，桂西的大化、东兰、凤山三县的出租车不跑县内，只跑外围远距离的，需要议价。

三轮摩的

相比出租车，广西很多县城的本地人更习惯坐三轮摩的，除阳朔外，这是广西其他大多数县城最普遍的交通工具，方便灵活。三轮车各地叫法不一（例如三马、马仔），和出租车一样也有起步价（通常为3~5元），县城内通常不会超过10元。

自行车

南宁、桂林、贺州、梧州、贵港、玉林、北海、桂平、来宾等城市有共享单车。桂林的公共自行车服务体系相当完善，使用方式与共享单车类似，收费也类似。阳朔的自行车租赁店铺随处可见，黄姚古镇也有自行车出租，另外，青年旅舍通常能租到自行车。

健康指南

在健康卫生方面，广西是比较安全的旅行目的地，但这并不意味着你就可以掉以轻心。一般来说，可能发生危险的情况有三类：如果你平时就患有某方面的疾病，例如心脏病，则旅行时需格外小心，最好选择气候宜人的春、秋两季前来，并在决定出发之前征询医生意见；意外受伤，特别是交通事故引起的受伤；在边境地区，一些热带地区易发生的传染病可能会从越南等地渗透进来，需要你在出行前关注防疫部门的警告。如果你平时身体健康，旅行时也注意安全，一般不会在旅途中遇到重大健康问题。但是，炎热潮湿的雨季和桂北寒冷的冬季都可能影响到你的健康。

出发前

保险

由于事故和疾病随时可能会发生，特别是如果你打算进行一些户外活动，如攀岩、登山、漂流、徒步等，最好在旅行前为自己准备一份相关的保险。具体内容可参见373页。

其他准备

在出发前，一定要确认自身的健康状况。如果行程不短，最好在启程前去看牙医。如果你戴眼镜的话，应该准备一副备用眼镜以及眼科医生开的处方，隐形眼镜配戴者应该带上框架眼镜备用，当你深入县城以下时，镜片和清洗药水是无法找到的。

如果你需要某种特殊药物的话，一定要多准备一些，因为在当地很可能买不到。为了避免麻烦，处方或医生提供的证明文件一定要字迹清晰，以证明你用药的合法性、经常性。

常备药品

推荐放入个人药品箱中的医疗物品：

- 乙酰氨基酚（泰诺、布洛芬）或阿司匹林——感冒、发烧、止疼
- 止血绷带、纱布、创可贴和其他创伤敷料，云南白药气雾剂——小创伤
- 百多邦、达克宁——各种细菌、真菌性皮肤感染
- 多种维生素片剂——在长途旅行过程中，饮食中的维生素含量可能不足
- 剪刀、电子温度计（非水银温度计）、镊子——急救用品。注意，水银温度计不能带上飞机
- 含避蚊胺（DEET）成分的外用驱蚊剂和风油精
- 喷涂于衣物、帐篷和床单的含胺菊酯成分的杀虫剂
- 类固醇或可的松——用于治疗误食有毒植物或其他过敏性皮疹
- 感冒和流感药
- 藿香正气水和十滴水、仁丹——中暑
- 黄连素片、蒙脱石散——腹泻
- 晕海宁——晕车
- 高系数防晒霜、保湿唇膏——晒伤、干燥
- 避孕药具

旅途中

如果你得了（或觉得自己得了）重病（如疟疾）、急症，千万不要拖延，应以最快速度就诊。总的来说，县级以上地区的医疗设施称得上完善，如

果需要紧急医疗救助，可拨打医疗急救电话（☎120）。如需非处方药物，可在各地药店直接购买。偏远山区尤其乡镇的医疗条件就没有那么好了，最好立即赶去地级市就诊。

传染性疾病

流感

流感多发于冬季，症状包括高烧、肌肉疼痛无力、流鼻涕、咳嗽和咽喉肿痛。流感对于65岁以上老人及心脏病、糖尿病患者可能有严重威胁，建议注射流感疫苗。目前没有针对流感的有效治疗方法，只能静养，或服用感冒药减轻痛苦。

真菌感染

在偏远的乡村山地徒步，当地不洁的卫生环境可能容易导致真菌感染，发病部位通常是头皮、脚趾（脚气）或手指之间、腹股沟。癣是一种真菌感染，会通过感染真菌的人或动物传染，潮湿将助长真菌感染。

为了防止真菌感染，应该穿宽松、透气、舒适的服装，避免人造纤维制品的贴身衣物，经常洗澡，并小心地擦干身体。如果你受到了感染，至少每天使用消毒剂或药皂擦洗感染区域，然后用清水冲洗干净并擦干，并使用抗真菌药膏或药粉，如达克宁。尽量将患处暴露于空气或日光之中。用热水洗涤所有的毛巾和内衣裤，经常更换并在太阳下晒干。

肝炎

肝炎是各类肝脏炎症的总称。它是全世界范围内的一种常见病。有几种不同的病毒会导致肝炎，它们的传播途径各不相同，但症状基本相似，包括发烧、发冷、头痛、疲劳、感觉虚弱和周身不适，随之而来的是食欲不振、恶心、呕吐、腹痛、尿色发暗、粪便颜色浅、皮肤发黄和眼白发黄。肝炎患者在生病之后一段时间内不能饮酒，因为肝脏需要时间恢复。

被污染的食物和水能够传播甲型肝炎。一旦感染甲型肝炎，应该听取医生的建议，但除了隔离、多喝水、少吃东西和避免油腻食物之外，你所能做的非常有限。戊型肝炎和甲型肝炎的传播途径相同，它在孕妇中间的传播尤为严重。

目前有预防甲肝和乙肝的疫苗，但没有针对其他类型肝炎的疫苗。注意饮食卫生并避免危险情况是重要的预防措施。

人体免疫缺陷病毒/艾滋病（HIV/AIDS）

感染人体免疫缺陷病毒（human immunodefic-iency virus，简称HIV）可能导致致命的获得性免疫缺陷综合征（acquired immune deficiency syndrome，简称AIDS）。血液、血产品或体液都能传播这种疾病。很不幸，广西的艾滋病感染者数量居全国第二，截至2017年10月底，累计报告艾滋病感染者和病人超过8万例，累计报告死亡超过4万例，每一千人中大概有一例。中国医学界对艾滋病的防治研究，也把很大重心放在了广西，疫苗试验和治疗实验都在进行中。最新的统计表明，80%的感染者和病人经性途径传播。小发廊、小旅馆、歌厅和夜总会等提供有偿性服务的场所是感染重灾区。广西的很多宾馆里都有防艾滋病宣传。身为旅行者，行走在广西，你更需要对不安全的性行为说不。

艾滋病一般通过性接触或受污染的针头传播，因此接种疫苗、针刺疗法、文身、在身体上穿孔以及静脉注射毒品都有感染艾滋病的潜在危险。HIV/AIDS也能通过输血传播。

如果你确实需要注射的话，应该要求护士当着你的面打开密封的注射器，或者自备针头和注射器。如果患严重的疾病，不应该因为害怕感染艾滋病而拒绝治疗。

边境防疫

毗邻广西的越南和老挝，常年天气炎热，利于昆虫繁衍和疾病传播，两国乡村基层的防疫和卫生条件尚未完善。这些年部分地区常有传染病小规模爆发的报告，譬如登革热、禽流感，甚至在中国已经绝迹的霍乱，也有偶尔的报告案例。广西边境的检疫部门在凭祥口岸亦有截获登革热案例报告。

如果准备到广西的边境地区旅行，乃至跨境进入越南，最好准备适量的消炎解暑、预防蚊虫叮咬和止泻的药品，小心生冷食物，并考虑接种疫苗。

疟疾

疟疾是由蚊子传播的疾病，主要症状表现为发热、发冷、出汗、头痛、关节痛、腹泻、胃痛，在此之前通常会感到周身不适。

广西曾经是中国国内疟疾的四大重灾区之一，经过努力，近二十年来已近绝迹，但随着对外交往的增多，近年又出现了一些从东南亚和非洲进来的病例，2018年7月南宁海关在归国劳务人员中检查出3例恶性疟疾病例。一旦发现或怀疑被感染，应该立即就医，以防病情进一步恶化。

伤寒

伤寒症是一种危险的肠道传染病，受污染的水和食物是导致感染的罪魁祸首。一旦患病必须就医。

在患病初期，患者可能认为自己得了重感冒或流感，因为伤寒的早期症状表现为头痛、浑身疼痛、发烧。伤寒患者每天体温都会略有升高，直到达到40℃左右或者更高。患者脉搏缓慢，而正常发烧通常是脉搏加快。此外，还会出现呕吐、腹痛、腹泻或便秘等症状。在患病后的第二周，高烧和脉搏缓慢的现象仍在继续，身体上可能会出现粉红色的斑点，会有发抖、神志不清、虚弱、体重减轻和脱水等症状。另外，病情严重的话还可能产生肺炎、肠穿孔或脑膜炎等并发症。

狂犬病

广西乡间不少当地人都有养狗来看家护院的习惯，在乡野徒步时遇上野狗的概率也不小。万一不小心被咬，先用肥皂和水小心地清洗伤口，再涂抹碘基抗化脓药物，最好尽快就医。旅行前接受免疫注射可使被咬后的治疗大大简化，如果事先没有接受免疫注射，则需要尽快接种狂犬疫苗。

新型冠状病毒肺炎（COVID-19）

截至本书出版时，新型冠状病毒肺炎（COVID-19）仍在全球流行。虽然广西的情况相对轻微，常规旅行并不会额外增加风险，但我们仍建议旅行者结合实际情况后再决定出行，在做好自身防护的同时遵守当地的防疫要求，保持良好的卫生习惯。

针对疫情期间的个人防护，可参考世界卫生组织（www.who.int/zh/emergencies/diseases/novel-coronavirus-2019/advice-for-public）的详细建议。

疫情期间，众多博物馆等景区均可能实行预约制，须至少提前1天或当场预约。预约渠道通常在相应景区的微信公众号处进入，可在制定行程时事先了解。

环境引发的疾病和不适

旅途腹泻

水土不服、饮食不洁以及气候变化都可能导致腹泻，这大概是较常见的困扰旅行者的病症之一。如果只是腹泻而没有其他症状的话，通常不会有太大的问题，服用普通的止泻药即可。严重的腹泻可能是由细菌感染引起的（也可能有其他原因）。

腹泻的主要危险是脱水，儿童和老人尤其应该注意，因为脱水会在很短的时间内发生。无论在什么情况下，都要牢记补充液体，至少要与排便和呕吐中流失的体液达到均衡。淡淡的红茶加少许糖、苏打水或软饮料都能补充水分。要想补充适当的水分，最好观察你的尿液——如果你有少量浓色尿液的话，就应该多喝水。在恢复期间，坚持吃清淡的食物。

如果是严重的腹泻，要及时补充身体损失的矿物质和盐，口服补盐液非常有效，可以将它加入开水或瓶装水中。如果情况紧急，也可以将6茶匙糖和半匙盐加入1升的开水或瓶装水中。发生严重腹泻需要通过大便检验来进行诊断并查明病因，因此应立即就医。如果没有就医条件的话，建议使用治疗细菌性腹泻的药物（细菌性腹泻是最可能导致旅行者产生严重腹泻的原因）：诺氟沙星（400毫克，每天2次，服用3天）或环丙沙星（500毫克，每天2次，服用5天）。适于儿童使用的药物有蒙脱石散、整肠生等，服药剂量请遵医嘱；同时多喝温开水，并注意休息。孕妇可服用氨苄西林或羟氨苄青霉素，但有必要进行医学观察。

注意饮食卫生是防止腹泻的基础。广西从北部少数民族山区到南部沿海都有生食鱼类或肉类的习俗，在对食物安全不确定的情况下，或者你本身就属于肠胃敏感型，最好不要轻易尝试；避免用冰块，因为制冰所使用的水可能来路不明；生意好的餐馆，食物更新较快，不会被长时间存放或重新加热，较卫生。谨慎对待凉拌菜和桂北酸食；面对再美味的食物，也不可太过放纵口腹之欲，注意适度。

皮肤晒伤

桂西的喀斯特峰丛地带和南部的北部湾海边，紫外线非常强烈，需要特别注意防晒。不要对桂西清晨的阴天掉以轻心，太阳会在9点后开始烧烤大地。海滨地区即使多云，也能晒伤皮肤。要确保在户外做好一切防晒措施——穿长袖衣裤，戴头巾、帽子和墨镜，尽量避免在每天最热的时候（上午10点到下午2点）暴露在太阳底下。对于皮肤可能暴露在阳光下的部分，涂抹防晒霜是必不可少的，夏天使用SPF50以上的护肤品比较可靠，并要做到及时补涂。如果你的皮肤已经被晒伤了，就应该避免太阳照射，使用冷敷和相关药物以减少不适。

中暑

中暑是一种严重的急症，症状来得很突然，伴有虚弱、恶心、体热且燥、体温超过41℃、晕眩、迷糊、失去协调性、抽搐，甚至昏迷失去知觉等症状。有中暑症状时，要立即转移到通风、凉爽的地方休息，脱衣服、扇风，用凉的湿毛巾敷在身上，特别是腹股沟和腋窝下。并服用藿香正气水、藿香正气丸、仁丹、十滴水之类的药物，在太阳穴、人中处涂抹风油精。

广西夏天炎热，注意遮阳、适时补水都能减低中暑发生的概率。

蚊虫叮咬

防止蚊虫叮咬的措施包括：穿浅色的长裤和长袖衬衫；露在外面的身体表面可涂DEET等驱蚊剂（长时间过度使用DEET可能对人体产生危害，尤其是对儿童，但这总比被传染疾病的蚊子叮咬要好得多）；不要使用香水和须后水；在衣服上喷洒驱蚊剂。

在广西的偏僻之地，特别是山区乡村，一些地方可能有臭虫、跳蚤、扁虱等小虫子存在，尤其是在肮脏的床垫和被褥中。

如果床单或墙上有血迹，就很可能有臭虫，臭虫叮咬过的地方会长出一片非常痒的疙瘩。它们通常藏在人的体毛里、衣服上。如果与被跳蚤找上的人直接接触、共用梳子、衣服和其他类似物品都会染上跳蚤。药粉和洗发精能够杀灭跳蚤，染上跳蚤的衣服应该用热肥皂水洗涤，并且在阳光下晒干。

如果你刚刚穿过一个扁虱（蜱）滋生的区域，就应该检查一下你的全身，因为扁虱会导致皮肤感染和其他严重的疾病。如果有扁虱吸附在你的皮肤上，应该用镊子夹住它的头，然后轻轻向上拉，随后以酒精、碘酒清洗伤口。不要拽扁虱的后部，因为这样会压迫它的肠道，使排泄物通过吸附的嘴部进入皮肤，增加感染和疾病的风险。涂抹药物对扁虱不起作用，所以不建议这样做。

蛇

处于亚热带的广西，蛇的活动范围及活动时间相当广，户外活动时常能遇见包括竹叶青、银环蛇和眼镜蛇在内的毒蛇。为了将被蛇咬的风险降到最低，在穿越蛇经常出没的山林时一定要穿靴子、袜子和长裤。不要把手伸进洞穴和裂缝中。一般来说，你不去招惹蛇，蛇也不会主动攻击你。被毒蛇咬后，并不会立即死亡，而且抗蛇毒血清通常也能买到。发生意外后务必保持冷静，应该立即将被咬的肢体紧紧包扎起来，然后用夹板将其固定，就像处理扭伤脚踝一样。让受伤的人保持静止，同时寻求医疗帮助，如果可能的话，可以拿死蛇去做鉴定。使用止血带和吸出蛇毒等方法如今看来并不可靠。

体温过低

不要以为广西地处南方就没有冻伤失温的危险。桂北山区近年冬天里大雪和冰冻天气已经成为常态（通常是农历春节前夕），而且由于广西气候湿冷，同样的低温时，人体对寒冷的感知甚于北方。因此，冬季在广西北部的高山地带进行户外活动要注意保暖防寒，雨雪天气不建议安排骑行、登山、攀岩或露营等户外活动。

体温过低的症状包括：肢体皮肤（尤其手指、脚趾）麻木、颤抖、言语含混、神志不清、晕眩、虚脱等。救治轻度体温过低症的办法是：转移到能避风雨的地方，脱下湿衣服，换上干衣服，服用热饮（无酒精），吃些易消化的食物。及时发现、判断并救护，是防止低体温进一步恶化的唯一途径。体温降到32℃以下，是可能致命的。

幕后

说出你的想法

我们很重视旅行者的反馈——你的评价将鼓励我们前行，把书做得更好。我们同样热爱旅行的团队会认真阅读你的来信，无论表扬还是批评都非常欢迎。虽然很难一一回复，但我们保证将你的反馈信息及时交到相关作者手中，使下一版更完美。我们也会在下一版特别鸣谢来信读者。

请把你的想法发送到**china@lonelyplanet.com.au**，谢谢！

请注意：我们可能会将你的意见编辑、复制并整合到Lonely Planet的系列产品中，例如旅行指南、网站和数字产品。如果不希望书中出现自己的意见或不希望提及你的名字，请提前告知。请访问lonelyplanet.com/privacy了解我们的隐私政策。

作者致谢

范佳奥

感谢我的朋友张帝诺一路同行。感谢桂林的陈草梦；南宁的何笛赫和陆嘉琳伉俪、大鹏；北海的陆圆圆；东兴的阿越；斜阳岛的小邓以及一路为我提供信息和帮助的新老朋友。其中要特别感谢吴彦在北海的鼎力相助。最后的感谢送给我们可爱的作者和编辑团队。

何望若

本次调研可能是我做Lonely Planet以来运气最差的一次，印象中关门的景点比开放的景点还多，同一个景点甚至扑空三次。完成这次调研和写作，多亏了一路上新老朋友的鼎力相助。感谢李晋，为我详解乐业天坑的秘密；感谢韦吉芳、黄彦浠在巴马为我提供的帮助；感谢光哥对东兰民风民俗的介绍；感谢杏子、何田田以及很多没有留名的朋友；感谢董驰迪上一版稿子的优良底子。

楼学

感谢沐昀和刀哥的信任和耐心，把“沉重”的桂林交付于我，让我有机会重新审视这座熟悉的名城。非常荣幸与各位优秀的作者共事，得以见识到一个如此精彩且不同的广西。感谢我的好友兼一日司机于广辉，感谢顾彤、贺靓以及众多微博网友们提供的可贵帮助。感谢热情且极富有文化责任感的陆宇堃、王伯杨，他们的专业知识让我接触到一个旅行者视野外的桂林。感谢我的父母与家人，他们的理解和支持是我的坚实后盾。

盛洋

特别感谢金秀的深秋旅者，从方方面面给予了帮助；感谢在罗城偶遇的摩友，及时为我提供前方的路况；谢谢曾在木论保护区调研的朱林阁给我行程建议，也让我长了很多喀斯特相关的知识。这一路还遇见了许多热忱以待的广西人：高友村热情招呼我吃开工宴的大哥，高定村邀请我参加婚宴的新郎的哥哥，龙女村主动带路到教堂和神父墓地的爷爷，误打误撞联系上的对毛南族有着深入研究的博物馆馆员……谢谢你们。还要谢谢小姨和她的融水好友的款待，谢谢一如既往陪伴我的老丁，以及第一次出远门就挂了彩的“阿界”。最后，感谢两位CE和其余作者的支持与协力，谢谢为本书耗费心力的所有人，也谢谢你的使用与对瑕疵的包容。

吴嘉之

感谢陈勇亲与我分享关于梧州的点滴往事，陪我走街串巷发掘小吃。感谢邓斌领我寻访富川古村落和风雨桥，你对故土的热爱令我汗颜。感谢邱珍、宁国胜、余文军向我提供信息，黄政军为我介绍各地朋友。感谢编辑和作者伙伴们的帮助，以及上版作者蔡理老师出谋划策。感谢神州租车和一嗨租车在我曾经弄坏过几辆车后，仍愿租车给我。感谢桂东南。

声明

本书地图由中国地图出版社提供，审图号GS（2019）2848号。

封面图片：崇左白头叶猴自然保护区内的白头叶猴母子，视觉中国提供。

关于本书

这是Lonely Planet《广西》的第4版。本书的作者为范佳奥、何望若、楼学、盛洋、吴嘉之、袁亮和朱林阁。在此一并致谢第3版作者袁亮、蔡理、董驰迪、孙澍、郑娜娜和丛铭。

本书由以下人员制作完成：

项目负责 关媛媛
项目执行 丁立松
内容策划 袁　亮　沐　昀
视觉设计 刘乐怡
协调调度 沈竹颖

总　　编 朱　萌
执行出版 马　珊
责任编辑 喻　乐

地图编辑 刘红艳
制　　图 张晓棠
流　　程 孙经纬
终　　审 杨　帆
排　　版 北京梧桐影电脑科技有限公司

感谢谭川遥、麦文山、谭小兵、刘斌、刘闯、刘泽刚、王歆、洪良为本书提供的帮助。

索 引

A

隘洞镇 266
安太苗族生态博物馆 183

B

巴马 258, **259**, **260**, 12
白崇禧故居 114, 116
白裤瑶生态博物馆 274
白头叶猴 88
白先勇 358
百魔洞 260
百鸟岩 261
百色 276, **278~279**
百色起义 342
百色起义纪念公园 279
保险 373
北海 302, **304**, **308~309**
边境防疫 384
宾阳 83, 235
布柳河仙人桥景区 291

C

残障旅行者 377
长期住宿 372
程阳风雨桥 175
澄碧湖风景区 277
崇左 84, **89**
崇左斜塔 90
出境游 19
出行指南 372
穿洞天坑 290
穿龙岩（凤山地质博物馆）265
传销 77, 303
村寨
　程阳八寨 175
　独峒镇侗寨群 176~177
　高定村 176
　高友村 175
　林略村 177
　林溪镇侗寨群 174
　龙道村 211
　龙潭古村 133
　那坡黑衣壮山寨 286
　田头苗寨 182
　熊村 123
　永宁州古城 124
　雨卜苗寨 182
　月岭 159

D

大化 269, **272**
大连城 94
大容山森林公园 232
大石围天坑 289
大王岭原始森林 279
大圩和熊村 123
大新 86, **86**
带孩子旅行 54
丹洲古镇 178
当地交通 381
　出租车 381
　公交车 381
　三轮摩的 381
　自行车 382
到达和离开 379
　长途汽车 380
　飞机 379
　火车 379
　自驾游 381
　船 380
德天瀑布 84, 23
地貌 366
地形 366
电话 375
电影 334
东兰 254
东兰民间铜鼓收藏馆 255
动物 369
独自旅行者 377

E

鹅泉 285
鳄鱼山火山公园 315
儿童折扣 55

F

法国驻龙州领事馆旧址 92
方言 350
风俗习惯 364
凤山 265
凤溪村 208
福溪村 208
负责任的旅行 42
富川 205, **206**, 11, 29
腹泻 385

000 地图页码
000 图片页码

G

肝炎 384
高山村 233
高山杜鹃 45
歌舞 357
恭城文武庙 142
购物 27
姑婆山国家森林公园 198
古迹
宝珠观 201
大田戏台 210
带龙桥 201
古戏台 201
经略台真武阁 231
龙爪榕 201
石跳桥 204
文明阁 205
仙人古井 201
兴宁庙 201
古建筑 21, 36
古龙山峡谷 283
古桥
富里桥 133
回澜风雨桥 208
青龙风雨桥 208
遇龙桥 133
广西菜 362
广西民族博物馆 71
广西药用植物园 70
广西壮族自治区博物馆 71
贵港市 220
桂林市 102, **104**, **106**, **108**, **9**
历史 102
方位 102
景点 103
活动 114
住宿 114
就餐 116
饮品 117
娱乐 118
购物 118
实用信息 119
到达和离开 119
当地交通 120
桂林市周边 121
桂平市 222, **224**

H

海岸线 367
海底世界 305
海洋乡 123
河池 244, **244**
河流 367
贺州 194, **195**, **196**
贺州市周边 198
红水河 256
胡志明展馆 91
户外运动 44
环境 366
黄姚古镇 201, **202**, **10**, **35**
会仙湿地 113

J

疾病 385
建筑 355
健康 383
江头洲 122
江洲天生桥 267
交通指南 379
节会
长寿文化旅游节 262
富川炸龙与宾阳炮龙节 28
京族唱哈节 30
荔枝狗肉节 227
芦笙斗马节 181
芒蒿节 181
苗族坡会 181
苗族跳坡节 299
盘王节 31, 144, 186, 209, 262
三月三花炮节 170
晒衣节 150
田阳敢壮山布洛陀文化旅游节 28
彝族火把节 30, 299
仡佬族尝新节 31, 299
柚子灯节 202
鱼龙节 202
渔火节 127
月柿节 144
中国百色乐业国际山地户外运动挑战赛 294
祝著节 257
壮族歌圩 299
壮族蚂拐节 256
解放街 277
金城江 244, **246**
金秀 184, **22**
金秀瑶族博物馆 185
靖西 282, **284**, **40**

K

课程 376
狂犬病 385

L

来宾 184, **184**
乐业 289, **290**, **10**, **41**
历史 337
灵渠 17, 151, **17**
柳州 163, **164**, **33**, **52**
景点 163
住宿 166
餐饮 166
实用信息 167
到达和离开 167
当地交通 168
柳州博物馆 163
柳州奇石馆 166
龙虎山 81
龙州 91, **92**
龙州起义纪念馆 91

M

明仕田园 87

N

南湖 69

000 地图页码
000 图片页码

南宁 68, **70~71**, **75**
历史 68
景点 69
住宿 72
就餐 74
购物 77
实用信息 77
到达和离开 78
当地交通 79
女性旅行者 377
疟疾 385

P

凭祥 94, **95**

Q

七百弄国家地质公园 269

R

容县经略台真武阁 231
融水苗族自治县 179
融水苗族自治县民族博物馆 179

S

三江侗族自治县 170, **171**, **172**, **15**
三门海 267, **47**
晒伤 385
伤寒 385
上网 375
十里画廊 132
石头城 137
水果 363
水晶宫 259
水口口岸 92

W

网络资源 19
蚊虫叮咬 386
梧州 212, **213**, **214**, **37**, **48**
梧州市周边 219
武宣 189

X

相公山 137
小连城 91
兴安 151, **152**
兴坪 135, **138**, **234**
秀水村 207

Y

阳朔 124, **126~127**, **5**, **8**, **44**, **63**
方位 125
景点 125
节日 127
活动 125
住宿 127
就餐 129
饮品 130
娱乐 130
购物 130
实用信息 131
到达和离开 131
当地交通 131
阳朔周边 132
宜州 247, **248**
银子岩 145
友谊关 94
玉林 227, **227**, **228**
玉林市周边 231
玉石林 199
遇龙河 133, **63**, **64**
元宝山国家森林公园 183, **16**
粤东会馆（中国工农红军第七军军部旧址）278

Z

证件 373
植物
扁桃 73
大王椰 73
金花茶 73
绿萝 73
木菠萝 73
木棉 73
苏铁 73
小叶榕 73
羊蹄甲 73
鱼尾葵 73
朱槿 73
志愿者服务 377
中华古石城 200
中山公园 91, 232
中暑 386
钟山 210, **211**
资源 156, **157**, **30**, **237**
宗教信仰 351

地图图例

景点

- 佛寺
- 城堡
- 教堂
- 清真寺
- 纪念碑
- 孔庙
- 道观
- 世界遗产
- 博物馆
- 遗址
- 酒窖
- 动物园
- 温泉
- 剧院
- 一般景点

活动、课程和团队游

- 潜水/浮潜
- 划艇
- 滑雪
- 冲浪
- 游泳/游泳池
- 蹦极
- 徒步
- 帆板
- 其他活动、课程、团队游

住宿

- 酒店
- 露营

就餐

- 就餐

饮品

- 酒吧
- 咖啡

娱乐

- 娱乐

购物

- 购物

实用信息

- 银行
- 使馆
- 医院/药店
- 网吧
- 公安局
- 邮局/邮筒
- 公共电话
- 卫生间
- 旅游信息
- 无障碍通道
- 其他信息

地理

- 海滩
- 灯塔
- 瞭望台
- 山峰
- 栖身所、棚屋
- 森林公园

行政区划

- 首都
- 省级行政中心
- 地级市行政中心
- 自治州行政中心
- 县级行政中心
- 乡、镇、街道
- 村

交通

- 机场
- 过境处
- 公共汽车
- 渡船
- 地铁
- 停车场
- 加油站
- 自行车租赁
- 出租车
- 火车站
- 有轨电车
- 索道缆车
- 其他交通工具

道路

- 高速公路
- G213 国道
- S203 省道
- X013 县、乡道
- 铁路
- 地铁
- 收费公路
- 高速公路
- 一级公路
- 二级公路
- 三级公路
- 小路
- 未封闭道路
- 购物中心/商业街
- 台阶
- 隧道
- 步行天桥
- 步行游览路
- 小路

境界

- 国界
- 未定国界
- 地区界
- 军事分界线/停火线
- 省界
- 未定省界
- 特别行政区界
- 地级界
- 县级界
- 海洋公园界
- 城墙
- 悬崖

水系

- 河流、小溪
- 间歇性河流
- 沼泽
- 礁石
- 运河
- 湖泊
- 干/盐/间歇性湖
- 冰川

地区特征

- 海滩/沙漠
- 基督教墓地
- 其他墓地
- 公园/森林
- 运动场所
- 重要景点(建筑)
- 一般景点(建筑)

注：并非所有图例都在此显示。

我们的故事

一辆破旧的老汽车，一点点钱，一份冒险的感觉——1972年，当托尼（Tony Wheeler）和莫琳（Maureen Wheeler）夫妇踏上那趟决定他们人生的旅程时，这就是全部的行头。他们穿越欧亚大陆，历时数月到达澳大利亚。旅途结束时，风尘仆仆的两人灵机一闪，在厨房的餐桌上制作完成了他们的第一本旅行指南——《便宜走亚洲》(*Across Asia on the Cheap*)。仅仅一周时间，销量就达到了1500本。Lonely Planet从此诞生。

现在，Lonely Planet在都柏林、富兰克林、伦敦、墨尔本、奥克兰、北京和德里都设有公司，有超过600名员工和作者。在中国，Lonely Planet被称为"孤独星球"。我们恪守托尼的信条："一本好的旅行指南应该做好三件事：有用、有意义和有趣。"

我们的作者

袁亮

内容策划；少数民族；建筑和艺术 网名刀哥，家居成都。手帐er，猫奴，终身减肥未遂者。喜欢简单生活，喜欢随意旅行。参与了多本Lonely Planet中国旅行指南的编辑与写作。上一次是《广西》作者，这一次做策划，在电脑前故地重游的感觉既亲切又陌生。

范佳奥

统筹作者；南宁和崇左；北部湾地区；计划你的行程；今日广西 从2013年起参与Lonely Planet的写作和策划。

何望若

桂西；生存指南 一个人去旅行，经历各种奇幻、有趣、惊悚、不可思议的事，看看其他民族的生活，听听路人甲乙丙丁的故事，是她最感兴趣的事。对她来说，没有一趟旅行是可以复制的，这也正是旅行的魅力所在，一如这次的桂西调研，一言难尽又余温未了。

楼学

桂林；欢迎来广西、家庭游、行摄广西 尽管曾经自以为已经足够了解桂林，在调研中却发现这个早已成名的旅游胜地竟然还收藏着如此多的"城市秘境"，城市街巷中的石刻、王陵、傩戏、桂剧是他最喜爱的桂林元素，它们勃发着坚韧的生命力。在今年超过300天的漫长旅行中，这一个月的山水之旅令他难忘。他目睹了传统乡土生活正在仓惶又遗憾地退出历史舞台，希望这本指南能为读者留下一片温情的剪影。

盛洋

柳州和来宾；桂西；自驾游 步履不停的人类学学徒，业余图书译者。这次广西之旅令她收获颇丰：不仅拜访了侗、苗、瑶族的众多村寨，还第一次接触到了仫佬族和毛南族这两个极为罕见的少数民族。作为米粉爱好者，广西的螺蛳粉、滤粉、卷粉等更是让她百吃不厌。目前已参与调研撰写Lonely Planet《海南》《山西》《内蒙古》《东京到京都》等指南。

吴嘉之

桂东南；户外 极简旅行者，喜欢独自上路，享受旅途中那种隐约的敏感与恐惧，找寻自己也无法描述的生活状态。热爱世界的多元，常感动于生命的渺小与顽强。坚信行走是最好的方式，背包徒步数千公里，风餐露宿，重新发现自我。桂东南是他钟爱的旅行目的地之一，此前他还参加过Lonely Planet《中国西南自驾》的撰写。

朱林阁

环境 河南人，生于平原，却钟情于山岳，读研时曾参与中国南方喀斯特二期申遗文本的写作。

广 西

中文第四版

图书在版编目（CIP）数据

广西 = Guangxi / 澳大利亚 Lonely Planet 公司编
. -- 3 版 . -- 北京 : 中国地图出版社 , 2019.7（2022.8 重印）
（中国旅行指南系列）
ISBN 978-7-5204-1189-9

Ⅰ．①广… Ⅱ．①澳… Ⅲ．①旅游指南－广西 Ⅳ．①K928.967

中国版本图书馆 CIP 数据核字 (2019) 第 140415 号

出版发行	中国地图出版社
社　　址	北京市白纸坊西街 3 号
邮政编码	100054
网　　址	www.sinomaps.com
印　　刷	北京华联印刷有限公司
经　　销	新华书店
成品规格	197mm × 128mm
印　　张	12.5
字　　数	680 千字
版　　次	2019 年 7 月第 3 版
印　　次	2022 年 8 月北京第 7 次印刷
定　　价	79.00 元
书　　号	ISBN 978-7-5204-1189-9
审 图 号	GS（2019）2848 号
图　　字	01-2013-8652

如有印装质量问题，请与我社发行部（010-83543956）联系